DROIT DES ORGANISATIONS INTERNATIONALES AFRICAINES

THÉORIE GÉNÉRALE
DROIT COMMUNAUTAIRE COMPARÉ
DROIT DE L'HOMME, PAIX ET SÉCURITÉ

SAIDOU NOUROU TALL
Professeur de Droit Public

DROIT DES ORGANISATIONS INTERNATIONALES AFRICAINES

THÉORIE GÉNÉRALE
DROIT COMMUNAUTAIRE COMPARÉ
DROIT DE L'HOMME, PAIX ET SÉCURITÉ

L'Harmattan

5-7, rue de l'École-Polytechnique ; 75005 Paris

http://www.librairieharmattan.com
diffusion.harmattan@wanadoo.fr
harmattan1@wanadoo.fr

ISBN : 978-2-343-06509-0
EAN : 9782343065090

SIGLES ET ABRÉVIATIONS

AA : Annales africaines
AADI : Annuaire africain de droit international
ABN : Autorité du Bassin du Niger
ACOTA: African Contingency Operations Training Assistance
ACP: Afrique Caraïbes Pacifique
ACRI : African Crisis Response Initiative
ADM : Armes de Destruction Massive
AEF : Afrique équatoriale française
AID : Association internationale pour le développement
AIEA : Agence internationale pour l'Énergie atomique
AFDI : Annuaire français de Droit international
AG/AGNU : Assemblée générale (ONU)
ALENA : Association de libre échange nord américaine
ALPC : Armes légères et de Petit Calibre
AMAO : Agence monétaire de l'Afrique de l'Ouest
AMESD : African Monitoring of the Environment for Sustainable Development
AMISOM : African Mission in Somalia
ANAD : Accord de Non Agression et de Défense
ANC : African national Congress
AOF : Afrique occidentale française
APLS : Armée populaire de Libération du Soudan
APSA/AAPS : Architecture de Paix et de Sécurité en Afrique
AQMI : Al Qaeda au Maghreb Islamique
Art : Article
AU ou UA : African Union
BAD: Banque africaine de Développement
BAM : Bibliothèque africaine et malgache
BCEAO : Banque centrale des États de l'Afrique de l'Ouest
BDEAC : Banque de Développement des États de l'Afrique centrale
BEAC : Banque des États de l'Afrique centrale
BENELUX : Belgique, Netherlands, Luxembourg
BLC : Base logistique continentale
BOAD : Banque Ouest africaine de Développement

BUNUB : Bureau des Nations unies au Burundi
BUNUL : Bureau des Nations unies au Liberia
BUNUMA : Bureau des Nations unies au Mali
BUNUSIL : Bureau des Nations unies en Sierra Leone
BRVM : Bourse régionale des Valeurs mobilières
BVMAC : Bourse des Valeurs mobilières de l'Afrique centrale
CA : Conseil d'administration
CAE : Communauté de l'Afrique de l'Est
CAERT : Centre africain d'Études et de Recherches sur le Terrorisme
CAI : Conflits Armés internationaux
CAJ/DH : Cour africaine de Justice et des Droits de l'Homme
CAMES : Conseil africain et malgache de l'Enseignement supérieur
CANI : Conflits Armés Non internationaux
CARIC : Capacité africaine de Réponse immédiate aux Crises
CARICOM : Marché commun des Caraïbes
CBRN : Armes chimiques bactériologiques radiologiques nucléaires
CCAO : Chambre de compensation de l'Afrique de l'Ouest
CCR : Chambre consulaire régionale
CCJA : Cour commune de Justice et d'Arbitrage
CDI : Commission de Droit international
CDR : Capacité de Déploiement rapide
CE (les) : Communautés européennes
CE (le) : Conseil exécutif
CEA : Commission économique pour l'Afrique
CEAO : Communauté économique de l'Afrique de l'Ouest
CEBEVIRHA : Commission économique du Bétail, de la Viande et des Ressources Halieutiques (CEMAC)
CECA: Communauté européenne du Charbon et de l'Acier
CEDEAO : Communauté économique des États de l'Afrique de l'Ouest
CEE : Communauté économique européenne
CEEAC : Communauté économique des États de l'Afrique centrale
CEG : Conférence des Chefs d'État et de Gouvernement
CEMAC : Communauté économique et monétaire de l'Afrique centrale
CEN-SAD : Communauté des États Sahélo-Sahariens
CEPGL : Communauté économique des Pays des Grands Lacs
CER : Communautés économiques régionales
CESC : Commission économique sociale et culturelle de la CEN-SAD
CEWARN : Conflict Early Warning and Response Mechanism (Afrique de l'Est)

CICR :	Comité international de la Croix-Rouge
CIJ :	Cour internationale de Justice
CIMA :	Conférence interafricaine des Marchés des Assurances
CIRGL :	Conférence internationale sur la Région des Grands Lacs
CIISE :	Commission internationale de l'Intervention et de la Scuveraineté des États
CIPRES :	Conférence interafricaine de Prévoyance sociale
CJ :	Cour de Justice
CJCE :	Cour de Justice des Communautés européennes (UE)
CM :	Conseil des Ministres
CMCA :	Commission de Médiation de Conciliation et d'Arbitrage
CMS :	Conseil de Médiation et Sécurité
CNU :	Charte des Nations unies
CNUCED :	Conférence des Nations unies pour le Commerce et le Développement
CNUDCI :	Commission des Nations unies pour le Droit commercial international
COBAC :	Commission bancaire de l'Afrique centrale
CO I :	Commission de l'Océan Indien
COMESA :	Common Market for Eastern and Southern African States
COMESACJ:	Common Market for Eastern and Southern African States Court of Justice
Comm.ADHP :	Commission africaine des Droits de l'Homme et des Peuples
COPAX :	Conseil de Paix et de Sécurité de l'Afrique centrale
COS :	Centre d'Observation et de Suivi
COSUMAF :	Commission de Surveillance du Marché financier de l'Afrique centrale
COREP :	Comité des Représentants permanents
Cour ADHP :	Cour africaine des Droits de l'Homme et des Peuples
Cour AJDHP :	Cour africaine de Justice, des Droits de l'Homme et des Peuples
CPA :	Cour permanente d'Arbitrage
CPCC :	Cadre de Prévention des Conflits de la CEDEAO
CPI :	Cour pénale internationale
CPINU :	Convention sur les privilèges et immunités des Nations unies
CPS :	Conseil de Paix et de Sécurité
CRDI :	Centre de Recherches et de Développement international
CREDILA :	Centre de recherches et de documentation sur les institutions et les législations africaines
CS :	Conseil de Sécurité
CSAO :	Club du Sahel de l'Afrique de l'Ouest
CSCE :	Conférence sur la Sécurité et la Coopération en Europe

CSSDCA : Conférence sur la Sécurité, la Stabilité, le Développement et la Coopération en Afrique

CTS : Comités techniques spécialisés

CTSDSS : Comité technique spécialisé Défense Sécurité et Stabilité

CUADI : Commission de l'Union africaine de Droit international

CVDT : Convention de Vienne sur le Droit des Traités de 1969

DDR : Désarmement Démobilisation et Réinsertion

DI : Droit international

DIH : Droit international humanitaire

DIP : Droit international public

DG : Direction ou Directeur général (e)

DH : Droit de l'Homme

DOSP : Division des Opérations de Soutien à la Paix

EAC: East African Community (CAE)

EASBRIG : Brigade en attente de l'Afrique de l'est

EASBRIGCOM : Mécanisme de coordination de la Brigade en attente de l'Afrique de l'est

ECCASBRIG : Brigade en attente de l'Afrique centrale (CEEAC)

ECDPM: European Centre for Development Policy and Management

ECOMICI ou MICECI : Mission de la CEDEAO en Cote d'Ivoire

ECOMOG: Ecowas Cease-Fire Monitoring Group

ECOSOC : Economic and social Council (Conseil économique et social de l'ONU)

ECOWAS : Economic Community of West African States (CEDEAO)

ECOWARN : Eçowas warning (système d'alerte précoce et de prévention de la CEDEAO)

Ed : Édition

EIED : École Inter-états des Douanes

EMR : École militaire régionale

EUAVSEC : European Aviation Security Mission (Sud Soudan)

EUBAM : European Border Assistance Mission

EUCAP Sahel Niger: European Union Mission on Regional Capacity Building

EUCAP Nestor: European Union Mission on Regional Maritime Capacity Building in the Horn of Africa

EUNAVCO : European Union Naval Coordination

EUNAVFOR : European Union Naval Force

EURO RECAMP : Renforcement des Capacités africaines de Maintien de la Paix (Union européenne)

EUTM : European Union Training Mission

EUFOR: European Force

EV :	Entrée en vigueur
Ex :	Exemple
FAA :	Forces africaines en Attente
FAAC :	Forces africaines en Attente de la CEDEAO
FAIR :	Fonds d'Aide à l'Intégration régionale
FAO :	Food and Agricultural Organization
FARC :	Forces Armées révolutionnaires du Congo
FCCD :	Fonds de compensation et de coopération pour le développement
FDLR :	Forces démocratiques de Libération du Rwanda
FEANF :	Fédération des Étudiants d'Afrique noire française
FED :	Fonds européen de Développement
FIDA :	Fonds international pour le Développement agricole
FISNUA :	Force intérimaire de Sécurité des Nations unies pour Abyei
FMI :	Fonds monétaire international
FOMAC :	Force multinationale de l'Afrique centrale (CEEAC)
FOMUC :	Force multinationale de la CEMAC
FPA :	Facilité de soutien pour la Paix en Afrique (UE)
FPP :	Fonds pour la paix (UA)
FP-SADC :	Forum parlementaire de la SADC
FRELIMO :	Front de Libération du Mozambique
FUNU :	Force d'Urgence des Nations unies
GANUPT :	Groupe d'Assistance des Nations unies pour la Période de Transition (Namibie)
GIA :	Groupe Islamiste Armé
GATT :	General Agreement on Trade and Tarifs (Accord géneral sur les tarifs douaniers et le commerce).
GONUBA :	Groupe d'Observateurs des Nations unies pour la Bande d'Aouzou
GRAN :	Groupe Andin
GRIP :	Groupe de Recherche et d'Information sur la Paix et la Sécurité
GSPC :	Groupe salafiste pour la Prédication et le Combat
HCR :	Haut Commissariat pour les Réfugiés
ICL /LRA :	Initiative commune de Lutte contre la Lord Resistance Army
IEVP :	Instrument européen de Voisinage et de Partenariat
IFOR :	Implementation Forces (OTAN)
IGAD:	Intergovernmental Authority for Development
IGADD:	Intergovernmental Authority for Drought and Development
ISAF ou FIAS :	Force internationale d'Assistance et de Sécurité
ISSEA :	Institut sous-régional de Statistiques et d'Économie appliquée
ISTA :	Institut sous-régional multisectoriel de Téchnologie

JO :	Journal officiel
LEA :	Ligue des États arabes
LD :	Légitime défense
LURD :	Libériens unis pour la Réconciliation et la Démocratie
MAEP :	Mécanisme africain d'évaluation par les Pairs
MARAC :	Mécanisme d'Alerte rapide de l'Afrique centrale
MC :	Marché commun
MERCOSUR :	Marché commun du Cône Sud
MIAB :	Mission africaine au Burundi (UA)
MICOPAX :	Mission de consolidation de la paix en Afrique centrale
MINUAD :	Mission des Nations unies et de l'Union africaine au Darfour
MINUAR :	Mission des Nations unies pour l'Assistance au Rwanda
MINUCI :	Mission des Nations unies en Cote d'Ivoire
MINUEE :	Mission des Nations unies en Éthiopie et en Érythrée
MINUOR :	Mission des Nations unies en Ouganda et au Rwanda
MINURCA :	Mission des Nations unies en République centrafricaine
MINURCAT :	Mission des Nations unies en République centrafricaine et au Tchad
MINURSO :	Mission des Nations unies pour le Référendum au Sahara occidental
MINUS :	Mission des Nations unies au Soudan
MINUSMA :	Mission multidimensionnelle intégrée des Nations unies pour la Stabilisation au Mali
MINUSS :	Mission des Nations unies au Soudan du Sud
MIOB :	Mission d'Observation au Burundi
MISCA :	Mission internationale de Soutien à la Centrafrique
MISMA :	Mission internationale de Soutien au Mali
MLN :	Mouvement de Libération nationale
MONUA :	Mission des Nations unies en Angola
MONUC :	Mission des Nations unies au Congo(RDC)
MONUIK :	Mission d'Observation des Nations unies en Irak et au Koweït
MONUL :	Mission des Nations unies au Libéria
MONUSIL :	Mission des Nations unies en Sierra Leone
MP :	Maintien de la Paix
MPS :	Maintien de la Paix et de la Sécurité
MPSI :	Maintien de la Paix et de la Sécurité internationale
MUAS :	Mission de l'Union africaine au Soudan
NARC :	North African Regional Capacity
NATO:	Voir OTAN
NEA :	Nouvelles Éditions africaines

NEAS :	Nouvelles Éditions africaines du Sénégal
NEPAD :	New Partnership for African Development (Nouveau partenariat pour le développement de l'Afrique)
OAPI :	Organisation africaine de la Propriété intellectuelle
OCA :	Organisations communautaires africaines
OCAM :	Organisation commune africaine et Mauricienne
OCCGE :	Organisation de coordination et de coopération dans la lutte contre les grandes endémies en Afrique centrale
OCEAC :	Organisation de coordination pour la lutte contre les endémies en Afrique centrale
OCDE :	Organisation de Coopération et de Développement économique
OCI :	Organisation de la Conférence islamique
OEA :	Organisation des États américains
OECE :	Organisation européenne de Coopération économique
OERS :	Organisation des États riverains du fleuve Sénégal
OHADA :	Organisation pour l'Harmonisation en Afrique du Droit des Affaires
OI :	Organisation internationale
OIA :	Organisations internationales africaines
OIAM :	Organisation interafricaine et Malgache
OIG :	Organisations intergouvernementales
OIT :	Organisation internationale du Travail
OLP :	Organisation pour la Libération de la Palestine
OMI :	Organisation maritime internationale
OMC :	Organisation mondiale du Commerce
OMM :	Organisation météorologique mondiale
OMP :	Opération de Maintien de la Paix
OMS :	Organisation mondiale de la Santé
OMVG :	Organisation pour la mise en valeur du fleuve Gambie
OMVS :	Organisation pour la mise en valeur du fleuve Sénégal
ONG :	Organisations non gouvernementales
ONU :	Organisation des Nations unies
ONUB :	Opération des Nations unies au Burundi
ONUC :	Opération des Nations unies au Congo
ONUCI :	Opération des Nations unies en Cote d'Ivoire
ONUDI :	Organisation des Nations unies pour le Développement industriel
ONUMOZ :	Opération des Nations unies au Mozambique
ONUSOM :	Opération des Nations unies en Somalie
ONUST :	Opération des Nations unies pour la Surveillance de la Trêve
OPAEP :	Organisation des Pays arabes exportateurs de Pétrole

OPEP :	Organisation des Pays exportateurs de Pétrole
OPSA :	Observatoire politique et stratégique de l'Afrique
OSCAO :	Organisation des services communs de l'Afrique orientale
OSCE :	Organisation pour la Sécurité et la Coopération en Europe
OTAN :	Organisation du Traité de l'Atlantique Nord
OUA :	Organisation de l'Unité africaine.
PAC :	Pan African Congress
PACER :	Programme d'Appui à la Croissance économique rurale (CEMAC) ou Programme d'Appui au développement des Centres d'Excellence régionaux (UEMOA)
PAIGC :	Parti africain Pour l'Indépendance de la Guinée et du Cap Vert
PAL :	Plan d'Action de Lagos
PAM :	Programme alimentaire mondial
PC :	Prélèvement communautaire
PCS :	Prélèvement communautaire et de Solidarité
PER :	Programme économique régional
PESC :	Politique européenne de Sécurité commune
PIB :	Produit intérieur brut
PLANELM :	Élément de Planification
PMA :	Pays les moins avancés
PNB :	Produit national brut
PNUD :	Programme des Nations unies pour le développement
PUAM :	Presses universitaires d'Aix-Marseille
PUCI :	Presses universitaires de Cote d'Ivoire
PUF :	Presses universitaires de France
PRA :	Parti du Regroupement africain
PRASAC :	Pôle régional de recherche appliquée au développement des systèmes agricoles d'Afrique centrale (CEMAC)
RADIC :	Revue africaine de Droit international et comparé
RASD :	République arabe sahraoui démocratique
RBDI :	Revue belge de Droit international
RCA :	République centrafricaine
RCADI :	Recueil des Cours de l'Académie de Droit international de La Haye
RCI :	République de Cote d'Ivoire
RD :	Règlement des différends
Rec :	Recueil
RECAMP :	Renforcement des Capacités africaines de Maintien de la Paix (France)
Res. ou Résol. :	Résolution
RFEPA :	Revue française d'Études politiques africaines

RFSP :	Revue française de Science politique
RGDIP :	Revue générale de Droit international Public
RIS :	Revue internationale et stratégique
RICR :	Revue internationale de la Croix-Rouge.
ROE :	Rules of Engagement (Règles d'Engagement)
ROP :	Réseau francophone de recherches sur les Opérations de Paix
SACU :	Southern African Custom Union
SADC:	Southern African Development Conference
SADCBRIG :	Brigade en attente de la SADC
SADCC :	Southern African Development Coordination Conference
SAI:	Système andin d'Intégration
SARPCCO:	Southern African Regional Police Chiefs Cooperation Organization
SEAE :	Service européen de l'Action extérieure
SFDI :	Société française de Droit international
SFI :	Société financière internationale
SFIO :	Section française de l'Internationale Ouvrière
SFOR :	Stabilisation Force
SG :	Secrétaire général
SHIRBRIG:	Standby High-Readiness Brigade
SWAPO:	South West African People Organization
TANU :	Tribunal administratif des Nations unies
TAOIT :	Tribunal administratif de l'OIT
TCE :	Traité sur les Communautés européennes (version consolidée du Traité de Rome)
TCI :	Taxe conjoncturelle à l'Importation
TDP :	Taxe dégressive de Protection
TEC :	Tarif extérieur commun
TVA :	Taxe sur la Valeur ajoutée
UA :	Union africaine
UAM :	Union africaine et malgache
UAMCE :	Union africaine et malgache de Coopération économique
UD :	Union douanière
UDAO :	Union douanière de l'Afrique occidentale
UDE :	Union douanière équatoriale
UDEAO :	Union douanière des États de l'Afrique occidentale
UDEAC :	Union douanière des États de l'Afrique centrale
UE :	Union européenne
UEAC :	Union des États de l'Afrique centrale

UEMOA :	Union économique et monétaire Ouest africaine
UEO :	Union de l'Europe occidentale
UIT :	Union internationale des Télécommunications
UM :	Union monétaire
UMA :	Union du Maghreb arabe
UMAC :	Union monétaire de l'Afrique centrale
UMOA :	Union monétaire Ouest africaine
UNECA :	voir CEA
UNESCO :	Organisation des Nations unies pour l'Éducation, la Science et la Culture
UNITAF :	United Nations Task Force
UPU :	Union postale universelle
US-AFRICOM :	United States Africa Command
WANS:	West African National Secretariat
WASU:	West African Students Association
ZEP :	Zone d'Échanges préférentiels
ZLE :	Zone de Libre Échange
ZOS :	Zones d'Observation et de Suivi
VC :	Version consolidée.

AVANT PROPOS

L'ouvrage que le professeur Saïdou Nourou Tall livre à la communauté scientifique, **Le droit des organisations internationales**, *est le fruit de plusieurs années de recherche et d'enseignement sur la matière. Il s'attaque à un objet d'étude bien connu des spécialistes, celui du phénomène polymorphe de l'institutionnalisation de la société internationale.*

Cependant, dépassant le cadre hexagonal dans lequel se confinent de nombreux auteurs, notamment américains et européens, Saïdou Nourou Tall conduit son étude hors des sentiers battus, selon une méthode alliant l'approche normative et institutionnelle, l'analyse comparative des institutions d'intégration, la pratique des États et les dynamiques contemporaines des relations internationales.

Le résultat obtenu – reflet des talents d'un chercheur très cultivé et intellectuellement honnête – témoigne de la rigueur de l'exercice. Mais, l'auteur ne se contente pas de dresser un panorama, somme toute classique, des organisations internationales ; il illustre son tableau par des exemples mettant particulièrement en exergue les organisations d'intégration africaines, peu connues du grand public.

Cet essai est réussi. En outre, les pages qu'il consacre à la contribution des organisations internationales, tant universelles que régionales (africaines en particulier), dans la structuration, l'institutionnalisation et la régulation juridique des relations internationales révèlent une très grande maîtrise de ces questions. Il ne peut en être autrement. En effet, l'ampleur et la diversité des lectures de Monsieur Saïdou Nourou Tall, la finesse de certaines de ses analyses, sa science du droit et sa vocation d'enseignant, sont mises au service d'une véritable démarche intellectuelle : enrichir la réflexion dans un domaine où tout semble avoir été écrit, mais où l'apport des juristes africains est évanescent.

C'est dire que cette publication est venue à son heure.

Disséquant les différentes étapes de l'évolution des organisations universelles et européennes, l'auteur salue les efforts de coopération et d'intégration en Afrique, non sans faire observer que les bouleversements institutionnels et juridiques qui accompagnent la naissance et l'épanouissement des organisations africaines impriment aux institutions d'intégration une direction particulière.

L'auteur revient ensuite sur la controverse suscitée par la définition de la notion d'organisation internationale ; il mesure, apprécie, conteste, tamise et présente le sujet avec brio. En vérité, c'est un regard critique qu'il jette sur les auteurs de la doctrine juridique. Ayant percé leur secret et parfois détecté leurs points faibles, il entend participer à leur débat à armes égales. Il n'hésite pas à les interpeller s'il le juge nécessaire, sans fausse modestie. Toutefois, faute de suggérer une formule novatrice propre à emporter l'adhésion, il se contente de faire sienne celle retenue par la convention de Vienne du 23 mai 1969 sur le droit des traités qui dispose en son article 2§1 : « l'expression Organisation internationale s'entend d'une Organisation intergouvernementale ».

Comment articule-t-il le thème de son ouvrage ?

*Dans la première partie, intitulée : « **Théorie générale des Organisations internationales** », M. Tall s'attarde sur la théorie générale des organisations internationales, devenue classique, et l'illustre par les exemples de l'Union africaine, archétype de l'organisation régionale et l'Organisation des Nations Unies, symbole de l'universalisme. Il rappelle que les organisations internationales sont régies par le « principe de spécialité », reflétant les intérêts des États qui les créent et, pour faire comprendre la cohérence et la diversité des organisations internationales, il utilise la méthode cartésienne et les subtilités de la dialectique juridique. Toutefois, il ne manque pas de discerner des sources d'inspiration communes dans les traités constitutifs comme dans la pratique des organisations internationales.*

*La deuxième partie de l'ouvrage, intitulée : « **Droit communautaire africain comparé** » est une présentation de la structure des organisations d'intégration africaines et du système juridique communautaire dont elle se nourrit, de leur logique, de leur formation et de leur déformation. C'est un inventaire minutieux et critique de tout ce que les juristes et politistes ont pu écrire en français depuis les indépendances sur le sujet.*

Dans cette histoire immédiate, les différentes communautés d'intégration économique ou juridique africaines resurgissent non pas des profondeurs, mais de « la commune source d'inspiration européenne », même si, prévient l'auteur, elles « s'en dissocient par les nombreuses originalités structurelles et normatives qui constituent le reflet de leurs objectifs différenciés et de la versatilité des choix politiques du moment ».

À cette circulation des idées, consécutive à l'expansion des modèles continentaux, Saïdou Nourou Tall puise abondamment ; mais il persiste à penser qu'on aurait tort de réduire le droit communautaire africain en une sorte de réplique du droit européen.

En vérité, les organisations africaines se sont attachées à rechercher un équilibre entre la sauvegarde d'intérêts nationaux des États et la nécessité d'octroyer une autonomie existentielle aux structures dites intégrées. Mais, la notion de droit communautaire implique la reconnaissance d'un ordre juridique spécifique supérieur aux droits nationaux.

La troisième partie du livre de Saïdou Nourou Tall, est, quant à elle, axée sur « ***Les droits de l'homme, la paix et la sécurité en Afrique*** *», sous le double angle de l'universalisme et du régionalisme. C'est là que réside l'apport et non des moindres de l'auteur.*

Sa réflexion, servie par une plume alerte, met en lumière les nouvelles dynamiques des relations internationales, avec en toile de fond, la récurrence des formes diverses de criminalité notamment dans l'arc sahélien, devenu le terreau de toutes sortes de trafics qui y affectent la paix, la sécurité et les droits de l'homme. Si ces situations ont été, de tout temps, des sujets de préoccupation pour les organisations internationales africaines (elles sont à l'origine de nombreux traités, programmes et politiques visant à les affronter), les États africains ne sont pas restés inertes, bien au contraire : ils ont souscrit sur le plan continental et sur le plan universel, de nombreux engagements dans le domaine des Droits de l'Homme.

Ce livre, à n'en pas douter, fera date et connaîtra un grand succès et une grande diffusion, non seulement chez les juristes universitaires, mais aussi dans le grand public.

Dakar, le 30 mai 2015

Mamadou BADJI
Professeur titulaire,
Doyen de la Faculté des Sciences Juridiques et Politiques
Université Cheikh Anta Diop de Dakar

PRÉFACE

Après la belle thèse de doctorat d'État en droit public qu'il a soutenu à l'Université Cheikh Anta Diop de Dakar sur le thème « Théories et réalités du Droit international Humanitaire : Contribution à l'étude de l'application du droit des conflits armés en Afrique noire contemporaine » *et un remarquable succès au concours d'agrégation de droit public et science politique en 2005, Monsieur Saïdou Nourou TALL a intensifié son investissement dans la recherche dans les différentes branches du droit international et des relations internationales.*

L'essai qu'il que nous livre : « Le droit des organisations internationales », renvoie au phénomène polymorphe de l'institutionnalisation de la société internationale. Il est le résultat de plusieurs années de réflexion et d'enseignement sur la matière. C'est sans doute dans cette longue gestation qu'il faut chercher, au-delà du talent avéré de l'auteur, l'explication de la maturité et de la maîtrise avec lesquelles ce travail a été mené.

En décidant de publier cet essai sur le droit des organisations internationales, M. Saïdou Nourou TALL semble avoir investi un thème, bien connu des lecteurs, caractérisé par la surabondance des écrits. L'observateur averti peut dès lors se demander ce que peut bien apporter un tel ouvrage après tout ce qui a été écrit sur les organisations internationales. Mais, il ne s'agit là que d'une impression a priori. Cet ouvrage-ci échappe en vérité à une telle critique d'abord parce que c'est un africain qui en est l'auteur ; chacun sait que ce sont essentiellement des ressortissants européens, voire du continent américain qui ont jusqu'ici abondamment écrit sur la matière. Ce thème est quelque peu délaissé et de surcroit pas assez actualisé par les études africaines. L'originalité de cet ouvrage réside au surplus dans l'approche adoptée par l'auteur, dans la touche africaine qu'il lui apporte. M. Tall ne se contente pas de dresser un panorama, somme toute classique, des organisations internationales, il illustre son tableau par des exemples mettant en exergue les organisations africaines, peu connues du grand public. Presque uniquement connues des africanistes. Les organisations d'intégration africaines occupent une place de choix dans cet essai.

Dans un souci de clarté et de cohérence, l'auteur a conduit son analyse selon une méthode alliant la description normative et institutionnelle, la critique sous l'angle du droit comparé, de la pratique des États et de l'évolution des relations internationales. L'ouvrage s'ouvre sur un bref survol de l'histoire de la création et du développement des organisations internationales au plan universel comme régional africain en particulier, afin de mesurer leur apport dans la structuration, l'institutionnalisation et la pacification des relations internationales.

Les différentes étapes de l'évolution des organisations universelles et européennes sont passées en revue, de même que les efforts de coopération et d'intégration en Afrique. L'émergence et le développement des organisations africaines sont situés et datés. Monsieur Tall fait ensuite état de la controverse suscitée par la définition de la notion d'organisation internationale avant de se résoudre à se rallier à celle retenue par la convention de Vienne du 23 mai 1969 sur le droit des traités qui dispose en son article 2§1 : « l'expression Organisation internationale s'entend d'une Organisation intergouvernementale ».

L'ouvrage s'articule autour d'une démarche ternaire : Théorie générale des Organisations internationales (Ière partie), Droit communautaire africain comparé (IIème partie), Droit de l'Homme, Paix et Sécurité en Afrique (IIIème partie).

Dans la première partie, l'auteur revisite la théorie générale des organisations internationales et l'illustre par les exemples de l'Union africaine, archétype de l'organisation régionale et l'Organisation des Nations Unies, symbole de l'universalisme. M. Tall rappelle opportunément que les organisations internationales sont régies par le « principe de spécialité », reflétant les intérêts des États qui les créent. Toutefois, il ne manque pas de discerner des tendances communes dans les traités constitutifs comme dans la pratique des organisations internationales.

La deuxième partie de l'ouvrage consacrée au droit communautaire africain examine la structure des organisations d'intégration africaine et le système juridique communautaire dont elle se nourrit. L'auteur souligne, à cet égard que les différentes communautés d'intégration économique ou juridique africaines, présentent certes « quelques similarités par la commune source d'inspiration européenne », mais, « s'en dissocient par les nombreuses originalités structurelles et normatives qui constituent le reflet de leurs objectifs différenciés et de la versatilité des choix politiques du moment ». On aurait tort dit-il, de réduire le droit communautaire africain en une sorte de réplique du droit européen.

Les organisations africaines se sont, au fond, attelées à rechercher un équilibre entre la sauvegarde d'intérêts nationaux des États et la nécessité d'octroyer une autonomie existentielle aux structures dites intégrées. Mais, la notion de droit communautaire implique la reconnaissance d'un ordre juridique spécifique supérieur aux droits nationaux.

La troisième partie de l'ouvrage aborde, quant à elle, les droits de l'homme, la paix et la sécurité en Afrique, sous le double angle de l'universalisme et du régionalisme.

L'Afrique demeure un enjeu des relations internationales en raison par l'importance des conflits armés, des formes de criminalité (terrorisme et toutes sortes de trafics) qui y affectent la paix et la sécurité et les droits de l'homme. Ces situations ont été, de tout temps, des sujets de préoccupation pour les organisations internationales africaines, lesquelles sont à l'origine de nombreux traités, programmes et politiques visant à les affronter. Les États africains ne sont pas en reste qui ont souscrit sur le plan continental et sur le plan universel, de nombreux engagements dans le domaine des Droits de l'Homme.

Cet ouvrage est une remarquable contribution à la compréhension du phénomène des organisations internationales. Il offre aux chercheurs, étudiants et praticiens une analyse actualisée du droit des organisations internationales, africaines en particulier.

Babacar GUEYE
Agrégé des facultés de droit
Professeur à l'Université Cheikh Anta DIOP de Dakar.

INTRODUCTION GÉNÉRALE

L'apparition des Organisations internationales africaines (OIA) sur la scène internationale est récente et en rapport avec les indépendances des États africains. Ces acteurs intergouvernementaux sont la manifestation du souci des États du continent de se regrouper pour rechercher la paix et résoudre en commun des problèmes communs.

L'idée d'une structuration politique de la société internationale africaine est née en réaction à l'anarchie qui résulte des conflits internationaux, mais est également liée à la situation de sous développement du continent et à l'insuffisance d'une réponse unilatérale aux questions transnationales de sécurité.

La recherche de la paix par la coopération et/ou par l'intégration et les nécessités de la solidarité internationale fondent la construction de ces organisations internationales[1] en général et des OIA en particulier, dont l'origine (Section I) et les définitions (Section II) méritent d'être rappelées, avant de fixer la méthodologie et le plan de l'ouvrage (Section III).

SECTION I – L'HISTOIRE DE LA CRÉATION DES ORGANISATIONS INTERNATIONALES

L'histoire des organisations internationales sera rappelée au niveau universel et au niveau régional africain.

PARAGRAPHE I — AU NIVEAU UNIVERSEL

La création des organisations internationales est largement redevable des idées développées par des auteurs anciens qui appelaient, de tous leurs vœux, ces regroupements d'États. (A)

Mais la concrétisation de ces idées n'adviendra qu'à partir du 19e siècle avec l'apparition des premières formes d'organisations (B).

A. Les précurseurs

L'histoire des organisations internationales se confond, sur le tard, avec celle du Droit international public.

Selon certains historiens, les origines de la recherche de la paix remontent aussi loin que la Ligue Délienne du temps de la Grèce antique, au cinquième

[1] NGUYEN, Quoc Dinh, Patrick DAILLIER et Alain PELLET (2002). *Droit international public.* 7e édition. Paris : LGDJ : 1510; CARREAU, Dominique (1986). *Droit international*. Paris : Pedone.

siècle avant JC, alliance ordinaire pour la paix. Les grecs distinguaient deux mondes, le monde civilisé et le monde barbare et sauvage. L'idée d'une communauté hellénique, réunissant des cités grecques de mêmes culture, civilisation et religion, se dessinait en filigrane.

La Rome antique laissait lentement émerger un corps de règles régissant les rapports entre citoyens de l'Empire et les étrangers, une sorte de *jus gentium ou jus inter gentes.*

L'influence de la papauté sera également substantielle au Moyen âge avec le droit canonique, les bulles papales, comme celles d'Adrien IV, en 1155[2] autorisant Henri II (Angleterre) à conquérir l'Irlande, ou d'Alexandre VI partageant le Nouveau Monde entre l'Espagne et le Portugal[3]. Des idéaux de paix ainsi que des essais de contrôle du recours aux armes avec le Second Concile de Latran (1139) avaient aussi pour but de mettre un terme aux guerres interétatiques en Europe pour diriger armes et fantassins vers un Moyen-Orient dominé par les Musulmans[4].

L'apport des théologiens espagnols comme Francisco de Vitoria ou Francisco Suarez s'inscrit dans cette spirale de l'influence de l'Église. La Réforme amènera aussi son lot de réflexions avec les auteurs protestants comme Grotius. La contribution des autres religions révélées, par leurs Livres Saints n'est pas négligeable car insistant sur « l'unité du genre humain » malgré « le pluralisme des nations »[5].

En 1623, Emeric Crucé proposait que tous les dirigeants du monde, y compris ceux extérieurs à la vieille Europe, intègrent une alliance pour résoudre les disputes internationales par la médiation au sein d'un conseil mondial siégeant dans un endroit neutre. D'autres auteurs comme Emmanuel Kant, Hugo de Groot, Jean Jacques Rousseau, William Penn(1693), Friedrich von Gentz (1800) proposent des projets de paix perpétuelle ou des limitations aux horreurs de la guerre (*temperamenti belli*).

Dans les années qui suivirent, des initiatives européennes viseront à stabiliser la paix dans le cadre d'accords internationaux, avec la Paix de Westphalie en 1648, d'Utrecht en 1713, de Paris en1763, et après les guerres napoléoniennes avec le Concert de l'Europe entre 1815 et 1818. Dans ce panorama historique, quelques figures de précurseurs sont marquantes.

Parmi ces précurseurs, une place importante doit être réservée à l'abbé de Saint Pierre et à Emmanuel Kant. Ces auteurs rêvaient de l'institution d'un gouvernement mondial : système comprenant un certain nombre d'institutions

---

[2] Il s'agit de la bulle dite *Laudabiliter*.

[3] Bulle *inter cætera* de 1493 attribuant des terres à l'Espagne, limites qui seront, ensuite, rectifiées par le Traité de Tordesillas de 1494.

[4] Voir, NUSSBAUM, Arthur (1954). *A Concise History of the Law of Nations.* New York: McMillan: 376.

[5] WEIL, Prosper (1998). *Droit international Public*. cité par P.M. DUPUY, 4e édition, Paris : Dalloz.

capables de prévenir et de résoudre les conflits d'intérêt commun entre leurs membres, à l'image des structures de la société étatique.

Pour Kant (1724-1804), auteur de l'ouvrage *Zum Eigen frieden* (Vers la paix perpétuelle) publié en 1795, l'état de nature est une menace inévitable de guerre qui peut être évitée par le recours à un État de droit international. Il identifie trois conditions pour la réalisation de cette paix perpétuelle :

- Dans tout État, la constitution civile doit être républicaine, avec une séparation des pouvoirs et un système représentatif.

- Le droit des gens doit être fondé sur un fédéralisme d'États libres. Prônant d'abord, en 1784 dans *l'idée d'une Humanité du point de vue cosmopolitique,* la constitution d'un État universel, il va ensuite préférer en 1795, la formation d'une alliance des peuples ou fédération d'États libres et souverains établissant un État de droit pour éliminer la violence entre les nations.

- Le droit cosmopolitique, limité à l'hospitalité universelle et au caractère commun du genre humain, forge un principe de sûreté au nom duquel il faut condamner la piraterie, l'esclavagisme et le colonialisme.

Il en conclut que la paix perpétuelle est une idée qui est réalisable, car tout indique que la nature concoure à sa réalisation, pourvu qu'on résolve le conflit entre la morale et la politique relativement à la paix perpétuelle, par l'usage bien compris de la notion transcendantale du droit public.

Pour l'abbé Charles Castel de Saint-Pierre (1658-1743), auteur de l'ouvrage publié, en 1713 et intitulé *Projet pour rendre la paix perpétuelle en Europe*, il est possible d'avoir « les moyens de rendre la paix perpétuelle entre tous les États chrétiens ». À ses yeux, le remède proposé était de former un « Corps européen », une union des 18 principales souverainetés, qui délégueraient leurs députés à un congrès permanent, siégeant à Utrecht. Ce Congrès devra établir des mécanismes d'arbitrage pour les différends interétatiques, l'usage des armes étant interdit entre les membres de l'union, mais sera dirigé contre les ennemis communs.

Il faut noter que les appels de ces auteurs, en faveur d'une organisation structurée de la société Internationale, sont longtemps restés du domaine de la doctrine ou de la propagande. Cependant, ils ont façonné une opinion publique favorable à la paix universelle. Les gouvernements ne prendront conscience de la nécessité de créer des organisations qu'à la faveur des progrès techniques et scientifiques et de l'interdépendance économique qui rendent évidents les avantages d'une concertation internationale.

La vie internationale est animée principalement par les membres classiques de la société internationale que sont les États et les organisations internationales. Aujourd'hui, on compte un millier d'OIG et entre1815 et 1924 on en dénombrait déjà, prés de 16000 traités conclus entre États.[6] Relativement aux OIG, leur création et développement sont la résultante d'une longue maturation.

B. Création et développement des organisations internationales

Il faut préciser d'emblée, que la société internationale n'est pas aussi bien organisée que la société interne ou étatique. Elle est caractérisée par une décentralisation poussée témoignant d'une absence d'autorité supérieure ou centrale pouvant imposer ses décisions par la contrainte[7].

Dans la société internationale, les États sont à la fois les gouvernants et les gouvernés. Ils sont titulaires de la souveraineté. Les autres acteurs en sont dépouillés et ne disposent que d'une personnalité juridique fonctionnelle.

Les États, par la création d'organisations internationales ou intergouvernementales, affectent à ces entités une personnalité et une mission d'entente sociale et d'institution normative.

Il s'y ajoute que l'ordre international est un ordre de juxtaposition ou de coordination de souverainetés toutes égales dans leur prétention à participer à l'ensemble des fonctions du droit international tout en s'émancipant de toute idée d'asservissement à un groupe d'États ou à un État, fût-il économiquement ou militairement dominant[8].

Cette ambiance du droit international n'est pas reprise dans le schéma de l'ordre interne des États, considéré comme un ordre de hiérarchisation entre le pouvoir central et les autres collectivités publiques internes.

L'émiettement du pouvoir dans l'ordre international est amoindri par le rôle important joué par les organisations internationales. Celles-ci offrent aux États un cadre d'expression, de conjugaison d'efforts isolés. Leur nombre a considérablement augmenté depuis le début du XIXe siècle. Elles ont connu à la fois une expansion géographique (régionale, sous-régionale, universelle) et une extension spécialisée (politique, technique, économique, militaire, etc.).

Trois grandes étapes du développement des organisations internationales peuvent être identifiées : avant la première guerre mondiale (1), entre les deux guerres mondiales (2) et depuis la fin de la deuxième guerre mondiale (3).

1ère étape : 1815-1914

Cette période se caractérise par le désir des États européens de trouver les moyens d'établir durablement la paix en Europe. Cette volonté manifestée par ces États aboutira à la création des premières formes d'institutionnalisation d'une société internationale limitée, à l'époque, à l'Europe occidentale et qui

---

[6] CARREAU, Dominique (1986). *Droit international. op. cit.* : 20.

[7] DUPUY, Pierre Marie (2006). *Droit international public.* 4e édition. Paris : Dalloz. : 849 -136 et suivantes ; BIPOUM WOUM, Joseph Marie (1970). *Le droit international africain.* Paris : BAM, tome V, LGDJ.

[8] THIAM, Cheikh Tidiane (2000). *Cours d'Institutions internationales.* Dakar : FSJP, UCAD (polycopié).

s'ouvrira progressivement à d'autres continents. Deux formes embryonnaires ou élémentaires d'organisations internationales seront créées dans le domaine politique et dans le domaine technique.

Il s'agit, dans le domaine politique de la Sainte Alliance et du Concert Européen :

Pour **la Sainte Alliance**[9], union chrétienne pacifique, conclue à Vienne le 26 septembre 1815 par les monarchies victorieuses de Napoléon (Empire russe, Empire d'Autriche, Royaume de Prusse) ; elle a été créée par le Traité de Paris du 20 novembre 1815. Ces puissances seront rejointes par la France de Louis XVIII (1818), grâce à l'habileté diplomatique de Talleyrand.

Le Royaume-Uni était, quant à lui, membre la Quadruple Alliance chargée de surveiller directement la France, mais se cantonnait à sa doctrine de ne pas intervenir dans les affaires intérieures des autres États.

La France dut donc faire ses preuves pour réintégrer les puissances européennes, en intervenant en Espagne en 1823 afin de rétablir le roi Ferdinand VII sur son trône [.]. Sur le plan intérieur, Louis XVIII, conciliant tradition et modernité, va restaurer les prestiges royaux, tout en dotant la France, d'une constitution, appelée Charte.

La Sainte-Alliance, avant de s'essouffler, organisera quelques rencontres :

- Congrès d'Aix-la-Chapelle (1818), admission du royaume de France à l'Alliance, et fin de son occupation (sous l'impulsion du Tsar de Russie) ;

- Congrès de Troppau (1820), affirmation du droit d'intervention (sous l'influence de Metternich) ;

- Congrès de Laybach (1821), réaffirmation du droit d'intervention et intervention dans le royaume des Deux-Siciles ;

- Congrès de Vérone (1822), qui donne pour mission à la France d'intervenir en Espagne.

Le dessein de ces Souverains était mentionné dans le Préambule de 1815, à savoir : « le présent Acte n'a pour objet que de manifester à la face de l'univers leur détermination inébranlable de ne prendre pour règle de leur conduite, soit dans l'administration de leurs États respectifs, soit dans leurs relations politiques avec tout autre gouvernement, que les préceptes de cette religion sainte, préceptes de justice, de charité et de paix qui, loin d'être uniquement applicables à la vie privée, doivent au contraire influer directement sur les résolutions des princes, et guider toutes leurs démarches comme étant le seul moyen de consolider les institutions humaines et de remédier à leurs imperfections ».

L'article 6 du Traité instituait cette sorte de « Directoire Européen » après les guerres napoléoniennes : « Pour faciliter l'exécution du présent Traité et consolider les rapports intimes qui unissent aujourd'hui les souverains pour le

---

[9] Voir, BOURQUIN, Maurice (1954). *Histoire de la Sainte Alliance.* Genève : Georg.

bonheur du monde, les Hautes Parties Contractantes sont convenues de renouveler à des époques déterminées, soit sous les auspices immédiates des souverains, soit par leurs ministres respectifs, des réunions consacrées aux grands intérêts communs pour le repos et la prospérité des peuples et pour le maintien de la paix en Europe. »

Pour **le Concert européen**, il institue à partir de 1830, une pentarchie pour assurer et pérenniser l'ordre monarchique et dynastique. Il se donne le droit d'exercer des fonctions gouvernementales internationales pouvant aller jusqu'à l'intervention militaire. À l'origine, le **Concert ou système du Congrès,** créé par la Quadruple-Alliance de 1815 (l'empire d'Autriche, le royaume de Prusse, l'empire de Russie et le Royaume-Uni de Grande-Bretagne et d'Irlande), était dirigée contre la France, avant que le Royaume de France ne la rejoigne. La diplomatie de cette pentarchie permet au continent européen de s'installer profondément dans une paix relative, jusqu'au déclenchement de la Première Guerre mondiale[10]

Ces deux organismes ont donc des objectifs similaires : concertation entre puissances, préservation de l'équilibre et de la paix en Europe. Cependant, la Sainte Alliance et le Concert Européen n'étaient pas de véritables Organisations internationales car étant dépourvus d'organes permanents. Seules sont prévues des réunions de concertation entre États sous forme de conférences et parfois sans aucune périodicité régulière. Néanmoins, elles préfigurent les organisations internationales à caractère politique comme la Société Des Nations et l'Organisation des Nations Unies.

Par ailleurs, la longue période de paix (1815-1914), conjuguée au progrès technique et au développement des moyens de communication, donnera naissance à deux autres formes d'organisations internationales[11], aux compétences techniques affirmées et dotées de structures rudimentaires mais plus permanentes.

Il s'agit d'organisations techniques : les Commissions fluviales internationales et les Unions administratives.

En ce qui concerne les Commissions fluviales internationales, on peut citer en Afrique, la Commission du Bassin du Congo, la Commission du Bassin du Niger, créée à la suite de l'Acte de Berlin en 1885[12] ; en Amérique, la Commission du Saint-Laurent créée par un Traité entre les États Unis d'Amérique et le Canada et, en Europe, la Commission Centrale pour le Rhin prévue dans l'Acte final du congrès de Berlin du 9 juin 1815 et créée par la

---

[10] De SEDOUY, Jacques-Alain (2009). *Le Concert européen. Aux origines de l'Europe (1814-1914).* Paris : Fayard : 483 ; DUPUIS, Charles (2011). *Le Principe d'équilibre et Le Concert européen, de la Paix de Westphalie à l'Acte d'Algésiras.* Paris : Biblio Bazaar :538 .

[11] COLLIARD, Claude Albert (1950). *Droit international et histoire diplomatique.* Paris : Domat Montchrestien.

[12] Acte général du 26 février 1885, voir COLLIARD, *op. cit*, p10.

Convention de Mayence du 31 mars 1831 ou la Commission Européenne du Danube établie par le Traité de Paris du 30 mars 1856. Ces Commissions fluviales internationales visaient à rationnaliser l'exercice de la liberté de navigation et la gestion d'ouvrages hydrauliques communs sur ces fleuves internationaux.

Pour les Unions administratives, elles ont été créées afin de faciliter la coopération, entre administrations nationales qui rencontraient des difficultés semblables dans certains domaines techniques. On peut citer comme exemples : l'Union Télégraphique Internationale (1865), le Bureau International des Poids et Mesures (1875), l'Union pour la Protection Internationale de la Propriété industrielle (1885), ou l'Union Générale des Postes (1874) devenue l'Union Postale Universelle (1878).

Cette période (1815-1914) illustre sans aucun doute une volonté alertée des États de se regrouper en créant des embryons de service public international à un niveau non encore universel mais plus régional.

2ème étape : 1914-1945

Cette période se caractérise par une institutionnalisation de la société internationale. En effet, le choc de la Première Guerre Mondiale permet d'envisager une véritable révolution par la constitution d'un pouvoir international supérieur aux États. C'est ainsi que sera créée pour la première fois, conformément au discours du Président Woodrow Wilson, une Organisation à vocation universelle. Il s'agit de la Société Des Nations (S.D.N.)[13] instituée par le Pacte du 28 avril 1919 annexé au Traité de Versailles

---

[13] Ce discours ou les *Quatorze Points* a été prononcé devant le Congrès américain le 8 janvier 1918.Il s'agit des points suivants :

« 1. Des traités de paix ouverts, auxquels on a librement abouti, après lesquels il n'y aura plus aucune espèce d'alliances internationales privées, mais une diplomatie franche et transparente.

2. Une absolue liberté de navigation sur les mers, en dehors des eaux territoriales, en temps de paix, aussi bien qu'en temps de guerre, sauf si les mers doivent être en partie ou totalement fermées, afin de permettre l'application d'alliances internationales.

3. Le retrait, autant que possible, de toutes les barrières économiques, et l'établissement d'une égalité des conditions de commerce parmi toutes les nations désirant la paix et s'associant pour la maintenir.

4. Des garanties adéquates à donner et à prendre afin que les armements nationaux soient réduits au plus petit point possible compatible avec la sécurité intérieure.

5. Un ajustement libre, ouvert, absolument impartial de tous les territoires coloniaux, se basant sur le principe qu'en déterminant toutes les questions au sujet de la souveraineté, les intérêts des populations concernées soient autant prises en compte que les revendications équitables du gouvernement dont le titre est à déterminer.

6. L'évacuation de tout le territoire russe et règlement de toutes questions concernant la Russie de sorte à assurer la meilleure et plus libre coopération des autres nations du monde en vue de donner à la Russie toute latitude sans entrave ni obstacle, de décider, en pleine indépendance, de son propre développement politique et de son organisation nationale; pour lui assurer un sincère et bienveillant accueil dans la Société des Nations libres, avec des institutions de son propre choix, et même plus qu'un accueil, l'aide de toute sorte dont elle pourra avoir besoin et qu'elle pourra souhaiter. Le traitement qui sera accordé à la Russie par ses nations sœurs dans

de 1919. La SDN aura pour but de maintenir la paix et la solidarité des peuples démocratiques afin d'empêcher, ce que le Professeur Georges Scelle appelle, « la guerre civile internationale ». Avec la SDN, on va assister au regroupement et à la coordination de l'ensemble des Unions administratives préexistantes. Il s'agit là d'un premier essai de fédéralisme administratif.

On y distinguait, les guerres licites et les guerres illicites. À cet égard selon le préambule du Pacte, les États s'engagent à accepter « certaines obligations de ne pas recourir à la guerre » comme la guerre d'agression (art.10) ; s'interdisaient la guerre avant de résoudre par des moyens pacifiques le différend. (art.12) ; prohibaient la guerre contre un État appliquant un arrêt ou une sentence arbitrale (art.13) ou la guerre contre un État appliquant une décision du Conseil de la SDN (art.15).

---

les mois à venir sera la pierre de touche de leur bonne volonté, de leur compréhension des besoins de la Russie, abstraction faite de leurs propres intérêts, enfin, de leur sympathie intelligente et généreuse.

7. La Belgique, et le monde entier agréera, doit être évacuée et restaurée, sans aucune tentative de limiter sa souveraineté dont elle jouit communément aux autres nations libres. Nul autre acte ne servira comme celui-ci à rétablir la confiance parmi les nations dans les lois qu'elles ont établi et déterminé elles-mêmes pour le gouvernement de leurs relations avec les autres. Sans cet acte curateur, l'entière structure et la validité de la loi internationale est à jamais amputée.

8. Tous les territoires français devraient être libérés, les portions envahies rendues, et les torts causés à la France par la Prusse en 1871, qui a perturbé la paix mondiale pendant près de 50 ans, devraient être corrigés, de telle sorte que la paix soit de nouveau établie dans l'intérêt de tous.

9. Un réajustement des frontières d'Italie devrait être effectué le long de lignes nationales clairement reconnaissables.

10. Aux peuples d'Autriche-Hongrie, dont nous désirons voir sauvegarder et assurer la place parmi les nations, devra être accordée au plus tôt la possibilité d'un développement autonome.

11 .La Roumanie, la Serbie et le Monténégro devraient être évacués ; les territoires occupés devraient être restitués ; à la Serbie devrait être assuré un accès à la mer libre et sûr; les relations des états Balkans entre eux devraient être déterminés par une entente amicale le long de lignes historiquement établies d'allégeance et de nationalité; des garanties internationales quant à l'indépendance politique et économique, et l'intégrité territoriale des États des Balkans devrait également être introduites.

12. Aux régions turques de l'Empire ottoman actuel devraient être assurées la souveraineté et la sécurité ; mais aux autres nations qui sont maintenant sous la domination turque on devrait garantir une sécurité absolue de vie et la pleine possibilité de se développer d'une façon autonome ; quant aux Dardanelles, elles devraient rester ouvertes en permanence, afin de permettre le libre passage aux vaisseaux et au commerce de toutes les nations, sous garantie internationale.

13. Un État polonais indépendant devrait être créé, qui inclurait les territoires habités par des populations indiscutablement polonaises, auxquelles on devrait assurer un libre accès à la mer, et dont l'indépendance politique et économique ainsi que l'intégrité territoriale devraient être garanties par un accord international.

14. Une association générale des nations doit être constituée sous des alliances spécifiques ayant pour objet d'offrir des garanties mutuelles d'indépendance politique et d'intégrité territoriale aux petits comme aux grands États. »

Quant aux guerres licites, elles sont considérées comme légitimes par la SDN. Ce sont les guerres pour la défense d'un droit de l'État ; en cas de légitime défense ; contre un État refusant d'exécuter un arrêt, une sentence arbitrale ou une décision du conseil de la SDN[14].

Mais le fait marquant durant cette période, c'est l'institutionnalisation de la fonction juridictionnelle par la création en 1920 de la Cour Permanente de Justice Internationale (CPJI)[15] et de la fonction sociale confiée à l'Organisation Internationale du Travail (OIT) établie en vertu de la partie 13 du Traité de Versailles. L'OIT est devenue, depuis 1946, une institution spécialisée des Nations Unies.

On signalera la création durant cette période, de l'Union Panaméricaine réunissant, selon le préambule « Les Républiques américaines, dont l'union morale, repose sur l'égalité juridique des républiques du continent et sur le respect mutuel des droits inhérents à leur complète indépendance, désirant pourvoir efficacement à la conciliation croissante de leurs intérêts économiques et à la coordination de leurs activités dans l'ordre social et dans l'ordre intellectuel, et reconnaissant que leurs relations entre les peuples soient réglées tant par le droit que par leurs légitimes intérêts individuels et collectifs » [16].

3e étape : de 1945 à nos jours

L'échec de la S.D.N. et le deuxième conflit mondial entraînent une prise de conscience de la nécessité d'une coopération internationale plus accrue. Cette période se caractérise par une prolifération d'organisations internationales sans précédent, tant au niveau universel que régional.

Au niveau universel, c'est d'abord la création de l'ONU (juin 1945). Avec l'ONU, on note aussi l'émergence de nombreuses institutions spécialisées qui sont reliées à l'organisation mondiale par des accords couvrant presque tous les aspects techniques et culturels de la vie sociale, notamment le Fonds Monétaire International, la Banque Internationale pour la Reconstruction et le Développement (BIRD ou Banque Mondiale), l'UNESCO, le HCR, la CNUCED, la FAO, l'Organisation Mondiale de la Santé ou l'Organisation Météorologique Mondiale. À côté de celles-ci, de nombreux organismes subsidiaires seront créés par l'ONU, comme le PNUD, le PAM, le PNUE.

---

[14] Voir troisième partie de l'ouvrage.

[15] En vertu de l'art.14 du Pacte de la S.D.N du 28 avril 1919, un comité consultatif de juristes, présidé par le Baron Descamps (Belgique) a été chargé d'élaborer le projet de C.P.J.I. Le texte fut soumis au Conseil le 28 octobre 1920 puis à l'Assemblée de la S.D.N .Cette dernière préconisa par une résolution du 13 décembre 1920 un Protocole d'adoption du Statut ,qui sera ouvert à la signature le 16 décembre 1920.Le Statut entra en vigueur le 1er septembre 1921.La première élection des juges eut lieu le 14 septembre 1921 .La Cour tiendra sa première session consacrée à l'élaboration de son Règlement le 30 janvier 1922.En 1939, prés de 50 États avaient ratifié le protocole d'adoption de cette Cour. Cf. HUDSON, Manley O. (1936). *La Cour permanente de Justice Internationale*. Paris : Pedone.

[16] Convention du 18 février 1928, cf. C.A.COLLIARD, *op. cit.*, : 196-198.

De même, de nouvelles organisations ont été créées grâce au Tiers-Monde pour résoudre les problèmes de sous-développement, comme le FIDA, l'ONUDI, l'Autorité Internationale des Fonds Marins créée par la Convention de Montego Bay sur le droit de la mer du 10 janvier 1982, etc.

Cette diversification institutionnelle au plan universel se retrouve aussi au plan régional.

PARAGRAPHE II — AU NIVEAU RÉGIONAL AFRICAIN

Au niveau régional, les solidarités de voisinage et de situation économique se sont renforcées dans tous les continents[17].

En Afrique, on peut noter la présence de l'Organisation de l'Unité Africaine devenue Union Africaine, les différentes communautés économiques régionales[18], et d'autres organisations économiques sous régionales[19], les organisations sectorielles sur l'eau, les produits de base, le règlement des différends juridiques ou politiques, l'encadrement de l'éducation, de la santé, de l'environnement[20], etc.

Il conviendra de faire un rappel des efforts de construction de ces OIA (A), avant d'exposer la tendance à l'émergence d'un droit communautaire africain (B).

A. Historique des efforts de coopération et d'intégration en Afrique

Après la Seconde Guerre Mondiale, le désir de préserver la paix et d'éviter la guerre aux générations futures a conduit les États à se retrouver dans l'Organisation des Nations unies (ONU) qui veille au maintien de la paix et qui imprime un minimum d'éthique politique aux États.

Sur le continent africain, le développement de l'idéologie du panafricanisme aux lendemains des indépendances, a abouti à la création d'une organisation essentiellement politique : l'Organisation de l'Unité africaine (OUA). Toutes les

---

17 En Europe, on peut citer l'Union Européenne, le Conseil de l'Europe, l'O.S.C.E, l'AELE, le Conseil nordique, etc.
Au Moyen Orient, on peut citer l'OPEP, la Ligue Arabe, le conseil de coopération du golfe, etc.
En Amérique, on peut énumérer l'Organisation des États Américains et les nombreuses organisations d'intégration comme le MERCOSUR (Marché Commun du Cône Sud), l'Association de Libre Échange Nord Américaine(ALENA), le GRAN (Groupe andin), le SAI (Système andin d'intégration), le SICA (Système d'intégration Centraméricain), la Communauté Andine, le Marché commun des Caraïbes(CARICOM), etc.

18 Sont officiellement reconnues comme CER par l'Union Africaine, les huit OIA suivantes : CEN-SAD, CEEAC, CEDEAO, CAE, COMESA, IGAD, SADC et UMA.

19 Elles sont au nombre de six : l'UEMOA, la COI, la CEPGL, la CEMAC, la SACU et l'Union du Fleuve Mano.

20 Selon la Banque Mondiale, l'Afrique subsaharienne compterait plus de deux cents(200) OIA de coopération ou d'intégration, *BIRD, L 'Afrique subsaharienne, de la crise à la croissance durable, novembre 1989, p.182.*

régions d'Afrique sont aujourd'hui engagées dans de vastes chantiers d'intégration économique[21].

Déjà, le legs précolonial des grands empires du Mali[22], du Ghana, de l'Afrique australe, orientale, centrale et la culture arabo-islamique avaient imprimé par leurs apports de civilisation[23], un terreau de solidarité et de cohabitation largement éprouvé par la colonisation européenne et la culture judéo-chrétienne mais propice à des regroupements[24]. Ce legs, quoique légèrement sublimé[25] par les penseurs africains avant les indépendances, sera un des fondements des nombreuses tentatives de regroupements forgés sous la bannière du panafricanisme[26].

Le panafricanisme [27]est une idée politique et un mouvement d'émancipation et de solidarité entre les africains. Cette vision sociale, culturelle et politique des africains vise la réalisation d'une organisation politique intégrée de tous les nations et peuples d'Afrique.

Le mot « panafricain » apparait dans les écrits et discours de figures emblématiques comme Edward Wilmot Blyden et Antênor Firmin, rejoints au

---

[21] Voir Ibriga Luc Marius, Coulibaly Abou Saib, Sanou Dramane, Droit communautaire ouest africain, Université de Ouagadougou, Presses africaines, 2008,510 p.

[22] Voir la Charte du Mandé ou de *Kurukan fuga*, (extraits) dans la troisième partie de l'ouvrage.

[23] Pathé Diagne, Pouvoir politique traditionnel en Afrique occidentale : essai sur les institutions politiques précoloniales, Paris : Présence Africaine, 1967.

[24] Léopold S. Senghor, jetant un pont entre négritude et arabité déclarait en 1963 : » ce qui nous lie est au delà de l'histoire. Il est enraciné dans la préhistoire. Il tient à la géographie, à l'ethnie, et, partant, à la culture. Il est antérieur au christianisme et à l'islam. Il est antérieur à toute civilisation... », SENGHOR, Léopold Sédar (1967). *Les fondements de l africanité.* Paris : Présence africaine.

[25] Voir LEGUM, Colin (1965). *Le Panafricanisme à l'épreuve de l'indépendance.* Dakar : Saint-Paul ; De BENOIST, Joseph Roger (1982). *L'Afrique francophone française de 1944 à 1960.* Dakar : Nouvelles Éditions africaines (NEA) : 617 ; DECRAENE, Philippe (1970). *Le panafricanisme.* Presses Universitaires de France. Paris : PUF. « Que sais-je »; GRIMAL, Henri (1965). *La décolonisation de 1919 à nos jours.* Paris : Édition Armand Colin : 407; BENOIT, Yves (1975). *Indépendances africaines : Idéologies et réalités.* Paris : Édition Maspero, Tome 1 : 127.

[26] HILBOLD, Albert, Lissia JEURISSEN, Aggée-Célestin LOMO MYAZHIOM, Martial-Ze BELINGA (2003). « Panafricanisme : piège postcolonial ou construction identitaire non-blanche » *in Latitudes noires 2003-2004.* Hémisphères.

[27] BUCHMAN, Johannes (1962). *L'Afrique noire indépendante.* Paris : Édition Armand Colin : 434; CORNEVIN, Robert et Marianne CORNEVIN (1974). *Histoire de l'Afrique. Des origines à la deuxième guerre mondiale.* Paris : Édition Payot, 4e édition : 447; CORNEVIN, Marianne (1978). *Histoire de l'Afrique contemporaine. De la deuxième guerre mondiale à nos jours.* Paris : Édition Payot : 447; DECRAENE, Philippe (1983). *Vieille Afrique, jeunes nations.* Paris : Édition Presses Universitaires de France : 301; De BENOIST, Joseph Roger (1979). *La balkanisation de l'Afrique de l'Ouest Francophone (AOF).* Abidjan-Dakar : Nouvelles Éditions africaines : 283; BENOIST, Joseph Roger (1987). *Église et pouvoir colonial au Soudan français, Administrateurs et missionnaires dans la Boucle du Niger (1885-1945).* Paris : Édition Karthala : 541; BENOIST, Joseph Roger (1982). *L'Afrique francophone française de 1944-1960.* Dakar : Nouvelles Éditions africaines (NEA) : 617; DECRAENE, Philippe (1970). *Le panafricanisme.* Paris : PUF. Presses universitaires de France « Que sais-je ? » : 128.

début du XXe siècle, par Benito Sylvain ou W. E. B. Du Bois et, avec la décolonisation, s'incarne en la personne de certains leaders comme Kwame Nkrumah[28].

En 1896, Benito Sylvain délégué général de l'*Association Panafricaine*, avait recueilli le consentement d'Antênor Firmin pour réunir un Congrès panafricain à Paris, celui-ci considérant que « l'on peut, sans être prophète, prédire que toute la politique de la première moitié du XXe siècle, au moins, sera dominée par les questions coloniales ».

En effet, le but de cette association était « d'encourager un désir d'unité et de faciliter des relations amicales entre Africains en général, de promouvoir et de protéger les intérêts de tous les sujets proclamant leur ascendance africaine ». Au sortir de la première « Conférence panafricaine », selon l'expression prêtée à Henry Sylvester, en référence aux mouvements unificateurs panslave et pangermaniste[29], une organisation permanente est fondée pour organiser le prochain rassemblement[30].

Largement financée par les Afro-américains, la seconde réunion parisienne de 1919 sera la première à porter le nom de « Congrès »[31]. Puis se succéderont

---

[28] Voir son ouvrage, (1964). *Africa must unite*. London : Heinemann, 1963, traduction française, Payot.

[29] La Conférence se tint les 23, 24 et 25 juillet 1900 au Westminster Hall de Londres. Ses participants sont originaires des Caraïbes, des États-Unis, du Canada, d'Afrique et du Royaume-Uni Le texte final de la Conférence comporte également un passage destiné « A sa Gracieuse Majesté, Reine de la Grande-Bretagne et de l'Irlande, Impératrice de l'Inde », attirant son attention envers « la situation alarmante des autochtones en Afrique du Sud ».

[30] La résolution principale de la Conférence est une *Adresse aux Nations du Monde* adoptée à l'unanimité. Elle comporte divers points :
« - La couleur et la race ne doivent plus être des « critères de distinction » entre les noirs et les blancs »
- Les libertés des « indigènes d'Afrique » doivent être respectées, au même titre que leur droit d'accéder aux « voies du progrès et de la culture »
- Les missions chrétiennes ne doivent plus être le prétexte de « l'exploitation économique et l'effondrement politique des nations les moins développées »
- La nation britannique doit accorder « les droits dignes d'un gouvernement responsable aux colonies noires d'Afrique et des Indes Occidentales »
- Les États-Unis doivent octroyer aux Noirs-Américains « le droit de vote, la sécurité des personnes et la propriété »
- Les colonies françaises, allemandes et belges doivent se souvenir que leur richesse réside dans la « prospérité », le « progrès » et le « bonheur » du peuple noir
- Les puissances impérialistes doivent respecter « l'intégrité et l'indépendance » de l'Éthiopie, du Liberia et d'Haïti. »

[31] Le choix de Paris se justifie par l'adoubement de la France grâce au premier député noir, élu en 1914, le sénégalais Blaise Diagne alors chargé des recrutements de soldats en Afrique. Les 57 congressistes y expriment les revendications suivantes :
- L'établissement d'un code législatif international pour la protection des indigènes d'Afrique, « semblable au projet de code international du travail ».
- La garantie de certains droits pour les indigènes africains : l'accès à la terre, la juste répartition des ressources capitalistes de l'État, l'abolition du travail forcé et des châtiments corporels, l'accès à l'éducation et la participation des africains au gouvernement de l'État.

des rencontres dans trois capitales différentes, Londres, Bruxelles et Paris en 1921.

Des divergences, sur la ligne politique à adopter, vont aboutir à une césure du mouvement. À la session de Londres (27-29 août 1921), les anglophones adoptent un Manifeste pour « la reconnaissance des hommes civilisés comme étant civilisés indépendamment de leur couleur et de leur race » et « la restitution de l'ancienne propriété commune de la Terre et de ses richesses et défenses naturelles contre l'avidité sans limites des investissements capitalistes ».

À la session de Bruxelles (30 août-2 septembre), la rupture entre W.E.B. Du Bois et Blaise Diagne, conduit ce dernier à rejeter le Manifeste de Londres, qu'il considère trop communiste. À la session de Paris (4-5 septembre 1921), Blaise Diagne et Gratien Candace (député de la Guadeloupe) donnent en exemple la politique coloniale de la France, alors que Du Bois critique la politique d'assimilation française, jugée comme exploitant africains et antillais. Comme révélateur de la rupture, Du Bois organise presque à lui seul, en 1923, les deux derniers Congrès panafricains, à Londres (7-8 novembre) et à Lisbonne (1-2 décembre).[32]

Une orientation communiste se dessinera, de plus en plus, lors du quatrième Congrès panafricain organisé à New-York (21-24 août) en 1927, Du Bois adoubant une politique de soutien des communistes russes à l'égard des mouvements nationalistes.

Par ailleurs, l'essor des idées panafricaines est redevable de la contribution remarquable, de nombreux mouvements (associations, revues...) visant à enraciner l'idée panafricaine. Marcus Garvey, qui en est une figure principale fonda, en 1914, l'*Universal Negro Improvement and Conservation Association and African Communities League* (UNIA)[33].

En France, la *Ligue universelle pour la défense de la race noire* (LUDRN) de Tovalou Houénou (1887-1936), issu de l'aristocratie du Dahomey, aux positions radicales proches de Marcus Garvey, sera dissoute, mais le relais sera

[32] Les résolutions suivantes y seront adoptées :
- Le développement de l'Afrique « au profit des Africains » ;
- La représentation des Noirs à la SDN et à l'OIT.
- L'indépendance et l'élargissement de l'Égypte jusqu'au Soudan.
- L'extension du statut de citoyen dans les colonies françaises.
- La fin des recrutements forcés de travailleurs dans les colonies portugaises.
- La fin de l'exploitation du Congo.
- L'émancipation d'Haïti, du Liberia et de l'Éthiopie de la tutelle économique des compagnies monopolistes affiliées aux puissances capitalistes ».

[33] En 1918, il crée *The Negro World*, dont les articles sont écrits en anglais, en français et en espagnol. Au *Liberty Hall* d'Harlem en 1920, Garvey proclame devant 25000 personnes sa « Déclaration des Droits des Peuples Nègres du Monde », et veut la formation d'un Empire africain et s'attitre « Président provisoire de l'Afrique ».

pris par Lamine Senghor, qui fonde en 1926 le *Comité de Défense de la Race Nègre*, repris, après sa mort en 1927, par Tiémoko Garan Kouyaté.

En Grande-Bretagne et ses colonies, dans les premières décennies du XXe siècle, de nombreuses organisations étudiantes voient le jour, comme la *Union for Students of African Descent* et de la *Gold Coast Student' s Union* dont la fusion aboutira à la création de la *West African Students Association* (WASU) en 1925.

En Afrique du Nord, l'*Étoile Nord-Africaine* (ENA), créée en 1926 , sous l'impulsion de Messali Hadj, mobilise pour l'émancipation et l'unité du Maghreb et contre l'invasion fasciste de l'Éthiopie, faisant ainsi de l'empereur Hailé Sélassié, en exil à Londres, une figure emblématique du panafricanisme[34].

À partir de 1945, les mouvements intellectuels donnent naissance au *Manifeste du Rassemblement africain,* « refus historique de soumission du Nègre »[35]. En 1947, paraît à Paris le premier numéro de la revue *Présence africaine*, animée par le sénégalais Alioune Diop qui donne la parole à de jeunes étudiants parmi lesquels Cheikh Anta Diop, Joseph Ki-Zerbo ou Abdoulaye Wade[36]. Il fonde également la Société africaine de culture, qui réunit du 19 au 22 septembre 1956 le premier *Congrès des Écrivains et Artistes Noirs* à La Sorbonne[37]. Cette effervescence intellectuelle favorisera la mobilisation des étudiants africains qui seront à l'origine de la FEANF (créée en décembre 1950 à Bordeaux) et de sa revue, *L'Étudiant d'Afrique Noire*.

En janvier 1957, les délégués syndicaux de toute l'Afrique française se réunissent à Cotonou et fondent l'*Union générale des travailleurs d'Afrique noire* (UGTAN) dont le but est « d'organiser tous les travailleurs africains dans l'unité et de coordonner l'action de l'ensemble des organisations syndicales africaines dans la lutte contre le régime colonial et toutes les formes d'oppression et d'exploitation de l'homme par l'homme, pour la défense de leurs revendications économiques et sociales, la légitime affirmation de la dignité humaine du travailleur africain et l'émancipation complète des populations autochtones ».

Lors de la proclamation de l'indépendance du Ghana le 6 mars 1957, Kwame Nkrumah rappelle que « l'indépendance du Ghana n'a pas de sens si

---

[34] Sur le rôle de l'Empereur et de son pays dans le panafricanisme, cf. LECOUTRE, Delphine (2004). « L'Éthiopie et la création de l'OUA ». *AFDI* vol.20 : 113-147.

[35] La SFIO et le MRP ainsi que Léopold Sédar Senghor et Lamine Gueye boycottent en conséquence le congrès de Bamako (19-21 octobre 1946) qui porte l'acte de naissance du Rassemblement démocratique africain(RDA).

[36] Voir WADE, Abdoulaye (2005). *Un destin pour l'Afrique.* Paris : Édition Michel Laffont.

[37] Parmi ces intellectuels venus d'AEF, d'AOF, d'Angola, des Antilles françaises, du Cameroun, du Congo belge, d'Haïti, de Jamaïque, de Madagascar, du Mozambique, du Nigeria, de la Sierra Leone, du Togo, de l'Union sud-africaine, et d'anciennes puissances esclavagistes comme le Brésil, on compte la présence de Jean Price Mars, Richard Wright, Aimé Césaire ou encore Jacques Rabemananjara

elle n'est pas liée à la libération totale de l'Afrique ». Il réunit le 15 avril 1958, la *Conférence des États Indépendants d'Afrique* (Égypte, Libye, Maroc, Tunisie, Éthiopie, Ghana, Liberia et Soudan) à Accra. Puis, en décembre, Accra accueille la *Conférence des Peuples Africains*[38].

Le 28 septembre 1958, la Guinée devient indépendante et donne à Nkrumah et Sékou Touré l'occasion de fonder l'*Union Ghana-Guinée*[39].

Les premières années de la décennie suivant la première moitié du vingtième siècle verront l'éclosion de formations politiques, de mouvements syndicaux et de nombreuses tentatives de regroupement en vue des indépendances qu'on sentait déjà proches.

Les différentes organisations internationales africaines (ci-après, OIA), qu'elles soient dissoutes, survivantes ou nouvelles, peuvent être scindées en deux catégories : les organisations de coopération et les organisations d'intégration.

Les organisations de coopération

Elles visent à résoudre des problèmes d'intérêts communs, chaque État restant souverain, gardant son indépendance d'action et de décision. Le but est surtout la coordination de programmes et de politiques communes générales et sectorielles.

On se contentera de rappeler la définition de la coopération qu'en donne le Professeur Gonidec, à savoir que c'est « un mode des relations internationales qui implique la mise en œuvre d'une politique (donc d'une stratégie et d'une tactique) poursuivie pendant une certaine durée de temps et destinée à rendre plus intimes, grâce à des mécanismes permanents, les relations internationales dans un ou plusieurs domaines déterminés, sans mettre en cause l'indépendance des unités concernées »[40].

Elles sont nées très tôt à la faveur du mouvement de décolonisation animé par des intellectuels et élites politiques issus des colonies ou territoires non autonomes, à l'ombre souvent tutélaire des métropoles occidentales. Le climat politique de la fin des années 1950 est favorable à la concrétisation politique du panafricanisme.

En juillet 1958 à Cotonou, Léopold Sédar Senghor accueille en tant que dirigeant du *Parti du regroupement africain* (PRA) de nombreux délégués de l'Afrique française afin de conforter ses positions panafricaines et fédéralistes.

---

[38] Celle-ci réunit de nombreux dirigeants des partis et mouvements nationalistes africains, unis dans l'intransigeance de leur anticolonialisme.

[39] Identifiés comme leaders du courant le plus radical du panafricanisme, Nkrumah et Sékou Touré, proclameront par un communiqué conjoint du 23 novembre 1958, la création de l'Union Ghana-Guinée qui deviendra, après l'adhésion du Mali de Modibo Keita, « l'Union des États africains » avec pour ambition « les États-Unis d'Afrique ».

[40] GONIDEC, P. F. *Les Organisations internationales africaines. op. cit.* : 53.

La même année, les mouvements nationalistes de pays tels que le Kenya, l'Ouganda ou encore le Mozambique se retrouvent à Mwanza au Tanganyika afin de donner naissance au Mouvement panafricain pour l'Afrique orientale et centrale.

Néanmoins, de nombreuses divergences ralentissent le mouvement de l'union africaine. On distingue parmi les dirigeants africains, des « radicaux » et des « modérés », c'est-à-dire, d'une part les adeptes d'une rupture socialiste avec le monde occidental, et d'autre part les partisans d'un maintien de relations pacifiques avec les États capitalistes.[41]

Quant au groupe de Monrovia, dit modéré, il met en gestation, l'Union Africaine et Malgache (UAM)[42], qui deviendra par la suite l'UAMCE[43] , puis l'OCAM[44]. C'est dans ce contexte de divisions internes et marqué par les discours d'Hailé Sélassié[45], Kwame Nkrumah et Lumumba, que la *Conférence Internationale des États indépendants d'Afrique*, organisée à Addis-Abeba en 1963, réconciliant la position des « modérés » et celle des « progressistes », consacre l'avènement de l'*Organisation de l'Unité africaine* (OUA).

Les désaccords d'ordre politique seront compensés dans les décennies suivantes par un essor du panafricanisme sur les plans culturel et scientifique. Partout, en Afrique, sera constaté un bouillonnement institutionnel sous la forme de regroupements interétatiques. De nombreux projets de fédérations, de confédérations ou d'OIA, souvent mort nés seront lancés comme l'union des États du Nil, les États unis d'Afrique latine, la Sénégambie[46], l'Union Maroc – Libye (accord d'Oujda du 13 aout 1984), la Fédération du Mali[47], l'Union des Républiques d'Afrique centrale (URAC)[48], l'Union des États d'Afrique centrale[49] .

Justement, en Afrique centrale, la non-ratification de la charte constitutive de l'URAC en 1961, conduira, à se contenter, faute de mieux, d'une organisation

---

[41] Selon François Borella, « il s'agit des groupes suivants : groupe dit de Casablanca, qualifié de révolutionnaire, opposé au groupe plus nombreux mais moins organisé de Monrovia, que l'on a affublé du qualificatif de réformiste. Les divergences entre ces deux groupes ont souvent masqué l'importance d'un regroupement continental, mais qui se veut essentiellement pratique et technique, l'Union africaine et malgache », op. cit.

[42] Charte de Tananarive du 7 septembre 1961.

[43] Charte de Nouakchott du 29 avril 1964 (charte qui n'entrera pas en vigueur).

[44] Charte de Tananarive du 27 juin 1966.

[45] LECOUTRE, Delphine, *op. cit.*

[46] Pacte de Kaur de 1981.

[47] Voir sa Constitution du 4 avril 1959 ; NDIAYE, Guédel (1980). *L'échec de la Fédération du Mali.* Dakar : NEA : 194; CISSOKHO, Sékéné Mody (2005). *Un combat pour l'unité de l'Afrique de l'ouest : la Fédération du Mali (1959-1960)*. Dakar : Nouvelles Éditions africaines du Sénégal : 257.

[48] Composée de la RCA, du Tchad et du Congo. Cette charte du 7 mai 1960 ne sera pas, non plus, ratifiée.

[49] Initiée par Mobutu Sese Seko, sa charte a été signée à Fort-Lamy (Ndjamena) le 2 avril 1968.Son objectif était d'aller vers les États Unis d'Afrique. Elle est dissoute en 1981.

d'intégration, l'Union Douanière des États d'Afrique Centrale (UDEAC) en 1964. À défaut de Fédérations par affinité linguistique ou de voisinage, au delà de la réalisation idéale de l'unité africaine, l'acuité des problèmes de développement sera l'aiguillon qui décuplera le choix de créer des organisations sectorielles.

Celles-ci vont vite proliférer. Ainsi, dans le domaine agricole, pour lutter contre insectes et oiseaux granivores, l'Organisation de lutte anti acridienne (OCLA) et l'Organisation de lutte anti aviaire (OCLAV) fondées en 1959, fusionneront pour devenir l'OCLALAV en 1965 ; pour lutter contre la sécheresse, le CILSS[50] et l'IGADD[51] seront portés sur les fonts baptismaux ; dans le domaine de la santé, pour lutter contre les endémies et les pandémies, on peut citer l'OCCGE[52], l'OCEAC[53] ; en matière de transport et de communications, l'OUA aidera à la gestation de l'union panafricaine des postes, de l'union panafricaine des télécommunications et de l'union africaine des chemins de fer, qu'elle englobera par la suite comme ses institutions spécialisées.

Mais, c'est surtout dans le domaine des fleuves et des lacs que vont fleurir de nombreuses OIA comme l'OMVS[54], l'Union du fleuve Mano[55], l'Autorité du Bassin du Niger[56], l'Organisation pour la rivière Kagera[57], la Commission du Lac Tchad[58], etc.

Au delà de la distinction entre organisations générales et sectorielles, les OIA de coopération continuent d'être encore créées, voire, transformées ou dissoutes en fonction des nécessités économiques, politiques ou conjoncturelles et aucun secteur de la vie internationale n'est susceptible de ne pas être attrait dans la spirale (créative, frénétique) institutionnelle des États africains.

Le même constat vaut pour les OIA d'intégration.

---

[50] Créé le 12 septembre 1973, le Comité permanent Inter-états de Lutte contre la Sécheresse au Sahel regroupe actuellement 13 États dont quatre États enclavés (Mali, Burkina, Niger, Tchad), un État insulaire (Cap vert)). Il a son siège à Ouagadougou.

[51] *L'inter Governmental Authority for Drought and Development (*IGADD) ou Autorité Intergouvernementale contre la sécheresse et pour le développement, sera remplacé par l'IGAD (Autorité Intergouvernementale pour le Développement).

[52] Organisation de coordination et de coopération dans la lutte contre les grandes endémies en Afrique centrale (1966).

[53] Organisation de coordination pour la lutte contre les endémies en Afrique centrale(1963).

[54] Organisation pour la mise en valeur du Fleuve Sénégal, Convention de Nouakchott du 11 mars 1972.

[55] En anglais, Mano *River Union.*est établie par une Déclaration signée à Malema le 3 octobre 1973 entre le Liberia et la Sierra Léone .Ils seront rejoints par la Guinée-Conakry, puis la Côte d'Ivoire.

[56] Convention de Faranah du 21 novembre 1980 révisée le 29 octobre 1987 à Ndjamena.

[57] Accord portant création de l'Organisation pour l'aménagement et le développement du Bassin de la rivière Kagera, signé à Rusumo le 24 aout 1977.

[58] La Commission du Bassin du Lac Tchad a été créée le 22 mai 1964.

Les organisations d'intégration

Elles ambitionnent la création d'un ensemble intégré. En fait, il faut convenir avec le Professeur Gonidec, que « l'intégration est à la fois un processus et une situation qui, à partir d'une société internationale morcelée en unités indépendantes les unes des autres, tendent à leur substituer de nouvelles unités plus ou moins vastes, dotées au minimum du pouvoir de décision dans un ou plusieurs domaines déterminés, soit dans l'ensemble des domaines relevant de la compétence des unités intégrées, à susciter, au niveau des consciences individuelles, une adhésion ou une allégeance, et à réaliser, au niveau des structures, une participation de tous au maintien et au développement de la nouvelle unité »[59].

Les OIA d'intégration[60] visent à terme une fusion ou une harmonisation des législations entre États membres qui peuvent constituer soit une **Union douanière** (forme avancée d'intégration, situation dans laquelle deux ou plusieurs États, d'une part éliminent dans leurs rapports mutuels les restrictions tarifaires et non tarifaires à leurs échanges commerciaux et d'autre part, instituent une protection commune tarifaire [Tarif Extérieur Commun ou TEC] ou non tarifaire dans leurs rapports avec les États tiers) ; soit une **Zone de Libre Échange** (situation dans laquelle deux ou plusieurs États éliminent dans leurs rapports mutuels les restrictions tarifaires et non tarifaires à leurs échanges commerciaux (forme élémentaire de l'intégration économique) ; soit un **marché commun** (situation dans laquelle deux ou plusieurs États, d'abord éliminent dans leurs rapports mutuels les restrictions tarifaires et non tarifaires ; ensuite instituent une protection commune tarifaire et non tarifaire dans leurs rapports commerciaux avec les États tiers ; enfin, suppriment toutes restrictions à la libre circulation des autres facteurs économiques et tendent à créer un milieu économique homogène (forme perfectionnée d'intégration).

Les États nouvellement indépendants étaient en réalité des micro-États au regard de l'étroitesse de leur territoire. Pris isolément, leurs marchés ne permettaient pas d'entreprendre de grands projets de développement et d'acquérir une indépendance économique vis-à-vis de l'extérieur.

L'Afrique de l'Ouest n'est pas en marge de ce mouvement. Cette région comporte, à elle seule, deux organisations d'intégration, la Communauté économique des États de l'Afrique de l'Ouest (CEDEAO) et l'Union économique et monétaire Ouest africaine (UEMOA).

---

59 GONIDEC, P. F. *Les OIA. op. cit.* : 54.

60 Pour les théories et méthodes d'intégration ,on renverra le lecteur aux ouvrages de relations internationales ,de droit international économique ou d'économie internationale notamment aux auteurs comme Karl Deutsch, Ernest Haas, David Mitrany, Samir Amin, F.H.Cardoso, Makhtar Diouf, Moustapha Kassé ou Mohamed Bennouna, avec le fonctionnalisme, l'intégration par le marché et par la production, l'intégration globale et l'intégration sectorielle, les théories marxistes et tiers mondistes de développement (voir Bibliographie de cet ouvrage).

La CEDEAO est née d'un concours de circonstances. Au lendemain des indépendances des États africains en 1960, se fondant sur des affinités historico-culturelles héritées de la colonisation, l'Afrique occidentale française (AOF),[61] verra ses ex-colonies créer l'Union douanière de l'Afrique occidentale (UDAO) le 9 juin 1959, transformée, ensuite, en Union Douanière des États de l'Afrique de l'ouest (UDEAO) par le traité du 14 mars 1966. Cette dernière disparaîtra à son tour pour faire place à la Communauté économique de l'Afrique de l'Ouest (CEAO)[62].

Fort inspirés de l'expérience européenne (la Communauté économique Européenne, CEE), les États de l'Afrique de l'Ouest vont entreprendre des démarches en vue de la création de la Communauté économique des États de l'Afrique de l'Ouest, (CEDEAO, ECOWAS en anglais)[63].

Les propos du ministre nigérian de l'économie d'alors, traduits de l'anglais, résument bien ce contexte : « Nous sommes aujourd'hui, ici pour détruire le mythe qui veut que les différences linguistiques, culturelles et le niveau de développement économique rendent nécessairement impossible l'achèvement de la significative coopération en Afrique de l'Ouest. Des précédents peuvent nous guider. C'est un fait historique qu'après la Seconde Guerre Mondiale, les pires ennemis comme l'Allemagne et la France, sont en train de travailler ensemble sous le couvert de la CEE. Un pays relativement petit comme le Luxembourg est en train de coopérer également avec des géants comme la France et l'Allemagne. Dans la CEE, il y a plusieurs langues, 9 environ, et ces pays ne présentent pas moins d'hétérogénéité culturelle… Aujourd'hui, la CEE constitue le regroupement économique le plus prospère de par le monde entier parce que ses membres ont appris à partager leurs connaissances technologiques et scientifiques qui ont accéléré leur croissance économique… »[64].

Le Traité créant la CEDEAO a été signé à Lagos (Nigeria) le 28 mai 1975. Ce Traité est entré en vigueur en juin de la même année après sa ratification par 7 (sept) États membres conformément aux stipulations de son article 62. La CEDEAO comprend aujourd'hui quinze (15) États membres[65], à savoir : le Bénin, le Burkina Faso, la Côte d'ivoire, la Guinée, le Mali, le Niger, le Sénégal,

[61] Née du décret colonial du 16 juin 1895, l'AOF a été dissoute en 1959 et ses États membres ont signé en 1966 à Paris le Traité fondateur de l'UDEAO.

[62] Le Traité constitutif de la CEAO a été signé à Abidjan le 17 avril 1973 entre la Côte d'ivoire, la Haute-Volta (Burkina Faso), le Mali, la Mauritanie, le Niger et le Sénégal ; le Bénin s'y ajoutera en 1984.Voir DIARRA, Eloi (1982). *Les aspects financiers de la CEAO.* Thèse, Sorbonne.

[63] Economic Community of West African States.

[64] Adebayo Adedeji, *The evolution of a West African Economic Community* (discours prononcé à la Conférence ministérielle de la CEDEAO tenue du 16 décembre 1973 à Lomé, Togo , cité par O. Anukpe Ovrawah), "Harmonisation of Laws within the Economic Community of West African States (ECOWAS)", RADIC, mars 1994, Volume 6 (1): 76.

[65] Adhésion du Cap-Vert en 1979 portant désormais le nombre des États membres à 15 avec le retrait de la Mauritanie.

le Togo (pays francophones), le Ghana, la Gambie, le Liberia, le Nigeria, la Sierra Leone (pays anglophones), le Cap-Vert, la Guinée-Bissau (pays lusophones). Le Traité de 1975 a été révisé à Cotonou (Bénin) le 24 juillet 1993 et est entré en vigueur le 23 août 1995. Le siège de la CEDEAO se trouve à Abuja au Nigeria[66].

La CEDEAO a pour objectif la réalisation d'une union économique et monétaire au terme d'un processus de libéralisation (la libre circulation des marchandises, des personnes et des capitaux). Mieux, aux termes du nouveau traité, la CEDEAO se veut « … à terme la seule Communauté économique de la Région aux fins de l'intégration économique et de la réalisation des objectifs de la Communauté économique Africaine »[67]. La révision du Traité de la CEDEAO intervient, en effet, deux ans après l'adoption en juin 1991 à Abuja d'un traité instituant à terme la Communauté économique africaine (CEA). Cette Communauté, devait s'appuyer sur des organisations régionales d'intégration déjà existantes ou à créer[68].

C'est le même souci d'intégration qui est à l'origine de l'UEMOA. Au lendemain de la dévaluation de la monnaie FCFA, il s'est opéré une modification des termes des conventions de coopération monétaire liant la France aux États de l'Afrique de l'Ouest et du Centre, notamment les Conventions de coopération monétaire du 22 novembre 1972 (BEAC) et du 14 novembre 1973 (UMOA) posant le principe de l'émission d'une monnaie commune dans chacune des deux zones et la parité entre le Franc français et le Franc CFA (Communauté financière africaine).

Dès lors, la création de l'UEMOA dérive de la volonté politique des États africains de la sous-région, qui ont donné mandat au gouverneur de la BCEAO pour étudier et finaliser un véritable Traité d'intégration économique. Cette naissance de l'UEMOA par le Traité de Dakar du 10 janvier 1994 (révisé le 29 janvier 2003) intervient dans un contexte de compétition économique mondiale et constitue une réaction à la tendance à la marginalisation du continent. Signé par les Chefs d'État et de Gouvernement du Bénin, du Burkina Faso, de la Côte d'Ivoire, du Mali, du Niger, du Sénégal, du Togo et de la Guinée Bissau (adhésion en 1997), le Traité de l'UEMOA complétant celui de l'UMOA[69] (qui

---

[66] Son siège, qui se trouvait initialement à Lagos, sera transféré à Abuja après le changement de la capitale politique du Nigeria.

[67] Traité révisé de la CEDEAO, art. 2 al. 1er.

[68] La création de la CEDEAO précède le Plan d'Action de Lagos (PAL) adopté le 29 avril 1980 par la Conférence des Chefs d'État et de Gouvernement de l'OUA .Le PAL divise l'Afrique en cinq sous-régions correspondant à cinq communautés économiques (l'Afrique du Nord, l'Afrique Centrale, l'Afrique de l'Est, l'Afrique Australe, l'Afrique de l'Ouest), voir, SAVADOGO, Lassane (1993). « L'idée régionale en Afrique de l'ouest (de l'intégration des États à l'intégration des organisations) ». *Presses Universitaires de Perpignan* (3) : 85 et suivantes; SALL, Alioune (2006). *Les mutations de l'intégration des États de l'Afrique de l'Ouest. Une approche institutionnelle.* Paris : L'Harmattan.

[69] Traité signé le 11 mai 1962, révisé le 14 novembre1973.

consacrait la reconnaissance par les États membres d'une monnaie commune dont l'émission était confiée à un institut d'émission communautaire), marque la détermination de ses membres « à se conformer aux principes d'une économie de marché ouverte, concurrentielle et favorisant l'allocation optimale des ressources » (Préambule § 7 , Traité UEMOA).

Parallèlement, en **Afrique centrale**, comme séquelle de l'Afrique Équatoriale Française (AEF), une Union douanière équatoriale (UDE)[70] sera baptisée en 1959, avant sa mue en Union douanière des États d'Afrique centrale en 1964. L'Afrique centrale verra également la naissance de nombreuses OIA de coopération ou d'intégration avec notamment, pour ces dernières notamment la CEEAC[71] et la CEMAC.

Une des OIA les plus actives, la CEMAC[72], a été créée dans le même contexte économique que celui de l'UEMOA et s'inscrit dans « la nouvelle dynamique en cours dans la zone franc, au demeurant nécessaire, au regard des mutations et du recentrage des stratégies de coopération et de développement observées en Afrique » (§ 4 Préambule, Traité CEMAC). La CEMAC remplaçant l'UDEAC (1964), comprend six États membres : Cameroun, Centrafrique, Congo, Gabon, Guinée Équatoriale (depuis 1983), Tchad. La CEMAC est composée de l'UMAC (Union Monétaire de l'Afrique Centrale) et de l'UEAC (Union économique de l'Afrique australe). Son architecture institutionnelle découle d'un Traité et de trois Conventions : le Traité CEMAC et son Additif, les Conventions sur l'UE, l'UM et la Cour de justice[73].

Dans le cadre de ces concrétisations ou tentatives institutionnelles en Afrique orientale, on peut mettre l'accent sur le projet de fédération entre le Kenya, le Tanganyika, Zanzibar et l'Ouganda, encouragé par la Grande Bretagne dans les années 1940, puis renommé par un *order in council*, en 1947, *High Commission*. À l'indépendance, lesdits États mettront en place une Organisation des Services Communs d'Afrique Orientale (OSCAO)[74], transformée en 1967 en Communauté d'Afrique orientale coexistant avec la Zone d'échanges Préférentiels (ZEP)[75]. Il s'ensuivra une nouvelle recomposition avec une

---

[70] Traité du 7 décembre 1959.

[71] Le traité instituant la Communauté économique des États de l'Afrique Centrale a été signé le 18 octobre 1983 à Libreville.

[72] Traité adopté à Ndjamena le 16 mars1994 et entré en vigueur le 5 février 1998. Ce Traité a été révisé le 25 juin 2008 à Yaoundé.

[73] MOUANGUE, James et Léopold DONFACK-SOEKENG (1998). « La CEMAC: à la recherche d'une dynamique d'intégration économique en Afrique centrale ? » *Annuaire africain de Droit international*, vol.6 : 158 et suivantes.

[74] GONIDEC, P. F. *Les OIA. op. cit.* : 25.

[75] Accord de Lusaka du 21 décembre 1981.La ZEP commencera ses activités le 30 septembre 1982.

Communauté d'Afrique de l'Est (CAE)[76] et la dissolution de la ZEP reconstituée en Marché Commun des États de l'Afrique Australe et Orientale[77].

En Afrique australe, la politique d'apartheid entrainera une réaction des États de la ligne de front, avec la mise en orbite, en 1992, d'une organisation de coopération, dénommée, la *South African Development Coordination Conference* (SADCC), devenue en 2000, une organisation d'intégration, la *South African Development Community* (SADC)[78]. Par ailleurs se mettront en place, par un traité du 9 septembre 1977, une Communauté économique des Pays des Grands Lacs et plus récemment la CIRGL[79].

D'autres efforts d'intégration verront une certaine matérialisation en Afrique.

— Il s'agit d'abord de l'**OHADA**, dont le Traité de Port-Louis du 17 octobre 1993 (Ile Maurice)[80], fixe comme objectifs de favoriser, au plan économique, le développement et l'intégration régionale ainsi que la sécurité juridique et judiciaire et en particulier de :

- doter les États parties d'un droit des affaires simple, moderne et adapté à leurs économies,
- promouvoir l'arbitrage comme instrument de règlement des différends contractuels,
- concourir à la formation et assurer la spécialisation des magistrats et des auxiliaires de justice.

L'OHADA compte, à l'heure actuelle, dix sept (17) États membres (Bénin, Burkina Faso, Cameroun, République Centrafricaine, Comores, Congo, Côte d'ivoire, Gabon, Guinée, Guinée-Bissau, Guinée Équatoriale, Mali, Niger, RDC, Sénégal, Tchad et Togo).

— Il s'agit, ensuite de la **CEN-SAD** (Communauté des États Sahélo-Sahariens), née le 4 février 1998 à Tripoli et réunissant vingt-un (21) États (Bénin, Burkina Faso, Côte d'ivoire, Djibouti, Égypte, Érythrée, Gambie,

---

[76] Traité pour l'établissement de la Communauté de l'Afrique de l'Est de 1967, recréée le 7 juin 2000, traité modifié le 20 août 2007.Depuis le 18 juin 2007, le Burundi et le Rwanda sont devenus membres, conformément aux décisions du Sommet du 30 novembre 2006.

[77] L' acronyme anglais est le COMESA (*Common Market for Eastern and Southern African States*). Le COMESA a été créé par le Traité de Kampala (Ouganda) du 5 novembre 1993.

[78] Traité de la SADC du 11 août 1992.

[79] La Conférence internationale de la Région des Grands Lacs est une OIA de coopération pour la paix, la stabilité, la sécurité et le développement, créée en 2000 par l'Angola, la RDC, la RCA, le Burundi, le Rwanda, la Tanzanie, le Congo, le Kenya, le Soudan, l'Ouganda et la Zambie, à l'initiative de l'ONU et de l'OUA. Elle n'est devenue vraiment active qu'avec l'adoption de la Déclaration sur la Paix, la Sécurité et le Développement de novembre 2004.Voir son site : www.icglr.org

[80] Le Traité a été révisé le 17 octobre 2008 au Sommet de la Francophonie à Québec(Canada).Voir, « Traité du 17 octobre 1993 relatif à l'Harmonisation du Droit des Affaires en Afrique, tel que révisé à Québec le 17 octobre 2008 » commenté par GUEYE, Babacar et Saïdou Nourou TALL (2012). : 21-74, in OHADA, Traité et Actes Uniformes commentés et annotés, 4e édition, Juriscope : 1460.

Gabon, Libye, Liberia, Mali, Maroc, Niger, Nigeria, RCA, Sénégal, Somalie, Soudan, Tchad, Togo, Tunisie), soit 12 millions de km² pour 350 millions de personnes. Selon l'art. 1er du Traité constitutif, elle vise à terme la constitution d'une union monétaire et économique dont la réalisation passe par la mise en place d'une union économique globale, pour apporter des solutions aux problèmes africains.

La CEN-SAD a joué un rôle catalyseur dans l'avènement de l'Union Africaine. Mais la CEN-SAD peine à trouver une place stable[81], coincée entre une UA ambitieuse et des rapports sous-régionaux dynamiques avec la multi-appartenance des États membres à deux ou plusieurs OI ayant les mêmes buts économique et monétaire. Sur ce plan, la CEN-SAD a tout de même quelques réalisations notamment la Banque Sahélo-Saharienne (financement des projets de développement économique et social), le Fonds Spécial de Solidarité (Gestion de catastrophes), l'organisation de foires, la mise en place d'un Conseil économique, social et culturel qui a pour mission d'aider les organes de la CEN-SAD à concevoir et élaborer des politiques, des plans et programmes de développement économique, social et culture (art. 2).

Il s'agit enfin de la Commission de l'Océan Indien (COI), qui est une organisation intergouvernementale créée en 1982 à Port – Louis en l'île Maurice et institutionnalisée en 1984 par l'Accord de Victoria (Seychelles). Elle réunit cinq pays (insulaires) de la région océan Indien occidental : Union des Comores, France (au titre du département de La Réunion), Madagascar, Maurice et Seychelles pour bâtir des projets régionaux de développement durable, et préserver les ressources naturelles dont ils dépendent fortement.

Ces OIA d'intégration, aux parcours arythmiques ont produit un « buissonnement »[82] normatif important.

B. L'émergence d'un droit communautaire africain

Dans le cadre du long cheminement vers l'intégration, l'UEMOA, la CEDEAO et la CEMAC ont eu une référence commune révélant la forte influence de la construction européenne.

À ce propos, l'intégration suppose qu'une entité interétatique, créée par un traité de base, assure, concurremment ou parallèlement aux États membres, des activités dont ces derniers avaient traditionnellement le monopole. L'intégration renforce le droit national, régional et constitue une tentative de réaction à un environnement international défavorable en créant un réseau dense de coopération avec des mécanismes de direction et de contrôle prévus par le droit

---

[81] La disparition de son principal initiateur et bailleur de fonds, Mouammar Kadhafi l'a fait tomber dans une profonde léthargie jusqu'à sa renaissance en 2013.

[82] Formule empruntée au professeur René-Jean Dupuy, voir conclusions du colloque de la SFDI sur (1986). *Les Nations unies et le droit international économique*. Paris : Pedone : 376.

communautaire originaire (principal) et développés par le droit communautaire dérivé.

Il s'agit d'un ensemble normatif dont la vocation est de coordonner les politiques économiques des États membres ou d'harmoniser leurs législations et d'imposer une cohérence entre les niveaux nationaux et le niveau communautaire. Ce droit communautaire génère un ordre juridique particulier dont l'essence constitue l'une des trames de cet ouvrage.

Au-delà de ces considérations, l'ampleur de ce phénomène des organisations internationales par rapport au début du dernier siècle s'explique par une très grande diversification géopolitique ou fonctionnelle des institutions internationales[83].

Toutefois, elle rend mal aisée la recherche d'une définition et d'un classement.

SECTION II – LA PROBLÉMATIQUE DE LA DÉFINITION DE L'ORGANISATION INTERNATIONALE

La doctrine s'est longtemps évertuée à fournir une définition consensuelle à l'OI. Depuis 1969, une définition laconique a été proposée sans toutefois prétendre à l'exhaustivité.

PARAGRAPHE I – UNE DÉFINITION CONTROVERSÉE EN DOCTRINE

Les définitions données varient selon la place que les auteurs accordent aux Organisations Internationales (ci-après, O.I.) dans le système international. Sous ce rapport, les politologues se référant à la nature de la Société internationale, minimisent en général la portée des O.I.

Ainsi, les auteurs marxistes-léninistes comme les Professeurs Gregori Tunkin, Charles Chaumont, insistent sur la souveraineté de l'État. Dès lors, selon eux, il ne peut y avoir une entité extérieure supérieure aux États.

Pour les sociologues, les O.I. seraient des structures au sein desquelles les États déploient leurs activités, manifestent leur rivalité.

Si l'on se réfère à la définition du Professeur Marcel Merle, les O.I. présentent un trait commun qui est d'être fondées et constituées par des États et animées par les représentants des gouvernements qui ont qualité pour agir au nom de ces entités.

Pour d'autres comme le Professeur Simone Dreyfus, les O.I. sont la manifestation d'une véritable communauté internationale en devenir par la structuration de la société internationale. Le Professeur Michel Virally définit, quant à lui, l'OI comme « une association d'États, établie par un accord entre ses

[83] Voir BORELLA, François (1961). « les regroupements d'États dans l'Afrique indépendante » *AFDI* : 787-807 ; du même auteur, (1963). « Le régionalisme africain et l'OUA » *Annuaire français de droit international,* volume 9 : 838-865.

membres et dotée d'un appareil d'organes permanents, chargée de poursuivre la réalisation d'objectifs d'intérêt commun par une coopération entre ses membres ».

Une frange importante de la doctrine est favorable à une définition proposée, par le Rapporteur de la Commission du Droit International, Sir Gérard Fitzmaurice au cours des travaux de codification du droit des traités, selon laquelle, une OI est « une association d'États constituée par un traité, dotée d'une constitution et d'organes communs et possédant une personnalité juridique distincte de celle des États membres »[84].

Cette définition n'est pas retenue par la pratique conventionnelle. En effet, si elle est satisfaisante du point de vue théorique, en insistant sur le fondement conventionnel et la nature institutionnelle de l'organisation, il reste qu'elle exclut de la catégorie des organisations celles d'entre elles qui ne bénéficient pas de l'ensemble des critères retenus dans la définition.

PARAGRAPHE II – LA DÉFINITION RETENUE PAR LA CONVENTION DE VIENNE DU 23 MAI 1969

Selon l'art. 2§1 de la Convention sur le droit des traités, « l'expression Organisation internationale s'entend d'une Organisation intergouvernementale ». Cette définition a le mérite d'insister sur un aspect important de la nature des organisations internationales. En effet l'expression « organisation internationale » est souvent entendue par les auteurs anglo-saxons comme Mme Dinah Shelton comme couvrant les OIG et les ONG.[85]

Or, c'est l'élément intergouvernemental qui sert de critère distinctif entre ces organisations (OIG) et les Organisations non gouvernementales (ONG) qui sont plutôt des associations de droit privé régies par le droit local de leur lieu de constitution ou de leurs principales activités.

En ce sens, la Convention des Nations unies sur la représentation des États dans leurs relations avec les Organisations intergouvernementales de 1975 a le mérite de la précision, en considérant que : « l'expression "organisation internationale" s'entend d'une association d'États, constituée par un traité, dotée d'une Constitution et d'organes communs et possédant une personnalité juridique distincte de celle des États membres ».

---

[84] Pour contextualiser, Gonidec définit les OIA comme « les groupements d'États souverains appartenant au continent africain et aux iles avoisinantes, créés par voie d'accord entre les États fondateurs, dotés d'une certaine personnalité internationale et d'un appareil permanent qui leur permettent d'entreprendre des objectifs définis par l'acte de fondation. » GONIDEC, P. F. (1987). *Les Organisations internationales africaines. Étude comparative.* L'Harmattan : 11.

[85] Cf. BENNOUNA, Mohamed (1983). *Droit international du développement.* Berger-Levrault; CARREAU, Dominique, Thiebault FLORY et Patrick JULLIARD (1990). *Droit international économique.* LGDJ. THIERRY, Hubert Jean COMBACAU, Serge SUR et Charles VALLÉE (1986). *Droit international public.* Paris : Montchrestien : 789.

S'il est vrai que les organisations internationales ont essentiellement une composition interétatique, il n'en demeure pas moins qu'il existe quelques exceptions à cette règle. Des entités non étatiques ont pu, ou peuvent, faire partie d'une organisation internationale. On en veut pour preuve la composition tripartite des organes de l'OIT qui accueille les représentants des gouvernements, des syndicats d'employeurs et des organisations syndicales nationales de travailleurs.

Devant ce fourmillement organique et normatif, une définition et une extrême simplification ne sont guère aisées. Une méthodologie est nécessaire.

Paragraphe III – Méthodologie

Dans un souci de cohérence et de clarté, cet ouvrage emprunte une démarche **méthodologique matérielle** alliant la description normative et institutionnelle, la critique sous l'angle du droit comparé, de la pratique des États et de l'évolution des relations internationales.

Il s'y ajoute une **délimitation temporelle** centrée sur l'observation empirique de ces OIA depuis les années 1980 jusqu'à 2014, les références historiques antérieures des années 1960-1980 ainsi que les antécédents coloniaux ou les prémisses précoloniales ne servant qu'à en conforter davantage l'argumentation.

Enfin, pour la **délimitation géographique**, si l'Afrique subsaharienne (l'Afrique noire) en général est l'objet de l'étude avec une emphase prononcée sur l'Afrique francophone, de nombreux exemples d'OIA des autres régions africaines seront régulièrement mis en exergue.

Au delà de ces précisions liminaires, il conviendra d'exclure du champ de cette étude les OIA qui sont des branches d'OI de caractère universel, celles que H.T. Adam a labellisé *établissements publics internationaux*[86], et les nombreux autres commissions[87], sociétés[88], centres, associations qui peuvent être des institutions spécialisées ou décentralisées, appendices survivants d'OIA défuntes ou moribondes.

---

[86] Adam, H. T. (1957). *Les établissements publics internationaux.* Paris : LGDJ, les définit comme des entreprises ou services publics créés par des États « indépendamment de toute organisation internationale, ayant pour objet, soit de faire des prestations à des particuliers, soit de réglementer l'usage par ces services du domaine public desdits États».On peut citer la régie Abidjan-Niger (Traité du 30 avril 1960), l'Autorité de développement intégré du Liptacko-Gourma (Accord du 3 décembre 1970 entre Mali, Haute volta et Niger), voir Wodie, Francis Vangah (1970). *Institutions internationales régionales en Afrique occidentale et centrale.* Paris : LGDJ : 179.

[87] Comme la Commission économique pour l'Afrique(UNECA) créée en 1958 par l'ECOSOC et qui a son siège à Addis-Abeba.

[88] Comme la défunte Air Afrique créée par un traité de 1961 mais régie comme une société anonyme de droit privé par les huit actionnaires étatiques et l'entreprise proprement dite comme autre actionnaire. Voir, Robert, Tardy (1968). *La société Air Afrique.* Thèse de Droit, Bordeaux.

En définitive, l'ouvrage porte principalement sur la **théorie générale** de ce droit (avec le rôle leader des Nations unies et de l'OUA/UA), complétée par des illustrations mettant en valeur les Organisations africaines, avec une emphase particulière sur l'UEMOA et la CEDEAO. Cette préférence allouée à des mécanismes prévalant en Afrique de l'Ouest, n'occulte nullement la possibilité de quelques incursions dans le droit des autres communautés économiques régionales africaines (CERs)[89] ou dans le **droit communautaire** européen.

Le développement économique, ne pouvant prospérer que dans un environnement apaisé, l'ouvrage s'attachera à montrer la densification normative africaine en matière **de paix, de sécurité et des droits de l'Homme**, malgré les nombreuses situations conflictuelles[90].

Sous réserve de cet éclairage, trois parties seront développées :

- Théorie générale des Organisations internationales
- Droit communautaire africain comparé
- Droit de l'Homme, Paix et Sécurité en Afrique.

---

[90] GONIDEC, Pierre-François (1996). *Relations internationales africaines.* Paris : LGDJ «Bibliothèque africaine et malgache» B.A.M., Tome 53 : 210; TALL, Saidou Nourou (2012, mai). *Théories et réalités du Droit international humanitaire. Contribution à l'étude de l'application du droit des conflits armés en Afrique noire contemporaine.* Sarrebruck : Éditions universitaires européennes : 514.

PREMIÈRE PARTIE
THÉORIE GÉNÉRALE DU DROIT DES ORGANISATIONS INTERNATIONALES. EXEMPLES DE L'ONU ET DE L'UA.

La diversité des organisations internationales interdit a priori toute théorie générale. Chaque organisation internationale est soumise à un droit spécifique, en vertu du principe de spécialité, ainsi explicité par la CIJ « la Cour a à peine besoin de rappeler que les organisations internationales sont des sujets de droit international qui ne jouissent pas, à l'instar des États, de compétences générales. Les organisations internationales sont régies par le "principe de spécialité", c'est-à-dire dotées par les États qui les créent de compétences d'attribution dont les limites sont fonction des intérêts communs que ceux-ci leur donnent pour mission de promouvoir »[91]. Toutefois, on peut discerner des tendances communes dans les traités constitutifs comme dans la pratique des organisations internationales. Si l'on se réfère à la définition il est possible d'analyser successivement le processus de création des organisations internationales, leurs structures, leur statut juridique et leur fonctionnement (Titre I), tout en les spécifiant par l'illustration du droit des NU et de l'UA (Titre II).

---

[91] CIJ, *Licéité de l'utilisation des armes nucléaires par un État dans un conflit armé* (« Avis OMS »), Avis consultatif du 8 juillet 1996 § 25 citant la jurisprudence de la CPJI, *Compétence de la Commission européenne du Danube,* Avis consultatif, 1927, Série B, n° 14, p. 64. « Comme la Commission européenne n'est pas un État mais une institution internationale pourvue d'un objet spécial, elle n'a que les attributions que lui confère le Statut définitif, pour lui permettre de remplir cet objet ; mais elle a compétence pour exercer ces fonctions dans leur plénitude, pour autant que le Statut ne lui impose pas de restrictions » ; cf. également Charles Chaumont, « La signification du principe de spécialité dans les Organisations internationales », in Problèmes du droit des gens, Mélanges offerts à Henri Rolin, Pedone, 1964 , 536 p ; Voir TALL, Saïdou Nourou (2012, septembre). « La demande d'avis consultatif à la CIJ » *Revue de la Recherche Juridique. Droit Prospectif* : 371-404.

TITRE I

THÉORIE GÉNÉRALE DES ORGANISATIONS INTERNATIONALES

Elle sera abordée dans le cadre de quatre chapitres permettant d'examiner le Traité de base dans toutes ses manifestations, les problèmes rencontrés par les OI, les compétences détenues et exercées.

CHAPITRE I

LE PROCESSUS DE CRÉATION DES ORGANISATIONS INTERNATIONALES

En tant que sujet dérivé du Droit international, l'organisation internationale n'existe que par un traité. Autrement dit, l'origine de l'organisation est purement conventionnelle. Il s'agit d'un traité multilatéral, c'est-à-dire conclu entre plusieurs parties contractantes et qui obéit, selon l'art. 5 de la Convention de Vienne du 23 mai 1969, au droit commun des traités.

Nous analyserons ici l'acte constitutif international, ensuite la mise en œuvre de celui-ci.

SECTION I – L'ACTE CONSTITUTIF DE L'OI : LE TRAITÉ MULTILATÉRAL

Quel que soit le nom donné au traité constitutif des OI : Constitution de l'OIT, Pacte de la SDN, Charte de l'OUA, le traité multilatéral est la forme habituelle de l'acte constitutif des OI En effet, selon la CIJ, dans *l'affaire de Sud ouest africain, exceptions préliminaires, arrêt du 21 décembre 1962* : « la terminologie n'est pas un élément déterminant quant au caractère d'un accord ou d'un engagement international. ».

Ceci est confirmé par la même Cour dans son *arrêt du 1er juillet 1994 (Bahreïn/Qatar)* : « un accord international peut prendre des formes variées et se présenter sous des dénominations diverses ». Ce Traité peut revêtir la forme solennelle ou la forme simplifiée. Cette pratique est la manifestation de la souveraineté des États exprimant leur consentement à l'apparition d'une personne juridique dont le fonctionnement a des incidences sur le contenu ou l'exercice de leurs propres actes. En effet, les États n'admettent pas que des OI puissent créer d'autres OI sans leur consentement préalable.

Ce traité de base suit une procédure de conclusion, qui affecte sa contexture.

PARAGRAPHE I – L'ADOPTION DE L'ACTE CONSTITUTIF

L'acte constitutif est adopté suivant un processus solennel. Ainsi, la nature de l'objet conventionnel conduit à distinguer l'initiative (A) des opérations de conclusion et d'entrée en vigueur du traité constitutif. (B)

A. L'initiative

Elle peut émaner d'un État, d'un groupe d'États, ou d'une autre OI.

1. Un groupe d'États ou un État

L'initiative peut revenir à un groupe d'États intéressés. Par exemple, la Conférence de San Francisco en vue de l'élaboration de la Charte de l'ONU a été convoquée par la Chine, les États Unis d'Amérique, l'Union des Républiques Socialistes Soviétiques, le Royaume Uni, les quatre puissances en guerre contre l'Allemagne et le Japon.

Les États membres de l'UMOA ont été à l'origine de la création de l'UEMOA au sommet de Dakar de janvier 1994 alors que les chefs de Gouvernement du Gabon, de la RCA, du Congo et du Tchad ont, à la réunion de Paris du 17 janvier 1959, décidé de la naissance de l'Union Douanière Équatoriale, qui sera remplacée en 1964 par l'UDEAC.

Un État peut aussi prendre l'initiative. Ex. : l'Italie pour la Conférence de 1905 qui allait établir la Charte de l'Institut International d'Agriculture, ancêtre de la FAO ; ou encore la Libye de Kadhafi pour la Conférence de Syrte de septembre 1999, premier pas vers la création de l'Union Africaine. Il en est de même de l'initiative des Présidents F.H. Boigny et L.S.Senghor pour la création de l'OCAM.

L'initiative peut émaner d'une OI.

2. Une organisation internationale

Ainsi, l'ONU joue un rôle fondamental pour la création d'organisations universelles. L'OMCI, organisation consultative intergouvernementale de la navigation maritime (devenue Organisation Maritime Internationale) et l'OMS furent créées respectivement à la suite d'une initiative du Secrétariat Général et du Conseil économique et social des Nations unies. De même, c'est l'A.G. des Nations unies qui a pris l'initiative de la création en 1956, à New-York, de l'Agence internationale de l'énergie atomique[92] (AIEA).

On peut citer, dans le cadre régional, l'Union Panaméricaine qui a servi de cadre à la Conférence de Bogota en 1948 qui allait adopter la Charte de l'Organisation des États Américains (OEA).

En Afrique, beaucoup d'organismes internationaux, dotés d'une large autonomie ont été portés sur les fonts baptismaux par des organisations africaines à vocation régionale ou sous régionale. Il en est ainsi de la création par la CEDEAO de l'Organisation Ouest Africaine de la Santé[93] qui a son siège à Bobo Dioulasso, au Burkina Faso. Il faut aussi saluer le soutien de la CEA et de l'ONU à la création de nombreuses OIA comme la CEAO, la CEDEAO[94].

---

[92] Statut du 26 octobre 1956.

[93] Créée par un Protocole de la CEDEAO de 1987.

[94] OUALI, Kamandini (1982). *La CEAO.* Paris : Economica.

Des initiatives conjointes d'OI ont pu enfanter d'autres OI, comme la CIRGL créée en 2000 par des États africains de la région des grands lacs sous l'impulsion de l'ONU et de l'OUA.

Après l'initiative, viennent l'adoption et l'entrée en vigueur.

B. L'adoption et l'entrée en vigueur du Traité

Elles doivent être dissociées en raison de leur succession.

1. L'adoption du Traité

La conclusion de l'acte s'effectue dans le cadre de conférences internationales qui sont des réunions de plénipotentiaires dotées d'un règlement intérieur qui, comme son nom l'indique, réglemente l'organisation de la Conférence, le débat, le vote, etc. Ce traité peut être conclu en forme solennelle ou en forme simplifiée.

La détermination de l'autorité compétente pour négocier, relève du droit constitutionnel de chaque État et c'est l'autorité qui est investie, par la Constitution de l'État, de la compétence de négociation, qui détient le pouvoir de désigner les plénipotentiaires et de leur donner les pleins pouvoirs.

L'article 7 de la Convention de Vienne du 23 mai 1969 énumère les personnes compétentes en raison de leurs fonctions officielles pour représenter l'État dans la négociation ou la signature : Chef d'État, Chef de gouvernement, Ministre des affaires étrangères et toutes autres personnes disposant des pleins pouvoirs. Selon la *CIJ,* « Conformément au droit international, il ne fait pas de doute que tout Chef d'État est présumé pouvoir agir au nom de l'État dans ses relations internationales »[95].

En règle générale, le texte est soumis au vote au sein des Conférences et adopté à la majorité des 2/3 des États présents et votants (art. 9§2 de la Convention de Vienne), pour les Organisations Universelles ou régionales.

Le texte est adopté à l'unanimité pour certaines Organisations régionales ou sectorielles que l'on qualifie de Clubs. Ex. La Ligue des États Arabes ou les Communautés Européennes ou encore, dans le cadre de l'ONU en ce qui concerne les questions de fond mais uniquement au profit des membres permanents du Conseil de Sécurité.

En outre, le texte peut être adopté par consensus, conformément au règlement intérieur en vigueur à la Conférence. Ex. : Dans le cadre de la Conférence de *Montégo Bay* en ce qui concerne le vote au sein du Conseil de l'Autorité chargée de gérer les fonds marins. Le consensus existe à l'OIT, à la Banque mondiale, au FMI, à l'ONU et dans les OI africaines. L'acte adopté par consensus a la même valeur juridique que si un vote était intervenu.[96]

---

[95] *Arrêt du 11 juillet 1996, Affaire Bosnie Herzégovine c/Yougoslavie.*

[96] DUPUY, Pierre Marie (1993). *Droit international public.* Paris : Précis Dalloz, 2e édition : 553; QUOC DINH, N., P. DAILLIER et A. PELLET (1992). *Droit international public.* 4e édition, Paris :

2. L'entrée en vigueur du Traité

Elle marque le début de l'exécution du traité. Il faut l'envisager à deux niveaux :

• **Dans le cadre de l'organisation internationale**

Dans ce cadre, les règles découlent du droit des traités. Et généralement, elles prévoient un taux de participation en-dessous duquel, la constitution de l'OI ne peut entrer en vigueur. Exemple : Un minimum numérique peut être exigé : 7 pour le Statut du Conseil de l'Europe.

On peut avoir aussi un minimum de ratification proportionnelle. Dans le cadre de l'OUA, on exigeait 2/3 des signataires (art. 25) ; soit alors, il peut y avoir exigence de ratification unanime (art. 245§ 2 du Traité de la C.E.E).

La Charte de l'ONU pose une double condition pour son entrée en vigueur. L'art. 110 exige la ratification, d'une part des membres permanents du Conseil de Sécurité et, d'autre part, celle de la majorité des autres États signataires[97].

Les conditions d'entrée en vigueur des organisations financières constituent généralement des seuils quantitatifs sous forme de quote-part à atteindre. Ex. : Statuts du FMI (art. XXXI, section I), des exigences formelles d'acceptation (art. XXXI Section II-A) et des limites de date (art. XXXI – Section I).

Il peut arriver que l'acte constitutif s'applique à titre provisoire. Ex. : L'art.24-b de l'acte constitutif de l'Organisation européenne de Coopération économique (OECE).

Toutefois, si l'on veut que le traité entre en vigueur rapidement, on se contentera d'un chiffre minimum. Ex. 2 ratifications : c'est le cas en droit humanitaire des deux protocoles de Genève (1977).

Dans certaines OIA, l'entrée en vigueur est subordonnée au dépôt des instruments de ratification, selon une majorité variable. Il en était ainsi de l'UAMCE, dont la Charte disposait « La présente Charte entre en vigueur dés réception par le Gouvernement de la République Fédérale du Cameroun des instruments de ratification des deux tiers des États signataires »[98].

D'autres traités de base d'OIA affinent cette majorité, toujours par rapport aux États signataires. C'est le cas de l'article 89 du Traité révisé de la CEDEAO : « Le présent Traité et les Protocoles qui en feront partie intégrante, entreront respectivement en vigueur dés leur ratification par au moins neuf (9) États signataires conformément aux règles constitutionnelles de chaque État signataire ».

LGDJ : 1269; J.P.COT et A. PELLET, La Charte des Nations unies. Commentaire article par article, Economica, Bruylant 1985, 1531 p. 30

[97] COT, Jean-Pierre, Alain PELLET, Mathias FORTEAU (sous la direction de) (1991). *La Charte des Nations unies, commentaire article par article.* Paris : Economica. 3e éd.

[98] Charte de Nouakchott du 29 avril 1964, art.23.Voir aussi l'art.22 de la Charte de l'OCAM qui retient la même majorité.

Une plus grande complexité, dans la date et le nombre requis, pour l'entrée en vigueur, peut être atteinte. On peut prendre l'exemple de l'art.25 du Traité instituant l'UMOA ; « Le présent Traité entrera en application, après notification de sa ratification par les États signataires à la République de l'État où sera établi le siège de la Banque Centrale des États de l'Afrique de l'Ouest, à une date fixée d'accord parties par les Gouvernements des États signataires »[99].

Enfin, des textes constitutifs ont essayé de cerner au plus prés cette entrée en vigueur. L'article 116 du Traité révisé de l'UEMOA du 29 janvier 2003 aménage un étagement des délais, de la manière suivante : « Le présent Traité entrera en vigueur le premier jour du mois suivant le dépôt de l'instrument de ratification de l'État qui procédera le dernier à cette formalité.

Toutefois, si le dépôt a lieu moins de quinze (15) jours avant le début du mois suivant, l'entrée en vigueur du Traité sera reportée au premier jour du deuxième mois suivant la date de ce dépôt » [100].

- **Dans l'ordre interne**

Une fois adopté, le traité doit être ratifié ou approuvé, conformément aux règles constitutionnelles propres à chaque État et en fonction du seuil fixé par les clauses finales. Au Sénégal, par exemple, il faut une loi autorisant le Président de la République à ratifier le traité.

Selon le Professeur BASTID, on peut définir la ratification comme « un acte diplomatique par lequel l'organe suprême de l'État, d'ordinaire le Chef de l'État, confirme la signature apposée sur le traité par son plénipotentiaire ou atteste que cette signature est confirmée par l'organe compétent ».

Une fois ratifié, le traité s'applique dans l'ordre interne.

PARAGRAPHE II – LA PORTÉE JURIDIQUE DE L'ACTE CONSTITUTIF DE L'OI

On l'analysera à travers la contexture de l'acte (A) et les effets juridiques de l'acte (B).

A. La constitution de l'acte

On fait allusion aux éléments constitutifs de l'acte qui s'articulent autour du Préambule et du dispositif.

1. Le préambule de l'acte constitutif

C'est l'esprit général du texte, la raison d'être, la finalité propre de l'O.I. Il contient deux catégories d'énumération : celle des parties et l'exposé des motifs.

L'énumération des parties : Les parties énumérées sont généralement désignées par l'expression « Hautes Parties Contractantes ».

---

[99] Traité du 14 novembre 1973.

[100] Ce Traité n'est entré en vigueur (pour la création du Parlement de l'UEMOA remplaçant le CIP) que le 1er février 2014.Ce Parlement siégera à Bamako.

Il peut arriver que les États intéressés soient nommément désignés, justifiant ainsi l'énumération selon l'ordre alphabétique du nom officiel des gouvernements ou des organes étatiques ayant participé à la négociation : Chef d'État, ministre des Affaires étrangères.

On peut noter la nature déclamatoire de l'énonciation du préambule de la Charte des Nations unies qui débute par « Nous Peuples des Nations unies… ». Cette portée politique, qui retentit sur le plan juridique, ne signifie pas que les membres des Nations unies sont des peuples ou les individus qui les composent mais les représentants de leurs Gouvernements.

L'exposé des motifs se fait sous la forme de déclaration générale relative à l'objet et au but du traité et exprime parfois un véritable programme politique.

Ainsi, entre autres ambitions de la CEDEAO, le Préambule du Traité révisé de 1993 insiste sur « la nécessité impérieuse d'encourager, de stimuler et d'accélérer le progrès économique et social… ; une coopération et une intégration économiques efficaces qui passent essentiellement par une politique résolue et concertée d'autosuffisance ».

Les États signataires du Traité de l'UEMOA , précisent leur détermination et leur volonté « … de compléter à cet effet l'Union Monétaire Ouest Africaine (UMOA) par de nouveaux transferts de souveraineté et de transformer cette Union en Union économique et monétaire Ouest africaine (UEMOA), dotée de compétences nouvelles », tout en soulignant, que « leur démarche s'inscrit dans la logique des efforts d'intégration régionale en cours en Afrique et appelant les autres États de l'Afrique de l'Ouest qui partagent leurs objectifs à se joindre à leurs efforts ».

Du point de vue du Droit international, le préambule d'un traité ne possède pas de force obligatoire. Il est, néanmoins, un élément important pour l'interprétation du traité. Ce Préambule est suivi par un dispositif.

2. Le dispositif de l'acte constitutif

C'est le corps du traité, c'est-à-dire l'ensemble des dispositions ayant un caractère juridiquement obligatoire. Il comprend des articles dont la longueur varie selon les textes constitutifs des OI Par exemple : La Charte de l'OUA contient 33 articles alors que le traité de Versailles de 1919 en comptait 440, la Charte des Nations unies 111 articles, le Traité révisé de la CEDEAO, 93 articles, 116 articles pour le Traité révisé de l'UEMOA, 19 articles pour le Traité de l'UMA, 26 articles pour la Convention de l'OMVS.

Ce dispositif comprend deux séries d'articles de fond et de forme.

D'abord des articles de fond ou clauses de droit matériel qui énoncent les droits et obligations et prévoient les organes et leurs attributions.

Ensuite, il y a les articles de forme ou de droit processuel ou clauses finales qui prévoient certains mécanismes de l'acte et la procédure à suivre. Ex. :

procédure d'adhésion, d'amendement, de signature, de ratification, d'interprétation, de réserve, de modalité d'entrée en vigueur, etc.

Éventuellement, le dispositif est complété par des annexes qui font partie intégrante du traité et possédant la même force obligatoire que ses autres éléments, à moins que le Traité n'en dispose autrement. Certaines annexes peuvent être intitulées *Protocoles*.

Une fois adopté et après son entrée en vigueur, le traité de base a des effets juridiques.

B. Les effets juridiques de l'acte constitutif

Il s'agit ici de poser les principes constitutifs de l'acte, avant de voir comment ces principes s'imposent à l'OI et aux États membres.

1. Les principes constitutifs de l'acte

Chaque OI dispose d'un ordre juridique, le sommet de cet ordre étant occupé par sa Charte constitutive. Sous ce rapport, est affirmé le principe de la primauté de la Charte vis-à-vis des traités conclus, soit par les États membres, soit par l'organisation elle-même. Aux termes de l'article 103 de la Charte des Nations unies, « En cas de conflit entre les obligations des membres des Nations unies en vertu de la présente Charte et leurs obligations en vertu de tout autre accord international, les premières prévaudront ».

Cette disposition a été fortement rappelée par la CIJ dans l'Affaire de la Lockerbie. En effet, dans son ordonnance du 14 avril. 1992, la Cour a refusé d'accéder à la demande libyenne, estimant *prima facie* que conformément à l'art. 25 de la Charte[101] et de l'art.103 précité, « Les obligations des parties en vertu de la Charte, prévalent sur les obligations en vertu de tout autre accord international, y compris la Convention de Montréal et que les États doivent se conformer aux décisions du Conseil de Sécurité qui priment sur les prescriptions conventionnelles. »

La primauté de l'acte constitutif sur les accords conclus par l'Organisation vise à interdire, aux États membres et aux organes, de réviser indirectement l'acte. À l'égard des actes unilatéraux adoptés par l'Organisation, la primauté de l'acte constitutif garantit la hiérarchie normative interne propre à chaque organisation. Ce principe est d'ailleurs à la base du contrôle de légalité que connaissent certaines organisations comme par exemple : la C.E. – art. 173 du Traité de 1957.

Dans les OI d'intégration, le droit communautaire l'emporte sur le droit des États membres. Le principe de primauté implique pour l'État interdiction d'appliquer une mesure nationale contraire au droit communautaire. La CJCE l'explicite ainsi : « À la différence des traités internationaux ordinaires, le Traité

[101] Selon lequel : « Les Membres de l'Organisation conviennent d'accepter et d'appliquer les décisions du Conseil de sécurité conformément à la présente Charte. »

de la CEE a institué un ordre juridique propre, intégré au système juridique des États membres et s'impose à leurs juridictions. »[102]. Elle le confirme : « Le droit issu des Traités fait partie intégrante de l'ordre juridique applicable sur le territoire de chacun des États membres »[103].

L'UEMOA emprunte le même raisonnement. L'article 6 du Traité de base a le mérite d'être clair : « Les actes arrêtés par les organes de l'Union pour la réalisation des objectifs du présent Traité et conformément aux règles de procédures instituées par celui-ci, sont appliqués dans chaque État membre, nonobstant toute législation nationale contraire, antérieure ou postérieure »[104].

L'article 5 du Protocole additionnel n° I relatif aux organes de contrôle de l'UEMOA affirme la primauté des engagements conventionnels et précise que « La Cour de justice connait, sur recours de la Commission ou de tout État membre, des manquements des États membres aux obligations qui leur incombent en vertu du Traité de l'Union ».

L'existence de l'acte constitutif de l'OI emporte des conséquences.

2. Les conséquences

Elles varient dans deux cas.

À l'égard de l'Organisation Internationale

Les actes adoptés par l'O.I. doivent se conformer à l'acte constitutif[105]. En effet, l'Organisation n'est en fait compétente qu'en vertu de l'habilitation contenue dans le traité de base et dans les limites de cette habilitation. La norme de référence, pour apprécier la légalité des actes de chaque Organisation, réside dans sa Charte ou dans sa Constitution selon la dénomination qui lui est parfois officiellement attribuée. Ceci est affirmé dans le principe de spécialité exprimé ainsi par la CIJ, « les organisations internationales sont régies par le "principe de spécialité", c'est-à-dire dotées par les États qui les créent de compétences d'attribution dont les limites sont fonction des intérêts communs que ceux-ci leur donnent pour mission de promouvoir »[106].

À l'égard des États membres

L'acte s'impose juridiquement aux États membres. En règle générale, l'effet obligatoire de l'acte constitutif résulte du consentement des États à être liés par l'acte et non du seul fait de la signature, à moins que les parties en décident

---

[102] CJCE, affaire 6/64 du 15 juillet 1964 *Costa c. ENEL.*

[103] CJCE, affaire 106/97 du 9 mars 1978 *Simmenthal.*

[104] Voir la ressemblance avec l'art.10 du Traité OHADA.

[105] Le Traité de l'UEMOA en offre une illustration probante, en son article 5 : « Dans l'exercice des pouvoirs normatifs que le présent Traité leur attribue et dans la mesure compatible avec les objectifs de celui-ci, les Organes de l'Union favorisent l'édiction de prescriptions minimales et de réglementations cadres qu'il appartient aux États membres de compléter, en tant que de besoin, conformément à leurs règles constitutionnelles respectives ».

[106] Affaire de la Licéité *de l'utilisation des armes nucléaires par un État dans un conflit armé*, Avis consultatif du 8 juillet 1996.

autrement. Il faut souligner que l'État signataire n'est plus dans la même situation que celle de l'État qui s'en est abstenu. En effet, l'État signataire a certains droits et obligations[107].

Par ailleurs, s'il l'a fait au moment de la signature, l'État réservataire doit confirmer sa réserve (si l'acte constitutif admet celle-ci)[108] au moment de l'acceptation définitive (ratification). Ainsi par exemple, la Suisse, craignant que son statut de neutralité permanente ne l'oblige à émettre des réserves à la Charte de l'ONU, s'est abstenue jusqu'en 2002 de demander son admission à l'ONU.

Une fois le traité de base entré en vigueur, il peut se poser un certain nombre de problèmes entachant sa mise en œuvre.

SECTION II – LES PROBLÈMES DE MISE EN ŒUVRE DE L'ACTE CONSTITUTIF

À partir du moment où elle est instituée pour une durée souvent limitée, l'OI est appelée à s'adapter aux circonstances du moment dans un environnement en pleine mutation. Ainsi, pour des raisons extérieures ou d'adaptation, les États membres peuvent procéder à l'interprétation, à la révision de l'acte constitutif. De même, l'OI peut faire l'objet d'un processus de transfert institutionnel vers une autre OI, ce transfert étant soumis aux règles de succession d'OI

PARAGRAPHE I – LES PROBLÈMES POSÉS PAR L'INTERPRÉTATION ET LA RÉVISION DE L'ACTE CONSTITUTIF

L'interprétation et la révision de l'acte constitutif sont deux modalités visant à adapter l'OI au nouveau contexte, au changement de circonstances exceptionnelles, mais aussi, à la clarification dynamique du sens et de la portée de certaines dispositions.

A. L'interprétation de l'acte constitutif

La doctrine et la jurisprudence s'accordent à considérer l'interprétation comme consistant à dégager le sens exact et le contenu de la règle de droit applicable dans une situation donnée.

Deux modalités sont généralement prévues pour interpréter l'acte : le recours au texte interprétatif et le recours à un tiers.

1. Le recours au texte interprétatif

Le texte interprétatif est adopté simultanément à la conclusion de l'acte constitutif. Ainsi, par exemple, à San Francisco, en 1945, avant la clôture de la Conférence pour l'élaboration de la Charte des Nations unies, les États avaient

[107] Art. 18 Convention de Vienne et rappelé par la CIJ, dans l'Affaire du *Plateau continental de la Mer du Nord, arrêt du 20 février 1969, Recueil, 1969, p. 198.*

[108] Art.20§3 de la CVDT du 23 mai 1969.

adopté un texte précisant le sens à donner au silence, observé par la Charte, à propos du retrait d'un État de l'Organisation mondiale.

La jurisprudence considère que le texte interprétatif fait partie du traité. En effet, la CIJ a considéré que la Déclaration, jointe au Traité de commerce et de navigation du 16 juillet 1926 entre le Royaume-Uni et la Grèce, fait partie intégrante du traité[109].

Pour apprécier la valeur juridique du texte interprétatif, il faut analyser ses termes et les circonstances de son adoption. Sous ce rapport, il peut s'agir tantôt d'un accord bénéficiant de la portée obligatoire du traité avec lequel il fait corps, tantôt d'un simple acte concerté non conventionnel ayant la valeur probante qui s'attache à un tel acte.

L'instrument interprétatif peut être adopté postérieurement au traité. Il prend la forme d'un accord en forme simplifiée conclu selon la procédure courte même si le traité de base a revêtu la forme solennelle. L'acte constitutif peut prévoir qu'en cas de difficulté, l'ensemble des parties se réunit pour dégager le sens du traité. Juridiquement, un accord interprétatif ne lie que les seuls États qui l'ont accepté.

2. L'interprétation par un tiers

Les États membres interprètent parfois de façon différente, ou sollicitent l'avis d'un tiers, en l'occurrence, le juge ou l'organisation elle-même.

Par le juge international

C'est une clause de l'acte constitutif qui prévoit expressément la compétence internationale du juge ou de l'arbitre. Parfois, cette compétence résulte de sa mission générale de dire le droit. C'est le cas lorsque l'acte constitutif reste silencieux.

L'article 36 du Statut de la CIJ dispose que la Cour est compétente pour connaître de tous les différends d'ordre juridique ayant pour l'objet l'interprétation d'un traité. L'art. 286 de la Convention sur le Droit de la Mer de 1982 prévoit aussi que tout différend relatif à l'interprétation de la convention qui n'a pas été réglé par un autre moyen pacifique, doit être soumis au Tribunal international du Droit de la Mer, à la CIJ ou à un tribunal arbitral.[110]

La tendance à confier le règlement des différends relatifs à l'interprétation et à l'application des traités de base aux juridictions internationales, en dehors du continent africain[111], est aujourd'hui inversée par la création, dans de

---

[109] CIJ, affaire *Ambatielos, arrêt du 1er juillet 1952 (exception préliminaire)* Rec. 1952, p. 48.

[110] Voir pour les juridictions des OIA d'intégration, la deuxième partie de l'ouvrage.

[111] Comme en attestait l'art.34 d'une ancienne OIA dénommée OIAM (Charte du 20 décembre 1961), disposant que « Les Hautes Parties Contractantes décident que toute question qui pourra surgir de l'interprétation de cette Charte sera soumise pour arrêt à la Cour Internationale de Justice de La Haye ».

nombreuses OIA, d'organes juridictionnels qui leur sont propres et qui s'attèlent aux mêmes tâches[112].

Par l'Organisation internationale

On ne peut dénier à l'Organisation la compétence d'interpréter un acte constitutif. Même dans le silence de l'acte, il faut admettre une compétence implicite assez étendue pour permettre à l'Organisation de remplir sa tâche. La CIJ n'hésite pas à s'appuyer sur la manière dont l'AG et le Conseil de Sécurité interprètent la Charte, dans ses Avis consultatifs. Certains actes constitutifs comportent des dispositions en vue d'organiser une procédure préalable à la saisine d'organes arbitraux ou juridictionnels dans les conflits entre États sur le fonctionnement de ces organisations.

La Banque mondiale, le FMI, la SFI (Société financière internationale) confient le pouvoir d'interpréter au Conseil d'administration et, en appel, au Conseil des Gouverneurs. À la FAO[113], à l'OMS[114], à l'OMM, c'est l'organe plénier qui est compétent pour interpréter ; dans le cadre de l'UA, c'est la Conférence des Chefs d'État et de gouvernement qui détient ce pouvoir, avant la mise en place de la Cour africaine de Justice.

Le droit de donner une interprétation faisant foi d'une norme juridique n'appartient qu'à la personne ou à l'organe qui a compétence pour la modifier ou la supprimer. C'est ce qu'a affirmé la CPJI, en 1923, dans l'Affaire Jaworzina[115].

Dans la pratique des Nations Unies, l'interprétation a force obligatoire si elle est généralement acceptable par les États membres. Selon la CIJ, l'interprétation serait dépassée si elle avait pour résultat de modifier le contenu de la norme. Aussi, l'interprétation des traités consiste à préciser leur sens et non à les réviser.

B. La révision de l'Acte constitutif

C'est une modalité particulière de changement apportée à l'acte. La révision a pour but de remplacer les dispositions de l'acte, ou certaines d'entre elles, par de nouvelles.

1. Le principe de la révision

Selon le Professeur Mario Bettati, l'amendement est soumis aux mêmes principes et règles que les amendements aux traités ordinaires mais complétés par les dispositions pertinentes des actes constitutifs qui prévoient expressément leur procédure de révision ou d'amendement. Ces dispositions expriment un équilibre entre la nécessité de maintenir une certaine pérennité du texte originel

---

[112] Voir l'article premier du Protocole additionnel n°I de l'UEMOA, qui dispose : « La Cour de Justice veille au respect du droit quant à l'interprétation et à l'application du Traité de l'Union ».

[113] Acte constitutif du 16 octobre 1945.

[114] Constitution du 22 juillet 1946.

[115] Série B- n° 8, p. 37.

et la nécessité d'une certaine flexibilité de l'institution par une adaptation progressive du texte originel aux changements de circonstances.

2. Modalités de l'amendement

L'amendement se fait par voie d'accord, ou à défaut en application de la coutume. Il est obligatoire à effectuer en cas de survenance d'une nouvelle norme impérative du Droit international ou *jus cogens*, qui serait contraire à l'ancienne formulation.

Selon l'art.53 de la Convention de Vienne de 1969, la norme impérative du droit international général est reconnue par la communauté internationale dans son ensemble en tant que norme à laquelle aucune dérogation n'est permise et qui ne peut être modifiée que par une nouvelle norme du droit international ayant le même caractère.

* Les modalités d'adoption de l'amendement dépendent d'abord de son objet.

— L'amendement qui engendrait un changement total dans les droits et obligations des membres doit être accepté à l'unanimité (art. 28 FMI ; art. 12 FIDA). Pour les autres cas, une majorité simple ou qualifiée suffit.

Les modalités dépendent ensuite de la nature de l'Organisation internationale. Ainsi, l'acte constitutif d'une Organisation internationale régionale intégrée est généralement amendé à l'unanimité alors que celui d'une organisation universelle de coopération n'exige qu'une majorité : celle-ci oscille entre les 2/3 et 3/5 suivant l'O.I. Ex. : art. 13 OMS ; UNESCO art. 13.

L'article109 de la Charte de l'ONU combine un système majoritaire (2/3 des États présents et votants à l'AG en plus de neuf [9] quelconques des membres du Conseil de Sécurité pour la convocation de la Conférence de révision) et un système majoritaire « unanimitaire », c'est-à-dire ratification de l'amendement par les 2/3 des membres de l'ONU, y compris tous les membres permanents du Conseil de Sécurité, pour l'entrée en vigueur de l'amendement.

Enfin, des accords subséquents sont généralement conclus pour développer l'appareil institutionnel et organique de certaines organisations internationales (voir les Protocoles additionnels de l'UA, UEMOA, SADC, etc.). Si la modification ou révision de l'acte constitutif est à la fois négative et constructive car le vide créé est en général aussitôt comblé, son extinction produit un effet exclusivement négatif.

La thématique de la révision/amendement est, donc, abordée différemment selon les OIA.

Ainsi, dans les OIA, défuntes comme l'Organisation Interafricaine et Malgache (OIAM)[116], la proposition d'amendement ou de révision est examinée, si un membre en fait la demande écrite au Secrétaire Général, qui la

[116] Charte du 20 décembre 1961.

soumet ensuite à la Conférence après notification aux autres États membres et après une période d'un an. L'amendement n'est applicable qu'après son adoption par les 4/5e des États membres (Art. 41).

La Charte de l'Union africaine et Malgache de Coopération économique (UAMCE)[117] abonde dans le même sens mais retient une majorité qualifiée des 2/3 des membres. Cette même règle est préférée par l'OCAM[118] puisque la Charte de Tananarive précise en son Art. 28 : « L'amendement ou la révision ne prend effet qu'après ratification ou approbation par les 2/3 des États membres de l'Organisation » (Voir aussi Art. XXXIII Charte OUA).

La majorité peut être la formule retenue pour accueillir favorablement la proposition d'amendement ou de révision (Art. 18 du Traité constituant l'U.M.A. et Art. 60 [3] du Traité sur la CIMA[119]).

D'autres Organisations Internationales ont choisi le consensus pour la révision et l'amendement. À ce titre, on peut signaler l'Accord sur l'IGAD qui soumet la demande de révision ou d'amendement à la procédure d'adressage au Président du Conseil des Ministres et l'entrée en vigueur après approbation par consensus avec cette alternative : « faute de quoi, l'amendement, n'entrera en vigueur qu'après approbation par deux tiers des membres » (Art. 19).

Cette option est suivie par l'Accord portant création de l'Organisation pour l'Aménagement et le Développement du Bassin de la Rivière Kagera[120]. Le principe du parallélisme des formes a été retenu dans le cadre de l'ex-UDEAC (créée par le Traité de Brazzaville du 8 décembre 1964) qui énonçait que la modification de ce Traité de base devait suivre les mêmes formes que pour son adoption (voir aussi le Traité OHADA art. 61).

Le principe de la révision ou de l'amendement, à l'Union Africaine (Art. 32), suit la procédure suivante : après soumission de la proposition au Président de la Commission et notification aux États membres dans un délai de 30 jours après réception, la Conférence, après avis du Conseil Exécutif, dispose d'in délai d'un an pour l'examiner et la proposition peut être adoptée par consensus ou à la majorité des 2/3 et doit être ratifiée par les États membres « conformément à leurs procédures constitutionnelles respectives ». L'entrée en vigueur se fera après le dépôt des instruments de ratification des 2/3 des États, auprès du Président de la Commission[121].

Des délais gradués, englobant l'initiative jusqu'à la ratification, peuvent être prévus, comme dans l'article 90 du Traité révisé de la CEDEAO, qui se lit ainsi :

---

[117] Traité du 12 septembre 1961.

[118] Charte du 27 juin 1966.

[119] Traité instituant une organisation intégrée de l'Industrie des Assurances dans les États africains(CIMA) adopté à Yaoundé le 10 juillet 1992.

[120] Adopté à Rusumo le 24 août 1977, Art. 19.

[121] Voir aussi le Protocole sur les amendements à l'Acte constitutif de l'U.A. du 3 février 2003.

« 1. Tout État membre peut soumettre des propositions en vue de l'amendement ou de la révision du présent Traité.

2. Toutes les propositions sont soumises au Secrétaire Exécutif (actuellement Président de la Commission) qui les communiquera aux États membres, trente (30) jours au plus tard après leur réception. La Conférence examinera les propositions d'amendement ou de révision à l'expiration d'un délai de trois mois accordé aux États membres.

3. Les amendements ou révisions sont adoptés par la Conférence conformément à l'article 9… ».

La simplicité en matière de formalité de révision ou d'amendement est à rechercher dans le Traité portant création de l'OMVS qui dispose : « La présente Convention pourra être révisée à la demande des États membres. La demande de révision devra être adressée par écrit au Président de la Conférence des Chefs d'État ou de gouvernement ». Dans ce sillage s'est inscrite la Charte des Eaux du Fleuve Sénégal adoptée en mai 2002 et dont l'article 29 précise qu'elle demeurera inchangée pendant une période probatoire de trois ans à la fin de laquelle elle s'appliquera de manière continue et que seuls le Haut Commissariat et la Conférence des Chefs d'État ou de gouvernement pourront en demander la révision, avec cette réserve que la Conférence des Chefs d'État ou de gouvernement est seule compétente pour statuer sur la modification après proposition du Conseil des Ministres.

Des conditions d'opportunité de la révision ont été intégrées après la prévision de « révisions périodiques », par les États membres de l'OAPI[122] dans le but « notamment d'y introduire des modifications de nature à améliorer les services rendus par l'Organisation, à l'initiative et selon les modalités définies par le Conseil d'Administration » (Art. 47).

L'article 150 du Traité par l'établissement de la Communauté d'Afrique de l'Est[123] précise par une clause libérale que « le Traité peut être amendé à tout moment en cas d'accord de tous les États membres », c'est-à-dire du Kenya, de l'Ouganda, du Burundi, du Rwanda et de la Tanzanie. Après réception de la proposition de modification par le Secrétaire Général de la CAE, les États disposent d'un délai de 90 jours pour faire des observations. La modification est décidée par le Sommet, sur avis du Conseil. L'amendement n'entre en vigueur qu'après ratification des États membres.

Cette démarche est partagée par le Traité instituant la CEEAC qui soumet la prise de la décision de révision ou d'amendement au consensus puis à la ratification de tous les États membres[124].

---

[122] Traité sur l'Organisation africaine de Propriété intellectuelle révisé de Bangui du 2 mars 1977.
[123] Traité modifié le 14 décembre 2006 et le 20 août 2007.
[124] Art. 90 du Traité, adopté à Libreville le 8 octobre 1983.

En revanche, la Convention créant le CAMES énonce en son Art. 26 que toute demande de modification émanant d'un État membre doit d'abord recueillir l'avis favorable de deux autres États membres avant sa transmission au Secrétaire général qui la notifie aux États membres avec un délai d'examen de six mois. La décision est adoptée par consensus[125].

Comme tout acte juridique, le Traité de base peut prendre fin.

PARAGRAPHE II – LA FIN DE L'ACTE CONSTITUTIF

L'acte constitutif frappé d'extinction n'est plus en vigueur et cesse ses effets à la fois comme acte et comme norme. Si bien que selon l'art. 7 de la Convention de Vienne de 1969 « Les parties sont libérées de l'obligation de continuer d'exécuter le traité éteint ».

La fin de l'acte peut résulter de la dissolution de l'organisation internationale (A) ou d'une succession d'organisations internationales. (B)

A. Par la dissolution

Elle obéit à des conditions et suppose des modalités.

1. Les conditions de la dissolution

La dissolution peut intervenir si l'acte prévoit que la survenance de certains faits produit certains effets. Par ex. : La chute du nombre d'États membres en-dessous d'un seuil déterminé (Art. 25, parag. I de la convention créant l'Agence Spatiale Européenne) ou à l'échéance du terme d'une organisation internationale à durée déterminée n'ayant pas fait l'objet d'une reconduction.

La dissolution peut être concertée lorsque les États membres décident par accord de mettre un terme à la vie légale de l'organisation internationale et de procéder à sa liquidation. Dans ce cas, l'accord doit être unanime. C'est le cas dans les organisations internationales restreintes ou dans certaines organisations internationales universelles. Ex. : Convention de l'OACI, art. 89.

L'accord des membres peut être acquis à la majorité dans les autres OI, et parfois par une simple délibération de l'organe plénier. (Ex. : Statuts de la BIRD, art. VI Section 5.b). La SDN, par exemple, a été dissoute sur la base d'une résolution adoptée par son Assemblée, le 18 avril 1946.

La dissolution peut emprunter des modalités particulières.

2. Les modalités de la dissolution

Elles consistent à aménager des procédures de liquidation de l'organisation internationale, relatives à ses fonctions, à ses agents et à son patrimoine. La personnalité juridique de l'organisation dissoute peut être maintenue pour les

[125] Convention portant statut du Conseil africain et malgache pour l'Enseignement supérieur, adoptée en avril 2000 modifiant la Convention de Lomé de 1972.

besoins de la liquidation. C'est ce que prévoit l'art. XXV parag. 2 de la convention sur l'Agence Spatiale Européenne.

Il peut arriver qu'un organe *ad hoc* de liquidation soit constitué pour traiter soit avec l'organisation internationale « successeur », soit avec le ou les États sur le territoire desquels l'organisation internationale dissoute avait établi son siège ou ses établissements décentralisés.

Dans la foulée, on peut noter la forte propension des États africains à user et à abuser d'OI, puisque, nombreuses ont été les OIA créées et dissoutes dans les années 1960 et 70. À cet égard, les dirigeants africains des premières décennies des indépendances, ont expérimenté plusieurs formes d'organisations d'intégration ou de coopération, inspirés qu'ils étaient (qu'ils sont toujours) par l'idéal de l'Unité africaine par l'intermédiaire des célèbres groupes dits de Casablanca ou de Monrovia, divisés qu'ils étaient par l'exportation continentale d'idéologies capitaliste ou communiste, progressive ou libérale, révolutionnaire ou modérée.

À titre rétrospectif, plusieurs hypothèses de dissolution ont été aménagées par les Traités d'OIA.

En fait, au regard de l'expérience engrangée (avec la suppression ou la résurrection d'OI, la création incessante d'OI dont certaines recouvrent les mêmes buts à l'échelle régionale, sous-régionale, continentale, dans les domaines technique, économique, social et culturel), quatre (4) situations où la possibilité de dissolution peut survenir, sont identifiables.

1) D'abord certains traités d'OIA, sans doute pour conjurer un sort funeste, ne prévoyaient pas de dispositions relatives à la dissolution, ce qui n'a pas empêché leur disparition par l'effet de la volonté souveraine des États membres. C'est le cas de l'OIAM, UAMCE, OCAM, UDEAC, UAMCE, OUA. D'autres traités de base se sont également signalés par leur mutisme sur la dissolution sans doute parce que cette idée n'est pas envisageable à court ou moyen terme en raison de leur engagement progressif vers l'intégration régionale ou continentale (cas de la CEDEAO, UEMOA, CEMAC, UMA, IGAD, OAPI, etc.).

Malgré le silence des textes, il faut garder à l'esprit que selon le principe classique du parallélisme des formes, les États fondateurs peuvent, en tout état de cause, décider de mettre fin à la vie de leur Organisation.

2) En dépit des énonciations précédentes, certaines Conventions ont décrété avec emphase, la durée illimitée de leur OIA (Art. 41 du Traité de l'OAPI et Art. 62 du Traité OHADA) ou perpétuelle (Art. 144 du Traité de la CAE).

3) La dissolution peut advenir sur décision d'un organe. L'art. 26 de la Convention de l'OMVS dispose qu'à la demande d'au moins deux membres (quatre États sont membres, le Sénégal, le Mali, la Mauritanie et la Guinée-Conakry), la dissolution peut être prononcée par la Conférence des Chefs d'État

et de Gouvernement à la majorité. Cet organe arrête également les modalités de dévolution des biens de l'Organisation. Il en est de même de l'art. 67 du Traité de l'UDEAC avec une dissolution prononcée par le Conseil des Chefs d'État qui fixe aussi les modalités de répartition de l'actif et du passif de l'Organisation (voir aussi Art. 91 du Traité de la CEEAC).

4) L'hypothèse la plus usitée est l'introduction d'une clause de dissolution dans le traité de base. L'article 192 § 1 du Traité du COMESA substitue l'expression « cessation des opérations » à celle de dissolution. La cessation est décidée par la Conférence (Chefs d'État) sur recommandation du Conseil (des Ministres).

B. Par la succession d'organisations internationales

Il y a succession d'organisations internationales[126], lorsqu'une organisation internationale nouvelle appelée organisation successeuse, se substitue à une OI ancienne ou prédécesseuse, dans l'exercice de certaines compétences et dans la possession et/ou la jouissance d'un patrimoine.

Il y a une diversité des techniques juridiques de succession, ce qui entraîne des conséquences sur les objets mêmes de la succession.

1. Diversité des techniques juridiques de succession

En matière de succession, l'Acte constitutif ne peut être abrogé qu'avec le consentement des États parties. L'accord peut également être conclu entre organisations intéressées elles-mêmes. Selon le Professeur Bettati, il est parfois difficile de distinguer certaines dissolutions de certaines successions d'OI, dans la mesure où la transmission des biens et fonctions, avec la disparition de l'une et la naissance de l'autre, s'effectue tantôt simultanément (Ex. OECE — OCDE), tantôt de manière dissociée (Ex. : SDN – ONU).

L'accord de succession peut être autonome et exclusif, unique ou multiple. La solution peut résulter d'une résolution émanant d'une organisation intéressée. Mais le plus souvent, cette résolution est accompagnée d'accords interétatiques ou inter-organisations qui forment un ensemble normatif. Là, on peut avoir une combinaison d'actes unilatéraux et bilatéraux de transfert comprenant une résolution associée à des accords inter-organisations.

Ex. : trois phases ont été opérées pour le transfert entre la SDN et l'ONU

D'abord, à l'AGNU, on a procédé à l'adoption de la Résolution A, 24 [1] du 12 février 1946, et à la SDN, à l'adoption d'une Résolution parallèle du 18 avril 1946. Puis un accord a été conclu entre la SDN et l'ONU, le 19 juillet 1946 portant sur les biens mobiliers et immobiliers, les dettes, les créances. Enfin, des résolutions d'approbation de ces accords ont été adoptées par l'AG (Résolution 79 (1) du 7 décembre 1946.

---

[126] On se référera principalement à l'ouvrage de RANJEVA, Raymond (1978). *La succession d'OI en Afrique*. Paris : Pedone.

La dissolution d'une OI peut susciter des problèmes juridiques et techniques que les ex-États membres devront s'attacher à résoudre. Dans l'hypothèse d'une déconstruction (avec la dissolution) et reconstruction (succession), la nouvelle OI hérite des biens, normes, archives, actifs et passifs de l'Organisation précédente.

Ainsi, le COMESA a remplacé la Zone d'Échanges Préférentiels (ZEP) qui avait été créée le 30 septembre 1982[127] et a opéré un tri parmi les organes précédents, d'une part en maintenant certaines institutions et certains accords (nommément cités à l'Art. 174 du Traité et qui sont désormais placés sous les auspices du COMESA) et d'autre part en dissolvant le Tribunal de la ZEP et le Tribunal Administratif de la ZEP (Art. 176). Du fait de cette succession, il a été décidé le transfert et la dévolution et « sans aucune assurance (de) tout l'actif et (du) passif de la ZEP » en sorte que le COMESA « assume tous les droits et obligations auxquels était ou est soumise la ZEP » (Art. 189.1 du Traité) et toute référence à la ZEP « est considérée comme une référence au Marché Commun » (Art. 189.4).

La succession-transformation de l'OUA en Union Africaine a eu pour conséquence le remplacement de la Charte de l'OUA par l'Acte constitutif de l'UA (Art. 33 de l'Acte).

Par ailleurs, la Communauté de l'Afrique de l'Est, en succédant à la Commission tripartite permanente[128], a accepté que le personnel, les biens, les décisions de justice, soient transférés et repris par la CAE (Art. 139) ainsi que tout l'actif et le passif (Art. 139 à 141).

De même, la Commission du Fleuve Niger (créée le 25 novembre 1964) est remplacée par l'Autorité du Bassin du Niger (Convention de Faranah du 21 novembre 1980 révisée à Ndjamena le 29 octobre 1987).

Il en va également, de la CEMAC, selon l'art. 47 de l'Additif à son Traité qui dispose : « le patrimoine ainsi que les droits et obligations précédemment dévolus au Secrétariat Général de l'Union douanière et économique de l'Afrique Centrale (UDEAC) sont transférés à la CEMAC ».

Dans le cas d'une dissolution pure et simple (non suivie de création d'une nouvelle OI), il sied de nommer un liquidateur qui sera chargé du sort des biens, dettes, archives et patrimoine de l'ex-Organisation. Ainsi, le Traité sur le Kagera avait prévu, qu'en cas de survenance de cette hypothèse, « la liquidation de l'Organisation sera effectuée par un liquidateur agréé par les gouvernements qui détermineront l'affectation des biens et avoirs de l'Organisation » (Art. 20).

2. Les objets de la succession

Le transfert de certains objets requiert le consentement des États membres de l'organisation prédécesseur. Pour d'autres, le transfert peut se réaliser avec le

---

[127] Art. 188 du Traité du COMESA.
[128] Établie par l'Accord du 30 novembre 1993.

consentement des institutions qui les rassemblent. Aussi, le transfert varie d'un cas à l'autre, notamment pour la dévolution des fonctions, des normes, des agents, du patrimoine…

a – Les fonctions

Leur transmission d'une OI à l'autre est prévue expressément dans un des actes de succession. Ex. : C'est le cas du Statut de la CIJ (art. 36, parag. 5 et art. 37 pour la succession de la CPJI).

Certains actes opèrent une distinction entre les fonctions techniques qui sont transférées et les fonctions politiques qui ne peuvent l'être qu'au cas par cas. Ex. : A.24 [1], AG ONU (Résolution précitée).

b – Les normes

Ici, il faut distinguer entre les actes qui, par nature, ne sont pas transférables et les normes contenus dans ces actes qui peuvent être reprises ou incorporées par les États membres de l'Organisation successeuse ou par ses organes dans son Acte constitutif ou dans les textes de droit dérivé.

c – Les agents

Il est rare que la totalité du personnel soit transféré de l'ancienne OI à la nouvelle organisation internationale, sauf dans le cas de succession-transformation du genre OECE /OCDE.

Dans les autres cas (succession S.D.N. – ONU), le principe retenu a été celui de la liberté de choix de la nouvelle organisation internationale quant au recrutement des agents de l'ancienne organisation et quant au type de régime juridique.

d – Le patrimoine

C'est l'ensemble des droits mobiliers ou immobiliers, les avoirs et créances ainsi que les dettes. Il est objet de transfert en cas de succession. Cependant, le transfert de l'actif ne s'accompagne pas nécessairement d'un transfert du passif.

Le Traité de base, qui résulte de l'aboutissement du processus de création des OI, fonde l'assise structurelle et les droits et obligations des États membres.

CHAPITRE II

LES MEMBRES ET LA STRUCTURE DES ORGANISATIONS INTERNATIONALES

La nature interétatique qui résulte de la définition de l'organisation internationale, constitue sans doute son élément fondamental d'identification. Cependant, l'étude des organisations internationale conduit à tempérer ce caractère exclusif et à accepter quelques exceptions qui peuvent être justifiées par des circonstances politico-historiques ou par des nécessités pratiques. En créant l'organisation internationale, les États fondateurs l'ont dotée d'organes propres destinés à atteindre des buts assignés dans l'acte constitutif[129].

SECTION I – LA PARTICIPATION À L'ORGANISATION INTERNATIONALE

D'un point de vue juridique, la participation désigne l'appartenance comme membre de l'organisation. Mais au sens large, elle est perçue comme étant toute contribution aux activités d'une organisation internationale et se caractérise par l'octroi, à côté de la qualité de membre, du statut d'observateur. Elle est régie par les règles tant du point de vue de l'accès à l'organisation que du point de vue de la perte de la qualité de membre.

PARAGRAPHE I – L'ACCÈS À L'ORGANISATION INTERNATIONALE

Il convient de différencier ici, la qualité de membre à part entière (A) à laquelle s'applique l'ensemble des droits et devoirs des parties à l'acte constitutif de l'organisation, et la qualité de membre partiel (B) à laquelle s'appliquent certains droits et devoirs pour les entités ayant un statut d'observateur ou d'associé.

A. La qualité de membre à part entière

Les règles qui régissent l'accès au statut de membre à part entière traduisent l'équilibre entre deux exigences contradictoires : d'une part, l'universalité de l'organisation qui exige une structuration souple ; d'autre part, l'homogénéité de la composition, pour préserver la similitude entre les membres, qui implique des règles d'admission sélectives.

[129] Cf. CIJ, *Affaire de la licéité de la menace ou de l'emploi de l'arme nucléaire*. Avis consultatif du 8 juillet 1996.

Les premières sont propres aux organisations dites ouvertes, ex. : l'ONU et ses institutions spécialisées. Ainsi, l'art. 3 de la Constitution de l'OMS stipule que la qualité de membre de l'Organisation est accessible à tous les États. L'article 12 de l'Accord de l'OMC va dans le sens de la générosité en disposant : « Tout État ou territoire douanier distinct, jouissant d'une entière autonomie dans la conduite de ses relations commerciales extérieures et pour les autres questions traitées dans le présent Accord et dans les accords commerciaux multilatéraux, pourra accéder au présent Accord à des conditions à convenir entre lui et l'OMC »[130].

Les secondes concernent les Organisations fermées comme l'OPAEP (Organisation des Pays Arabes Exportateurs de Pétrole), dans laquelle ne peuvent être admis que les pays remplissant trois conditions cumulatives : être un pays arabe ; être exportateur de pétrole ; être un pays dans lequel le pétrole constitue une ressource importante de leur produit national brut (Art. 7 OPAEP).

En outre, certaines règles concilient parfaitement les deux exigences en fixant des règles relatives à l'élargissement de l'Organisation internationale. C'est le cas, par exemple, des Communautés Européennes.

Pour des raisons de commodité, on peut distinguer les membres originaires des adhérents.

1. Les membres originaires

Il s'agit des États signataires de l'Acte constitutif qui ont participé à sa négociation et qui l'ont ratifié. Les qualificatifs diffèrent selon les Organisations internationales. Par ex. : FAO (membres originaires) ; OPAEP (fondateurs).

Les membres originaires bénéficient de privilèges particuliers, notamment d'un droit de veto sur l'admission de nouveaux membres. Sont membres originaires de l'ONU, les États signataires de la Déclaration du 1er janvier 1942 et/ou parties à la Conférence de San Francisco de 1945 et qui ont signé et ratifié la Charte pour son entrée en vigueur.

Cette catégorie n'est pas propre à toutes les Organisations internationales. Ainsi, par exemple, tous les États parties à la Convention des Nations unies sur le Droit de la mer (1982), signataires initiaux ou adhérents ultérieurs, sont *ipso facto* membres de l'Autorité internationale des fonds marins (art. 156).

2. L'admission des nouveaux membres

Les règles varient selon les Organisations. Les actes constitutifs posent généralement des conditions de fond et fixent des procédures.

---

130 Accord de Marrakech 1994 ; voir aussi art. 305 de la Convention des N.U sur le droit de la mer du 10 décembre 1982.

a – Conditions de fond

Ces conditions définissent le profil du candidat. Elles peuvent être de nature géoéconomique. (Ex. : art. 7 OPAEP) ou géopolitique comme au Conseil de l'Europe dont l'art. 3 exige des États membres le respect de l'État de droit.

Ces conditions peuvent être aussi politico-fonctionnelles. Ainsi, par exemple, selon l'art. 4 §1 de la Charte des NU, « peuvent devenir membres, tous États pacifiques qui acceptent les obligations de la présente Charte et, au jugement de l'Organisation, sont capables de les remplir et disposés à le faire ». Ce sont là des conditions nécessaires et suffisantes et selon la CIJ aucune condition supplémentaire ne serait exigée[131].

Pour les organisations internationales africaines (OIA) à vocation continentale ; elles sont généralement, selon la clause « tout État », accessibles à tout État africain.

b – Conditions de forme

Dans le cadre des institutions spécialisées de l'ONU, le régime de l'admission est différent suivant que l'État candidat est déjà ou n'est pas encore membre de l'ONU. Si l'État est membre de l'ONU, il bénéficie d'une procédure de faveur. L'admission est automatique et résulte du simple dépôt d'une demande assortie de l'acceptation de l'Acte constitutif par le candidat.

Dans les autres cas, les conditions de forme concernent, après le dépôt d'une candidature, la répartition des compétences entre les organes de l'Organisation et les conditions de la délibération relative à la demande d'admission. Tantôt, les organes de l'organisation doivent délibérer. Ainsi, par ex., selon l'art. 4 de la Charte de l'ONU, la décision d'acceptation du candidat est prise par l'AG sur recommandation du Conseil de Sécurité. Et la recommandation doit être favorable selon l'Avis de la CIJ sur *la compétence de l'AG pour l'admission d'un État aux Nations unies*[132].

Tantôt, un seul organe, l'organe plénier, est appelé à se prononcer. Ex. : FAO – OIT[133]. En ce qui concerne le vote, la délibération de l'organe plénier des Organisations ouvertes, s'effectue soit à la majorité simple (OMS, art. 6 ; OUA), soit à la majorité des 2/3 (UNESCO, art. 22 Règlement de la Conférence). Elle s'effectue à l'unanimité pour les Organisations fermées (Communautés Européennes).

En dehors des États fondateurs d'une OIA, qui ont participé à la négociation, à la signature et qui ont ratifié le Traité constitutif permettant l'entrée en vigueur et la mise en place des institutions créées, l'admission de nouveaux membres peut être prédéterminée.

---

131 *Avis sur les conditions de l'admission d'un État comme membre des Nations Unies*, 28 mai 1948, Rec., p. 47.

132 Rec., 1950, p. 12 et s.

133 Constitution de l'OIT du 9 octobre 1946.L'OIT existe depuis 1919 (voir introduction de cet ouvrage).

Si c'est une OI à vocation universelle ou africaine, la clause « Tout État » introduit une libéralité dans l'admission en faisant de tout État indépendant et souverain (Art. 4 Charte OUA), un candidat potentiel à l'adhésion. Ce type de clause existe dans les OIA à vocation continentale ou sous-régionale, tout en limitant les possibilités d'adhésion par des critères géographiques (États du continent, ou d'une sous-région africaine).

À titre illustratif, les OIA anciennes précisaient que l'organisation concernée « est ouverte à tout État africain » (Art. 2 § 2 du Traité de l'OAMCE) ou à « tout État souverain indépendant d'Afrique jouissant d'un gouvernement autonome » (Art. 35 § 1 de la Charte de l'OIAM), voire « ouverte à la signature de tous les États africains et malgache, indépendants et souverains » (Art. 22 Charte de l'UAMCE).

L'article premier de la Charte de l'OUA cantonne l'organisation à des fins exclusivement géopolitiques, à savoir qu'elle « comprend les États africains continentaux, Madagascar et les autres Iles voisines d'Afrique ».

Le critère géographique peut se colorer d'un léger nationalisme. En atteste le Traité de l'Union du Maghreb Arabe dont l'article 17 énonce : « Les autres États appartenant à la Nation Arabe ou à la Communauté Africaine, peuvent adhérer à ce Traité sur acceptation des États membres ».

De même, certaines OIA, sans ignorer la solidarité de voisinage immédiate, adhèrent à une politique d'ouverture maximale, au moins sur le principe. C'est le cas de la CEMAC limitée à six États africains mais dont le Traité fondateur de 1994 énonce : « Tout État africain partageant les mêmes idéaux que ceux auxquels les États fondateurs se déclarent solidairement attachés, peut solliciter son adhésion à la CEMAC… » (Art. 6 du Traité du 16 mars 1994).

Cette approche du Traité de Ndjamena n'est pas celle plus restrictive du Traité de Dakar du 10 janvier 1994 créant l'UEMOA. Son article 103 dispose : « Tout État ouest africain peut devenir membre de l'Union ».

Cette volonté de limiter une OIA à un espace bien délimité est souvent observée dans celles qui sont des organisations spécialisées comme l'OMVS qui réserve l'adhésion « à tout État riverain du Fleuve Sénégal » (Art. 22 de la Convention du 11 mars 1972 modifiée le 17 novembre 1975).

L'Organisation de succession à l'OUA, l'Union africaine, restreint la candidature d'États à la condition suivante : « Tout État membre de l'OUA peut adhérer au présent Acte… » (Art. 27 § 3) du fait que l'acte constitutif « est ouvert à la signature et à la ratification des États membres de l'OUA… » (Art. 27 § 1).

Il est rare que le Traité de base d'une OIA permette l'adhésion d'États « extérieurs » au continent. Cette possibilité peut être prévue comme dans les cas de l'article 53 du Traité de l'OHADA : « ouvert à l'adhésion de tout État membre de l'OUA et non signataire du Traité. Il est également ouvert à l'adhésion de tout État non membre de l'OUA invité à y adhérer du commun accord de tous les États Parties ».

Quelques originalités peuvent être signalées, notamment dans le cas du COMESA qui, d'abord énumère dans une liste a priori limitative, les États qui peuvent devenir membres du COMESA « les États membres de la zone d'échanges préférentiels des États de l'Afrique Orientale et Australe » (Art. 1er § 2) et, ensuite invite, nommément le Botswana et l'Afrique du Sud (post Apartheid) à devenir membres (Art. 1er § 3) et enfin tout autre État voisin d'un État membre (Art. 1er § 4).

Les conditions d'admission dans une OIA sont d'abord liées à des formalités avec une demande de candidature soumise soit au Secrétaire Général ou Président de la Commission[134], soit au Président du Conseil des Ministres (Art. 24 Traité OAMCE ; Art. 17 de l'Accord sur le Bassin du Niger), soit à l'État dépositaire (Art. 22 OMVS).

La demande fait l'objet d'un examen suivi d'un vote qui peut être acquis au consensus (Art. 28 § 2 de la Convention portant Statuts du CAMES), à l'unanimité (Art. 6 du Traité CEMAC ; Art. 53 du Traité OHADA ; Art. 93 CEEAC) ou à la majorité qualifiée de 2/3, rarement à la majorité simple (Art. 28 § 2 Charte OUA) ; 3/5…. voire 4/5 (Art. 35 § 1 Charte OIAM) par décision du Conseil des Ministres (Art. 24 Traité OAMCE) ou de la Conférence au Sommet des Chefs d'État ou de Gouvernement (Art. 103 du Traité UEMOA).

Le Traité de l'UEMOA distingue, d'une part les adhésions entraînant des adaptations générales du Traité qui doivent faire l'objet d'accords, entre États membres et l'État demandeur, ratifiés par les États membres et, d'autre part les adhésions entraînant des adaptations purement techniques qui font l'objet d'approbation de la Conférence des Chefs d'État et de Gouvernement (Art. 103).

B. La qualité de membre partiel

Certaines entités (États, OI, ONG, Mouvements de Libération Nationale) peuvent être autorisées à participer aux activités d'une OI, pour des raisons, politiques, techniques et économiques, sans qu'elles se voient, cependant, conférer le statut de membres à part entière. Deux types de participation existent : l'association d'États ou de territoires, et l'observation.

1. L'association d'États ou de territoires

Ce statut est prévu par certains actes constitutifs. L'État associé participe, avec des droits et obligations réduits mais de façon effective, aux activités de certains organes principaux. Le statut d'associé est conféré également par certaines O.I. à des États (ex. : Yougoslavie pour l'OCDE). Les associés n'ont généralement pas de droit de vote dans les organes pléniers.

[134] Art. 35 Charte OIAM; Art. 27 § 3 Acte de l'UA; Art. 28 Charte OUA.

Le statut de membre associé peut être accordé à tout territoire ou groupe de territoires n'ayant pas la responsabilité de la conduite de ses Relations Internationales, soit sur demande de l'État membre ou soit de l'autorité qui assure cette responsabilité (Ex. : FAO : art. 2, parag. 2 ou UNESCO : art. 2, parag. 3). Son régime juridique est analogue à celui de l'association d'États

La possibilité d'admettre comme membres partiels des États dits associés, n'est pas fréquente dans les OIA, même s'il ne ressort pas du registre de la rareté. (OAPI, UEMOA, COMESA [Art. 83) ; CAE [Art. 9]).

Dans le cadre de l'OAPI, l'association d'États est admise par le Traité révisé de Bangui, avec cette précision superfétatoire que « les États associés ne sont pas des États membres » (Art. 21 § 2). La demande de candidature d'un État pour l'association doit être adressée au Conseil d'Administration qui statue à la majorité de ses membres. L'État associé a « le droit (...) de bénéficier des services offerts par l'Organisation en matière de documentation et d'information relative à la propriété intellectuelle » (Art. 25) et l'obligation de s'acquitter d'une contribution financière initiale fixée par le Conseil d'Administration (Art. 26), voire même de verser une contribution financière exceptionnelle si l'équilibre budgétaire l'exige (Art. 26.2).

L'UEMOA réserve dans son Traité de base (Titre V, Chapitre I), la possibilité de « l'admission de nouveaux États membres et de membres associés ». Subséquemment, l'article 104 prévoit que « Tout État africain peut demander à participer à une ou plusieurs politiques de l'Union en qualité de membre associé ». Ce statut particulier résultera d'un accord entre les États membres et l'État demandeur, après avis conforme du Parlement (le CIP) de l'UEMOA et conclusion par la Conférence des Chefs d'État et de gouvernement (Art. 104 du Traité).

Le COMESA admet également le statut d'État associé avec « tout État tiers en vue de l'association de ce pays avec le Marché Commun » (Art. 183 du Traité). À l'opposé de ce laconisme du COMESA, la Communauté de l'Afrique de l'Est étoffe le statut d'État associé en l'offrant à des États tiers qui font la demande à être associé ou à participer aux activités de la Communauté. Cette admission est cependant subordonnée à l'acceptation de la CAE, à la contribution potentielle dudit État à l'intégration de la sous-région, à sa proximité géographique et son interdépendance avec les États membres, à la création et au maintien d'une économie de marché, à l'adhésion à la bonne gouvernance, la démocratie, la justice sociale et le respect des Droits de l'Homme et aussi à la compatibilité de ses politiques économiques et sociales avec celles de la CAE (Art. 3 §§ 1, 2 et 3 du Traité de la CAE).

2. La qualité d'observateur

Il s'agit du ou des représentants d'États, d'Organisations internationales ou de Mouvements de Libération nationale, autorisés par une autre OI, à suivre les travaux de certains organes de celle-ci. À la différence des associés, les observateurs ont des droits plus limités. Ils ne peuvent, en général, participer aux activités de l'Organisation que lorsqu'ils sont directement concernés.

Les règles régissant la qualité d'observateur sont de sources diverses. Dans le cas de l'ONU, elles sont d'origine coutumière. Elles sont ensuite conventionnelles parce que, dans certaines Organisations, le statut d'observateur est prévu par leur Charte constitutive ou par leurs textes de droit dérivé. Ex. : FAO : art. 3 du Statut ; UNESCO : art. 67 du Règlement général).

De prime abord, le statut d'observateur est accordé à des États non membres de l'O.I. afin de donner à l'Organisation une audience plus vaste tout en rehaussant la situation diplomatique du bénéficiaire. Très souvent, il a constitué à l'ONU une sorte de stage préalable à l'admission pour certains États (Italie – Guinée-Bissau – Japon).

Le Traité de la CAE organise également le statut d'observateur qui peut être soit un État tiers (statut alors octroyé par le Sommet des Chefs d'État), soit une OIG ou ONG (prérogative du Conseil des Ministres).[135] Ainsi, le Togo était observateur à la CEAO.

Ce statut peut être conféré à d'autres O.I. Dans cette hypothèse, il a des fonctions d'ouverture. Ont ainsi obtenu ce statut à l'ONU : l'OEA en 1948, la Ligue des États Arabes en 1950, l'OUA en 1965, etc.

Le statut d'observateur a aussi une fonction de légitimation et de promotion pour certains mouvements de libération nationale. À cet égard, le statut d'observateur a été accordé à des MLN reconnus comme l'OLP par l'ONU et la Ligue des États Arabes ou le FRELIMO, l'ANC, le PAIGC par l'OUA.

Ce statut peut être conféré à des O.NG, ce qui leur offre prestige, audience et légitimation. C'est le cas de nombreuses ONG à l'ONU, comme le CICR, Human Right Watch ou Amnesty International.

Le statut confère des droits et obligations à ses bénéficiaires. Ces derniers ont la possibilité d'assister aux séances des organes principaux de l'organisation en siégeant à une place distincte de celle des représentants des États membres. Ils ont le droit de bénéficier de la documentation établie par l'Organisation, la faculté de s'exprimer sur invitation du Président de l'organe. Certains droits leur sont cependant refusés comme celui de participer au scrutin.

Dans certaines circonstances, un État peut perdre son statut de membre à part entière de l'OI.

PARAGRAPHE II – LA PERTE DE LA QUALITÉ DE MEMBRE

Si la participation d'un État à une OI est un acte de souveraineté, il reste que sa liberté d'en sortir est limitée par les règles conventionnelles qui s'appliquent à l'Organisation.

---

[135] Art. 3 § 4 du Traité pour l'établissement de la Communauté de l'Afrique de l'Est de 1967, modifié le 20 août 2007.

Dans ce domaine, on se limitera au retrait, à la suspension, à l'exclusion et aux cas exceptionnels de succession.

A. Le retrait ou la dénonciation unilatérale

Le retrait est toujours volontaire. Il se manifeste par la dénonciation de l'Acte ou par une absence prolongée de la participation de l'État (politique de la chaise vide)[136].

1. Le fondement juridique

Le retrait est, en principe, prescrit par les Actes constitutifs des OI sous différentes qualifications : sortie, droit de dénoncer, droit de se retirer… Il est prévu par la SDN (art.1er §3 du Pacte), l'OCDE (art. 17), l'UNESCO (art. 2, parag. 6), l'UA ou la LEA.

Par ailleurs, dans l'hypothèse où le retrait n'est pas prévu par l'Acte constitutif, comme c'est le cas de l'OMS, de l'ONU, il va falloir apprécier le fondement juridique du retrait. En fait, le retrait est possible dans le silence de l'Acte constitutif s'il est établi qu'il entrait dans l'intention des parties d'admettre la possibilité d'une dénonciation ou d'un retrait, ou si ce droit de retrait peut être déduit de la nature du Traité.

2. Le régime juridique

Selon les articles 54 à 56 de la Convention de Vienne de 1969 sur le Droit des Traités, le retrait d'une partie à un traité ne peut intervenir que conformément aux dispositions de ce traité ou par consentement de toutes les parties. L'exercice de ce droit est assimilé à une compétence liée parce qu'il obéit à des règles explicites de l'Acte constitutif de l'Organisation.

Ainsi, l'État qui se retire doit se conformer à la procédure prévue par l'Acte constitutif de l'Organisation. La décision peut perdre sa validité s'il ne s'y conforme pas.

a – Conditions de forme et de délai

Il y a ici l'obligation de notifier sa décision de retrait aux dépositaires de l'Acte constitutif ou au Secrétaire Général. Ce dernier doit la porter à la connaissance des autres membres. Cette notification s'effectue par un préavis lorsqu'il est prévu un délai d'effet. Ex. : OUA (1 an) ; OIT (2 ans) ; UNESCO (12 à 24 mois).

Parfois, la possibilité de dénonciation de l'Acte constitutif ne peut intervenir qu'après une certaine période de fonctionnement. Ex. : OTAN (20 ans) ; BENELUX (50 ans, art. 99 de son Statut). Il peut arriver que le droit de retrait soit impossible lorsqu'il existe un fort sentiment d'*intuitu personae* entre les

[136] À titre d'exemple, l'URSS contestant la représentation de la Chine nationaliste de Tchang kai TCHEK, préférant la Chine Populaire de Mao Tsé Toung, va adopter pour un temps la politique de la chaise vide à l'ONU.

États fondateurs, à moins que ces derniers n'acceptent la disparition de l'Organisation.

b – Les effets

L'État qui se retire de l'Organisation est qualifié, selon le Professeur Charles Rousseau, d'État sécessionniste dont la situation est différente de celle d'un État qui suspend sa participation à l'Organisation internationale, considéré comme un État absent, lequel, selon le Professeur Charles Chaumont, entend simplement manifester son mécontentement en gênant de l'intérieur le fonctionnement de l'Organisation.

Le retrait doit être envisagé comme une sorte *d'ultima ratio regum* car l'État sécessionniste perd la qualité de membre de l'Organisation, ce qui entraîne une situation complexe par rapport à des questions touchant à l'Organisation. Le retrait d'un État n'implique pas automatiquement son exclusion de l'ensemble des Institutions spécialisées de l'Organisation.

En tout état de cause, l'État qui se retire n'est pas dispensé du respect des principes et buts de l'Organisation. Dans le cadre de l'ONU, l'obligation de respecter les buts et principes en tant que ceux-ci correspondent aux intérêts de la collectivité internationale, s'impose à l'État sécessionniste, tout comme les règles coutumières (Ex. : règles relatives au maintien de la paix).

Selon Boutros Boutros Ghali, l'État doit présenter une demande d'admission s'il veut réintégrer l'OI ce qui est conforme au droit des Organisations internationales. Cependant, Charles Rousseau constate que la décision de réintégrer l'OI est comme la décision de retrait, un acte discrétionnaire des États, et de ce point de vue, entre le retrait et la réintégration, il y a une symétrie, celle-ci constituant le revers de celle-là.

Dans la pratique de l'ONU, des États ont eu à quitter et à réintégrer, l'ONU et son système, sans recommencer la procédure d'admission. Par ex. : l'URSS avait quitté l'OMS en 1950. Sa réintégration dans l'Organisation s'est faite en 1955 par une simple déclaration unilatérale. De même, l'Indonésie qui a quitté l'ONU en 1965[137] et est revenue en 1966 [138]sans une nouvelle procédure d'admission.

La dénonciation et/ou le retrait sont des thématiques classiques dans le droit des Organisations internationales. En effet, quelques OIA n'ont pas aménagé la possibilité pour qu'un État puisse dénoncer un traité auquel il participe ou qu'un État puisse se retirer d'une OI dans laquelle il est membre. Cependant, il faut signaler les cas des OIA anciennes comme l'Union Africaine et Malgache[139], l'Organisation Interafricaine et Malgache, ou encore des OIA actuelles comme

[137] Après la notification au SG du 31 décembre 1964, de se retirer à partir du 1er mars 1966.
[137] Charte de Tananarive du 7 septembre 1961.
[138] Notification de l'Indonésie du 22 septembre 1966 de sa volonté de participer à nouveau aux travaux de l'ONU.
[139] Charte de Tananarive du 7 septembre 1961.

l'UEMOA, la CEMAC, l'Union du Maghreb Arabe[140] ou l'Organisation de la Rivière Kagera. Toutefois, l'absence de clause de dénonciation ou de retrait n'a jamais empêché un État voulant sortir d'une OI, d'opérer en toute souveraineté le choix de quitter. En l'occurrence, le volontarisme des États en matière d'adhésion ou de retrait trouve son fondement dans le droit coutumier tel qu'il est aujourd'hui codifié par la Convention de Vienne du 23 mai 1969.

Il convient de relever le cas spécifique de l'UA dont l'ancien Art. 31 prévoyait la cessation de la qualité de membre, article qui a été supprimé par l'Art. 12 du Protocole sur les amendements à l'Acte constitutif du 3 février 2003.

En revanche, la plupart des traités constitutifs des OIA contiennent des clauses de fond ou de forme organisant le retrait ou la dénonciation du traité concerné par un État membre. Dans ce domaine également, des formalités procédurales comme des exigences de fond irriguent la question.

Il semble que le principe admis dans ces OIA est que la demande de retrait ou de dénonciation, en application de la clause susdite, doit être adressée à l'organe compétent. Invariablement, des formalités de notification, de délai de préavis à observer avant l'application effective, l'ouverture de négociations avec l'État concerné et en cas d'échec, le respect des engagements financiers de l'État qui veut se retirer, sont donc aménagées dans la plupart de ces Traités de base. [141] À titre illustratif, on évoquera l'article 91 du Traité de la CEDEAO qui impose une notification de la demande de retrait adressée au Secrétaire Général (aujourd'hui le Président de la Commission) avec un préavis d'un an. Si la demande n'est pas retirée dans ce délai d'un an, l'État demandeur cesse de faire partie de la CEDEAO à condition que durant cette période, il continue de se conformer aux dispositions du Traité et s'acquitte de ses obligations.

Une réglementation plus renforcée existe dans le cas de l'Autorité du Bassin du Niger dont l'article 18 du Traité, ne prévoit la possibilité de retrait ou de dénonciation qu'après l'expiration d'un délai de 10 ans après la date d'entrée en vigueur et cette dénonciation ne prend effet qu'un an après la réception de la demande. Il est en plus fait exigence qu'elle « ne portera pas atteinte, à moins d'un accord préalable, aux engagements relatifs à un programme d'études, de travaux, ou de toutes les obligations qui lui incombent et découlant de sa qualité de membre avant la date de prise d'effet de la dénonciation »[142] .

[140] Traité de Marrakech du 17 février 1989.

[141] Voir Art. 32 Charte OUA ; Art. 29 du Traité de l'UAMCE ; Art. 27 du Traité de l'OCAM ; Art. 39 du Traité de l'OAPI ; Art. 25 Convention de l'OMVS ; Art. 67 du Traité de l'UDEAC. Ainsi le Maroc s'est retiré de l'OUA en 1984 âpres un préavis d'un an. Il sera soutenu par le Zaïre qui va, d'ailleurs émettre l'idée de création de la Ligue des États noirs, autre projet mort-né.

[142] Voir dans le même sens, l'Art. 22 de l'Accord de l'IGAD et l'Art. 25 de la Convention de l'OMVS.

Si la dénonciation ou le retrait d'un seul État d'une OI ne pose pas de problème dirimant, l'hypothèse d'une dénonciation plurielle est rarement abordée. On signalera à titre exceptionnel l'article 67 du Traité de l'UDEAC qui prévoit ce scénario, avec la mention que « la dénonciation par un ou plusieurs États contractants n'entraîne pas la dissolution de l'Union qui ne pourrait être décidée que par le Conseil des Chefs d'État ».

L'OAPI [143]introduit une précision de date avec une dénonciation qui ne peut être effective qu'au 31 décembre de la 2e année qui suit la demande de retrait et donne quitus de titres de propriété industrielle en vigueur dans cet État qui serait désormais soumis à sa législation nationale (Art. 39). Quant au Traité de l'OHADA du 17 octobre 1993, il « ne peut en tout état de cause être dénoncé avant dix années à partir de la date de son entrée en vigueur » (Art. 62 § 1) et cette dénonciation est conditionnée par un préavis d'un an (après la date de sa notification au Gouvernement de l'État dépositaire qui est la République du Sénégal).

B. La suspension ou l'exclusion d'un État membre de l'Organisation

La violation des obligations issues de l'Acte constitutif d'une Organisation ou des actes de droit dérivé est sanctionnée soit par la suspension, soit par l'exclusion.

1. La suspension

Trois formes de suspension sont possibles : la suspension du droit de vote au sein des organes, la suspension du droit de représentation au sein des organes de Conférence et la suspension des droits inhérents à la qualité de membre originaire.

a – Suspension du droit de vote au sein des organes

C'est l'hypothèse des articles 5 et 19 de la Charte des Nations unies. Elle peut sanctionner la violation des normes de conduite fixées par l'Organisation ou le manquement à des obligations financières. À cet effet, le mécanisme est déclenché au-delà d'un certain montant d'arriérés (art. 19 de la Charte). En l'espèce, il ne s'agit que des contributions obligatoires, c'est-à-dire celles qui sont destinées à couvrir des dépenses ordinaires de l'OI La plupart des Traités de ses institutions spécialisées en aménagent la teneur. C'est le cas, par exemple, de l'UNESCO (art. 4), de la FAO (art. 3, parag. 4).

b – Suspension du droit de représentation au sein d'organes ou de Conférences

Elle interdit non seulement le droit de vote mais aussi la participation aux travaux de l'Organisation. Elle est prévue par les actes constitutifs pour violation des obligations financières ou pour violation des obligations de respecter les Droits de l'Homme (art. 8 et 9 Statut du Conseil de l'Europe).

---

[143] Accord de Bangui du 2 mars 1977, révisé.

Elle peut intervenir en l'absence de texte sous la forme d'un rejet par l'organe ou la Conférence des lettres de créances ou de pleins pouvoirs des représentants d'un État.

c – Suspension des droits et privilèges inhérents à la qualité de membre originaire

Elle est prévue par l'art. 5 de la Charte de l'ONU. Cette sanction consiste en une suspension du droit de vote, du droit de représentation, du droit d'être élu dans les organes restreints et en une impossibilité de participer aux réunions. L'État visé ne peut plus recourir aux services de l'OI Par ex. : il ne peut pas recevoir de prêts du FMI, de la Banque mondiale.

Cette sanction n'a jamais été appliquée systématiquement. Cependant, on a eu recours à d'autres expédients comme l'exclusion d'un organe subsidiaire. Ex. : l'Afrique du Sud avait été suspendue de la Commission économique des Nations unies pour l'Afrique (UNECA).

Dans certaines Institutions spécialisées des Nations unies, cette sanction est prévue. Ex. : l'UIT.

Si l'exclusion ou expulsion d'un État membre n'est pas l'approche la plus usitée dans les OIA, celles-ci ont en revanche, aménagé une gamme de sanctions pour l'État qui a manqué à ses obligations.

Il s'agit d'abord de la suspension qui sanctionne l'État qui enfreint les engagements conventionnels financiers ou les principes et objectifs de base de l'OIA (Art. 77 Traité CEDEAO)[144]. Généralement, la violation des engagements financiers permet de déclencher la clause de suspension. Si l'État reste plus d'un an sans verser sa contribution au budget de l'OI, « pour des raisons autres que des troubles publics ou des catastrophes naturelles ou toute autre circonstance exceptionnelle portant atteinte à son économie », il sera privé du droit de participer aux activités et de bénéficier des privilèges et immunités (Art. 80 du Traité de la CEEAC)[145].

---

[144] Voir l'article52 du Traité révisé le 25 juin 2008 de la CEMAC qui se lit ainsi : « Si un État ne s'est pas acquitté de ses contributions un an après expiration du délai fixé par les Règlements, sauf cas de force majeure dûment constatée par le Conseil des Ministres, le Gouvernement de cet État est privé de prendre part aux votes lors des assises des institutions, organes et institutions spécialisées de la Communauté. Six (6) mois après la suspension du droit de vote, ledit gouvernement est privé de prendre part aux activités de la Communauté et cesse de bénéficier des avantages prévus au titre du présent Traité et des Conventions de l'UEAC et de l'UMAC.

Ces diverses sanctions prennent fin de plein droit dès la régularisation totale de la situation de cet État ».

[145] On soulignera qu'avec l'art.30 de l'Acte constitutif de l'UA et en application du Protocole de 2001 de la CEDEAO, tout gouvernement qui accède au pouvoir par des moyens anticonstitutionnels, est suspendu dans ces deux OIA, tant en ce qui concerne ses droits de représentation, que de vote.

2. L'exclusion

C'est la sanction suprême. Elle intervient à la suite de manquements graves et persistants d'un État à ses obligations. Cette sanction, du fait de ses effets pervers, est entourée de précautions tant en ce qui concerne les règles de procédure, que s'agissant des règles de fond.

L'exclusion est prévue par la Charte de l'ONU. Elle intervient, selon l'art. 6 de la Charte, lorsque l'État sanctionné a « enfreint de manière persistante les principes énoncés dans la Charte ». L'exclusion est prononcée par l'AG sur recommandation du Conseil de Sécurité. Mais, en raison du droit de véto dont disposent les grandes puissances au sein du Conseil de Sécurité, son application a été rendue difficile. Cependant, certaines Institutions spécialisées des Nations unies l'ont appliquée. Ainsi, l'Union Postale Universelle avait exclu en 1964, l'Afrique du Sud.

La cessation de la qualité de membre d'une OIA, par l'exclusion d'un État, est peu fréquente dans les traités constitutifs. La raison principale en est que l'exclusion est une sorte *d'ultima ratio regum.* Les OIA préfèrent plutôt négocier avec l'État qui viole de manière persistante ses obligations dans le but de le ramener à l'observation correcte de ses engagements conventionnels.

Néanmoins, comme des exceptions qui confirment la règle, certains Traités de base contiennent des dispositions permettant d'exclure un État.

L'article 113 du Traité de l'UEMOA dispose, à ce sujet, que « les États membres s'engagent sous peine d'exclusion automatique, de l'Union, à respecter les dispositions du présent traité, du Traité de l'UEMOA et des textes pris pour leur application, notamment en ce qui concerne.... ». Toutefois, la sévérité affichée est adoucie par une gamme de sanctions pour inexécution ou mauvaise exécution des mécanismes de surveillance multilatérale (Art. 74. d du Traité).

Dans le cadre de la Communauté de l'Afrique de l'Est, l'expulsion d'un État membre peut survenir « pour violation grave et persistante des principes et objectifs... » (Art. 147 du Traité). Quant à la suspension, elle peut être prononcée pour une durée de 18 mois. L'État continuera à respecter ses obligations mais sera privé, durant cette période, « de bénéfices découlant du Traité.... jusqu'à ce que la suspension soit levée » (Art. 146 du Traité). Une procédure particulière est alors organisée avec une « notification écrite et avec un préavis de 12 mois ». À l'échéance, l'État concerné perd sa qualité de membre « à moins que la notification ne soit annulée ». Il reste bien entendu que l'État exclu continuera à appliquer tous les engagements à long terme souscrits jusqu'au jour où prend effet l'exclusion définitive (Art. 147 § 2 et 3).

C. Le cas spécifique de la succession d'État

Le problème de fond est de savoir si, en cas de succession d'État, le nouvel État acquiert automatiquement le droit de devenir partie au Traité constitutif d'une Organisation internationale, du simple fait qu'à la date de la succession, le Traité était applicable au territoire du nouvel État et que celui-ci était du ressort de l'Organisation internationale en question.

La réponse est, en principe, négative. Selon la Convention de Vienne du 23 août 1978 relative à la succession d'État en matière de traités et qui s'applique aux Actes constitutifs des Organisations internationales, un État nouvellement indépendant n'est pas tenu de maintenir en vigueur l'Acte constitutif. Mais de manière générale, les solutions varient suivant le type de succession.

Soit l'État nouveau doit être candidat dans les conditions habituelles. S'il avait été associé à la veille de son indépendance pour faciliter la transition, dans ce cas, il est admis par simple adhésion.

La succession-transformation de l'OUA en Union africaine a eu pour conséquence le remplacement de la Charte de l'OUA par l'Acte constitutif de l'UA (Art. 33 de l'Acte).

De même, la Commission du Fleuve Niger (créée le 25 novembre 1964) est remplacée par l'Autorité du Bassin du Niger[146] .Il en va également, de la CEMAC, selon l'art. 47 de l'Additif à son Traité qui dispose : « le patrimoine ainsi que les droits et obligations précédemment dévolus au Secrétariat général de l'Union douanière et économique de l'Afrique centrale (UDEAC) sont transférés à la CEMAC ».

Dans le cas d'une dissolution pure et simple non suivie de création d'une nouvelle OI, il sied de nommer un liquidateur qui sera chargé du sort des biens, dettes, archives et patrimoine de l'ex-Organisation. Ainsi, le Traité sur le Kagera avait prévu, qu'en cas de survenance de cette hypothèse, « la liquidation de l'Organisation sera effectuée par un liquidateur agréé par les gouvernements qui détermineront l'affectation des biens et avoirs de l'Organisation » (Art. 20).

Il va de soi que toute OI doit disposer de structures dont certaines s'inscrivent dans le registre de la permanence.

SECTION II – LA STRUCTURE OU LES ORGANES DE L'O.I.

L'Organisation est créée pour remplir un certain nombre de fonctions limitées. De ce point de vue, elle est dotée de structures fonctionnant selon des règles de procédure et une répartition des compétences régies par un droit propre à son ordre juridique. D'une manière générale, la structure de l'Organisation est plus ou moins perfectionnée et compliquée selon les cas. Elle peut comprendre plusieurs types d'organes, ce qui pose des problèmes de coopération ou de fonctionnement.

---

146 Convention de Faranah du 21 novembre 1980 révisée à Ndjamena le 29 octobre 1987.

Cette pluralité commande le souci de classification et de composition des organes, d'ordonnancement des procédures de vote et l'octroi de privilèges et d'immunités.

PARAGRAPHE I – LA CLASSIFICATION DES ORGANES DE L'ORGANISATION INTERNATIONALE

Il faut un faisceau de critères pour classer les organes de l'OI Ces critères ne relèvent pas tous du droit. Si l'on s'en tient exclusivement aux critères comportant des fondements ou des conséquences juridiques, il est possible de déterminer quatre catégories, recomposées en deux classifications.

A. La classification fondée sur l'origine et la composition des organes

1. Suivant l'origine

On distingue ici les organes principaux des organes subsidiaires.

a – Les organes principaux

On les appelle aussi organes constitutifs parce qu'ils sont créés directement par l'Acte constitutif et constituent la structure originaire de l'Organisation. Ils ne peuvent changer de composition, de pouvoirs, de fonctions que par une révision de l'Acte constitutif. Celle-ci exige une procédure d'amendement parallèle à celle utilisée pour l'adoption du Traité initial comportant négociation, rédaction, signature, et ratification. Ainsi pour l'OHADA, on peut citer comme organes principaux, la Conférence, le Conseil des Ministres, la Cour Commune de Justice et d'Arbitrage (CCJA) et le Secrétariat Permanent[147].

b – Les organes subsidiaires

On les appelle aussi organes dérivés ou de droit conventionnel subséquent. Ils sont créés postérieurement par les organes principaux dans le cadre des pouvoirs dont ils disposent. C'est dire que la structure de l'Organisation n'est pas figée.

En effet, il y a un dynamisme institutionnel qui peut, dans une certaine mesure, compenser la rigidité de l'Acte constitutif. Ainsi, sans révision formelle, on parvient, en créant de nouveaux organes, à développer certaines fonctions, voire à adapter l'Organisation à une nouvelle hiérarchie des objectifs. Ainsi, par exemple, l'orientation des Nations unies vers les problèmes économiques et de développement s'est accompagnée de la création de divers organes subsidiaires comme le PAM, le PNUD, le PNUE.

La composition des organes subsidiaires, leurs règles de fonctionnement, leur budget, dépendent de l'organe principal qui les a créés ou sous l'égide duquel ils fonctionnent. Il faut noter que les organes subsidiaires peuvent être habilités à créer d'autres organes subsidiaires mais dans la plupart des organisations, ces créations sont strictement encadrées. Ainsi, à l'ONU, seuls l'AG (articles 7 et

---

[147] Art. 3 du Traité OHADA révisé en 2008.

22) et le Conseil de sécurité (articles 7 et 29) peuvent créer des organes subsidiaires.

Le caractère subsidiaire n'implique pas que les organes sont chargés de taches secondaires. Ils jouent, en effet, dans la plupart des cas, un rôle aussi important que les organes principaux[148]. Ainsi, par exemple, une décision du Tribunal Administratif des Nations Unies (TANU)[149] s'impose à l'AG. En tout état de cause, l'organe subsidiaire ne dispose pas de compétences dont serait dépourvu l'organe qui le crée ou l'organe hiérarchique supérieur. De même, comme le note la Cour de Justice des Communautés Européennes (CJCE) dans l'Affaire *Méroni*[150], l'organe subsidiaire ne peut être qu'un organe d'exécution et ne saurait modifier la répartition des compétences instituée par l'Acte constitutif.

À titre exemplatif, la Conférence des Chefs d'État et de Gouvernement peut créer tout organe de l'Union Africaine (Art. 9 § 1, d, Acte constitutif). Elle peut décider de créer d'autres organes (Art. 5 § 2).

2. Suivant la composition

On distingue les organes interétatiques des organes intégrés.

a – Les organes interétatiques

Ils sont constitués de représentants des États membres. Ils expriment juridiquement la volonté de l'Organisation mais politiquement, les positions collectives des membres.

Les États sont représentés soit par des membres permanents (Conseils des Communautés Européennes, Conseil exécutif de l'UA, Conseil des ministres de la CEDEAO ou de l'UEMOA) ou par des parlementaires ou tout simplement par des diplomates (le Comité des Représentants Permanents de l'UA qui a remplacé l'ancien Comité des Ambassadeurs de l'OUA).

Certains organes sont exclusivement composés de parlementaires (organes parlementaires de la CEDEAO, CEMAC, UEMOA).

Divers intérêts peuvent être représentés comme dans la composition tripartite des organes de l'OIT (les intérêts du gouvernement, des employeurs, des employés). Parmi les organes interétatiques, on peut noter le Conseil d'Administration de l'OAPI (Art. 38), le COREP de l'UA, le Comité des Ambassadeurs de l'IGAD[151].

---

148 Voir CIJ, avis consultatif du 13 juillet 1954, *Affaire des Effets des jugements du TANU*, rec.1954.

149 Devenu Tribunal du contentieux administratif des Nations unies.

150 Arrêt du 13 juin 1958.

151 Pour ce dernier, Accord du 21 mars 1996.

b – Les organes intégrés

Ils sont composés d'agents de l'Organisation. Ceux-ci ne dépendent, dans l'exercice de leurs fonctions, que de l'organisation elle-même pour le compte de laquelle ils agissent. Ils doivent, en principe, conserver une totale indépendance à l'égard des États membres. Cette indépendance résulte des règles de recrutement qui s'effectuent en fonction de leur qualification technique et non de leur appartenance nationale, sauf à retenir un critère de représentation géographique équitable.

Il peut s'agir des agents des organes juridictionnels de la CIJ, du TANU (devenu Tribunal du contentieux administratif des NU), de la CJCE ou du TAOIT ou des cours de justice des organisations communautaires africaines CEDEAO CAE, COMESA, SADC, CEMAC, UEMOA.

Il peut s'agir d'Experts recrutés en principe uniquement sur les critères de compétence et de représentation géographique de certains organes techniques. Ex. : Commission de D.I., CNUDCI, CUADI de l'UA, ou bien de l'Organisation Ouest Africaine en matière de santé.

On peut évoquer des organes intégrés, fonctionnant comme institutions spécialisées, outre l'OOAS, l'Agence Monétaire de l'Afrique de l'Ouest (AMAO) dans le cadre de la CEDEAO, la BCEAO et la BOAD pour l'UEMOA, la BEAC et le COBAC pour la CEMAC[152].

Des organes intégrés peuvent être consultatifs : Conseil consultatif de l'UMA (Art. 12), Commission Supérieure des Recours de l'OAPI (Art. 33), Comité des Experts (CIMA), Comité technique des Experts de l'IGAD, Commission Permanente des Eaux de l'OMVS (Art. 20).

B. Classification fondée sur l'extension et les fonctions des organes

1. Selon l'extension

Selon l'extension, on distingue les organes pléniers et les organes restreints.

a – Les organes pléniers

On les appelle différemment selon les OI : Assemblée ou Assemblée Générale (ONU), Conférence Générale ou Conférence des plénipotentiaires (art. 3 FAO, art. 3 OIT), exceptionnellement Congrès (OMM, art. 7).

Ils sont composés des représentants de tous les États membres. Les organes pléniers reflètent l'extension géographique de l'Organisation internationale. Ils ont pour fonction d'orienter la politique générale de l'Organisation, de convoquer des Conférences diplomatiques sous son égide, de contrôler le fonctionnement de l'OI sur les plans politique et administratif, de régler les questions financières du budget, etc. Leurs sessions varient : annuelle pour

[152] Le Traité pour la CIMA prévoit des institutions spécialisées, (Art. 2)

l'ONU (art. 20) ; quinquennale pour la Conférence des plénipotentiaires de l'OIT ou de la FAO.

Des sessions extraordinaires, par définition ou exception, sont parfois réunies de même que des sessions extraordinaires d'urgence (AGNU).

b – Les organes restreints

Les raisons de leur création sont d'ordre politique ou technique. Ils ont un double caractère aristocratique et fonctionnel. Il s'agit de donner à certains États une responsabilité particulière dans certains domaines, en raison de leurs intérêts ou de leurs compétences. On crée ici une inégalité fonctionnelle entre les membres, justifiée par l'inégalité réelle qui existe entre eux dans les domaines d'action de l'organe considéré. Ils présentent certaines qualités techniques par rapport aux organes pléniers, notamment la périodicité rapprochée de leurs réunions, leur caractère permanent, l'efficacité des débats.

En général, ils favorisent une composition spécialisée et assurent une meilleure représentation des compétences ou des intérêts dès lors que ceux-ci sont inégalement répartis entre les États membres.[153] On peut évoquer des Organes restreints comme la Commission, la Cour africaine des Droits de l'Homme dans le cadre de l'UA ; la Cour de Justice de la CEDEAO, de l'UEMOA, la Cour des Comptes de l'UEMOA, le Conseil de Paix et de Sécurité (CPS)[154], la Commission de Médiation, de Conciliation et d'Arbitrage (CMCA).[155]

2. Selon les fonctions

On distingue les organes politiques ou délibérants, les organes administratifs et les organes juridictionnels.

a – Les organes délibérants ou politiques

Ce sont ceux dans lesquels s'exerce la diplomatie multilatérale. Ils ont des fonctions normatives ou exécutives. Ex. : à l'ONU, l'AG et le Conseil de Sécurité disposent tous deux d'un pouvoir normatif.

Un même organe peut être investi à la fois de la fonction normative et exécutive. Ex. : Dans le cadre de la Communauté Européenne, la Commission exécute les actes du Conseil mais dispose d'un pouvoir normatif subordonné lui permettant d'édicter des textes d'application. Comme exemples d'organes politiques, on peut énumérer les Conférence, Autorité, Sommet des OIA, le Conseil Présidentiel de l'UMA. ou des Organes parlementaires délibérants au sein de l'UEMOA, de la CEMAC, de la CEDEAO, le Parlement Panafricain

---

[153] Ex. : Conseil de Sécurité (ONU), art. 23 ; Conseil d'Administration (OIT), art. 7, parag. 2.
[154] Protocole 9 juillet 2002, Art. 5.
[155] Art. 19 OUA et Protocole du 21 juillet 1964.

b – Les organes administratifs

On distingue l'Administration, c'est-à-dire le Secrétariat, et son chef. Un Secrétariat permanent existe dans toutes les Organisations. Les organes administratifs participent à la préparation des décisions, à leur délibération et à leur exécution. Ils fournissent des renseignements et établissent des rapports, etc. Ils agissent sous l'autorité des organes politiques. Leur initiative est par conséquent limitée. Ils assurent des tâches opérationnelles qui mettent en jeu des moyens matériels, financiers et humains.

Le Chef du Secrétariat est généralement désigné par l'organe délibérant plénier. Il dispose des pouvoirs de direction de l'Administration et des pouvoirs propres dans le fonctionnement des organes et dans la vie extérieure de l'Organisation internationale. En général, les organes administratifs ont les appellations suivantes : Secrétariat, Commission, Secrétariat Exécutif ou Permanent, Haut-commissariat, Direction Générale.

c – Les organes juridictionnels

On distingue les juridictions internationales et les juridictions administratives des OI.

Pour les juridictions internationales, on ne les trouve pas dans toutes les organisations. Ce sont des organes principaux institués par les Actes constitutifs ou par les documents annexes qui en font partie ou qui y sont attachés. Elles sont ouvertes aux États et aux organes des O.I. et exceptionnellement aux particuliers (CJCE, CEDH ou CJ de la CEDEAO), c'est-à-dire ressortissants des États. Ces juridictions internationales exercent souvent un double fonction, contentieuse et consultative.

Pour ce qui est des juridictions administratives, ce sont des organes subsidiaires, sauf pour celles créées par les Traités communautaires, et qui sont compétentes pour les litiges entre les agents d'une Organisation internationale et l'Administration de cette OI. Des Organes juridictionnels existent dans les OIA suivantes : UA, SADC, UEMOA, CEDEAO, CEMAC, COMESA, CAE, OHADA[156].

L'architecture complexe des OI est mise en fonctionnement selon des règles précises.

PARAGRAPHE II – LE FONCTIONNEMENT DES ORGANES DE L'O.I.

Il s'agit de voir l'ordre juridique de l'Organisation, l'origine des normes qui le caractérise et son articulation. Au-delà de cet aspect, on s'interrogera sur la substance de ces normes qui concernent la représentation des membres et le mode de votation au sein des organes.

---

[156] Il est prévu, dans le Traité de Marrakech, une *Instance judiciaire* de l'UMA, Art. 13

A. L'origine des normes de fonctionnement de l'organisation

Ces normes ont une origine soit conventionnelle parce que prévues dans l'Acte constitutif, soit dérivée parce que produites par l'Organisation elle-même en vertu de l'habilitation que lui ont consentie ses fondateurs.

1. La Constitution de l'Organisation

L'origine de l'Acte constitutif réside non seulement dans sa double nature juridique et politique, mais aussi dans sa capacité d'adaptation aux circonstances, en fonction de sa souplesse ou de sa rigidité formelle. Cette double nature conduit à aménager ou à adapter le régime commun des Traités dans la mesure où l'Acte constitutif suppose l'homogénéité des normes communes aux États membres.

2. Les règles élaborées par l'Organisation

Elles peuvent être formées de deux manières : par l'Organisation elle-même ou par une procédure de concertation avec d'autres sujets de droit international, en vertu des normes d'habilitation contenues dans l'Acte constitutif.

a – Le droit dérivé ou le droit élaboré unilatéralement par l'Organisation

En général, les organes de l'Organisation sont investis d'un pouvoir réglementaire interne destiné à organiser leurs conditions de travail, celles des agents et des organes subsidiaires. Ces règles sont opposables aux États et affectent leur situation. Ces règles sont à l'image de celles issues du pouvoir réglementaire interne subordonné à l'Acte constitutif. Leur conformité avec ces derniers forme la base de leur caractère obligatoire.

Dans les OI les plus perfectionnées, cette conformité est contrôlée par un organe juridictionnel. En effet, les organes de l'Organisation ont simplement une compétence d'attribution pour édicter des règles dans les seuls domaines énumérés par l'Acte constitutif.

b – Les Accords conclus par l'Organisation

Il s'agit des Accords conclus avec d'autres OI (accord de coordination ou de coopération) avec des États (accords de siège ou de gestion). Ces Accords sont régis par les règles propres à la Convention de Vienne du 21 mars 1986 relative aux Accords conclus entre OI ou entre Organisations et États. Généralement les chefs de secrétariats disposent du pouvoir de représenter l'OI dans les relations internationales et de signer des accords, y compris pour le financement extérieur de certains programmes.

3. Les règles applicables à l'Organisation

L'Organisation est soumise au Droit international général et pour certains de ses actes au Droit interne des États membres.

En ce qui concerne le Droit international général, il s'agit du Droit des Traités, du Droit de la Responsabilité, des règles relatives aux privilèges et immunités diplomatiques. Toutefois, chacune de ces catégories fait l'objet d'une codification particulière en vue de déterminer les spécificités de ces règles dans leur application aux OI ou par les organes des OI.

Pour ce qui est du Droit interne des États membres, il est applicable à de nombreux actes de la vie de l'OI Il en est ainsi de la ratification, des contrats de location, d'acquisition des biens mobiliers et immobiliers, d'emprunt, de louage des services ou des actes de la procédure judiciaire liée à son droit d'accès aux tribunaux internes.

B. La composition des représentations et les modes de votation et de délibération

1. La composition

Les organes de l'Organisation, pléniers ou restreints, sont composés de représentants désignés par les gouvernements des membres. Généralement, les organes interétatiques sont composés, soit des Chefs d'État ou de gouvernement, soit de Ministres (Affaires étrangères ou tout autre Ministre sectoriel), soit de toute autre personne dotée de pleins pouvoirs pour négocier, signer ou participer au nom et pour le compte de l'État.

Il peut arriver, selon les circonstances, que cette représentation puisse être légèrement différente. L'article 8 du Traité OMVS dispose que, pour le Conseil des Ministres, les Ministres peuvent être accompagnés de membres de leur gouvernement (Voir aussi Art. 7 de l'Accord sur le Bassin du Niger). Pour l'IGAD, le Conseil des Ministres peut être composé des Ministres des Affaires étrangères ou de tout autre Ministre local désigné par l'État[157]

Ils doivent suivre strictement les instructions de leur gouvernement respectif. Leur nombre est fixé par certains actes constitutifs (art. 9 parag 2 Charte de l'ONU ; art. 11, FAO) et précisé par des règles de droit dérivé, pour ce qui concerne notamment les suppléants, conseillers et autres personnes qualifiées pouvant siéger dans les organes : Ex. : art. 25 du Règlement général de l'AG des NU, art. 3 Règlement général de la FAO, art.2 du règlement intérieur de CEG de l'OUA).

Les disparités de développement peuvent affecter l'exercice de ce droit. Certains États les plus démunis ont eu à déléguer qu'un représentant (ex. du Belize) et parfois n'en envoient aucun (ex. : les Maldives). En revanche, d'autres États membres mieux pourvus en délèguent un peu trop. Ex. : l'URSS qui avait envoyé 127 représentants à la 1ère Session de l'Assemblée générale en 1946 à Londres. Depuis lors, à l'AG de l'ONU, chaque État a cinq représentants (art. 9 parag 2 de la Charte).

---

[157] Art. 10 de l'Accord IGAD ; Art. 10 du Traité CEDEAO.

2. Les modes de délibérations ou de vote

Les modes de prise de décisions sont divers : l'unanimité, la majorité, le consensus ou la pondération, avec leurs variantes.

a – Les systèmes unanimitaires

On les retrouve dans les OI classiques. Ce système est protecteur de la souveraineté, favorise l'adhésion dépourvue de risques. Toutefois, ils sont générateurs de stagnation, de paralysie pour l'OI dans la mesure où chaque délibération est à la merci du désaccord d'un seul de ses représentants. L'unanimité peut être relative, concertée ou négative.

Unanimité relative. C'était la règle à la SDN (art. 5, parag. 1 du Pacte) sauf pour les questions de procédure (art. 5, parag. 2) et d'admission de nouveaux membres (art. 1, parag. 2). Aujourd'hui, elle est la base du système délibératif de plusieurs O.I. économiques comme l'OCDE (art. 6, parag. 1 et 6). L'abstention ne fait pas obstacle à une prise de décision, inopposable à l'État qui s'abstient. On parle alors d'une unanimité relative car le texte adopté ne s'applique qu'aux États qui se sont déclarés intéressés en votant en sa faveur.

Unanimité concertée. Dans ce système, les États membres de l'O.I. disposent d'un droit de veto. On le retrouve au BENELUX, à l'OPAEP et dans certaines Commissions Fluviales comme le Danube. Il existe aussi une unanimité concertée au sein de la C.E.

Dans le cadre de l'ONU, on peut citer le système du Conseil de Sécurité où les membres permanents disposent du droit de veto. L'usage qui en a été fait a paralysé le C.S., ce qui a conduit à l'adoption de la Résolution 377 (V) du 3 novembre 1950 ou Dean ACHESON, considérée comme inconstitutionnelle par certains États. Dans la pratique des N.U., l'abstention des membres permanents ne fait pas obstacle à l'adoption d'une décision par le Conseil de Sécurité, seul un vote négatif aurait cet effet. Cette règle non prévue par la Charte et contestée par certains auteurs, a été consacrée par la voie coutumière et confirmée par la jurisprudence[158].

Unanimité négative. On l'appelle aussi système d'intégration. Ce système n'est pas destiné à protéger les États membres mais l'organe intégré de l'Organisation. Il s'agit par exemple du mécanisme selon lequel, dans le cadre de la CE, lorsque le Conseil, organe intergouvernemental, prend un acte sur proposition de la Commission, organe intégré, le Conseil ne peut amender cette proposition qu'en statuant à l'unanimité. Un seul État membre peut, dès lors, par son opposition, empêcher la modification de la proposition de la Commission.

b – Les systèmes majoritaires

Ils se caractérisent par leur diversité. On distingue la majorité simple, la majorité absolue et la majorité qualifiée.

---

[158] CIJ, *Affaire Namibie*, Avis consultatif 21 juin 1977, Rec., 1971, p. 22.

À l'ONU, l'AG vote, à la majorité des 2/3 des membres présents et votants, sur les questions importantes (maintien de la paix, élection des membres non permanents du Conseil de Sécurité, des membres de l'ECOSOC, l'admission, la suspension et l'exclusion de membre, les questions relatives au fonctionnement du régime de la tutelle et les questions budgétaires). Pour les autres questions, l'Assemblée vote à la majorité simple.

c – Le système pondéré

Dans certains cas, il est institué un système de pondération des voix, soit qui est fondé sur le principe selon lequel on attribue à un État un nombre de voix, soit visant à affecter les voix qui lui sont attribuées d'un coefficient proportionnel à son importance.

Le système se caractérise par un souci d'efficacité pratique et de sécurité pour les États intéressés par une décision. Toutefois, il n'en demeure pas moins qu'il est dans son essence même anti-démocratique pour les pays en voie de développement. Il évoque, en effet, le suffrage censitaire.

Le coefficient est établi selon plusieurs critères.

- La pondération peut être faite en fonction du montant de la souscription au capital (cas des Institutions financières : Banque mondiale, S.F.I., F.M.I.). Dans certaines Institutions, la pondération peut être tempérée, inversée au nom du principe de l'inégalité compensatrice comme dans l'accord portant création du Fonds Commun des Programmes Intégrés pour les produits de base du 27 juin 1980.

- La pondération peut être fonction du poids de l'État sur le marché d'un produit. À cet effet, le coefficient est établi relativement à la production, la consommation, l'exportation ou l'importation du produit.

- Enfin, il y a une pondération en fonction d'un coefficient complexe, négocié et combinant des critères divers. C'est le cas des Communautés Européennes pour les délibérations du Conseil. Ici, par ex., les voix de l'Allemagne, de la France, de l'Italie et du Royaume-Uni sont affectées d'un coefficient de pondération plus élevé.

d – Le système du consensus

Le consensus est défini par le Professeur Nguyen Quoc Dinh comme « un système de décision sans vote où le silence général témoigne de l'absence d'objection dirimante de la part des États membres et autorise l'adoption du texte dont une autorité convenue, porte parole d'un groupe ou Président d'un organe, a indiqué le contenu ».

Selon Charles Cadoux et Raymond Ranjeva, « À la différence des techniques diplomatiques et parlementaires, le consensus n'exprime pas la décision de la majorité, mais l'absence d'objections fondamentales de la part de la minorité ».[159]C'est un système qui connaît un essor considérable dans le cadre de l'ONU et des OIA. Il est présenté comme le signe d'une bonne cohésion entre les États mais aussi l'indice d'un renoncement à un usage abusif du vote[160].

PARAGRAPHE III – LES PRIVILÈGES ET IMMUNITÉS DANS LE CADRE DE L'OI

Ils sont destinés à assurer l'égalité entre tous les États membres, y compris ceux du siège, en leur octroyant toutes les facilités pour mener à bien les taches dans le cadre de l'organisation.

Ne disposant pas de territoire qui lui est propre, l'OI installe ses locaux sur le territoire d'un État et signe avec celui-ci un accord de siège qui contient les privilèges et immunités accordés à l'OI, aux représentants des États membres et aux fonctionnaires de l'organisation.

Le siège permanent, ses terrains, bâtiments et dépendances appelés *district administratif* échappent en général à l'emprise du droit national local. Il ne s'agit pas d'une exterritorialité comme pour les ambassades mais d'une jouissance fonctionnelle. Ainsi, l'accord de *Lake Success* entre le Gouvernement des États Unis d'Amérique et l'ONU pour le siège de l'organisation à New York du 26 juin 1947 dispose : « Le district administratif sera sous le contrôle de l'ONU… que l'ONU aura le droit d'édicter des règlements exécutoires dans le district administratif et destinés à y créer, à tous les égards, les conditions nécessaires au plein exercice de ses attributions… Les lois et règlements fédéraux d'État ou locaux des États Unis ne sont pas applicables à l'intérieur du district administratif dans la mesure où ils seraient incompatibles avec un des règlements que l'ONU a le droit d'édicter »[161].

Ces privilèges et immunités sont définis dans les limites imposées par les compétences explicites et implicites de l'OI Ils sont organisés soit par les textes conventionnels, soit par la coutume qui précise leur contenu.

A. Les fondements juridiques des privilèges et immunités de l'OI

1. Les textes conventionnels et la coutume

Trois types de traités prévoient les privilèges et immunités diplomatiques :

- **Les Actes constitutifs.** Ex. : art. 105 de la Charte de l'ONU qui constitue le modèle de référence pour les Constitutions des autres OI Selon cet article, l'Organisation internationale, ses fonctionnaires et les représentants des États

159 CADOUX, Charles et Raymond RANJEVA (1992). *Droit International Public.* Vanves : EDICEF/AUPELF : 272.

160 Voir pour les OCA, la deuxième partie de l'ouvrage.

161 Voir aussi articles 5 et 6 de l'Accord de siège entre la France et l'UNESCO ; Accord de siège entre l'Éthiopie et l'ONU du 18 juin 1958 pour le siège de la Commission Économique pour l'Afrique (UNECA) ; Accord entre la BAD et la République de Côte d'ivoire du 16 mars 1968.

membres, doivent jouir des privilèges nécessaires à la réalisation de ses buts et à l'exercice de ses fonctions.

- **Les Accords spécifiques ou subséquents** qui sont conclus en même temps que l'Acte ou, de manière différée, dont l'objet est de définir, de préciser et de mettre en œuvre les privilèges et immunités accordés, lorsque les Chartes renvoient à un texte distinct ou en l'absence de dispositions de celles-ci. [162]

- **Enfin, les Accords de siège** conclus bilatéralement entre l'O.I. et l'État où elle installe son Secrétariat, ses organes. Ex. : Accord entre l'ONU et les États Unis, 26 juin 1947 pour le siège à New-York [163]ou les **Accords particuliers** entre l'O.I. et les États sur le territoire desquels sont installés les établissements décentralisés de l'Organisation où se déroulent certaines de ses activités. Ex. : ONU-Suisse pour le Bureau de Genève ; ONU-Kenya pour le siège du Programme des NU pour l'Environnement à Nairobi ; ONU-Éthiopie pour le siège de la Commission économique de l'Afrique à Addis-Abeba.

- **La coutume :** Les règles relatives aux privilèges et immunités des Nations Unies sont de nature coutumière. Elles s'imposent aux États[164].

2. Contenu des privilèges et immunités

On distingue l'immunité de juridiction, l'immunité fiscale.

a – L'immunité de juridiction et l'inviolabilité

Il existe trois catégories de bénéficiaires de l'immunité de juridiction et de l'inviolabilité : il s'agit de l'OI elle-même, des représentants des États membres et des agents de l'Organisation.

- **De l'Organisation internationale**

L'immunité de l'organisation s'applique à tous les actes accomplis à l'occasion d'une procédure devant les autorités nationales, judiciaires, exécutives ou administratives, que l'Organisation internationale soit assignée en justice ou qu'elle soit appelée à fournir des renseignements. C'est ce qui ressort de la Section II de la Convention sur les privilèges et immunités des Nations Unies (CPINU) du 13 février 1946. Toutefois, selon la Section XXIX de la même Convention, cette immunité de juridiction n'implique pas que l'Organisation soit soustraite à tout mode de règlement des différends.

Pour ses correspondances, l'OI jouit des mêmes immunités que les courriers et valises diplomatiques, en vertu de la Section X de la CPI NU l'Organisation peut utiliser des codes pour l'envoi de ses télégrammes, de même qu'elle a droit à un emblème et un drapeau.

---

[162] Cf. la Convention sur les privilèges et immunités des Nations Unies du 13 février 1946 ; la Convention sur les privilèges et immunités des Institutions spécialisées du 12 septembre 1949 ; Protocole sur les privilèges et immunités dans les C.E. du 8 avril 1965.

[163] Voir aussi l'accord de siège entre la BAD et la République de Cote d'Ivoire du 16 mars 1968.

[164] Voir p. 346 AJNU, 1967.

Par ailleurs, l'inviolabilité de l'Organisation consiste en une exemption de toute forme de contrainte exécutive à l'égard de ses locaux[165] et de ses biens. En effet, selon la Section III de la CPINU, elle ne peut pas faire l'objet d'une perquisition, de réquisition, de confiscation ou d'expropriation.

- **Des représentants des États membres**

Par rapport aux agents diplomatiques, l'immunité de juridiction et l'inviolabilité des représentants des États membres sont plus restreintes. En effet, selon la Section XI de la CPINU, et l'art. 60 de la Convention sur la Représentation des États dans leurs relations avec les O.I. de 1975, l'immunité de juridiction et l'inviolabilité des représentants des États membres sont limitées aux actes accomplis à titre officiel.

- **Des agents de l'Organisation internationale**

Ils sont dans la plupart des cas, des fonctionnaires internationaux. Dans son article, « La nature du lien de fonction publique dans les OI »[166], le Professeur Prosper WEIL définit le fonctionnaire international comme un agent exerçant de manière exclusive et continue une fonction publique au service d'une Organisation internationale. Selon le Professeur WEIL, si jadis, le caractère permanent de la fonction publique était de règle, aujourd'hui il fait l'objet de nombreuses restrictions fondées sur des considérations techniques, politiques, et économiques.

Dans son étude sur « La condition juridique des agents internationaux »[167], le Professeur Louis DUBOUIS distingue une fonction publique ouverte dont les membres ont un lien contractuel avec l'OI qui les engage pour une courte durée, et une fonction publique fermée dont les membres sont soumis à un statut et sont engagés sans limitation de durée (sauf à l'âge de retraite).

Il faut souligner que la jurisprudence, de même qu'une partie de la doctrine, refusent de distinguer les hauts fonctionnaires des autres agents des OI Ainsi, la CIJ dans son avis de 1989[168], a estimé que même un expert en mission de la Sous commission des Droits de l'Homme qui devait rendre un rapport sur « les Droits de l'Homme et la jeunesse », devait bénéficier de ces privilèges et immunités pour pouvoir exercer ses fonctions en toute indépendance, ces droits

---

[165] L'accord de siège entre la BAD et la République de Cote d'Ivoire du 16 mars 1968 entend le siège comme englobant le terrain du siège avec les bâtiments et autres constructions et installations qui y sont édifiés, ainsi que tous autres terrains, constructions et installations qu'un accord complémentaire pourrait définir comme faisant partie du siège. Les lois et règlements ivoiriens n'y sont applicables que s'ils ne sont pas contraires à l'accord de siège et autres actes édictés par la BAD. Voir GONIDEC *Les OIA. op. cit.*: 84 et suivantes.

[166] RGDIP, 1963 : 213-290.

[167] In SFDI, Paris : Pedone, 1985, p. 36.

[168] CIJ, affaire de l'*Applicabilité de la section 22 de l'article VI de la Convention sur les privilèges et immunités des Nations Unies, Avis* consultatif du 15 décembre1989, Rec.1989, p.177 (Affaire Mazilu),

étant opposables à tout État membre. Ceux ci couvrent même les paroles prononcées par un rapporteur spécial et reproduites dans des journaux[169].

Concernant les agents, les fonctionnaires internationaux, l'immunité couvre la faute de service et non la faute personnelle. En tout état de cause, le pouvoir de lever l'immunité est détenu par l'OI elle-même qui peut le déléguer à son conseiller juridique en cas d'infraction à l'ordre juridique de l'État de siège afin que ce dernier puisse traduire l'agent devant les juridictions locales.

Il faut noter que les Organisations sont peu enclines en matière pénale, à lever l'immunité dont bénéficie le fonctionnaire. Il n'en est pas de même en matière civile. Le fonctionnaire international ne peut comparaître comme témoin si cette comparution conduit à révéler des renseignements concernant le fonctionnement de l'OI. Pour ce qui est de leur inviolabilité, elle ne couvre que les activités accomplies en rapport avec leurs fonctions officielles.

b – Les immunités fiscales

L'O.I. est exemptée de tous impôts directs et de tous prélèvements indirects dans ses achats importants. Elle est exonérée de tout contrôle de change, de droits de douane ou de restriction.

En ce qui concerne les agents, leurs émoluments, salaires et revenus perçus auprès de l'Organisation ne sont pas imposables. Ils sont également dispensés d'en déclarer le montant à l'administration locale pour le calcul de l'impôt applicable aux revenus non exonérés.

Il faut souligner que le problème de l'immunité fiscale des agents par rapport à leur État d'origine est très complexe.

Ainsi, par exemple, les États Unis ont vu dans cette immunité, une entorse au principe d'égalité de tous leurs nationaux devant l'impôt. Le problème a été réglé par les Nations Unies. En effet, aux Nations Unies, l'Organisation retient elle-même un impôt établi par tranches sur les traitements et émoluments en vertu des art.3.3 a à 3.3 e du Règlement du personnel, qu'elle porte au crédit du fonds de péréquation des impôts constitués en vertu de la Résolution 373/X et d'autre part, elle rembourse selon l'art. 3.3 f sous forme de dédommagement, ce que les fonctionnaires internationaux ont dû verser à l'État dont ils sont ressortissants pour éviter une double imposition[170].

L'OI jouit de la personnalité juridique. Créée par des États pour poursuivre des fins communes, un certain nombre de privilèges et d'immunités ont été accordés à ces fonctionnaires internationaux comme aux représentants des États. Généralement, ces privilèges et immunités sont précisés soit dans des

---

[169] CIJ, affaire du *Différend relatif à l'immunité de juridiction d'un rapporteur spécial de la Commission des Droits de l'Homme*, Avis consultatif du 29 avril 1999, Rec. 1999 (Affaire Dato' Param Cumaraswamy),

[170] Circulaire du SG des NU, ST/SGB/2009/6 du 27 mai 2009 révisant le statut du personnel, tel que prévu par la RES.590(VI) du 2 février 1952, modifiée.

Conventions particulières (OUA, CEDEAO, OCAM), soit dans le traité constitutif lui-même.

Ces privilèges peuvent être détaillés dans le traité de base ou confiés à un organe (Conseil des Ministres ou Conférence des Chefs d'État) qui adoptera un texte particulier. Ainsi, l'Art. 27 UAMCE donne en Conseil des Ministres le soin de décider de ces privilèges et immunités accordés au personnel du Secrétariat[171]. De manière plus spécifique, des actes additionnels (UEMOA, CEMAC), des Accords de siège et des Conventions générales sur les privilèges et immunités (cas de la CEDEAO) permettent de donner plus de détails à ces dernières (Art. 88 § 4 Traité révisé de la CEDEAO).

Ces privilèges et immunités peuvent correspondre à ceux dont jouissent les Chefs de mission diplomatique accrédités auprès des États membres ou de l'État de siège (Art. 16 Convention sur le Bassin du Niger) ou ne sont pas inférieurs à ceux accordés « aux autres organisations régionales ou internationales de rang comparable » par l'État hôte (Art. 5 Accord IGAD) ou par les autres États membres au personnel des OI en mission (Art. 6 IGAD).

Dans ce registre, l'OI peut déterminer elle-même les catégories de fonctionnaires qui en jouiront dans l'état de siège[172] et dans les autres États membres (Art. 17 de l'Organisation de la Kagera ; Art. 59 Traité CIMA).

En principe, les bénéficiaires (fonctionnaires permanents, experts en mission, représentants des États pendant leur mission) jouissent de l'immunité de juridiction. Les biens et avoirs de l'OI sont exempts de réquisition, perquisition, confiscation, expropriation, séquestration par les autorités exécutive, législative et judiciaire nationales (Art. 39 Traité de l'OAPI). Les locaux sont inviolables. Les archives sont inviolables. L'OI, ses avoirs, biens et revenus opérations et transactions, sont exonérés de tous impôts, taxes, droits de douane.

La Convention générale sur les privilèges et immunités, de l'Organisation de l'Unité Africaine[173] offre une parfaite illustration de l'étendue et des limites des privilèges et immunités au sein d'une OIA. En effet, ceux-ci ont pour finalité de doter les représentants des États et les fonctionnaires de l'OUA de la capacité juridique nécessaire pour l'accomplissement de leurs fonctions en toute indépendance (pour l'OI et ses agents) ou en toute souveraineté (représentants des États).

Sauf renonciation expresse de sa part, l'OI a une immunité de juridiction pour ses locaux, avoirs et autres biens, qu'ils soient au siège ou sur les territoires

[171] Voir aussi l'Art. XXI Charte OUA qui prévoit leur champ d'application dans les territoires respectifs des États membres.

[172] Voir en général, Philippe Cahier, Les accords de siège, Milan, Giuffré, 1959 ; voir aussi pour l'UDEAC, l'Acte du 14 décembre1965, modifié par l'Acte du 21 décembre 1967 qui mentionne l'exclusion des plantons, manœuvres, gardiens, etc. du bénéfice de ces privilèges et immunités et leur soumission au droit local de l'État de siège.

[173] La Convention générale sur les privilèges et immunités, de l'Organisation de l'Unité africaine a été adoptée à Accra, le 25 octobre 1965. Elle est reprise par l'UA.

des États membres (Art. II). À cela s'ajoute l'inviolabilité de ses locaux, l'interdiction de toute réquisition, perquisition, confiscation, expropriation ou contrainte exécutive, législative ou judiciaire (Art. II § 1), sur ses archives et documents (Art. II § 2, 3).

Ils ne peuvent non plus faire l'objet de contrôle, de réglementation ou moratoire financier, pour la détention de fonds, or, devises, comptes bancaires. L'OUA peut librement faire des transferts de fonds, or, et devises. Avec cette réserve qu'elle pourra tenir compte « de tous griefs pouvant être formulés par le Gouvernement d'un État membre dans la mesure où elle estimera pouvoir y donner suite sans porter préjudice à ses propres intérêts » (Art. II § 5).

Des exceptions fiscales lui seront accordées notamment les impôts directs (sauf rémunération de services d'utilité publique), droits de douane, prohibitions et restrictions quantitatives à l'importation et à l'exportation pour les objets et publications (Art. III). Des facilités en matière de communications (presse, radiodiffusion, codes, correspondances) sont régies dans les mêmes conditions que pour les missions diplomatiques.

Les représentants des États membres, dans l'exercice de leurs fonctions, à destination ou en provenance du lieu des réunions, jouissent de l'immunité d'arrestation ou de détention, d'interrogation, de saisie et d'inspection de leurs bagages personnels, de l'immunité de juridiction pour leurs paroles, écrits, votes, de l'inviolabilité de leurs papiers et documents, d'exemption pour eux et leurs conjoints de mesures restrictives en matière d'immigration, de change de devises, de bagages personnels (Art. V).

Pour les fonctionnaires de l'OUA (Art. VI) dont les catégories et noms sont communiqués régulièrement aux États membres, il leur est accordé une immunité de juridiction, l'exonération de tous impôts sur les traitements et émoluments, l'exemption du service national, les restrictions à l'immigration pour eux, leurs conjoints et enfants à charge, des facilités de rapatriement, l'importation en toute franchise de mobiliers pour leur installation. Le Secrétaire Général peut lever l'immunité de ces fonctionnaires en cas de besoin et l'immunité du Secrétaire Général et des Secrétaires Généraux Adjoints peut l'être par le Conseil des Ministres.

Pour les experts en mission pour l'OUA, ils jouissent pendant la durée de leur mission, de privilèges et d'immunités (immunités d'arrestation, de détention, de juridiction) inviolabilité des papiers et documents, usage de codes (Art. VII). Un laissez-passer de l'OUA pourra être délivré pour faciliter leur mission (Art. VIII).

Ces privilèges et immunités s'accompagnent aussi de la responsabilité.

B. La responsabilité internationale de l'Organisation internationale

C'est un régime de responsabilité des OI comportant quelques similitudes avec celui des États. Le principe repose sur le fait que la responsabilité internationale de l'Organisation sera engagée en cas d'exercice irrégulier et dommageable de leurs compétences ou du fait des comportements illicites qui leur sont imputables.

Ce qui veut dire que le Droit international appréhende les OI à la fois comme victimes et comme auteurs du dommage.

1. Le droit de l'Organisation d'obtenir réparation d'un préjudice subi

L'O.I. peut mettre en cause la responsabilité d'un sujet de Droit international dont le comportement actif ou passif lui a directement causé un dommage. Elle peut également, en exerçant la protection fonctionnelle, demander réparation d'un dommage subi par elle en la personne de l'un de ses agents, conformément à l'Avis de la CIJ du 11 avril 1949 relatif à *l'Affaire de la réparation des dommages subis au service des Nations Unies.*

Dans cette hypothèse, l'évaluation du montant de la réparation tient compte du dommage subi par la victime et ses ayants-droits.

2. L'obligation de l'Organisation de réparer un dommage causé

La responsabilité internationale de l'OI peut être engagée lorsqu'un manquement au DI engendre un dommage qui lui est imputable. Mais une telle situation ne se produit qu'en cas d'activité internationale. Il faut souligner que si les NU ont refusé d'indemniser les victimes d'actes commis par les forces de maintien de la paix résultant des nécessités militaires, il n'empêche qu'elles ont reconnu leur responsabilité pour les actes de pillages et de violences commis par ces forces en dehors des opérations militaires[174].

La question de la responsabilité extracontractuelle de l'Organisation ne fait pas de doute. La doctrine s'accorde à considérer que toute référence au Droit interne est exclue, seul le DIP est applicable. Ainsi, à la suite du dommage causé par les Forces des NU au Congo, deux accords ont été conclus, l'un avec le Congo prévoyant le recours à la négociation ou à l'arbitrage, l'autre avec la Belgique relatif au versement d'une indemnité forfaitaire.

Dans le cadre des CE, il faut considérer que les organes peuvent avoir et peuvent répondre de responsabilités contractuelles devant la CJCE[175] . Dans cette hypothèse, l'action en indemnité est largement ouverte puisque toute personne physique ou morale peut intenter un recours. Cette action est fondée soit sur la faute de service des agents[176], soit sur l'illégalité de comportement des institutions[177].

En cas de délégation, la jurisprudence de la CJCE part du principe que la responsabilité des États membres est à rechercher en premier lieu, lorsque les

---

174 Voir Annuaire juridique des Nations unies, 1956, p. 41.
175 C.E., art. 178.
176 C.E., art. 215. Voir CJCE, Aff. 25-62, PLAUMANN, 15 juillet 1963, Rec., 1963, p. 206 et s.
177 CJCE, Aff. 83-76, HNL, 25 mai 1978, Rec., 1978, p. 1209.

particuliers estiment avoir subi un préjudice en raison des conditions dans lesquelles les États membres ont mis en œuvre la réglementation contraire.

Au-delà de ces considérations, des règles relatives à la réparation des dommages causés par l'OI figurent dans certains contrats. Par ex. : Ceux conclus par la BM ou dans certains traités.

Toutes ces prescriptions peuvent impliquer des charges financières.

CHAPITRE III

LES FINANCES DES ORGANISATIONS INTERNATIONALES

Le problème des finances des OI se pose avec quelques analogies par rapport aux finances de l'État. Mais la spécificité de nature des OI atténue les similarités car il existe des différences très sensibles qu'il convient de marquer, au niveau des recettes (Section I) et des dépenses (Section II)

SECTION I – LES RECETTES DES OI

Les ressources principales des O.I. sont constituées par des contributions versées par les États membres. Quelquefois, certaines OI peuvent disposer de ressources propres.

PARAGRAPHE I – LES CONTRIBUTIONS DES ÉTATS

Ici, la source principale de financement est représentée par les contributions obligatoires (CO) dont un pourcentage est affecté à chaque membre. Il y a aussi les contributions volontaires (CV).

Les contributions volontaires

Elles sont un système utilisé pour toutes les actions de coopération internationale qui ne résultent pas directement d'un traité. Les CV peuvent d'ailleurs provenir de source gouvernementale ou non gouvernementale (UNICEF, PNUD, HCR). Ce système a l'inconvénient de rendre les OI tributaires des États les plus riches et, l'avantage de procurer des ressources extrêmement variables, ces fluctuations étant surtout sensibles pour les contributions d'origine privée.

Pour certaines contributions volontaires, elles servent à regrouper des crédits fournis au gré des gouvernements intéressés à un ou plusieurs programmes particuliers (PNUD, HCR, etc.). Ces versements s'effectuent auprès d'un fonds d'affectation spéciale hors budget de l'ONU ou d'une Institution spécialisée après un appel à contribution. Ex. : Système utilisé à l'ONU pour alléger les dépenses dans le cadre de procédures de règlement pacifique des différends ou pour les Opérations de Maintien de la Paix.

Les contributions obligatoires

Elles constituent le système fondamental utilisé par les OI depuis la création des formes rudimentaires jusqu'aux formes les plus avancées. C'est un système de cotisation, ce qui pose le problème du calcul du montant de ces contributions. Plusieurs systèmes sont utilisés par les OI pour les contributions obligatoires.

- **Le système de l'Union Postale Universelle :** ici, il existe différentes classes de contribution parmi lesquelles sont répartis les États membres. On offre donc à ceux-ci un barème important comportant un certain nombre de contributions distribuées en classes 1, 2, 3, etc. L'État membre est invité à choisir sa classe de contribution. La valeur de l'unité de contribution est déterminée d'après le montant des dépenses totales de l'O.I., divisé par le nombre total d'unités de cotisations.

Ce système offre une liberté de choix mais les ressources ne sont pas élastiques. Elles sont fixées pour une longue période. Ex. : UPU, IUT, OMM et Interpol.

- **Le système de la SDN ou système de la capacité de paiement :** ici, on détermine les parts contributives de chaque État par une contribution correspondant à un certain pourcentage du montant du budget de l'organisation. La capacité de paiement est généralement calculée en fonction de l'évaluation complète du revenu national, ou de l'intérêt porté aux activités de l'organisation. Ex. : pour la SDN, parts des États des recettes budgétaires qui avaient été les leurs en 1913 et du chiffre de la démographie du pays tel qu'il apparaît en 1919.

- **Le système utilisé aux Nations Unies** : Il est semblable au précédent. Le problème est posé à l'art. 17 § 2 de la Charte : « Les dépenses de l'organisation sont supportées par les membres selon la répartition fixée par l'AG »[178]. Des commissions d'experts ont dégagé les bases techniques les plus équitables et les montants comparables du revenu national. Et un Comité Spécial des contributions fixe le montant des recettes obligatoires en tenant compte de divers correctifs (revenu national global, revenu par tête d'habitant, destruction économique causée par la Deuxième Guerre Mondiale, capacité d'acquérir des devises étrangères.[179]

Survient un autre défi : éviter qu'un État ait une trop grande part dans le fonctionnement de l'organisation, d'où la nécessité de fixer une quote-part plus ou moins acceptable. Ainsi, les USA contribuaient au départ pour près de la moitié du budget, puis par des résolutions successives, on a fixé le maximum à 40%, 31,50%, 25% (1972), 22% (2003). Cette recherche de la contribution maximale s'effectue, d'une part en tenant compte de l'admission de nouveaux membres et, d'autre part avec la mise à jour triennale des quotes-parts qui vont

---

[178] Voir également les articles 55, OMS - art. 20, OCDE

[179] Voir Résolution 36/231 (A) de 1982 de l'AGNU qui énumère 7 indicateurs servant de base au calcul du barème par pays : PNB et revenu par tête ; degré de développement ; capacité de paiement ; dépendance à l'égard d'un produit ou de quelques produits d'exportation ; capacité de réserves en devises, méthode de comptabilité nationale et accumulation de capital.

résulter de l'augmentation du revenu national des États membres[180]. Il y a des États qui contribuent aux dépenses de l'organisation pour une partie seulement parce qu'ils n'en sont pas membres mais peuvent participer à certaines sessions de l'organisation.

- **Les systèmes particuliers africains** : Dans les OIA, les contributions des États sont généralement basées sur une répartition égale pour couvrir les dépenses[181].

Toutefois, des aménagements peuvent affiner la répartition des contributions pour tenir compte de la situation économique et financière de chaque membre. Ainsi peut-on retenir un barème calculé au prorata des budgets nationaux (Art. 32 OIAM) ; reprendre le barème des Nations Unies (Art. 21 UAMCE ; Art. 23 OUA) ou calculer selon le montant net du budget des États (OCAM), et imposer que les contributions soient réglées en monnaies convertibles déclarées telles par le FMI[182].

L'Accord sur le Kagera précise la répartition de 25% pour chacun des quatre États membres, à payer semestriellement, en monnaie convertible. Mais pour les dépenses locales, la monnaie de paiement sera locale grâce à un compte local de l'Organisation.

Généralement, pour éviter un déséquilibre, aucune contribution obligatoire ne devra excéder 20% du budget annuel de l'OI[183]. La contribution est fixée par le Secrétariat (OIAM, Kagera) ou le Conseil des Ministres (UAMCE, CEDEAO, UEMOA, OHADA, COMESA, etc.). En outre, pour éviter les problèmes récurrents d'arriérés de contributions, des sanctions ont été prévues pour susciter un regain d'empressement des États membres à satisfaire à leurs obligations financières (voir suspension, exclusion).

Aussi importantes qu'elles sont, ces contributions ne sont jamais suffisantes, d'où la prévision de ressources propres.

PARAGRAPHE II – RESSOURCES PROPRES ET AUTRES RESSOURCES DE L'OI

Quelques OI, en vertu de leurs traités de base, peuvent instituer des impôts et taxes qu'elles peuvent percevoir plus ou moins directement ; Ex. : dans le cadre des CE, la décision du 21 avril 1970 attribue différentes ressources : les ressources propres sont constituées par les droits de douane et les prélèvements agricoles perçus par les États membres à l'importation dans la CE et la CECA, les prélèvements sur les entreprises du secteur charbon-acier (art. 49 Traité de la CECA) et ceux dits de coresponsabilité dans le domaine agricole ; le produit des

[180] Ex. : en 2003, États-Unis d'Amérique : 22%, Japon : 19,52%, Allemagne : 9,77%, France : 6,47%, Royaume-Uni : 5,54%, Italie : 5,06%, Brésil : 2,39%, Chine : 1,53%, Russie : 1,20%, Danemark : 0,75% et à l'autre bout de l'échelle des États qui ont une contribution à 0,002%.

[181] Art. 26 du Traité UDEAC, Art. 15 de l'Accord sur le Kagera ; Art. 29 Additif au Traité CEMAC, OAPI (Art. 26), Art. 32 du Traité sur la CAE.

[182] Art. 11 pour l'Accord du Bassin du Niger.

[183] Art. 21 UAMCE, OCAM, Art. XXIII Charte OUA.

amendes, une fraction de la TVA et depuis 1998, une fraction du PNB des États membres (voir Décision du 31 octobre 1994 relative au système des ressources propres des Communautés Européennes).

Dans le cadre de la CEDEAO, le Traité de Lagos 1975 révisé en 1993 à Cotonou innove en prévoyant un prélèvement communautaire qui « représente un pourcentage de la valeur imposable des marchandises importées dans la Communauté en provenance des pays tiers » (art. 72 § 2). Le PC est destiné à générer des ressources pour financer les activités de la Communauté (art. 70 et 72).

Quant à l UEMOA, elle a un Prélèvement communautaire et de solidarité avec l'Acte additionnel n° 4/96 de 1996 en ses articles 16 à 27[184].

Les OI peuvent disposer d'autres ressources. Ex. : recettes provenant aux NU de l'imposition du personnel permanent dont une certaine somme est déduite pour rembourser les ressortissants des États Unis d'Amérique et du Canada que leurs gouvernements refusent d'exempter de l'impôt sur le revenu. Aux NU, ont peut citer aussi les fonds extrabudgétaires comme le compte spécial du programme élargi d'assistance technique, le fonds des contributions volontaires, la caisse commune des pensions du personnel, le revenu de fonds et placements divers, le produit de la vente des timbres-postes, revues et publications, les services destinés aux visiteurs, les emprunts, etc.

De plus en plus, à l'instar des autres OI, les OIA développent des ressources propres qui ne sont pas des contributions volontaires ou obligatoires des États membres. À cet égard, les OIA d'intégration ont été les plus loin dans ce domaine.

Ainsi, dans l'UEMOA, il est prévu un tarif extérieur commun, des taxes indirectes directement perçues par l'OI, des emprunts, subventions et aides

---

[184] L'article 50 du Traité révisé de la CEMAC détaille les diverses ressources de cette Communauté : « Les ressources de la Communauté proviennent essentiellement du produit de la Taxe Communautaire d'Intégration (CTI). Elles sont collectées conformément aux dispositions en vigueur.

Les contributions des États membres au budget de fonctionnement de la CEMAC sont calculées sur la base égalitaire. Ces contributions proviennent des produits de la TCI. En cas d'insuffisance du produit de la TCI d'un État membre pour couvrir sa contribution au budget de fonctionnement de la Communauté, le Trésor public de cet État effectue des paiements directs complémentaires.

Les contributions des États membres afférentes à la mise en œuvre des politiques communes sont constituées des produits de la TCI, déduction faite des sommes affectées au budget de fonctionnement de la Communauté.

Outre la TCI et les éventuelles contributions complémentaires des Trésors nationaux, les ressources budgétaires de la Communauté peuvent également provenir :

- des revenus de certaines Prestations des Institutions, organes, Institutions spécialisées de la Communauté ;
- du prélèvement sur la part revenant à chaque État sur les bénéfices distribués par la BEAC ;
- des concours financiers versés par tout État tiers et toute Organisation nationale ou internationale, ainsi que les dons et legs ».

extérieures (Art. 54 du Traité), une taxe sur la valeur ajoutée (Art. 55).[185] La faculté de recevoir des dons, fonds, revenus d'activités, la perception de droits du Marché Commun et subventions, n'est pas ignorée dans les OIA[186].

SECTION II – LES DÉPENSES DES O.I.

Deux problèmes se posent : le volume des dépenses qui ont naturellement tendance à s'accroitre et la nature très diversifiée des dépenses.

PARAGRAPHE I – LE VOLUME DES DÉPENSES

On entend souvent dire que les OI coûtent chères aux États. Mais cela n'est pas tout-à-fait exact. Il est vrai que toute OI a une bureaucratie plus ou moins lourde, plus ou moins coûteuse qu'il faut rationaliser. On a dès lors constaté pour les NU, la faiblesse du budget qu'aucune rationalisation ne peut réellement compenser car les États ne versent pas toujours à temps leur contribution mais se servent de leurs dettes comme un moyen de chantage pour remettre en cause les activités de l'organisation. À cet égard, Koffi ANNAN , alors Secrétaire général de l'ONU, récusait le cout excessif des dépenses de l'ONU en ces termes : « Le budget de nos activités de base – fonctionnement du Secrétariat à New-York, Genève, Nairobi, Vienne et dans les cinq Commissions régionales – ne s'élève qu'à 1 milliard 250 millions de dollars par an, ce qui correspond à 4% environ du budget annuel de la Ville de New-York et près d'un milliard de dollars de moins que le coût annuel du fonctionnement du Service des Pompiers à Tokyo. Nos ressources ne sont absolument pas en rapport avec nos taches à l'échelle mondiale »[187].

Un autre constat est la progression inévitable du volume des dépenses, surtout à l'ONU du fait des nouveaux mandats à elle assignés sans que les contributions ne suivent la même courbe ou que les États n'épongent leurs dettes en termes d'arriérés de contributions.

PARAGRAPHE II – LA NATURE DES DÉPENSES

De nombreuses distinctions sont avancées à ce niveau. On retiendra la distinction entre dépenses administratives (DA) et les dépenses opérationnelles (DO). Mais la Charte des NU ne retient aucune distinction.

Les Dépenses Administratives

Ce sont des dépenses de fonctionnement normal de l'OI, c'est-à-dire pour l'entretien des bâtiments, du siège, la vie du secrétariat, le paiement des fonctionnaires et agents et diverses dépenses liées au fonctionnement. À l'ONU, beaucoup de critiques ont été soulevé par les États Unis, relativement aux

---

[185] Voir aussi Art. 167 du Traité du COMESA.

[186] Art. 15 Accord IGAD, Art. 24 OCAM, Art. 36 OAPI, Art. 43 OHADA, Art. 133 CAE).

[187] Rapport du Millénaire (A/54/2000), § 353

dépenses, en insistant surtout sur le fait que les décideurs (majorité mécanique du tiers monde) n'étaient pas les payeurs. En 1985, le Congrès américain avait décidé de bloquer une partie de la contribution américaine pour obtenir l'adoption du vote pondéré à l'AG. Finalement, en 1986, l'AG prit une résolution insistant sur le principe du consensus pour l'adoption de décisions en matière budgétaire.

Les Dépenses Opérationnelles

Ce sont des dépenses qui manifestent l'action extérieure de l'OI , comme les programmes de secours alimentaire, l'aide au développement, les opérations de maintien de la paix (OMP). C'est relativement à ces dernières que les controverses ont surgi lorsque l'Union soviétique et la France ont refusé de payer leurs contributions sous prétexte que celles relatives aux OMP (en l'occurrence, l'Opération des NU au Congo) n'étaient prévues à l'art.17 de la Charte et que de telles dépenses devaient être décidées par le CS et non par l'AG. En fait, l'URSS tombait sous le coup de l'art.19 de la Charte et devait être suspendue pour retard de contribution. Saisie, la CIJ[188] releva que si la distinction entre DA et DO ne figure pas dans la Charte, l'AG n'est pas cantonnée à l'énonciation d'exhortations. Elle peut prendre l'initiative d'actions, à condition que celles-ci n'aient pas un caractère coercitif car seul le CS peut prendre des mesures de contrainte. Les dépenses relatives aux OMP sont donc obligatoires pour tous les États membres, dans la réalisation des buts de l'Organisation.

Ces différentes activités des OI sont enserrées dans un cadre juridique des compétences attribuées à celles-ci.

---

188 *Affaire certaines dépenses des NU*, avis consultatif du 20 juillet 1962

CHAPITRE IV

LES COMPÉTENCES DES O.I

Si l'État a la « compétence de sa compétence » selon l'expression du juriste Georg Jellinek, une OI n'a, en principe que des compétences d'attribution. La compétence est un pouvoir, une capacité d'action et de décision, l'aptitude à accomplir des actes (ici, juridiques), à mener des opérations, à connaitre de telle cause ou problème juridique, à trancher un différend.

L'OI est un groupement d'États et, comme les États, elle a un statut de personne morale et juridique. C'est un statut finalisé que lui accordent ses fondateurs en vue d'atteindre les objectifs qu'ils lui ont assignés. De ce point de vue, l'organisation est un sujet dérivé du DI Pourtant, au-delà de cette considération, les auteurs cherchent ailleurs que dans la volonté des États créateurs, le fondement de la personnalité juridique (PI) de l'OI Des doutes sont émis sur l'existence même de celle-ci, selon la doctrine. Mais, du point de vue du droit, on considère que l'organisation a une double personnalité : une personnalité interne et une personnalité internationale.

SECTION I – LE FONDEMENT DES COMPÉTENCES : LA PERSONNALITÉ JURIDIQUE INTERNATIONALE DES O.I.

Le DIP définit la personnalité juridique internationale (PJI) comme étant la capacité d'être titulaire de droits et de devoirs internationaux. Comment déterminer cette personnalité de l'OI ? Quelle est l'origine de cette personnalité ? Ces deux questions posent le problème de l'origine et des effets de la personnalité juridique de l'OI.

PARAGRAPHE I – UNE ORIGINE JURISPRUDENTIELLE

La personnalité internationale de l'organisation est le résultat d'une construction jurisprudentielle, contestée par une partie de la doctrine volontariste, mais consacrée dans la pratique. Cette personnalité se distingue de la personnalité juridique interne de l'organisation.

À la suite de l'assassinat par un groupe armé du Comte Folke Bernadotte , diplomate suédois envoyé par l'ONU comme médiateur en Palestine, la CIJ a été saisie pour Avis par l'AG de l'ONU, sur la question de savoir, si l'ONU (dont la Charte est muette sur ce point) avait qualité pour présenter contre le gouvernement *de jure* ou *de facto*, responsable des dommages subis, une réclamation internationale en vue d'obtenir réparation.

La Cour va répondre par l'affirmative. En effet, employant une méthode d'interprétation téléologique, la Cour a estimé que les membres de l'ONU, en lui assignant certaines fonctions, avec les devoirs et les responsabilités qui les accompagnent, l'ont revêtue de la compétence nécessaire pour s'acquitter de ses missions. Et la Cour conclut que l'ONU est une personne internationale. Mais selon la Cour[189] : « Ceci n'équivaut pas à dire que l'organisation soit un État ; ce qu'elle n'est certainement pas, ou que sa personnalité juridique, ses droits et ses devoirs soient les mêmes que ceux d'un État. Cela signifie que l'organisation est un sujet de droit international, qu'elle a capacité d'être titulaire de droits et devoirs internationaux et qu'elle a capacité de se prévaloir de ses droits par voie de réclamation internationale ».

Cette personnalité est distincte de celle prévue par la Charte. En effet, la Charte de l'ONU ne reconnaît à l'Organisation Mondiale que la personnalité interne. En vertu de l'art. 104, « l'organisation jouit sur le territoire de chacun de ses membres de la capacité juridique qui lui est nécessaire pour exercer ses fonctions et atteindre ses buts ».

C'est une contestation qui est située dans le temps. Elle est principalement d'origine soviétique. Elle a aussi mobilisé une partie de la doctrine italienne au sein de laquelle on peut retenir celle présentée par QUADRI et l'école de Naples. Les auteurs soviétiques avaient une certaine méfiance à l'égard de cette conception susceptible de renforcer les moyens juridiques et les institutions de l'Organisation internationale. Dans son cours[190], le Professeur KRILOV soutenait une thèse selon laquelle, les OI ne sont pas des sujets de DI ; sous ce rapport, elles ne disposent pas de la personnalité internationale.

Cette thèse a été défendue aussi par le Professeur QUADRI, pour qui la majorité de la doctrine favorable à la PJ des OI procède de façon erronée par analogie, à partir des observations sur la personnalité de droit interne. Or la séparation des deux ordres juridiques interdit un tel raisonnement en ce que, dans l'ordre interne, la PJ est attribuée par la loi, alors que dans l'ordre international, elle est, tout au plus, issue d'un accord qui demeure limité par l'effet relatif des traités[191]. Ces positions doctrinales diffèrent de la consécration conventionnelle.

Paragraphe II – La consécration conventionnelle de la personnalité juridique internationale

Dans le cadre du régionalisme européen, les traités instituant les CE, contiennent des dispositions expresses selon lesquelles, les Communautés ont la personnalité juridique.

---

[189] Avis consultatif du 11 avril 1949 relatif à la *réparation des dommages subis au service des Nations Unies, Rec. 1949, p. 174.*

[190] RCADI, 1947, Tome 1, p. 439.

[191] Voir RCADI, 1964, V 3, p. 180 et s.

La Cour de Justice des Communautés Européennes (CJCE) a eu à interpréter les caractéristiques de cette personnalité. Elle confirme les opinions de la doctrine selon laquelle, il s'agit aussi de la personnalité internationale. Elle l'a affirmé dans son arrêt du 31 mai 1977 relatif à l'affaire *Commission contre Conseil*[192].

On trouve des dispositions analogues dans de nombreux traités constitutifs. Ex. : art., 210 C.E. ; art. 6, CECA ; art. 4, OPAEP ; art. 139, OEA. Les actes constitutifs des institutions spécialisées des Nations Unies contiennent également des dispositions relatives à la personnalité internationale. Ex. : art. 10 FIDA ; art. XII, UNESCO ; art. XVI, FAO.

La Convention du 21 novembre 1947 sur les Privilèges et immunités des institutions spécialisées[193] reprenant les dispositions de la Convention du 13 février 1946 sur les Privilèges et immunités de l'ONU[194], affirme simplement que l'organisation possède la personnalité juridique.

En droite ligne de la jurisprudence internationale, les États africains ont eu très tôt à adopter l'attitude prudente d'insérer *expressis verbis,* la mention que l'OIA concernée dispose de la personnalité juridique interne et internationale.

En effet, l'OIA jouit de la personnalité juridique internationale et de la personnalité sur le territoire de chacun des États membres[195]. Généralement, le contenu de cette personnalité juridique se traduit en une capacité de conclure des traités et contrats, d'ester en justice, d'acquérir des biens mobiliers et immobiliers, de faire tout acte juridique répondant à son objet.[196]

SECTION II – LA NATURE DES COMPÉTENCES DES OI

Il s'agit de la sphère d'action ouverte à l'organisation internationale. En effet, l'organisation dispose de toutes les compétences nécessaires à la réalisation de ses buts. Il s'agit ici de compétences finalisées qui sont prévues par les textes constitutifs ou déduites d'une interprétation dynamique des compétences expresses et des objectifs assignés à l'OI Aussi, distingue-t-on des compétences implicites et des compétences expresses.

PARAGRAPHE I – LES COMPÉTENCES EXPRESSES OU FONCTIONNELLES DE L'O.I.

On distingue ici les compétences normatives, territoriales et les compétences matérielles et personnelles de l'OI.

---

192 Rec. 1971, p. 261.

193 Art. 1, Section III.

194 Art. 1, Section 1.

195 Art. 88 Traité CEDEAO, Art. 3 IGAD, Art. 23 UDEAC, Art. 9 UEMOA, Art. 26 OHADA, Art. 15 ABN, Art. 35 Additif au Traité CEMAC.

196 Art. 46 OHADA, Art. 3 IGAD, Art. 88 CEDEAO, Art. 16 pour l'Organisation de la Kagera, Art. 39 OAPI.

A. Les compétences normatives de l'OI

Ce sont les compétences qui autorisent à adopter les règles juridiques ou financières de portée générale ou individuelle.

1. Dans le cadre de l'Organisation universelle

Les organes de l'OI peuvent adopter des résolutions, des recommandations et des décisions. Ils peuvent rendre des arrêts ou des jugements. La doctrine, analysant ces différents actes, distingue les actes autonormateurs et les actes hétéronormateurs.

Les actes autonormateurs s'adressent à l'OI elle-même ou aux États en tant qu'éléments de l'Organisation et soumis à son droit propre. Peuvent être rangés dans cette catégorie les règlements intérieurs des différents organes, les règlements financiers, les règlements du personnel, actes ou décisions d'ordre intérieur, d'organisation et de fonctionnement des divers services de l'OI.

Par contre, **les actes hétéronormateurs** sont dirigés vers des sujets autonomes vis-à-vis de l'OI Outre, les résolutions, déclarations, Protocoles et Actes, on a les Accords avec les États tiers ou autres OI, les Accords de siège, etc.

La compétence normative d'une organisation comprend le droit de participer à des conventions internationales. Cette capacité est régie par les règles de la Convention de Vienne sur le Droit des Traités conclus entre États et O.I. ou entre deux ou plusieurs OI, du 21 mars 1986[197]. Cette Convention se présente comme le prolongement de la Convention de Vienne du 23 mai 1969 sur le Droit des Traités.

Les Chartes prévoient fréquemment les procédures de conclusion d'accords qui intéressent l'OI. L'adoption du texte, (après la négociation, et la signature ou, la ratification), est régie par les règles analogues à celles de la Convention de 1969 mais adaptées aux particularités institutionnelles caractéristiques des OI (art. 8 à 17 de la Convention du 21 mars 1986).

Pour les réserves, il y a transposition des règles du Droit des Traités. L'organisation est assimilée à l'État pour ce qui concerne l'acceptation des réserves et le régime des objections. En outre, on retrouve les mêmes principes concernant l'obligation d'exécuter de bonne foi les traités[198], l'impossibilité d'invoquer le droit interne (pour les États) ou les règles de l'organisation (pour les O.I.) comme justifiant la non exécution du traité[199]. Il en est de même en ce qui concerne aussi la règle de la non rétroactivité des traités et de la règle de l'applicabilité des traités par les États.

---

[197] Même si cette Convention n'est pas entrée en vigueur, elle ne fait que traduire un droit coutumier, tel qu'accepté dans la pratique diplomatique, au sens de l'art.38 du Statut de la CIJ.

[198] CVDT, art. 26.

[199] CVDT, art. 27.

2. Dans le cadre des Organisations régionales

Le pouvoir d'adopter des décisions unilatérales obligatoires est la règle dans les O.I. d'intégration[200], comme les C.E. On distingue ici le règlement, la directive et la décision, les avis et recommandations.

Les règlements ont une portée générale car ils visent tous les États ou leurs ressortissants directement ou indirectement. En revanche, la directive est adressée à un ou plusieurs États membres ou à des individus ou à des personnes morales. La spécificité de l'ordre juridique communautaire atténue fortement la distinction entre actes autonormateurs et actes hétéronormateurs.

Dans l'affaire *COSTA c/ENEL*[201], la CJCE a marqué les limites de l'analogie avec le droit des autres O.I. Selon la Cour, les actes décisoires communautaires régulièrement adoptés et publiés, sont directement opposables à toutes les autorités publiques administratives et juridictionnelles. Ils ont une autorité supérieure à celle des règles constitutionnelles, législatives, administratives des États membres. Il faut noter que les décisions, règlements et directives se distinguent des recommandations, lesquelles ne lient pas les États eux-mêmes. Il en est de même des avis et conseils de la Commission[202]. Cependant, selon l'art. 187 C.E., les Arrêts de la C.J. ont force obligatoire et leur exécution forcée peut être recherchée par les États membres. Il y a ici des facteurs de supranationalité qui facilitent aux organisations communautaires l'exercice de leur fonction d'intégration.

Au-delà de ces considérations, les compétences normatives se distinguent des compétences opérationnelles des O.I., lesquelles se limitent aux activités de gestion ou de conseil dans le domaine administratif, technique ou financier.

B. Compétences liées à un territoire

Il ne s'agit pas de compétences territoriales mais de droit de réglementation et du contrôle étendu de l'Organisation internationale dans le périmètre de ses installations. Il en est ainsi des compétences relatives au siège de l'Organisation, c'est-à-dire le lieu de son établissement, dont le régime juridique est fixé par une convention appelée Accord de siège, conclue entre l'O.I. et l'État hôte.

Les compétences liées au siège sont fonctionnelles parce que limitées aux exigences du bon fonctionnement de l'Organisation. Elles ne portent pas atteinte à la souveraineté territoriale de l'État, car celui-ci renonce seulement à son monopole dans l'exercice de compétences sur son territoire.

---

[200] Voir surtout la Deuxième Partie de cet ouvrage.

[201] Arrêt du 15 juillet 1964 dans l'affaire *Flaminio Costa contre Ente Nazionale per l'Energia Elettrica (ou Costa c/ Enel,* affaire 6/64), confirmé par l'arrêt du 9 mars 1978 dans l'affaire *Administration des finances de l'État contre Société anonyme Simmenthal* (affaire 106/77) qui pose le principe selon lequel la primauté du droit communautaire s'exerce même vis-à-vis d'une loi nationale postérieure. Les juridictions nationales doivent assurer la primauté du droit communautaire sur les droits nationaux. Voir deuxième partie du présent ouvrage.

[202] Art. 189 C.E.

Par ailleurs, l'O.I.peut être amenée à contrôler l'exercice par certains États d'une compétence territoriale. Par ex. : la SDN s'est vue confiée par le traité de Versailles des responsabilités dans la Sarre et à Dantzig. De même, l'ONU a exercé de telles attributions pour ce qui concerne la ville de Trieste, la Namibie[203] ou le Kosovo.

C. Les compétences personnelles de l'O.I.

Il ne s'agit pas d'une compétence fondée sur le lien d'allégeance, le lien de la nationalité qui rattache l'État à des personnes physiques et morales, mais d'une compétence rattachée à un territoire ou d'un lien qui résulte d'une fonction publique.

En fait, les agents internationaux, bien que rattachés à leur État d'origine, dépendent de l'Organisation qui les emploie pour tout ce qui touche à leurs activités professionnelles. L'Organisation exerce en leur faveur une protection fonctionnelle opposable à leur État et même aux États non membres, selon la C.I.J., dans l'Affaire *Réparation des dommages subis au service des Nations Unies*[204].

Au-delà de ces compétences personnelles, les Organisations peuvent exercer des compétences sur des engins (par exemple, faire naviguer des bateaux ou navires sous leur pavillon) ou procéder conjointement avec des États à l'immatriculation d'aéronefs ou d'engins spatiaux. Sous ce rapport, elles en supportent par là-même, des responsabilités comparables à celles du pavillon ou de l'immatriculation.

À coté de ces compétences expresses, les OI ont des compétences implicites.

PARAGRAPHE II – LES COMPÉTENCES IMPLICITES DE L'O.I.

Charles Chaumont les définit ainsi : « Par pouvoirs implicites, on entend ces pouvoirs, qui, bien qu'ils n'aient pas été formellement prévus par les fondateurs de l'organisation, ont été reconnus et acceptés par les États membres au cours d'une certaine période de la vie de l'organisation, en tant que moyens auxiliaires ou subordonnés, pour atteindre les buts permanents pour lesquels l'organisation a été créée »[205] ;

C'est une construction jurisprudentielle qui sera transposée dans l'ordre juridique international et qui comporte des limites. Elle a été élaborée aux États Unis d'Amérique sous l'impulsion du Juge John Marshall, le 6 mars 1819, dans l'Affaire *Mac Culloch v/Maryland*. La Cour suprême, à propos de la répartition des compétences entre l'État fédéral et les États fédérés, a reconnu, à l'État fédéral, la compétence d'adopter des actes qui n'étaient pas expressément prévus ou autorisés par la Constitution fédérale. A la condition, cependant, que

[203] Décision de l'AG du 27 octobre 1966 à propos du Sud-ouest africain qui le faisait relever directement de l'ONU.
[204] Rec., 1949, p. 183.
[205] Cité par Gonidec, Les OIA, *op. cit.*, p.77.

« les fins soient légitimes, qu'elles soient dans la sphère de la Constitution ; tous les moyens, qui sont appropriés à ces fins, qui ne sont pas interdits mais qui sont compatibles avec la lettre et l'esprit de la Constitution, sont constitutionnels ». Cette jurisprudence de la Cour suprême à propos d'un contentieux constitutionnel en fixe le fondement théorique.

Cette théorie est ainsi définie *au sens strict* comme résultant du fait que l'existence d'un pouvoir exprès implique aussi l'existence de tout autre pouvoir raisonnablement nécessaire à l'exercice de ce pouvoir et *au sens large*, tout but ou toute fonction assigné (e) implique l'existence de tout pouvoir raisonnablement nécessaire pour l'atteindre.[206]

A. Une transposition internationale

1. Dans l'ordre onusien

Cet acte a été transposé par la C.P.J.I. dans son Avis du 23 juillet 1926[207]. La C.I.J. l'a confirmé dans son Avis de 1949. Pour la Cour, « selon le droit international, l'Organisation doit être considérée comme possédant ces pouvoirs (en l'espèce, pouvoirs de protection fonctionnelle des agents et de réclamation internationale) qui, s'ils ne sont pas expressément énoncés par la Charte, sont, par une conséquence nécessaire, conférés à l'Organisation en tant qu'essentiels à l'exercice des fonctions de celle-ci »[208].

La Cour le réitère dans plusieurs de ses Avis consultatifs [209].Elle en a fait une application constante en tant qu'institution juridictionnelle. Par exemple, dans l'Affaire des *Essais nucléaires*, en 1974 elle se reconnaît un pouvoir inhérent qui l'autorise à prendre toute mesure voulue, d'une part pour faire en sorte que, si sa compétence au fond est établie, l'exercice de cette compétence ne se révèle pas vain, d'autre part pour assurer le règlement régulier de tous les points en litige, ainsi que le respect des limitations inhérentes à l'exercice de la fonction juridictionnelle[210].

Cette théorie, il faut le dire, vaut pour toute organisation et toute juridiction internationale.

---

[206] Cf. T. C. Hartley, The Foundations of European Community, Oxford University Press 2003, p. 106.

[207] *Compétence de l'O.I.T.*, Série B, n° 13, p. 18.

[208] Rec., 1949, p. 182.

[209] *Sud-ouest africain* Rec., 1950, p. 120, *Effets des jugements du T.A.N.U.*, Rec., 1954, p. 37, *certaines dépenses des Nations Unies*, Rec., 1962, p. 151 ou *de la Namibie*, Rec. 1971, p. 16.

[210] Rec., 1974, p. 259 et p. 463.

2. Dans l'ordre communautaire

Dans l'ordre communautaire, la C.J.C.E. fait référence à la théorie des pouvoirs implicites. C'est le cas, par exemple, dans l'Affaire *Fédéchar* ou dans l'Affaire *Commission contre Conseil (AETR)*[211].

B. Les limites de la théorie

Il faut considérer que c'est une direction d'interprétation des actes constitutifs de l'Organisation internationale. Elle ne peut être absolue. Ainsi, selon le juge Hackworth, la doctrine des pouvoirs implicites a pour rôle de donner effet, dans des limites raisonnables, aux pouvoirs explicites et non de les supplanter ou de les modifier. Ce qui veut dire que l'interprétation doit se référer à l'objet et au but des textes constitutifs qui, nécessairement, doivent coïncider avec les buts et objets de l'Organisation.

La théorie des OI sera davantage illustrée par l'étude de l'ONU et de l'UA, choix justifiés par l'exemplarité de l'organisation la plus universelle ou de celle la plus continentale en Afrique.

---

[211] Respectivement, Rec., 1956, p. 1999 ; Rec., 1971, p. 263.

TITRE II

ÉTUDE NORMATIVE ET INSTITUTIONNELLE DE QUELQUES ORGANISATIONS A CARACTÈRE UNIVERSEL OU RÉGIONAL

L'étude particulière des Organisations internationales portera essentiellement sur :

- L'Union Africaine (Chapitre I)
- L'ONU (Chapitre II).

Titre II

[illegible]
[illegible]

[illegible] de [illegible] un [illegible]

L'Union Africaine (Chapitre 1)

[illegible] (Chapitre 2)

CHAPITRE I

GÉNÉRALITÉS SUR L'UNION AFRICAINE

L'Union Africaine est une organisation intergouvernementale à vocation régionale.

Elle est née d'une volonté des Chefs d'État africains de dépasser le cadre étroit de l'OUA pour arrimer leur Organisation au contexte sociopolitique du continent africain confronté aux défis de la paix, de l'intégration et de la lutte contre les fléaux qui gangrènent le continent.

La nouvelle Organisation est le fruit d'une longue évolution qu'il s'agira de retracer (Section I) avant d'exposer les objectifs (Section II) et la structure et le fonctionnement (Section III).

SECTION I – HISTORIQUE DE L'UNION AFRICAINE (U.A.)

L'UA remplace l'Organisation de l'Unité Africaine depuis le 1er juillet 2002.[212] En tant qu'Organisation de succession à l'OUA (Paragraphe I), l'Union entend poursuivre et approfondir les acquis de sa devancière (Paragraphe II).

PARAGRAPHE I – LE PRÉCÉDENT DE L'OUA

L'OUA, créée par la Charte du 25 mai1963 à Addis-Abeba (Éthiopie), regroupait les États africains du continent, Madagascar et les Iles voisines de l'Afrique (Ile Maurice, Cap-Vert, Comores, Sao Tome et Principe)[213].

Cette Organisation était axée autour de la prééminence du principe[214] de l'égalité souveraine de ses États membres et du principe de la non-ingérence

[212] Voir l'Acte Constitutif de l'Union africaine adopté par la 36e Session ordinaire des Chefs d'État et de Gouvernement de l'OUA à Lomé (Togo), 11 juillet 2000, entrée en vigueur le 26 mai 2001.

[213] GLELE AHANHANZO, Maurice (1986). *Introduction à l'OUA et aux organisations régionales africaines.* Paris : LGDJ. p. 15 et suivantes. GONIDEC, Pierre-François (1996). *Relations internationales africaines.* Paris : LGDJ :173-174 ; N'Dre Paul YAO (1996). *Droit des organisations internationales.* Abidjan : Édition PUCI : 198 ; De BENOIST, Joseph Roger (1979). *La balkanisation de l'Afrique de l'Ouest Francophone (AOF).* Abidjan-Dakar, Nouvelles Éditions Africaines : 283; JOUVE, Edmond (1984). *L'Organisation de l'Unité Africaine.* Paris : PUF : 284.

[214] Article III de la Charte de l'OUA: « Les États Membres, pour atteindre les objectifs énoncés à l'Article II, affirment solennellement les principes suivants :

1. Égalité souveraine de tous les États membres;
2. Non-ingérence dans les affaires intérieures des États;

dans les affaires intérieures des États. D'autres principes étaient mis en exergue, notamment le respect de l'intégrité territoriale de chaque État, la condamnation sans réserve de l'assassinat politique et des activités subversives par des États voisins, l'engagement des États africains à respecter les frontières existantes au moment où ils ont accédé à l'indépendance (pour ce dernier cas, Résolution du Caire du 21 juillet 1964), le non alignement.

L'OUA se préoccupait [215]de la solidarité et de la coopération entre ses membres. Compte tenu du passé colonial, l'OUA a été l'enceinte de mobilisation des États pour la lutte contre le colonialisme et le néocolonialisme. L'Organisation a joué un rôle de premier plan dans la lutte contre l'apartheid (campagnes de sensibilisation….). Elle a également soutenu activement la lutte armée menée par les différents mouvements de libération du continent (ANC, PAC, SWAPO, PAIGC, etc.) sous la coordination du Comité de Libération de l'OUA.

Elle a été le théâtre de nombreuses crises politiques créant des clivages entre ses États membres : problème de la République arabe sahraouie démocratique (et le retrait du Maroc), Bande d'Aouzou (conflit tchado-libyen), le Congo, les guerres civiles proliférant sur le continent, problème du leadership entre Chefs d'État, etc.

---

3. Respect de la souveraineté et de l'intégrité territoriale de chaque État et de son droit inaliénable à une existence indépendante;
4. Règlement pacifique des différends, par voie de négociations, de médiation, de conciliation ou d'arbitrage;
5. Condamnation sans réserve de l'assassinat politique ainsi que des activités subversives exercées par des États voisins, ou tous autres États;
6. Dévouement sans réserve à la cause de l'émancipation totale des territoires africains non encore indépendants;
7. Affirmation d'une politique de non-alignement ».

[215] Selon l'article II de la Charte: « 1. Les objectifs de l'Organisation sont les suivants :
a. Renforcer l'unité et la solidarité des États africains;
b. Coordonner et intensifier leur coopération et leurs efforts pour offrir de meilleures conditions d'existence aux peuples d'Afrique;
c. Défendre leur souveraineté, leur intégrité territoriale et leur indépendance;
d. Éliminer sous toutes ses formes le colonialisme de l'Afrique;
e. Favoriser la coopération internationale, en tenant dûment compte de la Charte des Nations Unies et de la Déclaration universelle des Droits de l'Homme.
2. A ces fins, les États membres coordonneront et harmoniseront leurs politiques générales, en particulier dans les domaines suivants :
a. politique et diplomatie;
b. économie, transports et communications;
c. éducation et culture;
d. santé, hygiène et nutrition;
e. science et technique;
f. défense et sécurité. »

Les objectifs de l'OUA étaient poursuivis par l'intermédiaire de la Conférence des Chefs d'État et de gouvernement[216], le Conseil des Ministres[217], le Secrétariat Général [218]et la Commission de Médiation, de Conciliation et d'Arbitrage (cette Commission n'a jamais véritablement fonctionné)[219].

L'OUA a souvent été marginalisée dans le règlement de certains problèmes africains[220] et son silence à l'égard des violations systématiques des Droits de l'Homme, dans de nombreux États africains, a été particulièrement critiqué[221].

Ces violations, génocides, guerres civiles et les échecs des politiques de coopération ont amené les dirigeants africains, dans le but de juguler ces crises, à renforcer leur attachement à l'idéal de solidarité africaine en créant l'Union africaine.

PARAGRAPHE II – LE DÉPASSEMENT DE L'OUA

C'est en 1999, en Libye, que Mouammar Al Kadhafi a lancé l'idée de l'Union Africaine. Cette initiative se traduira par la Déclaration de Syrte du 9 septembre 1999, donnant mandat au Secrétaire Général, Salim Ahmed Salim, de préparer les projets de textes sur l'Union Africaine et le Parlement Panafricain. Les textes seront le fruit de réunions d'experts (juristes et parlementaires) en avril et mai 2000. La Libye souhaitait une véritable Union Fédérale, alors que les experts envisageaient une simple révision de la Charte.

Certains Chefs d'État, comme le Soudanais Oumar El-Béchir, le Libérien Charles Taylor ou le Ghanéen Jerry John Rawlings, soutenaient la proposition

---

[216] La conférence des chefs d'État et de gouvernement a tenu sa première session ordinaire annuelle au Caire du 17 au 21 juillet 1964.

[217] Les trois premières sessions ordinaires du Conseil des Ministres ont eu lieu à Dakar (2-11 août 1963), Lagos (24-29 février 1964) et au Caire (13-17 juillet 1964).

[218] Les Secrétaires généraux qui se sont succédé à l'OUA, sont : Le SG provisoire Kifle Wodajo (1963-1964), puis Boubacar Telli Diallo (1964-1972), Nzo Ekangaki (1972-1974),William Eteki-MBoumoua (1974-1978), Edem Kodjo (1978-1983), Peter Onu (1983-1985), Ide Oumarou (1985-1988), Salim Ahmed Salim(1988-2001) et Amara Essy (2001-2003).

[219] D'autres organes existaient. Au titre de ses institutions spécialisées, on comptait l'Union panafricaine des Télécommunications, l'Union des postes, l'URTNA, l'Union africaine des chemins de fer, le Conseil supérieur des sports en Afrique, l'Organisation de l'unité syndicale africaine, le Bureau africain des sciences de l'éducation.

[220] MEDARD, Jean François (1992). *États d'Afrique noire, formation, mécanismes et crises.* Paris. Édition Karthala : 405; SINJOUN, Luc (2002). *Sociologie des relations internationales africaines.* Paris : Édition Karthala : 243.

[221] Sur l'OUA, une bibliographie abondante peut être consultée : BA, Abdoul, Bruno KOFFI et Fethi SALHI (1984). *L'Organisation de l'Unité africaine.* Paris : Édition Silex : 712; KONTCHOU KOUOMEGNI, Augustin (1977). Le système diplomatique africain. Pedone; BIPOUM WOUM, Joseph Marie (1970). *Le droit international africain.* Paris : BAM, tome V, LGDJ; TEVOEDJRE, Albert (1958). *L'Afrique révoltée.* Paris : Présence africaine; OUALI, Kamandini (1982). *La CEAO.* Paris : Economica; GLELE AHANHANZO, Maurice (1986). *Introduction à l'OUA et aux organisations régionales africaines.* Paris : LGDJ; RANJEVA, Raymond (1978). *La succession d'OI en Afrique.* Paris : Pedone; YAKEMTCHOUK, Romain (1971). *L'Afrique en droit international.* Paris : LGDJ; BOUTROS-GHALI, Boutros (1969). *L'Organisation de l'Unité africaine.* Paris : Édition Armand Colin : 189.

libyenne alors que d'autres comme le Malien Alpha Oumar Konaré et le Sénégalais Abdoulaye Wade émettaient de sérieuses réserves sur le projet de Kadhafi.

Finalement, il fut décidé de recourir à une Réunion des Ministres des Affaires Étrangères. Le 3 juin 2000, les Ministres adoptèrent la Déclaration de Tripoli pour dissoudre l'OUA.

Après une phase de consultation du Comité des Ambassadeurs (4-6 juillet 2000) et du Conseil des Ministres (6-8 juillet 2000), l'Acte constitutif de l'Union Africaine[222] fut adopté au 36e Sommet de l'OUA, le 11 juillet 2000 à Lomé, au Togo.

Le Traité est entré en vigueur, depuis juillet 2002 à la session inaugurale tenue à Durban en Afrique du sud. Les institutions se mettent progressivement en place. Son siège est à Addis-Abeba (Éthiopie)[223].

SECTION II – PRINCIPES ET OBJECTIFS DE L'UNION

Dans le but de construire à terme une intégration de plus en plus étroite des peuples et des États africains, l'UA est gouvernée par des principes (Paragraphe I) orientés vers des objectifs spécifiques (Paragraphe II).

PARAGRAPHE I – PRINCIPES DE L'UNION

Ces principes peuvent être rattachés à des catégories, politique, juridique et économique.

1. Les principes politiques

L'Acte de l'Union Africaine est précédé d'un Préambule qui réitère son attachement aux principes de la Charte de l'OUA et du Traité d'Abuja sur la Communauté économique africaine. Les mêmes idéaux de paix, de solidarité, de coopération, d'intégration, de cohésion, de lutte contre les discriminations, sont repris par la nouvelle Organisation.

Les principes les plus marquants qui doivent guider l'action des États membres sont les suivants : la mise en œuvre d'une défense commune ; le droit de l'État de demander l'intervention de l'UA pour le maintien de la paix, la promotion de l'égalité entre les hommes et les femmes ; le respect des principes

---

222 Le Maroc ne fait pas partie de l'UA. De même, certains territoires africains qui sont des possessions d'États occidentaux n'en font pas partie comme l'Archipel des Chagos, l'Ile Sainte Hélène (Grande Bretagne), les Iles Canaries, Ceuta et Melilla(Espagne), les Açores, Madère(Portugal), Mayotte et la Réunion(France). La Commission de l'UA a dénoncé cette occupation en 2004 dans son *Plan Stratégique (p.44, Annexe III)*
Par ailleurs, le Soudan du Sud a adhéré en juillet 2011.

223 Les 54 États membres couvrent une superficie de 29.922059km2 et une population dépassant 950 millions d'habitants(en 2011) et un PIB total de 2849 milliards de dollars US, voir son site : www.au.int.

démocratiques, des Droits de l'Homme, de l'État de droit et de la bonne gouvernance ; le respect de la vie humaine ; le rejet de l'impunité, des assassinats politiques, du terrorisme, de la subversion, et la condamnation et le rejet des changements anticonstitutionnels de gouvernement, la promotion de l'auto-dépendance collective.

Ces principes politiques permettent la jonction entre Démocratie et Développement.

2. Les principes juridiques

Ce sont des principes traditionnels pour toute organisation tournée vers la paix et la coopération. Pour l'essentiel, ces principes sont les suivants : le règlement pacifique des conflits, l'interdiction de recourir ou de menacer de recourir à l'usage de la force, la non-ingérence d'un État dans les affaires intérieures d'un autre État, la coexistence pacifique et surtout le droit de l'Union d'intervenir dans un État membre (sur décision de la Conférence) en cas de génocide, de crimes de guerre et de crimes contre l'humanité.

3. Les principes économiques

Ils sont axés principalement autour de la justice sociale pour assurer le développement économique, la lutte contre la corruption, fléau social qui gangrène le continent, et contre la pauvreté (la majorité de la population vit au dessous du seuil de pauvreté).

À ces différents principes, il convient d'adjoindre les objectifs fixés à l'Union.

PARAGRAPHE II – LES OBJECTIFS DE L'UNION

L'objectif principal, énoncé à l'art. 3 §. A de l'Acte constitutif, est de réaliser une unité plus étroite entre États et peuples africains et de promouvoir une solidarité accrue.

Le Traité de l'Union privilégie les États à travers la défense de la souveraineté, de l'intégrité territoriale et de l'indépendance de ses membres. Il reprend donc des règles essentielles du droit international. L'UA n'est pas une Fédération d'États mais demeure, comme l'OUA, une association sans transfert de compétences souveraines. Elle n'est ni un Super-État, ni une Organisation supranationale.

Un objectif essentiel est assigné à l'Union, celui de « promouvoir la paix, la sécurité et la stabilité sur le continent ».

D'autres objectifs (dont certains reprennent la Charte de l'OUA) ont été mis en exergue : accélérer le développement politique et socioéconomique du continent, favoriser la coopération par le respect de la Charte de l'ONU et de la Déclaration Universelle des Droits de l'Homme, promouvoir la bonne gouvernance, la participation populaire, les principes et les institutions démocratiques, la recherche dans les domaines scientifique et technologique, la coopération en vue de l'éradication des maladies et la promotion de la santé.

Ces principes et objectifs gouvernent la structure institutionnelle de l'Union et inspirent son fonctionnement.

SECTION III – STRUCTURE ET FONCTIONNEMENT DE L'UNION

En tant qu'Organisation intergouvernementale, l'Union africaine est composée d'organes (Paragraphe I). Cette donnée retentit sur son fonctionnement (Paragraphe II).

PARAGRAPHE I – LES ORGANES DE L'UNION AFRICAINE

Ce sont les organes principaux (A) et les autres organes (B).

A. Les principaux organes

L'article 5 de l'Acte constitutif mentionne la Conférence (I) et le Conseil Exécutif (2) et la Commission (3).

1. La Conférence de l'Union

Selon l'article 6, elle constitue l'organe décisionnel suprême de l'UA. Elle est composée des Chefs d'État et de gouvernement ou de leurs représentants. Elle remplace la Conférence des Chefs d'État et de gouvernement de l'OUA. Elle prend ses décisions par consensus, sauf pour les questions de procédure pour lesquelles une majorité simple est requise. Le quorum est constitué par la présence des 2/3 des États-membres.

La Conférence se réunit une fois par an en session ordinaire et peut être convoquée pour une session extraordinaire. Elle a le pouvoir de définir les politiques communes, d'adopter le budget, de recevoir et d'examiner les rapports, les demandes d'adhésion, de nommer et révoquer les Juges de la Cour, de nommer le Président, les Vice-présidents et les Commissaires. En attendant l'entrée en vigueur du Protocole sur la Cour, la Conférence a le pouvoir d'interprétation de l'Acte constitutif.

2. Le Conseil Exécutif

Il est composé des Ministres des Affaires étrangères ou de tous autres ministres ou autorités désignés par les gouvernements des États membres.

Le C.E. se réunit au moins 2 fois par an. Ses décisions sont prises par consensus ou à la majorité qualifiée de 2/3, sauf pour les questions de procédure (majorité simple). Véritable cheville ouvrière de l'UA, le CE assure la mise en œuvre des politiques et décisions de l'UA. Il coordonne et décide des politiques portant sur le commerce, l'agriculture, l'énergie, l'industrie, les ressources minérales, la protection de l'environnement, les assurances, l'éducation, l'immigration, la nationalité, etc.

3. La Commission de l'Union

La Commission est l'un des organes clés de l'Union. Elle joue un rôle central dans la gestion quotidienne de l'Union Africaine. Entre autres attributions, la Commission représente l'Union et défend ses intérêts ; élabore les projets de positions communes de l'Union ; élabore des plans stratégiques et des études à soumettre à l'examen du Conseil exécutif ; assure l'élaboration, la promotion, la coordination et l'harmonisation des programmes et des politiques de l'Union avec ceux des Communautés économiques régionales ; veille à l'intégration des femmes dans tous les programmes et activités de l'Union. Elle est le Secrétariat de l'Union (Art. 20).

Elle est composée d'un Président[224], d'un vice-président et de huit autres commissaires[225]. La Commission est secondée par un personnel.

Parmi ses nombreuses attributions, on peut citer la mise en œuvre des programmes et politiques de l'UA, y compris la C.S.S.D.C.A. (Conférence sur la sécurité, la stabilité, le développement et la coopération en Afrique) et le NEPAD (Nouveau Partenariat pour le développement en Afrique), la préparation du budget de l'Union, la lutte contre les pandémies, la gestion des catastrophes, la gestion de l'environnement, la sécurité alimentaire, la lutte contre la criminalité internationale et le terrorisme, la vulgarisation des objectifs de l'Union, la promotion des NTIC (Nouvelles Technologies de l'Information et de la Communication), l'organisation des réunions de l'Union, etc.

La Commission siège à Addis-Abeba. Les membres de la Commission sont soumis à des obligations d'impartialité, d'incompatibilités, de respect de leur statut, de devoir de réserve et ont droit à des privilèges et immunités.

Le Président de la Commission joue le même rôle que l'ex-Secrétaire Général de l'OUA. Le mandat des membres de la Commission est de quatre (4) ans renouvelable une fois. L'appellation actuelle de la Commission est *Autorité*[226].

B. Les autres organes

Ils sont aussi prévus dans l'Acte Constitutif, souvent complété par des Protocoles. L'expression « autres organes » est simplement utilisée ici, non pas dans le sens d'organes subsidiaires mais pour marquer leur caractère d'organes à la visibilité peu marquée.

---

224 Elle a connu trois Présidents : Alpha Oumar Konaré (Mali), Jean Ping(Gabon) et Mme Nkosazana Dlamini-Zuma (Afrique du Sud).

225 Chaque commissaire dirige un des départements suivants : Paix et Sécurité ; Affaires politiques ; Infrastructures et Énergie ; Affaires sociales ; Ressources humaines, Sciences et Technologie ; Commerce et Industrie ; Économie rurale et Agriculture ; Affaires Économiques.

226 Suite à la décision du Sommet du 3 février 2009 à Addis-Abeba.

1. Les Comités Techniques Spécialisés

Composés d'experts, les CTS [227]traitent des questions sociales, économiques, politiques, techniques ou scientifiques.

Les six (6) CTS sont les suivants :

- comité chargé des questions d'économie rurale et agricoles
- comité chargé des questions commerciales, douanières et de l'immigration
- comité chargé de l'industrie, de la science et de la technologie, de l'énergie, des ressources naturelles et de l'environnement
- comité chargé des transports, des communications et du tourisme
- comité chargé de la santé, du travail et des affaires sociales
- comité chargé de l'éducation, de la culture et des ressources humaines.

2. Le Comité des Représentants Permanents (COREP)

Il est prévu à l'Art. 21. Il est composé des Représentants permanents des États membres et autres plénipotentiaires. Il remplace l'ancien Comité des Ambassadeurs. Le COREP est responsable de la préparation des travaux du Conseil exécutif et agit sur les instructions de ce dernier. Il examine les rapports financiers de l'Union, prépare le calendrier des réunions et adresse les correspondances entre la Commission et les capitales. Il peut créer des comités ad hoc et des groupes de travail temporaires, notamment un sous-comité sur le Siège et les accords de Siège, le NEPAD, etc.

3. D'autres organes sont prévus dont le Conseil économique, social et culturel (art. 22).

C'est un organe consultatif composé des représentants des couches socioprofessionnelles des États membres.

4. La Cour africaine de justice et des droits de l'homme

La Cour africaine des droits de l'homme et des peuples et la Cour de justice de l'Union africaine, créées respectivement par le Protocole relatif à la Charte africaine des droits de l'homme et des peuples portant création d'une Cour africaine des droits de l'homme et des peuples de 1998 à Ouagadougou et l'Acte constitutif de l'Union africaine (art.18), seront fusionnées en une cour unique dénommée « **Cour africaine de justice et des droits de l'homme** », depuis le Sommet de Sharm el Scheik, en Égypte, du 1er juillet 2008. Elle sera composée de seize juges. La Cour aura des fonctions contentieuse et consultative. Elle complètera la Commission Africaine des Droits de l'Homme et des Peuples[228]et se substituera à l'actuelle **Cour Africaine des Droits de l'Homme et des Peuples**. Un projet de Protocole adopté en 2014 pourrait transformer cette future

---

[227] Ils sont aussi créés par le Traité d'Abuja de 1991.

[228] Voir troisième partie de cet ouvrage.

structure en « **Cour africaine de justice, des droits de l'homme et des Peuples** » avec des compétences en droit pénal international.

5. Le Parlement Panafricain

Le Parlement Panafricain a été créé par l'Acte Constitutif de l'Union Africaine en son article 17. Installé en mars 2004, il est considéré comme un de neuf organes prévus par le Traité instituant la Communauté économique africaine signé à Abuja, au Nigéria, le 3 juin 1991[229].

La création du Parlement Panafricain[230]est fondée sur l'idée d'une plateforme commune aux peuples Africains et leurs organisations de masses afin qu'ils soient plus impliqués dans les débats et prises de décisions concernant les problèmes et défis auxquels le continent est confronté. Le siège du Parlement se trouve à Midrand, en Afrique du Sud. Les parlementaires Panafricains représentent tous les peuples d'Afrique. L'ultime objectif du Parlement Africain est de devenir une institution jouissant de tous les pouvoirs législatifs et dont les membres sont élus au suffrage universel. Mais en attendant ce sont les parlements nationaux qui sont représentés en raison de cinq élus, au plus, par État (dont au moins une femme et un député de l'opposition). En 2014, il est composé de 265 représentants des 54 États membres.

Les objectifs du Parlement Panafricain sont les suivants :

- faciliter la mise en œuvre efficace des politiques et objectifs de l'OUA/CEA et, par la suite, celles de l'Union Africaine ;

- faciliter la coopération et le développement en Afrique ;

- faciliter la coopération entre les Communautés économiques régionales et leurs forums Parlementaires ;

- promouvoir les principes des droits de l'homme et de la démocratie en Afrique ;

- promouvoir la paix, la sécurité et la stabilité ;

- encourager la bonne gouvernance, la transparence et la responsabilité des pays membres ;

- familiariser les peuples Africains avec les objectifs et politiques visant à l'intégration du continent Africain dans le cadre de la création de l'Union Africaine ;

- contribuer à assurer un avenir plus prospère aux peuples Africains à travers la promotion de l'autosuffisance collective et la relance économique ;

[229] A ne pas confondre avec la CEA ou UNECA, composante de l'ECOSOC de l'ONU, créée en 1958 et qui a, aussi, son siège à Addis-Abeba.

[230] Le Parlement Panafricain est prévu dans le Protocole du 2 mars 2001, adopté à Syrte, distinct du Traité créant l'UA .L'entrée en vigueur, le 18 mars 2004, du Protocole sera suivie en septembre 2004 par l'inauguration du Parlement. Voir son site : www.pan-africanparliament.org.

- renforcer la solidarité continentale et éveiller la conscience du destin commun chez les peuples d'Afrique.

6. Le Conseil de Paix et de Sécurité

Selon l'Article 5(2) de l'Acte Constitutif, ce Conseil est un organe permanent de décision pour la prévention, la gestion et le règlement des conflits[231]. Le Conseil de paix et de sécurité constitue un système de sécurité collective et d'alerte rapide, visant à permettre une réaction rapide et efficace aux situations de conflit et de crise en Afrique. Les membres du CPS sont élus de la manière suivante : **dix** membres élus pour un mandat de deux ans ; et cinq membres élus pour un mandat de trois ans en vue d'assurer la continuité. Le Conseil de paix et de sécurité assume des fonctions dans les domaines suivants :

- promotion de la paix, de la sécurité et de la stabilité en Afrique ;
- alerte rapide et diplomatie préventive ;
- rétablissement de la paix, y compris les bons offices, la médiation, la conciliation et l'enquête ;
- opérations d'appui à la paix et intervention, conformément à l'Article4 (h) et (j) de l'Acte constitutif ;
- consolidation de la paix et reconstruction post-conflit ;
- action humanitaire et gestion des catastrophes ;
- et toute autre fonction qui pourrait être décidée par la Conférence[232].

7. La Commission de l'UA sur le droit international

Créée en vertu de l'art.5 de l'Acte constitutif complété par d'autres textes[233], la CUADI ressemble à la CDI de l'ONU[234]. Elle est composée de onze (11) experts en droit international, ressortissants des États membres élus par ceux-ci, en raison de leurs compétences. Elle joue un double rôle de conseil des différents organes de l'Union et de codification et de développement progressif. Elle peut même suggérer la révision de textes adoptés, voire de traités et protocoles[235].

---

231 Voir aussi le Protocole relatif à la création du CPS du 9 juillet 2002.

232 Voir troisième partie de cet ouvrage.

233 Décision UA, Conseil exécutif, XIVème Session ordinaire, du 26 au 30 janvier 2009, Addis-Abeba (Doc.EX.CL/478 (XIV) et Statut adopté par la 12éme Session ordinaire de la Conférence du 1er au 4 février 2009.

234 Créée par l'AGNU le 21 novembre 1947(résolution 147.II).

235 Il faut signaler que la défunte OUA avait pensé à la création d'une commission de juristes sur les questions spécifiquement africaines lors de son Sommet du 17 juillet 1964, conformément à l'article 20 de la Charte de l'OUA. Cette initiative fut abandonnée au sommet d'Accra de 1965.

8. Des Institutions Financières (art. 19) comme la Banque Centrale Africaine, le Fonds Monétaire Africain[236] et la Banque Africaine des Investissements[237] seront créées au fur et à mesure.

PARAGRAPHE II – LES DIFFICULTÉS POTENTIELLES DE FONCTIONNEMENT DE L'UA

Il est encore prématuré de donner un jugement de valeur de grande échelle sur l'Union Africaine.

On peut, certes, décrier l'importance et la diversité des organes et craindre une certaine lourdeur administrative qui avait déjà affecté le budget de l'OUA. Mais on ne saurait manquer de saluer l'originalité et les ambitions de cette Organisation régionale.

On peut critiquer le fait que cette tentative d'intégration politique ne soit pas passée par l'expression directe de la volonté populaire avec l'utilisation du référendum pour une prise en compte judicieuse de la décision de création de l'Union, comme c'est le cas au niveau de l'Union Européenne.

Ensuite, on peut critiquer l'omnipotence de la Conférence de l'Union, ce qui ne manque pas, à l'avenir, d'hypothéquer les décisions de l'Organisation qui seront prises à travers le prisme des positions politiques des dirigeants africains.

De même, on ne saurait masquer qu'en dépit de dispositions pertinentes du Traité, les changements anticonstitutionnels de gouvernement continuent de prospérer depuis lors (Niger, Mali, Guinée-Bissau, Madagascar, Côte d'Ivoire, R.C.A.)[238]. Quant au droit de solliciter l'intervention de l'Union pour restaurer la paix et la sécurité (art. 4, j), le risque serait que cette demande n'ait pour effet que de consolider un régime qui n'a peut-être plus le soutien du peuple.

---

[236] Les sièges prévus sont respectivement à Abuja, Yaoundé et Tripoli.

[237] Le Protocole sur la Banque africaine des Investissements a été adopté par la douzième session ordinaire de la Conférence le 4 février 2009.

[238] En application des articles 4, paragraphe (p) et 30 de l'Acte constitutif, l'Union africaine a suspendu les États suivants : la Guinée-Bissau, qui est suspendue le 17 avril 2012 après le coup d'État militaire du 12 avril 2012 ; la Centrafrique qui est suspendue le 24 mars 2013 après le coup d'état des rebelles de la Séléka.et du président autoproclamé Michel Djotodia et le gouvernement transitoire de Mme Catherine Samba-Panza ; l'Égypte, suspendue au lendemain du coup d'état du Maréchal Sissi en 2013 et réhabilitée après l'élection présidentielle de 2014. Les anciens États suspendus, aujourd'hui réintégrés à l'Union africaine sont :Madagascar, qui a été suspendu à la suite de la crise politique de 2009 qui a entraîné la prise de pouvoir d'Andry Rajoelina ; cette suspension a été levée à la suite de l'investiture d'un nouveau président démocratiquement élu ;l a Cote d'Ivoire suspendue entre 2010 et 2011 ; la Guinée-Conakry, suspendue lors du coup d'État militaire le 23 décembre 2008 de Moussa Dadis Camara ; la Mauritanie, suspendue une première fois le 4 août 2005, après un coup d'État militaire. Elle fut réintégrée après l'élection présidentielle de 2007. Elle fut de nouveau suspendue, pour les mêmes raisons, le 6 août 2008 ; le Niger, suspendu le 8 février 2010 après un coup d'État militaire ; le Togo, suspendu le 25 février 2005 jusqu'à l' élection présidentielle du 4 mai 2005 ;le Mali, suspendu le 23 mars 2012 après le coup d'état militaire des 21-22 mars 2012, a été rétabli le 26 octobre 2012 après la mise en place d'un régime de transition, dans le contexte de la prise de contrôle par les milices islamistes du nord du pays.

Enfin, on ne peut pas ignorer l'existence de dispositions permettant d'amender, de réviser (art. 32) ou même de dénoncer l'Acte constitutif.

Par ailleurs ; le retard dans la mise en place des institutions financières africaines, comme le Fonds monétaire ou la Banque centrale devra être surmonté et s'accompagner d'un programme économique cohérent pour un marché unique africain en comblant les failles du traité d'Abuja sur la CEA et en instituant une monnaie unique.

Si l'UA est l'OIA la plus en vue en Afrique, il est tout aussi vrai que l'ONU est le modèle des OI sur le plan universel.

CHAPITRE II

BREF APERÇU DE L'ORGANISATION DES NATIONS UNIES (O.N.U.)

C'est au cours de la Deuxième Guerre Mondiale, alors que la S.D.N. s'est disloquée, que les Puissances Alliées allaient songer à la création d'une nouvelle Organisation. L'origine lointaine de l'ONU peut être recherchée dans la Déclaration de Washington du 1er janvier 1942 de 26 États alliés en guerre contre les puissances de l'Axe. Cette Déclaration constituait une coalition, pour la durée du conflit entre les États signataires, sur la base des principes énoncés dans les huit articles de la Charte de l'Atlantique du 14 août 1941 entre les États-Unis et la Grande-Bretagne. Cette Charte ne faisait allusion à la future organisation internationale que dans son art. 8 qui reconnaissait la nécessité d'établir dans l'avenir « un système étendu et permanent de sécurité générale ».

Le projet de création de l'ONU est clairement formulé dans la Déclaration de Moscou sur la sécurité générale signée le 30 octobre 1943 entre les États-Unis, l'URSS, la Grande-Bretagne et la Chine qui y proclamaient leur volonté de créer, une fois les hostilités terminées « une organisation internationale fondée sur le principe de l'égalité souveraine de tous les États pacifiques et ouverte à tous les États grands ou petits ». Cet engagement sera réaffirmé lors de la Conférence de Téhéran du 1er décembre 1943.

Le projet de Charte sera façonné par des juristes ressortissants des États-Unis d'Amérique, du Royaume-Uni de la Chine et de l'Union Soviétique qui vont mettre en œuvre ses principes lors d'une réunion à Dumbarton Oaks (près de Washington) en deux périodes (21 août-28 septembre 1944 et 29 septembre-7 octobre 1944).

Ils vont formuler des propositions, lesquelles seront examinées par la Conférence de Yalta (en Crimée, sur la Mer Noire, du 4 au 11 février 1945) par les Chefs d'État Américain (Roosevelt), Chinois, Soviétique (Staline) et le Premier Ministre Britannique (Churchill). Cette Conférence va préciser certains points comme la procédure de vote au Conseil de Sécurité. C'est durant cette Conférence que fut aussi décidée la convocation d'une Conférence sur l'Organisation mondiale.

Celle-ci se tint du 25 avril au 26 juin 1945 à San Francisco. Ouverte en pleine guerre, elle se termina après la capitulation de l'Allemagne (le 7 mai 1945). Les Puissances invitantes aux termes du point I de la Déclaration de

Yalta étaient États-Unis – Grande-Bretagne – URSS – Chine et le Gouvernement Provisoire de la République Française.

La Conférence réunit, sous le nom des Nations Unies, les États alliés ou ayant déclaré la guerre à l'ennemi commun avant le 1er mars 1945. La Conférence de San Francisco allait être précédée d'une Réunion préliminaire du 9 au 20 avril au cours de laquelle a été préparé le Statut de la C.I.J.

La Charte est signée le 26 juin 1945 et entre en vigueur le 24 octobre 1945 après les ratifications des cinq membres permanents du Conseil de Sécurité (Chine, États-Unis, France, Royaume Uni, URSS) et de la majorité des États signataires.

L'ONU véhicule un idéal de coexistence et de coopération entre États en dépit des divergences d'idéologies et d'intérêts. Elle dût mettre en place rapidement ses structures les plus importantes.

Une commission préparatoire, établie selon des Arrangements intérimaires, fut chargée de cette tâche. Ce dispositif permit à l'Assemblée générale de tenir sa première session à Londres (1er janvier 1946), au Conseil de Sécurité de convoquer sa première réunion (17 janvier 1946) comme pour le Conseil économique et social (23 janvier 1946), et la Cour internationale de Justice (3 avril 1946). Le premier Secrétaire général, le norvégien Trygve Lie fut nommé le 1er février 1946. La décision de fixer le siège de l'ONU à New-York ne fut prise que le 14 décembre 1946 pour intéresser de façon décisive les États-Unis.

Les buts de l'ONU sont essentiellement identiques à ceux de la SDN : maintien de la paix, développement des rapports internationaux par la renonciation à l'usage et à la menace de la force, le règlement pacifique des différends internationaux et l'organisation d'une assistance mutuelle contre les agressions extérieures, etc.

L'ONU n'est pas un super-État. Ses membres conservent un domaine de compétences propres : la compétence nationale. Malgré sa composition, l'ONU est un sujet de droit distinct de ses membres et dotée de la personnalité juridique nécessaire à l'accomplissement de ses fonctions. À ce titre, elle est titulaire de droits et de devoirs internationaux.

Le texte de la Charte s'efforce de tirer les leçons des faiblesses de la SDN. Il est également le fruit des compromis entre « grands » et « petits » pays, entre les États ou puissances Invitantes (États-Unis, Grande-Bretagne, Chine, Union Soviétique) et puissances invitées (46 États).

Des raisons politiques ont justifié la création de l'ONU : l'impuissance de la SDN, son caractère quasi-universel (les USA n'en faisaient pas partie et l'URSS avait été exclue de la Société le 14 décembre 1939 lorsqu'elle avait envahi la Finlande).

La Charte des Nations Unies a des analogies avec le Pacte de la SDN tout en demeurant très différente et beaucoup plus complexe.

Il s'agira d'examiner les structures, les compétences et l'évolution de l'ONU.

SECTION I – LES STRUCTURES ET COMPÉTENCES DE L'ONU

En tant que telle, la Charte a institué les organes principaux tout en ménageant la possibilité de créer d'autres organes.

PARAGRAPHE I – LES PRINCIPAUX ORGANES DES NATIONS UNIES

Il s'agit des organes prévus par la Charte des Nations Unies, en l'occurrence l'Assemblée Générale, le Conseil de Sécurité, le Conseil économique et social, le C.T., le S.G., la C.I.J.

L'assemblée générale

Elle est composée de tous les membres des Nations unies. L'Assemblée élit chaque année son Président et ses 21 Vice-présidents. Elle fixe son Règlement intérieur. Le ressortissant d'un État membre permanent ne peut être élu Président de Session.

L'Assemblée est aidée par des Commissions :

- la Commission des affaires politiques,
- la Commission des affaires économiques,
- la Commission chargée des Questions sociales,
- la Commission chargée des Questions de tutelle
- la Commission chargée des Questions administratives et du Budget,
- la Commission Juridique, qui abrite aussi la Commission de Droit International). Excepté la Commission de Droit International, toutes les autres Commissions sont composées d'autant de membres que l'A.G. elle-même. Ces Commissions préparent les projets de délibération de l'A.G. La Commission du Droit International est composée de spécialistes, lesquels ne siègent pas en tant que représentants des États dont ils sont ressortissants. Ils sont élus par l'A.G. elle-même.

Des Comités, comme le Comité consultatif pour les questions administratives et budgétaires, le comité des contributions, le comité des commissaires aux comptes, le comité des placements, le comité de la caisse des pensions du personnel de l'ONU, l'assistent. D'autres organes existent comme les divers Groupes d'experts, Groupes de travail, conseils et commissions

Des États non membres de l'ONU peuvent être admis à prendre part aux Séances de l'Assemblée[239] ; de même, des entités peuvent avoir le statut d'observateur au sein de l'A.G., c'est le cas de la CEDEAO, de la CAE, de

[239] La Palestine a le statut d'État observateur depuis la res. A / RES/67 /19 du 12 novembre 2012. Le Saint Siège est aussi observateur.

l'IGAD, la SADC, la CEEAC, la CEN SAD, la BAD, la COI, l'OUA-UA et même des M.L.N ou ONG, etc. [240].

Elle est composée de tous les membres de l'ONU (art.9). Elle a une session annuelle ordinaire d'une durée de 2 à 3 mois qui s'ouvre le **troisième mardi du mois de septembre**. Elle peut aussi se réunir en sessions extraordinaires (Art.20) ou en sessions extraordinaires d'urgence (Résolution 377). Chaque État envoie 5 représentants titulaires (assistés de délégués supplémentaires, de conseillers techniques, d'experts). L'AGNU a un Président, 21 Vice-présidents, 6 Présidents de Commission.

Il faut souligner que les propositions de Dumbarton Oaks ne prévoyaient qu'un rôle consultatif, à l'AGNU, c'est à San Francisco en 1945, grâce à l'insistance d'États moyens comme la Belgique et l'Australie, qu'on lui a finalement donné un rôle élargi. L'AGNU a diverses attributions qu'on peut distinguer ainsi.

Parmi les attributions exclusives, on peut énumérer :

- l'approbation des accords de tutelle ;
- le vote du budget de l'ONU ;
- l'élection des membres non permanents du Conseil de Sécurité ;
- la coordination des activités des institutions spécialisées ;
- le droit d'autoriser les institutions spécialisées à demander des avis consultatifs à la Cour Internationale de Justice ;
- le vote du budget et l'examen des rapports entre les autres organes.

Parmi les attributions exercées conjointement avec le Conseil de Sécurité, on note celles afférentes à la révision de la Charte, à l'admission, à la suspension, à l'exclusion d'un membre ou à l'élection du Secrétaire Général et des Juges de la CIJ.

Enfin, une troisième catégorie d'attributions exercées en parallèle avec le Conseil de sécurité, est relative au domaine du maintien de la paix et de la sécurité internationale. Cette attribution a été particulièrement mise en exergue par la Résolution Dean ACHESON qui permet à l'AG de surmonter le blocage du Conseil de Sécurité résultant du défaut d'unanimité parmi les membres permanents du Conseil de Sécurité et que par suite à ce comportement, de pallier les risques de paralysie du Conseil. Dans ce cas, l'A.G. réunie d'urgence, a le droit d'examiner « immédiatement la question afin de faire aux Membres les recommandations appropriées sur les mesures collectives à prendre, y compris, s'il s'agit d'une rupture de la paix ou d'un acte d'agression, l'emploi de la force armée, en cas de besoin, pour rétablir la paix ou la sécurité internationale ».

Cette procédure exceptionnelle n'octroie à l'A.G. qu'un pouvoir de recommandation et non de décision. Elle a été expérimentée depuis le problème

[240] Voir le site : www.un.org/fr/ga/

coréen (1950) à diverses reprises : Affaires du Liban (1958), du Congo (1960), conflit Indo-pakistanais (1971), Affaire de la Namibie (1981), Affaire du Plateau du Golan (1982), Affaire du Canal de Suez (1956), du Printemps de Prague (1956), etc.

Le conseil de sécurité

C'est l'organe restreint de l'ONU. L'art. 23 de la Charte fixe le nombre de ses membres et distingue deux catégories : les membres permanents et les autres.

Les membres permanents sont : les USA, la Russie, le Royaume-Uni, la France et la Chine. Ils bénéficient d'un privilège du droit de veto qui ne joue pas sur tout ce qui touche des questions de procédure. (Ex. : Convocation du Conseil de Sécurité pour laquelle le droit de vote ne joue pas).

Les membres non permanents sont élus pour deux ans par l'AG. Il n'existe pas, selon l'art. 23, de membres semi-permanents, comme dans la pratique de la SDN. Autrement dit, les membres non permanents sortants ne sont pas immédiatement rééligibles.

Selon l'art. 23, l'AG élit les membres non permanents, en tenant compte de leur contribution aux opérations de maintien de la paix et de la sécurité internationales et aux autres fins de l'Organisation.

Composé à l'origine de 11 membres, le Conseil de Sécurité compte, depuis l'adoption de la Résolution 1991 XVIII du 17 décembre 1963, 15 membres (5 permanents et 10 non permanents).

Le CS est organisé de manière à pouvoir exercer ses fonctions en permanence. Chaque membre du Conseil a un représentant permanent au Siège de l'Organisation. La Présidence est assurée par roulement tous les mois.

À l'origine, l'art.23 fixait le nombre des membres non permanents à 6 soit 11 membres du CS, puis ce nombre a été porté en 1991 à 10 membres non permanents selon une clé de représentation géographique (**3** États d'Afrique et **2** d'Asie, **1** pour l'Europe orientale, **2** pour l'Amérique Latine, et **2** pour le groupe Europe Occidentale et autres).

Le CS a siégé hors de son lieu habituel, à Paris (1948, 1951) à Addis-Abeba (Février 1972) sur proposition du groupe afro asiatique, à Panama (Mars 1972) sur proposition du groupe Latino-américain.

Les attributions exclusives sont : les actions préventives ou coercitives en cas d'agression, de rupture ou de menace à la paix, l'exécution forcée des arrêts de la CIJ), l'approbation et le contrôle de la tutelle stratégique.

Les attributions communes avec l'AG sont : le règlement des différends internationaux, la réglementation des armements, le droit de demander des avis consultatifs à la CIJ.

Les attributions conjointes sont : l'admission de membres, l'exclusion de membres, la suspension de leurs droits et privilèges, la nomination du Secrétaire Général, la modification de la Charte.

Le conseil de tutelle

Il comprend 3 catégories de membres : les puissances administrantes, les membres permanents du CS qui n'administrent pas les territoires sous tutelle et autant de membres élus pour 3 ans par l'AG (art. 86 de la Charte).

L'action du Conseil sous l'autorité de l'AG s'exerce essentiellement de trois manières : l'examen des rapports annuels fournis par les autorités chargées de l'administration, l'examen des pétitions, des visites périodiques dans les territoires administrés à des dates convenues avec l'autorité administrante (art. 88).

Le conseil économique et social ou ecosoc

Il est prévu au Chapitre 10 de la Charte (art. 61 à 72). À l'origine, il était composé de 18 membres et depuis la Résolution 2847 (XXVI) du 20 décembre 1971, l'A.G. a porté le nombre des membres de l'ECOSOC à 54. La Résolution prévoit la répartition géographique des sièges (14 pour les États d'Afrique, 11 pour l'Asie, 10 pour l'Amérique Latine, 13 pour l'Europe Occidentale et 6 pour l'Europe Orientale).

Il a des commissions techniques (dont la Commission des droits de Lhomme devenue en 2006 le Conseil des droits de l'homme) et les cinq **commissions régionales** suivantes :

— Commission économique pour l'Afrique (Addis-Abeba)

— Commission économique pour l'Asie occidentale

— Commission économique pour l'Europe (Paris)

— Commission économique pour l'Asie et le Pacifique (Manille)

— Commission économique pour l'Amérique latine et les Caraïbes.

Le Conseil, selon l'art. 62, a pour mission d'entreprendre des études et des rapports sur les questions internationales dans les domaines économiques et sociales, de la culture intellectuelle, de l'éducation, de la santé publique et de faire des recommandations sur toutes ces questions à l'A.G., aux membres de l'Organisation et aux Institutions spécialisées. Il prépare les projets de conventions qu'il soumet à l'A.G. et aussi des recommandations en vue d'assurer le respect effectif des Droits de l'Homme et des libertés fondamentales.

Le secrétariat général

Il est prévu par le Chapitre XV (art.97 à 101) de la Charte et comprend un Secrétaire Général et le personnel de l'Organisation.

Nommé par l'A.G. sur recommandation du Conseil de Sécurité, (selon la résolution 11 de l'AG de 1946, le Secrétaire Général a un mandat de 5 ans renouvelable), il est le plus Haut Fonctionnaire de l'Organisation dont il administre le personnel et prépare le budget. Il est assisté par des Secrétaires Généraux adjoints, Sous-secrétaires Généraux, des directeurs, administrateurs, personnel de bureau, traducteurs et interprètes. 30% du personnel est constitué de personnel temporaire nommé pour une durée maximale de cinq ans.

La Charte n'a pas prévu la durée des fonctions du Secrétaire Général qui a un rôle politique éminent. En effet, en vertu de l'art. 99 (Charte N.U.), il peut attirer l'attention du Conseil de Sécurité sur toute affaire menaçant la paix. Par ailleurs, il peut exécuter toutes sortes de mission de bons offices et sous le contrôle du Conseil de Sécurité, il gère les opérations de maintien de la paix.

Sept Secrétaires Généraux se sont succédé à la tète de l'ONU[241] : **Trygve Lie (Norvège) Dag Hammarskjöld (Suède), Sithu U-Thant (Birmanie), Kurt Waldheim (Autriche), Javier Perez du Cuellar (Pérou), Pierre Boutros Boutros-Ghali (Égypte), Koffi Annan (Ghana) et Ban Ki Moon (Corée du Sud).**

L'URSS avait proposé de remplacer le SG par un Triumvirat ou Troïka représentant le groupe des États Occidentaux, le groupe des États socialistes et le groupe des États neutres.

Le SG agit ès-qualités dans les réunions de l'AG, du Conseil économique et social, du Conseil de Sécurité et du Conseil de Tutelle (art. 98). En tant que plus haut fonctionnaire de l'Organisation, il dirige le secrétariat, nomme le personnel et exerce le pouvoir disciplinaire. Il exécute les décisions des différents organes et présente chaque année un Rapport général à l'AG.

Au-delà de ses fonctions administratives, le S.G. assume un rôle politique de plus en plus remarqué, ce qui lui a donné un grand prestige en fonction de sa capacité à prévenir certaines crises internationales. Le S.G. est donc un acteur essentiel sur la scène internationale.

La cour internationale de justice (CIJ)

C'est l'organe judiciaire principal de l'ONU, qui a succédé en 1945 à la CPJI sous la SDN

Composée de 15 Juges indépendants élus pour 9 ans, la Cour a une double compétence : une compétence contentieuse (dans ce cas, la Cour tranche les affaires d'ordre juridique entre les États qui acceptent sa compétence) et une compétence consultative. En effet, la CIJ peut être saisie, pour avis sur un point de droit, par un organe de l'ONU (en général l'AG) ou par une institution spécialisée des Nations unies. Ce qui signifie qu'un État ne peut donc solliciter

[241] En fait, le premier SG est le britannique GLADWYN JEBB qui a occupé par intérim le poste, du 24 octobre 1945 au 2 février 1946, avant la nomination de Trygve Lie.

un avis de la Cour ; avis qui, du reste et sauf exception, est dépourvu de force obligatoire.

PARAGRAPHE II — LES ORGANES SUBSIDIAIRES

Selon l'article 7 paragraphe 2 de la Charte, « Les organes subsidiaires qui se révéleront nécessaires pourront être créés ». Ainsi, en vertu des articles 7,22 et 29 de la Charte, l'A.G. et le C.S. peuvent créer des organes subsidiaires. L'organe subsidiaire fait partie intégrante de l'ONU. Parmi les nombreux organes subsidiaires, on peut citer :

La petite assemblée

Elle a été créée à l'initiative des États-Unis pour siéger dans l'intervalle des Sessions et on l'appelle aussi la Commission intérimaire. La Commission intérimaire ou petite assemblée a été établie par Résolution du 13 Novembre 1947, renouvelée pour un an (Résolution 13 décembre 1948) et prolongée *sine die* par Résolution du 22 novembre 1949 qui lui a conféré un caractère institutionnel mais cet organe n'a pas, en réalité, un rôle important.

Le comite des renseignements

Créé par une Résolution de l'A.G., le Comité fournit, en vertu de l'article 76 de la Charte, des renseignements sur le contrôle de la gestion, de l'administration des territoires non autonomes.

Union pour le maintien de la paix

Elle a été créée par une Résolution de l'A.G. du 3 nov. 1950 (Résolution 377[5] dite Résolution Dean Achesson) afin de permettre à l'ONU de jouer un rôle dans le domaine du maintien de la paix et de la sécurité internationales, lorsque le Conseil de Sécurité est paralysé par le jeu du veto. À cet effet, pour assister l'A.G., deux Commissions de 14 membres ont été créées : une Commission d'Observation pour la paix et une Commission pour les Mesures collectives.

Cette structuration permet le fonctionnement de l'ONU.

SECTION II – LE FONCTIONNEMENT DE L'ONU

Il est d'abord basé sur les principes au service des buts de l'Organisation, mais aussi sur des problèmes spécifiques qui commandent d'envisager des réformes.

PARAGRAPHE I – LES BUTS ET PRINCIPES

Les Buts

Ce sont des objectifs généraux qui doivent guider l'action de l'Organisation.

Les buts sont, selon l'art. 1er de la Charte, au nombre de quatre :

- Le maintien de la paix et de la sécurité internationale. Et, dans ce cas, l'ONU doit prévenir les menaces à la paix, réprimer les actes d'agression et favoriser, par des moyens pacifiques, le règlement des différends internationaux.

- Développer entre les Nations, des relations amicales fondées sur le respect du principe de l'égalité, et du droit des peuples à disposer d'eux-mêmes.

- La coopération internationale qui a pour objet la résolution des problèmes internationaux d'ordre économique, social et culturel, de développer et d'encourager le respect des Droits et Libertés de l'Homme.

- L'Organisation apparaît comme « un centre où s'harmonisent les efforts des Nations vers ses fins communes »

Les Principes

Ils sont prévus par l'art. 2 de la Charte des Nations Unies et sont au nombre de sept (7), principes sur lesquels reposent l'activité de l'Organisation et de ses membres. On peut citer :

- le principe de l'égalité souveraine des États membres ;

- l'obligation de remplir de bonne foi les engagements internationaux ;

- le principe du Règlement pacifique des différends internationaux ;

- le principe de l'Interdiction du recours à la menace ou à l'emploi de la force dans les Relations internationales ;

- le principe du respect de la compétence internationale ;

- le principe de l'obligation pour les États d'assister l'ONU dans toute action entreprise par l'Organisation dans le domaine de la sécurité collective ; et

- l'obligation pour les États de prêter assistance à un État contre lequel l'Organisation entreprend des actions préventives ou coercitives.

Depuis sa création, l'Onu a rencontré beaucoup de succès mais est confrontée aussi à des défis, d'ou l'idée de la réformer.

PARAGRAPHE II – PERSPECTIVES DE RÉFORME DE L'ONU

Il faut souligner que l'ONU n'est plus un enjeu de la rivalité bipolaire ou un champ de bataille pour les Alliés de la Russie ou des États-Unis.

L'échec des Nations unies dans le domaine du maintien de la paix et de la sécurité internationales a amené les États à réfléchir sur la nécessité de réformer l'ONU[242].

Les propositions portent pour l'essentiel sur la suppression du Conseil de Tutelle, de l'ECOSOC (l'essentiel de ses pouvoirs étant dévolus à la B.M. et au FMI) mais aussi sur la réforme du Conseil de Sécurité.

---

[242] Cf. NOVOSSELOFF, Alexandra (2004). « L'ONU ou la réforme perpétuelle », *AFDI*, vol.50 : 535-544 ; EUDES, Marina (2006). « De la Commission au Conseil des Droits de l'Homme : vraie réforme ou faux semblant ? » *AFDI,* vol.52 : 599-616.

À ce propos, certains États préconisent l'accroissement du nombre des membres permanents du Conseil de Sécurité.

Dans la perspective d'une réforme, on a proposé d'élargir le champ couvert par la Résolution DEAN ACHESON (ou Résolution 377 [V] adoptée par l'AGNU le 3 novembre 1950 pour surmonter le blocage du Conseil de Sécurité du fait du comportement de l'Union Soviétique), en transférant à l'A.G. la responsabilité du maintien de la paix et de l'emploi de la force armée. Cette Résolution conçue dans une période de guerre froide, n'a pas été réactivée dans la crise actuelle.

D'autres propositions tendent à remédier au déficit démocratique du Conseil de Sécurité depuis qu'une étude commanditée par l'AGNU a révélé que « le droit de veto est anti-démocratique ».

En 1992, une Résolution 47/62/AGNU du 11 décembre « Question de la représentation équitable au Conseil de Sécurité » demandait à l'AG d'inviter les États membres à présenter dans un délai de 6 mois, des observations écrites sur une nouvelle révision de la composition du Conseil de Sécurité.

L'Allemagne et le Japon feront alors connaître leur souhait de devenir membres permanents du Conseil de Sécurité, et le Secrétaire Général Boutros Boutros-Ghali avait à l'époque trouvé cela « raisonnable » mais la demande émanait d'États ex-ennemis et un tel fait soulevait de sérieuses difficultés.

En 1993, la Résolution A/48/26 du 3 décembre met en place un groupe de travail chargé d'examiner tous les aspects de la question. Ce groupe propose la création de postes de membres semi-permanents dotés d'un mandat de 2 ans et qui seraient le Nigeria, le Brésil, le Japon et l'Allemagne.

Entretemps, une proposition d'un ministre suédois, CARLSSON, envisagea une réforme en deux phases :

- dans la première, le Conseil de Sécurité comporterait 5 nouveaux membres permanents et 15 membres non permanents, les 5 nouveaux renonceront à leur droit de veto sauf en cas d'absolue nécessité ;

- dans la seconde, à partir de 2005, le recours au veto serait prohibé et la composition du Conseil de Sécurité modifiée.

Un groupe de personnalité de tout niveau « sur les menaces, défis et le changement » propose un CS à 24 membres :

- soit **un 1er modèle** avec 6 nouveaux sièges permanents (sans droit de veto) et trois sièges non permanents (pour 2 ans) ;

- soit un **2ème modèle** 8 nouveaux sièges non permanents (pour 4 ans renouvelables) et 1 siège non permanent pour 2 ans.

Le Projet du G-4 (Allemagne, Inde, Japon et Brésil) propose d'ajouter 10 nouveaux membres (dont 6 permanents sans droit de veto et 4 non permanents). Les 6 permanents seraient les membres du G4 et deux États africains désignés par l'UA et les 4 non permanents seront à partager entre l'Afrique, l'Asie, l'Europe de l'Ouest et l'Amérique latine.

Le Projet « Unis pour le consensus » porté par les États suivants : Argentine, Canada, Colombie, Costa Rica, Italie, Malte, Mexique, Pakistan, Corée du Sud, Saint Marin, Espagne et Turquie, propose d'élire pour deux ans 20 membres non permanents dont 6 sièges pour l'Afrique et le reste reparti entre les organisations régionales comme l'OEA, la Ligue Arabe, l'OCI.

La proposition des USA est l'élection en 2005 de deux nouveaux membres permanents sans droit de veto (le Japon et 1 Pays en Voie de Développement) et 3 non permanents.

Quant à l'Afrique, elle considère que deux tiers des dossiers traités à l'ONU sont africains et qu'il faut réformer le CS pour qu'il soit plus représentatif.

Le Projet de l'UA ou **consensus d'EZULWINI (Swaziland)** marque la Position Commune Africaine (8 mars 2005). L'UA demande pour l'Afrique 2 sièges permanents (avec droit de veto) et 5 sièges non permanents à répartir entre Afrique, Asie, Amérique Latine et Europe Orientale. À la suite de la Déclaration de Harare, l'Union Africaine sera responsable de la sélection des représentants de l'Afrique au Conseil de Sécurité.

Finalement, aucun de ces projets ou propositions[243] ne verra le jour du fait de l'opposition dirimante des membres permanents actuels du Conseil de sécurité.

Au terme de l'étude de la théorie générale du droit des OI, illustrée par les exemples de l'UA et de l'ONU, se dégage un certain nombre d'observations.

De prime abord, si la plupart des OIA ont repris les fondements, principes et règles du droit des OI, il faut, à la vérité, admettre l'existence d'un grand nombre de spécificités africaines dont l'adhérence justifie un traitement approprié, une plus grande détermination de la part des autorités politiques dans la mise en œuvre des textes adoptés.

Il en résulte, ensuite, un déphasage entre la théorie des OI et la pratique diplomatique, conventionnelle des États africains, souvent plus soucieux de diplomatie de prestige ou de recherche de positionnements stratégiques.

Ces différents constats se vérifient à travers l'application de projets ou de programmes initiés dans le cadre des processus d'intégration, avec un droit communautaire qui leur impose, pourtant, un surcroit de volontarisme dans l'exécution.

L'étude de la théorie des OI présente les similitudes entre les OI. De ce fait, elle laisse entières certaines différences qui constituent les spécificités des organisations d'intégration, dont l'examen fera l'objet de la deuxième partie de cet ouvrage.

---

243 Toutefois, il faut saluer l'une des réformes adoptées, le remplacement de la Commission des DH par le Conseil des DH.

Deuxième partie

Droit communautaire africain

Étude comparative des structures et systèmes juridiques CEDEAO–CAE-CEEAC-CEMAC-CEN-SAD-COMESA-IGAD-SADC-UEMOA-OHADA…

Depuis des décennies, les organisations régionales africaines ont élaboré des programmes d'intégration économique, dont certains sont calqués sur le modèle européen qui en constitue l'exemple le plus achevé.[244]

On soulignera, à nouveau, que les différentes communautés d'intégration économique ou juridique africaines, en partageant quelques similarités par la commune source d'inspiration européenne, s'en dissocient par les nombreuses originalités structurelles et normatives qui constituent le reflet de leurs objectifs différenciés et de la versatilité des choix politiques du moment En fait, on aurait tort de réduire le droit communautaire africain en une sorte d'ersatz du droit européen auquel il est souvent comparé.

Le contexte de sous développement ambiant, la difficulté de résoudre certains conflits interétatiques ou intra étatiques, sans compter le leadership incontournable des Exécutifs nationaux, impriment à ces organisations, une empreinte, une direction et des ambitions particulières.

À ce stade de l'analyse, le premier constat à tirer est la prédominance sans conteste des structures intergouvernementales qui confèrent des pouvoirs exorbitants soit, aux Chefs d'État et de Gouvernement, soit, dans une moindre mesure, aux ministres pour faire prévaloir leurs préoccupations nationales essentielles.

Dans cette optique, guidée par un souci de clarification et de simplification, une doctrine dominante, dans l'exégèse des organisations internationales, identifie un faisceau de critères, de classification de leurs organes, qui ne relèvent pas tous du Droit[245].

---

[244] TENIER, Jacques (2003). *Intégrations régionales et mondialisation. Complémentarité ou contradiction.* Paris : La Documentation française : 232.

[245] Voir BEDJAOUI, M. (1991). (ed) *Droit international : bilan et perspectives.* Paris : Pedone. UNESCO; BRAHAM, R. (1989). *Droit international, Droit communautaire et Droit français.* Hachette; De VELASCO VALLEJO, M. D. (2002). *Les organisations internationales.* Paris : Economica ; MOUSSÉ, J. (1997). *Le contentieux des organisations internationales et de l'Union Européenne.* Bruxelles : Bruylant; BETTATI, M. (1967). *Le droit des organisations internationales.* Paris : PUF, Coll. « Que-sais-je ? » (2355) ; GONIDEC, Pierre-François (1987).

Mais si l'on s'en tient aux seuls référents juridiques, on distingue :

- selon l'origine, les organes principaux ou constitutionnels qui sont directement prévus par l'Acte constitutif, et les organes subsidiaires ou dérivés qui sont postérieurement créés par ces mêmes organes principaux ;

- selon l'extension, les organes pléniers qui regroupent les représentants de tous les États membres, et les organes restreints qui confient à leurs membres une responsabilité particulière tout en admettant une inégalité fonctionnelle basée sur des critères de compétence, d'efficacité ou de technicité ;

- selon les fonctions, les organes politiques ou délibérants qui ont des fonctions normatives et exécutives, les organes administratifs, et les organes juridictionnels ;

- et selon la composition, on opère le départ entre les organes interétatiques ou intergouvernementaux et les organes intégrés.

On allouera une préférence à cette dernière distinction, qui ne semble pas exclure totalement les précédentes.

En effet, toute organisation internationale demeure un conglomérat d'intérêts étatiques qu'il s'agit de coordonner dans le dessein d'atteindre des objectifs communs. Mais la notion même de droit communautaire implique la reconnaissance d'un ordre juridique spécifique avec une suprématie sur les droits nationaux.

Un équilibre délicat entre d'une part, la sauvegarde d'intérêts nationaux des États et d'autre part, la nécessité d'octroyer une autonomie existentielle aux structures dites intégrées, préfigure l'objectif à atteindre. C'est à la recherche de cette conciliation que se sont attelées les organisations africaines avec plus ou moins de bonheur.

Dès lors, la production des normes communautaires ne peut être générée que par des organes dont certains rappellent la volonté d'agir ensemble (légitimité communautaire) et d'autres appellent la représentation des États membres (légitimité des États). Il en appert que tout droit communautaire institutionnel (Titre I) est basé sur un système organique et génère un système juridique.

Le droit communautaire matériel (Titre II) permettra, ensuite, d'explorer certains programmes et politiques, (communes ou sectorielles), avec une emphase sur les OCA d'intégration en Afrique de l'ouest.

Les organisations internationales africaines : étude comparative. Paris : Édition L'Harmattan : 303; KWAM KOUASSI, Edmond (1987). *Organisations internationales africaines.* Paris : Berger Levrault; YAO-NDRÉ, P. (1996). *Droit des organisations internationales.* Abidjan : Presses universitaires de Côte d'Ivoire.

TITRE I

DROIT COMMUNAUTAIRE INSTITUTIONNEL AFRICAIN

Deux grandes thématiques seront abordées en raison de la mise en place d'un système organique (**Chapitre I**) et de la génération d'un système de normes (**Chapitre II**).

CHAPITRE I

LA STRUCTURE DES ORGANISATIONS COMMUNAUTAIRES AFRICAINES

Dans la société internationale, les États sont à la fois les gouvernants et les gouvernés. Ils sont titulaires de la souveraineté. Les autres acteurs (Organisations Internationales, Organisations Non Gouvernementales, Entreprises multinationales..) en sont dépourvus et ne disposent que d'une personnalité juridique fonctionnelle.

À la différence des organisations de coopération, dans lesquelles les organes restent en principe intergouvernementaux, les organisations d'intégration empruntent une architecture institutionnelle assez originale combinant à la fois des structures essentiellement intergouvernementales et des éléments organiques propres qui défendent les intérêts de l'ensemble de l'organisation.

Cette originalité de la configuration des institutions communautaires (Section I) apparaît plus clairement au niveau des modalités de prise de décisions qui permettent de vérifier le degré d'abandon de souveraineté par les États membres (Section II).

SECTION I – LES INSTITUTIONS COMMUNAUTAIRES AFRICAINES

Étymologiquement, la notion d'institution dérive des mots latins « institutio », « institutum », « instituere », c'est-à-dire ce qui est créé par les hommes, et non ce qui est établi par la nature. Les institutions internationales mettent en rapport les structures et les normes.

Sous l'angle normatif, ces institutions sont enserrées dans des liens juridiques. Sous l'angle structurel, elles correspondent à des schémas d'évolution des rapports sociaux afférents à la paix, à la coopération ou à l'intégration.

L'éclectisme de la mécanique institutionnelle africaine épouse la diversité des missions et des étapes franchies par ces organisations. Cette assertion recoupe l'analyse de Soldatos, selon laquelle cette architecture est « en relation directe et proportionnelle avec la nature, l'ampleur et la portée des matières à intégrer »[246].

---

[246] SOLDATOS, P. (1989). *Le Système institutionnel et politique des Communautés européennes dans un monde en mutation : théorie et pratique.* Bruxelles : Bruylant.

. En fait, de nombreuses particularités transparaissent, dénotant soit une vive attention prêtée à certaines préoccupations économiques, variables, d'une région à l'autre du continent africain et traduites dans des structures à l'effet d'entraînement certain sur l'ensemble des institutions de la Communauté en question, soit une option plus affirmée en faveur d'une autonomie de certains organes dotés d'un important pouvoir d'initiative libéré des contraintes souverainistes des États.

En vérité, ces originalités irriguent aussi bien le droit primaire que le droit dérivé en émaillant d'une coloration substantielle et contextuelle aussi bien les organes intergouvernementaux que les organes intégrés, ce qui ne manque pas de rejaillir également sur leur marge de manœuvre.

Sous le bénéfice de cet éclairage, on peut observer que la plupart des organisations de type communautaire disposent d'une pléthore d'organes qui permettent la représentation :

- des Chefs d'État et de gouvernement ;
- des ministres ;
- du niveau juridictionnel ;
- du niveau parlementaire ;
- du niveau administratif ;
- du niveau technique (consultation, expertise), etc.

Cette énumération, loin d'être exhaustive, ne traduit pas non plus une véritable hiérarchisation entre les organes représentés. Sans doute, cette assertion doit elle admettre la nuance suivante : les « Conférence » (COMESA), « Conférence des Chefs d'État » (CEMAC), « Conférence des Chefs d'État et de Gouvernement » (CEDEAO, UEMOA, CEEAC ,OHADA), « Conférence des Leaders et chefs d'État » (CEN-SAD), « Assemblée des Chefs d'État et de Gouvernement » (IGAD) ou « Sommet des Chefs d'État et de Gouvernement » (SADC) conservent toujours une suprématie sans partage sur les autres organes au point d'exprimer l'idée que l'inter gouvernementalisme tient l'intégré en l'état. Il en appert qu'une étude détaillée des différents organes ne pourrait faire l'impasse sur la distinction retenue, précédemment.

Dès lors, au-delà de la variété des organes et des secteurs qu'on se propose de représenter, on opèrera la *summa divisio* entre les organes intégrés (Paragraphe. I) et les organes intergouvernementaux (Paragraphe. II).

PARAGRAPHE I – LA CONFIGURATION DES ORGANES INTÉGRÉS

Le fonctionnement des organisations internationales ne peut pas toujours dépendre de structures intergouvernementales ou exclusivement composées de représentants des États. Aussi, la plupart des Organisations Internationales prévoient la création d'un ou de plusieurs organes permanents, animés par des agents ou fonctionnaires internationaux qui ne défendent pas les intérêts personnels des États. Cette option prise se justifie par le fait que les États membres envisagent deux finalités à l'organisation internationale : d'une part, assurer un fonctionnement régulier des organes ; d'autre part, favoriser la recherche de solutions répondant mieux aux besoins des États membres et de l'organisation internationale elle-même.

Il en résulte que ces organes dits intégrés, doivent jouir d'une certaine indépendance relativement aux États membres. Ils devront être dotés d'une autonomie, d'un pouvoir d'initiative et être composés d'agents qui ne reçoivent pas d'ordres ou d'instructions émanant des gouvernements des États membres.

Les organisations africaines d'intégration n'ignorent pas ce phénomène. Le droit commun institutionnel admet que les organes intégrés sont ceux dont les personnels ne sont pas des représentants des États membres mais qui sont des agents agissant au nom et pour le compte de l'organisation internationale. On peut convoquer l'éclairage de Michel Virally qui soulignait qu'un organe intégré est composé « d'individus agissant exclusivement en qualité de membres de celui-ci et tenus d'exercer leurs fonctions à l'abri de toute influence extérieure, à commencer par celle des États individuellement considérés »[247].

À cet égard, il convient de définir l'agent international en se rapportant à l'Avis de la Cour Internationale de Justice du 11 avril 1949 : est agent international « quiconque, fonctionnaire rémunéré ou non, employé à titre permanent ou non, a été chargé par un organe de l'organisation d'exercer ou d'aider à exercer l'une des fonctions de celle-ci. Bref, toute personne par qui l'organisation agit »[248]. Il faut préciser que cette définition volontairement libérale de l'organe judiciaire principal des Nations unies n'exclut pas de considérer que parmi ces agents internationaux, seuls sont des fonctionnaires internationaux, ceux qui sont au service de l'organisation internationale d'une « façon continue et exclusive »[249].

L'étude des institutions communautaires africaines révèle que les organes intégrés peuvent être administratifs (A), juridictionnels (B), parlementaires (C), consultatifs (D) ou techniques (E).

A. Les organes intégrés de type administratif

La mémoire se fait vive au rappel de la genèse des secrétariats internationaux dont la création remonte, de manière embryonnaire, aux réunions de concertation de la Sainte Alliance et du Concert Européen, précédant les entités plus structurées à caractère technique comme les Unions Administratives et les grandes Commissions fluviales internationales (1815-1914), en passant par les fameuses conférences de paix de La Haye (1899-1907), premières formes

---

[247] VIRALLY, Michel (1972). *L'organisation mondiale*. Paris : Armand Colin.

[248] *C.I.J., Avis consultatif, 11 avril 1949. Réparation des dommages subis au service des Nations unies*. Rec.1949, p. 177.

[249] NGUYEN, Quoc Dinh, Patrick DAILLIER et Alain PELLET (1999). *Droit international public*. Paris : LGDJ : 623 et suivantes.

d'institutionnalisation de la société internationale qui préfigureront la Société Des Nations (S.D.N) et l'Organisation des Nations Unies (O.N.U.)[250].

En général, toute organisation internationale possède un organe administratif appelé à exercer une panoplie de missions allant de la gestion habituelle de problèmes de secrétariat à des taches plus variées d'études, de rapports, de propositions, de préparation en amont des décisions des autorités politiques et d'exécution en aval de ces mêmes décisions. Il s'en suit que toute organisation internationale, en s'installant dans la durée, développe une série de mécanismes aptes à assurer des tâches permanentes d'administration.

Cette réalité de la vie internationale s'intègre parfaitement dans les schémas des institutions communautaires africaines. Dans leur ensemble, les Traités fondateurs instituent des organes de gestion à caractère technico-administratif.

« Secrétariat » (COMESA), « Secrétariat permanent » (OHADA), « Secrétariat exécutif » (IGAD), « Secrétariat Général » (CEN -SAD, CAE, CEEAC), « Commission » (UEMOA, CEMAC, CEDEAO,), telles sont donc les différentes dénominations des organes administratifs constituant une sorte de permanence, voire de bureau de liaison entre États membres. [251]. Leur existence se justifie par la nécessité d'assurer, entre les sessions, un suivi des décisions prises par les Responsables politiques et l'impératif de mettre en place une administration internationale constituant la cheville ouvrière de l'organisation.

En fait, le pli est souvent pris de s'attarder sur les objectifs des organisations d'intégration en minimisant l'importance des structures administratives. Or, la réussite de toute entreprise d'intégration suppose que l'ordonnancement institutionnel s'articule harmonieusement avec les normes constitutives. La viabilité des projets et programmes communautaires se mesure au dynamisme de ces organes qui ont pour mission de traduire dans les faits la vision des autorités politiques génitrices.

À la différence des organisations de coopération, dont les mécanismes administratifs restent pour l'essentiel cantonnés à la gestion quotidienne des

---

[250] Voir, SIOTIS, Jean (1963). *Essai sur le secrétariat international.* Genève : Droz; Potter, P. B. (1938). « Développement de l'organisation internationale (1815-1914) » *Recueil des Cours de l'Académie de Droit international, (RCADI).* II, vol. 64 : 75-155; PENAUD, J. (1997). *La fonction publique internationale. Lexique commenté.* Paris : La Documentation française; SCHWOB, J. (1987). *Les organes intégrés de caractère bureaucratique dans les organisations internationales.* Bruxelles : Bruylant.

[251] Voir, art. IV, C du Traité portant création de la CEN-SAD et Décision portant fixation des fonctions, organisation et siège du Secrétariat général de la CEN SAD du 5 février 1998 ; art.12 de l'Accord portant création de l'IGAD ; art. 17 à19 du Traité révisé de la CEDEAO ; art 14 et 15 du Traité révisé de la SADC ; art 1 à 3 de l'Additif au Traité de la CEMAC relatif à la transformation du Secrétariat exécutif en Commission du 25 avril 2007 ; art. 26 à 34 du Traité de l'UEMOA. ; art.17 du Traité du COMESA ; art 19 à 22 du Traité de la CEEAC ; art.3 et 40 du Traité relatif à l'harmonisation du droit des affaires en Afrique signé à Port- Louis (Ile Maurice) le 17 octobre 1993 révisé par le Traité de Québec (Canada) le 17 octobre 2008.

problèmes que pose toute administration internationale, les organisations d'intégration s'assignent, en ce domaine, des missions plus variées.

Appelés communément à veiller au fonctionnement des rouages communautaires, ces organes se composent d'un ensemble de services ou de départements dont la structuration est chevillée autour d'une série d'attributions. La spécificité des organes administratifs transparaît davantage dans leur agencement et dans leurs missions.

Au vu de ce qui précède, on étudiera successivement la composition (1) et les compétences de ces organes (2).

1. La composition des organes administratifs intégrés

La présence de secrétariats dans les organisations internationales communautaires procède de la nécessité d'établir un socle institutionnel formé de services, départements, cellules, comités ou unités qui mettent en œuvre les décisions des différents organes et, par voie de corollaire, balisent le sentier rugueux de l'intégration souhaitée.

Structures tantôt légères dans certaines O.I., tantôt armatures plus sophistiquées dans d'autres, les secrétariats partagent un dénominateur commun, la charge de veiller au fonctionnement régulier de la Communauté ou de l'Union, et de toutes ses composantes. Le profilage des Organisations Communautaires Africaines (O.C.A.) conduit à discerner certains organes administratifs à l'ossature densifiée et d'autres plus squelettiques ou, à tout le moins, faiblement diversifiées dans leur organigramme.

L'économie dans l'organisation sert de ligne de conduite, relativement à certaines institutions qui s'adossent sur une charpente bureaucratique peu consistante.

Ainsi, à l'OHADA, cet organe ou Secrétariat Permanent siégeant à Yaoundé (Cameroun), est dirigé par le Secrétaire permanent[252], qui exerce ses fonctions en secondant les autres organes[253]. La légèreté de la structure (Un Secrétaire permanent assisté de trois [03] Directeurs qu'il nomme et chargés respectivement des Affaires Financières et Comptables ; des Affaires Juridiques et des Relations avec les Institutions ; de l'Administration générale, du Journal Officiel et des Relations publiques), se justifie par la concentration de l'essentiel des attributions, pouvoirs et responsabilités dans des organes comme le Conseil des Ministres ou encore la Cour Commune de Justice et d'Arbitrage (C.C.J.A.).

C'est à dessein que la position charnière du Secrétaire permanent a été partiellement renforcée par le pouvoir de nomination de ses collaborateurs tempéré par cette prudence juridico-financière : « conformément aux critères de recrutement définis par le Conseil des ministres et dans la limite des effectifs

---

[252] Art .40 du Traité OHADA. On soulignera aussi que le Secrétaire permanent n'est pas nommé par les Chefs d'État mais par le Conseil des ministres.

[253] Art.6 du Traité de l'OHADA.

prévus au budget »[254]. Il convient, cependant, de réserver l'avenir : le nouveau Traité signé à Québec le 17 octobre 2008, en marge du Sommet de l'Organisation Internationale de la Francophonie (O.I.F), innove d'abord en mettant fin aux fameux Arrangements de Ndjamena « qui furent instituées par consensus dans le but d'installer rapidement et avec une capacité opérationnelle immédiate les institutions de l'OHADA »[255], ensuite, entend insuffler plus de vigueur au dispositif institutionnel et confie, enfin, au Conseil des ministres, le soin de mettre davantage en valeur les critères de compétence et d'intégrité dans le choix des responsables des institutions de l'OHADA.

Dans un registre voisin, la C.E.E.A.C s'appuie sur un organigramme réduit. Son acte constitutif énonce de façon laconique : « Le secrétariat général comprend un Secrétaire général, des secrétaires généraux adjoints, un contrôleur financier, un agent comptable et le personnel que peut exiger le fonctionnement de la Communauté »[256]. Toutefois, à la différence du Secrétaire permanent, le Secrétaire général, « principal administrateur exécutif de la Communauté » (art.20§1 du Traité) n'a aucune latitude dans le choix de ses trois (03) collaborateurs immédiats, puisque les Secrétaires généraux adjoints sont, comme lui, « nommés par la Conférence pour un mandat de quatre ans renouvelable une seule fois »[257].

Allant plus loin dans la concision, le Traité de l'IGAD se borne à préciser que le Secrétariat, « organe exécutif de l'Autorité »[258], animé par le Secrétaire exécutif « chef exécutif principal du Secrétariat »[259], doté d'un mandat de quatre ans renouvelable une fois, « … dispose de son propre personnel assisté par les experts et les techniciens mis à sa disposition par les États membres »[260]. En pratique, trois Divisions structurent le Secrétariat :

- Coopération économique ;
- Affaires politiques et humanitaires ; et
- Agriculture et Environnement.

La simplicité prévaut également dans la structuration de l'organe administratif de la SADC dont le Secrétaire exécutif est secondé par cinq

---

[254] Art.40§2, première phrase.
[255] OHADA, Déclaration de Québec sur les « Arrangements de Ndjamena » du 17 octobre 2008.
[256] Art.19 § 2 du Traité de la CEEAC.
[257] Art. 21 § 1du Traité CEEAC. Par ailleurs, il n'est pas inutile de noter que les trois secrétaires généraux adjoints s'occupent des départements suivants : Intégration humaine, Paix, Sécurité et Stabilité ; Intégration physique, économique et monétaire ; Programme, Budget, Administration et Ressources humaines. De surcroît, on ne manquera pas de souligner que la CEEAC a entrepris un vaste chantier de revitalisation et de restructuration de son Secrétariat général depuis janvier 2008 grâce à un appui de la BAD, voir site : www.ceeac-eccas.org.
[258] Art. 12 § 1 du Traité créant l'IGAD.
[259] Art. 13 du Traité créant l'IGAD.
[260] Art. 12 § 1, b du Traité créant l'IGAD.

Direction[261] et le personnel que requiert une telle organisation. Le remodelage du Secrétariat s'inscrit dans une perspective de divorce avec la complexité organisationnelle de la défunte SADCC. En effet, selon Jacques Ténier, « Les institutions d'origine se caractérisaient par l'attribution de responsabilités sectorielles à chaque État. Cette organisation s'est révélée à la fois coûteuse et insuffisamment opérationnelle, compte tenu de l'inégalité des moyens des États membres… »[262]. En revanche, on conviendra que les secrétariats du COMESA et de la CEN SAD n'ont rien à envier aux Commissions les plus étoffées en ne leur cédant, ni au titre de la variété ni à celui de l'originalité des attributions conférées[263].

S'agissant des organes dénommés « Commissions », leur configuration organique, la spécialisation de leurs membres, leurs méthodes de travail collégiales, leurs fonctions, telles que définies par les textes pertinents, marquent une rupture qualitative par rapport aux anciens secrétariats. En effet, de l'avis d'Alioune Sall, « la promotion des organes intégrés »[264] s'est conjuguée avec une « valorisation » de ceux-ci, et une « crédibilisation » à travers l'élargissement de certaines structures, qui de secrétariats, se sont transformées en Commissions pourvues d'une palette plus étoffée de moyens juridiques, matériels ou humains[265] .

---

261 Il s'agit des Directions des infrastructures et des services ; du développement social et humain et des programmes spéciaux ; de la diplomatie, de la défense et de la sécurité ; du commerce, de l'industrie, des finances et de l'investissement ; de l'alimentation, de l'agriculture et des ressources naturelles.

262 TENIER, Jacques (2003). *Intégrations régionales et mondialisation. Complémentarité ou contradiction.* Paris : La Documentation française : 117. En réaction, le Sommet extraordinaire de Windhoek (Namibie, mars 2001) décidera le remembrement de la SADC qui verra le regroupement, en 2003, de 21 secteurs ou unités de coordination sectorielles gérés depuis le temps de la SADCC par les États membres en quatre Conseils d'administration dont la gestion sera centralisée, à Gaborone (Botswana) par le Secrétariat exécutif, voir site : www.sadc.int.

263 Le Secrétariat du COMESA est composé d'un Secrétaire général, de deux (02) Secrétaires généraux adjoints et des fonctionnaires et agents répartis dans les départements suivants : Commerce, douane et affaires monétaires ; Promotion de l'investissement et du développement du secteur privé ; Affaires légales et institutionnelles ; Administration ; Budget et finances ; Information et réseau.

L'organigramme administratif de la CEN SAD s'articule autour d'un Secrétaire général, d'un Secrétaire général adjoint, et de cinq directions : Affaires administratives et financières (services du personnel, des affaires administratives, des relations publiques et des affaires financières) ; Intégration et complémentarité (services des études et recherches, des affaires économiques et des affaires socioculturelles) ; Recherches et affaires juridiques ; Développement rural ; Affaires sociales, éducation, santé, genre et enfant (art .36 à 59 du Règlement intérieur des organes de la CEN SAD du 14 avril 1999).

264 SALL, Alioune (2006). *Les mutations de l'intégration des États de l'Afrique de l'ouest. Une approche institutionnelle*. Paris : L'Harmattan : p.79.

265 Le changement dans la physionomie des secrétariats exécutifs de la CEDEAO et de la CEMAC épouse deux tendances finalement convergentes : la première, déjà ancienne, s'inspire de l'appellation de l'organe administratif des Communautés Européennes ; la seconde, plus

À titre exemplatif, les mutations opérées au sein de la CEDEAO[266] et de la CEMAC[267] ont permis de s'affranchir de lourdeurs bureaucratiques marquées par un penchant trop prononcé vers les mécanismes intergouvernementaux. L'innovation majeure s'est manifestée par l'établissement d'une présidence de la Commission, à l'identité très comparable à celle d'un cabinet gouvernemental national. Cette remarque relève d'un constat qui avait été noté s'agissant de la Commission Européenne « Les commissaires participent à la conduite générale des affaires en siégeant au sein du collège. Mais à titre individuel, ils se trouvent à la tête d'une ou de plusieurs directions générales qui s'apparentent à des départements ministériels et constituent les principaux rouages de la Communauté »[268].

La présidence de la Commission de l'UEMOA est très illustrative à cet égard, avec un Cabinet coiffant plusieurs structures[269] avec un Président non épaulé par un vice président[270] et des Commissaires, qui à l'instar de ministres, s'occupent de portefeuilles aux attributions bien délimitées[271].

---

récente, date de la transformation, au niveau continental, du Secrétariat général de la défunte O .U.A en l'actuelle Commission de l'Union africaine.

[266] À l'opposé de l'ancien art.17§2 qui disposait que : « Le Secrétariat est dirigé par un Secrétaire exécutif assisté de Secrétaires exécutifs adjoints ainsi que du personnel nécessaire au bon fonctionnement de la Communauté », l'art.17 § 2 nouveau précise : « La Commission comprend neuf (9) commissaires à savoir le Président, le Vice président, sept (7) autres commissaires et tout autre personnel nécessaire au bon fonctionnement la Communauté », voir aussi art. 1[ER] du Protocole A/SP.1/06/06 du 14 juin 2006 portant Amendement au Traité révisé de la CEDEAO.

[267] L'Additif au Traité de la CEMAC précité dispose : « La Commission est dirigée par un Président, assisté d'un Vice président désignés par la Conférence des Chefs d'État » (art.3).

[268] BLUMANN, Claude, Louis DUBOUIS (2005). *Droit institutionnel de l'Union Européenne.* Paris : Lexis Nexis Litec, 2e éd. :169.

[269] Direction de l'audit interne, direction du secrétariat la Commission, direction des systèmes d'information, direction de la communication, de la documentation et des archives ; une cellule de gestion du Programme économique régional et une unité de programmation stratégique.

[270] Contrairement à la CEDEAO et à la CEMAC, la Commission de l'UEMOA n'a pas de vice président, sans doute, pour satisfaire à des exigences à la fois normatives et de péréquation avec le nombre des États membres (Art.26 à 33 du Traité UEMOA). À cela, s'ajoute l'argument décisif d'une économie de conflit d'autorité avec un éventuel vice-président.

[271] En dehors du Président, les sept autres commissaires de l'UEMOA sont chargés respectivement des départements suivants : Marché régional, commerce, concurrence et coopération ; Politiques économiques et fiscalité intérieure ; Développement rural, ressources naturelles et environnement ; Services administratifs et financiers ; Développement de l'entreprise, des télécommunications et de l'énergie ; Développement social et culturel ; Territoire, transports et tourisme. Cf. Décision n° 0180/2003/P. COM/UEMOA du 28 février 2003 portant création et organisation des services de la Commission de l'UEMOA, modifiée.

Pour la CEDEAO, jusqu'en 2014, exceptés les Offices du Président et du Vice président, les sept autres Commissaires se partageaient, chacun, les départements suivants : Administration et finances ; Commerce, douanes, industrie et libre circulation des personnes ; Agriculture, environnement et ressources en eau ; Infrastructures ; Politiques macroéconomiques ; Affaires politiques, défense et sécurité ; Développement humain et genre. Cette composition a connu des modifications récentes, d'abord, avec la Décision adoptée le 29 juin 2012 portant le nombre

En tant que structures collégiales, les Commissions et Secrétariats constituent, par excellence, les organes exécutifs ou des sortes de « Gouvernements » des Organisations. Désignés pour un mandat de 4 ans[272] ou 5 ans[273] renouvelable une fois[274], les dirigeants de ces administrations sont, en général, choisis en raison de leurs compétences. L'article 27 du Traité de l'UEMOA corrobore cette exigence en ces termes : « la Commission est composée de membres appelés commissaires, ressortissants des États membres. Les commissaires sont désignés par la Conférence des Chefs d'État et de gouvernement sur la base de critères de compétence et d'intégrité morale »[275].

---

de Commissaires de neuf (9) à douze (12) et ensuite avec la Décision A/DEC.4/02/13 du 28 février 2013 portant élargissement de la Commission et du nombre des postes de commissaires à quinze (15), adoptée par la CEG de la CEDEAO au Sommet de Yamoussoukro. Les chantiers de la réforme institutionnelle de la CEDEAO depuis 2011 embrassent les domaines suivants : le financement de la structure, sa taille, la bureaucratie, les liens opérationnels avec les institutions nationales compétentes et les organes chargés de la définition des politiques, ainsi que le calendrier et le séquençage du processus de mise en œuvre. La nouvelle structure de la Commission, avec des mandats de quatre ans renouvelables pour chaque candidat, se présente, depuis janvier 2014, comme suit : 1. Président – (Burkina Faso) 2. Vice-président – (Libéria) 3. Commissaire, Finances – (Sierra Leone) 4. Commissaire, Politique macroéconomique et Recherche – (Mali) 5. Commissaire, Commerce, Douanes et Libre circulation – (Niger) 6. Commissaire, Agriculture, Environnement et Ressources en eau – (Togo) 7. Commissaire, Infrastructure – (Gambie) 8. Commissaire, Affaires politiques, Paix et Sécurité – (Nigeria) 9. Commissaire, Affaires Sociales et Genre – (Sénégal) 10. Commissaire, Administration générale et Conférences –(Ghana) 11. Commissaire, Gestion des ressources humaines – (Guinée-Bissau) 12 Commissaire, Éducation, Science et Culture – (Bénin) 13. Commissaire, Énergie et Mines – (Guinée) 14. Commissaire, Télécommunications-Technologies de l'Information – (Cap-Vert) 15. Commissaire, Industrie et Promotion du secteur privé Côte d'Ivoire).

Pour la CEMAC, à part le Président et le Vice président, on peut identifier quatre autres Commissaires désignés le 25 juin 2008 par les Actes Additionnels N°05, N°06, N°07, N°08 CEMAC-CCE-09 portant respectivement nomination du Commissaire chargé du Département du Marché commun, du Commissaire chargé du Département des Infrastructures et du développement durable, du Commissaire chargé du Département des Droits de l'Homme, de la Bonne Gouvernance et du Développement humain et social, et du Commissaire chargé du Département des Politiques Économiques, monétaires et financières ,appuyés par des directions et plus d'une soixantaine d'agents.

272 Voir art.15 du Traité amendé de la SADC, pour le Secrétaire général et le Secrétaire général adjoint ; art.12§1, a du Traité de l'IGAD ; art.21§1 du Traité de la CEEAC pour ses Secrétaire général et Secrétaire général adjoint.

273 Art.18 de l'Additif au Traité de la CEMAC relatif au système institutionnel et juridique de la Communauté du 5 juillet1996; de même, l'art.17§1 du Traité du COMESA adopté à Kampala le 5 novembre1993 dispose que le Secrétaire général est « nommé pour un mandat de cinq ans renouvelable par une période supplémentaire de cinq ans ».Voir aussi l'art.16 du Règlement intérieur des organes de la CEN SAD qui prévoit la nomination du Secrétaire Général et de son Adjoint par une Décision de la Conférence pour une durée de quatre ans renouvelable.

274 Toutefois, l'art.18§1 nouveau du Traité de la CEDEAO exclut désormais tout renouvellement du mandat du Président de la Commission, voir Protocole Additionnel A/SP.1/06/06 du 14 juin 2006 portant amendement du Traité révisé de la CEDEAO.

275 Au contraire de l'UEMOA, le Traité de la CEDEAO confie ce pouvoir au Conseil des ministres. Le nouvel art. *18 § 3, a*, introduit par le Protocole de 2006, lui réserve la prérogative de

Toutefois, comme dans la plupart d'Organisations semblables, une représentativité est souhaitable, chaque État membre disposant d'un national dans la Commission[276], à défaut d'instaurer un système de rotation[277]. L'irrespect de ce principe peut être source de distorsions et de frustrations. Ainsi, une étude sur la CEMAC, avant la transformation de son Secrétariat, s'insurgeait contre la tendance à la fossilisation dans certains postes, en des termes alarmants : « la répartition des postes de responsabilité au sein des grandes institutions reste figée et génère des frustrations (le Cameroun dirige depuis 39 ans le Secrétariat exécutif, le Gabon depuis 28 ans la BEAC, la Centrafrique depuis 31 ans la BDEAC) »[278].

Il en ressort que la distribution équitable de postes entre ressortissants des États membres a le grand avantage de cultiver le sentiment unioniste, communautariste ou intégrationniste des États et de pallier, peu ou prou, le déficit démocratique noté dans la plupart des O.C.A qui souffrent de l'absence d'une représentation directe des populations de la région considérée.

Mais, son revers se traduit par la faible teneur de l'expression « organe intégré », puisque sous prétexte de l'exigence de nationaux de chaque État, on risque de réintroduire, à la dérobée, une intergouvernementalité donnant encore plus de prise aux États membres sur leurs ressortissants, plus ou moins « recommandés ».

---

nommer le Vice président, les autres Commissaires et les fonctionnaires Statutaires « …sur proposition du Comité ministériel de sélection et d'évaluation au terme d'une interview des trois (3) candidats présentés par les États membres respectifs auxquels les postes sont attribués ».

276 Il suffit pour s'en convaincre de s'en référer à l'art.2 de l'Additif au Traité de la CEMAC du 25 avril 2007 : « La Commission de la CEMAC est composée des commissaires désignés à raison d'un commissaire par État membre ». ; art.26 du Traité révisé de la CEMAC du 25 juin 2008.

La Commission de la CEMAC est composée d'un Président, d'un Vice-président, d'un Commissaire chargé du Département du Marché Commun, d'un Commissaire chargé du Département des infrastructures et du développement durable, d'un Commissaire chargé du Département des Droits de l'Homme, de la bonne gouvernance et du développement humain et social et d'un Commissaire chargé du Département des Politiques économique, monétaire et financière.

277 La CEDEAO a adopté un système de rotation (de janvier2007 à 2014), les neuf Commissaires venaient du Burkina Faso, du Mali, de la Cote d'Ivoire, du Ghana, du Niger, du Nigeria, du Togo, de la Sierra Leone, et du Sénégal) ou d'équité dans la sélection pour les différents emplois du secrétariat. L'extension de ces critères de compétence au recrutement de l'ensemble du personnel témoigne du désir de s'attacher les services des meilleurs candidats parmi les ressortissants de la Communauté.

Le Traité du COMESA est parfaitement illustratif de cet état d'esprit ,en prescrivant « Dans le recrutement du personnel du Secrétariat, sous réserve de la nécessité primordiale d'obtenir les niveaux les plus élevés de probité, d'efficacité et de compétence technique ,il est tenu en considération le souhait de maintenir le principe d'égalité des chances et de répartition des postes entre les ressortissants de tous les États membres. » article17 §5 du Traité COMESA ;voir aussi art.21§4 du Traité de la CEEAC.

278 Diagnostic institutionnel, fonctionnel et organisationnel de la CEMAC, Tome I, Rapport final, février 2006, p.9, voir site de la CEMAC.

Ce danger à conjurer est il moins grand que celui des postes attribués à un État ? En effet en sacrifiant à un *gentleman agreement*, négocié en arrière plan des Textes, pour une distribution des postes de responsabilité, les États affaiblissent la position des promus, en leur faisant miroiter un renouvellement en contrepartie d'une docilité ou d'une complaisance par rapport à certains points de vue nationaux. Les « Arrangements de Ndjamena » du 18 avril 1996 sont assez expressifs d'une répartition discutable des postes au sein de l'OHADA[279].

De surcroît, le rempart des Textes est il suffisamment solide pour parer à ces éventuelles dérives, en proclamant que le mandat des Chefs des secrétariats, au sens générique du terme, est en principe irrévocable, mais peut être abrégé par la démission ou la révocation ?

L'affaire *Eugène Yaï contre La Conférence des Chefs d'État et de Gouvernement et la Commission de l'UEMOA*[280] est assez symptomatique d'un complexe d'infériorité des organes intégrés. A trois reprises, ce Commissaire de l'UEMOA , de nationalité ivoirienne, a été révoqué en dehors de tout cas de démission, de faute lourde ou d'incapacité par des Actes Additionnels de la Conférence signés par le Président en exercice et qui seront annulés deux fois par la Cour de justice, puisqu'avant le terme de son mandat, « en tout état de cause, Mr. Yaï ne peut être révoqué ni par les autorités de son pays d'origine ni par la Conférence des Chefs d'État et de Gouvernement »[281]. Une telle controverse n'aurait pu prospérer dans la CEMAC, puisque l'Additif précité sur le dispositif institutionnel et juridique indique en son art.18 que cette révocation du Secrétaire exécutif (aujourd'hui Président de la Commission) « peut être prononcée lorsque le Secrétaire exécutif ne remplit plus les conditions nécessaires à l'exercice de ses fonctions ou s'il a commis une faute grave… La révocation est prononcée par la Conférence des Chefs d'État et de Gouvernement sur proposition du Conseil des ministres »[282]. *Last but not least*, il semble que le dernier mot soit revenu à la Conférence des Chefs d'État et de Gouvernement, qui, à la faveur de l'écoulement définitif du mandat d'Eugène Yaï, a pu sauver les apparences en nommant régulièrement le nouveau Commissaire de nationalité ivoirienne.

Au demeurant, cette affaire à éclipses aura révélé la nécessité pour les administratifs de ne pas perdre de vue l'adoubement des Gouvernements, à tout le moins, d'entretenir avec ces derniers une cohabitation sereine. Mais elle doit aussi pousser à une introspection, n'excluant pas de barrer le chemin à toute

---

[279] Voir *supra*, Introduction générale.

[280] Affaire *Eugène Yaï contre La Conférence des Chefs d'État et de Gouvernement et la Commission de l'UEMOA (Arrêt N°03/2005 du 27 avril 2005 ; Arrêt N°01/2006 du 5 avril 2006 ; Arrêt N°01/2008 du 30 avril 2008).*

[281] Affaire *Eugène Yaï contre La Conférence des Chefs d'État et de Gouvernement et la Commission de l'UEMOA, arrêt de 2005, précité.*

[282] Voir, art.30 du Traité Révisé de la CEMAC du 25 juin 2008.

récurrence de faits semblables, par la révision des textes pour s'inspirer de l'article 10 des Statuts de la Commission de l'Union Africaine, selon lequel « La Conférence peut mettre fin au mandat des membres de la Commission pour garantir le bon fonctionnement de l'Union, conformément aux dispositions du règlement intérieur de la Commission »[283].

De toute évidence, la démission peut être individuelle ou collective et intervenir, dans cette dernière hypothèse, sur invitation de l'organe représentant les Chefs d'État, à la suite du vote d'une motion de censure de l'institution parlementaire contre l'organe collégial[284].

Quant à la révocation, pour faute lourde[285] ou incapacité, elle est prononcée par l'organe juridictionnel à la demande du Conseil des ministres[286], ou par la Conférence des Chefs d'État sur proposition du Conseil des ministres[287] pour sanctionner la méconnaissance des devoirs liés à l'exercice des fonctions. En cas d'interruption du mandat d'un Commissaire, ou d'un Secrétaire, l'intéressé est remplacé pour le temps restant de son mandat[288]. Des obligations spécifiques sont à la charge des chefs de l'administration et, par ricochet, de l'ensemble du personnel. Les fonctionnaires et agents sont soumis à des obligations d'impartialité, de devoir de réserve (respect du secret professionnel)[289] et ont droit à des privilèges et immunités[290].

Dans l'accomplissement de leurs fonctions, les membres du personnel doivent entière loyauté à l'Organisation. Ils doivent s'abstenir de toute conduite

---

[283] Voir aussi l'article 17§b du Statut du Personnel de l'ex-OUA qui disposait : « Tout État peut, en consultation avec le secrétaire général demander qu'un ou plusieurs de ses nationaux soient libérés de l'OUA, si leur gouvernement avait besoin de leurs services ».

[284] Voir *infra*, les développements sur les parlements communautaires.

[285] Ont été considérés comme tels « des retards répétés au service » (Cour de justice de l'UEMOA, Affaire *Bayon Bako, contre Commission de l'UEMOA*, arrêt du 18 novembre 2004, Recueil de la jurisprudence de la Cour 01-2004, p.179 et s.) ou encore la « communication à des tiers sans autorisation de correspondances et renseignements dont il a eu connaissance en sa qualité de fonctionnaire de l'Union et qui n'ont pas à être rendus publics » (Affaire *Kossi Mawuli Agokla* contre Commission de l'UEMOA, arrêt du 18 décembre 2002, *op. cit.*, pp.36-67) .

[286] Art. 30 du Traité UEMOA.

[287] Art. 18 § 1 de l'Additif au Traité CEMAC relatif au dispositif, *op. cit.*

[288] Art. 30 § 2 du Traité UEMOA, art.18 de l'Additif au Traité CEMAC relatif au dispositif.., précité,

[289] Voir l'Affaire précitée *Kossi Mawuli Agokla contre Commission de l'UEMOA*,

[290] Art. 88 du Traité révisé de la CEDEAO ; art.31 du Traité amendé de la SADC ; art.186 du Traité du COMESA ; Acte additionnel N° 6/99/CEMAC-024-CCE-02 du17 décembre1999 relatif au Régime des droits, immunités et privilèges accordés à la Communauté, aux membres de ses institutions et à son personnel, voir www.droit francophone.org ; Protocole additionnel N° 03 du 10 mai 1996 relatif aux droits, privilèges et immunités de l' UEMOA, Bulletin officiel de l'UEMOA, juin 1996, pp.4-8 ; art.9 de la Décision du 5 février 1998 de la CEN SAD.

ou activité incompatible avec leur statut. Fonctionnaires et agents sont assujettis à des obligations professionnelles de diligence, d'assiduité[291].

Un système de développement des carrières du personnel (fonctionnaire) est mis en place dans certaines organisations comme la CEDEAO[292]. De même, un système de planification et d'évaluation des performances permet de constituer un dossier avec des informations, notes et appréciations sur la performance, les objectifs de carrière de chaque membre du personnel et son avancement[293].

Aussi, à l'instar des dispositions d'autres Traités constitutifs, l'art. 28 al. 1er du Traité de l'UEMOA, impose qu'ils doivent « exercer leurs fonctions en toute indépendance dans l'intérêt général de l'Union (et ne solliciter ni n'accepter)... d'instructions de la part d'aucun gouvernement ni d'aucun organisme. Les États membres sont tenus de respecter leur indépendance »[294]. À leur entrée en fonction, ils sont astreints à la prestation d'un serment[295]. Durant leur mandat, ils n'ont pas le droit d'exercer une autre activité professionnelle, qu'elle soit ou non rémunérée.

Quant aux Présidents des Commissions, ils sont désignés parmi les membres de la Commission par les organes suprêmes, contrairement aux Secrétaires qui sont choisis de manière plus discrétionnaire et donc *intuitu personae*[296]. Le choix du Président ou du Secrétaire obéit aussi à un critère de rotation, chaque État membre pourra occuper le poste. Le nouvel article 18§1 *in fine* du Traité révisé de la CEDEAO s'inscrit dans cette optique « Cette nomination se fera de manière à appeler successivement tous les États membres à la présidence de la Commission »[297].

---

[291] Art.22 du Traité de la CEEAC, art.20§1 du Traité révisé de la CEDEAO ; art.53 du Règlement intérieur de la CEN SAD.

[292] Le nouvel art.18§3, *a* renvoie à un comité de sélection et d'évaluation du rendement des fonctionnaires statutaires.

[293] Voir Règlement N°1/95/CM du 1er août 1995 portant statut des fonctionnaires de l'UEMOA et Règlement N°2/95/CM du 1er août 1995 portant régime applicable au personnel non permanent de l'UEMOA. ; de même, on peut consulter l'art.40 du nouveau Traité de l'OHADA de 2008 et les Règlements N°1/98 et N°2/98 du 30 janvier 1998 portant respectivement Statut des fonctionnaires de l'OHADA et Régime applicable au personnel non fonctionnaire de l'OHADA, Journal Officiel de l'OHADA, N°5, 1er juillet 1998, p. 18 et p.26.

[294] art.17§6 du Traité COMESA ; art.15 du Traité SADC ; art.20 du Traité révisé de la CEDEAO ; art. 28 du Traité de l'UEMOA., art. 8 de la Décision de la CEN SAD de 1998 précitée.

[295] Art.18§3, c Traité révisé CEDEAO ; art.28§2 du Traité UEMOA ; art.17§4 Additif au Traité CEMAC de 1996, précité.

[296] Hormis le Secrétaire permanent, les chefs de ces administrations sont nommés par les Chefs d'État et de Gouvernement. Mais l'art.18 nouveau § 3, a, du Traité révisé, réserve au Conseil des ministres de la CEDEAO, le choix du Vice président, des autres Commissaires et Fonctionnaires statutaires.

[297] Dans le même sens, voir art.33§2 du Traité de l'UEMOA. Cf. Décision n°021/P.COM/UEMOA du 31 janvier 2013 portant création et organisation des services de la Commission de l'UEMOA.

Véritables maîtres d'œuvre des chantiers de l'intégration, plus que de simples *primus inter pares,* les chefs des administrations nomment aux différents emplois et disposent du pouvoir hiérarchique. Ils déterminent l'organigramme des services et assurent la liaison entre les différents organes communautaires et les États membres (art.4 à 6 de la Décision de 1998 de la CEN SAD et art.37 de son Règlement intérieur, précité). Les Secrétaires adjoints ou Vice présidents, quant à eux, secondent, au sens littéral du terme, leur supérieur hiérarchique, assurent l'intérim, ce qui n'exclut pas l'attribution exclusive de certains domaines de compétence[298].

Chaque Commissaire exerce, au sein du département qui lui est confié, les mêmes pouvoirs hiérarchiques qu'un ministre à l'égard de ses services.

D'une manière générale, les Commissions et Secrétariats offrent tout un aréopage de services dont la raison d'être est l'animation continue de la vie communautaire.

2. Les compétences des organes administratifs intégrés

À ce niveau également, certaines attributions exercées par des organisations extracontinentales semblent être reprises et constituent le droit commun des organisations africaines. Toutefois, la similarité de certaines appellations ne s'accompagne pas forcément d'attributions identiques. De même, une véritable gémellité ne saurait être décelée au sein d'organes africains de nature semblable. On peut observer tant au niveau du contenu que de l'étendue des compétences, une extrême disparité dans ces organes.

De prime abord, il existe un noyau irréductible de compétences à la charge des Secrétariats et Commissions. À l'évidence, les O.C.A. n'ont pas entendu rompre avec cette exigence, en reproduisant les attributions classiques, de préparation, de suivi, d'exécution des décisions adoptées par les organes de direction. Ces fonctions, purement bureaucratiques, sont indissociables de la bonne marche de ces administrations internationales.

Auxiliaires des autres institutions de la Communauté ou de l'Union, les Administrations préparent les réunions[299], tiennent le secrétariat des sessions[300], fournissent un appui technique et des services consultatifs[301], s'occupent de la planification stratégique et du management des programmes[302], et effectuent tous travaux de recherches, études et rapports nécessaires à l'information des

---

[298] L'office du Vice président de la Commission de la CEDEAO s'est vu adjoindre la supervision du Centre Informatique Communautaire, en plus de questions transversales au sein de la Commission et de la coordination des relations entre les Institutions de la Communauté.

[299] L'art. 13, du Traité créant l'IGAD, assigne au Secrétariat exécutif, entre autres tâches, d' « organiser les réunions du Conseil » ; Voir aussi, art. 20 du Traité de la CEEAC.

[300] Art. 20 § 2, f du Traité de la CEEAC, art 18 § 8, e du Traité créant le COMESA ; art 5 Additif au Traité CEMAC relatif au dispositif.

[301] Art. 13 du Traité de l'IGAD.

[302] Art. 14 du Traité de la SADC.

organes suprêmes[303]. A cela, s'ajoutent des taches d'élaboration de programmes d'activités, de projets de textes à soumettre aux Conseils des ministres et aux Conférences des Chefs d'État, de proposition d'un ordre du jour au Conseil[304], de présentation de rapport sur les activités de l'Organisation à toutes les sessions des instances de direction[305] et d'assistance logistique[306].

Investi du sacerdoce du bon fonctionnement des institutions et de la défense de l'intérêt général, l'organe administratif fournit les avis et recommandations qu'il juge utiles[307], recueille toutes informations intracommunautaires ou extracommunautaires indispensables à l'accomplissement de sa mission[308].

Mais n'étant pas revêtu d'un véritable pouvoir réglementaire autonome, il n'exerce, que par délégation expresse des Conseils des ministres, le pouvoir d'exécution des actes qu'il prend[309].

Théoriquement, ces organes sont investis d'un pouvoir d'initiative et d'une mission générale de défense des intérêts de la Communauté[310]. Les dispositions sur leur indépendance vis-à-vis des États membres et leur autonomie financière semblent conforter cette hypothèse. Ainsi, aux termes des textes de la plupart de ces O.C.A, chaque État membre doit s'engager à respecter le caractère international du statut des Commissaires, Secrétaires, des fonctionnaires et autre personnel de la Communauté et à ne pas les influencer dans l'accomplissement de leurs fonctions[311].

D'autres dispositions vont dans le sens d'une autonomie financière. L'article 53 du Traité de 1975 de la CEDEAO, relatif au budget, ne prévoyait, en son alinéa 4, que les contributions des États comme source de financement de la Communauté. Ceci a eu pour corollaire de maints blocages des institutions suite aux arriérés de contributions des États membres. Le Traité révisé de 1993 innove en prévoyant, pour le financement de la Communauté, un prélèvement communautaire[312].

---

303 Art. 17 § 8, j, du Traité du COMESA ; art.13 du Traité de l'IGAD.

304 Art. 29 du Traité OHADA.

305 Art. 20 du Traité CEEAC, art.13 du Traité IGAD ; art.19 du Traité révisé de la CEDEAO.

306 Art. 46 Décision précitée de la CEN SAD et art.36 à 41 du Règlement intérieur.

307 Art. 18 nouveau § 4 et 5 du Traité révisé de la CEDEAO ; il en est de même du Traité du COMESA soulignant que cet organe « assure le suivi permanent du fonctionnement du Marché commun et peut prendre des mesures à propos de toute affaire particulière qui paraît mériter d'être examinée, de sa propre initiative ou à la demande d'un État membre et quand il le faut, rend compte des résultats de son examen à l'État membre ou à l'organe approprié du Marché commun concerné » (art. 18 § 8, g).

308 Art. 26 du Traité de l'UEMOA.

309 Art. 26 du Traité de l'UEMOA, art. 71 de la Convention régissant l'Union Économique de l'Afrique Centrale adoptée à Libreville le 5 juillet 1996, www.cemac.int.

310 Article 19 (b), (c), (h), (i) du Traité révisé de la CEDEAO.

311 Article 19 (b), (c), (h), (i) du Traité révisé de la CEDEAO.

312 Aux termes de l'alinéa 2 de l'article 72, « le prélèvement communautaire représente un pourcentage de la valeur des marchandises importées des pays tiers ». Ce pourcentage a été précisé dans le protocole relatif aux conditions d'application du prélèvement communautaire ;

Cependant, ces organes restent encore enfermés dans des tâches essentiellement exécutives. L'illustration qu'en donne le Traité portant création de la CEN SAD est saisissante puisque « Le secrétariat est chargé du suivi de l'exécution des objectifs du Traité et des décisions de la Conférence des Chefs d'État et du Conseil exécutif, et du fonctionnement régulier des institutions »[313]. Les propositions de textes émanent le plus souvent des Commissions techniques et des « ministres sectoriels ». Le financement des activités de la Commission par le prélèvement communautaire relève, pour le moment, de l'idéal. Il faut craindre d'ailleurs que les États membres, qui sont déjà astreints à un prélèvement communautaire au sein de l'UEMOA – éprouvent peu d'enthousiasme à appliquer ce protocole. Ceci serait de nature à remettre en cause cette bonne volonté affirmée.

De même, la Commission de l'UEMOA qui exerce une fonction d'exécution, est aussi investie d'un pouvoir de décision propre : pouvoir de s'informer, de vérifier, d'approuver et d'autoriser sous le contrôle du Conseil. Cette Commission jouit, cependant, d'une autonomie financière qui marque « une réelle volonté des États membres de se démarquer de la tradition des contributions étatiques qui a longtemps hypothéqué la réussite des expériences d'intégration »[314]. Toutefois, le pouvoir d'initiative des Commissions et Secrétariats semble limité par le fait qu'ils ne peuvent, en dehors de la prise de règlements d'application ou d'exécution, que faire des propositions de grandes orientations des politiques économiques. Or ces recommandations et avis n'ont pas de force exécutoire, ce qui révèle la réduction considérable de leur marge de manœuvre.

Il est de fait que la plupart des traités constitutifs des O.C.A. s'empressent de préciser *expressis verbis* que leurs différents organes n'ont qu'une compétence d'attribution. Peut-on en exciper que ce pouvoir d'initiative serait résiduel, annihilant toute tentative d'extension de compétences par le recours à la théorie des *implied powers* ?[315] En toute hypothèse, la compétence d'attribution militerait en faveur d'une interprétation restrictive de ces pouvoirs implicites. Généralement, les Commissions fonctionnent de manière à représenter les OCA

---

il est de 0,5% de la valeur des marchandises importées des pays tiers (art. 7 du Protocole A/P1/7/96 relatif aux conditions d'application du prélèvement communautaire, Journal Officiel de la CEDEAO, Vol. 31, juillet 1993). L'entrée en vigueur de ce Protocole a le mérite d'accorder une autonomie financière et partant une garantie d'indépendance à la Commission de la CEDEAO.

313 Art. IV, C § 2 du Traité du 4 février 1998.

314 IBRIGA, Luc Marius (1999, janvier). « L'UEMOA, une nouvelle approche d'intégration économique en Afrique de l'Ouest ». *Annuaire africain de droit international.*

315 Née à la suite d'une œuvre prétorienne de la *Cour suprême des États-Unis, affaire Mc. Culloc v. Maryland,* arrêt du 6 mars 1819, la théorie des pouvoirs implicites a été transposée dans la jurisprudence de la CPJI (notamment dans l'avis consultatif du 23 juillet 1926 *Compétences de l'O.I.T*, Série B n° 13, p.18) ou de l'actuelle CIJ (Avis précité de 1949, rec.1949, p.182). Voir ROUYER-HAMERAY, Bernard (1962). *Les compétences implicites des organisations internationales.* LGDJ : 110.

dans les actes de la vie civile et concluent des accords de coopération avec d'autres organisations internationales ou des États tiers[316].

Elles peuvent saisir les Cours de Justice communautaires si un État membre manque à ses obligations et appliquer des sanctions en cas de violation du droit principal ou du droit dérivé.[317]. Par ailleurs, devant s'occuper des besoins spécifiques de la surveillance multilatérale des politiques économiques des O.C.A, les Commissions préparent et soumettent aux Conseils des ministres toutes propositions et recommandations portant sur des questions d'orientation des politiques macroéconomiques des États membres.

En s'attachant ici à la seule exégèse, de l'UEMOA[318], on relèvera les dispositions de l'art. 70 de son Traité constitutif, énonçant que les États membres, « transmettent régulièrement à la Commission toutes informations nécessaires, en particulier les données statistiques et les informations relatives aux mesures de politique économique. La Commission précise, par voie de décision, la nature des informations dont la transmission incombe aux États membres. Les données statistiques faisant foi pour l'exercice de la surveillance multilatérale sont celles retenues par la Commission »[319].

Cependant, dans le cadre de l'UEMOA, sur délégation du Conseil des ministres ou en collaboration avec ce dernier, la Commission intervient dans la formulation de certaines politiques et doit être considérée comme l'organe décisionnel de la surveillance multilatérale. Elle élabore les rapports semestriels (publiés en juillet et décembre de chaque année par la Commission), fait des propositions et, dans ce cas, est considérée comme l'organe d'exercice de cette surveillance multilatérale. En définitive, la Commission[320] et la BCEAO assistent les États membres qui le souhaitent dans la négociation et la gestion de leur dette intérieure et extérieure (art. 65 § 3). La BCEAO, la Commission de

---

[316] Art.79 et art. 83 § 3nouveaux du Traité CEDEAO ; art .87 du Traité de la CEEAC ; art. 186 du Traité du COMESA.

[317] Art.14 de la Convention régissant la Cour de justice de la CEMAC du 5 juillet 1996 ; art.27 de l'Acte additionnel N° 10/96 du 10 mai1996 portant Statuts de la Cour de justice de l'UEMOA, in UEMOA, Cour de justice, Textes fondamentaux, 2003 ; voir aussi le site : www.uemoa.int.

[318] Pour le détail de la surveillance des autres O.C.A, voir le Titre II.

[319] Cette disposition est prolongée par l'art. 72 du Traité et l'art. 11 de la Directive N° 01/96/CM du 15 janvier 1995 relative à la mise en œuvre des politiques macroéconomiques de l'UEMOA qui chargent la Commission de gérer ces bases de données en veillant à leur cohérence et à leur disponibilité pour les Comités nationaux de politique économique (CNPE) ; d'établir un rapport trimestriel sur l'environnement international et de le transmettre aux CNPE, à la BCEAO et à la BOAD ; d'élaborer et de soumettre au Conseil des ministres, les rapports semestriels d'exercice pour permettre de vérifier le respect des objectifs de la surveillance multilatérale tels que définis à l'article 64 du Traité (Croissance soutenue du revenu moyen ; répartition des revenus ; solde soutenable de la balance des paiements courants ; amélioration de la compétitivité internationale des économies de l'Union). Voir Titre II de cet ouvrage.

[320] Une certaine originalité mérite d'être relevée avec la participation de plein droit du Gouverneur de la Banque Centrale des États de l'Afrique de l'Ouest (B C E A O) aux réunions de la Commission, avec voix délibérative (Art. 31du Traité UEMOA).

l'UEMOA et la Banque Ouest Africaine de Développement (BOAD) forment le secrétariat conjoint pour les travaux préparatoires du Conseil des ministres en matière de surveillance multilatérale.

Il est indéniable que toute la dynamique de l'intégration repose sur ces organes administratifs, intervenant selon les cas, soit isolément, soit en synergie avec les autres organes. Toutefois, on peut supputer sur le dédoublement de ces secrétariats par d'autres institutions aux attributions quasi identiques[321]. Des risques de chevauchement ou des tiraillements sont à craindre entre des organes spécialisés à caractère technique (les différents comités d'experts) et les secrétariats proprement dits.

Une illustration patente est la coexistence de la Commission consultative de la CEEAC, composée d'experts gouvernementaux qui ont pour mission « d'étudier et d'instruire, sous la responsabilité du Conseil, les questions et projets que lui soumettent les autres institutions de la Communauté »[322] et du Secrétariat qui est pourvu, *mutatis mutandis,* des mêmes attributions à l'image de tout organe administratif. (art.20 à 22 du Traité). On rétorquera, sans doute, que les éléments de rapprochement entre les deux organes sont mineurs, l'un étant un organe administratif et l'autre étant technique et consultatif[2], mais ils n'en révèlent pas moins une concomitance troublante.

Il ressort de ce qui précède que les compétences des organes administratifs intégrés sont donc très variées et ne se limitent pas à de simples tâches d'exécution sans pouvoir d'initiative. On conviendra également du rôle indispensable des juridictions communautaires. .

B. Les organes intégrés de type juridictionnel

L'hermétisme du droit communautaire, l'enchevêtrement des niveaux de responsabilité et les éventuels conflits de compétence qui en résultent, conduisent naturellement à la création de juridictions chargées d'en vider les contentieux. En dépit de ces impératifs, du fait de la divergence dans les trajectoires d'intégration par les priorités retenues, certaines O.C.A. n'ont pas créé de Cours (CEN-SAD et IGAD) alors que dans d'autres, celles-ci, bien que prévues dans les textes, ne sont pas encore opérationnelles (CEEAC). Mais, dans leur majorité, ces organisations ont choisi de mettre en place deux sortes d'organes juridictionnels : il s'agit d'organes de type judiciaire (1) ou de type arbitral (2).

---

[321] SIDJANSKI, Dusan (1973). *Problèmes actuels d'intégration économique : le rôle des institutions dans l'intégration régionale entre pays en voie de développement.* New York : CNUCED; MALAM-KAMDINE, Adam « Les faiblesses des structures institutionnelles comme frein au processus d'intégration régionale en Afrique de l'ouest » *in* Actes de la Conférence sur l'intégration régionale en Afrique de l'ouest (Dakar11-15 janvier 1993). Centre de recherches pour le développement international (CRDI).

[322] Art.24§1 du Traité de la CEEAC.

1. Organes judiciaires intégrés

La juridictionnalisation du droit communautaire[323], perçue d'abord au niveau européen, est devenue une tendance mondiale. En effet, la mondialisation de l'État (avec la fin des *terra nullius,* le triomphe du sacro-saint principe de la souveraineté territoriale), couplée à la mondialisation du Droit (éclosion de valeurs axées autour de l'état de droit, de la bonne gouvernance et des droits de l'Homme), favorisent l'émergence d'un besoin pressant d'éthique et de justice que les OCA vont également s'approprier, à travers les cours de comptes (a) et les cours de justice (b).

a – Les Cours des comptes

Dans leur ensemble, les États africains reconnaissent l'importance des juridictions financières. La création de Cours des comptes y procède de l'adhésion à un courant universaliste suscité et encouragé par les programmes des Institutions de Bretton Woods par le vecteur de principes de bonne gouvernance et de transparence dans la conduite et la gestion des affaires publiques. Il s'y greffe, pour les États ayant hérité de la tradition juridique française, comme un lointain écho, un attachement aux valeurs cardinales auxquelles s'arriment leurs Constitutions nationales à travers la Déclaration des Droits de l'Homme et du Citoyen du 26 août 1789 qui énonce le principe de reddition des comptes publics.[324]

La nécessité de la bonne gouvernance politique et économique est d'une réelle acuité au regard des faibles performances du continent dans ces domaines. Aux revendications des citoyens pour plus de démocratie et de respect des droits de l'Homme, sont venues se superposer de nouvelles exigences en termes d'efficacité du travail gouvernemental, de compétitivité des économies, de libre concurrence, de lutte contre la corruption, et de droit pour les contribuables de demander à tout comptable public (comptable patent ou de fait) de rendre compte de sa gestion, sous peine de sanction de ses fautes.

Les Cours nationales des comptes répondent à ces besoins. Elles vérifient la sincérité et la régularité des opérations de dépenses et des recettes, de l'État ou du secteur parapublic, des sociétés anonymes à participation publique majoritaire et des personnes de droit privé bénéficiaires du concours de la puissance publique[325].

---

[323] Voir, BURGORGUE-LARSEN, Laurence (2003). « Le fait régional dans la juridictionnalisation du droit international » *in SFDI, La juridictionnalisation du droit international.* Colloque de Lille. Pedone : 222.

[324] L'art.15 dispose « La Société a le droit de demander à tout agent public de rendre compte de son administration ».

[325] V. Loi organique n°99-70 du 17 février 1999 sur la Cour des comptes du Sénégal ; Loi organique 14-2000/AN du 16 mai 2000 portant composition, attributions, organisation et fonctionnement de la Cour des comptes du Burkina-Faso.

Ces préoccupations d'ordre interne seront naturellement transposées à l'échelle internationale. Le Code de transparence de l'UEMOA s'inscrit dans ce sillage en diagnostiquant, dans son préambule, les faiblesses budgétaires et financières des États membres : « Les États et leurs institutions doivent, quel que soit leur niveau de développement, concevoir et affirmer des principes clairs au regard de l'orthodoxie financière et d'une gestion saine et transparente des finances publiques.

C'est dans ce cadre que l'état des lieux de la gestion des finances publiques dans les États membres a permis de mettre en exergue les lacunes et les faiblesses de nos Administrations financières. Elles se présentent comme suit :

- caractère incomplet et imparfaite adaptation du cadre juridique des Finances Publiques ;

- inexistence de textes d'application des codes financiers et fiscaux et non application adéquate de l'existant ;

- absence de manuels de procédure ;

- non reddition des comptes de l'État et absence de lois de règlement ;

- non internalisation des textes portant harmonisation des cadres juridique, comptable et statistique de l'Union ;

- non exploitation des rapports d'inspection et de vérification ;

- faiblesses des contrôles juridictionnel et parlementaire ;

- gestion inefficiente des ressources humaines, formation insuffisante du personnel et absence d'une politique de motivation des agents »[326] ;

D'autres O.C.A, sans exclure pour autant le contrôle de leurs comptes, ont jeté leurs dévolus sur des mécanismes d'audit externe. L'art.45§2 du Traité de l'OHADA précise que « Les comptes de l'exercice clos sont certifiés par des commissaires aux comptes désignés par le Conseil des ministres. Ils sont approuvés par le Conseil des ministres » Cette volonté de ne pas s'encombrer d'organes spéciaux et permanents de contrôle aux fonctionnements lourds et onéreux est également partagée par la CEDEAO, le COMESA, la SADC et la CEEAC[327].

En revanche, l'UEMOA et la CEMAC vont reproduire, à l'identique, ces juridictions financières en instituant des Cours des comptes[328]. Cette préférence

---

[326] Annexe à la Directive n° 02/2000/CM/UEMOA du 29 juin 2000 portant adoption du Code de transparence dans la gestion des finances publiques. Voir www .droit -francophone.org.

[327] Art .75 du Traité révisé de la CEDEAO prévoit des commissaires aux comptes ainsi que l'art.169 du Traité du COMESA (comptes du Secrétariat et commissaires aux comptes) ; art.29 du Traité de la SADC (audit externe annuel des comptes du Secrétariat exécutif) ; art. 82 du Traité de la CEEAC (collège de trois commissaires aux comptes nommés par la Conférence sur recommandation du Conseil).

[328] Depuis la révision de juin 2008, la CEMAC a deux Cours avec la transformation de la chambre judiciaire en Cour de justice et celle de la chambre des comptes en Cour des comptes.www.Droit-Afrique.com.

est justifiée en ces termes : « Il n'y a pas de bonne gestion sans un système de contrôle efficace : ce précepte s'applique tout particulièrement aux finances publiques. Le contrôle des finances publiques consiste à vérifier la conformité ou la compatibilité des actes ou des opérations des agents de l'administration aux prescriptions légales ou réglementaires et aux normes de performance. Il porte sur les opérations administratives et financières et peut prendre des formes administrative, juridictionnelle ou parlementaire »[329].

Relativement à ces deux juridictions financières, elles se composent de juges, greffiers, agents vérificateurs et autres fonctionnaires, voire de collaborateurs ou auditeurs externes. Avant 2008, la Cour de justice communautaire de la CEMAC était composée de treize membres désignés pour un mandat de six ans renouvelable une fois et dont six (6) juges formaient la Chambre des comptes (devenue depuis lors la Cour des comptes)[330].

Quant à la Cour des comptes de l'UEMOA, elle n'est composée que de trois Conseillers nommés pour la même durée[331] par la Conférence des Chefs d'État sur proposition du Conseil. Selon la Cour de justice de l'UEMOA « Cette nomination doit se faire de telle sorte que des ressortissants de l'ensemble des États puissent remplir les fonctions de conseiller… Ce mode de renouvellement est courant dans les institutions ou organismes où des membres sont élus ou nommés pour des mandats à durée déterminée que ce soit au niveau national ou international »[332].

Cette désignation ne s'écarte pas d'une tradition, désormais bien établie en droit international, de s'attacher les services de personnes possédant les plus hautes qualités de compétence, d'indépendance et d'intégrité. Ces Juges Conseillers sont soumis à l'obligation de prestation de serment, disposent d'immunités et doivent s'évertuer au respect d'un régime d'incompatibilité. Des obligations similaires de secret professionnel, de serment lient aussi les membres des greffes[333]. D'autres dispositions aménagent l'élection, le mandat, le rôle des Présidents et l'organisation administrative des juridictions.

La Cour des comptes de la CEMAC peut se réunir, selon les cas, en formations d'Assemblée générale, de Chambre du Conseil ou en formation de jugement. L'Assemblée générale, regroupant les membres et le personnel,

[329] Point E-1 de l'Annexe à la Directive n°02/2000, *op. cit.*

[330] Art.10 de l'Acte additionnel n°7/00/CEMAC-041-CCE-CJ-02 du 14 décembre 2000 portant Statut de la Chambre des comptes de la Cour de la CEMAC.

Désormais, la Chambre a connu une évolution avec sa transformation en une Cour des comptes avec l'adoption du Traité révisé de la CEMAC du 25 juin 2008.

[331] Art. 24 du Protocole additionnel N° 1 relatif aux organes de contrôle de l'UEMOA du 10 mai1996. et art.1er de l'Acte additionnel n° 09/96 du 10 mai 1996 fixant les modalités de désignation des Conseillers à la Cour des comptes de l'UEMOA.

[332] Avis n° 02/2003 du 20 juin 2003, *Affaire de la Demande d'avis de la Commission de l'UEMOA relative au renouvellement du mandat des conseillers de la Cour des Comptes*, in Recueil de la jurisprudence de la Cour n° 01-2004.

[333] Art. 37 à 42 de l'Acte Additionnel n°07 de la CEMAC, précité.

délibère sur le fonctionnement de la Cour (art.44). La Chambre du Conseil, composée de tous les juges, peut être saisie pour connaître des demandes d'avis, des questions de procédure et de jurisprudence relevant de sa compétence, des projets de rapports sur l'exécution du budget de la CEMAC, de ses Institutions et Organes, des projets de rapport spécifiques sur toute question relevant de sa compétence et délibère sur toutes affaire et question à elle soumises, par le Président de la Cour des comptes ou par le Premier Président de la Cour de Justice (art.45). Quant à la formation de jugement, qui comprend un Président, deux à quatre juges et, en cas de besoin, un Avocat général, elle connaît des rapports de contrôle des comptes et rend des décisions juridictionnelles ou administratives à la majorité simple (art.46)[334].

Sans verser dans la décalcomanie totale, ce schéma général peut être retrouvé dans le cadre de l'UEMOA. Du reste, selon les compétences exercées, les juridictions financières de l'UEMOA et de la CEMAC interviennent *grosso modo* dans cinq (5) domaines essentiels :

1° — Au titre du contrôle annuel des comptes (administratifs et de gestion) des différents Organes communautaires, leurs activités principales consistent à vérifier la régularité et l'efficacité de l'utilisation de leurs ressources[335]. Par combinaison des textes relatifs au contrôle des comptes, les juridictions financières de l'UEMOA et de la CEMAC vérifient périodiquement, en raison de leurs larges pouvoirs d'investigation (contrôle sur pièces et, au besoin sur place, enquêtes, injonctions, auditions), tous documents des ordonnateurs et comptables portant sur les recettes et les dépenses en s'attachant, si nécessaire, les services de collaborateurs ou auditeurs externes[336] ou l'assistance de la Commission et des autres organes. L'activité de la Cour des comptes de l'UEMOA prend ici un tour très significatif puisqu'il ressort de ses statistiques que 12 comptes administratifs et 12 comptes de gestion des organes de l'Union des exercices 1995 à 2006 ont été reçus et certains ont déjà fait l'objet d'un contrôle[337]. Au cours de l'année 2007, cette Cour a transmis au Conseil des ministres les rapports définitifs de contrôle des comptes administratifs et de gestion de ces Organes au titre des exercices 1996 à 2000[338]. Dans un registre voisin, la Cour de la CEMAC a contrôlé les comptes des exercices 1999 et 2000

---

334 Art. 44, 45 et 46 de l'Acte additionnel n° 7/00/CEMAC-041-CCE-CJ-02 du 14 décembre 2000 portant Statut de la Chambre des comptes de la Cour de la CEMAC, *op. cit.*

335 Art. 23 du Protocole additionnel n°1 relatif aux organes de contrôle qui est partie intégrante du Traité UEMOA ; art.2 du Règlement n°01/2000/CM/UEMOA portant modalités de contrôle de la Cour des comptes du 30 mars 2000 et art.47 de l'Acte additionnel portant Statut de la Chambre des comptes de la CEMAC précité.

336 Art.3 à17 du Règlement du 30 mars 2000, *op. cit.* ; art.47 et 48 de l'Acte additionnel portant statut de la chambre des comptes de la CEMAC, *op. cit.*

337 Voir site de l'AISCCUF (Association des Institutions Supérieures de Contrôle ayant en Commun l'Usage du Français) : www.aisccuf.org

338 Source : La Semaine de l'UEMOA, *Bulletin hebdomadaire de l'UEMOA.* (199) du 14 au 20 avril 2008.

du Secrétariat exécutif, de l'École Inter-états des douanes (EIED) de l'Institut Sous régional Multisectoriel de Technologie Appliquée (ISTA), de l'Institut Sous Régional de Statistique et d'Économie appliquée (ISSEA), de planification et d'évaluation des projets, de la Commission économique du Bétail, de la Viande et des Ressources halieutiques (CEBEVIRHA) et de la Banque de Développement des États de l'Afrique Centrale (BDEAC). Elle a aussi examiné les comptes de l'exercice 2001 de la Cour de justice de la CEMAC, du Pole Régional de Recherche Appliquée au Développement des Savanes d'Afrique centrale (PRASAC), et de l'Organisation de Coordination pour la lutte contre les Endémies en Afrique Centrale (OCEAC)[339]. Les règles instaurées pour le fonctionnement de ces juridictions s'adossent sur une série de procédures : présentation écrite, procédure secrète, droit de communication et de réclamation, procédure inquisitoire et contradictoire[340], etc.

2° — Dans le cadre de la surveillance multilatérale en vue d'assurer la fiabilité des données budgétaires nécessaires à l'organisation de celle ci, l'art. 68 du Traité de l'UEMOA et l'art.76 de la Convention régissant l'UEAC du 5 juillet 1976 offrent la possibilité pour chaque État membre de recourir au contrôle de la Cour ou de la Chambre des comptes ou d'instituer une Cour des comptes nationale qui pourra transmettre ses observations à la juridiction financière communautaire. À cet effet, la Cour de Justice de l'UEMOA dans son *Avis n° 001/2003 du 18 mars 2003*[341] pose l'obligation pour le Mali de créer une Cour des comptes nationale conformément aux dispositions de l'art. 68 du Traité complétées par celles de la Directive n° 002/2000/CM/UEMOA du 29 juin 2000 portant adoption du Code de transparence dans la gestion des finances publiques au sein de l'UEMOA[342].

3° — Au registre de l'évaluation des systèmes de contrôle des comptes et des résultats de contrôle des comptes des États membres, les juridictions financières s'assurent de l'harmonisation des procédures et de la fixation des normes

---

[339] Au 25 octobre 2007, l'activité de la Chambre des comptes a donné les résultats suivants : deux (2) rapports définitifs de contrôle, un rapport particulier, trois (3) arrêts définitifs et provisoires, trois (3) arrêts définitifs sur les comptes et les gestions de fait, trois (3) référés et cinq (5) avis consultatifs : www .aisccuf.org (consulté en décembre 2013).

[340] Pour l'UEMOA, Cf. Règlement n° 01/2000/CM/UEMOA, Règlement n°01/2008/CM/UEMOA du 28 mars 2008 portant règlement financier des Organes de l'UEMOA abrogeant et remplaçant le Règlement n° 10/2001/CM/UEMOA du 26 novembre2001.

Pour la CEMAC, Voir *supra* les Actes additionnels n° 05 et n° 07 du 14 d2cembre 2000 portant respectivement Règles de procédure devant la Chambre des comptes et Statut de la Chambre des comptes.

[341] Cour de Justice, *UEMOA, Avis N° 001/2003 du 18 mars 2003, Demande d'avis de la Commission de l'UEMOA relative à la création d'une Cour des comptes au Mali,* in UEMOA, Recueil de la jurisprudence de la Cour n°01-2004, pp.75-85.

[342] Le Point E-2-2 de cette directive dispose « Les États membres devront avoir des Cours des comptes autonomes au plus tard le 31 décembre 2002 »… « Il n'y a pas de bonne gestion de finances publiques sans un contrôle a posteriori efficace dévolu à une juridiction financière indépendante et dotée de pouvoirs et de capacités d'investigation étendus ».

communes de contrôle conformément aux règles et principes budgétaires, financiers et comptables. Il est patent que cette évaluation périodique est nécessaire pour inculquer durablement le réflexe d'une gestion financière saine, rigoureuse et transparente au niveau national dans la perspective d'une bonne surveillance multilatérale.

À cette fin, l'art. 69 du Traité de l'UEMOA et l'art. 51 de l'Acte additionnel portant statut de la chambre des comptes de la Cour de justice de la CEMAC *précité* donnent obligation aux Présidents des Cours des comptes nationales et aux Conseillers-juges communautaires, sur convocation soit du Président de la Cour de l'État assurant la présidence de la Conférence des Chefs d'État (UEMOA) soit du Premier Président de la Cour (CEMAC) de se réunir au moins une fois par an pour procéder à cette évaluation qui fait ensuite l'objet d'un rapport (transmis au Conseil des ministres, à la Commission et au Comité interparlementaire) assorti de recommandations pour une amélioration des systèmes nationaux de contrôle.

Cet aspect du contrôle fait l'objet d'une attention particulière au sein de l'UEMOA comme de la CEMAC[343]. De manière plus spécifique, un Manuel de vérification à l'usage des Cours des Comptes des États membres de l'UEMOA a été établi pour servir de cadre harmonisé de contrôle[344].

4° — Au niveau du contrôle des comptes d'organismes bénéficiant du concours financier de l'O.C.A, elles vérifient la gestion des subventions ou des projets financés dans le cadre de conventions signées avec des partenaires extérieurs (art. 57de l'Acte additionnel *précité* de la CEMAC). À l'UEMOA, la Cour a eu l'occasion de procéder au contrôle, à la certification en 2007 des comptes du Conseil Régional de l'Épargne Publique et des Marchés Financiers (CREPMF), du Programme Régional Biomasse Énergie, à l'examen depuis 2005 des états d'exécution liés à des projets dans le cadre de Conventions de financement avec l'Agence Française de Développement ou de Conventions de subvention du Fonds de Solidarité prioritaire (Coopération française), à des projets du Fonds d'Aide à l'Intégration régionale (FAIR) et du Programme économique régional (PER), et depuis 2008, des comptes d'emploi du Programme d'Appui au développement des Centres d'Excellence régionaux (PACER)[345].

5° — Dans les rapports avec les Cours, Chambres ou Sections juridictionnelles de contrôle des États membres[346], la CEMAC et l'UEMOA

---

[343] Voir *infra* les développements sur la surveillance multilatérale.

[344] Ce manuel a été conçu par le Cabinet Bénin Expertise avec un soutien du 8éme FED et les recommandations de la Cour des Comptes de l'UEMOA. Il a été validé lors d'un séminaire de décembre 2005 à Cotonou suivi d'un séminaire d'appropriation à Bamako en août 2007.

[345] La Semaine de l'UEMOA, *op. cit*.

[346] Jusqu'en 2008, seuls le Sénégal, le Burkina Faso, et la Guinée-Bissau ont institué des Cours des comptes au fonctionnement plus ou moins régulier. Ainsi malgré sa création par la loi n° 2000-513du 1er août 2000, la juridiction ivoirienne (Cour des comptes remplaçant la Chambre) reste

aménagent la possibilité pour ces dernières de demander assistance à la juridiction communautaire. La Convention régissant la Cour de justice de la CEMAC abonde dans ce sens « Dans le cadre de la surveillance multilatérale des politiques budgétaires des États membres, et conformément à l'article 25 de l'additif et à l'article 76 de la Convention de l'UEAC, les Cours de Comptes nationales, à l'issue des contrôles effectués par elles, peuvent solliciter en cas de besoin, le concours de la Chambre des Comptes communautaire »[347]. Comme prolongement de cette attribution, la Chambre des comptes peut rendre des avis consultatifs à l'instigation des États, Institutions, Organes et Organismes de la CEMAC[348].

La rétention de ces diverses modalités internes de contrôle n'exclut pas la possibilité de recourir à des mécanismes d'audit externe. Ainsi en est il à l'UEMOA avec la pratique d'audit externe des comptes administratifs et de gestion effectué au plus tard le 30 juin de l'année suivant l'exercice concerné, soit à l'initiative du Conseil des ministres, soit de la Commission[349].

L'existence d'un contrôle juridictionnel des comptes augure d'une gestion rationnelle des finances communautaires, d'une objectivité, d'une transparence. Mais à l'évidence, cette exigence démocratique de contrôle, pour les cas de l'UEMOA et de la CEMAC, ne peut être totalement satisfaite sans un certain nombre de réajustements

- l'adoption de directive sur la comptabilité des matières,
- le renforcement des contrôles internes des ordonnateurs et des comptables,
- le suivi scrupuleux des recommandations issues des rapports des Cours communautaires, et
- le rétrécissement du décalage entre la reddition des comptes[350] et leur examen par ces Cours.

Dans ce sillage, la révolution entraînée par la révision du Traité de la CEMAC par la création d'une véritable Cour des comptes à la place de la chambre des comptes conduira certainement à un réajustement d'organes, de structures et de normes.

La juridictionnalisation des O.C.A prend un caractère encore plus prononcé avec l'existence des Cours de justice.

---

encore logée au niveau de la Cour suprême. Le Mali dispose d'une Section des comptes au sein de sa Cour suprême, le Niger et le Bénin d'une Chambre des comptes et le Togo tarde à créer une Cour à la place de l'Inspection Générale du Togo. Cf. La Semaine de l'UEMOA n° 199, *op. cit.*

[347] Art. 26 § 2 de la Convention régissant la Cour de justice de la CEMAC du 5 juillet1996.

[348] Art. 5 8 de l'Acte additionnel portant Règles de procédure devant la Chambre des comptes, *op. cit.*

[349] Art. 89 du Règlement n°01/2008 *précité.*

[350] Jusqu'en 2008, la Cour des comptes de l'UEMOA n'aura examiné que les rapports de 1996 à 2000.

b— Les Cours de justice

Le schéma institutionnel des organisations communautaires confie le règlement des différends à des organes judiciaires qui sont chargés de veiller à une interprétation et à une application uniformes de la législation communautaire dans tous les États membres, c'est-à-dire de garantir que le droit sera toujours identique pour toutes les parties et en toutes circonstances.

Cette base communautaire minimale de compétences se retrouve dans les Organisations qui ont crée des Cours de justice (CEDEAO, UEMOA, SADC, COMESA, CAE, OHADA, CEMAC et CEEAC)[351]. Les Cours communautaires sont compétentes pour connaître des litiges impliquant les États membres, les institutions, voire les entreprises ou autres personnes morales, les juridictions nationales et les particuliers.

La plupart des textes fondateurs se rejoignent par la création de Cours marquées par une composition très variable : sept (7) juges pour la CEDEAO, huit (8) juges pour l'UEMOA, treize (13) juges pour la CEMAC[352] dont sept pour la Chambre judiciaire, (10) juges pour le Tribunal de la SADC dont cinq juges titulaires et cinq juges suppléants, douze (12) juges pour la Cour du COMESA, sept (7) juges actuellement pour l'OHADA qui seront neuf (9) après l'entrée en vigueur du Traité révisé de Québec.

À cet égard, la controverse politico juridique sur le nombre idéal de juges, opposant les partisans de la corrélation absolue entre le nombre des juges et le nombre des États (position favorable à l'égalité) et les partisans de la dissociation entre juges et nombre des États membres (position articulée sur la supranationalité et la recherche de consensus), importe peu dès lors que l'organe juridictionnel en cause s'inscrit dans le registre de la compétence et de l'efficacité.

On évoquera singulièrement le cas de la Cour du COMESA (art.20§1 du Traité) divisée en Chambre de première instance (sept juges) et en chambre d'appel (cinq juges)[353]. En l'occurrence, la Conférence, organe suprême, nomme

---

[351] Art.16 du Traité révisé de la SADC ; art. 19 § 1 du Traité révisé du COMESA ; art.14 du Traité de l'OHADA; art. 1er du Protocole additionnel n°1 relatif aux organes de contrôle de l'UEMOA ; art.5 du Traité de la CEMAC, art.2de la Convention sur la Cour de justice et art. 2 de l'Additif sur le système institutionnel ; art.9 du Traité de la CEDEAO et son Protocole du 19 janvier 2005.
Bien que n'étant pas encore opérationnelle, la Cour de justice de la CEEAC sera également évoquée en ses aspects textuels.

[352] Les juges sont nommés sur présentation des États, à raison de deux (2) par État et l'art .26§3 de l'Acte additionnel portant Statut de la Chambre judiciaire précise que : « le treizième juge est désigné par l'État membre dont est originaire le juge élu Premier Président qu'il remplace dans la chambre à laquelle il appartenait antérieurement. Il est non éligible aux fonctions de Premier Président ».
Toutefois, la révision du Traité de la CEMAC le 25 juin 2008 a transformé la chambre judiciaire en une Cour de justice.

[353] Voir certaines de ses décisions dans la troisième partie au Titre I.

comme Président de la Cour (art20§4), un des juges de la chambre d'appel et comme juge principal un des juges de la chambre de première instance (art.20§5). Une spécificité de certaines Cours qui s'inspirent de la *Common Law* se traduit par la possibilité de faire intervenir des juges *ad hoc* ou des juges *ad litem*. Le Traité du COMESA prévoit des juges provisoires nommés par la Conférence pour siéger à la place de juges titulaires en cas d'empêchement ou d'absence temporaire qui risquerait de retarder considérablement les travaux de la Cour (art.22§3) ou si un juge est directement ou indirectement intéressé dans un litige soumis à la Cour (art.22§4).

D'ordinaire l'institution de juges *ad hoc* vise à pallier, dans le jugement d'un différend entre États, l'absence d'un juge de la nationalité d'une des parties. Dans ce cas, l'État qui n'a pas de juge de sa nationalité en état de siéger, a la faculté et non l'obligation de désigner comme juge *ad hoc* une personne de son choix pour toute la durée de la procédure.

À l'image des Cours des comptes, les statuts des Cours de justice s'adossent sur l'option d'un recrutement de juges indépendants, choisis parmi les personnes de haute valeur morale, ressortissantes des États membres, possédant les qualifications requises dans leurs pays respectifs pour occuper les plus hautes fonctions juridictionnelles, ou qui sont des jurisconsultes de compétence notoire en matière de droit international.

Actuellement, la plupart des juridictions des OCA sont, exclusivement sinon en grande majorité, composées de juges issus des juridictions suprêmes des États membres ou de magistrats (de siège ou du parquet) des autres tribunaux nationaux alors même que les Statuts prévoient pour le recrutement la présence de juristes (Avocats, Professeurs de droit, notaires). possédant aussi une grande expérience professionnelle et des compétences avérées.

Ces juges communautaires sont nommés pour un mandat allant de cinq à sept ans renouvelable une seule fois[354] par la Conférence, sur proposition du Conseil des ministres. La plupart de ces juridictions sont régies, pour la désignation des premiers juges, par des dispositions d'ordre transitoire étageant leur remplacement, comme en atteste l'article 4 du Protocole de 1991 révisé en 2005 sur la Cour de la CEDEAO qui précise « Toutefois, pour les membres de la Cour nommés pour la première fois, le mandat de trois (3) membres expire au bout de trois (3) ans et celui des quatre (4) autres membres au bout de cinq (5) ans ».

[354] Le mandat renouvelable est en général de cinq ans (CEDEAO, SADC, COMESA), rarement de six ans (CEMAC, UEMOA). L'originalité vient du nouvel article 31 du Traité OHADA révisé en 2008 qui fixe la durée du mandat à sept ans non renouvelable.

Les juges élisent en leur sein le Président et le Vice-président pour un mandat de trois ans. Jusqu'en 2008[355], la Cour de la CEMAC se démarquait des autres Cours en dédoublant le mandat du Premier Président (durée de six ans non renouvelable) et celui du Président de la Chambre judiciaire (trois ans non renouvelable).

Des avocats généraux, choisis parmi ces membres, complètent la composition avec leur Doyen qui prend le titre de Premier Avocat général[356]. En règle générale, les Avocats généraux doivent présenter, en toute impartialité, des conclusions motivées sur les affaires soumises aux Cours et assurent le rôle d'un Ministère public, voire celui joué par un Commissaire de gouvernement auprès de certaines juridictions administratives internes.

Les juges sont assistés dans leur mission par un personnel dont les membres du greffe, des auditeurs et des agents. Les greffiers sont recrutés par la Cour elle même[357], ou son Président (cas de l'OHADA) exceptionnellement par le Conseil des ministres (art41 du Traité du COMESA). Quant aux attributions essentielles des greffes, le statut de la Chambre judiciaire de la CEMAC en offre une belle synthèse, par l'énumération suivante :

- « la préparation des rôles des audiences ;

- la réception et la transmission des documents ;

- la tenue des registres et dossiers ;

- la certification des expéditions des arrêts, de leur notification ;

- la délivrance et la certification des extraits et copies de tout document et acte ; et

- la conservation des archives…»[358].

Dans le cadre de l'OHADA, il est envisagé une organisation administrative chevillée autour d'un Secrétaire général nommé par le Président de la CCJA après avis de la Cour et « chargé d'assister celle-ci dans l'exercice de ses attributions d'administration de l'arbitrage, selon les critères définis par un règlement du Conseil des Ministres » (art.39 nouveau du Traité).

---

355 La nouveauté entraînée par la révision du Traité de la CEMAC se traduira certainement par des changements au niveau de la composition, des pouvoirs et des structures de la nouvelle Cour de justice de la CEMAC.

356 À titre illustratif, la Cour de l'UEMOA est composée d'un Président, de cinq juges et de deux Avocats généraux. DJIGA, Habib Ahmed *Guide des procédures devant la Cour de justice de l'UEMOA*. Université de Ouagadougou : UFR-SJP. Centre d'Études européennes et de l'Intégration (CEEI) : 31.

357 L'art.19 de l'Acte additionnel n°10/96 du 10 mai 1996 portant Statuts de la Cour de justice de l'UEMOA dispose : « La Cour nomme son Greffier pour une période de six ans renouvelable une fois ».Voir art. 36 du Statut de la Chambre judiciaire de la CEMAC ; Règlement n° 02/96/CM/UEMOA du 20 décembre 1996 portant Statut du Greffier de la Cour de justice de l'UEMOA.

358 Art. 40 de l'Acte additionnel n° 06/00/CEMAC-041-CCE-CJ-02 du 14 décembre 2000 portant Statut de la Chambre judiciaire de la Cour de justice de la CEMAC.

Il est également requis de ce personnel auxiliaire les mêmes obligations professionnelles d'indépendance, de compétence, de moralité, de prestation de serment ou, à tout le moins de déclaration sur l'honneur, de devoir de réserve. Les membres du greffe sont aussi soumis aux mêmes règles d'incompatibilités, et sont dotés de certains privilèges et immunités d'ordre fonctionnel.

Les dispositions suivantes sur les membres de la Cour sont de nature à leur garantir l'indépendance nécessaire à l'exercice de leurs fonctions :

- d'abord, les incompatibilités : les fonctions de juges sont incompatibles avec l'exercice d'une fonction politique, administrative et toute autre activité professionnelle[359] ;

- ensuite, l'exigence de la prestation de serment : avant d'entrer en fonction, les membres de la Cour prêtent serment ou font une déclaration solennelle devant le Président de la Conférence. Ainsi dans le cadre de la CEDEAO, cette prestation de serment se fait en ces termes : « Je… jure (ou déclare) solennellement d'exercer mes fonctions et mes pouvoirs de membre de la Cour de façon honorable et loyale, en toute impartialité et en toute conscience »[360] ;

- enfin, les privilèges et immunités : la Cour et ses membres, pendant la durée de leur mandat, bénéficient des privilèges et immunités identiques à ceux dont jouissent les missions diplomatiques et les diplomates sur le territoire des États membres, ainsi que ceux reconnus aux juridictions internationales et aux membres de ces juridictions. À ce titre, les membres de la Cour ne peuvent être poursuivis ni recherchés pour les actes accomplis ou pour les déclarations faites dans et à l'occasion de l'exercice de leurs fonctions[361]. De manière exemplative, le Traité révisé de la CEDEAO confirme cette indépendance par les dispositions de son article 15 paragraphe 3 : « Dans l'exercice de ses fonctions, la Cour de justice est indépendante des États membres et des institutions de la Communauté ».

La cessation des fonctions de juge résulte de l'expiration du mandat, du décès, de la démission ou d'empêchement ou d'incapacité physique ou mentale. Autrement dit pour reprendre la phraséologie de l'art.22 du Statut de la Chambre judiciaire de la CEMAC, cet abrégement volontaire ou forcé intervient « s'il ne

---

[359] Art. 4 § 11 du Protocole d'Abuja de 1991.

[360] Sur la prestation de serment, voir, Art. 5 du protocole A/P1/7/91 du 6 juillet 1991 (adopté à Abuja) révisé par le protocole A/SP.1/01/05 du 19 janvier 2005 relatif à la Cour de justice de la CEDEAO (adopté à Accra) ; art. 2 du Règlement n° 01/96/CM portant Règlement de procédures de la Cour de Justice de l'UEMOA ; art.5 du Protocole sur le Tribunal de la SADC adopté à Windhoek le 7 août 2000 et Règles (Rules) n° 10 à 16 du Règlement de procédure du Tribunal de la SADC.

[361] Art. 6 du Protocole d'Abuja 1991.

répond plus aux conditions requises ou ne satisfait plus aux obligations découlant de sa charge »[362].

D'ordinaire, les Cours communautaires exercent leurs fonctions en se réunissant, selon les cas, en formations d'Assemblée Plénière, de Chambre du Conseil, d'Assemblée générale consultative, d'Assemblée intérieure ou d'Assemblée ordinaire. La formation contentieuse peut s'établir soit en Assemblée Plénière réunissant l'ensemble des juges (UEMOA, OHADA) soit en Assemblée ordinaire (formation contentieuse) qui est restreinte à quelques juges assistés d'un greffier voire d'un Avocat général (CEMAC). L'Assemblée générale, qui regroupe, au sein de la Cour de la CEMAC, l'ensemble des juges et du personnel de la Chambre judiciaire, est dénommée Assemblée générale consultative.

En revanche, l'appellation de Chambre du Conseil est réservée à la CEMAC ou à l'UEMOA soit à la formation consultative (CEMAC) soit pour régir des situations particulières dans les deux juridictions « lorsque la cause est de nature à compromettre l'ordre, la tranquillité et la sécurité publics »[363]. Quant à l'Assemblée intérieure, elle s'occupe de problèmes relatifs à l'administration, à l'application des textes et à la discipline (UEMOA).

Le Règlement de procédure de la Cour de justice du COMESA adopté en 2003 précise que cette dernière ne délibère qu'en chambre du conseil pour rendre des arrêts ou des avis (art.19).

Quant à leurs compétences, la plupart des Cours communautaires partagent des similitudes en ce sens qu'elles sont chargées de veiller au respect du droit communautaire, quant à l'interprétation du Traité communautaire et des actes juridiques qui en découleront ainsi que de leur application[364].

Généralement, les Cours exercent des compétences qui leur sont explicitement et limitativement données par les Traités. Cette compétence d'attribution n'annihile pas la possibilité de recourir à une extension de compétences en vertu du principe des pouvoirs implicites, avec cette réserve que ces derniers ne sauraient ni supplanter ni réviser des compétences expresses.

Ces diverses attributions s'adossent à une normativité qui s'inspire fortement des sources de droit applicables déclinées à l'art.38 du Statut de la Cour Internationale de Justice de La Haye (Conventions générales et spéciales,

---

362 Voir art.7 du protocole sur le Tribunal de la SADC, précité ; art.22 du Traité du COMESA ; art.12 de l'Acte additionnel n° 10/96 (UEMOA) précité ; art 4 § 6 et § 7du Protocole d'Abuja 1991.

363 Art.47 de l'Acte additionnel n° 06/00/CEMAC-041-CCE-CJ-02 portant Statut de la chambre judiciaire de la CEMAC, *précité ;* art. 16 § 3 de l'Acte additionnel n°10/96 portant Statuts de la Cour de justice de l'UEMOA.

364 Art. 1er Protocole. Additionnel I de l'UEMOA : art. 9 § 1 du Protocole de 1991 de la CEDEAO ; art. 14 du Traité de l'OHADA ; art.16 § 2 du Traité de la CEEAC ; art.16 du Traité de la SADC ; art. 19 du Traité du COMESA ; art .5 du Traité de la CEMAC de 1994.

coutume internationale, principes généraux de droit, décisions judiciaires et doctrine des publicistes, *ex aequo et bono)*.

Sous le bénéfice de ces précisions liminaires, une double compétence consultative et contentieuse servira de trame aux développements suivants :

— **Une fonction consultative :** Cette fonction consiste à donner des avis consultatifs sur les questions juridiques posées, dans le cadre de leurs activités, par les organes et institutions habilités à saisir la Cour communautaire. Quant à l'avis consultatif, il s'assimile à « une opinion émise par une juridiction internationale à la demande d'un organe qualifié à cet effet pour éclairer cet organe sur une question juridique »[365]. L'affirmation de cette fonction dans les O.C.A[366] n'est que la traduction plus large d'une fonction judiciaire qui s'exerce tant en matière contentieuse qu'en matière consultative. Mais la notion de juridiction du latin *jus discere* (dire le droit) implique la réunion de trois éléments (existence d'un différend[367], application du droit et caractère obligatoire de la décision). Or, l'avis consultatif ne répond pas totalement à la définition[368].

Sous l'angle de la saisine consultative, la compétence de ces Cours est ouverte en priorité aux organes communautaires et institutions assimilées et aux États. Aussi, la Cour de Justice de la CEDEAO émet elle des avis juridiques (art. 23 Protocole de1991) sur des questions qui requièrent l'interprétation des dispositions du Traité sur saisine de la Conférence des Chefs d'État et de Gouvernement, du Conseil des ministres, du Président de la Commission, de toute autre institution de la Communauté et de tout État membre. La Cour peut interpréter son avis ou sa décision.

Cette fonction consultative se retrouve mentionnée à l'art. 14 al. 2 du Traité de l'OHADA. La CCJA peut être consultée par tout État partie, le Conseil des ministres ou une juridiction nationale sur toute question d'interprétation ou

---

365 SALMON, Jean (sous la direction de) (2001). *Dictionnaire de Droit International Public.* Bruxelles : Bruylant : 116 ; TALL, Saïdou Nourou (2012, septembre). « La demande d'avis consultatif à la CIJ » *Revue de la Recherche Juridique. Droit Prospectif.* Aix Marseille, 2-2012 : 903-936.

366 Art.16 § 3, c du Traité de la CEEAC ; art.20 du Traité de la SADC ; art.32 du Traité du COMESA ; art.14 du Traité OHADA ; art.101 à 108 de l'Acte additionnel n°4/00/CEMAC-041-CCE-CJ-02du 14 décembre 2000 portant Règles de procédures de la Chambre judiciaire de la CEMAC ; art.27 de l'Acte additionnel n° 10/96 de l'UEMOA.

367 Par différend, on entend tout conflit, divergence d'opinions ou de prétentions ou encore « un désaccord sur un point de droit ou de fait, une contradiction, une opposition de thèses juridiques ou d'intérêts » selon la C.PJI., arrêt du 30 août 1924, *Affaire des Concessions Mavrommatis en Palestine*, Série A (3) : 11.

368 Voir SANTULLI, Carlo (2000). « Qu'est ce qu'une juridiction internationale ? Des organes répressifs internationaux à l'O.R.D. ». *AFDI*, vol. XVI : 58-81; CAVARE, Louis (1956). « La notion de juridiction internationale ». *AFDI* : 496-509.

d'application du Traité[369], de ses règlements d'application ou des Actes Uniformes.

De l'observation de ces textes, il découle une triple lecture de la saisine consultative des cours communautaires :

- Premièrement, certains traités constitutifs ont une conception assez libérale de la saisine, en ce sens que celle-ci est ouverte aux États membres, aux organes et institutions. Cette option est celle de la CEDEAO (art.10 du Protocole de1991 qui permet la consultation de sa Cour par la Conférence, le Conseil des Ministres, la Commission et toute autre institution de la Communauté), de l'UEMOA, du COMESA (art.32 du Traité) et de la CEMAC (art.50 de l'Acte additionnel portant statuts de la Chambre judiciaire). Ce parti pris multiplie les chances de saisine consultative dans le cadre de l'interprétation et de l'application des différents textes communautaires. Aussi la Cour de Justice de l'UEMOA, rend-elle des avis[370] sur saisine de la Commission[371], du Conseil des ministres, de la Conférence des Chefs d'État et de Gouvernement ou d'un État membre pour toute difficulté rencontrée dans l'application et l'interprétation des actes relevant du droit communautaire. Cette attribution s'est traduite en pratique par une certaine souplesse dans la démarche de la Cour qui « considère que tout organe de l'Union peut la saisir en matière de demande d'avis juridique pourvu que le recours soit introduit par l'autorité compétente pour le représenter dans ses relations avec les autres organes de l'Union »[372]. Cette libéralité se retrouve dans le cadre du COMESA dont le Traité (art.32 à 34) permet la saisine consultative, à la Conférence, au Conseil et à tout État membre.

- Deuxièmement, d'autres textes adoptent une conception restrictive en ne permettant qu'aux organes de direction, le pouvoir de demander des avis consultatifs. Cette position est partagée par la CEEAC pour la Conférence et le Conseil, (art. 16 § 3, d du Traité), par le SADC pour le Sommet des Chefs d'État

---

[369] Cf. - *Avis n°02/2000/EP de la CCJA du 26 avril 2000 sur saisine du Sénégal concernant l'Acte Uniforme relatif au droit des sociétés et du GIE. ;*

- *Avis n°00/2001/EP de la CCJA du 30 avril 2001 sur saisine de la Côte d'ivoire relativement à la portée de la supranationalité* induite par l'art. 10 du Traité OHADA (application directe et obligation des Actes Uniformes).

- *Avis n° 001/99/N de la CCJA du 7 juillet 1999 sur saisine du Président du Tribunal judiciaire de 1ère instance de Libreville* concernant l'Acte Uniforme portant organisation des procédures simplifiées de recouvrement des créances et des voies d'exécution.

- *Avis n° 002/99/E de la CCJA du 13 octobre 1999 sur saisine du Mali concernant l'Acte uniforme sur les procédures de recouvrement des créances et les voies d'exécution.*Cf.www.ohada.com.

[370] Articles 27 de son statut et 15 § 7 al. 3 de son Règlement de procédure.

[371] Cf. *Avis n° 03/2003 du 22 octobre 2003, Demande d'avis de la Commission de l'UEMOA relative à l'interprétation des articles 48, 55 et 57 du Règlement n° 01/95/CM du 1er août 1995 portant statut des fonctionnaires de l'Union.* Jusqu'en 2008, les avis rendus l'ont été à la demande du Président de la Commission de l'UEMOA.

[372] UEMOA, Cour de justice, *Avis n° 01/96 du 10 décembre 1996, Demande d'avis de la BCEAO sur le projet d'agrément unique pour les banques et les établissements financiers.*

et le Conseil des Ministres, (art.16 § 4 du Traité, art.20 du Protocole du Tribunal de la SADC, Règles n° 86 à 90 du Règlement de procédure du Tribunal). Cette approche est résolument réductrice en réservant aux organes interétatiques les plus directement concernés par les programmes et normes communautaires, le droit de consultation sur les méandres des textes dont la technicité est souvent très prononcée.

- Troisièmement, dans une approche mitoyenne entre les positions maximaliste et minimaliste, s'intercale l'option de traités fondateurs qui combinent à la fois la largesse et la limitation. Il s'agit de l'OHADA qui confère un pouvoir de consultation à l'État membre, au Conseil des Ministres et aux juridictions nationales saisies dans le cadre du contentieux de l'application des Actes Uniformes (art.14 nouveau du Traité) mais exclut bizarrement toute possibilité de saisine par l'organe suprême récemment créé, la Conférence des Chefs d'État et de Gouvernement. Quelle que soit la préférence allouée, la fonction consultative est à la fois inclusive (car elle tente de concilier l'approche participative et régulatrice de l'œuvre de l'OCA et la démarche d'approfondissement et d'éclairage de la réglementation communautaire), mais aussi discursive, par l'exclusion, d'emblée, de toutes les personnes physiques et morales des auteurs potentiels de la saisine.

Point de départ de la procédure, la demande d'avis consultatif implique au préalable la résolution de problèmes afférents à la compétence en matière de saisine. Dans tous ces textes, mention expresse est faite de la nécessité que la question, objet de la demande, soit précise. Cette indication reflète l'état actuel de la jurisprudence de la CIJ qui insiste sur le degré de clarté de la question posée, comme une des conditions de la recevabilité de la requête : « l'institution dont émane la requête doit être dument autorisée, conformément à la Charte, à demander des avis à la Cour ; l'avis sollicité doit porter sur une question juridique ; et cette question doit se poser dans le cadre de l'activité de l'institution requérante »[373].

L'indication exacte de la question sert de soubassement à la demande d'avis. Aussi, le Protocole de la CEDEAO de 1991 réitère t'il cette condition, en ces termes : « La requête aux fins d'avis consultatif... est faite par écrit. Elle contient une indication exacte des questions sur lesquelles l'avis est requis et est accompagnée de tous les documents pertinents susceptibles d'éclairer la Cour »[374]. Il en appert qu'à l'entame de la procédure, la requête adressée directement à la Cour ou déposée au greffe doit, sous peine de rejet, contenir des renseignements relatifs à l'objet de la demande qui doit être claire, précise,

[373] CIJ, *Licéité de l'utilisation des armes nucléaires par un État dans un conflit armé*, Avis consultatif du 8 juillet 1996, §10.

[374] Article 10§ 2 du Protocole A/P.1/7/91 du 6 juillet 1991 relatif à la Cour de justice de la Communauté. Art .96 et 97 du Règlement de procédure de la Cour de justice de la CEDEAO du 3 juin 2002. Voir aussi art.101 de l'Acte additionnel sur les règles de procédure de la chambre judiciaire de la CEMAC *précité* ; art. 32 § 2 du Traité du COMESA.

porter sur des points de droit et s'accompagner de tout autre document pertinent pour l'élucidation de la question[375]. En général, la juridiction nomme un juge rapporteur. Ce dernier peut notifier cette requête aux États, institutions et organes aux fins d'information et leur fixer un délai raisonnable pour recueillir leurs observations.

Toutefois, à la CCJA, si la demande émane d'une juridiction, elle doit être communiquée à la Cour à la diligence de cette juridiction et du Greffier en chef, aux États et aux Parties en cause devant cette juridiction nationale qui peuvent adresser à la Cour leurs observations écrites (art.57 du Règlement *précité).*

La procédure consultative est diligentée par le rapporteur, avec une délibération de la juridiction à huis clos mais la lecture de l'avis se déroule en séance publique[376]. En principe l'avis rendu est « simple » c'est-à-dire, ne revêt pas un caractère contraignant, le demandeur ayant l'entière latitude de l'appliquer ou de ne pas le faire mais dans certaines procédures incidentes de renvoi préjudiciel, l'avis a un effet quasi-contentieux ce qui lui confère le caractère d'avis « conforme » liant l'entité demanderesse.

Les Cours communautaires jouent donc, un rôle de conseiller juridique de l'OCA et de ses États membres en ce sens que la fonction consultative prolonge l'action de l'organisation en associant étroitement la résolution pacifique des différends et la consolidation de l'intégration. Elle se décline, tant en une sorte de contrôle de conventionalité d'un acte communautaire ou international, qu'en un rôle de jurisconsulte investi d'une compétence d'avis et de recommandation.

À ce stade, il convient de s'interroger sur le nombre peu élevé d'avis sollicités et rendus. Ce constat n'est que la résultante du manque de vulgarisation, de visibilité et de socialisation des objectifs, missions, normes et structures des OCA. En principe, les avis ne sont pas obligatoires ou n'ont pas de force exécutoire. Mais, il serait illogique, qu'un avis sollicité par l'État Partie, le Conseil des ministres ne soit suivi d'aucun effet, ou que le juge de fond ayant demandé l'avis, en dehors tout renvoi préjudiciel, s'en désolidarise, après coup. Il ne saurait, en principe, aller de même pour les arrêts.

— **Une fonction contentieuse** : Cette fonction, basée sur l'existence d'un différend justiciable sur le plan juridique et sanctionnée par une décision obligatoire *inter partes*, est présente dans tous les organes juridictionnels communautaires. Les aspects proprement contentieux peuvent se traduire dans des procédures incidentes (exceptions préliminaires, indication de mesures provisoires, intervention, renvoi préjudiciel, etc.) et dans des procédures principales (recours en manquement, en carence, en annulation, en réparation) qui ont été largement inspirés de la jurisprudence communautaire européenne

---

[375] Art.54 et 56 du Règlement de procédure de la CCJA du 18 avril 1996 *in* J.O. de l'OHADA n° 4 du 1er novembre 1997, p. 9.

[376] Art. 95 à 97 Règlement de procédure de la Cour du COMESA du 8 avril 2003 ; Règles 87 et 88 du Traité amendé de la SADC ; art.16 des Statuts de la Cour de justice de l'UEMOA.

mais dont certains archétypes ne se retrouvent pas toujours dans les juridictions communautaires africaines.

Il en découle des originalités décelables soit dans la formulation des recours, soit dans les délais d'action ou d'effet prévus, soit au niveau des parties à l'instance. Dans un souci de simplification et de recomposition, on distinguera les contentieux de la déclaration, de l'annulation, de l'éviction, de la pleine juridiction, des droits de l'Homme, etc.

• **Le contentieux de la déclaration** : Il vise à faire déclarer par la juridiction internationale, soit que des manquements au droit communautaire ont été constatés, soit qu'une affaire pendante devant les juges nationaux nécessite son interprétation prioritaire pour éviter tout éventuel préjudice à la poursuite du procès devant les cours et tribunaux internes, soit que l'administration communautaire est dans l'obligation à agir. Il en résulte que ce contentieux se ramifie en recours en constatation de manquement, en renvoi préjudiciel pour interprétation et en recours en carence.

• **L'action en manquement** a pour objet de faire constater l'existence de manquements au droit communautaire de la part d'un État membre. Tout non respect par un État membre d'une règle de droit communautaire, toute abstention de prendre une mesure législative, administrative ou judiciaire interne d'application, toute violation des engagements, inexécution ou mauvaise exécution d'une obligation de faire ou de ne pas faire qui lui incombe (en vertu du Traité fondateur, des Conventions et Protocoles, Règlements, Actes uniformes, Actes additionnels, Directives et Décisions), l'exposent à l'action en manquement.

Le recours en manquement peut aboutir à la condamnation de l'État en cause, lui demandant de se conformer à ses obligations et, le cas échéant, à des sanctions même pécuniaires. Il suppose au préalable, l'établissement d'un manquement résultant de comportements actifs ou passifs (actions, omissions, abstentions, retards, négligences) et ensuite l'imputabilité à un État membre par le fait de ses organes exécutif, législatif ou judiciaire.[377]

---

[377] Dans le cadre de l'Union Européenne, voir art.226 ,227 et 228 du Traité de CE. Un volumineux contentieux a structuré cette procédure. Cf. sur l'avis motivé, CJCE aff. C-210/91 Commission c/Grèce, Rec. 1992, I-6735, la violation de la norme communautaire et les auteurs du manquement, CJCE, aff. 79/72 Commission/Italie, Rec. 1973,667 ; l'exécution de l'arrêt, CJCE, Aff. C-387/97, Commission c/Grèce, Rec.2000, I-5047 ; sur les amendes ou astreintes, Aff. C-304/02 du 12juillet 2005 Commission c/France.
Une abondante doctrine européenne a éclairé ce contentieux : J. BOULOUIS, M.DARMON, J. G. HUGLO (2001). *Contentieux communautaire.* Paris, 2e, éd. ; SIMON, Denys (2002). *Le système juridique communautaire.* Paris : 3e éd. ; RIDEAU, Joël (ed) (1998). *Le droit au juge dans l'Union Européenne.* Paris : LGDJ; BOUCHER, F. et J. ECHKENAZI (2004). *Guide de l'Union européenne.* Paris : Nathan; BERROD, Fréderique (2003). *La systématique des voies de droit communautaire.* Paris : Dalloz ; Olivier Dubos, Les juridictions nationales, juge communautaire, Dalloz, Paris, 2001.

Cette procédure est prévue à l'art. 7 § 3, g du Traité révisé CEDEAO et au nouvel article 9 §1, *d* introduit par le Protocole d'Accra du 19 janvier 2005 avec un recours ouvert au profit de tout État membre et de la Commission (art.10, *a* du Protocole) lorsqu'un État n'a pas honoré ses engagements, quand une institution de la Communauté a agi hors des limites de sa compétence ; ou a excédé les pouvoirs à elle confiés par le Traité ou par tout autre texte pertinent de la Communauté.

La Cour de Justice de l'UEMOA connaît également des manquements des États aux obligations leur incombant.[378]. Son Règlement explicite et organise avec beaucoup de minutie la procédure : « Le recours en manquement appartient à la Commission. Si elle estime qu'un État membre ne s'est pas conformé aux obligations communautaires, elle adresse à cet État un avis motivé à ce sujet, après avoir mis cet État en mesure de présenter ses observations. Si l'État ne se conforme pas à l'avis dans le délai imparti par la Commission, celle-ci peut saisir la Cour de justice ».

Cette procédure est également ouverte à chaque État membre, après saisine préalable de la Commission. Celle-ci doit émettre un avis motivé, après avoir mis l'État concerné en mesure de présenter ses observations. Si la Commission n'a pas émis d'avis dans un délai de trois mois à compter de la demande, l'affaire peut être portée directement devant la Cour.

Si la Cour estime le recours fondé, elle constate le manquement. Tous les organes de l'État membre concerné ont l'obligation d'assurer dans les domaines de leurs pouvoirs respectifs, l'exécution de l'arrêt. En cas d'abstention de l'État membre dont le manquement a été constaté, la Commission a la faculté de saisir la Conférence des Chefs d'État et de Gouvernement afin qu'elle invite l'État membre défaillant à s'exécuter sans préjudice des sanctions prévues à l'article 74 du Traité de l'Union relatif à l'exercice de la surveillance multilatérale. »[379].

Dans le même ordre d'idées, l'article 24 §1 du Traité du COMESA dispose que : « Tout État membre qui estime qu'un autre État membre ou le Conseil a manqué à une obligation prévue par le présent Traité, ou violé une disposition de ce dernier, peut saisir la Cour de cette affaire ». Ce recours connaît un prolongement avec l'art. 25 § 1 dudit Traité qui offre la possibilité au Secrétaire général de saisir la Cour des manquements des États aux prescriptions conventionnelles qu'ils ont librement souscrites et qu'ils doivent subséquemment respecter en vertu du principe *pacta sunt servanda.*

En effet, l'article 25 vise ainsi le recours en manquement :

---

[378] Art. 5, 6 et 8 du Protocole additionnel n° 1 sur les organes de contrôle. Cf. ISSA-SAYEGH, Joseph « La production normative de l'UEMOA. Essai d'un bilan et de perspectives ». www.ohadata. D-03-18.

[379] Art.15.1 du Règlement n° 01/96/CM du 5 juillet 1996 portant Règlement de procédures de la Cour de justice de l'UEMOA.

« 1. Si le Secrétaire général estime qu'un État membre n'a pas exécuté une obligation découlant du présent Traité, ou a violé une disposition dudit Traité, il adresse un rapport de constat à l'État membre concerné pour permettre à cet État membre de présenter ses observations.

2. Si l'État membre concerné ne présente pas ses observations au Secrétaire général dans les deux mois, ou si les observations présentées ne sont pas satisfaisantes, le Secrétaire général porte l'affaire devant le Bureau du Conseil qui décide si le Secrétaire général saisit la Cour de ce cas immédiatement ou s'il doit le soumettre au Conseil.

3. Lorsque aux termes du paragraphe 2 du présent article une affaire est soumise au Conseil et que le Conseil ne parvient pas à trouver la solution, le Conseil demande au Secrétaire général de porter le cas devant la Cour de justice ». L'importance donnée au poste de SG explique que parmi ses attributions décrites à l'art.17§8, f du Traité, y soit inclue celle de :

> « veille (r) à ce que les objectifs définis dans le Traité soient réalisés et enquête (r), de sa propre initiative, ou à la suite d'une plainte, sur toute violation présumée des dispositions du présent Traité, et fait rapport au Conseil, conformément à une procédure d'investigation à déterminer par ce dernier »

On soulignera, à cet effet, que la soumission possible d'une décision du conseil des ministres, organe collégial et intergouvernemental, à ce type de recours, procède d'une originalité dans la démarche complétant les postures unilatérales des États en matière de saisine. Le Secrétaire général pourra dresser un rapport de constat et l'État pourra présenter ses observations dans un délai de deux mois. S'il ne le fait pas, le Bureau du Conseil sera saisi. En cas d'absence de solution apportée par le Conseil, celui-ci donnera mandat au Secrétaire général de porter l'affaire devant la Cour.

Sans disposer à proprement dire d'un tel recours, la Cour de justice de la CEMAC semble englober l'examen de telles prétentions dans des clauses générales de compétences relatives aux différends entre États membres en liaison « avec le Traité et les textes subséquents, si ces différends lui sont soumis »[380]. Cette formulation assez vague ne se réduit pas à une seule interprétation, laissant subsister des possibilités d'extension des compétences énumérées.

La généralité des compétences de la COMESACJ réside dans sa saisine, qui est ouverte aux États membres (art.24), au Secrétaire général du COMESA (art.25), aux personnes physiques et morales (art.26)[381] résidant dans un État membre. En particulier, l'art. 24 § I dispose : « Tout État membre qui estime

---

[380] Art. 48 de l'Acte additionnel portant Statuts de la chambre judiciaire de la CEMAC ; art.22 de la Convention régissant la Cour de justice de la CEMAC, *op. cit.*

[381] MAONERA, Felix (2005, octobre). « *Dispute settlement under COMESA* ». *Tralac Working Paper.* (7): 32. www.tralac.org..

qu'un autre État membre ou le Conseil a manqué à une obligation prévue par le présent Traité, ou violé une disposition de ce dernier, peut saisir la Cour de cette affaire ».

Le Protocole sur le Tribunal de la SADC abonde dans le même sillage en circonscrivant sa juridiction à tout différend, en rapport avec le Traité et les Protocoles y afférents (art.14§1). En revanche, le recours en manquement n'est prévu ni dans le cadre de l'OHADA, ni dans celui de la CEEAC.

Le déclenchement de la procédure par le truchement de l'organe administratif communautaire ou de l'État conduit à un arrêt qui est précédé d'avertissement fixant un délai de réaction sous peine de saisine juridictionnelle. L'arrêt de manquement reste un constat et ne se traduit, ni en une injonction, ni en une substitution aux autorités nationales, ni n'annule les dispositions nationales violatrices car c'est à l'État incriminé d'y procéder. En d'autres termes, cet arrêt n'a qu'un caractère déclaratoire, mais l'État condamné est tenu d'apporter les correctifs nécessaires en appliquant la décision de justice.

Derrière la disparité des réglementations spécifiant ce recours, se profilent, en filigrane, des problèmes éventuels d'inexécution des arrêts en manquement par suite à la réticence dirimante d'un État défaillant, l'absence d'avis ou de motivation d'avis de la part de l'organe administratif, la possible frilosité de la Conférence à ramener dans le droit chemin l'État récalcitrant.

Dans le prolongement de ce qui précède, on peut s'interroger sur le degré d'activation de cette procédure, si l'on sait que lés États préféreront la voie amiable de dialogue avec l'État défaillant, plutôt que le déclenchement unilatéral de l'action en manquement, fut elle entourée de nombreuses précautions processuelles. Le mécanisme plaçant la Commission au cœur de l'action précontentieuse, l'avenir de la procédure dépend fortement de la capacité de cet organe à s'affranchir d'opportunités politiques ou de velléités d'inféodation aux États ou aux organes intergouvernementaux suprêmes.

• **Le renvoi préjudiciel pour interprétation :** Les juridictions des États membres doivent veiller à une application correcte de la législation communautaire dans leur pays. Mais le risque existe que les juridictions de différents pays conçoivent diversement le droit communautaire. Le renvoi préjudiciel a pour avantages une centralisation des problèmes d'interprétation du droit communautaire, la protection subséquente des droits des justiciables et l'élaboration d'une somme jurisprudentielle propre à éclairer la compréhension des tribunaux internes[382] et éviter ainsi des divergences d'interprétation susceptibles de saper les fondements de l'intégration communautaire.

---

[382] Voir CJCE, aff.61/65, *Veuve Vaassens Göbbels*, Rec.1966, 377. Selon cet arrêt, l'existence d'une juridiction est liée à la présence de cinq critères : l'origine légale de sa création (loi, décret, arrêté) ; le caractère permanent ; la force obligatoire de la décision ; le fait qu'elle statue en droit ; et dans le cadre d'une procédure contradictoire ou contentieuse.

Il permet aussi de développer ce fameux « dialogue des juges » appelé de tous les vœux sous de nombreux cieux. On peut le définir comme « la procédure par laquelle une juridiction nationale pose à la Cour de justice une question portant sur l'interprétation ou l'appréciation de validité d'une norme communautaire applicable au litige dont elle est saisie »[383]

Le renvoi préjudiciel, procédure incidente, s'analyse moins en un véritable recours que comme un mécanisme d'homogénéisation, de coopération et de clarification. Il comprend deux branches : le renvoi pour interprétation (R.P.I) et le renvoi pour appréciation de validité (R.P.A.V.). Le R.P.I, qui est le seul concerné ici, vise les cas où les tribunaux nationaux saisis d'un litige dans lequel se pose une question d'interprétation du droit communautaire, peuvent ou doivent saisir la Cour de justice communautaire aux fins d'interprétation. Toutefois la saisine de la juridiction communautaire par une juridiction nationale n'est pas automatique puisque la recevabilité de l'action est subordonnée à trois conditions : incompétence de traitement de la question par le juge national, existence de difficultés sérieuses ou de l'éventualité d'un préjudice irréparable et nécessité absolue de résolution de la question pour la solution au litige. La question est dite « préjudicielle », en ce sens que son règlement, au niveau du juge communautaire, conditionne la suite du procès au niveau national.

La Cour rend alors une interprétation qui sera applicable au litige car la juridiction nationale demanderesse sera liée par cette interprétation rendue. L'interprétation ensemble la disposition interprétée font corps en s'imposant avec autorité et toute autre question matériellement semblable pourra être traitée de manière identique avec dispense de saisine des juridictions internes mais le juge national pourra toujours en cas de faits nouveaux, porter une affaire devant la Cour communautaire même si une telle question a été déjà tranchée.[384]

À cet égard, une divergence d'approche est perceptible avec l'article 94 du Règlement de procédure du COMESA qui emprunte une voie moins usitée : « Lorsqu'une question posée à titre préjudiciel est manifestement identique à une question sur laquelle la Cour a déjà statué, elle peut, après avoir informé la juridiction de renvoi et après avoir entendu les intéressés visés aux Articles 30 du Traité et 93 du présent Règlement, statuer par voie d'ordonnance motivée comportant référence à l'arrêt précédent ».

Pour préserver au maximum la souveraineté des États, seules les juridictions nationales statuant en dernier ressort sont assujetties à l'obligation de saisir la Cour. La CJCE avait justifié cette procédure ainsi dans l'arrêt C.I.L.F.I.T. « Il faut d'abord tenir compte du fait que les textes de droit communautaire sont rédigées en plusieurs langues (...). Il faut noter ensuite, même en cas de concordance exacte des versions linguistiques, que le droit communautaire

[383] BLUMANN, Claude, Louis DUBOUIS (2005). *Droit institutionnel de l'Union Européenne. op. cit.*, § 843.

[384] CJCE, Aff. 28 à 30/62, du 27 mars 1963, Da Costa, Rec. p. 35.

utilise une terminologie qui lui est propre (…). Enfin, chaque disposition de droit communautaire doit être replacée dans son contexte et interprétée à la lumière de l'ensemble des dispositions de ce droit… »[385].

Dans le cadre des OCA, on ne manquera pas de souligner l'existence au moins textuelle de cette procédure au niveau des Cours de la CEDEAO, de la CEMAC, de l'UEMOA, du COMESA. La saisine de ces juridictions est dévolue exclusivement aux Cours et tribunaux internes, c'est-à-dire à « des autorités nationales à fonction juridictionnelle » selon l'expression retenue par le Protocole additionnel n ° I sur les organes de contrôle de l'UEMOA dont l'approche du renvoi préjudiciel est la suivante : « La Cour de justice statue à titre préjudiciel sur l'interprétation du Traité de l'Union, sur la légalité et l'interprétation des actes pris par les organes de l'Union, sur la légalité et l'interprétation des statuts des organismes créés par un acte du Conseil, quand une juridiction nationale ou une autorité à fonction juridictionnelle est appelée à en connaître à l'occasion d'un litige.

Les juridictions nationales statuant en dernier ressort sont tenues de saisir la Cour de justice. La saisine de la Cour de justice par les autres juridictions nationales ou les autorités à fonction juridictionnelle est facultative »[386]. L'interprétation de la Cour a valeur décisoire et son inobservation par l'État l'expose à un recours en manquement (art.13 dudit Protocole). La Cour dispose, à la demande de la Commission, de pouvoirs renforcés en cas de constat du « fonctionnement insuffisant » de cette procédure dans un État membre conduisant à des « interprétations erronées » avec la possibilité de rectifier en notifiant « à la juridiction supérieure de l'État membre un arrêt établissant les interprétations exactes » (art.14).

Aussi le Protocole de 2005 de la CEDEAO donne un pouvoir discrétionnaire pour les juridictions nationales ou une des parties à un différend devant elles, de demander une interprétation préjudicielle à la Cour de justice de la Communauté[387].

L'art.48, b de l'Acte additionnel portant statuts de la Chambre judiciaire de la Cour de la CEMAC permet à cette dernière de connaître « des recours directs ou préjudiciels en interprétation des actes juridiques, des Traités, conventions et autres textes subséquents de la CEMAC »[388]. La question préjudicielle peut être soulevée, soit devant une juridiction nationale ou un organisme à fonction juridictionnelle statuant avec possibilité de recours interne, qui peut, si c'est nécessaire, saisir la Chambre judiciaire ; soit devant la juridiction nationale ou un organe à fonction juridictionnelle, statuant en dernier ressort qui est alors

---

385 CJCE, Aff. 283/81, du 6 octobre 1982, CILFIT, Rec. p. 3415.

386 Art.12 du Protocole. Voir, H.A.Djiga, Guide des procédures devant la Cour de justice de l'UEMOA, *op. cit.*, p. 27.

387 Art.10, f du Protocole de 1991 amendé par le Protocole du 19 janvier 2005.

388 KAMWE, Mouaffo « Le renvoi préjudiciel devant la cour de justice de la CEMAC ». www.legavox.fr (consulté le 16.06.2014).

tenue de saisir la Chambre[389]. Il va de soi que dans ce dernier cas, l'arrêt préjudiciel s'impose au juge de renvoi et à toutes les autorités administratives et juridictionnelles des États membres. Son inobservation expose l'État membre à un recours en appréciation de légalité (art.4 et 18 de la Convention précitée)[390]. Le renvoi préjudiciel obéit à un double mode opératoire selon les cas de saisine obligatoire ou facultatif de la COMESACJ par les tribunaux internes, à la lecture des deux paragraphes de l'art.30 du Traité :

« 1. Lorsqu'une affaire est soumise à une cour ou à un tribunal d'un État membre sur l'application ou l'interprétation du présent Traité, ou sur la validité d'une réglementation, d'une directive ou d'une décision du Marché commun, cette cour ou ce tribunal, s'il estime qu'une décision est nécessaire sur cette affaire pour lui permettre de prononcer son arrêt, peut demander à la Cour de prendre une décision préliminaire sur cette affaire.

2. Lorsqu'une question telle que celle dont mention au paragraphe 1 du présent article est soulevée dans un litige ouvert auprès d'une cour ou d'un tribunal d'un État membre, et que le jugement de cette cour ou de ce tribunal est sans appel ou sans autre solution judiciaire possible dans la législation nationale de cet État membre, cette cour ou ce tribunal doit renvoyer cette affaire à la Cour ».

Le recours en carence vise à contrer l'inertie des institutions communautaires. Il n'est évoqué ici, qu'à titre informatif puisque la plupart des O.C.A ont fait une impasse sur cette procédure.

Dans le cadre de l'art. 232 du Traité sur les Communautés européennes, l'imposition de prendre certaines décisions (règlement, directive, décision) dans certaines conditions, implique juridiquement en cas d'abstention, que les États membres, les autres institutions de l'Union, les personnes physiques ou des entreprises (si elles en sont destinataires, concernées directement et individuellement) puissent saisir la Cour pour faire déclarer officiellement que cette inaction de l'institution mise en cause (Conseil ou Commission ou Parlement européen ou Banque centrale européenne) est contraire au droit communautaire.

Si l'institution défaillante, mise en demeure d'agir, s'abstient de le faire dans un délai de deux mois (phase précontentieuse), la juridiction communautaire pourra être saisie dans un nouveau délai de deux mois (phase contentieuse). Si cette dernière constate la carence, l'arrêt rendu aura un effet déclaratoire et l'institution fautive devra l'exécuter, sinon sa responsabilité pourra être engagée.

---

389 Art. 17 de la Convention régissant la Cour de justice de la CEMAC. Ces deux hypothèses sont également prévues par l'art. 30 du Traité du COMESA.

390 Voir son premier arrêt préjudiciel, arrêt n° 001 /CJ/CEMAC/CJ/10-11 du 25 novembre 2010, *affaire École Inter-états des douanes c/Djeukam Michel.*www.revue.ersuma.org/no-1-juin-2012/jurisprudence. ; voir aussi J. Bipele Kemfouedio, « Droit communautaire d'Afrique centrale et Constitutions des États membres : la querelle de la primauté. », Annales de la FSJP de l'Université de Dschang, tome 13, 2009, p. 109.

Selon Joe Verhoeven, « ce recours en carence est en quelque sorte un avatar du recours en annulation dans la mesure où il permet d'obtenir la nullité d'une décision — implicite — de refus d'agir… Cela étant, la constatation de la carence illégale ne s'accompagne pas de mesures contraignantes qui permettraient à la Cour soit de se substituer à l'autorité défaillante, soit de forcer celle-ci à prendre les mesures qu'elle est demeurée en défaut d'adopter »[391]. On soulignera l'approche intéressante du COMESA dont le SG est tenu de s'informer régulièrement de l'exécution des textes communautaires par les États membres, de les rappeler à l'ordre et d'en faire rapport à la CEG en cas de défaut d'application.

Cette procédure est le signe d'une démocratie faisant activement participer les citoyens à l'œuvre communautaire en les érigeant en gardiens du processus d'intégration. Par suite, ce type de recours a le mérite de renforcer la notion de citoyenneté communautaire en en densifiant la teneur. Il a également un effet d'entraînement en extirpant les organes d'une torpeur trop souvent remarquée. Il va de soi qu'une telle procédure nécessite un encadrement étroit pour éviter les saisines abusives de la part des titulaires du *locus standi.* Sans doute, l'avenir du contentieux communautaire africain[392] devra-t-il aller dans ce sens au fur et à mesure des étapes franchies dans la voie de l'intégration.

• **Le contentieux de l'annulation** est ouvert contre un acte « illégal » d'une institution communautaire. Largement inspiré du contentieux administratif de droit interne, ce recours permet à un requérant de solliciter l'annulation d'un acte pris par une institution communautaire, motif pris de son absence de conformité avec les textes pertinents de l'O.C.A.

Selon l'art.15.2 du Règlement de procédures de la Cour de justice de l'UEMOA « Le recours en appréciation de légalité est dirigé contre les actes communautaires obligatoires : les règlements, les directives ainsi que les décisions individuelles prises par le Conseil et la Commission. Ce recours est ouvert à toute personne physique ou morale contre tout acte d'un organe de l'Union faisant grief… ». Ce recours, qui n'est pas suspensif, est donc exercé à l'encontre d'un acte communautaire qui produit des effets de droit, c'est-à-dire créant, modifiant ou imposant des doits et obligations, ce qui exclut les actes ne faisant pas grief comme les mesures d'ordre intérieur, les actes préparatoires[393]

---

391 VERHOEVEN, Joe (2001). *Droit de la Communauté européenne.* Bruxelles : De Boeck et Larcier : 501.

392 KAMTO, Maurice (1998). *« Les Cours de Justice des Communautés et des Organisations d'intégration économique Africaines » Annuaire Africain de Droit International.* vol.6 : 107 ; IBRIGA, Luc Marius, « Compétences des cours de justice des communautés africaines » *in Intégration économique et exercice du métier d'avocat, Cotonou, Bénin.* Séminaire organisé par l'UIA en collaboration avec l'Ordre des Avocats du Bénin. www.uianet.org (consulté le 06 juin 2014).

393 La jurisprudence européenne en offre une illustration en s'en tenant aux actes fixant définitivement la position adoptée par l'institution, CJCE, 11 novembre 1981, *IBM contre Commission,* Aff.60/82, Rec. CJCE, p. 2639.

ou encore les avis, les recommandations et les actes purement confirmatifs. Ce recours ne saurait également prospérer à l'encontre des Traités communautaires et des accords internationaux conclus par l'O.C.A, sauf application de la théorie des actes détachables, ex : décision du Conseil ou de la Commission de conclure un accord avec un pays tiers[394].

À l'inverse, sont attaquables les actes émanant de l'O.CA., y compris les décisions des cours de justice ou des comptes[395], les actes de parlements investis de pouvoir de décision[396] ou d'une autorité déléguée par une institution communautaire s'ils font grief[397]. Comme pour le recours pour excès de pouvoir en droit francophone, les cas d'ouverture sont : l'incompétence de l'auteur, le vice de forme ou de procédure, la violation directe (des Traités), le détournement de pouvoir.

On peut déterminer, ici deux catégories de requérants : d'une part les requérants privilégiés (États, Conseil, Commission) qui n'ont pas, en principe, à justifier d'un intérêt à agir et d'autre part les autres requérants (personnes physiques ou morales, destinataires ou non de la décision). Ces dernières devront avoir à la fois la qualité pour agir, par la possession des attributs nécessaires pour ester en justice et l'intérêt à agir, du fait de l'atteinte aux intérêts nés, actuels et directs de la personne concernée et pour les autres particuliers, une atteinte individuelle de l'acte communautaire à leurs droits. En effet, selon une jurisprudence bien affirmée : « Les sujets autres que les destinataires d'une décision ne sauraient prétendre être concernés individuellement que si cette décision les atteint en raison de certaines qualités qui leur sont particulières ou d'une situation de fait qui leur caractérise par rapport à toute autre personne et de ce fait les individualise d'une manière analogue à celle du destinataire »[398].

Le recours en annulation est ouvert dans le cadre de la CEDEAO, de la CEMAC, de l'UEMOA, du COMESA et de la SADC aux États membres, au Conseil et à la Commission pour l'appréciation de la légalité des Règlements, Directives et Décisions communautaires et à toute personne physique ou morale contre tout acte communautaire lui faisant grief[399] après épuisement des voies de

[394] CJCE, 9 août 1994, *France contre Commission*, Rec. CJCE, p. I-3641.

[395] CJCE, 11 mai 1989, *Maurissen*, Aff.194/87, Rec. p. 1045.

[396] CJCE, 23avil 1986, *Les Verts c /Parlement*.

[397] Selon la CJCE, dans les affaires 22/70 AETR et 60/81 *IBM*, les actes faisant grief sont « les mesures produisant des effets juridiques obligatoires de nature à affecter les intérêts du requérant, en modifiant de façon caractérisée la situation juridique de celui-ci ».

[398] CJCE, 15 juillet 1963, *Plaumann, Aff.25/69*, Rec. p. 197.

[399] Art.8 à 10 du Protocole additionnel I sur les organes de contrôle de l'UEMOA ; art.25 et 26 du Traité du COMESA ; art .14 de la Convention régissant la Cour de justice de la CEMAC ; art.15 du Protocole sur le Tribunal de la SADC ; art. 9, b et c du Protocole sur la Cour de justice de la CEDEAO de 2005.

recours internes[400], à l'exclusion des Actes Additionnels et Protocoles additionnels[401], dans un délai de deux mois après publication de la décision ou notification à l'intéressé ou au jour de sa connaissance ou sans délai[402].

Si la Cour accueille un des moyens invoqués, elle peut déclarer l'acte litigieux, nul et non avenu. L'annulation peut être partielle ou totale et l'organe, dont l'acte est annulé, devra se conformer à l'arrêt de la Cour (UEMOA, CEMAC). Si une institution continue à utiliser l'acte annulé, d'autres recours pourront être intentés.

Une innovation est à noter dans le cas du COMESA dont le Traité autorise la saisine de l'État membre (art.24) du Secrétaire général (art.25) et de toute personne physique ou morale (art.26) pour l'appréciation de la légalité de tout acte, réglementation, directive ou décision du Conseil.

• **Le contentieux de l'éviction :** Il s'agit de recours visant à porter la contestation de l'application d'une norme communautaire devant la Cour de l'O.C.A. Ce contentieux se ramifie en deux types de recours : l'exception d'illégalité et le renvoi préjudiciel en appréciation de validité.

• **L'exception d'illégalité** est une voie de droit par laquelle une partie à un litige soulève, au cours d'un procès devant le juge communautaire, l'illégalité d'un acte communautaire et demande son inapplicabilité en l'espèce, même après le délai de deux mois. C'est une procédure incidente qui se greffe à un recours principal et qui ne s'analyse pas comme une procédure de renvoi préjudiciel[403]. Comme l'a précisé l'art. 11 du Protocole additionnel n °1 de l'UEMOA « Toute partie peut, à l'occasion d'un litige, soulever l'exception d'illégalité à l'encontre d'un acte du Conseil ou de la Commission, nonobstant l'expiration du délai mentionné à l'article 8 alinéa 3 ».

Selon l'art. 14 § 2 de la Convention régissant la Cour de justice de la CEMAC, cette dernière statue sur l'exception d'illégalité d'un acte juridique d'un État membre ou d'un organe de la CEMAC à l'occasion d'un litige pendant devant elle. On peut la considérer comme un substitut du recours en annulation, du fait qu'elle offre au plaignant forclos pour n'avoir pas respecté le délai du recours en annulation, la possibilité d'exciper de l'illégalité de l'acte ou de la norme qu'on veut lui appliquer, au motif exceptionnel de son inapplicabilité à son égard.

---

[400] Art.15 du Protocole sur le Tribunal de la SADC insiste sur cette condition et sur la possibilité d'intenter une action en cas d'incapacité d'accéder aux juridictions nationales.

[401] Cf. ISSA-SAYEGH, Joseph « La production normative de l'UEMOA. Essai d'un bilan et de perspectives ». www.ohadata. D-03-18.

[402] Le recours est souvent enfermé dans un délai franc de deux mois avec début de computation le lendemain du jour de déclenchement (*dies ad quo)* et clôture le lendemain du jour de l'échéance (*dies ad quem)*.
L'article 9 du Protocole de 2005 de la CEDEAO ne prévoit aucun délai d'action.

[403] Voir sur la distinction, CJCE, *Nachi Europe Gmbh*, arrêt 15 février 2001, aff. 239/99, Rec. p. I-197.

Le requérant peut invoquer à l'appui de son recours les mêmes moyens que dans le cadre du recours en annulation. Les requérants, non privilégiés ou ordinaires, doivent justifier d'un intérêt suffisant pour attaquer à tout moment l'acte communautaire. Les conséquences du recours, en cas d'illégalité de l'acte juridique communautaire, consistent non pas en l'annulation mais plutôt à la reconnaissance de son inapplicabilité en l'espèce. Le jugement constatant l'illégalité n'est revêtu de la valeur de chose jugée qu'entre les parties. Cependant, pour prévenir de nouveaux recours, l'auteur de l'acte devra le retirer, le modifier ou être tenu à indemnisation pour tout préjudice qui découlerait de la continuation de son application.

Le renvoi préjudiciel pour appréciation de validité permet aux juridictions nationales d'interroger la Cour communautaire sur le point de savoir si une disposition du droit communautaire dérivé applicable dans un litige est conforme aux règles hiérarchiquement supérieures. Selon l'Arrêt Foto-Frost, les juridictions nationales peuvent examiner la validité d'un acte communautaire et si elles n'estiment pas fondés les moyens d'invalidité que les parties invoquent devant elles, rejeter ces moyens en concluant que l'acte est pleinement valide. En effet, en agissant de la sorte, elles ne mettent pas en cause l'existence de l'acte communautaire. En revanche, elles n'ont pas le pouvoir de déclarer invalides les actes des institutions communautaires[404]. Il y a là un rôle centralisateur exercé par les juridictions communautaires qui ont la prérogative de confirmer ou d'infirmer la validité de l'acte sans avoir à l'annuler. Cette question de juge national à juge communautaire amène cette dernière, au regard de tous les éléments mis à sa disposition, à donner son appréciation.

Si l'acte est invalide, le juge de renvoi ne doit pas l'appliquer au litige. La décision a une portée générale, un effet rétroactif (sauf limitation temporelle prononcée par le juge international). Si l'acte n'est pas invalidé, le juge de renvoi poursuit l'instance sans désemparer.

Il s'agit en réalité, moins d'une procédure contentieuse, que d'une institutionnalisation d'un dialogue entre les juges à l'occasion d'une procédure incidente. L'art. 12 précité du protocole I sur les organes de l'UEMOA prévoit à la fois le renvoi préjudiciel pour interprétation et le renvoi préjudiciel pour appréciation de validité. Ce traitement conjoint est également observé au niveau de l'art. 15 § 6 du Règlement de procédures de la Cour de justice de l'UEMOA : « Lorsqu'un problème d'interprétation du Traité de l'Union, de la légalité et d'interprétation des actes pris par les organes de l'Union, de la légalité et d'interprétation des statuts des organismes créés par acte du Conseil, se pose devant une juridiction nationale dont les décisions sont susceptibles de recours, cette juridiction peut, si elle l'estime nécessaire, poser des questions préjudicielles à l a Cour.

[404] CJCE, Aff. 314/85, Rec.1987, 4199 ; cf. Sean Van Raepenbusch, Droit institutionnel de l'Union et des Communautés Européennes, 4e édition, De Boeck Université, 2004.

Lorsqu'une question de même nature est soulevée devant une juridiction nationale statuant en dernier ressort, celle-ci est obligée de saisir la Cour. »

L'article 17 de la Convention sur la Cour de justice de la CEMAC abonde dans ce sens, puisque la chambre « statue à titre préjudiciel sur l'interprétation du Traité de la CEMAC et des Textes subséquents, sur la légalité et l'interprétation des Statuts et des Actes des organes de la CEMAC, quand une juridiction nationale ou un organisme à fonction juridictionnelle est appelé à en connaître à l'occasion d'un litige. En outre, chaque fois qu'une juridiction nationale ou un organisme à fonction juridictionnelle saisi de questions de droit ci-dessus doit statuer en dernier ressort, il est tenu de saisir préalablement la Chambre Judiciaire. Cette saisine devient facultative lorsque la juridiction nationale ou l'organisme à fonction juridictionnelle doit statuer à charge d'appel ».

La Cour de justice de la CEDEAO ne connaît *proprio motu* que le renvoi préjudiciel pour interprétation, sur saisine des juridictions nationales ou les parties à un différend devant elles. (art.10 nouveau du Protocole sur la Cour)

On ne manquera pas de souligner la particularité des recours de l'OHADA. Ici, la CCJA saisie d'un recours en cassation, se prononce sur toutes les décisions rendues, en dernier ressort sur le plan national, dans toutes les affaires soulevant des questions relatives à l'application des Actes Uniformes et des Règlements[405]. L'art. 14 al. 3du Traité et l'art.28 du Règlement de procédure confient à la CCJA le traitement des questions relatives à l'application des Actes uniformes et des Règlements prévus au Traité[406]. En cas de saisine directe par une partie à l'instance, celle-ci doit obligatoirement s'attacher le ministère d'un avocat, déposer sa requête au greffe dans un délai de deux mois de la signification de la décision attaquée. La requête doit contenir des indications relatives aux noms et domicile du requérant et des autres parties devant la juridiction nationale et de leur avocat, les conclusions du requérant et les moyens invoqués à l'appui de ces conclusions, la copie de la décision de la juridiction, l'élection de domicile à Abidjan et la désignation de la personne habilitée à recevoir toutes les injonctions.

En cas de cassation, la CCJA évoque l'affaire (art.14 § 5) et statue sans renvoi. Elle unifie ainsi la jurisprudence. La Cour peut réformer les décisions des juges du fond[407], car « les États signataires du Traité ont entendu faire de la

---

[405] Voir CCJA, n° 002/2003, 30 janvier 2003, *Affaire Société Delmas Vieljeux Côte d'Ivoire contre CIVEXIM,* Rec. OHADA, n° 1, janvier-juin 2003, p. 36 : cassation de l'ordonnance du 1er février 2002 de la juridiction présidentielle de Cote d'ivoire.

[406] Voir CCJA, n° 006/2001, 11 octobre 2001 *Affaire S.A Aminou et Cie et Mahaman Bello c. CCEI Bank ; CCJA, n° 005/2001, 10 janvier 2002, Affaire SOCINCAM contre Société Pierson Meunier Cameroun ; CCJA, n° 046/2005, 7 juillet 2005, Affaire Établissements Soules &Cie c. Société Négoce & Distribution dite N & D et Continental Bank Benin.* www.ohada.com

[407] Cf. *CCJA n° 013/2002 ,18 avril 2002, Affaire BICICI c. Dioum Mbandy ; CCJA, n° 012/2002, 18 avril 2002, Affaire Société Palmafrique c. Etienne Konan Bally Kouakou.*

Cour commune de justice et d'arbitrage une sorte de conseil de sages à l'africaine dont les décisions s'imposent à l'ensemble des États Parties au Traité OHADA »[408]. Il en appert que même « les Cours suprêmes nationales n'échappent pas non plus à son autorité puisqu'elles sont tenues de respecter sa compétence d'attribution »[409].

La CCJA peut être saisie sur renvoi préjudiciel d'une juridiction nationale saisie à tort d'un recours de cassation, dans une affaire relevant de la compétence de la Cour supranationale (art. 15). Dans ce cas, la juridiction nationale, du fait de l'effet suspensif de la saisine (art.16), transmet à la Cour l'ensemble du dossier avec copie de la décision de renvoi et les parties, avisées de cette transmission, disposent de trois mois à compter de la réception de la lettre pour faire leurs observations.

De même, lorsqu'une juridiction nationale de cassation a méconnu la compétence de la CCJA, toute partie peut la saisir si elle avait soulevé l'incompétence de la juridiction nationale dans l'instance antérieure (art. 18 du Traité).

Selon la CCJA, « il résulte de l'analyse des dispositions sus énoncées que la Cour de céans ne peut être saisie d'un recours dirigé contre une décision rendue par une juridiction nationale statuant en cassation, en application de l'article 18 susvisé, qu'à la condition que l'incompétence de ladite juridiction nationale ait été soulevée au préalable devant celle-ci »[410].

Juge de sa compétence, la CCJA devra être saisie par toute Partie dans un délai de deux mois suivant la notification de la décision contestée. Ce recours peut conduire la Cour à déclarer nul et non avenu l'arrêt[411] de la juridiction nationale, sinon elle infirmera sa compétence[412]. La Cour interprète son arrêt en cas de contestation, sur le sens ou la portée du dispositif, sur saisine de toute partie à l'instance. Un recours en révision est possible en cas de découverte de faits nouveaux.

• **Le contentieux de la pleine juridiction** : Ces recours de plein contentieux, qui peuvent se traduire non seulement par une annulation de l'acte mais aussi par le paiement d'une indemnité, comprennent les litiges entre l'Organisation et ses agents, le recours en responsabilité et le contentieux de la répression.

---

408 KENFACK DOUAJNI, Gaston (1998). « Les conditions de création dans l'espace OHADA d'un environnement juridiction favorable au développement ». *RJPIC* : 44.

409 FEVILIYE-DAWEY, C. Inés (2014). « La problématique de l'interprétation et de l'application d'un droit commun : l'exemple du droit des affaires en Afrique francophone ». Penant : 136.

410 *CCJA, n° 009/2003,24 avril 2003, Affaire Hyjazi Samih c. Dagier Habib Roland et Madame Dagher May dite Faghali.*

411 *CCJA, n° 010/2004, 26 février 2004 Affaire Me Tonye Arlette c. BICEC ;*

412 *CCJA, n° 014/2004, 18 mars 2004, Affaire Société Berdam International c .BIAO ; CCJA, n° 004/2003, 27 mars 2003, Affaire Fofana Mamadou c. Potey Pah Blaise.*

Le recours en responsabilité se divise en responsabilité contractuelle et en responsabilité extracontractuelle. Le recours en responsabilité contractuelle permet de réparer les préjudices nés de l'exécution de contrats auxquels l'organisation communautaire est partie, à la condition de l'inclusion d'une clause compromissoire relative à la compétence de la juridiction communautaire.

Le recours en responsabilité extracontractuelle vise à réparer les dommages causés par les institutions communautaires ou par leurs agents dans l'exercice de leurs fonctions. En principe, toute personne physique ou morale, possédant un intérêt légitime, peut intenter ce recours. En outre, le dommage peut consister en des normes violatrices[413] ou des comportements illégaux[414] traduisant l'existence d'un lien de causalité entre la violation de la règle de droit communautaire et le préjudice invoqué[415]. Le préjudice doit être réel, certain, matériel ou moral, actuel ou futur et la réparation englobe le *damnum emergens* (perte subie) et le *lucrum cessans* (manque à gagner).

Ce recours contre les dommages causés par les organes (du fait de leurs agissements matériels ou de leurs actes normatifs) ou les agents des institutions communautaires (actions ou omissions) dans l'exercice de leurs fonctions existe dans le cadre de l'UEMOA[416], où la Cour de justice a compétence de pleine juridiction (quand la Commission exerce un pouvoir de sanction) et dans ce cas, elle peut « modifier ou annuler les décisions, réduire ou augmenter le montant des amendes et des astreintes ou imposer des obligations particulières » (art. 31 du Règlement n° 3/2002/CM).

Il est également visé par le nouvel art. 9 § 1, g et § 2 du Protocole sur la Cour de justice de la CEDEAO, en ce qui concerne « les actions en réparation des dommages causés par une institution de la Communauté ou un agent de celle-ci pour tout acte commis ou toute omission dans l'exercice de ses fonctions », c'est-à-dire pour « … la réparation du préjudice causé, soit par des agissements matériels, soit par des actes normatifs des Institutions de la Communauté ou de ses agents dans l'exercice ou à l'occasion de l'exercice de leurs fonctions ».

La Convention régissant la Cour de justice de la CEMAC, aménage cette voie de droit. La Cour, en vertu de l'art.20 de ladite Convention « connaît, en dernier ressort, des litiges relatifs à la réparation des dommages causés par les Organes et Institutions de la Communauté ou par les agents de celle-ci dans l'exercice de leurs fonctions. Elle statue en tenant compte des principes généraux de droit qui sont communs aux droits des États membres ».

---

[413] Actes normatifs « violation suffisamment caractérisée d'une règle de droit supérieure protégeant les particuliers », CJCE, Aff. 5/71 *Zuckerfabrik*.

[414] Existence d'un dommage révélant « l'illégalité du comportement des institutions », CJCE, Aff. 4/69 *Lutticke*.

[415] CJCE, Aff. T-168/94 *Blackspur*.

[416] Art. 15 du Protocole I sur les organes de contrôle, art .27 de ses Statuts et art. 15 § 5 du Règlement de procédure.

Les recours des agents contre les organisations communautaires offrent à ceux-ci la possibilité d'ester en justice pour défendre leurs droits de fonctionnaires ou leurs droits contractuels d'agents non fonctionnaires. Aussi peut-on noter à l'art. 4 de la Convention sur la Cour de justice de la CEMAC qu'« Elle est juge, en premier et dernier ressort, des litiges nés entre la C.E.M.A.C. et les Agents des Institutions de la Communauté, à l'exception de ceux régis par des contrats de droit local. ».La Cour de l'UEMOA (art.15§4 de son Règlement) et celle de la CEDEAO (art.9 § 1, f du Protocole) s'inscrivent dans le même registre en organisant la procédure de résolution des litiges entre le personnel et l'O.C.A. L'adoption de ce type de recours est une des options les plus partagées par les O.C.A, à l'instar de l'art.27 du Traité du COMESA qui énonce :

> « 1. La Cour de justice est compétente pour connaître des différends surgissant entre le Marché commun et ses fonctionnaires au sujet de l'application et de l'interprétation du Règlement du personnel du Secrétariat, ou au sujet des conditions de service des fonctionnaires du Marché commun.
>
> 2. La Cour de justice est compétente pour connaître de toute revendication d'une personne quelconque contre le Marché commun ou ses institutions pour des actes posés par leurs agents dans l'exercice de leurs fonctions »[417].

Ainsi, dans l'affaire *Martin Ogang, c. Banque de l'Afrique de l'est et de l'Afrique australe pour le commerce et le développement (Banque de la ZEP) et Michael* Gondwe, son organe juridictionnel rejette comme infondés les arguments du requérant, ancien Directeur de ladite Banque, qui attaquait la résolution du Conseil d'administration qui le suspendait de ses fonctions sur la base d'allégations d'irrégularités financières et nommait Michael Gondwe comme Président par intérim[418]. Auparavant, la Banque de la ZEP et Michael Gondwe avaient soulevé des exceptions préliminaires aux requêtes de Mr. Ogang pour solliciter des ordonnances de sursis du fait de l'absence de base légale de celles-ci et par suite, l'incompétence de la Cour. La Cour va réaffirmer sa compétence en précisant que la Banque est « un organe du Marché commun dont les Statuts sont subordonnés au Traité qui donne compétence à cette Cour sur tous les organes et institutions du Marché commun, y compris leurs employés »[419]. Cette affaire connaitra de nombreux rebondissements. La Cour avait même auparavant déclaré irrecevable dans un arrêt du 10 octobre 2001 la demande de révision de l'arrêt du 29 mars pour absence de faits nouveaux ou de faute substantielle pouvant affecter sur le fond la décision antérieure. Enfin, elle

---

[417] Cf. art. 19 du Protocole sur le Tribunal de la SADC (différends entre la Communauté et le personnel sur les conditions d'emploi).

[418] Affaires n° 1 A/2000 et 1 C/2000, arrêt du 30 mars 2001.

[419] Affaire 1 D/2000, *Banque de la ZEP et Michael Gondwe c. Martin Ogang*, arrêt du 29 mars 2001.

décide le rejet d'une requête lui demandant de prescrire des mesures d'instruction (*affaire ZEP c. Martin Ogang, arrêt du 21 octobre 2002*).

Dans le cadre de la CEMAC, le droit de la fonction publique communautaire a été maintes fois sollicité à l'occasion d'affaires portées devant la chambre judiciaire. Quelques décisions peuvent en illustrer la quintessence.

Ainsi dans l'affaire *Galbert*[420], la Chambre a subordonné la recevabilité de la requête d'un fonctionnaire de la CEMAC, au respect des dispositions du Règlement du personnel (08/99/UEAC-007-CM-02 du 18 aout 1999) qui prévoit la saisine préalable du Comité consultatif de discipline et après la décision implicite ou explicite de rejet de ce dernier.

Dans l'affaire *Thomas D. Kamga*[421], cet ex-Secrétaire exécutif de l'UDEAC, pressenti au poste de Secrétaire exécutif de la CEMAC sur recommandation du Conseil des Chefs d'État, a vu ses espérances anéanties, lorsque le Président de la CEG de la CEMAC a proposé une autre personne. La Chambre judiciaire saisie, va rejeter les arguments du demandeur au motif que la décision de l'ex-UDEAC n'était qu'une simple recommandation, guère susceptible de lier l'organe suprême de la CEMAC.

Dans l'affaire *Gozzo*[422], le requérant attaquait une institution spécialisée, la CEBEVIRHA du fait que rappelé par son Administration nationale d'origine, il n'avait pas été convenablement dédommagé. La Chambre judiciaire le suivra dans ses arguments en ordonnant le paiement du reliquat de la somme due.

Dans l'affaire *AFISCO*[423], un cabinet d'architectes, qui contestait les résultats proclamés par le jury du concours d'architecture organisé par la CEBEVIRHA, a vu la Cour se déclarer incompétente, pour statuer sur l'affaire, en raison du règlement du concours qui n'admettait que le seul recours à la CEBEVIRHA.

Dans l'affaire *Amity Bank*[424], la Cour accueillait favorablement la demande d'intervention de la susnommée, au motif pris « qu'une personne non appelée ni représentée, à une instance judiciaire entre d'autres personnes, peut estimer à bon droit avoir intérêt à y être présent ».

Dans l'affaire Tasha Loweh[425], le requérant estimait avoir été irrégulièrement révoqué de ses fonctions de Président de Conseil d'Administration d'Amity

---

[420] CEMAC, Cour de justice, Chambre judiciaire, arrêt n°001 /CJ/CEMAC/CJ/04 du 18 mars 2004, affaire *Galbert Abessolo Etoua c. CEMAC.*

[421] CEMAC, Cour de justice, Chambre judiciaire, arrêt n°004 /CJ/CEMAC/CJ/03 du 17 juillet 2003, affaire *Thomas Dakayi Kamga c. CEMAC.*

[422] CEMAC, Cour de justice, Chambre judiciaire, arrêt n°001 /CJ/CEMAC/CJ/03 du 20 février 2003, *affaire Gozzo Samuel Aaron c. CEBEVIRHA.*

[423] CEMAC, Cour de justice, Chambre judiciaire, arrêt n°007 /CJ/CEMAC/CJ/02 du 27 novembre 2002, affaire *AFISCO c. CEBEVIRHA.*

[424] CEMAC, Cour de justice, Chambre judiciaire, arrêt n° 005 /ADD/CJ/CEMAC/CJ/02 du 06 Juin 2002, *affaire Amity Bank Cameroun S.A. c. Tasha Loweh Lawrence.*

[425] CEMAC, Cour de justice, Chambre judiciaire, arrêt n° 001 /CJ/CEMAC/CJ/05 du 07 avril 2005, affaire *Tasha Loweh Lawrence c. CEMAC.*

Bank, après une mission de contrôle de la COBAC révélant de graves manquements dans sa gestion. La Cour va rejeter ses prétentions, faute de preuves et de lien de causalité entre la faute alléguée et le préjudice déclaré.

Le contentieux de la répression est rarement prévu dans les textes des O.CA. Sans doute conviendra-t-il de souligner l'existence du contentieux de la concurrence à l'UEMOA par lequel « La Cour peut être amenée à se prononcer sur les décisions et sanctions que la Commission a pu prendre contre des entreprises qui n'ont pas respecté le principe de la libre concurrence ou qui ont abusé de leur position dominante sur le marché de l'Union. Elle peut modifier ou amender de telles décisions, réduire ou augmenter le montant des amendes et des astreintes, opérer des constatations, imposer aux entreprises des obligations » (art.15 § 3 du Règlement de procédures de la Cour de justice).

• **Les autres contentieux.** Ils s'insèrent dans le prolongement des recours déjà décrits. Différents types de contentieux trouvent droit de cité à cet égard. On soulignera le développement de plus en plus important du règlement des différends interétatiques ou encore ceux relatifs aux Droits de l'Homme

Ainsi, la possibilité est offerte à un État membre d'ester en justice contre un autre État membre pour non respect du Droit communautaire ; ce qui peut emprunter soit la voie du recours en manquement mais aussi peut s'établir sur la base de tout autre **contentieux interétatique** pourvu qu'il ait été au préalable prévu dans une clause compromissoire ou introduit dans un compromis *ad hoc* pour un différend spécifique dépassant le cadre intégratif, attestant ainsi de la possibilité d'extension des compétences[426]. Quoique cette résolution de différends soit prévue dans les textes de ces OCA, il est très rare qu'un État membre en attrait un autre devant ces juridictions, préférant user de voies de médiation, tarissant à la source le litige avant qu'il n'atteigne le seuil critique de soumission aux tribunaux.

Il convient de relever l'originalité du Tribunal de la SADC dont la compétence en la matière s'articule à la fois autour de son Protocole créateur et de l'Annexe VI relative au Règlement des différends entre États membres de la SADC. Ce dernier texte décrit une procédure complexe, similaire à celle organisée dans le cadre de l'O.R.D de l'Organisation Mondiale du Commerce, faite de consultations, de panels pouvant déboucher en cas d'échec sur une décision obligatoire.

Par ailleurs, quelques novations sont décelables dans le cadre de la CEMAC avec la compétence assignée à la Cour.de juger en appel et en dernier ressort des litiges opposant la Commission Bancaire d'Afrique Centrale (COBAC) aux établissements de crédit assujettis[427].

---

[426] Art. 49 des Statuts de la Cour de Justice de la CEMAC, art. 9 du Protocole sur la Cour de justice de la CEDEAO, art.24 du Traité du COMESA, art.14 du Protocole sur le Tribunal de la SADC.
[427] Art.4 al. 3 de la Convention régissant la Cour.

Quant à la Cour de justice du COMESA, elle connaît des différends interétatiques comme dans l'affaire *Ethiopia vs. Eritrea,* dans laquelle le demandeur accusait le défendeur d'avoir confisqué les biens de ses ressortissants arrivés aux ports d'Assab et de Massawa. Cette affaire trouvera un heureux épilogue avec le désistement du demandeur à la suite de l'ouverture de négociations entre les deux États[428] .

La Cour de Justice de l'Afrique de l'Est, qui est l'instance judiciaire de la Communauté d'Afrique de l'Est (CAE), associe les rôles d'une cour de justice ainsi que celui d'une cour des droits de l'homme et d'appel. La Cour dispose aussi d'une juridiction pour l'interprétation et l'application du Traité de la Communauté.

Bien que la juridiction explicite en droits de l'homme de la cour reste à mettre en œuvre, cette dernière a été suffisamment courageuse pour garantir le respect des droits fondamentaux des individus au titre du traité. Les renvois à la cour peuvent être effectués par des personnes morales et physiques résidant dans tous les États membres, par les États membres de l'EAC (Eastern African Community, ou, CAE) et par le Secrétaire général de l'EAC. La cour siège temporairement à Arusha, Tanzanie[429].

• **Les voies de droit extraordinaires.** Il s'agit de procédures rapides, ou de procédures incidentes arrimées aux procédures principales.

On signalera :

- le **référé**[430] (procédure d'urgence par laquelle le requérant invoque l'éventualité d'un préjudice irréparable pour lui si la norme communautaire continuait à être appliquée ; l'arrêt de référé peut aboutir à des mesures provisoires ou conservatoires :

- les procédures de l'**intervention (**ici, une entité tierce à l'instance demande à participer au procès pendant, au motif d'un droit ou intérêt spécial à faire protéger et pouvant être atteint dans ce litige principal)[431] ;

---

428 *Affaire n°1/99, Ethiopia vs. Eritrea, arrêt du 21 mars 2001.*

429 Le Traité crée une Cour de Justice de l'Afrique de l'Est chargée de trancher les conflits, de donner des avis consultatifs ou de faire une appréciation ou de prononcer u n renvoi. Un État partie, le secrétaire général ou un individu peut saisir la Cour d'un recours en illégalité contre une Loi, une directive, une décision ou initiative d'une institution de la Communauté ou d'un État partenaire. La Cour a le pouvoir d'interpréter le Traité portant création de la Communauté de l'Afrique de l'Est. La Cour est compétente en première instance, en appel et dans le domaine des droits humains. Le requérant n'est donc pas tenu d'épuiser les voies de recours internes avant de saisir la Cour. Les juridictions internes sont habilitées à connaître des conflits relatifs à l'interprétation du Traité constitutif de la Communauté. La décision peut être rendue par la Cour en appel. Le Sommet élit les Juges, qui ont un mandat de sept ans. Les six premiers juges ont prêté serment le 30 novembre 2001.

430 Art.54 à 59 du Règlement de procédure et art.24 de la Convention régissant la Cour de la CEMAC.

431 Art.79al.2 du règlement de procédures de la Cour de justice de l'UEMOA.

- la **tierce opposition** (Ici, un tiers veut remettre en cause un arrêt déjà rendu par la Cour parce qu'il n'a pas été appelé, arrêt préjudiciable à ses droits ou intérêts)[432] **;**

- **le sursis à exécution** (procédure par laquelle une partie, sans attendre l'issue de la procédure au principal, sollicite la suspension de l'exécution d'une décision d'un organe communautaire qui lui porterait un préjudice grave et irréparable jusqu'à ce que le juge communautaire ait statué au fond)[433] ;

- la **révision** de l'arrêt (réouverture de la procédure en cas de découverte de faits nouveaux à l'influence déterminante et qui n'étaient pas connus de la Cour et de la demanderesse) ;

- et l'**interprétation** (pour préciser le sens ou la portée de l'arrêt déjà rendu)[434]**.**

Certaines OIA disposent d'organes arbitraux.

2. Organes arbitraux intégrés

Le Droit communautaire africain est demandeur de règles en la matière du fait de la rareté d'organes arbitraux dans les O.C.A. En dehors de l'OHADA, les autres OCA se limitent à en esquisser les grands contours[435].

Certes, l'article 22, de la Convention régissant la Cour de justice de la CEMAC, prévoit il, sans illusion, la possibilité de connaître de tout litige qui lui est soumis sur la base soit d'une clause compromissoire soit d'un compromis, ce qui, sous le bénéfice d'une interprétation extensive, pourrait ne pas exclure un arbitrage *ad hoc*.

Dans la même foulée, l'art.15 du Règlement de la Cour de l'UEMOA en évoque la possibilité en ces termes : « La Cour remplit également des fonctions d'arbitre en vertu d'un compromis établi par les États membres à l'occasion de la survenance d'un litige relatif à l'interprétation ou à l'application du Traité.

Les États parties au compromis y précisent la procédure applicable à leur litige »[436] .Là encore aucun précédent jurisprudentiel ne permet d'en vérifier la substance.

De son côté, la CEDEAO a le mérite de prévoir l'institution d'un tribunal arbitral conformément à l'art. 16 du Traité : « Il est créé un Tribunal d'arbitrage de la Communauté. Le statut, la composition, les pouvoirs, les règles de procédure et les autres questions relatives au Tribunal d'arbitrage sont énoncés dans un Protocole y afférent ». Ce Protocole n'étant pas encore signé, se pose la

---

[432] Art.81 du Règlement précité.

[433] Art.57du Règlement de la Cour de la CEMAC, art.72 du Règlement de la Cour de l'UEMOA

[434] Art. 85 du Règlement de la Cour de l'UEMOA

[435] Voir Protocole J de la CEAO. Le Protocole de l'OUA de 1964 avait également prévu en son art. 27 un Tribunal arbitral, qui ne verra jamais le jour.

[436] Art. 15 § 8 du règlement n° 01/96/CM du 5 juillet 1996 portant règlement de procédures de la Cour de justice de l'UEMOA.

question de savoir s'il ne risque pas d'y avoir un chevauchement avec les attributions de la Cour de Justice de la CEDEAO, voire comment les deux formations pourront coexister.

Mais cette équivoque peut être levée si la compréhension suivante de l'article 22, du Protocole d'Abuja de 1991 relatif à la Cour de justice de la Communauté, est retenue.

Intitulé « Exclusivité de compétence et acquiescement aux décisions de la Cour », cet article dispose : « Aucun différend relatif à l'interprétation ou à l'application des dispositions du Traité ne peut être soumis à un autre mode de règlement que celui prévu par le Traité ou le présent Protocole ». Or aux termes de l'article 76 du Traité, « … tout différend au sujet de leur interprétation ou de leur application [l'interprétation ou l'application du Traité et des Protocoles] est réglé à l'amiable par un accord direct entre les parties.

À défaut, le différend est porté par les parties, par tout État membre ou par la Conférence, devant la Cour de justice de la communauté dont la décision est exécutoire et sans appel ».

Quant à la COMESACJ, elle peut siéger en tant qu'instance arbitrale[437] sur la base soit d'une clause compromissoire inscrite dans un contrat auquel le COMESA ou une de ses institutions est partie (art. 28 § 1 du Traité) soit d'un accord spécial pour trancher des différends interétatiques (art. 28 § 2).

Mais c'est l'OHADA, qui s'est le plus illustrée dans ce domaine en affirmant, dés l'entame de son Préambule, la nécessité « de promouvoir l'arbitrage comme instrument de règlement des différends contractuels » par la mise en place de règles sûres, stables, prévisibles et connues.

L'arbitrage OHADA est une tentative de réaction au monopole d'instances arbitrales se déroulant en dehors du continent, même quand un État africain et une entreprise étrangère étaient concernés. Il existe un système d'arbitrage fondé d'une part sur un Acte Uniforme du 11 mars 1999 relatif à l'arbitrage (entré en vigueur le 15 mai 1999) et d'autre part, régi par les articles 21 à 25 du Traité OHADA et par son Règlement d'arbitrage du 21 mars 1999 pour les modalités procédurales[438].

Le premier texte régit l'arbitrage traditionnel dit *ad hoc* et les arbitrages sous les auspices de centres d'arbitrages comme la Cour d'Arbitrage de Côte d'Ivoire (CACI) ou le Centre d'Arbitrage, de Médiation et de Conciliation de la Chambre de commerce, d'industrie et d'agriculture de Dakar (CCIA). L'Acte

---

[437] Voir, *COMESACJ, Affaire 1/2002, Building Design Enterprise vs. COMESA, requête pour arbitrage, ordonnance du 18 octobre 2002.*

[438] Règlement d'arbitrage de la CCJA du 11 mars 1999 complété par la Décision n° 004/99/CCJA du 3 février 1999 relative aux frais d'arbitrage et par la Décision n° 04/99/CM du 12 mars 1999 portant approbation de la décision précédente et après avis de la CCJA du 9 décembre 1998, J.O. OHADA n°8, 15 mai 1999, p.2 et s. Par ailleurs, la CCJA dispose d'un règlement intérieur en matière d'arbitrage du 2 juin 1999.

Uniforme est le droit commun de l'arbitrage pour l'ensemble des États parties. Il expose les principes du droit de l'arbitrage et ses différentes phases : Convention d'arbitrage (clause compromissoire ou compromis), désignation des arbitres composant le Tribunal arbitral, déroulement de l'instance jusqu'à la sentence arbitrale qui devra être revêtue de l'*exequatur*. Trois voies de recours sont ouvertes contre la sentence : recours en annulation, recours en révision et tierce opposition.

Quant au deuxième texte, il institutionnalise davantage. Selon l'art. 21 du Traité « En application d'une clause compromissoire ou d'un compromis d'arbitrage, toute partie à un contrat, soit que l'une des parties ait son domicile ou sa résidence habituelle dans un des États parties, soit que le contrat soit exécuté ou à exécuter en tout ou partie sur le territoire d'un ou plusieurs États parties, peut soumettre un différend d'ordre contractuel à la procédure d'arbitrage prévue par le présent titre ».

Le champ d'application de cet arbitrage OHADA exclut les différends non contractuels tout en incluant les litiges nés de contrats commerciaux ou de contrats civils. Qu'il s'agisse d'une clause compromissoire (contenue dans un accord international énonçant que les litiges de telle ou telle catégorie devront ou pourront être soumis à l'arbitrage) ou d'un compromis d'arbitrage (spécifiant un différend que les parties conviennent bilatéralement de soumettre à l'arbitrage de la Cour), le recours au système de la CCJA n'est ouvert qu'à la condition, soit que le différend ait une attache territoriale avec l'OHADA (domicile ou résidence dans un des États membres, soit que le lieu d'exécution du contrat soit totalement ou partiellement sur le territoire d'un ou de plusieurs États membres[439].

L'art. 21 laisse aux parties la liberté de choisir la procédure qui sera appliquée : l'arbitrage OHADA, la loi nationale ou l'Acte Uniforme sur l'arbitrage. Cette procédure diffère des principes dégagés par les organismes d'intégration comme la Conférence Interafricaine du Marché des Assurances (CIMA) qui retire aux États signataires toute compétence nouvelle relative au droit des assurances[440] .

Dans le cadre de l'OHADA, le Tribunal arbitral est composé d'un nombre impair d'arbitres (un ou trois arbitres) choisis d'accord parties, ou à défaut sur la liste établie par la CCJA et mise à jour annuellement, avec cette précision que les juges de la Cour ne peuvent en être membres (art. 22 du Traité).

Une des règles classiques en matière d'arbitrage est ici reprise avec le dessaisissement de toute juridiction nationale des États membres à la demande de toute partie à l'instance et le renvoi à la procédure conventionnelle. Le projet

---

[439] Cf. AMOUSSOU-GUENOU, R (1996). « L'arbitrage dans le Traité relatif à l'harmonisation du droit des affaires en Afrique ». *RDAI* (3) : 321 ; P.G. Pougoué, J. M. Tchakoua et Alain Fénéon, Droit de l'arbitrage dans l'espace OHADA, Presses Universitaires d'Afrique, Yaoundé, 2000.

[440] Art. 43 et s. du Traité de la CIMA du 10 juillet 1992.

de sentence arbitrale est soumis à l'approbation préalable de la CCJA qui « ne peut proposer que des modifications de pure forme »[441]. L'autorité de la chose jugée s'attache à la sentence arbitrale sur le territoire des États membres. La reconnaissance de la sentence arbitrale n'écarte pas la possibilité de prononcer des mesures conservatoires.

Selon l'article premier §1er al.2 du Règlement d'arbitrage « La Cour exerce des compétences juridictionnelles qui lui sont attribuées par l'article 25 du Traité en matière d'autorité de chose jugée et d'*exequatur* des sentences rendues, dans sa formation contentieuse ordinaire et conformément à la procédure prévue par celle-ci » et l'art.10§5 dudit texte de préciser que « Sauf stipulation contraire, la convention d'arbitrage donne compétence à l'arbitre pour se prononcer sur toute demande provisoire ou conservatoire pendant le cours de la procédure d'arbitrage »[442]. Seule la CCJA peut accorder l'*exequatur*. Le refus ne peut intervenir que dans quatre hypothèses : inexistence ou inexécution de la convention d'arbitrage ; atteinte au principe du contradictoire ; violation par l'arbitre d'une règle d'ordre public ; intervention de l'arbitre hors des limites de sa mission. (art.25 du Traité). Dans la pratique, *l'exequatur* revêt la forme d'une attestation délivrée par le Secrétaire général et, selon l'art.31.2 du Règlement « au vu de la copie conforme de la sentence revêtue de l'attestation du Secrétaire général de la Cour, l'autorité nationale désignée par l'État pour lequel l'exequatur a été demandé, appose la formule exécutoire telle qu'elle est en vigueur dans ledit État ». Enfin, on relèvera l'existence de voies de recours contre la sentence organisées par le Règlement : recours en révision contre la reconnaissance de la sentence (art.29), recours en révision contre le refus de reconnaissance de la sentence (art.32) et tierce opposition (art.33).

Le contrôle démocratique des organes de l'OCA est réservé, parfois, à des organes parlementaires.

C. Les Parlements communautaires

Pour réaliser les objectifs communautaires, il est important de prévoir un organe censé représenter les intérêts des populations de l'espace à intégrer.

Dés lors que l'on aborde la question des parlements en dehors de l'ordre juridique interne, une série d'interrogations se pose relativement au nombre des parlementaires, à leur mode de recrutement, à leurs droits et obligations, à leurs privilèges, immunités et incompatibilités, à l'étendue et aux limites de leurs attributions et à la vitalité de ces institutions communautaires face à la prédominance des organes faîtiers intergouvernementaux

À cet égard, une précision liminaire s'impose pour retenir que si la plupart de ces parlements communautaires sont pour l'instant basés sur la représentation de

---

[441] Art. 24 du Traité OHADA.

[442] Pour plus de détails, voir KENFACK DOUAJNI, Gaston « Les mesures provisoires et conservatoires dans l'arbitrage OHADA ». *Revue Penant* (833) : 147-146.

parlements nationaux, leurs actes constitutifs n'en projettent pas moins de faire de l'élection prochaine, de ces députés au suffrage universel direct, une finalité.

Considérés souvent comme des organes de contrôle démocratique du bon déroulement du processus d'intégration, les parlements communautaires africains n'en exercent pas cependant toutes les virtualités puisqu'ils sont essentiellement confinés à des fonctions consultatives.

Cet état de fait contribue à les reléguer à l'arrière plan alors même que le modèle d'inspiration (le Parlement européen) a opéré sa mutation passant d'un parlement consultatif à un parlement plus étroitement associé aux décisions de l'Union.

S'agissant des parlements internationaux, une analogie par rapport aux parlements nationaux leur confère les vertus de la représentation de la volonté populaire, ou à tout le moins d'en être l'expression. Le Préambule de la Convention régissant le Parlement communautaire de la CEMAC signée à Yaoundé le 25 juin 2008, va dans ce sens, en soulignant que cet organe « représentant de l'ensemble des populations des États membres de la Communauté, constitue un instrument d'intégration, de promotion de la démocratie, de l'État de droit, des libertés et des droits fondamentaux ».

Dans la plupart des OCA qui disposent de ces organes plus ou moins parlementaires (UEMOA, CEDEAO, SADC, CAE, CEMAC), leur mise en place tardive dénote du caractère subsidiaire de leur rôle (vaguement énoncé dans le Traité constitutif et renvoyé pour le détail à des protocoles) ou d'une méfiance à leurs égards pour les États membres. Ainsi, bien que la CEDEAO ait été créée en 1975, il a fallu attendre l'adoption du Protocole du 6 août 1994, entré en vigueur le 14 mars 2000, pour voir la création de son Parlement qui sera inauguré les 16 et 17 novembre de la même année à Bamako (Mali).

Il s'y ajoute que les dispositions aménageant une période extensible (laissée à l'appréciation des Chefs d'État et de Gouvernement) de transition vers un parlement élu au suffrage universel direct, font perdurer la très forte impression d'une volonté d'immobilisme. Tels sont les cas du Comité Interparlementaire de l'UEMOA et de la Commission Interparlementaire de la CEMAC qui sont présentés comme des institutions transitoires.

Dans l'attente de la ratification du Traité de janvier 2003 (UEMOA) ou de la mise en place du futur Parlement communautaire (CEMAC), les « députés » sont désignés parmi les députés nationaux au sein de l'Assemblée nationale de chaque État membre »[443] ou de leurs organes législatifs[444].

Le Traité de 2003 fixe en son article 31 pour cette période transitoire, le choix de cinq députés par État et une Présidence du Comité par un Député

[443] Art.18 de la Convention régissant le Parlement communautaire de la CEMAC et art. 60 du Traité révisé de la CEMAC du 25 juin 2008.

[444] Art. 31 du Traité portant création du Parlement de l'UEMOA du 29 janvier 2003.

ressortissant de l'État qui assure la présidence de la Conférence des Chefs d'État et de Gouvernement.

Dans un registre voisin, la Convention précitée de la CEMAC prévoit une transition de cinq ans après son entrée en vigueur. Ce délai a été affiné par l'art. 1er de l'Acte Additionnel n° 17 qui précise péremptoirement : « Le Parlement Communautaire sera installé au cours du premier trimestre 2009 »[445]. À ce jour, force est de constater que ces Comité et Commission Interparlementaires subsistent et que l'avènement de véritables Parlements CEMAC ou UEMOA reste encore entouré d'une grande incertitude.

Par ailleurs, on ne saurait faire l'impasse sur le Forum Parlementaire de la SADC (FP-SADC) créé lors de la deuxième réunion consultative en mai 1995 à Windhoek et mis en place en 1996. Formellement, il ne s'agit pas d'un véritable Parlement mais d'un organisme autonome de la SADC qui se veut l'embryon d'un futur organe législatif régional et regroupant les quatorze (14) parlements des États membres de la SADC. Pour l'instant, en vue d'accélérer et de promouvoir la participation parlementaire au bénéfice des populations de la sous — région, son objectif principal est de susciter la réflexion en vue de trouver des solutions idoines à la pauvreté et à la vulnérabilité, à la crise énergétique et de faire face aux questions régionales telles le manque d'eau, la gouvernance transfrontière, les effets des changements climatiques, la pandémie du VIH/SIDA, l'observation électorale[446], les inondations et sécheresses. Le FP, composé de trois représentants désigné par chacun des Parlements membres[447], pour un mandat de cinq ans, se réunit deux fois par an..Le Secrétaire exécutif de la SADC est membre d'office du Forum mais sans droit de vote.

Se voulant des organes visant à favoriser l'intégration, des peuples et des États de la zone concernée, tous ces organes parlementaires sont confrontés à la difficulté de mettre en synergie les potentialités humaines et matérielles en corrélation avec les faibles moyens juridiques et financiers. Si, la composition de certains organes reflète une répartition équitable par l'égalité mécanique du nombre de députés issus des États membres (UEMOA, CEMAC), d'autres Parlements font plutôt jouer la règle de la pondération des voix et de la représentation sur la base d'un coefficient tenant compte à la fois de la puissance économique et de la puissance démographique de l'État (CEDEAO).

À ce stade, il convient de souligner que seule la CEDEAO dispose d'un organe officiellement dénommé « Parlement », ce qui fait qu'on s'attardera davantage sur sa présentation.

---

[445] Acte Additionnel n° 17 CEMAC-CCE-09 du 25 juin 2008.

[446] Cf. *Norms and standards for elections in the SADC region,* adoptés par l'Assemblée plénière le 25 mars 2001 à Windhoek. Depuis son installation, le FP-SADC a pu envoyer des missions d'observation électorale en Namibie, Angola, Zimbabwe, Ile Maurice, Afrique du Sud, etc.

[447] Cette désignation devra tenir compte de la représentation égale des partis politiques au sein des Parlements nationaux.

Le Parlement de la CEDEAO (art. 13 Traité et Protocole relatif au Parlement CEDEAO du 6 avril 1994), comprend 115 sièges répartis ainsi : Bénin (5), Sierra Leone (5), Gambie (5), Guinée-Bissau (5), Togo (5), Liberia (5), Cap-Vert (5), Burkina Faso (6), Guinée (6), Mali (6), Niger (6), Sénégal (6), Côte d'Ivoire (7), Ghana (8), et Nigeria (35).

La répartition est en fonction de la démographie des États membres. À terme, ces Parlementaires pourront être élus au suffrage universel direct, pour une représentation des populations d'Afrique de l'Ouest. Contrairement au Parlement européen, le Parlement CEDEAO n'a qu'une compétence consultative (art. 6 du Protocole). Il donne des avis et recommandations sur les questions touchant les communications, l'énergie, la santé, l'éducation, la jeunesse, les sports, la science, la technologie et l'environnement. Il donne également des avis dans les cas de révision du Traité et pour le respect des droits et libertés fondamentales. Ces avis et recommandations ne sont pas obligatoires. Les « Députés » sont élus pour 5 ans et signent une déclaration sur l'honneur de servir fidèlement les intérêts des populations de la Communauté (art. 8 du Protocole précité.).

Ils jouissent de l'immunité parlementaire et leurs fonctions sont incompatibles avec celles de membres de Gouvernement, de Cours et Tribunaux des États membres, de fonctionnaires d'un organisme international. Le Parlement siège deux fois par an en session ordinaire d'une durée maximale de trois (3) mois. La première session se tient au mois de mai et la seconde, au mois de septembre, est la session budgétaire. Le choix de ce calendrier n'est pas du au hasard puisqu'il répond au souci de ne pas perturber le travail des parlements nationaux.

Par ailleurs, un ordre du jour bien déterminé rythme la tenue de session (s) extraordinaire (s), d'une durée n'excédant pas quinze jours, convoquées soit à l'initiative du Président de la Conférence de la CEDEAO , soit sur demande écrite, de la majorité des députés, adressée à leur Président Des dispositions prévoient la tenue de sessions hors du siège du Parlement. En attendant l'élection au suffrage universel direct, les membres du Parlement de la CEDEAO sont élus au sein des Assemblées nationales des États membres ou les institutions ou organes qui en tiennent lieu.

Au sein de l'UEMOA, un Comité interparlementaire composé de 40 membres (cinq pour chacun des huit États) sera progressivement remplacé par un Parlement lors de l'entrée en vigueur du Traité du 29 janvier 2003. Selon l'article 26 dudit texte, le Parlement « exprime ses vues sous forme de recommandations, d'avis simples ou conformes ou de propositions d'audits ». Pour l'heure, le CIP de l'UEMOA[448] contribue par le dialogue et le débat au processus d'intégration de l'Union dans les domaines d'activités définis par les textes pertinents, reçoit et examine le rapport annuel de la Commission de

[448] Art.35 à 37 du Traité de l'UEMOA du 10 janvier 1994.

l'UEMOA sur le fonctionnement et l'évolution de l'O.C.A et prend toute initiative pour sensibiliser les populations sur les enjeux de l'intégration[449].

Comme les membres du Parlement de la CEDEAO qui ont une durée de mandat comparable, les Députés du futur Parlement de l'Union disposeront d'immunités parlementaires[450]. Le Parlement UEMOA qui siégera à Bamako (Mali)[451] sera, selon l'article 14, « chargé du contrôle démocratique des organes de l'Union et participe au pouvoir décisionnel de l'Union dans les conditions fixées par le présent Traité. Il jouit de l'autonomie financière ».

Le Parlement de l'UEMOA aura des compétences consultatives renforcées, en ce sens qu'il pourra être consulté sur les projets d'actes additionnels de règlements et de directives.

La consultation sera obligatoire pour l'adhésion de nouveaux États membres ; les accords d'association avec les États tiers ; les budgets de l'Union ; les politiques sectorielles ; le droit d'établissement et la libre circulation des personnes ; la procédure de l'élection des membres du Parlement ; les impôts, taxes et tous prélèvements communautaires.

L'avis conforme du Parlement sera requis pour l'adhésion de nouveaux membres, les accords d'association avec les États tiers, le droit d'établissement et la libre circulation des personnes[452] .

Ce Parlement pourra constituer des Commissions temporaires d'enquête à la demande du quart des députés et la décision sera adoptée à la majorité absolue[453]. Le Traité de l'UEMOA prévoit que ce Parlement se réunira deux fois par an en session ordinaire. La première session débute le premier lundi du mois de février et la deuxième session, étant consacrée au budget, s'ouvre le deuxième lundi du mois d'octobre. L'article 37 du Traité UEMOA souligne la possibilité de dissolution du Parlement par la Conférence des Chefs d'État et de Gouvernement après consultation de son Bureau et du Conseil des ministres.

D'autres dispositions du Traité sur le Parlement portent sur la transition dans l'attente de l'élection des Députés (art. 31) au suffrage universel direct. Ils seront élus par l'organe législatif de chaque État membre (soit 5 par État) et la présidence sera assurée par un Député ressortissant de l'État qui occupe la présidence de la Conférence des Chefs d'État et de Gouvernement.

---

[449] Cette assertion est à mettre en parallèle avec l'art. 60 § 2 du Traité de 2008 qui souligne mot à mot que la CIP de la CEMAC « contribue par le dialogue et le débat, aux efforts d'intégration de la Communauté dans les domaines couverts par le présent Traité et les textes subséquents. Elle peut exprimer ses vues sous forme de résolutions ou de rapports. Elle examine en particulier le rapport annuel que le Président de la Commission lui soumet ».

[450] Voir Protocole Additionnel N° 3 du 10/5/1996 sur les droits, privilèges et immunités de l'UEMOA, article 12 Traité de 2003.

[451] Art. 3 du Traité de 2003.

[452] Art. 25 Traité de 2003.

[453] Art. 22 du Traité de 2003.

Enfin, on notera que pour éviter les éventuels conflits de compétence, un Comité permanent de concertation est prévu pour faciliter le dialogue entre le Parlement, le Conseil des ministres et la Commission (art. 30).

La CEMAC dispose d'un Comité interparlementaire dont les membres sont désignés par les Parlements nationaux. Ce Comité pourrait également se transformer à terme en Parlement Communautaire. Pour le moment, le Comité interparlementaire (Parlement de transition de la CEMAC) est composé de 30 élus (Députés désignés par les Parlements des 6 États membres). Le futur Parlement Communautaire verra le nombre de Députés porté à 60 (soit 10 par État). En tout état de cause, le Parlement se veut un instrument d'intégration, de promotion de la démocratie, de l'État de droit, des libertés et des droits fondamentaux dans la sous région. L'article 47 du Traité révisé de la CEMAC du 25 juin 2008 précise que ce futur Parlement qui légiférera « par voie de directive » sera « chargé du contrôle démocratique des Institutions, Organes et Institutions Spécialisées participant au processus décisionnel de la Communauté ».

Le caractère secondaire des Parlements des OCA, est davantage amplifié par le rôle consultatif qui leur est attribué, même si de nombreuses autres attributions sont venues élargir la palette initiale.

Une certaine similarité dans l'organisation de ces Parlements peut être décelée à plusieurs niveaux.

D'abord, dans tous ces organes, on distingue un Secrétariat, un Bureau, une Conférence des Présidents, une Session ou Assemblée Plénière (FP-SADC) qui est la réunion solennelle de tous les parlementaires de l'organe et, des Commissions permanentes ou *ad hoc*. Ces Secrétariats constituent la branche administrative des parlements.[454]

Les secrétaires généraux (Secrétaire permanent pour la CIP de la CEMAC) ont pour rôle de tenir les procès verbaux, de traiter le courrier, de préparer les réunions du Bureau, de la Conférence des Présidents et des sessions parlementaires, de suivre l'exécution des décisions prises par les organes internes, en plus de la gestion de la fonction publique (fonctionnaires et contractuels) parlementaire[455].

Le Bureau, (comité exécutif pour le FP-SADC), organe de direction du Parlement, est composé du Président, de Vice Présidents (six pour la CEDEAO, cinq pour la CIP de la CEMAC et sept pour le CIP de l'UEMOA), de questeurs (deux pour la CEDEAO , la CEMAC et l'UEMOA), voire de secrétaires parlementaires (six pour la CEDEAO , et la CIP de la CEMAC , deux pour le

---

[454] Ainsi au niveau de la CEDEAO, le Secrétaire général et le Secrétaire général adjoint étaient nommés par le Président du Parlement après consultation du Bureau. Aujourd'hui, ils disposent d'un statut avec un contrat de quatre ans renouvelable une fois.

[455] Art 18 et27 du Règlement intérieur de la Commission Interparlementaire de la CEMAC adopté le 21 juin 2000.

CIP de l'UEMOA)[456]. Les Bureaux sont chargés de l'organisation du travail parlementaire, des questions financières et de l'avant projet du budget, de l'organisation interne du Parlement, de l'organigramme de l'administration parlementaire, des questions relatives à la conduite des séances.

La Conférence des Présidents[457] est l'organe qui réunit habituellement le Président, les Vice Présidents, les Présidents de commissions, de sous comités (UEMOA) ou des comités permanents (FP-SADC). Elle est chargée de l'organisation générale du travail, de la distribution des travaux entre les Commissions permanentes, mixtes, spéciales, *ad hoc*, des délégations et comités, des relations avec les autres organes et institutions communautaires, avec les Parlements nationaux. Elle permet surtout d'harmoniser les différents intérêts des groupes parlementaires et des députés non inscrits et de donner un premier point de vue sur les programmes et actions communautaires initiées et de fixer les priorités du projet de l'ordre du jour des sessions.

Les Commissions permanentes (Sous comités pour l'UEMOA et Sous Commissions pour la CEMAC) sont formées pour étudier les questions relevant de la compétence des Parlements communautaires ou toutes autres questions à eux confiées par les autres institutions communautaires. Chacun de ces organes internes est chargé de domaines bien déterminés.

Leur nombre varie selon ces Parlements. L'organe législatif de la CEDEAO qui comprenait treize Commissions permanentes[458] n'en dispose plus que de dix (10) :

- Agriculture ;
- Environnement et Ressources en eau ;
- Développement humain et égalité hommes et femmes ;
- Infrastructures ;
- Politiques macroéconomiques ;
- Affaires politiques, Paix et Sécurité ;
- Commerce, Douanes et libre circulation des personnes, des biens et des services ;
- Affaires juridiques et judiciaires ;

---

[456] La CEDEAO a connu une réorganisation. Désormais, le Bureau ne compte plus que cinq membres élus pour cinq ans : le Président et les quatre Vice Présidents.

[457] La Conférence des Bureaux nouvelle appellation pour la CEDEAO, est composée du Président, des Vice Présidents, des Présidents et Rapporteurs de Commissions.

[458] Affaires étrangères, coopération, défense et sécurité ; Lois, règlements, affaires juridiques et judiciaires, Droits de l'Homme et libre circulation des personnes ; développement rural ; transport et commerce ; environnement et ressources naturelles ; santé publique et affaires sociales ; éducation formation, emploi, jeunesse et sport ; économie, finances ; industrie et mines ; énergie, technologie et recherche scientifique ; Droits de la femme et des enfants ; tourisme, culture et artisanat ; comptabilité et contrôle budgétaire.

- Communication et technologie de l'information ;

- Administration et finances, NEPAD (Nouveau Partenariat Africain pour le Développement) et MAEP (Mécanisme Africain d'Évaluation par les Pairs).

Cette sophistication organique n'est présente ni dans les deux Sous Commissions permanentes (de quinze membres de la CIP de la CEMAC[459] intitulées l'une, Politiques économiques, financières, monétaires, commerciales et douanières, et l'autre, Affaires générales, institutionnelles et des politiques sectorielles de la Communauté) ni dans les quatre Sous comités permanents du CIP de l'UEMOA(Affaires générales et institutionnelles ; Politiques économiques, financières et monétaires ; Politiques commerciales et douanières ; Politiques sectorielles).

En substance, la plupart de ces organes parlementaires ont institué des procédés et des méthodes pour l'organisation de groupes parlementaires par affinités politiques, admettent un droit de vote personnel avec possibilité de procuration limitée, récusent tout mandat impératif, précisent les conditions de recevabilité des amendements, des motions de procédure (question préalable, renvoi en commission, ajournement des débats, rappel de règlement, etc..), des questions orales ou écrites, la possibilité d'interpellation des autorités communautaires[460] ou le droit pour celles-ci de se faire entendre, aménagent des privilèges, immunités et incompatibilités.

Certaines originalités méritent d'être soulignées comme le droit de pétition individuel ou collectif qui traduit le souci du Parlement de la CEDEAO d'être plus proche des citoyens, personnes physiques ou morales résidant ou ayant leurs siège, social dans un État membre (*people-oriented*), en leur concédant la possibilité sur tout sujet relevant des domaines d'activité de la CEDEAO, avec les réserves que la pétition ne doit pas anonyme, qu'elle soit rédigée dans une des langues de travail (français, anglais et portugais). Ce texte sera inscrit dans un rôle général, transmis à la commission compétente et l'avis rendu sera porté par le Président du Parlement aux pétitionnaires.

Aussi digne d'intérêt est, la possibilité pour le futur Parlement de l'UEMOA[461], de voter une motion de censure contre la Commission s'il constatait des dysfonctionnements répétés, après une interpellation infructueuse. La motion sera déposée par un tiers des députés et adoptée par deux tiers (art.18 et 19).

---

[459] Chaque sous commission est composée d'un Président, un Vice Président, deux rapporteurs et onze autres membres.

[460] L'art. 23 du Traité de 2003 confère ce droit au Parlement de l'UEMOA à l'égard du Président de la BOAD, du Président et des membres de la Commission, du Président du Conseil des Ministres, du Gouverneur de la BCEAO ,du Président de la Chambre Consulaire Régionale, Voir également l'art. 60 § 3 du Traité de la CEMAC de 2008.

[461] Le traité de 2003 sur le Parlement de l'UEMOA est entré en vigueur en février 2014. Le siège est en construction à Bamako. Son installation est vivement attendue pour 2015. Voir Résolution n° 002/CIP/2014 du 3 avril 2014(www.uemoa.int).

Au fur et à mesure de l'accélération des processus d'intégration, de l'éveil de la citoyenneté communautaire et de l'engouement suscité autour des programmes communautaires et de leurs impacts sur la vie économique et sociale, les Parlements des O.CA longtemps confinés à des attributions purement consultatives, ont étoffé celles-ci pour y adjoindre l'observation électorale, la diplomatie par l'investissement dans la médiation dans les conflits armés ou sociaux, les droits de l'Homme, le développement des relations interparlementaires et l'envoi de missions d'information, de contacts et de sensibilisation sur les objectifs communautaires.

Il résulte de ce qui précède que les Parlements des O.CA jouent un rôle de plus en plus important et entendent de moins en moins être relégués à des positions secondaires. Ce constat pourrait être valable pour les organes consultatifs.

D. Les organes intégrés consultatifs

D'emblée, il s'agira de lever une équivoque. On n'étudiera ici, ni les Comités d'Experts (comme ceux de l'OHADA[462] et de l'UEMOA) ni les Comités techniques spécialisés (CEDEAO, COMESA), encore moins les commissions consultatives (CEEAC) qui sont des organes à compétence renforcée composés d'experts, de conseillers ou hauts fonctionnaires des Gouvernements qui peuvent aussi donner des avis techniques, faire des recommandations ou établir des rapports sur les plans et programmes communautaires.

Le propos s'articulera plutôt autour de l'examen des organes représentant les milieux d'affaires, chambres de commerce, ou les groupements socio professionnels.

La volonté de mettre en place des organes consultatifs dans les domaines économique et social cadre parfaitement avec les plans et programmes d'intégration. En fait, la viabilité de tout processus d'intégration dépend de l'implication étroite des milieux d'affaires et des catégories socioprofessionnelles qui auront à éprouver sur le terrain les avantages et les obstacles des unions douanières, zones de libre échange ou marchés communs puisqu'ils en sont les principaux bénéficiaires.

Pour que les OCA soient plus *trade creating* et non *trade diverting*[463], il est primordial que les professionnels de ces secteurs soient impliqués ou à tout le moins invités à soumettre leurs avis et suggestions aux promoteurs de l'intégration. Il en résulte que la synergie entre les organes de direction et les organes consultatifs permettrait de fluidifier le passage de la conception et de

---

[462] Cf. Règlement n° 001/2003/CM du 22 mars 2003 portant création, organisation et fonctionnement du comité des experts de l'OHADA. www.ohada.com

[463] Selon la fameuse expression de Dominique CARREAU, Dominique, Patrick JULLIARD (1998). *Droit international économique.* Paris : Dalloz.

l'élaboration des programmes communautaires à leur mise en œuvre en tenant compte des réalités économiques des États membres.

. De tels organes sont prévus dans le cadre de l'UEMOA (Chambre Consulaire Régionale), de la CEDEAO (Conseil Économique et Social), de la CEN-SAD (Conseil Économique Social et Culturel) et du COMESA (Comité Consultatif des Milieux d'Affaires).

Derrière la diversité des appellations et des nuanciations mineures, se profilent des ressemblances certaines.

Très présent, est, parmi les organes proéminents de la CEN-SAD, le C.E.S.C (art. IV, §E du Traité de 1998) dont les attributions ont été précisées par une Décision du Conseil Exécutif[464]. Le CESC, qui a son siège à Bamako, est chargé « de la mise en place d'un plan et d'une stratégie de développement de l'espace de la CEN-SAD ».

Organe consultatif, son avis peut être requis par le Président de l'Organisation. Dans ce sillage, une certaine marge de manœuvre lui est laissée puisqu'il peut, de sa propre initiative, attirer l'attention du Président sur les réformes à envisage r (art.1er § 3 de la Décision) ou faire connaître son avis au Conseil Exécutif et au Secrétaire Général « sur l'exécution des plans d'intégration et les programmes d'action à caractère économique, social et culturel » (art.1er § 4). Une mission générale d'assistance et de conseil des autres organes dans la conception, l'élaboration et la mise en œuvre de ces plans, programmes et politiques lui est dévolue.

Le CESC est composé de dix membres désignés par État membre parmi les personnes ayant des compétences avérées dans ces domaines. Choisis parmi ces membres, le Président et le Vice-président sont élus par le Conseil Exécutif pour un mandat de trois ans (art.7).

Le CESC dispose d'un Bureau et de Commissions[465]. Le Bureau, formé du Président et du Vice Président, des Présidents de Commissions, et d'autant de Secrétaires que de pays membres, en est l'organe de direction (art.6). Le CESC se réunit une fois par an en session ordinaire et, si c'est nécessaire, en session extraordinaire.

L'art. 14 du Traité révisé de la CEDEAO fixe aussi le cadre de la création d'un Conseil Économique et Social composé des représentants des différentes catégories d'activités économiques et sociales (employeurs, travailleurs, agriculteurs). Il s'agit d'une assemblée consultative pour aider, la Conférence

---

[464] Décision du Conseil Exécutif de la CEN-SAD portant création, composition et compétences du C.E.S.C, adoptée à Syrte le 14 avril 1999 *in* Textes régissant la Communauté des États Sahélo-Sahariens (CEN-SAD), Secrétariat général, Tripoli ,Libye.

[465] Quatre Commissions sont structurées : Commission de la planification, de l'Économie et des Finances ; la Commission des Affaires sociales, de la Santé et de l'Environnement ; la Commission des Transports, de la Communication et de l'Énergie ; la Commission de l'Éducation, de la Culture, de l'Information et du Développement Rural (art.5).

des Chefs d'État et de Gouvernement et le Conseil des ministres, sur les textes et les problèmes touchant des domaines techniques, économiques et sociaux. Cet organe (en voie de constitution) peut donner des avis de sa propre initiative.

Quant au Traité de l'UEMOA, il a institué (art. 40) une Chambre Consulaire Régionale (C.C.R), organe regroupant les Chambres consulaires des États membres (Chambres de commerce et d'industrie, d'agriculture et des métiers), les associations professionnelles et les organisations patronales des États membres.

Elle est associée à la conception du schéma d'intégration de l'UEMOA et montre la détermination à faire jouer au secteur privé ouest africain un rôle moteur dans le processus d'intégration. A son initiative ou celle de la Commission, la CCR donne des avis sur toute question relative à la réalisation des objectifs de l'Union.

Selon l'art.3 de l'Acte additionnel créateur[466], la Chambre est le lieu privilégié de dialogue entre l'UEMOA et les principaux opérateurs économiques. Cet organe consultatif devra réaliser l'implication effective du secteur privé en le faisant participer à la réflexion sur le processus d'intégration et la mise en œuvre des réformes initiées par les organes de l'Union, la promotion des échanges commerciaux et des investissements dans les États membres et l'appui technique aux chambres consulaires nationales.

À son initiative ou celle de la Commission de l'Union, la Chambre donne des avis[467] principalement sur les questions communautaires telles que les législations commerciales fiscales, douanières et sociales, les négociations commerciales auxquelles participe l'Union, la politique économique et monétaire, la création et le fonctionnement de bourses de valeurs ou de commerce et d'observatoires économiques (art.4 de l'Acte).

La CCR est composée, pour chaque État membre, de trois (3) représentants des institutions consulaires nationales, d'un (1) représentant des associations professionnelles ou des organisations patronales des industries, d'un (1) représentant des associations professionnelles ou des organisations patronales des importateurs et exportateurs, d'un (1) représentant des associations professionnelles des banques et établissements financiers, et d'un (1) représentant d'une association professionnelle ou d'une organisation patronale d'un secteur désigné par la chambre nationale de commerce et d'industrie parmi les secteurs non cités ci-dessus (art.5 de l'Acte). Leur mandat est de trois ans, renouvelable une fois (art.8).

---

466 Acte additionnel n° 02/97 du 23 juin 1997 fixant les attributions, la composition et les principes d'organisation et de fonctionnement de la Chambre Consulaire Régionale de l'UEMOA.

467 Selon l'art.27 de l'Acte précité, la CCR « exprime ses vues sous forme de recommandations et de rapports ».

L'organisation de la CCR comprend un Bureau[468], une Assemblée générale[469] et des Commissions techniques[470]. Des services administratifs sont placés sous l'autorité du Président avec l'assistance d'un Secrétaire général.

Le budget de la CCR est alimenté par « l'allocation d'une subvention annuelle déterminée par le Conseil des ministres sur proposition de la Commission de l'UEMOA ; la cotisation des chambres consulaires nationales, associations professionnelles et organisations patronales ; et toutes autres ressources, notamment les dons et legs »[471].

Il faut signaler l'existence au niveau du COMESA (art. 18 du Traité) d'un Comité Consultatif des milieux d'Affaires et des autres Groupes d'Intérêts des États membres (ci-après CCAGI). Ses membres, pouvant s'accompagner d'experts et de conseillers, participent à l'accomplissement des missions de la CCAGI ainsi énumérées, à savoir que le Comité « sert de pont et facilite le dialogue entre les milieux d'affaires et les autres groupes d'intérêts et les autres organes du Marché Commun.

Il est chargé de :

a) veiller à ce que les intérêts des milieux d'affaires et les autres groupes d'intérêt soient tenus en considération par les organes du Marché Commun,

b) suivre la mise en application des dispositions des chapitres XXIII[472] et XXIV[473] du présent Traité et faire des recommandations au Comité Intergouvernemental[474],

c) consulter les autres groupes d'intérêts et recevoir leurs rapports et,

d) prendre part aux travaux des comités techniques, et s'il y'a lieu, faire des recommandations au Comité Intergouvernemental. »[475]

---

468 Composé d'un Président, de sept Vice-présidents, un Trésorier général, un Trésorier général adjoint et deux Secrétaires.

469 L'A.G prend tous les actes nécessaires au fonctionnement de la CCR et à la réalisation de ses objectifs tels que l'organigramme, le statut du personnel, le programme annuel d'activités ou le budget (art.13et 14).

470 Selon le Règlement intérieur, elles sont au nombre de quatre : Commission de la Planification, de l'Économie et des Finances ; Commission de l'Éducation, de la Culture, des Sciences, de l'Information et du Développement rural ; Commission des Affaires sociales, de la Santé et de l'Environnement ; Commission des Transports, des Communications et de l'Énergie.

471 Acte Additionnel n° 04/2009/CCEG/UEMOA du 17 mars 2009 portant modification de l'Acte Additionnel n° 02/97 du 23 juin1997.

472 Ce chapitre (art.151 à153 du Traité) concerne le développement du secteur privé par la mise en place d'un environnement favorable aux affaires et la coopération avec les chambres de commerce.

473 Ce chapitre (art.154 et 155) porte sur l'intégration de la femme dans le développement et dans les affaires.

474 Il rassemble les Secrétaires Généraux ou Directeurs Généraux des Ministères chargés des questions de l'intégration dans chacun des États membres.

475 Art.18 § 3 du Traité du COMESA.

Il ressort des développements précédents que la création de ces organes dans certaines OCA s'appuie sur une vision participative, d'anticipation et de corrélation avec les réalités les plus prégnantes des jeunes économies africaines tiraillées entre les exigences de la mondialisation et les aspirations au renforcement des blocs économiques.

Une impression d'incomplétude semble imprégner ces organes qui gagneraient à opter pour une plus large ouverture vers la société civile organisée en se dotant, à coté des membres issus du monde socioprofessionnel, de participants titulaires ou associés par l'octroi d'un statut de membres partiels, voire d'observateurs (Presse, artisans, détaillants, secteur informel, agences de régulation, mouvements de jeunes et de femmes, consommateurs, etc.).

Il semble sur ce point que la CEDEAO , en entendant œuvrer pour « la promotion et le renforcement des relations et de la circulation de l'information en particulier entre les populations rurales, les organisations socio professionnelles telles que les associations des médias, hommes et femmes d'affaires, de travailleurs, de jeunes et de syndicats » (art.3 du Traité), s'est attelée à la représentation de ces groupements par une Décision de 1994 sur le statut d'observateur des ONG[476] et par un Règlement de novembre 1996 portant création d'un forum des associations reconnues par la CEDEAO[477]. Sur la base de ces textes, le statut d'observateur a été conféré à un certain nombre d'entités[478].

Au delà de la présence des organes dits intégrés, il est à constater également que les O.CA prônent un inter gouvernementalisme renforcé qui s'exprime par la prédominance des organes représentatifs des intérêts de souveraineté des États membres.

Paragraphe II – L'architecture des organes intergouvernementaux

Les organes intergouvernementaux sont ceux composés des représentants des États membres. Leurs membres agissent pour le nom et pour le compte de leurs États respectifs et n'expriment que les positions officielles de ces derniers. Dès lors, les critères d'indépendance attachés aux organes intégrés, ne trouvent plus à s'appliquer ici, puisque les diplomates ou plénipotentiaires siègent au nom de leur État.

Pour l'essentiel, dans la plupart des organisations d'intégration, on différencie les organes représentants les chefs d'État et de gouvernement (A), les organisations représentant les ministres (B) et d'autres organes notamment, ceux portant sur la coopération financière et monétaire (C).

---

476 Cf., pour plus de détails, Sall, Alioune *Les mutations de l'intégration..., op. cit.* : 129 et suivantes.

477 Journal officiel CEDEAO, novembre 1996, vol.32, p. 16.

478 Voir Recommandation C/REC. I/11/96, octroyant ce statut au GERDDES ; Décision A/DEC2/7/91 pour l'Association des Juristes Africains ; Décision A/DEC.3/7/95 (Union des journalistes de l'Afrique de l'Ouest), etc.

A. Les Conférences des Chefs d'État et de gouvernement

Ces organes suprêmes appelés ainsi dans les cas des Traités constitutifs de la CEDEAO (art. 7), de l'UEMOA (art. 17), de l'OHADA (art. 27 du Traité révisé à Québec) et de la CEEAC(art.7 et 8 du Traité), peuvent connaitre de légères variations dans la dénomination telles que « Conférence des Chefs d'État » (art.2 du Traité révisé de la CEMAC) « Conférence des Leaders et Chefs d'État » (CEN-SAD), « Assemblée des Chefs d'État et de Gouvernement de l'Autorité » (IGAD), « Sommet des Chefs d'État et de Gouvernement » (SADC).

Comme son nom l'indique, la CEG est composée des Chefs d'État et de Gouvernement des États membres de l'OCA. Elle est présidée par un des Chefs d'État et de Gouvernement. La présidence, qui est d'une année, est assurée, à tour de rôle par chacun de ces pairs. Il convient de convoquer à ce stade, le Traité de Tripoli qui dispose : « La Conférence des Chefs d'État se réunit une fois par an en présidence rotative et alternativement dans les différentes capitales des États membres »[479]. Généralement, la présidence de la CEG est confiée au Chef de l'État membre dans lequel siège la Conférence. Le Président peut demander la tenue d'une session extraordinaire d'urgence, comme ses autres pairs. Il fixe les lieux, dates et ordres du jour des travaux.

Une originalité est à relever dans l'UEMOA car certaines personnalités peuvent assister aux rencontres des CEG pour exprimer les points de vue de leur institution quand l'ordre du jour les concerne : il s'agit du Président de la Commission, du Gouverneur de la BCEAO, ou du Président de la BOAD. Le Président en exercice de la CEG peut procéder, en cas d'urgence, à des consultations à domicile de ses pairs (art.115 du Traité de l'UEMOA).

Sur ce point, le mérite, de la précision et de la prévision, revient à la SADC qui a créé un organe dénommé « TROIKA » du Sommet des Chefs d'État et de Gouvernement, composé du Président sortant, du Président en exercice et de son Vice président (Qui lui succédera à la fin du mandat d'un an)[480]. Cet organe de concertation tripartite aide le Président en exercice à réussir son mandat en disposant de l'appui constant de son prédécesseur et de son successeur, évitant ainsi tous problèmes de vide juridique (prise de décisions, suivi et application) dans l'intervalle des sessions, de programme inachevé, de mise à niveau ou de querelle de leadership.

En principe, les CEG se réunissent une fois par an en session ordinaire (deux fois par an au moins pour le Sommet de la SADC ou la CEG de la CEDEAO[481])

---

[479] Art. IV, A du Traité portant création de la CEN-SAD ; Art. 14 du Traité révisé de la CEMAC ; art 114 du Traité de l'UEMOA. ; art. 8 § 2 et § 3 du Traité de la CEDEAO modifié par le Protocole Additionnel A/SP.1/06/06 du 14 juin 2006.

[480] Art. 9A du Traité révisé de la SADC. On notera la reproduction de ce tripartisme aux niveaux du Conseil des ministres, du Comité Intégré et *du Standing Committee of Officials.*

[481] Art. 10 § 5 du Traité de la SADC et art.8 § 1 du Traité de la CEDEAO modifié en 2006.

ainsi qu'en session extraordinaire convoquée, chaque fois que de besoin, soit à l'initiative du Président en exercice de la CEG, soit à la demande d'au moins d'un ou plusieurs de ses membres[482], ou « d'au moins deux de ses membres »[483]. Elle est habilitée à prendre toute décision relative à la politique générale de l'organisation, à l'admission de nouveaux membres, à la révision des textes, à la révocation, à la nomination aux plus hautes fonctions de responsabilité (Commissaires, Juges, Directeurs, etc.) et à la détermination de leurs fonctions et mandats.

Pour que nul n'en ignore, les textes des OCA proclament derechef que les CEG en sont les organes suprêmes. Cette assertion se vérifie dans certaines dispositions d'OCA qui affectent aux CEG toute attribution pour résoudre tout problème non solutionné par un quelconque organe. L'art 114 du Traité de l'UEMOA emprunte cette voie : « Les Chefs des États membres de l'Union réunis en Conférence constituent l'autorité suprême de l'Union. La Conférence des Chefs d'État tranche toute question n'ayant pu trouver une solution par accord unanime du Conseil des Ministres de l'Union et que celui-ci lui soumet… »[484].

L'omnipotence des CEG s'est également illustrée dans un pouvoir de création d'organes subsidiaires, à l'instar de l'art.2A du traité de l'IGAD « L'Assemblée peut créer toute institution de l'Autorité et décider de l'installer dans tout État membre sur la base des considérations pratiques et d'une répartition équitable des activités de l'Autorité menées dans les États membres. »

La prédominance de l'inter étatisme se manifeste par la primauté des intérêts nationaux sur les engagements communautaires. Cet inter étatisme peut avoir des impacts considérables sur le fonctionnement des rouages communautaires. En effet, l'implication des CEG au premier chef dans les programmes des OCA marque la volonté affichée des dirigeants de jouer un rôle d'instance, d'orientation et d'opérationnalisation des décisions. Il faut, à l'évidence, reconnaitre que cet inter étatisme exacerbé ne constitue qu'une forme de transposition au niveau régional des réalités politiques nationales. Il semble qu'il y ait là, dans un premier temps, une sorte de présidentialisme hérité des instruments juridiques continentaux de l'OUA/UA, reversé dans un second temps au niveau des organisations communautaires africaines, par la mise en exergue de la place proéminente des CEG.

Il s'y ajoute une forte dépendance des instances de second rang (Secrétariats, Commissions, Conseils des ministres) remisées dans des attitudes d'exécutants des décisions adoptées par les organes de sommet. Il en appert une centralisation

---

482 Art.114 § 6 du Traité de l'UEMOA et art. § 5 du Traité du COMESA.

483 Art.13 du Traité révise de la CEMAC.

484 Voir l'art. 10 § 2 du Traité de la SADC « *The Summit shall be responsible for the overall policy direction and control of the functions of SADC* » et art. 7 § 3 du Traité de la CEDEAO

des pouvoirs susceptible de générer des inerties, d'accroitre des lourdeurs, de susciter un immobilisme, propres à brider l'élan des initiatives plus ou moins intempestives de ces organes secondaires. Dans un tel contexte, il est évident que toute initiative émanant de ces organes, qu'elle ait un fondement textuel ou non, et qui n'aurait pas été avalisée par la CEG, serait irrémédiablement vouée à l'échec, tant il est vrai que l'intégration africaine est un processus dont le point de départ est totalement maitrisé par les Chefs d'État qui se donnent ainsi les moyens d'en contrôler les organes, le rythme, les programmes, leurs coûts et l'évolution de l'OCA.

Cette maitrise du processus est un reflet de mécanismes constitutionnels des États africains qui placent sur un piédestal la station présidentielle pourvoyeuse de tous honneurs et privilèges et dispensatrice de tous pouvoirs et attributions.

Le Chef d'État, gardien de la Constitution, Père de la Nation, maintient cette posture de démiurge, messie titulaire du *treaty making power,* disposant du monopole d'engagement de son peuple dans la voie de l'intégration. Cette prédisposition innerve tout projet de regroupements économiques en Afrique qui dépend fortement de la bonne volonté des CEG qui se décline prioritairement en termes de préservation des intérêts nationaux[485].

Organe d'expression le plus solennel des positions des États membres, elle donne les impulsions nécessaires au développement de l'OCA. L'art.17 du Traité de l'UEMOA énonce sur le mode de la sobriété et de l'évidence que cette Conférence « définit les grandes orientations de la politique de l'Union. Elle se réunit au moins une fois par an ».

Placés au sommet de la pyramide institutionnelle, ces organes en impriment la politique générale, engagent les grands chantiers communautaires et disposent d'un pouvoir d'évocation de tout dossier à implications politiques et dont la résolution échappe à la compétence des organes secondaires ou dont le traitement n'a pas eu l'heur de rencontrer en aval ou en amont leur adoubement.

La CEG de l'UEMOA (art. 114) siège, pour une année civile dans chacun des États membres de l'Union à tour de rôle, selon l'ordre alphabétique de leur désignation. Ses décisions sont dénommées Actes de la Conférence. Elle prend (art. 19) en tant que de besoin des Actes additionnels annexés au Traité s'imposant aux organes de l'Union et aux États membres sans modifier le Traité.

Malgré l'omnipotence des CEG, on a jugé utile de procéder à une énumération non exhaustive de leurs missions. À cet égard, le Traité de l'IGAD, en son article 9§2, offre un séduisant raccourci de la panoplie des taches à accomplir : « Les fonctions de l'Assemblée sont les suivantes :

---

485 BUNDU, Abass (1986). « La CEDEAO et l'avenir de l'intégration en Afrique de l'Ouest » in *Intégration et coopération régionale en Afrique de l'Ouest.* Karthala : 41; DIOUF, Seydou (2007). « Contribution à l'analyse historique de l'intégration africaine ». *Nouvelles Annales africaines.* FSJP. UCAD (1) : 25-38.

a) définir les orientations politiques, donner des principes directeurs et contrôler le fonctionnement de l'Autorité ;

b) déterminer les principaux principes directeurs et programmes concernant la coopération ;

c) donner les principes directeurs et suivre les questions politiques relevant en particulier de la prévention, de la gestion et du règlement des conflits ;

d) nommer le Secrétaire exécutif sur recommandation du Conseil des Ministres ;

e) approuver le barème des contributions des États membres au budget de l'Autorité sur recommandation du Conseil des Ministres ».

Au regard des développements ci-dessus, les fonctions assumées par les CEG dans les organisations régionales africaines, peuvent être regroupées en une triangulation :

- une fonction d'impulsion et d'orientation : générale par des directives (art. 7 § 3, a du Traité CEDEAO). L'art. 114 § 3 du Traité UEMOA confie à cet organe la possibilité de trancher toute question n'ayant pas pu trouver une solution par le Conseil des ministres sur saisine du Conseil des ministres. De même, dans les limites de l'art.12 du Traité révisé de la CEMAC, la CEG « détermine la politique de la Communauté et oriente l'action du Conseil des Ministres de l'UEAC et du Comité Ministériel de l'UMAC » ;

- une fonction de contrôle du fonctionnement des institutions de l'organisation internationale et de suivi de la réalisation des objectifs assignés. Au niveau de l'UEMOA (art. 114 § 2), la CEG décide de l'adhésion de nouveaux membres, prend acte du retrait ou de l'exclusion d'un membre et fixe le siège de l'institut d'émission. L'avantage de la clarté est à rechercher du coté de la CEEAC, organisation dans laquelle, la Conférence, *inter alia*, « assure le contrôle du fonctionnement des institutions de la Communauté »[486] ;

- une fonction normative. Dans l'UEMOA, la CEG agit par la voie d'Actes Additionnels au Traité de l'Union. Mais l'élaboration du droit dérivé ressort principalement des attributions du Conseil des ministres sur initiative de la Commission. Dans la CEDEAO, la Conférence des Chefs d'État et de gouvernement est l'organe habilité à prendre des actes communautaires. La CEG de la CEDEAO signe le Traité et les Protocoles (droit primaire) et prend les actes d'application (droit dérivé). Elle prend des décisions obligatoires pour les États et les institutions communautaires (art. 9 Traité CEDEAO) alors que les règlements du Conseil des ministres n'engagent que les organes placés sous son autorité (art. 12 Traité CEDEAO).

Elle est habilitée à demander un avis consultatif à la Cour communautaire (dans les OCA qui en dispose). Un pouvoir général de discussion et d'édiction des normes est réservé à la CEG de l'OHADA qui « statue sur toute question

[486] Art. 9 § 2, c du Traité de la CEEAC .Voir aussi art.7 § 3, b du Traité de la CEDEAO.

relative au Traité »[487]. Ce pouvoir normatif se retrouve consacré par le Traité de la CEN-SAD qui dote sa CEG de pouvoirs exorbitants ainsi aménagés : « Elle a pour taches :

- d'adopter les décisions prises par les autres organes et d'orienter ces derniers afin d'exécuter lesdites décisions ;

- d'adopter les décisions relatives aux questions qui lui sont soumises par le Conseil Exécutif et le Secrétariat Général ;

- de prendre les décisions, règlements et les directives nécessaires à la mise en œuvre des objectifs et programmes de la Communauté… »[488].

Le monopole d'édiction des normes de la CEG est cependant amoindri par la possibilité de déléguer la prise de décision, dans certaines matières, au Conseil des ministres (actes qui obligeront alors les États)[489].

De manière générale, les CEG sont pourvus, mutatis *mutandis*, d'un ensemble de prérogatives englobant l'adoption de tous instruments juridiques pour l'exécution des dispositions du Traité de base et en vue du développement progressif de l'OCA et de la réalisation de ses objectifs, l'adoption de leur règlement intérieur, l'approbation de l'organigramme des différents organes, le pouvoir de saisine contentieuse ou consultative, la fixation du statut du personnel.

Dans la hiérarchie des organes de direction des O CA, le Conseil des Ministres occupe, sans aucun doute, une position inférieure à celle des CEG.

B. Les Conseils des ministres

Auxiliaires des organes suprêmes, les Conseils des Ministres (OHADA, IGAD, COMESA, CEDEAO, CEEAC, UEMOA et Union Économique de la CEMAC) quelquefois dénommés Conseil Exécutif (CEN-SAD) ou Comité Ministériel (Union Monétaire de la CEMAC), ont pour attribution principale d'exécuter les décisions des CEG.

En général, l'organe susnommé est composé d'un responsable de chaque État membre au niveau ministériel : Ministres des Affaires étrangères (art. 10 § 2 du Traité révisé de la CEDEAO[490] ; art. 23 § 2 du Traité modifié de l'UEMOA[491] ; art. 10 de l'Accord de l'IGAD[492] et art.11 du Traité révisé de la

---

[487] Art.27 §1 du Traité révisé de l'OHADA.

[488] Art.IV,A du Traité de la CEN-SAD.

[489] Art.9 §2, i du Traité de la CEEAC.

[490] Le CM de la CEDEAO est composé des Ministres des Affaires de la CEDEAO, des Ministres chargés des Finances et le cas échéant tout autre Ministre.

[491] Un dédoublement de la représentation en CM est pratiqué à l'UEMOA (art.23) selon qu'il s'agisse de questions de politique économique et financière (réunion des Ministres compétents) ou qu'il s'agisse de questions politiques et de souveraineté (réunion des Ministres des Affaires étrangères).Voir aussi, art.19 du Traité révisé de la CEMAC.

[492] Ici, le Conseil a une composition faisant appel à des Ministres des Affaires étrangères et des Ministres focaux désignés par chaque État membre (art.10§1)

SADC[493]), Ministres de la Justice ou des Finances (art. 27 Traité OHADA[494], art.18 et 22 du Traité révisé de la CEMAC respectivement pour l'UEAC et l'UMAC[495]) ou tous autres ministres d'un secteur déterminé (art. 19 § 3 Traité révisé de la CEDEAO, art.12 du Traité de la CEEAC[496], art. IV § B du Traité de la CEN-SAD[497] et art.9 du Traité du COMESA[498]) et d'autres autorités plénipotentiaires dument mandatées par les États membres.

Ces organes ministériels jouent un rôle de direction, après les Conférences des Chefs d'État et de Gouvernement et constituent les chevilles ouvrières des décisions des plus hautes autorités. Il leur est reconnu une compétence minimale d'attributions avec les prérogatives y afférentes pour intervenir en amont (préparation des réunions et décisions des CEG) et en aval (exécution de ces décisions et suivi des plans et programmes).

À titre illustratif, on convoquera le Traité de la CEN-SAD qui affecte à son Conseil Exécutif, entre autres attributions, celles :

- « de préparer les programmes et plans complémentaires ;
- d'exécuter les décisions de la Conférence des Chefs d'État ;
- de préparer les sessions de la Conférence des Chefs d'État ;
- de proposer l'ordre du jour en collaboration avec le Secrétariat Général ;
- d'entériner les recommandations et les travaux des comités ministériels spécialisés et les soumettre à l'approbation de la Conférence des Chefs d'État. » (art. IV § A). Le Règlement intérieur des organes de la CEN-SAD étend cette

---

493 Le CM (Council of Ministers) accueille tout Ministre des États membres avec une préférence accordée à la représentation de Ministres des Affaires étrangères ou extérieures (art.11§1).

494 Le CM est ici composé des Ministres des finances et de la justice des États parties (art.27§2).

495 L'art.14 de la Convention régissant l'Union Monétaire de l'Afrique Centrale(UMAC) du 5 juillet 1996 confie ces responsabilités au Comité Interministériel dans lequel chaque État est représenté par deux Ministres dont celui chargé des Finances .
L'art.18 du Traité retient une composition du CM de l'Union Économique de l'Afrique Centrale(UEAC) comprenant les Ministres des Finances, de l'Intégration et des Affaires économiques avec cette précision : « Chaque délégation nationale ne peut comporter plus de trois membres et ne dispose que d'une voix ».

496 La composition du CM vise les Ministres « chargés des questions de développement économique ou de tout autre Ministre désigné à cette fin par chaque État membre. »(art.12§2).

497 Ledit paragraphe de l'article IV du Traité de Tripoli cautionne une pratique plus ouverte puisqu'il dispose que le Conseil Exécutif « se compose d'un certain nombre de Secrétaires des Comités Populaires Généraux et de Ministres de pays membres. ».Le règlement intérieur a clarifié cette composition dans le sens suivant : « Le Conseil Exécutif est composé de Secrétaires/Ministres chargés des départements suivants :
- Relations Extérieures et Coopération ;
- Économie, Finances et Planification ;
- Intérieur et Sécurité Publique. » (art.20 du Règlement intérieur des organes de la CEN-SAD fait à Syrte le 14 avril 1999).

498 La composition du CM du Marché Commun (COMESA) est ouverte aux « Ministres désignés par les États membres respectifs » (art. 9 § 1).

liste par l'addition de « l'examen de toutes les questions que la Conférence des Chefs d'État lui aura confiée » (art. 22).

Une grande variabilité dans la périodicité de la tenue des réunions des CM/CE est observable avec des sessions extraordinaires qui sont convoquées en cas de besoin et des sessions ordinaires qui peuvent, elles, se tenir une fois par an[499], deux fois par an[500] ou tous les six mois[501], ou plus de deux fois par an[502].

Dans un autre registre, s'est formée une pratique d'accompagnement des CM/CE par des organes d'experts, des comités spécialisés, des organes techniques dont l'existence permet d'aider les organes ministériels à mieux frayer avec les aspérités de la mise en perspective de thèmes portant sur les questions économiques ou monétaires.

De plus en plus, on observe toute une théorie d'organes évoluant dans le sillage des CM/CE, ce qui renforce une autre confusion notée entre organes techniques et organes politiques, plus ou moins spécialisés, qui accueillent en leur sein aussi bien des Ministres sectoriels que des experts gouvernementaux ou des hauts fonctionnaires.

À ce niveau, on signalera le Comité d'experts de l'UEMOA[503] et de l'OHADA[504], le Comité Inter-états de l'UEAC[505], le Comité Intergouvernemental du COMESA[506], le Comité Intégré des Ministres de la

[499] Art. 28 du Traité de l'OHADA ; art. 9 § 4 du Traité du COMESA.

[500] La grande majorité des organes ministériels a adopté cette périodicité : CEEAC (art.14 du Traité), CM de l'UEAC de la CEMAC (art.20 du Traité révisé), UEMOA (art.20 du Traité), CEDEAO (art .11 du Traité) et IGAD (art.10 § 5 de l'Accord).

[501] C'est la particularité de la CEN-SAD (art.23 du Règlement Intérieur).

[502] Le CM de la SADC se réunit en session au moins quatre fois par an (art. 11 § 4 du Traité révisé).

[503] Le Comité des Experts de l'UEMOA qui est composé de représentants d'États membres, prépare les délibérations du CM (art.25 du Traité). Il donne des avis à la majorité des deux tiers de ses membres. La Commission est représentée à ces réunions.

[504] Le Comité des Experts de l'OHADA est formé d'un expert juriste et d'un expert financier par État partie. Il prépare les travaux du CM et se réunit en session spéciale sur initiative du Secrétaire Permanent, délibère sur tout dossier inscrit à son ordre du jour et fait rapport au CM. Voir Règlement n° 001/2003/CM du 22 mars 2003 portant création, organisation et fonctionnement du Comité des Experts de l'OHADA.

[505] Le Comité Inter États dont les membres assistent aux sessions du CM de l'Union Économique de la CEMAC (art.18 du Traité révisé), en prépare les délibérations et donne son avis sur les points inscrits à l'ordre du jour. Il est composé d'un représentant titulaire et d'un suppléant désignés par chaque membre pour une durée de trois ans. Ce Comité peut à son tour s'attacher les services d'experts. (art. 70 de la Convention régissant l'UEAC)

[506] L'originalité du Comité Intergouvernemental du COMESA est qu'il réunit une fois par an « des Secrétaires Généraux ou des Directeurs Généraux des ministères désignés à cet effet par les États membres respectifs » (art. 14 du Traité). Cet organe est chargé de l'élaboration de plans et programmes dans tous les secteurs autres que financier et monétaire, de suivre le développement et le bon fonctionnement du Marché Commun, de surveiller la mise en œuvre du Traité, de demander au SG de faire des enquêtes sur des questions spécifiques, de présenter à son initiative ou sur demande au Conseil des Ministres.

SADC[507], les Comités Ministériels Spéciaux de l'IGAD[508], la Commission consultative et Comités Techniques Spécialisés de la CEEAC[509], et les Comités Ministériels Spécialisés de la CEN-SAD[510].

L'examen du paysage communautaire reflète l'importance des CM/CE comme organes d'intermédiation entre les plus hautes Autorités et les organes subalternes. N'ayant souvent que des compétences d'attribution — hormis d'éventuelles et parcimonieuses délégations de pouvoirs de la part des CEG distillées au compte gouttes — les CM ou CE ont un pouvoir d'approbation des programmes de travail, du budget de la Communauté ou de l'Union et, accessoirement le droit de demander un avis consultatif[511].

En tant qu'interface entre les Gouvernements d'une part et les organes techniques spécialisés ou les Administrations des OCA d'autre part, les CM/CE ont connu une mutation substantielle de leurs prérogatives, ce qui s'est naturellement traduit par une plus grande responsabilité et une périodicité plus rapprochée de leurs rencontres. Aussi, une Décision d'août 1997 de la CEDEAO abonde-t-elle dans le sens de la justification d'une proximité des réunions en invoquant la nécessité « de prendre à temps des mesures adéquates sur les questions économiques et politiques majeures de la sous-région »[512]. Cette observation est également valable pour le CM de l'UEMOA « qui se réunit au moins deux fois par an » (art. 20 § 2).

Sur le plan normatif, une clarification de la répartition des compétences gagnerait à être effectuée entre les CM/CE et les CEG pour moduler le niveau de responsabilité dans l'appellation des normes qui peuvent être concurremment adoptées par les deux instances alors qu'une hiérarchisation de *jure et de facto*

---

[507] La spécificité du Comité Intégré ,composé de deux Ministres par État membre de la SADC, réside dans un rôle de supervision des différentes activités dans les quatre (4)principaux domaines de l'intégration, à savoir le commerce, l'industrie, les finances et l'investissement ; l'alimentation ,l'agriculture et les ressources naturelles ; les infrastructures et les services ; le développement humain et social et les programmes spéciaux. Il a la charge du contrôle de l'application du Programme de Développement Stratégique Indicatif Régional, de conseiller les Secrétariats et Directions, d'évaluer le travail des Directions et surtout de créer des sous-comités permanents ou ad hoc nécessaires pour les secteurs transversaux (art. 12 du Traité révisé de la SADC).

[508] Les CMS sont créés par le Conseil des Ministres de l'Autorité (IGAD).

[509] La Commission Consultative, composée d'experts gouvernementaux, assiste le CM, examine les rapports des comités techniques spécialisés, fait des recommandations et s'acquitte de toutes missions que lui confie le CM (art. 23 et 24 du Traité de la CEEAC).

Quant aux Comités Techniques Spécialisés, créés en vertu des Protocoles ou par la CEG sur recommandation du CM, ils se réunissent aussi souvent que possible pour accomplir toutes missions à eux dévolues par le CM (art.26 du Traité).

[510] Les Comités Ministériels Spécialisés de la CEN-SAD adressent des rapports et recommandations au Conseil Exécutif qui les soumet à l'approbation de la Conférence (art. IV § B). Ils sont composés de « Secrétaires/Ministres chargés des secteurs relevant de leurs compétences » (art. 33 du Règlement Intérieur).

[511] Cf. SALL, Alioune *Les mutations de l'intégration …*, *op .cit.* :71.

[512] Journal officiel de la CEDEAO, 1997, vol .33, p. 20 cité par A .Sall, *ibid.*

devait conférer une préséance aux CEG et une subsidiarité aux CM/CE. En fait, il convient de lever les confusions opérées quant à la dénomination similaire de certains produits normatifs des deux organes. Une solution consisterait à aller dans le sens de l'adoption de nouvelles et différentes dénominations visant à conformer la hiérarchie verticale des organes à la hiérarchie horizontale des normes.

Certes, l'entreprise d'intégration nécessite plusieurs niveaux de coordination pour un suivi constant des étapes à franchir et une convergence assistée des politiques économiques nationales mais une large dispersion institutionnelle ne plaide nullement en faveur de l'efficacité dans l'action et la décision.

De même, une différenciation dans la composition des CM/CE selon que la réunion porte sur l'adoption de décisions de politique économique et financière, ou selon qu'elle délibère sur des questions politiques et de souveraineté[513], ne participe qu'à affaiblir la cohérence des organes ministériels tout en transposant aux CEG une nouvelle tache de coordination des décisions des CM à composition duale, consolidant davantage les organes faitiers au détriment des organes d'exécution.

Sous réserve de certaines spécificités organisationnelles notées ça et là, les compétences très variées des Conseils des ministres des O.C.A. peuvent être, *mutatis mutandis*, regroupées en :

- Pouvoir de nomination des fonctionnaires (au niveau de la CEDEAO et OHADA), fixation des traitements, indemnités et pensions.

- Pouvoir d'autorisation : de programmes de travail, approbation des budgets, et organigramme des autres institutions de l'organisation.

- Pouvoir d'initiative : recommandations envers la CEG, de réaction ou de suivi visant la réalisation des objectifs de l'organisation et possibilité de demander à la Commission de faire certaines études.

- Pouvoir normatif : les actes du Conseil des ministres sont des Règlements (ayant force obligatoire [Actes Uniformes OHADA] pour les institutions et non les États membres). Exceptionnellement, il y a les décisions qui peuvent obliger les États, en cas de délégation de la CEG, ou après approbation de la CEG. Dans le cadre de l'OHADA, on a des décisions de portée générale.

Enfin, les Conseils des ministres sont les instruments de coordination des politiques économiques macroéconomiques et sont aussi des organes de décision en matière de surveillance multilatérale.

L'organigramme de certaines O.C.A fait figurer des organes intervenant dans les domaines financier et monétaire.

C. Les organes de coopération financière et monétaire

[513] Art.23 du Traité de l'UEMOA ; art.68 de la Convention régissant l'UEAC et art.19 du Traité révisé de la CEMAC.

Très tôt, les OCA ont admis dans leur organigramme, des institutions financières et monétaires[514] dont le caractère hybride participe à la fois de l'organe intergouvernemental par le recours aux représentants des États et de l'organe intégré par la mobilisation d'une expertise avérée dans les domaines concernés.

On se limitera ici à établir la comparaison ou le parallèle entre les deux organisations de l'Afrique de l'Ouest (1) et les deux organisations de l'Afrique Centrale (2).

1. En Afrique de l'Ouest.

Le Fonds de Coopération, de Compensation et de Développement (FCCD) et l'Agence Monétaire de l'Afrique de l'Ouest (AMAO) pour la CEDEAO et la Banque centrale des États de l'Afrique de l'Ouest (BCEAO) et la Banque Ouest africaine de Développement (BOAD) pour l'UEMOA seront étudiés.

a) **La BOAD et la BCEAO** sont des institutions spécialisées de **l'UEMOA** qui concourent en toute indépendance à la réalisation des objectifs de l'organisation (art. 41). Les deux institutions ont procédé au financement de la phase de démarrage de l'Union.

Quant à la **BCEAO**, sa création dérive du Traité de l'UMOA du 12 mai 1962 (entré en vigueur le 2 novembre 1962 et révisé le 14 novembre 1973) en ses articles 15 à 21. Les Statuts de la BCEAO sont annexés à ce Traité. Puis le 4 décembre 1973, un Accord de coopération entre la France et les États membres de l'UMOA sera conclu, suivi d'un avenant le 29 mai 1984. Un autre texte qui régit la BCEAO est la Convention de comptes d'opérations du 4 décembre 1973 entre les deux partenaires.

Son organigramme montre que la BCEAO est contrôlée par le Conseil des ministres de l'UMOA. Elle est administrée par un Gouverneur, un Conseil d'administration et des Comités nationaux de crédit. Le Gouverneur de la BCEAO est nommé par le Conseil des ministres pour un mandat de 6 ans renouvelable. Il exécute les décisions du Conseil des Ministres et celles du Conseil d'administration qu'il préside. Il est assisté de deux Vice Gouverneurs nommés par le Conseil d'administration pour 5 ans renouvelables. Il gère les disponibilités extérieures de l'Union.

Le Conseil d'administration est composé de deux (2) Administrateurs par État membre. Il précise, sur directives du Conseil des ministres, les opérations de la BCEAO, les taux et conditions d'exercice ; arrête les règles qui s'imposent aux Comités nationaux de crédit ; détermine le montant global du concours que la Banque peut accorder au fonctionnement économique de chaque État.

Dans chaque État membre, un Comité national du crédit [composé du Ministre des Finances (Président) et des deux représentants de l'État au Conseil

---

[514] Voir supra, nos développements sur la surveillance multilatérale, au Titre II.

d'administration et quatre membres nommés par le Gouvernement et un représentant de la France et du Directeur national de la BCEAO (rapporteur)] apprécie les besoins de fonctionnement de l'activité économique du pays, propose le montant de crédit intérieur et celui des concours que la BCEAO peut consentir aux banques et au Trésor et en assure l'utilisation et le contrôle dans l'État concerné.

L'organisation générale de la BCEAO comprend le siège à Dakar, une Direction nationale dans chaque pays, une représentation à Paris auprès des institutions européennes de coopération et une représentation à Ouagadougou auprès de l'UEMOA.

La BCEAO a le privilège exclusif de l'émission monétaire sur l'ensemble des États membres de l'UMOA. Elle émet les signes monétaires (billets et pièces) qui ont cours légal et pouvoir libératoire. La création, l'émission et l'annulation de ces signes sont décidées par le Conseil des ministres.

Elle promeut la croissance économique et gère la politique monétaire des États membres en ajustant la liquidité en fonction de l'évolution de la conjoncture économique. Enfin, dans le cadre de l'organisation et de la surveillance bancaire, elle établit la réglementation applicable et exerce des fonctions de surveillance par l'intermédiaire de la Commission Bancaire créée le 24 avril 1990, présidée par le Gouverneur de la BCEAO (la BCEAO en assure le Secrétariat général) et qui est chargée de l'organisation du contrôle du système bancaire dans l'UMOA.

La **BOAD** est l'institution commune de financement du développement des États de l'UMOA transformée en UEMOA en 1994. Créée par un Accord du 14 novembre 1973, la BOAD est devenue opérationnelle en 1976. Elle a pour objectif, selon l'art. 2 de ses Statuts, « de promouvoir le développement équilibré des États membres et de réaliser l'intégration économique de l'Afrique de l'Ouest » en finançant des projets prioritaires de développement rural, infrastructures de base, infrastructures modernes, télécommunications, énergie, industries, agro-industries, transport, tourisme et services[515]...

Elle est dirigée par un Président désigné par le Conseil des ministres de l'UEMOA, assisté d'un Vice-président et par un Conseil d'administration (composé d'un Président, d'un représentant titulaire et d'un suppléant de chaque pays membre, du Gouverneur de la BCEAO et des représentants des partenaires extérieurs [France, Allemagne, Belgique, BAD, BEI].

---

[515] Ainsi , lors de la 72éme réunion du Conseil d'administration tenue à Abidjan le 25 mars 2009, la BOAD a examiné et approuvé des propositions de prêt pour le financement du programme *Kandadji* de régénération des écosystèmes au Niger ;du projet de développement agricole de Matam au Sénégal ; pour le financement partiel du projet de zone franche de la Biotechnologie et des TIC à Grand Bassam en Côte d'Ivoire ;du projet d'extension et de modernisation de la SONATEL au Sénégal ; du projet d'aménagement de la Basse Vallée du fleuve Mono au Togo www.boad .org /content/actualités/2009.

Les huit États sont actionnaires [à parts égales] pour 47,8%, la BCEAO pour 47,8% et les partenaires extérieurs pour 4,4%. Le siège de la BOAD est à Lomé.

b) **Le FCCD et l'AMAO** sont les deux institutions spécialisées de la CEDEAO, chargées de questions économiques et monétaires liées au processus d'intégration. L'art. 21 du Traité révisé et le protocole sur le fonds du 5 novembre 1976 aménagent les statuts et le fonctionnement du **F.C.C.D.** dont le siège est à Lomé. Son Conseil d'administration qui est composé des Ministres du Conseil des Ministres de la CEDEAO, est chargé de la gestion du fonds. Le Directeur général du Fonds est nommé par le Conseil des ministres.

Ce Directeur général dispose de pouvoirs de nomination et de révocation des fonctionnaires qui doivent être ressortissants des États membres. Il est assisté d'un Directeur général adjoint nommé dans les mêmes conditions. Pour mener à bien ses missions, le FCCD est doté de ressources financières ordinaires et de comptes d'affectation spéciale. Ces ressources sont affectées à la réalisation des objectifs du fonds.

Trois objectifs sont assignés au FCCD :

- financer les projets économiques des États membres de la CEDEAO pour accroître la production de la communauté, notamment par la création d'entreprises communautaires ;

- fournir des compensations aux États ayant subi des pertes de recettes ; et

- garantir les investissements étrangers effectués dans les États membres.

L'action du FCCD est prolongée par celle de l'AMAO.

En effet, **l'Agence Monétaire de l'Afrique de l'Ouest**, créée par le Protocole A/P.1/7/93 signé à Cotonou le 24 juillet 1993, remplace la Chambre de Compensation de l'Afrique de l'Ouest (CCAO) qui avait été créée par l'Accord de Lagos du 14 mars 1975 dans le but d'instaurer un système centralisé de compensation relatif aux transactions commerciales et de service des États membres de la CEDEAO. Agence autonome et spécialisée, l'AMAO est installée en 1996 pour faciliter les paiements, canaliser la promotion des échanges.

L'AMAO, en plus de reprendre la mission de la CCAO, est chargée de la mise en œuvre du Programme de Coopération Monétaire (P.C.M) de la CEDEAO. Elle est aussi chargée de la création d'une zone monétaire unique en Afrique de l'Ouest. Par ses études et rapports, elle facilite le traitement de questions relatives à la coopération financière et monétaire. Sur les plans organique et matériel, elle constitue le regroupement de huit banques centrales (B.C.E.A.O, Banque du Cap-Vert, Banque de la Gambie, Banque du Ghana, Banque Centrale de la Guinée, Banque Centrale du Libéria, Banque Centrale du Nigeria et Banque de la Sierra Leone).

Pour accomplir pleinement ses missions, l'AMAO élabore des politiques et programmes, joue un rôle de compensation et de règlement entre banques centrales, gère le Fonds de Crédit et de Garantie et sert de banque de données et de collecte de renseignements pour les banques centrales des États membres.

L'art. 5 du Protocole de 1993 prévoit que l'AMAO est composée d'un Comité des Gouverneurs (Réunion des Gouverneurs des Banques Centrales des États membres ou leurs représentants), une Direction générale et un Comité consultatif chargé des questions économiques et monétaires et un Comité des opérations et de l'Administration.

La Direction générale de l'AMAO est confiée à un Directeur général nommé par le Comité des Gouverneurs pour un mandat de 4 ans et qui est chargé de la gestion quotidienne des activités de l'Agence. Le Comité des Gouverneurs est chargé de formuler des avis et recommandations au Conseil des ministres et à la CEG, de présenter des rapports sur l'intégration économique et monétaire (convertibilité des monnaies nationales, mise en place d'une zone monétaire unique, libéralisation des mouvements de capitaux), d'autoriser l'émission de chèques de voyage CEDEAO, d'organiser des consultations périodiques avec les Ministres des Finances et du Plan des États membres, etc.

Le Comité chargé des Opérations et de l'Administration, composé des Directeurs des Opérations Financières des Banques Centrales membres, est chargé de contrôler les performances du système de compensation et de paiement, d'examiner et de soumettre au Comité des Gouverneurs le budget annuel de l'AMAO et les questions liées au personnel de l'Agence.

Le Comité des questions économiques et monétaires, composé des Directeurs des Études des banques centrales membres, est chargé de suivre et d'évaluer les progrès dans la mise en œuvre du Programme de Coopération Monétaire.

Sur le plan financier, les ressources de l'Agence proviennent des contributions de ces banques centrales (40%, soit5% pour chacune) et 60% selon le ratio fixé par la CEDEAO pour les contributions des États membres au budget de l'O.C.A.

De manière générale, en attendant la mise en place d'une monnaie unique, l'AMAO doit promouvoir l'utilisation des monnaies nationales des États membres dans le cadre du commerce régional et d'autres transactions, réaliser des économies dans l'utilisation des réserves extérieures des États membres, aider les États membres à harmoniser et coordonner leurs politiques monétaire et budgétaire, initier et assurer le contrôle, la coordination, la mise en œuvre et le suivi du P.C.M ainsi que des programmes d'ajustement structurel.

2. En Afrique Centrale

On distingue les organes dépendants de la CEMAC d'une part, et les organes prévus dans le cadre de la CEEAC.

a) <u>La BEAC et la BDEAC</u> : Dans le cadre de l'UMAC, la Banque des États de l'Afrique Centrale (**BEAC**) met en œuvre de la politique monétaire commune des États membres, sous la surveillance et le contrôle du Comité Interministériel.

Ce dernier est chargé, en vertu de l'art 12 de la Convention d'avoir les attributions suivantes « Le Comité Ministériel :

a. veille à l'application des dispositions de la présente Convention et fait toute recommandation utile à la Conférence des Chefs d'État tendant à l'adapter à l'évolution économique et monétaire de l'Union Monétaire ;

b. décide de l'augmentation ou de la réduction du capital de la B.E.A.C. ;

c. donne un avis conforme sur les propositions de modification des statuts de la B.E.A.C. soumises par le Conseil d'Administration ;

d. ratifie les comptes annuels de la B.E.A.C., approuvés par le Conseil d'Administration et décide, sur proposition de celui-ci, de l'affectation des résultats ;

e. propose à la Conférence des Chefs d'État, sur saisine du Conseil d'Administration de la B.E.A.C., la nomination et la révocation du Gouverneur ou du Vice Gouverneur de la B.E.A.C. ;

f. fixe, après avis conforme du Conseil d'Administration de la B.E.A.C., la rémunération, les indemnités et les avantages accordés au Gouverneur et au Vice-gouverneur de la BEAC ;

g. examine, sur saisine du Gouverneur, le rapport annuel de la B.E.A.C. avant sa présentation à la Conférence des Chefs d'État ».

Ce pouvoir de supervision du Comité Ministériel s'étale sur une large palette d'attributions. En effet, selon l'art.13 de ladite Convention, « Le Comité Ministériel statue, sur proposition du Conseil d'Administration de la B.E.A.C., sur :

a. la création et l'émission des billets de banque et des monnaies métalliques ainsi que leur retrait et leur annulation ;

b. la valeur faciale et la forme des coupures, les signatures dont elles doivent être revêtues ainsi que les modalités de leur identification par État ;

c. les caractéristiques des monnaies métalliques ;

d. le délai pendant lequel les billets et monnaies retirés de la circulation doivent impérativement être présentés à la BEAC. sous peine de perdre leur pouvoir libératoire ;

e. l'affectation de la contre-valeur du solde des billets et monnaies en circulation non présentés aux guichets de la BEAC ».

En fait, la BEAC a le privilège exclusif de l'émission monétaire sur le territoire de chaque État membre de l'UMAC. L'objectif qui lui est assigné est de garantir la stabilité en apportant son soutien aux politiques économiques des États membres. Ses missions les plus importantes sont détaillées à l'art. 22 de la Convention : « Les missions fondamentales relevant de la BEAC consistent à :

- définir et conduire la politique monétaire de l'Union ;

- émettre les billets de banque et les monnaies métalliques qui ont cours légal et pouvoir libératoire dans l'Union Monétaire ;

- conduire les opérations de change ;

- détenir et gérer les réserves officielles de change des États membres ;

- promouvoir le bon fonctionnement des systèmes des paiements.

La B.E.A.C. assiste également les États membres dans leurs relations avec les Institutions financières internationales ».

Le Gouverneur et le Vice Gouverneur sont nommés par la Conférence des États et de Gouvernement sur proposition du Comité Ministériel (art.23). La Banque joue le même rôle et dispose des mêmes pouvoirs en Afrique centrale que la BCEAO en Afrique occidentale, puisque étant dans la même zone Franc (C.F.A) avec deux institutions émettrices en Afrique de l'Ouest (UMOA) et en Afrique centrale (UMAC) avec les mêmes liens financiers et monétaires avec le Trésor Public Français.

Il en découle que la BEAC s'occupe de la centralisation des avoirs des États membres dans un fonds commun de réserves de change auprès du Trésor Français dans un compte courant dénommé « Compte d'Opérations » (art.27).

Elle exerce un rôle d'information, de surveillance et de gestion en faisant connaître au Comité Ministériel la situation de chaque État membre. Selon l'art 29 de la Convention de l'UMAC, « La BEAC tient informé le Comité Ministériel de la situation de chaque État membre dans ses écritures et de la position de celui-ci au fonds commun de réserves de change. Elle assure la centralisation des risques bancaires dans le États membres, participe à la confection des balances des paiements et élabore les statistiques monétaires. À cette fin, la B.E.A.C. peut requérir, soit directement, soit par l'intermédiaire des banques, des établissements financiers, de l'administration des postes et des notaires, toutes informations sur les transactions extérieures des Administrations

Publiques, des personnes physiques ou morales, publiques ou privées ayant leur résidence ou leur siège dans l'Union Monétaire, ainsi que des personnes ayant leur résidence ou leur siège à l'étranger pour leurs transactions relatives à leur séjour ou activités dans l'Union Monétaire ».

Dés lors on conçoit un parallélisme prononcé à la limite du mimétisme entre la BEAC et la BCEAO, tant en ce qui concerne le recrutement et les attributions du Gouverneur et de son Vice-gouverneur, les mêmes organes internes comme les Comités nationaux de crédit, que les liens entretenus avec la France.

Enfin, le Gouverneur établit un rapport annuel d'activités (art. 30) qui doit être adressé au Comité Ministériel, à la Conférence des Chefs d'État et de Gouvernement et qui est rendu public.

La politique monétaire de l'UMAC est également soutenue par la Commission bancaire de l'Afrique centrale (**COBAC**) qui constitue le pendant de la Commission bancaire de l'Afrique de l'ouest, et qui assure l'harmonisation des réglementations et le contrôle de l'activité bancaire dans la zone concernée. L'article 32 de la Convention en détaille les attributions : « L'Union Monétaire a, entre autres, pour objectifs d'adopter une réglementation bancaire harmonisée, de renforcer la réglementation commune existante en matière bancaire et financière et d'en assurer le contrôle.

Cette harmonisation et ce contrôle concernent notamment :

- les règles d'exercice de la profession bancaire et des activités s'y rattachant ainsi que le contrôle de l'application desdites règles ;

- la répression de la falsification des signes monétaires et de l'usage des signes falsifiés ;

- les règles concernant la collecte et l'affectation de l'épargne financière ;

- les régimes de change.

Le Comité Ministériel peut prendre toutes autres dispositions qu'il juge utiles en vue de renforcer la réglementation commune en matière de législation monétaire, bancaire et financière »[516].

L'organe de financement pour le développement de la CEMAC est la **Banque de développement des États de l'Afrique centrale (BDEAC)**[517]qui est organisée autour d'une Assemblée Générale des Actionnaires, d'un Conseil d'Administration et d'un Président.

L'Assemblée Générale des Actionnaires, qui réunit les pouvoirs les plus importants, peut en déléguer certains au Conseil d'Administration. Elle est composée d'actionnaires de catégorie A (les six États membres de la CEMAC) et d'actionnaires de catégorie B (BEAC, BAD, République Française et État du Koweït). Chaque actionnaire a un représentant et l'AG est présidée par le représentant de l'État détenteur d'actions de catégorie A qui assure la présidence de la Conférence des Chefs d'État de la CEMAC.

Le Conseil d'Administration, composé de deux représentants de chacun des États membres, du Gouverneur de la BEAC et d'un représentant de chacun des autres actionnaires, définit la politique de la BDEAC ; fixe les règles générales d'emploi des fonds disponibles de la Banque et les conditions générales de prêt et de garantie consentis par la Banque ; décide des conditions financières pouvant être accordées par la Banque et approuve les conventions à conclure par la banque ayant pour objet l'acceptation des concours non remboursables, la constitution de fonds spéciaux, ainsi que l'administration et le fonctionnement de ces fonds. La présidence annuelle du Conseil d'Administration revient à un représentant de l'État assurant la présidence de la Conférence des Chefs d'État et de Gouvernement de la CEMAC.

---

[516] Cf.art 31 et 32 de Convention régissant l'UMAC.

[517] La BDEAC a été créée le 3 décembre 1975 à Bangui (R.C.A) et ses Statuts ont été adoptés par son Assemblée Générale constitutive du 30 avril 1976 et statuts modifiés à plusieurs reprises.

Le Président de la BDEAC, qui assure la gestion quotidienne de l'institution, est élu à la majorité des 2/3 de l'AG des actionnaires (sur proposition d'un État actionnaire de la catégorie A, acceptée par les autres actionnaires de la même catégorie), pour un mandat de 5 ans renouvelable une fois. Il est assisté d'un Vice Président.

Selon l'art 3 de ses Statuts, la BDEAC « a pour mission :

1. de promouvoir le développement économique et social des pays de la CEMAC, notamment par le financement des investissements nationaux, multinationaux et des projets d'intégration économique ;

2. d'apporter son concours aux États, aux organisations sous-régionales, aux Institutions financières et aux opérateurs économiques, dans leurs efforts pour la mobilisation des ressources financières et le financement des projets ;

3. d'appuyer les États, les organisations sous-régionales, et les opérateurs économiques dans le financement des études de faisabilité des programmes et projets. »[518]

La BDEAC a son siège à Brazzaville. Ses moyens et modalités d'intervention sont déterminés ainsi par l'art.4 de ses Statuts :

« Dans l'accomplissement de ses missions, la Banque doit, soit directement, soit par l' intermédiaire de Fonds spéciaux créés par elle ou par l'intermédiaire d'Institutions financières, contribuer notamment :

a) à la mobilisation de l'épargne intérieure, en conformité avec les législations et les réglementations nationales ainsi que les règles communautaires ;

b) à la mobilisation de capitaux extérieurs par emprunts ou obtention de fonds de concours non remboursables, émission de bons, d'obligations ou d'autres titres d'emprunt ;

c) au financement des investissements ou activités, par participation au capital, octroi de prêts, avals, bonifications d'intérêts ;

d) à la conclusion d'accords avec d'autres institutions financières de l'Afrique ou de l'extérieur, pour mettre en place des entreprises multinationales d'intérêt communautaire pour ses membres ;

e) au financement des études nécessaires à ces activités ;

f) à l'octroi des garanties. ».

La **Bourse des Valeurs Mobilières de l'Afrique Centrale (BVMAC)**, est investie, à titre exclusif, de la mission de service public d'organisation, d'animation et de gestion du Marché Financier Régional. Elle assume donc les fonctions d'entreprise de marché.

---

[518] Art.3 des Statuts modifiés par l'AG extraordinaire du 6 octobre 2008. Cf. BDEAC, textes de base www .bdeac.org.

Société de droit privé constituée sous la forme anonyme, elle est soumise aux dispositions de l'Acte uniforme relatif au droit des sociétés commerciales et du groupement d'intérêt économique (OHADA) et des dispositions du Marché Financier Régional. La BVMAC est indépendante des pouvoirs publics et des institutions de la CEMAC, mais se conforme dans l'exécution de sa mission aux règlements et instructions de la COSUMAF[519] dont elle sollicite chaque fois que nécessaire l'avis. Son capital social est réparti entre les Sociétés de Bourse, Établissements de Crédit, Sociétés d'Assurance, et autres Institutions et organisations ou sociétés commerciales agréées par la COSUMAF[520].

Les principales missions de la BVMAC sont :

- Organiser l'inscription et la cotation des valeurs ;
- Assurer la publication des cours ;
- Promouvoir le développement du marché[521].

b) Dans le cadre de la CEEAC : On signalera l'existence de mécanismes comparables avec la présence d'un **Fonds de compensation pour perte de recettes**[522], **d'une Chambre de compensation** dont les attributions sont résumées par l'art. 41§3 du Traité ainsi qu'il suit : « Conformément aux dispositions du Protocole relatif à la Chambre de compensation joint au présent Traité en tant qu'Annexe VIII, les États membres s'engagent à favoriser le commerce des marchandises et des services au sein de la Communauté par le biais d'une Chambre de compensation. »

De même, un **Fonds de coopération et de développement de la Communauté** a été porté sur les fonts baptismaux. Il vise, en vertu de l'art.76 du Traité à «

a) fournir une assistance financière et technique tendant à favoriser le développement économique et social des États membres compte tenu des différentes conditions économiques et autres prévalant au sein de la Communauté ;

b) financer des projets dans les États membres »[523] ;

---

[519] Commission de surveillance du marché financier en Afrique centrale. Conformément aux dispositions légales régissant le Marché Financier Régional, la COSUMAF en sa qualité d'Autorité de tutelle, de régulation et de contrôle du marché, assume trois missions principales. Elle veille à la protection de l'épargne investie en valeurs mobilières et autres instruments financiers émis dans le cadre d'un appel public à l'épargne ; à l'information des investisseurs ; au bon fonctionnement du Marché.

[520] Voir, Acte additionnel n°03/01-CEMAC-CE-03 du 8 décembre 2001 créant le COSUMAF et le Règlement n° 06/03-CEMAC-UMAC portant organisation, fonctionnement et surveillance du marché financier de l'Afrique centrale adopté par le CM de l'UMAC le 15 mars 2002.

[521] Pour plus de détail : www.bvm-ac.com. Voir plus loin pour la Bourse régionale des Valeurs Mobilières (BRVM) de l'UEMOA.

[522] Art.39 du Traité instituant la CEEAC et le Protocole joint en tant qu'Annexe VI.

[523] Voir art.75 à 78 du Traité de la CEEAC.

En somme, ce Fonds est organisé par un Statut fixe les modalités de versement des contributions, leurs montants, le fonctionnement, l'organisation et la gestion du Fonds..

c) Dans le cadre du COMESA : Après l'entrée en vigueur le 8 décembre 1994 du Traité créant le COMESA, la Zone d'échanges préférentiels (ZEP) des États de l'Afrique de l'Est et de l'Afrique australe prévue par un Traité entré en vigueur le 2 septembre 1982 va se transformer en Marché Commun et la Banque de la ZEP en **Banque des États de l'Afrique de l'Est et de l'Afrique australe pour le commerce et le développement**[524].

Selon l'art.4 de ses Statuts, les objectifs de cette banque sont les suivants : «

a) pourvoir l'assistance financière et technique tendant à favoriser le développement économique et social des États membres, compte tenu des différentes conditions économiques et autres prévalant dans les limites du Marché Commun ;

b) promouvoir le développement du commerce entre les États membres conformément aux dispositions du Traité en favorisant là où cela s'impose, des activités ayant trait aux échanges entre lesdits États membres ;

c) conduire le Marché Commun vers ses objectifs par le financement, dans tous les cas possibles, de projets conçus dans le sens de l'élargissement de la complémentarité des économies des États membres ;

d) compléter les activités des institutions nationales de développement des États membres par le financement commun de leurs opérations et par le recours à ces institutions comme filières de financement de projets particuliers ;

e) collaborer dans les limites des termes des présents Statuts avec d'autres Institutions et organisations, publiques ou privées, nationales ou internationales, qui s'intéressent au développement économique et social des États membres ;

f) entreprendre toutes les autres activités et pourvoir à tous les services favorisant la progression de la Banque vers ses objectifs ».

La Banque est organisée autour du Conseil des Gouverneurs, du Conseil d'Administration, du Président et Vice Président (s).

Le Conseil des Gouverneurs (CG), organe suprême de la Banque, est composé d'un Gouverneur et un Gouverneur suppléant par Membre de la Banque[525]. Le Président du Conseil des Gouverneurs est choisi parmi les Gouverneurs. Le Conseil exerce de nombreuses attributions comme la nomination du Président ou de Vice Président (s) de la Banque ; délibère et oriente le CA sur les opérations de banque ; rend un rapport annuel ; traite de toutes les questions que le CA lui soumet ; approuve les comptes annuels ;

---

524 Ses Statuts, qui avaient été adoptés à Bujumbura (Burundi) le 12 juillet 1985, ont fait l'objet de nombreuses révisions dont celle de l'île Maurice du 27 juin 2007.

525 En plus des souscriptions des États membres, on compte des investisseurs institutionnels comme la BAD ou extra continentaux comme la Chine.

nomme des experts et/ou commissaires aux comptes ; prend des décisions pour toute augmentation du capital-actions et exerce tous les pouvoirs sur toute question déléguée au CA. (art.25 et 26 des Statuts).

Le Conseil d'Administration (CA) est composé de sept administrateurs dotés d'un mandat de trois ans dont cinq (5) et leurs suppléants sont nommés par le CG et deux (2) et leurs suppléants sont nommés par le CG pour les Membres de la Banque autres que les États membres. Le Président, le ou les Vice Président (s) sont membres de droit du CA. Celui-ci est responsable de la conduite des opérations générales de la Banque ; exerce les pouvoirs que lui délègue le CG ; approuve le budget de la Banque ; prépare les travaux du CG (art.27). Le CA se réunit au moins tous les trois mois.

Quant au **Président de la Banque**, il est choisi pour un mandat de cinq ans renouvelable une fois à l'agrément du CG. Il a en charge la gestion des affaires courantes, l'organisation, la nomination des fonctionnaires et du personnel et constitue le représentant légal de la Banque. La Banque du COMESA a son siège à Bujumbura[526].

La Chambre de compensation du COMESA a vu le jour à la suite de l'adoption du Traité de la ZEP signé en 1981 pour établir des mécanismes de compensation des paiements du commerce et des services entre les États membres, dans le dessein d'atteindre plusieurs objectifs suivants : «

• Encourager l'expansion de l'activité commerciale et économique entre les États membres ;

• Favoriser l'utilisation des monnaies nationales dans le règlement des transactions et faire des économies sur l'utilisation des devises étrangères ;

• Encourager les États membres à libéraliser les protocoles commerciaux entre eux ;

• Encourager la coopération monétaire et financière ;

• Encourager et établir une coopération plus étroite et une activité financière entre les banques commerciales et les banques centrales de la région »[527].

Pendant les années 80, l'expérience de la Chambre de compensation s'est révélée très utile en matière de compensation et de paiement. Cependant, avec la libéralisation des comptes courants et la suppression des restrictions sur le contrôle du change, le besoin a été ressenti de la réadapter au contexte mondial changeant, ce qui va amener le Comité des Gouverneurs à engager la Chambre de compensation sur de nouveaux chantiers ce qui peuvent se décliner en des dynamiques suivantes :

- « Servir tous les pays dans la région.

---

[526] Pour des détails sur le COMESA, se référer à *L'état de l'intégration dans le COMESA. Rapport du Secrétaire Général au 12eme Sommet du COMESA à Nairobi (*Kenya)*, 2007, 82 p.* .www.comesa.int

[527] *Ibid.*

- Fournir une nouvelle gamme de services aux secteurs financiers des États membres, tout en se concentrant sur l'amélioration du système actuel de compensation et de règlement pour mieux l'adapter à l'environnement de libéralisation du change.

- Encourager les États membres à libéraliser les protocoles commerciaux entre eux.

- Encourager la coopération monétaire et financière.

- Encourager et établir une coopération plus étroite et une activité financière entre les banques commerciales et les banques centrales de la région »[528].

Tous ces organes prennent des décisions selon des modalités précises.

SECTION II – LES PROCESSUS DÉCISIONNELS DANS LES ORGANES COMMUNAUTAIRES

Le système de prise de décision dans les OI est porteur de nombreuses spécificités puisqu'il s'agit d'offrir aux États, à leurs représentants ou aux membres des organes intégrés, la possibilité de s'exprimer et de donner leurs points de vue sur les règles, les politiques et programmes communautaires.

La doctrine s'accorde à reconnaître, dans le cadre des théories en la matière, que toute décision doit suivre un processus et emprunter diverses méthodes. Pour l'essentiel, un schéma en trois points peut être dressé sous forme d'impératifs à respecter :

- il s'agit d'abord d'identifier le ou les problème (s),

- de recenser les propositions de solutions envisageables et,

- de discuter, de débattre et de voter ces propositions, soit pour les amender dans le sens d'une amélioration en additif ou en soustraction, soit pour les regrouper en un ensemble cohérent.

Dans ce sens, les modalités de prise de décision permettent d'opérer la distinction entre organisation de coopération et organisation d'intégration. Pour les premières, le mode privilégié dans le processus décisionnel est l'unanimité (procédé classique en DIP) alors que pour les secondes, la modalité supranationale est visée pour favoriser le procédé majoritaire. Cette *summa divisio* n'emporte nullement une séparation étanche puisque toutes ces modalités de prise de décision se côtoient que l'on soit dans une OI de coopération ou dans une OI d'intégration. Seuls des soucis pédagogiques d'ordonnancement et de simplification commandent la rétention d'une telle démarche.

PARAGRAPHE I – LES MODALITÉS CLASSIQUES DE PRISE DE DÉCISION

Par modalités classiques, on entend les règles qui président à la prise de décision en Droit International Public. Il s'agit de règles privilégiant les sacro-

[528] Cf. *L'état de l'intégration dans le COMESA*, *op. cit.* p.62.

saints principes d'égalité et de souveraineté prisés par les acteurs étatiques. Ces règles sont fondées sur l'unanimité et le consensus.

Le consensus se définit comme « un système de décision sans vote, où le silence général témoigne de l'absence d'objection dirimante de la part des États membres et autorise l'adoption du texte »[529] .

Sur le plan juridique, une décision adoptée par consensus a la même valeur que si un vote était intervenu. Le recours au consensus permet de neutraliser les effets d'un système majoritaire alors que l'adoption d'un texte par un organe par le biais de l'unanimité, fait prédominer les impacts diplomatiques.

Consensus et unanimité sont souvent utilisés dans les organisations qui entendent seulement coopérer sans abandon de souveraineté.

Avant la révision de son Traité, tous les actes communautaires du Conseil des ministres et de la CEG de la CEDEAO étaient pris à l'unanimité ou au consensus. L'inconvénient majeur est qu'une minorité, voire un seul État, pouvait bloquer la prise de décision.

Mais malgré ces défauts, les organisations d'intégration continuent à adopter par cette voie, un grand nombre de décision.

Sur la base du consensus, ont été pris tous les actes de la CEG (décisions) et du Conseil des ministres (règlements) jusqu'à l'entrée en vigueur d'un Protocole prévu pour les actes de la Conférence et du Conseil (art. 9 et 12 Traité CEDEAO).

Ainsi, à l'UEMOA, l'unanimité est requise :

- pour les amendements du Conseil des ministres, toutes les fois que le Traité de l'UEMOA prévoit l'adoption d'un acte juridique du Conseil des ministres sur proposition de la Commission (art. 22 Traité UEMOA) ;

- pour l'adoption par le Conseil des ministres des règlements financiers, sur proposition de la Commission (art. 51 § 1) ;

- pour sanctionner l'absence de respect de ses engagements d'un État qui ne s'exécute pas après invitation, la CEG de l'UEMOA constatera à l'unanimité le retrait de cet État (art. 113) et le Conseil des ministres pourra, à l'unanimité de ses membres, prendre des mesures pour sauvegarder les intérêts de l'Union ;

- pour trancher toute question n'ayant pas trouvé solution par le Conseil des ministres par accord unanime (art. 114) ; pour les Actes Uniformes de l'OHADA (unanimité des représentants des États parties présents et votants.).

PARAGRAPHE II – LES MODALITÉS SUPRANATIONALES DE PRISE DE DÉCISION

Il s'agit des modalités les plus usitées de la prise des actes des organisations d'intégration. Les États ayant consenti à un abandon de souveraineté, on peut

---

[529] NGUYEN, Quoc Dinh, Patrick DAILLIER et Alain PELLET (1999). *Droit international public.* Paris : LGDJ : 621.

comprendre qu'une majorité puisse imposer son point de vue à une minorité, dans l'intérêt de l'organisation.

L'Article 9 § 2 du Traité révisé CEDEAO dispose : « Les décisions de la Conférence sont prises selon les matières à l'unanimité, par consensus, à la majorité des 2/3 des États membres » et l'article 12 du même Traité, les règlements du Conseil des ministres seront « adoptés selon les matières, à l'unanimité, par consensus ou à la majorité des 2/3 ».

S'agissant de l'UEMOA, de nombreuses dispositions font recours à la majorité. Ainsi, le Conseil des ministres arrête à la majorité des 2/3 : le règlement intérieur du Comité des experts (art. 25 du Traité UEMOA) ; le budget de l'Union sur proposition de la Commission et après consultation du Parlement (art. 47) ; les modalités d'application des articles 54 et 55 sur les ressources de l'Union (art. 56) ; les directives ou règlements nécessaires pour la réalisation des programmes sur l'harmonisation des législations des États membres (art. 61) ; se prononce sur les grandes orientations des politiques économiques des États membres et de l'Union par voie de recommandation, sur proposition de la Commission (art. 64 al. 1), adopte, sur proposition de la Commission, des règles pour la convergence des politiques économiques (art. 65) ; adopte des recommandations et avis sur les politiques des prix et revenus (art. 66) ; adopte les règlements et directives nécessaires à la mise en œuvre des actions d'harmonisation des lois de finances, des comptabilités générales et des plans comptables publics (art. 67) ; adresse des directives sur les mesures à mettre en œuvre par un État confronté à des difficultés économiques et financières ou est susceptible d'en connaître en raison d'événements exceptionnels (art. 71) ; détermine, par règlement, le rythme et les modalités d'élimination d'obstacles tarifaires ou non tarifaires (art. 78) ; fixe un schéma d'harmonisation et de reconnaissance mutuelle de normes techniques et sanitaires (art. 80 et 81) ; autorise la Commission à conduire des négociations pour des accords nationaux dans le cadre de la politique commerciale commune (art. 84 et 85) ; fixe par règlement les modalités de dérogation pour les États membres aux règles générales de l'Union douanière et de la politique commerciale commune (art. 86) ; arrête les dispositions nécessaires pour faciliter le droit d'établissement, de résidence, de déplacement des ressortissants communautaires (art. 91 et 92) ou pour faciliter la libre circulation des capitaux (art. 98).

Rarement, l'UEMOA a retenu le principe de la majorité simple ; ex. pour les délibérations de sa Commission (voix prépondérante du Président en cas de partage, art. 32).

Au-delà des difficultés rencontrées pour l'adoption des actes des organisations d'intégration, il convient de s'interroger sur le système juridique généré.

CHAPITRE II

LE SYSTÈME JURIDIQUE COMMUNAUTAIRE AFRICAIN

Selon la CIJ, dans son Avis consultatif du 20 juillet 1962, toute organisation d'intégration est prévue par un Traité multilatéral qui « présente des caractéristiques spéciales ». Cette organisation a pour objet « de créer des sujets de droit nouveaux dotés d'une certaine autonomie, auxquels les parties confient pour tâche la réalisation de buts communs ».[530] Dans la plupart de ces organisations, les compétences dévolues aux organes permettent de distinguer, parmi les sources du droit communautaire, le droit primaire ou droit principal et le droit dérivé (Section I). Mais les sources du droit communautaire sont génératrices de particularités dont la portée et les effets doivent être mesurés au plan de la hiérarchie et de l'application (Section II).

SECTION I – LES SOURCES DU DROIT COMMUNAUTAIRE AFRICAIN

En comparaison de ce qui se passe au plan national, le Traité constitutif de l'Organisation internationale est la base des engagements étatiques. Le droit issu du Traité demeure le droit commun, originaire, primaire, principal (§ I).

De manière secondaire, les organes créés par le Traité constitutif peuvent à leur tour produire des normes ou droit communautaire dérivé (§ II).

PARAGRAPHE I – LE DROIT PRIMAIRE OU ORIGINAIRE

D'emblée, il faut dissiper une confusion. En DIP, l'art. 38 du Statut de la CIJ ne distingue que les sources conventionnelles et non conventionnelles. Il n'en est rien pour le droit communautaire. Les sources, dans leur énumération et hiérarchie, se réfèrent aux Traités constitutifs mais aussi à la pratique des institutions et des États membres. On retient le droit commun au sens étroit ou originaire comme source primaire et les règles prises par des institutions créées par les Traités constitutifs comme sources dérivées.

Le droit originaire est souvent constitué de nombreux textes conventionnels. L'UEMOA et la CEDEAO n'échappent pas à cette pluralité conventionnelle.

Pour la CEDEAO, le droit primaire est le Traité révisé de 1993 et les multiples protocoles dont le Protocole de 2001 sur la Démocratie et la Bonne Gouvernance, conclus depuis la création de cette organisation.

---

[530] CIJ, Avis du 8 juillet 1996 *Licéité de l'emploi ou de la menace d'emploi de l'arme nucléaire.*

Pour l'UEMOA, le droit originaire est constitué du Traité de 1994 modifié en 2003, des Protocoles additionnels (ex. Protocole Additionnel I) et des autres Traités (Traité de 2003 portant création du parlement).

Ce schéma est repris par la CEMAC (Traité de 1994) et les Conventions qui en font partie intégrante, pour l'Union Économique de l'Afrique centrale (UEAC), l'Union monétaire de l'Afrique centrale (UMAC), le Parlement communautaire, la Cour de Justice communautaire.

L'OHADA emprunte le même chemin avec quelques originalités : son droit principal est composé du Traité de Port-Louis de 1993 (entré en vigueur le 18 septembre 1995) et des Règlements (art. 4 du Traité) pris chaque fois que de besoin par le Conseil des ministres à la majorité absolue.

Ces différents Traités constitutifs, aménageant le droit originaire sont liés de manière intrinsèque, en ce sens qu'ils définissent les objectifs que les auteurs des Traités se sont assignés dans le Préambule des Traités.

On leur reconnaît dès lors un caractère « constitutionnel » « fondamental » car ils commandent l'interprétation de l'ensemble des Traités. La CJCE considère que ces objectifs doivent toujours être respectés « parce qu'ils fixent les objectifs fondamentaux de la Communauté »[531].

Dans tous ces Traités, à côté du Préambule qui abrite les dispositions liminaires, on distingue les clauses institutionnelles (les articles qui mettent en place les institutions) les clauses matérielles qui définissent le régime juridique ou les droits et devoirs des membres et de l'OCA et les clauses finales (modalités d'engagement, entrée en vigueur et révision des Traités). Ces Traités (droit principal) sont situés au sommet de la hiérarchie des sources du droit communautaire. La CJCE les a même qualifiés de « charte constitutionnelle » des Communautés. Ils définissent les grands principes relatifs au Marché Commun et les domaines de compétence des organisations, les institutions, les attributions et le mode de fonctionnement.

Le droit principal prime aussi bien sur le droit dérivé que le droit issu des relations extérieures. Ce droit principal constitue le fondement des Organisations internationales, leur cadre et leurs buts. Selon l'art. 6 § 2 du Traité CEDEAO, « les institutions de la Communauté exercent leurs fonctions et agissent dans les limites des pouvoirs qui leur sont conférés par le présent Traité et par les Protocoles y afférents ».

Les Traités sont donc des actes soumis au régime conventionnel du DIP classique (CVDT du 23 mai 1969). Dans les différentes Organisations africaines, la préférence est accordée à la voie du droit principal eu égard aux nombreux Traités et Protocoles (plus de 30 Traités et Protocoles pour la CEDEAO) dont l'entrée en vigueur est subordonnée au respect des prescriptions

---

[531] CJCE, arrêt du 21 juin 1958, *Groupements des Hauts Fourneaux et Aciéries belges*, Aff. 8/57, Rec. 229.

constitutionnelles des différents États membres (ce qui leur octroie en dernier ressort toute liberté de ratifier ou non) et dont l'application est sujette aux circonstances très changeantes (d'où une sorte d'organisation d'intégration fragmentée, « à la carte », une sorte de « Pick and choice »).

Dès lors, par souci d'efficacité, les Organisations internationales ont aussi recours aux actes dérivés pour la réalisation de leurs objectifs.

PARAGRAPHE II – LE DROIT DÉRIVÉ

Les organes des Organisations internationales peuvent adopter des résolutions, recommandations, décisions, donner des avis consultatifs, rendre des arrêts ou des jugements. La caractéristique principale de tous ces actes est d'être des actes dérivés des Organisations internationales.

Ce droit dérivé est un droit « légiféré », c'est-à-dire secrété par l'Organisation internationale de manière quasi-autonome et pris en application et pour l'application des Traités. La CJCE, *Aff. 25/70, du 17 déc. 1970 Köster* parle du « système législatif du Traité » ou dans *l'Aff.106/77 du 9 mars 1978 Simmental*, de « pouvoir législatif de la Communauté ».

La nomenclature des sources du droit dérivé s'articule autour du règlement, du règlement-cadre, de la directive, de la décision, des recommandations et avis.

On la retrouve avec quelques originalités dans le Traité de l'UEMOA (art. 42 modifié et s.) :

> « (…) La Conférence prend des actes additionnels (…), le Conseil édicte des règlements, des directives et des décisions ; il peut également formuler des recommandations et/ou des avis ; la Commission prend des règlements pour l'application des actes du Conseil et édicte des décisions ; elle peut également formuler des recommandations et/ou des avis ; le Parlement prend des actes dont le régime juridique est déterminé par le Traité portant création de cet organe ».

Le droit dérivé de l'OHADA est constitué, par les règlements. On distingue cinq règlements : le Règlement de procédure de la CCJA du 18 avril 1996 complété et modifié par le Règlement n° 01/2014/CM/OHADA du30 janvier 2014, le Règlement d'arbitrage de la CCJA du 11 mars 1999 ; le Règlement financier des institutions de l'OHADA ; et les Règlements portant le statut des fonctionnaires et le régime applicable au personnel de l'OHADA (dont le Règlement 1/98 du 30 janvier 1998 sur le statut des fonctionnaires et le Règlement 2/98 du 30 janvier 1998 portant régime applicable au personnel non fonctionnaire de l'OHADA).

En outre, on a, essentiellement des Actes Uniformes, c'est-à-dire selon l'art. 5, « les actes pris pour l'adoption des règles communes prévues à l'art. 1er du présent Traité ». Les Actes Uniformes sont préparés par le Secrétariat permanent en concertation avec les gouvernements des États parties et délibérés et adoptés par le Conseil des ministres, après avis de la CCJA. À cet égard, on distingue l'Acte Uniforme sur le Droit commercial général (EV 1erjanvier

1998) révisé par l'Acte Uniforme du 15 décembre 2010 (EV 16 juin 2011) ; l'Acte Uniforme sur les Sociétés commerciales et le Groupement d'intérêt économique[532] ; l'Acte Uniforme sur les Sûretés, révisé le 15 décembre 2010 (EV 16 mai 2011) ; l'Acte Uniforme sur les Procédures simplifiées de recouvrement des créances et les voies d'exécution du 10 avril 1998 (EV 10 juillet 1998) ; l'Acte Uniforme sur l'Arbitrage (EV 11 juin 1999) ; l'Acte Uniforme sur l'Organisation et l'Harmonisation de la Comptabilité des entreprises (1er janvier 2001-2002) ; l'Acte Uniforme sur les Contrats de transport de marchandises par route (EV le 1er janvier 2004) ; l'Acte Uniforme relatif au droit des sociétés coopératives du 15 décembre 2010 (EV le 16 mai 2011).

L'article 10 du Traité OHADA confère une grande autorité à ces Actes Uniformes, en disposant : « Les Actes Uniformes sont directement applicables et obligatoires nonobstant toute disposition contraire de droit interne, antérieure ou postérieure ».

Le droit dérivé de la CEDEAO est constitué des différents actes que prennent les institutions pour appliquer le droit primaire, comme les règlements, actes additionnels, directives, décisions, avis et recommandations. Une autre originalité de la CEDEAO à relever dans le domaine des règlements est la différence de sens. Dans l'UEMOA[533], le règlement est un acte dérivé adopté selon le mode majoritaire, de portée générale et obligatoire, applicable immédiatement et directement. Dans la CEDEAO, le règlement n'a pas cette portée car il est publié par la Commission, trente (30) jours après sa signature, et exécutoire soixante (60) jours après sa date de publication dans le Journal officiel de la Communauté (art. 9 § 5, 6 et 7 et art. 12).

Les Directives lient tout État membre destinataire, quant au résultat à attendre, tout en laissant aux instances nationales la compétence quant à la forme et les moyens (art. 43 § 2 Traité UEMOA). Autrement dit, la directive n'a pas de portée générale[534] et n'oblige que les États destinataires[535]. Toute directive fixe un délai de transposition durant lequel, les mesures nationales destinées à la mettre en œuvre doivent impérativement intervenir. Cette transposition doit être exacte et correcte[536]. En cas de non transposition à l'issue du délai,

---

532 Il a été révisé le 30 janvier 2014 à Ouagadougou et est entré en vigueur le 5 mai 2014.

533 Voir, par exemple, Règlement n° 03/99/CM/UE/UEMOA de la 25 mars 1999 portant adoption du Mécanisme de la Taxe Dégressive de Protection (TDP).

534 Directive N°01/2005/CM/UEMOA sur l'égalité de traitement des étudiants ressortissants de l'UEMOA, dans la détermination des conditions et des droits d'accès aux institutions publiques d'enseignement supérieur des États membres de l'Union, adoptée le 16 septembre 2005 ; Directive N°03/2007/CM/UEMOA portant adoption du système Licence, Master, Doctorat (LMD) dans les Universités et Établissements d'enseignement supérieur au sein de l'UEMOA, adoptée le 4 juillet 2007.

535 Exemple, dans l'UEMOA, Directive N° 05/97/CM/UEMOA relative aux lois de finances.

536 Le Conseil des ministres de l'UEMOA a adopté en mars et juin 2009, six directives du cadre harmonisé des finances publiques. A savoir les directives portant Code de transparence dans la

la Commission peut introduire un recours en manquement devant la Cour de Justice

— Les Décisions sont obligatoires dans tous leurs éléments pour leurs destinataires qu'elles désignent (États membres, entreprises ou particuliers). Elles n'ont pas de portée générale. Elles ont un effet direct, ce qui n'interdit pas l'adoption de mesures d'applications nécessaires. Toutefois, l'art. 46 du Traité UEMOA considère que les décisions du Conseil des ministres ou de la Commission comportant « à la charge des personnes autres que les États, une obligation pécuniaire forment titre exécutoire ».

Cependant, dans le cas de la CEDEAO, les Décisions de la CEG ont force obligatoire pour les États membres et les institutions de la Communauté (sauf pour la Cour de Justice) (art. 9). Actes de portée générale, les décisions CEDEAO sont les seuls actes dérivés obligeant États et institutions communautaires. Elles interviennent aussi bien pour créer des organes subsidiaires, que pour toute autre nécessité[537]. Signées par le Président de la CEG, elles n'ont pas besoin de ratification ou de réception nationale mais quelquefois, certaines décisions requièrent des actes internes d'application.

— Les Recommandations et Avis, dans le droit communautaire UE/UEMOA ne lient pas, n'ont pas force exécutoire (UEMOA), c'est-à-dire n'ont pas de caractère obligatoire.

L'Avis est simplement l'expression de l'opinion de l'institution qui l'émet, alors que la recommandation est une simple invitation à suivre une ligne de conduite particulière de protée indicative.

Les Actes additionnels (UEMOA) publiés au J.O. de l'Union comme les autres actes mais sans avoir à être motivés comme ces derniers (art. 44) sont pris par la CEG en tant que de besoin. Ils sont annexés au Traité et le complètent sans toutefois le modifier. Ils s'imposent aux organes de l'UEMOA et aux autorités des États membres (art. 19).[538]Ils existent aussi dans la CEDEAO[539]ou la CEMAC.

Selon l'Article 41 du Traité révisé en 2008 qui fixe le régime des actes juridiques de la CEMAC : « Les actes additionnels sont annexés au Traité de la

---

gestion des finances publiques, Loi de finances, Règlement général sur la comptabilité publique, Nomenclature budgétaire de l'État, Plan comptable de l'État et Tableau des opérations financières de l'État. Ajoutées à cela, l'adoption de la Directive portant régime financier des collectivités territoriales et en juin 2012, la Directive portant comptabilité des matières.

537 Par exemple, Décision C/Déc. du 5 décembre 1992 portant institution de la foire commerciale de la CEDEAO).

538 Acte additionnel n ° 01/98 instituant un Fonds Structurel dénommé Fonds d'Aide à l'Intégration régionale (FAIR) ; ex : Acte additionnel n° 4/99 du 8 décembre 1999 portant Pacte de convergence, de stabilité, de croissance et de solidarité entre États membres de l'UEMOA.

539 Voir par exemple, l'Acte Additionnel A/SA.2/01/10 portant transactions électroniques dans l'espace CEDEAO, adopté le 16 février 2010 à Abuja.

CEMAC et complètent celui-ci sans le modifier. Leur respect s'impose aux Institutions, aux Organes et aux Institutions Spécialisées de la Communauté ainsi qu'aux autorités des États membres.

Les règlements et les règlements cadres ont une portée générale. Les règlements sont obligatoires dans tous leurs éléments et directement applicables dans tout État membre. Les règlements cadres ne sont directement applicables que pour certains de leurs éléments.

Les directives lient tout État membre destinataire quant au résultat à atteindre tout en laissant aux instances nationales leur compétence en ce qui concerne la forme et les moyens.

Les décisions sont obligatoires dans tous leurs éléments pour les destinataires qu'elles désignent.

Les recommandations et les avis ne lient pas ».

Les sources du droit communautaires présentent des caractères spécifiques.

SECTION II – LES CARACTÉRISTIQUES DES SOURCES

La coexistence du droit communautaire avec les droits nationaux soulève des questions relativement à la place de l'ordre juridique communautaire par rapport aux ordres juridiques nationaux et les modalités générales d'application dudit droit. Le droit communautaire européen ou africain aménage divers rapports entre la norme communautaire originaire ou dérivé et les normes nationales (constitutionnelles, législatives, réglementaires) des différents États membres.

PARAGRAPHE I – LES MODALITÉS D'APPLICATION DU DROIT COMMUNAUTAIRE

Les particularités du droit communautaire s'expriment relativement (aux effets et à la portée) des actes originaires ou dérivés. Pour guider l'application du droit communautaire, on distingue l'applicabilité immédiate (A) de l'application directe (B).

L'applicabilité immédiate du droit communautaire

Le droit communautaire s'applique automatiquement dans l'ordre juridique de chaque État membre, c'est-à-dire qu'il prend sa place immédiatement parmi les règles de droit applicables dans l'ordre juridique national.

Les normes communautaires font partie intégrante des droits nationaux dès leur publication ou leur notification à leur destinataire. Leur pénétration dans les ordres juridiques ne nécessite aucun acte de réception intermédiaire. La CJCE a affirmé clairement ce principe dans deux célèbres décisions[540].

---

[540] *CJCE, 15 juillet 1964, Costa c/ ENEL*, Aff. 6/64, 1141 : « à la différence des Traités internationaux ordinaires, le Traité de la CEE a institué un ordre juridique propre intégré au système juridique des États membres et qui s'impose à leurs juridictions » ; *CJCE, 9 mars*

Il faut souligner cependant que pour les cas des directives, leur transposition n'est qu'une mesure d'exécution du droit communautaire et non comme acte de réception puisqu'il est de la nature même d'une directive de nécessiter l'adoption de mesures nationales.

Toutefois, deux approches du DIP prospèrent à ce niveau. Pour les États monistes, les Traités produisent leurs effets dans l'ordre juridique interne dès leur EV sans qu'aucun acte de réception ne soit nécessaire. Pour les États dualistes, le Traité ne peut produire d'effets dans l'ordre interne que si un acte national de réception l'y introduit. C'est la conception moniste que la CJCE a privilégiée. L'affirmation est particulièrement claire dans l'arrêt Costa : « en instituant une communauté de durée limitée, dotée d'attributs propres, de la personnalité, de la capacité juridique... et plus précisément de pouvoirs réels issus d'une limitation de compétence ou d'un transfert d'attributions des États à la Communauté, ceux-ci ont limité, bien que dans des domaines restreints, leurs droits souverains et créé ainsi un corps de droits applicables à leurs ressortissants et à eux-mêmes ». L'UEMOA, dans son avis de la CJ de 2003, précité, emprunte le même raisonnement que l'UE.

De ce qui précède, il résulte trois conséquences :

- le droit communautaire est intégré de plein droit dans l'ordre juridique interne des États sans nécessiter aucune formule spéciale d'introduction ;

- les normes communautaires prennent leur place dans l'ordre juridique interne en tant que droit communautaire ;

- les juges nationaux ont l'obligation d'appliquer le droit communautaire.

L'immédiateté d'application recouvre deux autres significations.

- S'agissant du droit communautaire principal, les juges nationaux ne peuvent invoquer le non accomplissement des procédures de réception des Traités pour se dispenser d'appliquer le Traité communautaire régulièrement ratifié.

- S'agissant du droit communautaire dérivé, toute autre compétence des autorités nationales est superflue pour les règlements, car celle-ci n'est qu'une compétence d'exécution et non de réception pour les décisions et directives.

L'applicabilité immédiate recouvre la vocation de certains actes dérivés à entrer en vigueur sans qu'il soit besoin d'une procédure de ratification ou de réception.

L'application immédiate est prolongée par une application directe.

L'applicabilité directe du droit communautaire

Le droit communautaire crée des obligations pour les particuliers dont ils peuvent directement se prévaloir devant les juridictions nationales. Selon la

---

1978, Simmenthal, Aff. 106/77, 629 : « Le droit issu des Traités fait partie intégrante de l'ordre juridique applicable sur le territoire de chacun des États membres ».

CJCE dans un *arrêt du 5 février 1963, Van Gend En Loos,* Aff. 26/62, « La Communauté constitue un nouvel ordre juridique de droit international au profit duquel les États ont limité, bien que dans des domaines restreints, leurs droits souverains, et dont les sujets sont non seulement les États membres mais également leurs ressortissants ». Ainsi, l'art. 249 du Traité d'Amsterdam précise : « Le règlement est directement applicable dans tout État membre ».

À ce niveau, selon la CJCE, dans *l'Affaire Variola*[541], il s'agit d'un effet direct complet, c'est-à-dire que le règlement est invocable par un particulier aussi bien dans un litige l'opposant à l'État membre, que dans un litige l'opposant à un autre individu. Il revient donc aux juridictions nationales d'assurer la protection juridique découlant pour les justiciables de l'effet direct du droit communautaire.

En droit international classique, l'applicabilité directe des Traités est exceptionnelle. Comme l'avait indiqué la CPJI, « Selon le principe de droit international bien établi, un accord international ne peut, comme tel, créer directement des droits et des obligations pour les particuliers »[542]. Avec les Traités communautaires, ce qui était exception devient la règle, en raison de la nature particulière du droit instituant les OCA.

On distingue trois effets directs.

- *l'effet direct vertical* quand la norme communautaire peut être invoquée dans un litige entre un individu et un État membre ;

- *l'effet direct horizontal* quand la norme communautaire peut être invoquée dans un litige entre deux particuliers.

- *l'effet direct complet,* qui est à la fois horizontal et vertical.

Selon la CJCE, le règlement « produit des effets immédiats et est comme tel, apte à conférer aux particuliers des droits que les juridictions nationales ont l'obligation de protéger »[543]. Pour les décisions adressées à ces juridictions, elles engendrent des droits et des obligations au bénéfice ou à la charge de particuliers. Leur application est directe.

Pour la CEDEAO, par combinaison des articles 9 et 12, les seuls destinataires des décisions et règlements sont les États membres et les institutions communautaires. Mais ce principe pourrait être inversé car l'application directe des normes communautaires découle de leur inconditionnalité, de leur clarté et de leur précision. Aussi certaines décisions devraient pouvoir bénéficier aux particuliers (personnes physiques ou morales) et créer de véritables droits subjectifs à leur égard[544] Pour les règlements

---

[541] CJCE, dans *l'Affaire VARIOLA*, arrêt du 10 octobre 1973, Aff. 34/73, p. 981,

[542] *Affaire de la compétence des Tribunaux de Dantzig*, Avis du 3 mars 1928, Série B, N° 15.17

[543] CJCE, 14 déc. 1971, *Politi*, Aff. 43/71.

[544] Voir Décision C/DEC. 8/11/79 du 26 novembre 1979 de la libéralisation du commerce des produits du cru ; Décision A/DEC/1/5/81 du 29 mai 1981 de la libéralisation du commerce de l'artisanat traditionnel.

s'adressant aux particuliers et les protocoles, cet effet direct n'est pas exclu. Mais en l'absence d'une jurisprudence CEDEAO précise, ce droit communautaire reste encore imprécis.[545]

Pour l'OHADA, le Traité comme les Règlements sont d'application directe et obligatoire dans tous leurs éléments. Les Actes Uniformes entrent en vigueur 90 jours après leur adoption par le Conseil des ministres et sont opposables 30 jours après leur publication au J.O. de l'OHADA (art. 9 du Traité). Après publication, l'Acte Uniforme peut être invoqué par toute partie à un contrat ou à un procès et les juridictions nationales sont obligées de l'appliquer.

Le droit communautaire est un système de normes, commandant une hiérarchie à son avantage.

PARAGRAPHE II – LA HIÉRARCHIE DES NORMES

Le droit communautaire l'emporte sur toute disposition nationale. Le principe de la primauté implique pour l'État, interdiction d'appliquer une mesure contraire au Traité communautaire.

Il entraîne aussi l'obligation pour l'État d'interpréter tout son droit national en conformité avec le droit communautaire et, le cas échéant, de réparer les conséquences dommageables de son non respect. Il en résulte qu'en cas de conflit entre une norme communautaire et une norme nationale contraire, c'est la première qui doit prévaloir. Par conséquent, le juge national se trouve dans l'obligation d'ignorer toute loi interne qui serait en contradiction avec une règle de droit communautaire, même antérieure.

Selon la CJCE[546] « serait incompatible avec les exigences inhérentes à la nature même d'un ordre juridique national ou toute pratique, législative, administrative ou judiciaire, qui aurait pour effet de diminuer l'efficacité du droit communautaire »[547]....

Dans l'UEMOA, l'art. 6 du Traité a le mérite d'être clair : « Les actes arrêtés par les organes de l'Union pour la réalisation des objectifs du présent Traité et conformément aux règles de procédures instituées par celui-ci, sont appliqués dans chaque État membre nonobstant toue législation nationale contraire antérieure ou postérieure ».

La Cour de Justice de l'UEMOA l'a rappelé dans son *Avis n^c 001/2003 du 18 mars 2003* : « La primauté bénéficie à toutes les normes communautaires, primaires comme dérivées, immédiatement applicables ou non, et s'exerce à l'encontre de toutes les normes nationales, administratives, législatives, juridictionnelles, et même constitutionnelles, parce que l'ordre juridique communautaire l'emporte dans son intégralité sur les ordres juridiques nationaux (...) ; Ainsi, le juge national, en présence d'une contrariété entre le

---

545 Cf., IBRIGA, L. M. et al. *Droit communautaire ouest africain. op. cit.*
546 Arrêt 19 juin *1990, Factortame* e.a., Aff C-21.
547 Voir aussi, CJCE, 17 déc. 1970, Aff. 11/70, *International Handelsgesellschaft*

droit communautaire et une règle de droit interne, devra faire prévaloir le premier sur la seconde en appliquant l'un et en écartant l'autre ».

En conclusion de ce Titre, il sied de relever toute la richesse et la complexité des OCA. Ces configurations organiques des OIA se déclinent matériellement en des programmes et politiques généraux ou sectoriels.

TITRE II

DROIT COMMUNAUTAIRE MATÉRIEL AFRICAIN

Les stratégies d'intégration économique des OCA empruntent le schéma d'ensemble du modèle européen. Il s'ensuit un mimétisme en matière d'élaboration de règles, de principes, de plans et de programmes orientés vers un encadrement plus étroit des échanges intracommunautaires ou extracommunautaires.

L'objectif fondamental des organisations africaines d'intégration est la réalisation d'un espace commun aux États membres. Cet objectif se subdivise en un objectif intermédiaire : le Marché commun, (Chapitre I) et un objectif final ou ultime : l'Union Économique ou Monétaire, (Chapitre II).

CHAPITRE I

LA MATÉRIALISATION DES PROCESSUS D'INTÉGRATION À TRAVERS L'OBJECTIF DU MARCHE COMMUN

Dans la poursuite de l'objectif du Marché commun, la progressivité dans la réalisation impose la construction de l'Union douanière (Section I) comme préalable à l'édification du marché commun (Section II).

Ces différentes étapes sont très souvent soumises aux aléas conjoncturels et aux réticences souverainistes des États.

SECTION I – LES DIFFICULTÉS DE CONSTRUCTION DE L'UNION DOUANIÈRE

Cette construction de l'Union douanière suppose une zone de libre échange ou désarmement douanier dans les échanges intracommunautaires (Paragraphe I), et l'établissement d'un Tarif Extérieur Commun (T.E.C.) dans les échanges extracommunautaires (Paragraphe II).

PARAGRAPHE I – LA LIBÉRALISATION DES ÉCHANGES INTRACOMMUNAUTAIRES À TRAVERS LE DÉSARMEMENT DOUANIER

Dans les rapports entre États membres, il s'agit de mettre en place un Marché commun qui, pour être effectif, doit remplir un certain nombre de conditions, notamment la libre circulation des marchandises en raison de la libéralisation des marchés nationaux.

À cet égard, les OCA ont opté pour des cheminements différenciés selon les produits et l'aire géographique en cause.

A. Le désarmement douanier en Afrique de l'ouest

Comme relaté précédemment, en Afrique de l'ouest, coexistent deux organisations d'intégration économique, à savoir la CEDEAO (ECOWAS) et l'UEMOA (WAEMU)[548].

Dans les deux OCA, des schémas de désarmement ont été adoptés séparément. Mais, on note une convergence qui est progressivement en train de se dessiner pour la réalisation de l'Union douanière régionale.

---

[548] West African Economic and Monetary Union.

1. Les produits du cru, de l'artisanat traditionnel et des industries dans l'espace CEDEAO

Dans le cadre de la CEDEAO, certains produits ont été soumis à un régime d'échanges préférentiel (produits du cru[549] et de l'artisanat traditionnel[550]), alors que d'autres sont régis dans une zone de libre échange (produits industriels).

Pour les produits du cru et de l'artisanat traditionnel, l'article 36 § 2 du Traité révisé dispose :

> « Les produits du cru et de l'artisanat traditionnel originaires des États membres de la Communauté ne sont soumis à aucun droit à l'importation et à aucune restriction quantitative au sein de la région. L'importation de ces produits à l'intérieur de la Communauté ne fait pas l'objet d'une compensation pour perte de recettes ».

En fait, ceci ne fait que confirmer la libéralisation de ces produits, opérée avant 1993 puisque par deux décisions portant respectivement sur la libéralisation des produits du cru et de l'artisanat traditionnel (décision C/DEC./8/11/79 du 26 novembre 1979 du Conseil des ministres[551] et décision A/DEC.1/5/81 du 29 mai 1981 de la Conférence des Chefs d'État et de gouvernement [552]), ces produits, dont la liste est annexée à chacune des décisions, circulent en franchise des droits de douane et taxes d'effet équivalent. En outre, on interdit les restrictions quantitatives et administratives, avec cette réserve que le bénéfice d'un tel régime est subordonné à la possession d'un certificat d'origine.

Quant aux produits industriels originaires de la Communauté, un régime moins souple a été introduit. Le régime en question nécessite la définition de la notion de produits industriels originaires de la CEDEAO, seuls éligibles.[553]

---

[549] Les produits du cru sont ceux du règne animal, végétal ou minéral n'ayant subi aucune transformation à caractère industriel.

[550] Les produits de l'artisanat traditionnel sont des articles faits à la main, avec ou sans l'aide d'outils, d'instruments ou de dispositifs actionnés directement par l'artisan.

[551] Pour les produits du cru, voir. Décision C/DEC.8/11/79 du 26 novembre 1970, J.O., Vol. 5 Sup., Rec. PCD.

[552] Pour les produits de l'artisanat, voir. Décision A/DEC.1/5/81 du 29 mai 1981, J.O., Vol. 3, Rec. PCD, p. 104.

[553] Il s'agit du Protocole du 5 novembre 1976 relatif à la définition de la notion de produits originaires des États membres de la CEDEAO et ses différents protocoles additionnels :

- Protocole A/SP.1/5/79 du 29 mai 1979 portant amendement du texte français du protocole relatif à la définition de la notion de produits originaires des États membres, J.O., Vol. 1, Rec. PCD, p. 70 ;
- Protocole A/SP.2/5/79 du 29 mai 1979 portant amendement du protocole relatif à la définition de la notion de produits originaires des États membres, idem, p. 71 ;
- Protocole A/SP.3./5/80 du 28 mai 1980 portant modification de l'article 8 du texte français du protocole relatif à la définition de la notion de produits originaires des États membres, J.O., Vol. 2, Rec. PCD, p. 73 ;

La libéralisation de cette catégorie de produits était gouvernée par une clause de *standstill*, que la décision A/DEC.8/5/79 du 29 mai 1979[554] explicitait par une consolidation des droits de douanes et taxes d'effet équivalent pendant une période de deux ans à compter du 29 mai 1979.

À partir de 1981 et jusqu'à quinze ans, devait s'appliquer graduellement une libéralisation progressive des échanges commerciaux jusqu'à l'élimination totale des droits de douane et taxes d'effet équivalent[555]. L'article 4 de cette décision répartissait les États membres en trois groupes et leur appliquait des taux de réduction différents[556] en fonction de leur niveau de développement économique.

Si ce schéma avait été respecté, la CEDEAO devait réaliser l'Union douanière, au plus tard en 1993. Cependant, en juin 1989, une nouvelle Décision va reporter ce démarrage[557]. Le nouvel article 9 a fixé la nouvelle date de mise en application au 1er janvier 1990, conformément à l'article 35 du Traité révisé, qui se lit ainsi : « À partir du 1er janvier 1990 tel que prévu à l'article 54 du présent Traité, il est progressivement établi au cours d'une période de dix (10) ans, une Union douanière entre les États membres ». L'article 54 auquel il est fait allusion dispose que « Les États membres s'engagent à réaliser une Union Économique dans un délai maximum de quinze (15) ans à partir du démarrage di schéma de libéralisation des échanges adopté par la Conférence aux termes de la décision A/DEC.1/5/83 du 30 mai 1983 et dont le lancement est intervenu le 1er janvier 1990 ».

L'Union économique passe donc par une Union douanière qui s'établit sur dix ans et qui aboutira à l'élimination des barrières tarifaires et non tarifaires et autres entraves administratives, telles que les restrictions quantitatives, prohibitions, contingentements.

La Décision[558], modifiant celle de 1983 relative à l'adoption d'un schéma unique de libéralisation des échanges, fixe les nouveaux taux de libéralisation par groupe de pays en supprimant la distinction entre produits prioritaires et non-prioritaires :

- pour le groupe 3 (Côte d'Ivoire, Ghana, Nigeria, Sénégal) à compter du 1er janvier 1996 ;

- Protocole A/SP.4/5/81 du 29 mai 1981 modifiant l'article 2 du protocole relatif à la définition de la notion de produits originaires des États membres, J.O., Vol. 3, Rec. PCD, p. 75.

[554] J.O., Vol. 1.

[555] Art. 12 et 13 § 1 du Traité de 1975. Théoriquement, l'Union douanière devait être réalisée en 1996. Cependant, les taux précis du désarmement douanier n'ont été déterminés qu'en 1983 par la Décision A/DEC/1/5§83 du 29 mai 1983 relative à l'adoption et à la mise en application d'un schéma unique de libéralisation des échanges des produits industriels originaires des États membres de la Communauté.

[556] Voir L.M. IBRIGA, S.A. COULIBALY et D. SANOU, *Droit communautaire ouest-africain. op. cit.*, p. 126 et s.

[557] Décision A/DEC.6/6/89 du 30 juin 1989, J.O., Vol. 15, Rec. PCD, p. 141.

[558] Décision A/DEC. 6/7/92 du 29 juillet 1992, J.O., Vol. 23, Rec. PCD, n° 118.

- pour le groupe 2 (Bénin, Guinée, Guinée-Bissau, Liberia, Sierra-Leone, Togo) à compter du 1er janvier 1998 ;

- pour le groupe 1 (Burkina-Faso, Cap-Vert, Gambie, Guinée-Bissau, Mali, Niger) à compter du 1er janvier 2000.

Le TEC de la CEDEAO ne sera vraiment stabilisé que récemment en 2013 pour s'appliquer à partir de 2015.

Des facilités d'accompagnement du désarmement douanier sont prévues pour le transit routier[559], la création d'une Foire CEDEAO[560], le régime de la réexportation des marchandises au sein de la Communauté et des marchandises préalablement importées des pays tiers[561].

2. Le désarmement douanier dans l'optique de l'UEMOA

Le désarmement douanier (tarifaire) est prévu à l'art. *76 a* du Traité de manière progressive. Il s'agit de « l'élimination, sur les échanges entre les pays membres, des droits de douane, des restrictions quantitatives à l'entrée et à la sortie, des taxes d'effet équivalent et de toutes autres mesures d'effet équivalent susceptibles d'affecter lesdites transactions, sous réserve du respect des règles d'origine de l'Union qui seront précisées par voie de protocole additionnel… ».

La suppression des barrières tarifaires (droits de douane) s'accompagne d'un régime tarifaire préférentiel prévu à l'art. 28 de l'Acte additionnel N° 04/96 du 10 mai 1996 qui dispose que des certificats d'origine harmonisés seront utilisés pour les échanges intra-communautaires.

L'élimination des restrictions tarifaires et non tarifaires doit se faire dans le respect du GATT/OMC, à savoir que « conformément aux dispositions de l'art. XXIV (5) (a) de l'Accord général sur les tarifs douaniers et le commerce (GATT), l'Union s'assure que l'incidence globale des droits de douane et des autres règlements du commerce vis-à-vis des pays tiers, n'est pas plus restrictive que celle des dispositions envisagées avant la création de l'Union »[562].

Autrement dit, il faut être *Trade making* et non *Trade diverting*. Il y a là une véritable libéralisation des échanges intra-communautaires. Des fonds de compensation et de développement pourront être institués pour alléger les incidences de l'uniformisation des marchés intérieurs sur l'économie et les finances publiques des États membres (art. 78 § 2).

---

[559] Convention A/P4/5/82 signée à Cotonou le 29 mai 1982, relative au Transit Routier Inter-états, TRIE (Rec. PCD, p. 173, J.O., Vol. 4) ; Convention additionnelle A/SP.1.5.90 signée à Banjul le 30 mai 1990 portant institution au sein de la Communauté d'un mécanisme de garantie des opérations de transit routier inter-états des marchandises (Rec. P. 195, J.O., Vol. 17).

[560] Décision C/DEC.5./12/92 signée à Abuja le 5 décembre 1992 portant institution de la Foire commerciale de la CEDEAO, J.O., Vol. 24, Rec. PCD, p. 237.

[561] Protocole relatif à la réexportation au sein de la CEDEAO des marchandises importées des pays tiers, Lomé, 5 novembre 1976, Rec. PCD, p. 98.

[562] Paragraphe 2 de l'art. 77

Toutefois, on peut s'interroger sur la portée de l'art. 79 § 1 qui permet dans certains cas aux États membres de conserver la faculté de maintenir et d'édicter des interdictions ou des restrictions à l'importation, à l'exportation, au transit « pour des raisons de moralité publique, d'ordre public, de sécurité publique, de protection de la santé ou de la vie des personnes et des animaux, de préserver l'environnement, de protection des trésors nationaux ayant une valeur artistique, historique ou archéologique et de protection de la propriété industrielle et commerciale »[563].

L'existence de cette clause de sauvegarde ne constitue-t-elle pas une échappatoire ? La réalisation d'un Marché commun implique l'érection d'un seul territoire douanier sur les territoires des États membres avec l'abolition de barrières non tarifaires (dispositions et pratiques administratives (formes, poids, emballages) freinant l'accès des produits sur le marché soit au stade de l'importation ou de la commercialisation ou des mesures d'effet équivalent (toute réglementation commerciale des États membres entravant directement ou indirectement, actuellement ou potentiellement le commerce intra-communautaire).

Pour les barrières tarifaires, l'Acte additionnel n° 04/96 institue un régime tarifaire préférentiel transitoire des échanges au sein de l'UEMOA pour deux (2) catégories de produits :

- les produits admis au bénéfice de l'exonération de droits de douane et
- les produits admis à la réduction de droits de douane.

Pour les premiers (produits du cru et de l'artisanat), l'art. 10 de l'Acte dispose que le régime qui leur est applicable est la libre circulation en franchise de tous droits et taxes (l'UEMOA s'inspire ici de la CEDEAO).

Pour les seconds (produits industriels), certains sont des produits bénéficiant de régimes de faveur, d'autres non. Le régime de faveur est institué sous forme d'agrément (Taxe de préférence commerciale, TPC), c'est-à-dire, réduction de 80%, jusqu'en 2000 puis élimination totale des droits d'entrée[564].

Il faut toutefois rappeler que la TPC est perçue sans préjudice des taxes intérieures spécifiques ou *ad valorem.* L'agrément au bénéfice du régime de la TPC est accordé par décision de la Commission à un produit déterminé, fabriqué par une ou plusieurs entreprises implantées dans un ou plusieurs États membres. La demande doit être présentée par les gouvernements des États membres dans lesquels sont implantées les entreprises dont les produits sont susceptibles de bénéficier du régime. Chaque produit agréé reçoit un numéro d'agrément et l'entreprise productrice, un numéro d'immatriculation.

Pour les produits originaires non immatriculés, l'article 13 de l'Acte additionnel n° 04/96 leur reconnaît, lors de leur importation dans un État

[563] Voir CJCE, arrêt du 20 février 1979, *Cassis de Dijon.*

[564] Acte additionnel n° 04/98 du 30 déc. 1998 pour les produits industriels originaires agréés.

membre, une réduction de 5% des droits d'entrée applicables aux produits de l'espèce originaire des pays tiers.

En ce qui concerne la mise en œuvre du régime tarifaire préférentiel, l'article 28 de l'Acte additionnel n° 04/96 dispose que des certificats d'origine harmonisés seront utilisés pour les échanges intra-communautaires.

Les règles d'origine des produits sont posées par le Protocole additionnel N° III/2001 dont l'article 11 dispose que « l'origine communautaire des produits est obligatoirement attestée par un certificat d'origine dont le modèle sera déterminé par décision de la Commission ». L'alinéa 2 de cet article précise que « le certificat d'origine est délivré par les autorités compétentes et visé par le service des douanes de l'État membre où le produit a été d'une transformation suffisante ».

En ce qui concerne la perte des recettes douanières, il faut noter qu'il y a un système de compensation. Ce système est institué à titre transitoire selon les termes de l'article 58 du Traité créant l'Union : « les moins-values de recettes douanières subies par certains États membres du fait de la mise en place de l'Union douanière font l'objet d'un traitement spécifique temporaire ».

Le paragraphe 3 de l'article 58 renvoie à un Acte additionnel pour les modalités d'application du système transitoire de compensation. Elles sont déterminées par l'Acte additionnel n° 04/96, en son article 23, qui précise que les moins-values de recettes subies par les États membres sont celles résultant de l'application du régime préférentiel. Le même article indique que c'est la Commission, sur la base des exemplaires des déclarations en douane, qui arrête les montants des moins-values constatées pour chaque État et procède, ensuite, au versement du montant de la compensation dans un délai de 60 jours à partir de la date de l'arrêt des comptes.

Les opérations sont effectuées par le Fonds de compensations créé par le Règlement n° 06/98 du 3 juillet 1998[565]. Conformément à l'article 23 de l'Acte additionnel n° 04/96, l'article 2 du Règlement n° 06/98 prévoit que le Fonds est alimenté par l'affectation d'une part de recettes perçues au titre du prélèvement communautaire de solidarité (P.C.S.)[566].

Mais si tout ce dispositif tend à faciliter la suppression entre les États membres des barrières douanières, celles-ci peuvent subsister de fait à cause des contrôles aux frontières.

---

565 Règlement N° 06/98/CM/UEMOA portant création du fonds de compensation des moins-values de recettes douanières et en fixant les règles de fonctionnement.

566 Le P.C.S. est institué par l'article 16 de l'Acte additionnel n° 04/96 et représente 1% sur la valeur en douane des marchandises importées des pays tiers par les États membres. Il représente l'une des principales ressources propres de l'Union.

Dans l'espace CEDEAO, c'est le Fonds de Compensation de Coopération et de Développement (F.C.C.D.) qui est chargé de la compensation. Ce fonds est alimenté par les versements de contributions des États membres. Chaque État participe en fonction de ses exportations dans la Communauté.

B. Le désarmement douanier dans les autres espaces communautaires africains

Comme l'Afrique de l'ouest, l'Afrique centrale abrite aussi deux OCA, la CEEAC et la CEMAC.

La CEEAC[567], espace économique regroupant dix États, créée en 1983, est restée en léthargie, entre 1993 et 1997, avant l'adoption en 1999 de son plan et de son programme de relance. La Décision de 2004 créant la ZLE de la CEEAC reprend les objectifs de la Communauté qui sont :

- « Promouvoir et renforcer une coopération harmonieuse dans les domaines de l'Industrie, de l'Agriculture, des ressources naturelles, des Infrastructures de transport, de l'énergie et des Communications, du Commerce, des Douanes, des Finances et de la Monnaie, de l'Éducation, de la Santé, de la Culture et du Tourisme[568].

- Promouvoir la libre circulation des personnes, des biens et des capitaux ;

- Établir des politiques sectorielles communes ;

- Promouvoir la paix et la sécurité dans la région ».

La mise en place de la ZLE vise, par conséquent, à libéraliser les échanges des biens (marchandises) originaires des États Membres ;à assurer la libre circulation des personnes dans l'espace CEEAC pour s'insérer dans la démarche de l'Union africaine souscrite par tous les États Membres qui prévoyait la ZLE opérationnelle aux niveaux : (i) Régional en 2012, (ii) Inter régional en 2014 pour parvenir à la ZLE continentale en 2017.

Dans le sillage de l'art.27 du Traité CEEAC, il est retenu, que « Les États membres conviennent d'établir progressivement entre eux, dans la limite du délai fixé à l'article 6 nouveau du Traité, une Union douanière comportant deux phases :

a) établissement d'une zone de libre échange (ZLE) par l'élimination entre les États membres des droits de douane, des contingentements, restrictions ou prohibitions ainsi que les obstacles d'ordre administratif au commerce ;

b) adoption d'un tarif douanier extérieur commun ».

Plusieurs textes réglementent le désarmement douanier. Il s'agit des instruments juridiques suivants :

- Décision N° O3/CEEAC/CCEG/XI/04 du 27 janvier 2004 portant Tarif Préférentiel de la CEEAC (TP/CEEAC)/Dossier-type d'agrément et schéma d'acheminement du dossier ;

---

567 KAMTO, Maurice (1987). « La Communauté économique des États de l'Afrique centrale, une Communauté de plus ? » *Annuaire français de droit international,* volume 33 : 839-862 ; BADJAN, Patrice Libong (2013, octobre). *Réformes Institutionnelles de la CEMAC : jeu des acteurs, intérêts des États.* l'Harmattan : 168.

568 Il faut souligner que le Traité CEEAC prévoyait déjà l'UD, le MC et l'élimination progressive des DD en ses art.27, 28 et 29.

- Décision N° 04/CEEAC/CCEG/XI/04 du 27 janvier 2004 portant modalités de mise en place du Fonds de Compensation pour les pertes de recettes douanières ;

- Protocole relatif aux Règles d'origine des produits qui seront échangés entre les États membres ;

- Protocole sur les obstacles non tarifaires au commerce ;

- Décision N° 17/CEEAC/CCEG/XIV/09 du 24 octobre 2009 portant modification des articles 2, 4, 5, 7, 9 et 11 de la Décision N° O3/CEEAC/CCEG/XI/04 du 27 janvier 2004 ;

- Décision N° 18/CEEAC/CCEG/XIV/09 du 24 octobre 2009 portant modification de l'article 8 de la Décision N° 04/CEEAC/CCEG/XI/04 du 27 janvier 2004.

De ces textes, il découle que le principal instrument de réalisation de la ZLE est le Tarif Préférentiel qui est fondé sur.la valeur sortie-usine des produits communautaires, selon la Nomenclature tarifaire du Système Harmonisé de Désignation et de Codification des marchandises ou SH version 2007.

Le TP s'applique au commerce entre les États Membres, de produits remplissant l'un quelconque des critères d'origine suivants :

- Produits du crû (produits à l'état brut des règnes animal, végétal ou minéral) ;

- Produits de l'artisanat traditionnel ;

- Produits manufacturés avec un pourcentage minimum de 40% des matières premières originaires des États de la région ;

- Produits fabriqués avec des matières premières et matières consommables entièrement ou partiellement d'origine étrangère, et dégageant une valeur ajoutée communautaire minimum de 30% du prix de revient sortie usine hors taxe.

Selon une étude, « Les États membres de la CEEAC ont adopté un plan pour la suppression graduelle des tarifs sur le commerce intra communautaire, connu sous le nom de Tarif Préférentiel de la CEEAC. Le calendrier de la réduction prévue des tarifs se présente comme suit : pour les produits de l'artisanat traditionnel et autres produits locaux (à l'exception des minerais) : 100 pour cent de réduction à partir du 1er juillet 2004 ; pour les minerais et les produits manufacturés (originaires de la CEEAC) : 50 % à partir du 1er juillet 2004, 70% en janvier 2005 ; 90 % en janvier 2006 et 100 % en janvier 2007 »[569].

Ce calendrier initial a fait l'objet d'une révision dans l'optique d'une harmonisation du TEC entre la CEEAC et la CEMAC. Il faut noter également que l'instabilité sociopolitique de l'Afrique centrale et la réticence des nouveaux

[569] Commission de l'Union Africaine, État de l'intégration en Afrique, juillet 2011, 252 p (ici page 108, § 287).

eldorados pétroliers, comme le Gabon et la Guinée Équatoriale, obèrent fortement l'application de ces programmes[570].

En ce qui concerne la CEMAC, « elle envisage de réaliser les objectifs du Traité au cours d'un processus en trois étapes, sur une période de 15 ans (1999-2014). Le programme d'action tel que défini à Malabo en 1999 est traduit dans des programmes de travail annuels du Secrétariat Exécutif. Les États membres de la CEMAC se sont fixés comme objectifs majeurs d'établir en commun les conditions d'un développement économique et social harmonieux dans le cadre d'un marché ouvert et d'un environnement juridique approprié.

À cette fin, la CEMAC entend réaliser les objectifs suivants : « la recherche de la convergence des performances et politiques ; le renforcement de la compétitivité des activités économiques et financières par l'harmonisation des règles régissant leur fonctionnement et la promotion d'un environnement favorable aux affaires ; la création d'un marché unique à travers l'organisation de la libre circulation des personnes, des biens et des services ; la coordination des politiques sectorielles nationales, la mise en place des actions communes et l'adoption des politiques communes, notamment dans les domaines suivants : l'agriculture, l'élevage, la pêche, l'industrie, le commerce, le tourisme, les transports, les télécommunications, l'énergie, l'environnement, la recherche, l'enseignement et la formation professionnelle »[571].

En fait, la CEMAC a un Tarif Préférentiel Généralisé[572] qui a remplacé la Taxe Unique pour les produits industriels de la sous région dans le but de promouvoir les échanges commerciaux intercommunautaires. En outre, ce Tarif[573] s'applique aux« produits CEMAC » affectés d'un traitement fiscal et douanier privilégié puisqu'étant des produits du cru et industriels originaires de la Communauté.

Ainsi, les « produits CEMAC » consommés dans un État membre autre que celui de fabrication sont soumis au TPG et à la TVA et éventuellement au Droit d'Accises, dès lors qu'ils sont reconnus originairement de leur État membre de provenance ou de tout autre État membre mais à un tarif nettement inférieur au TEC[574].

---

570 Consulter à ce propos, CEA/CAPE, Les processus de création du marché commun africain :une vue d'ensemble. www.uneca.org (consulté le 16 juin 2014).

571 GODONOU DOSSOU, John, « Forces et enjeux de l'intégration sous-régionale : CEMAC/CEEAC ». www.peaceresearch.org. (consulté le16 juin 2014).

572 Cf. Chapitre III de l'annexe à l'Acte n° 793-UDEAC-556-SE1 portant Révision du TEC et fixant les modalités d'application du TPG du 21 juin 1993, modifié par l'Acte n°5/94-UDEAC-556-CD-56 du 19 Décembre 1994.

573 Voir, articles 7 à 11 de l'Acte n°7/93/UDEAC/556/SEI du 21 juin 1993.

574 La base imposable du Tarif Préférentiel Généralisé est la valeur sortie usine. Le taux du TPG est de 20% du Droit de douane du TEC, à l'exclusion de la surtaxe temporaire. Ce taux devra décroitre pour atteindre le niveau zéro, conformément au calendrier ci-dessous prévu à l'article 11 de l'Acte n° 7/93-UDEAC-556-SE1 du 21 juin 1993 portant révision du Tarif Extérieur Commun et fixant les modalités d'application du Tarif Préférentiel Généralisé.

Le COMESA, dont la vision, « est celle d'une communauté économique entièrement intégrée, en vue de la prospérité, la compétitivité internationale, prête à fusionner au sein de l'Union Africaine »[575], s'est fixé comme objectifs, *inter alia* « la promotion de l'intégration régionale à travers le commerce et l'investissement ». À ce titre, les articles 46 à 50 du Traité COMESA prévoient des dispositions sur les DD, le TEC, les règles d'origine et l'élimination des obstacles non tarifaires.

Les domaines de l'intégration qu'il poursuit sont le commerce des marchandises et des services ; l'intégration monétaire, y compris les Arrangements de paiement et de règlements ; la promotion et la facilitation de l'investissement ; le développement des infrastructures (aériennes, routières, ferroviaires, maritimes, transports terrestres, TIC, énergie) ; commerce électronique, la paix et la sécurité.

Aussi, a t'il prévu une union douanière dans laquelle les marchandises et les services importés des pays non membres du COMESA seront soumis à un tarif unique. L'U.D a été lancée en 2009 dans l'optique de création du MC. Il a réalisé des progrès dans la libéralisation du commerce et de la coopération douanière avec un programme d'élimination des barrières non tarifaires. La mise en place d'un réseau douanier unifié et harmonisé a permis l'étalement sur une période de trois ans (jusqu'en 2012) de l'alignement des tarifs nationaux sur le TEC-COMESA.

Pour la SADC, sa ZLE, entrée en vigueur en janvier 2008, a été lancée lors du Sommet de Sandton (Afrique du Sud) d'aout de la même année. Les principaux domaines de l'UD sont : « le tarif extérieur commun ; le mécanisme de collecte, de distribution et/ou de partage des revenus/recettes (y compris le fonds de développement) ; les arrangements juridiques et institutionnels ; l'harmonisation des politiques agricole, infrastructurelle, de la concurrence et d'autres politiques sectorielles »[576].

Un Document Administratif Unique (SADC-CD) permet d'alléger les formalités douanières, y compris pour les échanges électroniques, en même temps que l'OCA s'attelait à la révision des règles d'origine (à partir de 2007). De surcroit, un Arrangement tripartite SADC-CAE-COMESA a été négocié pour harmoniser la coopération dans ce domaine avec les deux autres organisations sœurs[577].

L'IGAD, malgré ses réalisations certaines dans les domaines agro alimentaire, de la paix et de la sécurité, n'est, pour l'instant ni une ZLE, encore moins une UD[578].

---

[575] Commission de l'Union Africaine, État de l'intégration en Afrique, *op. cit.,* § 168.
[576] Commission de l'Union Africaine, État de l'intégration en Afrique, *op. cit.,* § 306.
[577] Un Protocole d'accord sur une UM unique a été signé à Kampala le 30 novembre 2013.
[578] Commission de l'Union Africaine, État de l'intégration en Afrique, *op. cit.,* § 340 et s.

S'agissant de la CEN-SAD, un de ses objectifs est la mise en place d'une UE globale avec l'élimination des barrières tarifaires et non tarifaires entre ses États membres. Des programmes dans ce domaine sont en cours de discussions.

Trois scenarii sont ressortis de ces négociations appuyées par la BAD : un scenario 1 (*Solidarité*) pour les PMA (2007-2014) avec un allégement tarifaire de 12.5% et pour les autres pays une période de 4 ans (2007-2010) pour éliminer tous les tarifs : 20 % par an en 2007 et 2008 ;30 % par an en 2009 et 2010 ; un scenario 2 (*Égalité*) d'élimination des tarifs pour tous les pays à partir du 1er janvier 2007 : 10 % les deux premières années ; 20 % pour les 4 années restantes et un scenario 3 (*Liberté*) où chaque État propose son propre plan d'élimination sur une période de huit ans (2007-2014).[579]Si les scenarii 1 et 2 ont retenu l'attention des membres, le processus n'est pas encore validé depuis les événements du Printemps arabe.

C'est la CAE qui est allée le plus loin en matière de ZLE qui a été adoptée en 2005 avant d'être pleinement opérationnelle en janvier 2010[580]. Son MC a démarré le 1er juillet 2010 et une UM est projetée[581], voire même une Fédération politique. Le passeport CAE est mis en circulation, alors que des procédures douanières harmonisées ainsi que la convertibilité des monnaies sont en cours d'application. A terme, la CAE ambitionne de devenir un vaste bloc économique global, fer de lance du futur MC dans le cadre du Traité d'Abuja de 1991.

Le désarmement douanier s'est accompagné, dans certains cas, par l'adoption d'un TEC.

PARAGRAPHE II – L'ÉTABLISSEMENT D'UN TARIF EXTÉRIEUR COMMUN

Le Tarif Extérieur Commun (TEC) vise l'application au sein d'une union douanière, d'un même tarif aux marchandises originaires des pays tiers. Dés lors, les États membres devront adopter la même Nomenclature Tarifaire et Statistique, ou système de désignation et de codification des marchandises, et appliquer aux marchandises venant des États tiers les mêmes droits d'entrée (ou droit de porte ou droit de douane).

A. Le TEC en Afrique de l'Ouest

On conviendra de l'examiner dans les cadres respectifs de l'UEMOA et de la CEDEAO même si une convergence est établie récemment.

Bien que prévue par le traité de l'U.E.M.O.A. de 1994 en ses articles 4-c, 76 et 77, l'instauration d'un Tarif Extérieur Commun n'adviendra qu'en 1997 par le règlement n° 02/97/CM/UEMOA du 28 novembre 1997 portant adoption du Tarif Extérieur Commun. Le T.E.C. est composé de droits et taxes à caractère

---

579 Commission de l'Union Africaine, État de l'intégration en Afrique, *op. cit.*, § 497 et s

580 Le Traité CAE aménage, en ses articles 75 à 78, l 'UD, le TEC et les clauses de sauvegarde.

581 Voir, *infra*, paragraphe II de cette Section.

permanent (Droit de Douane (D.D.), Redevance Statistique (R.S.), Prélèvement Communautaire de Solidarité (P.C.S) et de droits à caractère temporaire, ou mesures de sauvegarde comme la Taxe Conjoncturelle à l' Importation (T.C.I) et la Taxe Dégressive de Protection (T.D.P) **ou** d'autres taxes spécifiques de protection.

Lors de ses sessions du 10 mai 1996 et du 23 juin 1997, la Conférence des Chefs d'État de l'UEMOA avait fixé au 1er janvier 1998 pour la mise en application du TEC Pour ce faire, le Conseil des ministres du 28 novembre 1997 a donc déterminé la structure tarifaire du T.E.C et surtout un plan de convergence flexible autour du taux maximum de droit de douane en vue de parvenir au TEC cible le 1er Janvier 2000. À cette date, avec l'évolution de l'Union douanière, est jeté le 2e grand pilier du Marché commun de l'UEMOA avec la libre circulation des produits de l'Union en franchise totale et le début de l'unification externe des marchés nationaux par l'établissement d'un T.E.C.

En effet, selon l'art. 82 du Traité de l'UEMOA, « a)… Le Conseil adopte à la majorité des 2/3 de ses membres sur proposition de la Commission :

… b) Les règlements relatifs au Tarif Extérieur Commun (T.E.C.)…. ».

Dans le cas de l'UEMOA, ce sont la Commission et le Conseil des Ministres qui sont chargés de mettre en œuvre le tarif extérieur commun avec toutes les conséquences au plan pratique que cela implique. A ce niveau également, comme dans le cadre de la zone de libre échange, réapparaissent les notions d'« origine », de nomenclature et de partie tarifaire qui font l'objet de négociations au sein des instances de décision exerçant le pouvoir politique. à la détermination de la nomenclature et de la partie tarifaire.

Pour la nomenclature, il a fallu établir une liste des produits, sur la base d'un classement méthodique, fondé sur l'utilisation d'une terminologie commune, permettant une analyse identique dans tous les postes de douanes de la communauté et une statistique fiable. La partie tarifaire peut comporter des droits spécifiques, établis en fonction des caractéristiques du produit (par exemple le poids).

Mais elle est plus généralement formée de droits *« ad valorem »* (calculés sur la base de la valeur en douane de la marchandise) et dans le cadre de l'UEMOA une approche similaire, a été faite. En effet le TEC est composé, selon l'article 3 du Règlement n° 2/97 du 28 novembre 1997 portant adoption du tarif extérieur commun de l'UEMOA[582], d'une nomenclature tarifaire et statistique (NTS) et d'un tableau des droits et taxes et pour l'UEMOA c'est la nomenclature tarifaire et statistique de la CEDEAO qui lui sert de base[583]. Il s'agit de la liste des marchandises les composant qui, selon l'article 6 alinéa 2 du Règlement n° 02/97, doit être fixée par voie de règlement du Conseil sur proposition de la Commission.

---

[582] *Bulletin officiel,* 2ème année, n° 07, décembre 1997, p. 2.

[583] Version 96 – Décision n° 03/98/COM/UEMOA, *Bulletin officiel* (09), 2ème et 3ème trimestre.

Cette détermination est intervenue avec le règlement n° 05/98 du 3 juillet 1998 qui crée, en même temps, en son article 3, le comité de gestion du TEC qui a pour attribution conformément à l'article 5 du règlement d'exécution n° 03/99 du 11 mars 1999[584], d'aider la Commission par ses avis dans l'interprétation du tarif, c'est-à-dire la décision de classer une marchandise dans la nomenclature tarifaire. Depuis l'accord passé dans le cadre du GATT à l'occasion du « Tokyo Round », la valeur prise en compte pour le calcul des droits est en principe la valeur transactionnelle[585].

Le Code des Douanes de l'UEMOA précise en son article 9 : « Les marchandises qui entrent dans le territoire douanier communautaire sont passibles des droits et taxes inscrits au Tarif Extérieur Commun ».

Et l'art.10, de disposer que « Le Tarif Extérieur Commun est composé :

• d'une Nomenclature Tarifaire et Statistique (NTS) ;

• d'un tableau des droits et taxes », tandis que l'art11 explique que :

« 1) La Nomenclature Tarifaire et Statistique de l'Union est basée sur le Système Harmonisé de désignation et de codification des marchandises et sur la Nomenclature Tarifaire Statistique de la Communauté Économique Des États de l'Afrique de l'Ouest (CEDEAO).

2) Les marchandises figurant dans la Nomenclature Tarifaire et Statistique sont réparties en catégories de produits par voie de règlement du Conseil des Ministres ».

Il a été retenu selon l'art.12 que « Le Conseil des Ministres fixe par voie de règlement :

- le tableau des droits et taxes inscrits au Tarif Extérieur Commun,

- les taux et l'assiette des droits et taxes »[586]. L'art. 4 du Règlement n° 02/97 indique que c'est la NTS de la CEDEAO qui sert de base à celle de l'Union.

Les produits sont répartis en 4 catégories :

- la catégorie 0 (biens sociaux) avec un droit de douane de 0% ;

- la catégorie 1 (biens de première nécessité comme les matières premières de base, biens d'équipement, intrants spécifiques) avec un droit de douane de 5% ;

- la catégorie 2 (produits intermédiaires ayant subi un début de transformation et nécessitant un apprêt avant tout usage) avec un droit de douane de 10% ; et

---

[584] *Bulletin officiel* (13), 1er trimestre 1999, p. 29.

[585] La valeur transactionnelle est appelée CAF (coût assurance fret), ce qui signifie que pour évaluer la valeur de la marchandise, on tient compte de l'assurance et du transport. Cela fait partie des INCOTERM ou termes du commerce international codifié par la CCI (Chambre de Commerce Internationale de Paris).

[586] Code des Douanes de l'UEMOA, annexé au Règlement n°09/2001/CM/UEMOA, mis en ligne au www.Droit-Afrique.com.

- la catégorie 3 (autres biens) avec un droit de douane de 20%[587].

Toutefois, il faut préciser que le niveau maximum de la fiscalité de porte ne se situe pas à 20% parce que, outre le droit de douane, le tableau des droits et taxes, applicables aux produits importés, comprend la redevance statistique et le cas échéant, une TCI (taxe conjoncturelle à l'importation) et une TDP (Taxe Dégressive de Protection). TDP et TCI sont des taxes à caractère temporaire auxquelles il faut ajouter le Prélèvement Communautaire et de Solidarité (PCS)[588].

La TDP est un système transitoire et dégressif destiné à faciliter la restructuration des branches d'activités fortement affectées pour leur permettre de s'adapter à l'intensification de la concurrence des importations résultant du désarmement tarifaire extérieur.

L'établissement du TEC n'est pas chose aisée. D'une manière générale, l'UEMOA s'est largement inspirée du système mis en place par l'UE. Dans cette dernière, la méthode consistait initialement à arrêter la moyenne arithmétique des droits nationaux afin de ne pas accroître le protectionnisme de la Communauté au regard du GATT.

Quant à la CEDEAO, l'art. 37 du Traité révisé dispose : « Les États conviennent de l'établissement progressif d'un TEC en ce qui concerne tous produits importés dans les États membres et en provenance de pays tiers, conformément au calendrier proposé par le Département de la Commission Commerce, Douanes, Fiscalité, Statistiques, Monnaie et Paiements. Les États membres s'engagent à supprimer, conformément à ce programme les différences qui existent entre leurs tarifs douaniers extérieurs. Les États membres s'engagent à appliquer la nomenclature douanière et statistique comme adoptée par le Conseil ».

Il résulte des deux Traités que le TEC ou Tarif douanier commun est le corollaire de la libéralisation des échanges commerciaux. Il permet d'éviter que les États membres pratiquent des tarifs douaniers trop bas et n'importent des produits de l'extérieur pour les vendre ensuite sur les marchés des pays ayant des taux douaniers plus élevés. Le TEC signifie l'établissement d'un même tarif des douanes pour les biens importés de l'extérieur. Il vise à uniformiser les droits de douane et de taxes d'effet équivalent de tous les États membres de la Communauté ou de l'Union. Son existence permet de différencier un véritable Marché commun d'une simple ZLE limitée à la diminution ou à la suppression des droits de douane aux frontières intérieures.

Dans le cadre CEDEAO, le Traité de 1975 prévoyait une Union douanière au bout de 15 ans (1990). Les échéances n'étant pas respectées, un nouveau schéma débutant en 1990 s'étala sur 10 ans (jusqu'au 1er janvier 2000).

---

[587] Voir art. 9 à 12 du Règlement 09/2001/CM/UEMOA portant adoption du Code des Douanes de l'UEMOA

[588] Prévu par l'Acte additionnel n° 4/96 en ses articles 16 à 27.

L'un des éléments du TEC est resté longtemps le Prélèvement communautaire (art. 72 Traité CEDEAO) destiné à financer les activités de la Communauté (selon le Protocole A/P1/7/96 du 27 juillet 1996) dont le taux est fixé à 0,5% de la valeur des marchandises importées des pays tiers. Ce prélèvement vise à alimenter les budgets ordinaires de la Communauté et de ses institutions à l'exclusion du FCCD, le budget de compensation des pertes de recettes subies du fait de la libéralisation des échanges et le financement des actions de développement. L'évolution récente a permis de combler la lacune.

Le Tarif Extérieur Commun de la CEDEAO est, à l'instar de celui de l'UEMOA, composé d'une nomenclature tarifaire et statistique (NTS) et d'un tableau des droits et taxes, y compris des mesures de sauvegarde.

La Nomenclature Tarifaire et Statistique de la CEDEAO est une nomenclature douanière commune basée sur le système harmonisé de désignation et de codification des marchandises (SH) adoptée par la Communauté. Il a permis de ramener le nombre de taxes perçues au niveau du cordon douanier à cinq (05) dont les unes sont permanentes et les autres temporaires.

Le tableau des droits et taxes applicables aux produits importés comprend le droit de douane, la redevance statistique et le Prélèvement communautaire de la CEDEAO ainsi que des mesures d'accompagnement sur certains produits selon des conditions bien définies[589].

Il en résulte, selon Bio Goura Soulé, que « Les produits figurant dans la Nomenclature Tarifaire et Statistique sont répartis en quatre (4) catégories désignées comme suit :

- Catégorie 0 : Biens sociaux essentiels 0%.

- Catégorie 1 : Biens de première nécessité, matières premières de base, biens d'équipement, intrants spécifiques 5%..

- Catégorie 2 : Produits intermédiaires 10%.

- Catégorie 3 : Biens de consommation finale et tous autres produits non mentionnés ailleurs 20%.

Les autres droits à caractère permanent sont au nombre de deux :

• La Redevance Statistique qui est de 1%, perçue sur tous les produits (à l'exception de ceux bénéficiant de privilèges diplomatiques et de ceux importés sur financement extérieur).

---

589 GOURA, Bio Soule (2006, novembre). « Les tarifs extérieurs communs de la communauté économique des États de l'Afrique de l'ouest et leurs conséquences sur l'intégration régionale et la négociation des accords de partenariat économique », in Colloque *"Quel cadre pour les politiques agricoles, demain, en Europe et dans les pays en développement ?"* – 27, 28 et 29 novembre 2006, organisé par Pluriagri, Notre Europe et FARM les 27, 28 et 29 novembre 2006 (consulté le 16 septembre 2014).

• Le Prélèvement Communautaire (PC), de 0,5%, dont les ressources sont affectées à la compensation des moins-values de recettes douanières, à la dotation des fonds structurels et au financement du fonctionnement du secrétariat de la Communauté »[590].

Des mesures d'accompagnement, visant la protection des secteurs agricole, manufacturier et industriel face à une concurrence déloyale, ont été prévues comme dans le cadre précité de l'UEMOA..

En définitive, la CEDEAO a retenu les trois catégories précitées, en y ajoutant une Catégorie 4 au taux de 35% (biens spécifiques pour le développement économique). Il en résulte que « La redevance statistique demeure à 1% comme à l'UEMOA. Quant aux prélèvements communautaires, les taux de 0,5% pour la CEDEAO et de 1 % pour l'UEMOA sont maintenus pour une durée de cinq ans à l'issue de laquelle, et sur la base d'une étude, un prélèvement communautaire unique sera opéré »[591]. Le TEC CEDEAO entrera en vigueur le 1er janvier 2015[592]. Il fera l'objet d'une évaluation annuelle et les résultats de chaque évaluation seront communiqués au Conseil des Ministres de la CEDEAO.

B. Le TEC dans les autres CER

Si le TEC de la CAE, adopté en 2005[593], est opérationnel depuis janvier 2010, l'IGAD et la CENSAD ne sont pas encore des UD.

En revanche, le COMESA a un accord sur le TEC depuis 2009 avec harmonisation et alignement des tarifs nationaux sur le TEC/COMESA, ainsi qu'un Protocole sur les Règles d'origine, un Règlement sur l'UD et un Règlement sur le MC.

Quant à la SADC, elle dispose d'une nomenclature pour le TEC[594], de textes sur les Règles d'origine, sur le Transit, les obstacles non tarifaires et d'un Logiciel de facilitation du commerce. Par ailleurs dans le cadre de la SACU (South African Custom Union) dont les membres appartiennent aussi à la SADC, des protocoles et décisions portent sur le désarmement douanier.

---

590 GOURA, Bio Soule, *op. cit.*

591 « Élaboration du Tarif Extérieur Commun (TEC) de la CEDEAO. Un grand pas vers la réalisation de l'union douanière » in Ministère de l'Intégration Africaine et des Ivoiriens de l'Extérieur, La Lettre de l'Intégration, n° 2, novembre 2013, p. 4,www.veille-ci.com/IMG/pdf/pacir_la_lettre_de_l'intégration, no2.pdf (consulté le 18 septembre 2014).

592 La version finale du TEC a été adoptée lors du Sommet extraordinaire de la CEG à Dakar le 25 octobre 2013. Voir Emmanuel Moubitang « Intégration régionale : La CEDEAO franchit une étape décisive avec l'adoption du tarif extérieur commun » Bulletin Sentinelle n°364 03/11/2013,10 p. www.sentinelle-droit-international.fr .

593 Traité CAE du 30 novembre 1999 amendé le 14 décembre 2006 et le 20 aout 2007.

594 Protocole SADC sur le commerce et les services du 18 aout 2012.

Le TEC – CEMAC est prévu à l'article 4 « Composition du T.E.C. »

Le Tarif Extérieur Commun comprend le droit de douane et la surtaxe temporaire », à l'article 5 « (Acte n° 5/94) Taux du Droit de Douane

Les taux du droit de douane applicables aux produits des pays tiers importés dans l'UDEAC sont fixés comme suit :

• a) Catégorie I : Biens de première nécessité 5 %

• b) Catégorie II : Matières premières et bien d'équipement 10 %

• c) Catégorie III : Biens intermédiaires et divers 20 %

• d) Catégorie IV : Biens de consommation courante 30 %

Les produits rentrant dans chacune des Catégories ci-dessus sont repris dans la liste figurant en annexe II.

2) Après l'entrée en vigueur des présentes dispositions, le calendrier fixé au paragraphe 1 — d) ci dessus peut être modifié par le Comité de Direction à la demande motivée d'un ou de plusieurs États membres.

Les catégories II, III et IV représentent les paliers successifs de transformation. La catégorie III contient, non seulement les produits intermédiaires, mais aussi les produits divers de consommation finale dont le classement dans cette catégorie résulte d'un compromis entre les besoins divergents de protection et de production dans les États membres.

La classification obéit aussi aux principes suivants :

• lorsque le produit est en même temps intrant et produit de consommation finale, c'est en principe la logique industrielle qui doit l'emporter : le produit est classé en catégorie (II) et (III) selon le stage de la transformation.

• lorsque le produit considéré comme intrant par un industriel est en réalité un produit fini ou quasiment fini qui ne fait l'objet que d'une très faible transformation industrielle et apporte une faible valeur ajoutée locale (simples montage, découpage, mélange ou mise en bouteille (par exemple), il est classé en catégorie III.

Les matières premières de certains produits de première nécessité (produits pharmaceutiques par exemple) normalement classées en II, sont classées en catégorie (I) s'ils sont identifiables sans équivoque.

À défaut, il sera fait recours à la procédure d'agrément en prenant en considération à la fois la destination et une liste limitative d'intrants de la filière à dédouaner en catégorie (I).

Du point de vue de la technique tarifaire, la classification a tâché de :

• ne pas introduire des différenciations de tarif entre produits si l'application s'avère incontrôlable compte tenu des moyens techniques dont disposent les administrations douanières,

• respecter l'architecture tarifaire en fonction des différents stades de fabrication, quelles que soient les matières constituantes d'un article,

• créer une position « fourre-tout » pour les produits non repris sous une désignation explicite, sans que cette position reçoive pour autant une taxation plus faible que les positions plus spécifiques qui la précèdent.

Le nouveau Tarif laisse transparaître il est vrai une tendance à l'ouverture de la zone UDEAC. Mais, cette ouverture participe de la volonté des Instances Supérieures de l'Union de préparer les entreprises industrielles de la sous-région à plus d'agressivité commerciale, à une plus grande compétitivité et donc, à une participation plus accrue à la scène économique mondiale ».

L'article 6 traitant de la Surtaxe temporaire dispose « 1) La surtaxe temporaire prévue à l'article 4 ci-dessus est applicable :

• a) aux produits figurant dans la liste en annexe I soumis à la date du 01/01/1994 à des restrictions quantitatives dans les États membres ;

• b) aux produits figurant dans la liste en annexe I b.

2) La base imposable à la surtaxe temporaire est la même que la base imposable au droit de douane.

3) Le taux de la surtaxe, fixé librement par chaque État membre, ne doit pas dépasser 30 %.

4) En ce qui concerne chacun des produits mentionnés au paragraphe 1 a) ci-dessus, la période maximum de l'application de la surtaxe temporaire, est de trois ans. Elle prend effet à compter de la date d'élimination effective de la restriction quantitative… »[595].

Le Tarif Extérieur Commun (TEC) des Douanes de la CEMAC est donc établi par l'Acte n° 7/93 — UDEAC-556-CD-SEI du 21 Juin 1993 portant révision du Tarif Extérieur Commun et fixant les Modalités d'Application du Tarif Préférentiel Généralisé (TPG). Il a été adopté par Acte 16/96 — UDEAC-556-CD-57 du 1er Juillet 1996 portant adoption du Tarif Extérieur Commun, complété par l'Acte Additionnel n° 03/00-CEMAC-046-CM 05 du 14 Décembre 2000 et l'ensemble des textes modificatifs subséquents. Il comprend : le Droit de Douane et la Taxe Communautaire d'Intégration.[596]

Si l'art.27 du Traité CEEAC prévoit une UD en deux phases (ZLE puis TEC), et que des textes subséquents en ont fourni le détail (voir plus haut), la CEEAC et la CEMAC sont en discussion pour harmoniser le TEC pour toute la sous-région[597].

L'objectif d'instauration d'un MC est souvent prévu avec des rythmes très différents selon les OCA.

---

595 Articles 4 à 6.

596 Commission CEMAC, Tarif des Douanes, Éditions *SAAGRAPH, Janvier 2009,551p.*

597 Voir, Communication de SAMBIA, Christian 24 p. *in* Forum conjoint Commission Européenne-Commission de l'Union africaine, *op. cit.*

SECTION II – LES DIFFICULTÉS DE CONSTRUCTION DU MARCHÉ COMMUN

On examinera tour à tour la libre circulation des personnes (ci-après, LC) et le droit d'établissement (§ I) et la libre circulation des capitaux et des services (§ II).

PARAGRAPHE I – LA LIBRE CIRCULATION DES PERSONNES COMME DÉFI DE L'INTÉGRATION

Elle sera examinée sous deux angles, celui de l'entrée et du séjour, et celui de résidence et d'établissement.

La libre circulation des personnes et le droit d'entrée et de séjour

Il s'agit là des principes recouvrant différentes significations et englobant droits et libertés comme le droit d'entrée, le droit de résidence, le droit d'établissement et la libre prestation des services.

Quant aux personnes visées, il s'agit des ressortissants communautaires (personnes physiques ayant la nationalité de l'un des États membres ou sociétés et personnes morales constituées, selon leurs législations nationales ayant leur siège statutaire, administration centrale ou principal établissement à l'intérieur de l'Union ou de la Communauté)[598].

La CEDEAO a organisé cette libre circulation des personnes en trois étapes à travers trois Protocoles correspondant au droit d'entrée, de résidence et d'établissement.

Pour ce qui concerne le droit d'entrée dans le territoire des États membres CEDEAO , le Protocole A/P1/5/79 du 25 mai 1979 qui prévoit cette libre circulation l'organise en trois étapes étalées sur 15 ans avec un droit d'entrée marqué par la suppression des formalités de visa et de permis d'entrée et de droit de séjour limité[599], selon l'article 3 de ce Protocole de Dakar, « Tout citoyen de la Communauté, désirant entrer sur le territoire de l'un quelconque des États membres, sera tenu de posséder un document de voyage et des certificats internationaux de vaccination en cours de validité.

Tout citoyen de la Communauté, désirant séjourner dans un État membre pour une durée maximum de quatre-vingt dix (90) jours, pourra entrer sur le territoire de cet État membre par un point d'entrée officiel, sans avoir à présenter un visa. Cependant, si ce citoyen se propose de prolonger son séjour au-delà des quatre-vingt dix (90) jours, il devra, à cette fin, obtenir une autorisation délivrée par les autorités compétentes ». Le protocole définit lui-même la notion de document de voyage en cours de validité : « un passeport ou tout autre

---

598 Voir art. 91 Traité UEMOA et art. 59 Traité CEDEAO.

599 Voir, IBRIGA, Luc Marius, Abou Saib COULIBALY, Dramane SANOU, *Droit communautaire ouest africain.* Université de Ouagadougou, *op. cit.* :132 et suivantes.

document en cours de validité, établissant l'identité de son titulaire, avec sa photographie, délivré par ou au nom de l'État membre dont il est citoyen et sur lequel les cachets de contrôle des services d'immigration ou d'émigration peuvent être apposés. Est également considéré comme document de voyage en cours de validité, un laissez-passer délivré par la Communauté à ses fonctionnaires établissant l'identité du porteur »[600]. À cette liste, il faut ajouter le carnet de voyage CEDEAO institué par la Décision A/DEC.2/7/85, signée à Lomé le 6 juillet 1985.

L'institution d'un formulaire harmonisé d'immigration et d'émigration de la CEDEAO par décision C/DEC.3/12/92 du 5 décembre 1992[601] permet d'accélérer les formalités de mouvement des personnes au niveau des frontières.

Toutefois, des limites au droit d'entrée sont posées par l'article 4 du Protocole de Dakar : « Les États membres se réservent le droit de refuser l'entrée sur leurs territoires à tout citoyen de la Communauté entrant dans la catégorie des immigrants inadmissibles aux termes de leurs lois et règlements en vigueur ».

L'UEMOA organise la libre circulation en ses articles 91 et 92 (Traité modifié). En vue d'atteindre les objectifs fixés à l'article 76 du Traité, c'est-à-dire la réalisation d'un Marché Commun, les autorités de l'Union doivent reconnaître aux ressortissants de la Communauté le droit de se déplacer et de séjourner à l'intérieur de celle-ci.

C'est ainsi que l'article 91 du Traité dispose : « … les ressortissants d'un État membre bénéficient sur l'ensemble du territoire de l'Union, de la liberté de circulation et de résidence qui implique […] le droit de se déplacer et de séjourner sur le territoire de l'ensemble des États membres ».

Le droit de déplacement désigne l'accès au territoire national d'un État membre donné, par un ressortissant communautaire sans aucune procédure préalable de visa d'entrée ou de sorte.

Le droit de séjour signifie, quant à lui, l'accès au territoire national d'un État donné par un étranger, ressortissant d'un État membre de l'organisation sans visa, avec la possibilité d'y séjourner au moins 90 jours sans autre formalité. Le droit de séjour permet aux ressortissants des États membres d'exercer une activité salariée ou non salariée et de prétendre à en faire bénéficier son ou sa conjoint (e)[602].

---

[600] Art. 1 du Protocole de Dakar.

[601] Décision C/DEC.3/12/92 du 5 décembre 1992 relative à l'institution d'un formulaire harmonisé d'immigration et d'émigration, J.O., Vol. 24, Rec. PCD, p. 50.

[602] C.J.C.E., 7 juillet 1992, *Singh*, Droit au regroupement familial au profit des ressortissants communautaires.

La libre circulation des personnes et le droit de résidence et d'établissement

Dans le cadre des OCA, la liberté de circulation des travailleurs est assurée et ce droit interdit toute discrimination basée sur la nationalité quant à l'emploi et les conditions de travail. Elle peut subir des limitations pour des raisons d'ordre public, de sécurité publique et de santé publique.

L'UEMOA s'en inspire en son art. 91 du Traité modifié et y inclut le droit de séjour et de déplacement des ressortissants sur le territoire de l'Union et le droit de résidence après cessation d'emploi.. Il y a alors assimilation du travailleur étranger mais contre un travailleur national.

Pour la CEDEAO, le droit de résidence est organisé par le Protocole A/SP.1/7/86 du 1er juillet 1986[603], signé à Abuja. Aux termes dudit Protocole, le droit de résidence est le droit reconnu à un citoyen, ressortissant d'un État membre, de demeurer dans un État membre autre que son État d'origine et qui lui délivre une Carte ou Permis de Résidence pour y occuper un emploi. L'article 2 du Protocole d'Abuja oblige chacun des États membres à reconnaître aux citoyens de la Communauté, le droit de résidence sur son territoire en vue d'accéder à une activité salariée et de l'exercer. Le droit de résidence n'est donc pas un principe général de libre circulation de tous les ressortissants de la CEDEAO mais seulement des travailleurs. Ces derniers peuvent continuer de séjourner dans le pays d'accueil après y avoir exercé un emploi.

Le droit de résidence est donc lié à l'exercice d'une activité professionnelle. Concrètement, le droit de résidence confère, à tout citoyen de la Communauté à la recherche d'un emploi, le droit :

- « de se déplacer librement sur le territoire des États membres ;

- de répondre à des emplois effectivement offerts ;

- de séjourner et de résider dans un des États membres afin d'y exercer un emploi conformément aux dispositions législatives réglementaires et administratives régissant des travailleurs nationaux ;

- de demeurer sur le territoire d'un État membre après y avoir occupé un emploi ».

En d'autres termes, le droit de résidence exclut toute discrimination fondée sur la nationalité dans la recherche et l'exercice d'un emploi. Pour renforcer cette égalité entre citoyens de la Communauté, l'article 61 paragraphe 2 (b) du Traité révisé prévoit une harmonisation des législations et les régimes de sécurité sociale des États membres.

Quant à la libre circulation des travailleurs ou droit de résidence, elle constitue la deuxième étape du processus de libéralisation de la circulation des

[603] Protocole A/SP.1/7/86 d'Abuja du 1er juillet 1986, J.O., Vol. 9, Rec. PCD, p. 26.

personnes de la CEDEAO, aux termes de l'article 2 du Protocole de Dakar. Ce protocole précisait, en outre, que la Communauté, se fondant sur l'expérience acquise au cours de l'exécution de la première étape, fera des propositions au Conseil des ministres pour une libéralisation plus poussée durant les étapes du droit de résidence et d'établissement des personnes à l'intérieur de la Communauté.

Cependant, il convient de relever que le droit de résidence est subordonné à l'obtention d'une carte ou permis de résident de la part du pays d'accueil. On se rappelle, en effet, que le droit d'entrée ne conférait qu'un séjour limité de quatre-vingt dix jours et qu'une autorisation était nécessaire pour un séjour prolongé. L'autorisation se matérialise par l'octroi de la carte ou d'un permis de résident. L'article 5 du Protocole d'Abuja de 1986 le prévoit expressément : « Les citoyens de la Communauté, ressortissants des États membres, admis sans visa sur le territoire d'un État membre sont soumis, s'ils désirent résider sur le territoire de cet État membre, à la formalité de l'obtention d'une carte de résident, ou d'un permis de résident ».

La carte de résident des États membres de la CEDEAO a fait l'objet de la Décision A/DEC.3/5/90 du 30 mai 1990, signée à Banjul. Tout citoyen, qui entend bénéficier du droit de résidence, doit demander et obtenir du pays d'accueil une carte de résident CEDEAO. Aux termes de l'article 3 de cette décision, « Tout citoyen de la CEDEAO, ressortissant d'un État membre, doit solliciter une Carte de Résident auprès des autorités compétentes de l'État membre d'accueil ». Selon l'article 6 paragraphe 3, « La carte de résident vaut permis de séjour et de résidence et doit être présentée à toute réquisition des autorités compétentes de l'État d'accueil ». Potentiellement, les conditions d'obtention d'une telle carte risquent d'être un obstacle à l'exercice du droit de résidence. Selon l'article 15 de cette décision, en effet, « la délivrance d'une Carte de Résident peut être refusée discrétionnairement. En cas de refus de délivrance dûment notifié, l'intéressé doit quitter l'État membre d'accueil dans le délai qui lui est imparti ». Le droit de résidence est donc perçu comme une concession des autorités d'accueil plutôt que comme un véritable droit reconnu aux citoyens.

À côté de cet obstacle que pourrait constituer l'exigence de la carte de résident, des exceptions sont prévues à l'exercice du droit de résidence. Ces exceptions sont fondées sur des motifs de sécurité, de santé ou d'ordre publics. Les emplois de l'administration publique constituent également une limitation à l'exercice du droit de résidence. La notion d'emploi dans l'administration publique n'ayant pas fait l'objet d'une définition, il reviendra certainement à la Cour de Justice de la Communauté de le faire. Il faut noter que le Traité de Rome, fondant la Communauté Européenne, prévoyait également cette exception dans les mêmes termes.

La Cour de Justice des Communautés Européennes, appelée à se prononcer sur un tel concept, a décidé que les emplois concernés sont ceux « qui comportent une participation, directe ou indirecte, à l'exercice de la puissance publique et aux fonctions qui ont pour objet la sauvegarde des intérêts généraux de l'État ou des autres collectivités publiques »[604].

Au niveau de, la CEDEAO, le droit d'établissement est prévu par le Protocole A/SP.2/5/90 du 29 mai 1990 (signé à Banjul). Ce droit d'établissement y est défini comme le droit reconnu à tout citoyen, ressortissant d'un État membres, de s'installer ou de s'établir dans un État membre, autre que son État d'origine, d'accéder à des activités économiques, de les exercer ainsi que de constituer et de gérer des entreprises, notamment des sociétés dans les conditions définies par la législation de l'État membre d'accueil pour ses propres ressortissants (art. 1er du protocole).

Les États doivent s'engager à éliminer toute pratique administrative, législative ou réglementaire visant à entraver ce droit, en rendant possible l'acquisition et l'exploitation de propriétés foncières, en facilitant les mouvements de capitaux ; et en prenant des décisions pour une reconnaissance mutuelle des diplômes, certificats et autres titres (art. 12 du protocole).

Seuls des motifs d'ordre public, de sécurité publique, de santé publique, peuvent légitimer des exceptions au droit de résidence. Une clause de sauvegarde est contenue à l'art. 10 du Protocole, pour les mouvements de capitaux qui peuvent être encadrés pour des « raisons tenant à des difficultés économiques graves ou à des problèmes sérieux de balance des paiements ».

Quant à l'harmonisation du droit des affaires dans la Communauté, un Comité de Juristes, formé à la suite d'une Décision du CM du 27 juillet 1995, devait formuler des propositions. Mais, en vérité, le droit d'établissement n'est pas encore une réalité dans la CEDEAO.

Concernant l'UEMOA, l'art. 92 § 3 dispose que : « le droit d'établissement comporte l'accès aux activités non salariées et leur exercice ainsi que la constitution et la gestion d'entreprises, dans les conditions définies par la législation du pays d'établissement pour ses propres ressortissants sous réserve des limitations justifiées par des raisons d'ordre public, de sécurité juridique et de santé publique »[605].

Mais de nombreuses restrictions sont envisageables en raison du caractère vague des énonciations. Il en est ainsi de la réserve d'ordre public (art. 94 du Traité) et autres raisons d'intérêt général qui sont des concessions à la souveraineté de l'État pour pouvoir protéger la moralité publique, l'entrée et le séjour de malades ou encore la nationalisation de certains emplois. Toutefois de

---

604 C.J.C.E., 17 décembre 1980, Aff. 149/79, *Commission c. Belgique*, Rec. 1979, p. 3881.

605 Cf., ZOGO-NKADA, Simon-Pierre (2011/1). « La libre circulation des personnes : réflexions sur l'expérience de la CEMAC et de la CEDEAO » *Revue Internationale de Droit économique*, tome XXV : 113-136.

telles mesures supposent la notification préalable des restrictions à la Commission qui procèdera à une revue annuelle de ces limitations[606].

Dans le domaine de la libre circulation des personnes, les autres OCA ne sont pas en reste. Pour le COMESA, il existe un Protocole sur la LC des personnes, de la Main d'œuvre, droit d'établissement et droit de résidence, adopté en 2001 au 6éme Sommet du Caire, ainsi qu'un Protocole sur la relaxation graduelle et l'élimination éventuelle des visas du 22 décembre 1984, adopté à Bujumbura.

Pour la CEEAC[607], son CM a adopté en 2006 une Convention de coopération et d'assistance et la Décision n° 99/07-UEAC-07-042/CM-10 invite à la LC, mais la CEEAC offre un paysage contrasté avec la grande réticence du Gabon et de la Guinée Équatoriale qui persistent à exiger visa et permis de séjour même aux ressortissants de l'espace CEEAC-CEMAC[608]. Comme l'ont noté certains observateurs, « Ainsi, la CEEAC, malgré son désir de créer un marché commun, tarde à rendre opérationnelle sa zone de libre-échange (ZLE) prévue en 2004. L'union douanière n'est pas encore établie et l'harmonisation des politiques dans des domaines clés de l'intégration (transport, communication, agriculture, etc.) avec la CEMAC en est encore aux études préparatoires »[609].

Pour la CENSAD, avant sa léthargie depuis la disparition de Kadhafi, le Traité de Tripoli[610] prévoyait en son art. 1er § 2 la LC avec exemption de visa pour les détenteurs de passeports diplomatiques, de passeports spéciaux, pour les membres de délégations officielles, les détenteurs de passeports ordinaires dont l'entrée a fait l'objet d'arrangements préalables, résidents ou possesseurs de permis valides, (Décision de mai 2009). L'article 3 du Traité prévoit aussi la LC et le droit de résidence, l'art.4 permet le refus d'octroi de visa pour des raisons de sécurité et l'art. 5 sanctionne les entrées frauduleuses.

---

606 La C.J.C.E. confrontée à de telles situations, a même imposé une obligation supplémentaire de notifier la réponse à tout intéressé qui fait une demande de séjour ou de résidence. La réponse à cette demande, négative ou positive, doit être motivée pour permettre au ressortissant communautaire, de défendre ses intérêts, voir C.J.C.E., 8 mai 1982, Aff. 115 et 116/82, Rec. p. 1665.

607 Le Traité CEEAC a pourtant prévu la LC, le droit de résidence et d'établissement en son art.40.

608 Cf., Félicité RANOHEFY, Jessica « La libre circulation des personnes en Afrique et Passeport continental : vers une Afrique intégrée et en paix » *Note d'Analyse politique* : 5 : www.thinkingafrica.org (consulté le 19 septembre 2014).

609 LÉON, Alain et Ronan PORHEL (2012, juin). « La gestion de la multi-appartenance, une nécessité pour poursuivre la stratégie régionale dans l'Afrique des Grands Lacs », *Observatoire des Grands Lacs en Afrique,* note (3/2012) :14. www.obslac.files.worldpress.com (consulté le 19 septembre 3014).

610 Traité révisé à Ndjamena le 16 février 2013. Le Sommet de Ndjamena marque le début de la renaissance de l'Organisation.

En fait, on se souvient que la CENSAD s'est fixé comme objectifs :

• l'établissement d'une Union Économique globale basée sur la mise en œuvre d'un plan de développement communautaire qui vient compléter et appuyer les plans nationaux de développement des pays membres et qui englobe les différents domaines du développement économique et social, durable : agriculture, industrie, énergie, social, culturel, santé ;

• la suppression de toutes les restrictions qui entravent le rassemblement des pays membres par la prise de mesures nécessaires pour assurer la LC ;

• la libre circulation des personnes, des capitaux et des intérêts des ressortissants des États membres ;

• la liberté de séjour, de propriété et d'exercice de l'activité économique ;

• la liberté d'échange et de circulation des biens, des produits et services originaires des États membres ;

• la promotion du commerce extérieur par une politique d'investissement dans les États membres ;

• le développement entre les États membres des moyens de transport et de communication terrestre, aérien et maritime et l'exécution de projets communs ;

• la reconnaissance aux ressortissants des autres pays membres des mêmes droits, avantages et devoirs reconnus aux propres citoyens d'un pays membre conformément aux dispositions des constitutions respectives ;

• l'harmonisation des systèmes éducatifs, pédagogiques, scientifiques et culturels des différents cycles d'éducation et de formation.

Pour la CAE[611], elle a lancé le Passeport CAE et dispose d'un Protocole sur la Standardisation, d'une Loi sur l'Assurance de la Qualité, la Métrologie et l'Essai (2006) et d'un Protocole sur le MC, le droit à la libre circulation des personnes. De même, la SADC a fait adopter un Protocole sur la LC des personnes, des marchandises, des capitaux et des services et un Protocole sur le commerce des services[612].

À la LC des personnes, peuvent s'adjoindre, les prestations de services et les mouvements de capitaux.

PARAGRAPHE II – LA LIBRE CIRCULATION DES SERVICES ET CAPITAUX

On dissociera les services, des capitaux.

La libre prestation des services

La libre prestation des services vise des cas où des personnes morales ou physiques, sont appelées à exercer de façon temporaire leurs activités sur le

---

611 Le Traité CAE organise la LC des personnes, de la main d'œuvre et des services, le droit d'établissement et de résidence en son art.104.

612 Commission de l'Union africaine, État de l'intégration en Afrique, *op. cit.*

territoire d'un État membre sans qu'ils y soient établis. Le service est défini en droit communautaire comme une prestation contre rémunération. L'art. 50 v. c. du Traité CE dispose : « les services comprennent des activités à caractère industriel, commercial, artisanal et des professions libérales ».

Il faut noter que le Protocole de Dakar de 1979, organisant la libre circulation des personnes, n'envisage pas spécifiquement la libre prestation des services. Seul le Traité révisé contient quelques dispositions éparses et lapidaires sur la libre prestation des services. Il s'agit de l'article 55 (ii) du Traité révisé qui enjoint aux États de supprimer non seulement des obstacles à la libre circulation des personnes, des biens et des capitaux mais également des services. C'est le cas également de l'article 34 qui abolit des discriminations entre les citoyens en matière de prestations touristiques et hôtelières. Ainsi les États membres s'engagent à « éliminer toutes mesures ou pratiques discriminatoires à l'égard des ressortissants de la Communauté en matière de prestations touristiques et hôtelières ».

Concernant les personnes physiques, le Protocole de Dakar de 1979 avait dans un premier temps défini le citoyen de la Communauté comme un citoyen de tout État membre[613]. Finalement, un protocole, signé à Cotonou le 29 mai 1982[614], portant Code de la citoyenneté de la CEDEAO, précisera aux termes de son article 1er d, qu'est citoyen de la Communauté :

- « toute personne qui, par descendance, a la nationalité d'un État membre et qui ne jouit pas de la nationalité d'un État non-membre de la Communauté ;

- Toute personne qui a la nationalité d'un État membre par le lieu de naissance et dont l'un et l'autre des parents est citoyen de la Communauté, à condition que cette personne ayant atteint l'âge de 21 ans, opte pour la nationalité de cet État membre ;

- Toute personne naturalisée d'un État membre qui renonce expressément à la nationalité d'un État non-membre ».

Dans l'UEMOA, la libre circulation des services et des capitaux est instituée par le Traité respectivement en ses articles 93 et 96. La prestation des services se distingue de l'établissement dans le cas où il n'y a pas installation mais simplement fourniture d'un service autre que salarial moyennant rémunération.

Aux termes de l'article 93 du Traité de l'UEMOA, « les ressortissants de chaque État membre peuvent fournir des prestations de services dans un autre État membre dans les mêmes conditions que celles que cet État impose à ses propres ressortissants, sous réserve des limitations justifiées par des raisons d'ordre public, de sécurité publique et de santé publique et sans préjudice des exceptions prévues par le présent Traité ».

---

613 Art. 1er du Protocole A/SP.1/5/79 du 25 mai 1979.

614 Protocole A/P.3/5/82 de Cotonou du 29 mai 1982 portant Code de la citoyenneté de la Communauté, J.O., Vol. 4, Rec. PCD, p. 15.

Ceci étant, les services sont : les opérations liées aux mouvements de marchandises et à la circulation des personnes (transports, voyages et tourisme) ; les opérations résultant des revenus du travail et du capital (salaires, pensions, dividendes, intérêts, droits d'auteur...), les opérations d'assurances ainsi que les services bancaires et financiers et enfin les opérations liées aux

La libre prestation de services est posée par le Traité de l'UEMOA mais ni sa définition, ni ses modes de fournitures n'ont été précisés. La libre prestation de service à l'échelle communautaire se heurte à de nombreux obstacles difficiles à surmonter.

En bref, la libre circulation des services, pour être effective, requiert la présence concordante de plusieurs autres libertés d'accompagnement ; que l'une d'entre elles manque et la prestation internationale de services devient impossible[615].

Cependant, on signalera : le Règlement n° 15/2002/CM relatif aux systèmes de paiement dans l'Union. Ces systèmes (chèques, cartes bancaires, lettres de change, billets à ordre et procédés de paiement électronique) permettent de sécuriser les échanges commerciaux.

La libre circulation des capitaux

La libre circulation des capitaux est une des conditions d'exercice des autres libertés et recouvre en réalité deux aspects :

- d'abord **les paiements** : les transactions se déployant au-delà des frontières, il faut permettre, par la libre circulation des capitaux, que celles-ci puissent être rémunérées ;

- ensuite **les investissements :** les investissements liés au droit d'établissement supposent le déplacement de capitaux d'un pays à l'autre.

La réglementation de la CEDEAO prend en compte ces deux types de mouvements de capitaux. Concernant les paiements en effet, l'article 51 (c) du Traité révisé dispose : les États s'engagent à « faciliter la libéralisation des paiements des transactions intra-régionales et, comme mesure intérimaire, assurer la convertibilité limitée des monnaies ».

Une décision avait déjà été signée en 1992 par la Conférence des Chefs d'État et de gouvernement pour effectuer des paiements des services rendus pendant les voyages, notamment les taxes d'aéroports, les factures d'hôtel et les billets d'avion[616]. Elle interdit en matière de paiement, des discriminations fondées sur la nationalité.

En d'autres termes, on ne peut exiger des citoyens de la Communauté une monnaie autre que celle exigée des nationaux pour effectuer des paiements. Dans le même souci de faciliter les paiements intra-communautaires, il a été

[615] CARREAU, Dominique et Patrick JULLIARD, DIE, *idem* : 325.

[616] Décision C/DEC.1/12/92 signée à Abuja le 5 décembre 1992 ; Rec. PBD, p. 278.

créé et lancé, à compter du 1er juillet 1999, un chèque de voyage CEDEAO. Ce chèque vise à favoriser les transactions commerciales dans la Communauté. Sa délivrance aux particuliers est confiée aux banques.

Pour les mouvements de capitaux liés aux investissements (mesures d'accompagnement du droit d'établissement), ils ont été organisés par le Protocole de Banjul du 29 mai 1990, en son article 10 paragraphe 1, « En ce qui concerne les mouvements de capitaux liés aux investissements et les paiements courants, les États membres s'abstiennent de prendre, dans le domaine des opérations de change, des mesures qui seront incompatibles avec leurs obligations résultant de l'application du présent protocole et d'autres dispositions communautaires antérieures dont notamment le Protocole A/P/AA/84 du 23 novembre 1984 de la Conférence, relatif aux entreprises communautaires ».

Quant à la réglementation de l'UEMOA, elle se fonde sur l'art. 96 du Traité : « …, les restrictions aux mouvements à l'intérieur de l'Union, des capitaux existant à des personnes résidant dans les États membres sont interdites ».

Ce principe s'adresse aux personnes physiques et morales et concerne les dispositions monétaires de l'Union qui édictent la convertibilité du FCFA garantie par le Trésor français et sa parité par rapport à l'Euro. Le Traité garantit la transférabilité des monnaies à l'intérieur de la zone et la mise en commun des réserves de change. La création de la BRVM (Bourse Régionale des Valeurs Mobilières) et du CREPMF (Conseil Régional de l'Épargne Publique et des Marchés financiers) qui est un organe de contrôle et de régulation des mouvements de capitaux, vient parachever cette intégration monétaire.

La libre circulation des capitaux impose une différence entre les transferts (T.C.) de capitaux et les paiements courants (P.C.). Cette différence est précisée par la CJCE, *dans l'Affaire 286/82, arrêt du 31 juillet 1984* : « Les P.C. sont des transferts de devises qui constituent une contre-prestation dans le cadre d'une transaction sous-jacente alors que les mouvements de capitaux sont des opérations financières qui visent essentiellement le placement ou l'investissement du montant en cause et non la rémunération d'une prestation ».

La libre circulation est fondée sur la libéralisation progressive et sur le principe de non discrimination (art. 97.3 du Traité). Mais cette liberté ne doit pas porter atteinte au droit des États membres « à prendre des mesures indispensables pour prévenir les infractions à leur législation fiscale » (a) ; et l'État doit prévoir « éventuellement des dispositions afin de renforcer les moyens d'information statistique sur les mouvements de capitaux » (b) ; et peut « prendre des mesures justifiées par des raisons d'ordre public ou de sécurité publique » (c). Au niveau communautaire, le Conseil des ministres arrête par voie de règlement ou de directive, les dispositions utiles à la libre circulation des capitaux (art. 48).

À titre conclusif, on soulignera la diversité des textes de l'UEMOA en matière d'UD et de MC. Il s'agit de :

- **la Directive n° 01/2005/CM/UEMOA** en date du 16 septembre 2005 sur l'Égalité de traitement des étudiants ressortissants de l'UEMOA dans la détermination des conditions et des droits d'accès aux institutions publiques d'enseignement supérieur des États Membres de l'Union. Cette directive devait être mise en œuvre par les États Membres à la date du 31 décembre 2007 ;

- **la Directive n° 06/2005/CM/UEMOA** en date du 16 décembre 2005 relative à la libre circulation et à l'établissement des médecins ressortissants de l'Union au sein de l'espace UEMOA. Cette directive devait être mise en œuvre au 31 décembre 2007 ;

- **la Directive n° 07/2005/CM/ UEMOA** du 16 décembre 2005 relative à la libre circulation et à l'établissement des architectes ressortissants de l'Union au sein de l'espace UEMOA. Cette directive devait également être mise en œuvre au plus tard le 31 décembre 2007 par les États Membres ;

- **du Règlement n° 05/2006/CM/UEMOA** en date du 2 mai 2006, relatif à la libre circulation et à l'établissement des experts comptables et des comptables agréés, ressortissants de l'Union, au sein de l'espace UEMOA ;

- **du Règlement n° 10/2006/CM/UEMOA** en date du 25 juillet 2006, relatif à la libre circulation et à l'établissement des avocats ressortissants de l'Union, au sein de l'espace UEMOA ;

- **la Directive n° 06/2008/CM/ UEMOA** en date du 26 juin 2008 relative à la libre circulation et à l'établissement des pharmaciens ressortissants de l'Union au sein de l'espace UEMOA. Cette directive doit être mise en œuvre au plus tard le 31 décembre 2009, par les États Membres ;

- **la Directive n° 07/2008/CM/UEMOA** en date du 26 juin 2008 relative à la libre circulation et à l'établissement des chirurgiens-dentistes ressortissants de l'Union au sein de l'espace UEMOA. Cette directive doit être mise en œuvre au plus tard le 31 décembre 2009, par les États Membres ;

- **l'Acte Additionnel n° 01/2009 /CCEG/UEMOA** en date du 17 mars 2009 instituant une politique commune de l'UEMOA dans le domaine de la circulation et du séjour des personnes non ressortissantes de l'union ;

- **du Règlement no 06/ 2009/CM/UEMOA du 26 juin 2009** portant reconnaissance mutuelle des visas délivrés par les États membres de l'UEMOA (dont la phase de reconnaissance mutuelle est entrée en vigueur depuis le 1er octobre 2009).

Les textes régissant la libre circulation des marchandises et la facilitation des transports sont notamment de :

- **l'Acte additionnel n° 04/96** en date du 10 mai 1996 instituant un régime tarifaire préférentiel transitoire des échanges au sein de l'UEMOA et son mode de financement ;

- **l'Acte additionnel n° 01/97** en date du 23 juin 1997 modifiant l'article 12 de l'Acte additionnel n° 04/ 96 instituant le régime tarifaire préférentiel transitoire des échanges au sein de l'UEMOA et son mode de financement ;

- **l'Acte additionnel n° 02/97** en date du 23 juin 1997 fixant les attributions, la composition et les principes d'organisation de la Chambre Consulaire Régionale ;

- **le Règlement n° 14/98** en date du 22 décembre 1998 portant adoption des modalités de mise en œuvre de la dérogation prévue à l'article 86 du Traité de l'UEMOA (les États Membres sont autorisés par dérogation aux règles générales de l'union douanière et de la politique commerciale commune à prendre des mesures de protection destinées à faire face à des difficultés graves dans un ou plusieurs secteurs de leurs économies) ;

- **la Décision n ° 01/99/COM/UEMOA** en date du 11 janvier 1999 portant agrément de produits industriels au bénéfice de la taxe préférentielle communautaire ;

- **le Règlement n° 09/2001/CM/UEMOA** en date du 26 novembre2001 portant Code des Douanes de l'UEMOA ;

- **la Décision n° 08/2001/CM/UEMOA** en date du 26 novembre 2001 portant adoption et modalités de financement d'un programme communautaire de construction de postes de contrôle juxtaposés aux frontières entre les États Membres de l'UEMOA ;

- **le Protocole additionnel n° 3/2001** en date du 19 décembre 2001 instituant les règles d'origine des produits de l'UEMOA ;

- **la Directive n° 08/2005/CM/UEMOA** en date du 12 décembre 2005 relative à la réduction des points de contrôle sur les axes routiers inter-états de l'UEMOA ;

- **le Règlement n° 14/2005/CM/UEMOA** en date du 16 décembre 2005 relatif à l'harmonisation des normes et des procédures de contrôle du gabarit, du poids et de la charge à l'essieu des véhicules lourds de transport de marchandises dans les États Membres de l'UEMOA ;

- **la Décision n° 15/2005/CM/UEMOA** en date du 16 décembre 2005 portant modalités pratiques d'application du plan régional de contrôle sur les axes routiers inter-états de l'UEMOA ;

- **la Décision n° 16/2005/CM/UEMOA** en date du 16 décembre 2005 portant création, organisation et fonctionnement du Comité Technique de suivi pour la suppression des barrières non tarifaires ;

- **la Directive n° 07/2006/CM/UEMOA** en date du 23 mars 2006 relative à la pharmacie vétérinaire qui devait être mise en œuvre au plus tard le 30 décembre 2007 par les États Membres.

Concernant le TEC-UEMOA, on peut citer les textes suivants :

- **Règlement n° 02/2002/CM/UEMOA** relatif aux pratiques anticoncurrentielles à l'intérieur de l'UEMOA ;

- **Règlement n° 03/2002/CM/UEMOA** relatif aux procédures applicables aux ententes et abus de position dominante à l'intérieur de l'UEMOA ;

- **Règlement n° 04/2002/CM/UEMOA** relatif aux aides d'État à l'intérieur de l'UEMOA et aux modalités d'application de l'article 88 (c) du Traité ;

- **Directive n° 02/2002/CM/UEMOA** relative à la coopération entre la Commission et les structures nationales de concurrence des États Membres pour l'application des articles 88, 89 et 90 du Traité de l'UEMOA.

Hormis l'objectif intermédiaire du MC, certaines OCA ambitionnent d'atteindre l'objectif ultime de l'Union Économique.

– Règlement n° 02/2002/CM/UEMOA relatif aux pratiques anticoncurrentielles [illegible] l'UEMOA ;

– Règlement n° 03/2002/CM/UEMOA relatif aux [illegible] et abus de position dominante [illegible] l'UEMOA ;

– Règlement n° 04/2002/CM/UEMOA relatif aux aides [illegible] l'UEMOA et aux [illegible] application de l'article 88 (c) du Traité ;

– Directive n° 02/2002/CM/UEMOA relative à la coopération entre la Commission et les structures nationales de concurrence des États membres pour l'application des articles 88, 89 et 90 du Traité de l'UEMOA.

[illegible]

CHAPITRE II

LA MATÉRIALISATION DE L'INTÉGRATION À TRAVERS DES POLITIQUES ORIENTÉES VERS L'UNION ÉCONOMIQUE

L'objectif ultime de certaines organisations d'intégration est de réaliser une union économique et monétaire. Pour atteindre ce but, il est nécessaire de prévoir une harmonisation et parfois une uniformisation des politiques économiques des États membres, c'est-à-dire une certaine convergence des politiques macroéconomiques, y compris budgétaires. Pour minimiser les coûts et atteindre une plus grande efficacité, on entend appréhender, par le biais de politiques, certains secteurs économiques des États membres (Section I) qui sont alors soumis à un régime de surveillance (Section II).

SECTION I – LES POLITIQUES D'INTÉGRATION

Dans la plupart des organisations d'intégration, la communautarisation des politiques passe par la mise en place de politiques sectorielles (§ I) et de politiques économiques et monétaires (§ II). On soulignera que l'essentiel des développements à venir est centré sur les deux OCA de l'Afrique de l'ouest avec quelques illustrations par rapport aux autres CER.

PARAGRAPHE I – LES POLITIQUES SECTORIELLES

On distinguera les politiques sectorielles de l'UEMOA et de la CEDEAO(A) de celles des autres CER (B).

A. Les politiques sectorielles de l'UEMOA et de la CEDEAO

La notion de politique sectorielle peut être définie comme les orientations prises au niveau communautaire dans un secteur d'activités donné.

Les politiques sectorielles qui sont adoptées, visent à atteindre un certain nombre d'objectifs. Pour cela, il faut un transfert de compétences au profit de la Communauté.

Pour permettre à la région d'atteindre une certaine performance économique, les États membres entendent coopérer dans un certain nombre de secteurs d'activités surtout en vue de minimiser les coûts. En s'appuyant sur le principe de subsidiarité, la mise en commun des énergies permet de mieux rentabiliser ces secteurs.

Ces politiques sectorielles de la CEDEAO sont contenues dans le Traité révisé lui-même : les ressources humaines et sociales, l'agro-alimentaire, l'industrie, la science et la technologie, l'énergie, l'environnement et les ressources naturelles, les transports, les télécommunications et le tourisme. En dehors des dispositions du Traité révisé, il faut souligner qu'en application des dispositions du Traité de 1975[617], certaines politiques sectorielles avaient fait l'objet de décisions. En outre, la décision C/DEC.1/7/93 du 20 juillet 1993 a établi le programme météorologique de la CEDEAO.

Parmi les PS, il faut mettre l'accent sur les ressources humaines et sociales : la jeunesse, les femmes, les journalistes, la santé, la culture… Il s'agit d'atteindre le plein épanouissement de la population et d'emporter son adhésion au processus d'intégration.

Pour la jeunesse, l'article 60 du Traité révisé dispose : « Les États membres s'engagent à coopérer en vue d'assurer la mise en valeur effective de leurs ressources humaines. À cet effet, ils prennent des dispositions en vue :

(a) de renforcer leur coopération en matière d'éducation, de formation et d'emploi, d'harmoniser et de coordonner leurs politiques et programmes dans ces domaines ;

(b) renforcer les institutions de formation existantes, de redynamiser l'efficacité de leurs systèmes éducatifs, d'encourager les échanges scolaires et universitaires, d'établir l'équivalence des diplômes, de formation professionnelle et technique, d'encourager la littérature, de promouvoir l'enseignement et la pratique des langues officielles de la Communauté et de créer les centres d'excellence régionaux dans différentes disciplines ;

(c) encourager les échanges de main-d'œuvre spécialisée entre les États membres ».

Aux termes de l'article 61 paragraphe 2 (a), les États s'engagent aussi à *« promouvoir les échanges d'expériences et d'informations relatives à l'alphabétisation, à la formation professionnelle et à l'emploi ».*

Dans le même sens, le Traité encourage la création d'organisations de jeunes, la pratique des sports en vue de rapprocher les jeunes de la Région et d'assurer leur développement équilibré[618]. Pour ce faire, il a été créé l'Union des Jeunesses

Pour la femme, le Traité de 1993 prévoit :

> « Les États membres s'engagent à élaborer, harmoniser, coordonner et définir des politiques et des mécanismes appropriés pour améliorer les conditions économiques, sociales et culturelles des femmes.
>
> À cette fin, les États membres prennent toutes les mesures nécessaires pour :
>
> - identifier et examiner les contraintes empêchant les femmes d'apporter une contribution plus grande aux efforts de développement régional ;

---

[617] Sur les politiques sectorielles prévues par le Traité de 1975, voir, les articles 28 à 49.
[618] Art. 61 (c) et (e) du Traité révisé.

- fournir un cadre dans lequel ces contraintes sont abordées et qui permettrait de prendre en compte les préoccupations et les besoins des femmes.

[... Les États s'engagent à] :

- encourager entre eux le dialogue sur les projets et programmes bénéficiant du soutien de la Communauté et visant l'intégration des femmes au processus du développement ;

- mettre en place un mécanisme de coopération avec des organisations bilatérales, multilatérales et non gouvernementales... »[619].

Pour fournir ce cadre d'expression à la femme, il a été créé l'Association des Femmes de l'Afrique de l'Ouest (AFAO), avec le statut d'institution spécialisée de la CEDEAO[620].

Concernant le journalisme [621] (art.66), la culture (art.62), le Traité de 1993 entend promouvoir la liberté d'information et la manifestation d'événements culturels. Dans le domaine de la santé, il a été créé l'Organisation Ouest Africaine de la Santé (OOAS) qui est une institution spécialisée de la CEDEAO, chargée de faire face aux problèmes de santé dans la Communauté[622].

Le Traité de la CEDEAO attache une grande importance à la démographie, en soulignant que « les États membres s'engagent à adopter individuellement et collectivement des politiques et des mécanismes nationaux en matière de population et à prendre les mesures nécessaires en vue d'établir l'équilibre entre la variable démographique et le développement socioéconomique »[623].

Par ailleurs, des PS sont envisagées pour l'environnement et les ressources naturelles[624], l'agro-alimentaire (art.25)[625] (élevage[626]et produits agricoles[627]), les industries (art.26)[628], la science et la technologie (art.27).

---

[619] Art. 63 du Traité révisé.

[620] Décision n° A/DEC.3/7/87 relative à l'octroi du statut d'institution spécialisée de la CEDEAO à l'AFAO ; aussi, Décision n° A/DEC.4/7/87 relative à l'approbation du statut de l'AFAO.

[621] L'Union des Journalistes de l'Afrique de l'Ouest (UJAO), organisation régionale des praticiens des médias, s'est vue octroyer également le statut d'observateur par la Décision n° A/DEC.3/7/95 du 29 juillet 1995 relative à l'octroi du statut d'observateur à l'UJAO, J.O., Vol. 29, p. 4.

[622] Décision n° C/DEC.4/7/95 d'Accra du 27 juillet 1995 relative à la fusion de l'Organisation de Coordination et de Coopération pour la Lutte Contre les Grandes Endémies (OCCGE) et la West African Health Community (WAHC) pour former l'Organisation Ouest Africaine de la Santé, J.O., Vol. 29, p. 16.

[623] Art. 64 du Traité révisé.

[624] Art. 29 du Traité révisé. C'est ainsi que l'Organisation Commune de Lutte Antiacridienne et Anti-aviaire (OCLALAV) est chargée de lutter contre les criquets pèlerins et les oiseaux mange-mil.

[625] Décision n° C/DEC.4/7/91, du 2 juillet 1991, J.O, Vol. 19, p. 40.

[626] Décision n° C/DEC.3/7/91 du 2 juillet 1991, J.O., Vol. 19, p. 39.

[627] Décision n° A/DEC.22/5/80 du 28 mai 1980, J.O., Vol. 2, p. 13. Il faut également signaler l'existence entre les pays membres d'une Convention de 1971 créant l'Association pour le Développement de la Riziculture en Afrique de l'Ouest (ADRAO) visant l'autosuffisance de la Région en cette denrée. Le Traité constitutif consacrait déjà des dispositions au domaine

L'article 32 du Traité révisé est consacré à la matière des transports « *En vue de faciliter les mouvements de personnes, de biens et de services au sein de la Communauté* ». Il s'agit des transports : routier[629] (art. 32, b), aérien[630], maritime et fluvial[631], ferroviaire (art. 32, c) par l'intermédiaire de la Commission des Transports, des Télécommunications et de l'Énergie[632]. Au plan institutionnel, la Décision n° A/DEC.3/8/94 du 6 août 1994, signée à Abuja, prévoit la création de Comités nationaux de suivi. Aux termes de l'article 3 de la Décision d'Abuja d'août 1994, ces Comités nationaux « *veilleront à l'application effective des textes communautaires relatifs aux transports, en vue de faciliter la libre circulation des personnes et des biens dans la sous-région* »[633].

Enfin, des PS existent en matière de postes et télécommunications (art.33), d'énergie (art.38), avec la création d'un comité technique consultatif sur les hydrocarbures[634], en matière de tourisme (art.34)

À l'inverse de la CEDEAO, les PS de l'UEMOA sont consacrées dans le Protocole additionnel n° II modifié par le Protocole n° IV[635]. La politique

---

agricole (art. 33 et suiv.) et, sur cette base, certaines décisions avaient déjà été adoptées (Décision n° C/DEC.4/5/82 du Conseil des ministres relative à l'adoption d'une stratégie régionale de développement agricole de la CEDEAO ; Décision n° C/DEC.1/6/86 du Conseil des ministres relative à l'adoption de programmes d'action à court et moyen termes pour le développement de l'agriculture et des ressources naturelles ; Décision n° C/DEC.11/12/90 du Conseil des ministres relative à l'adoption d'un programme sous-régional de recherche en matière agricole.

628 Art. 26 du Traité révisé.

629 La Décision du 28 mai 1980 prévoyait un programme à court terme et un programme à long terme pour le transport routier. A court terne, il s'agissait de signer une convention sur le transit routier inter-États des marchandises (TRIE). Protocole A/P.4/5/82 du 29 mai 1982 à Cotonou relative au Transport Routier Inter-États des marchandises, J.O., Vol. 4, Rec. PCD, p. 173 ; Décision n° A/DEC.2/5/82 du 29 mai 1982 de la Conférence des Chefs d'État et de gouvernement relative à l'harmonisation des législations routières dans la Communauté, J.O., Vol. 3, Rec. PCD, p. 240 ; Résolution n° C/RES/5/90 de Banjul du 27 mai 1990 relative à la réduction des postes de contrôles routiers dans les États membres, J.O., Vol. 17, Rec. PCD, p. 270 ; Protocole n° A/P.1/5/82 du 29 mai 1982 portant création d'une carte brune CEDEAO relative à l'assurance responsabilité civile automobile ; Convention A/P.2/5/82 du 29 mai 1982 portant réglementation des transports routiers inter-États de la CEDEAO, J.O. 4, Rec. PCD, p. 250.

630 Décision n° C/DEC.6.7/94 du 28 juillet 1994 relative à la création du Comité consultatif de transport aérien.

631 Art. 32 (d) et (e) du Traité révisé.

632 Sur l'institutionnalisation de la Réunion des Directeurs des Chemins de Fer, Décision n° C/DEC.7/7/94, signée à Abuja, J.O., Vol. 27, p. 39.

633 Sur les Comités nationaux de suivi de l'application effective des décisions et protocoles de la CEDEAO dans le domaine des transports, voir la Décision n° A/DEC.3/8/94 du 6 août 1994, signée à Abuja, J.O., Vol. 27, p. 22.

634 Décision C/DEC.3.7.94 relative à la création d'un Comité consultatif de la CEDEAO sur les hydrocarbures, J.O., Vol. 27, p. 36 ; sur les produits pétroliers, Directive n° C/DIR.2/7/91 relative à l'étude d'un programme communautaire pour la production, l'approvisionnement et la distribution de pétrole, de produits pétroliers et du gaz.

635 Adopté le 9 janvier 2011.

énergétique de l'UEMOA est orientée vers la sécurité des approvisionnements énergétiques, notamment par l'interconnexion systématique des réseaux électriques (article 8), la promotion des énergies renouvelables et de substitution.

Pour le développement des ressources humaines, il s'agit de « la rationalisation et de l'amélioration des performances de l'enseignement supérieur et de la formation professionnelle »[636], notamment par la création d'institutions d'enseignement supérieur[637] et la coordination des programmes d'enseignement et de formation, l'évaluation des résultats de l'enseignement et la formation.

Le transport et la télécommunication : il faut signaler que le transport a été considéré comme essentiel pour la Communauté. D'abord parce qu'il est étroitement lié à la libre circulation mais aussi parce qu'il représente 7% de l'activité économique de l'Union[638]. Le protocole prévoit un schéma d'amélioration des infrastructures et un système de transport et de télécommunication reliant les États membres[639].

La politique de l'environnement (art. 9 à 12 du Protocole II) est motivée par le fait que les enjeux environnementaux et socioéconomiques se recoupent mais aussi par la nécessaire harmonisation régionale des initiatives y afférentes. Si les problèmes environnementaux sont communs à la plupart des pays de l'Afrique de l'Ouest, c'est parce qu'ils partagent les mêmes écosystèmes devenus fragiles et affectés par les mêmes tendances. L'aménagement du territoire consiste en l'harmonisation des plans nationaux en vue de l'équilibre des différentes composantes du territoire communautaire, du désenclavement des zones continentales (art. 5 et 6).

La politique agricole (art. 13 à 16) vise la sécurité alimentaire et l'autosuffisance, en tenant compte des complémentarités au sein de l'Union et des avantages comparatifs respectifs..

Dans le cadre de la politique industrielle et minière (art.21 à 23), l'UEMOA prévoit l'émergence d'entreprises performantes y compris des entreprises communautaires, en mesure de faire face à la concurrence interne et internationale.

Les politiques sectorielles ainsi présentées sont susceptibles d'être complétées par la définition d'autres politiques (art.24).

B. Les politiques sectorielles des autres CER

---

636 Article 1er al. 1 Protocole additionnel n° 2.

637 CESAG (Centre Africain d'Études Supérieures en Gestion).

638 La politique de transport concerne le transport terrestre, le transport maritime et le transport aérien.

639 Art. 7 Protocole additionnel n° 2 UEMOA.

La similarité des PS des autres CER par rapport à celles des deux OCA d'Afrique de l'ouest est très marquante, en dépit d'originalités relevées ça et là, en termes de priorités selon les aires géographiques.

En l'occurrence, il n'est guère de CER qui n'ait développé ces PS par le truchement du droit principal ou dérivé. Ainsi, le COMESA a diverses PS, notamment en matière agricole et de la sécurité alimentaire (avec son Agence spéciale ou Alliance pour les produits de base et le commerce en Afrique de l'est et en Afrique australe) ; en matière de biotechnologie, de paix et sécurité ; infrastructures ; énergie (Pool des Réseaux Électriques de l'Afrique de l'Est, EAPP).

Pour la CEEAC, des PS (art.42 à 66 du Traité) s'appliquent à de nombreux domaines dont l'agriculture, l'industrie (avec le Programme Régional de Sécurité Alimentaire, PRSA), le transport,[640] la santé (lutte contre le VIH/SIDA), l'environnement et la gestion des ressources naturelles, l'énergie avec le Pool des Réseaux Électriques de l'Afrique centrale, (PEAC) dont le plan directeur a été adopté par le CM, en octobre 2007, à Brazzaville.

Il en est de même de la SADC, qui a développé des PS dans les domaines suivants : infrastructures et services, télécommunications, postes et NTIC (avec son programme de Migration Digitale de Diffusion du Son et de l'Image), énergie avec le Pool des Réseaux Électriques de l'Afrique australe, (SAPP), créé en 1995. Elle dispose, en outre, d'un Plan Stratégique Indicatif de Développement, d'un Plan de la communication et de la Météorologie avec l'Infrastructure Sous Régionale de l'Information SADC(SRII) ; de PS en ressources en eau avec la création de l'Institut de Gestion de la Nappe Phréatique, dans le secteur du tourisme avec l'Organisation Régionale du Tourisme en Afrique Australe (RETOSA), etc.

L'IGAD s'est également évertué à mettre en œuvre des PS, notamment en politique du genre (Bureau des Femmes créé en 1999), en environnement (Facilité sous régionale d'appui, SSF), en ressources naturelles, sciences (Centre de Prévision et d'Application Climatologique de Nairobi), élevage (en collaboration avec le Bureau Interafricain des Ressources Animales de l'UA, ou UA/IBAR), TIC, santé, y compris la lutte contre le VIH/SIDA.

Ces différentes PS existent, avec quelques nuances prés dans le cadre de la CENSAD. On se limitera à souligner le développement rural, les ressources en eau (Stratégie relative au mappage des potentialités agricoles adoptée en juin 2007 à Syrte), lutte cotre la désertification (Programme de la Grande Muraille Verte, adopté en juin 2005 à la 7eme session ordinaire des CEG à Ouagadougou).

---

[640] La compagnie Air CEMAC a été fondée par décision des chefs d'État de la CEMAC. Le siège de la compagnie a été fixé à Brazzaville. Un Accord avec l'OACI a été adopté par le Conseil des Ministres de la Communauté à Brazzaville, le 28 octobre 2010.

Pour la CAE (art. 89 à 122 du Traité), ses PS s'articulent, entre autres, autour des transports routiers, (Programme de réseaux routiers de l'Afrique de l'est), aériens (Protocole sur l'Agence de sécurité et de supervision de l'Aviation civile [CASSOA] signé en avril 2007 et dont le siège est à Entebbe) ; de l'agriculture et de la sécurité alimentaire ; de l'énergie (Plan directeur de l'énergie électrique de l'Afrique de l'est, EAPMP), le tourisme, la faune et la flore, les ressources en eau (création le 11 juillet de la Commission du Bassin du Lac Victoria), etc.

PARAGRAPHE II – LES POLITIQUES COMMUNES

Comme relaté précédemment, l'Union économique suppose, outre l'Union douanière, une communautarisation des politiques économiques (A). En plus, les États entendent souvent créer une monnaie et établir des critères de convergence que les États doivent remplir (B).

A. Les politiques économiques

Deux aspects seront envisagés : la politique commerciale (1) et la politique budgétaire (2).

1. La politique commerciale

Il faut admettre que « la création d'un espace économique communautaire engendre la perte de compétences des États dans un certain nombre de domaines au profit de l'Organisation. Ces politiques communautaires remplacent les politiques nationales »[641].

Selon l'art. 50 (g) du Traité révisé CEDEAO, les États perdent leurs compétences de négociation commerciale internationale au sein du GATT (devenu OMC depuis 1994) et de la CNUCED, au profit de la CEDEAO. Il revient donc à la CEDEAO de conclure des accords commerciaux dans toutes les instances internationales. Cette compétence s'étend à « toute instance de négociation commerciale ». C'est dire que la CEDEAO a la compétence d'attribution et la compétence exclusive dans la conclusion d'accords commerciaux.

Dans la pratique, il revient au Conseil des ministres de la CEDEAO et la CEG d'autoriser le Président de la Commission (par décision) de conclure la convention qui engagera la Communauté.

Au niveau de **l'exportation** de leurs matières premières, les États s'engagent à améliorer les méthodes de fixation des prix et de commercialisation par une politique concertée[642].

À **l'importation,** il faut également noter qu'avec la libéralisation des échanges et l'établissement d'un TEC, les politiques douanière, fiscale et

---

641. IBRIGA, L. M et al., *op. cit.*
642 Art. 31 (b) du Traité révisé.

statistique deviennent communes.[643]. De même, le Protocole A/P.2/7.96 du 27 juillet 1996 institue la Taxe sur la Valeur Ajoutée (T.V.A.) pour remplacer les multiples taxes indirectes des États membres[644].

Aux termes de l'article 41 du Traité révisé, « … chaque État membre s'engage à assouplir progressivement et à éliminer totalement, dans un délai maximum de quatre (4) ans après le démarrage du schéma visé à l'article 54 [schéma de libéralisation des échanges commerciaux mis en œuvre en 1990], toutes restriction sou interdictions de nature contingentaire, quantitative ou assimilée qui s'appliquent à l'importation dans cet État membre, de marchandises originaires des États membres et à ne pas imposer plus tard d'autres restrictions ou interdictions ».

L'article 42 du Traité révisé, pour sa part, contient des dispositions sur le dumping. Toutefois, on constate un défaut de réglementation de la concurrence par la CEDEAO contrairement à l'UE ou à l'UEMOA[645].

La politique commerciale de l'UEMOA est régie par l'art. 77 § 2, selon lequel « Conformément aux dispositions de l'art. XXIV (5) (a) de l'Accord général sur les Tarifs douaniers et le Commerce (GATT), l'Union s'assure que l'incidence globale des droits de douane et des autres règlements du commerce vis-à-vis des pays tiers n'est pas plus restrictive que celle des dispositions en vigueur avant la création de l'Union ».

Sans la libre concurrence (art. 88 à 90), la politique commerciale commune serait inopérante, d'autant plus que l'art. 4 du Traité UEMOA dispose : « … L'Union poursuit, dans les conditions établies par le présent Traité, la réalisation des objectifs ci-après :

a) renforcer la compétitivité des activités économiques et financières des États membres dans le cadre d'un marché ouvert et concurrentiel et d'un environnement juridique rationalisé et harmonisé… ».

Cette libre concurrence est assurée par le moyen d'interdiction de comportements (pratiques anticoncurrentielles) qui diffèrent selon les acteurs publics ou privés. À cet égard, l'art. 88 du Traité énonce : « Un an après l'entrée en vigueur du présent Traité, sont interdits de plein droit :

---

643 Décision C/DEC.3.11/82 du Conseil des ministres en date du 17 novembre 1982 portant règlement pour la codification des régimes douaniers, statistiques et fiscaux de la CEDEAO ; Décision C/DEC.3/6/86 du Conseil des ministres du 30 juin 1986 portant règlement pour l'élaboration des statistiques du commerce extérieur des États membres de la CEDEAO ; règlement fixant les modalités pour l'élaboration des statistiques du commerce extérieur des États membres de la CEDEAO.

644 Protocole A/P.2/7/96 signé le 27 juillet 1996 à Abuja portant institution de la taxe sur la valeur ajoutée dans les États membres de la CEDEAO, J.O., Vol. 31, p. 13.

645 Sur la réglementation de la concurrence dans les deux communautés, consulter l'Art. 85 à 94 du Traité de Maastricht de 1992 et l'art. 88 du Traité UEMOA de 1994.

a) les accords, associations et pratiques concertées entre entreprises ayant pour objet ou pour effet de restreindre ou de fausser le jeu de la concurrence à l'intérieur de l'Union ;

b) toutes pratiques d'une ou de plusieurs entreprises, assimilables à un abus de position dominante sur le marché commun ou dans une partie significative de celui-ci ;

c) les aides publiques susceptibles de fausser la concurrence en favorisant certaines entreprises ou certaines productions »[646].

En la matière, les besoins de convergence ont été constatés concernant la TVA, les droits d'accise, les prélèvements sur les produits pétroliers, la fiscalité applicable à la petite entreprise et les modalités d'administration des impôts indirects. Le processus d'harmonisation a commencé au sein de l'UEMOA par la Décision n° 01/98 de juillet 1998 qui a préparé les deux directives qui portent sur les deux chantiers déjà réalisés : la Taxe sur la Valeur Ajoutée (T.V.A.) et les droits d'accises.

La TVA est mise en place par la Directive n° 02/98 du 22 décembre 1998 qui rappelle que ce rapprochement doit assurer l'égalité de traitement des opérateurs économiques et faciliter la détermination du la future Taxe sur la Valeur Ajoutée communautaire prévue par l'article 55 du Traité. Il s'agit en fait d'un système commun dont le champ d'application est posé à l'article 3 de la Directive n° 02/98 aux termes duquel « sont soumises à la Taxe sur la Valeur Ajoutée les livraisons de biens et les prestations de services, effectuées à titre onéreux par un assujetti agissant en tant que tel, ainsi que les importations » et l'article 6 étend son application à toutes « les activités économiques de producteurs, de commerçants ou de prestataires de services ». Seules deux conceptions sont prévues et à titre transitoire : elles concernent le secteur agricole, en attendant la mise en place d'une politique agricole commune (art. 4) et le secteur des transports (art. 5). Les opérations bancaires et les prestations d'assurance sont rangées dans la liste des opérations exonérées de la TVA. Cette exonération est fondée sur des considérations économiques. Les autres

---

[646] La libre concurrence remonte au Sherman Act de 1890, Section I, qui interdit toute entente. On peut aussi citer l'art. 81 v.c. du Traité CE et l'art. 3 du Règlement n° 02/2002 relatif aux pratiques anticoncurrentielles « tous accords entre entreprises, toutes décisions d'association d'entreprises ou toutes pratiques concertées qui sont susceptibles d'affecter le commerce entre États membres et qui ont pour objet ou pour effet d'empêcher, de restreindre ou de fausser le jeu de la concurrence à l'intérieur du marché commun ».
La position dominante se définit comme la situation où une entreprise, ou une personne, a la capacité sur le marché en cause de se soustraire à une concurrence effective, de s'affranchir des contraintes du marché en jouant un rôle directeur (voir art. 82 v.c. TCE).
Les aides des États ou aides publiques se définissent comme le fonctionnement par des ressources publiques, englobant ainsi toutes subventions, exonérations d'impôts ou taxes fiscales ou parafiscales, octroi de conditions préférentielles pour la fourniture de biens et de services (art. 87 à 89 v.c. TCE).

exonérations répondent, quant à elles, à des considérations sociales culturelles[647] et économiques[648] ; l'objectif de l'Union était d'aboutir à un taux de TVA de 18% en 2002.

Pour les droits d'accises, il s'agit de procéder à un rapprochement. Selon la définition officielle, les accises correspondent aux « impôts indirects spécifiques qui grèvent traditionnellement la consommation de certains produits comme l'alcool, le tabac »[649]. Au sein de l'UEMOA, c'est la Directive n° 03/98 adoptée le 22 décembre 1998, qui a procédé à l'harmonisation des droits d'accises. Il est précisé à l'article 3 que sont concernés aussi bien les produits fabriqués localement que les produits importés, lors de leur première vente ou de leur mise à la consommation.

Par le désarmement tarifaire à l'égard, à la fois des entreprises concurrentes de l'Union comme celles de l'extérieur, l'harmonisation de la fiscalité indirecte doit définitivement confirmer l'option opérée par certains États membres de mettre en place des barrières tarifaires raisonnables en tant que seules formes de protection dans le cadre de la mise en œuvre de l'OMC.

La politique commerciale au-delà des objectifs qu'elle cherche à atteindre révèle une difficulté d'exécution lié aux inégalités entre les États membres des organismes communautaires ; c'est ainsi qu'est prévue, pour sa mise en œuvre, une période de transition et un traitement différencié.

Dans les autres CER, également, Des politiques commerciales ont été instituées, qu'il s'agisse du COMESA (art.84 du Traité), de la CAE (art.82 à 86 du Traité) ou de la CEEAC (art.40 à 42 du Traité).

2. La politique budgétaire

Dans le cadre du Traité de 1994 de l'UEMOA, les politiques économiques des États membres doivent respecter les orientations de l'art. 63 : « Les États membres considèrent leurs politiques économiques comme une question d'intérêt commun et les coordonnent au sein du Conseil en vue de la réalisation des objectifs définis à l'article 4 paragraphe b) du présent Traité. À cette fin, le Conseil met en place un dispositif de surveillance multilatérale des politiques économiques de l'Union dont les modalités sont fixées aux articles 64 à 75 ».

L'art. 65 du Traité UEMOA § 2, dispose : « en vertu des règles de convergence arrêtées par le Conseil, tout déficit excessif devra être éliminé et les politiques budgétaires devront respecter une discipline commune consistant à soutenir les efforts pluriannuels d'assainissement budgétaire et d'amélioration de la structure des recettes et des dépenses publiques ».

---

[647] Vente par leurs auteurs, d'œuvres d'art originales.

[648] Prestations d'assurance et opérations bancaires soumises à une taxe spécifique.

[649] Cité par LINDITCH, Florian (1993, novembre-décembre). « La souveraineté budgétaire et l'Europe. De quelques contraintes communautaires sur les finances publiques françaises ». *Revue de Droit public*: 1681.

À la suite du Traité, la Directive n° 02/96 du 20 septembre 1996 énonce, pour la première fois, des indicateurs pour apprécier le respect de la discipline budgétaire : ce sont les critères de convergence. Puis le 8 décembre 1999, l'Acte additionnel n° 04-99 portant Pacte de convergence est adopté pour assurer une meilleure discipline, aux termes mêmes de son préambule en raison du nouveau contexte de l'arrimage du Franc CFA à l'Euro.

En plus des critères de convergence, a été adopté un programme de convergence, de stabilité, de croissance et de solidarité qui compose la convergence budgétaire.

Le Pacte de convergence dans le cadre de l'UEMOA procède à une hiérarchisation des critères de convergences en distinguant les critères de 1er rang et les critères de 2ème rang. Les critères de 1er rang sont définis par le Règlement n° 01-99 du 21 décembre 1999 portant modalités de mise en œuvre du Pacte de convergence comme étant « ceux dont le non respect entraîne la formulation explicite de directive par le Conseil demandant à l'État membre concerné d'élaborer et de mettre en œuvre un programme de mesure rectificative ».

L'article 18 en retient quatre dont deux relatifs au déficit public ; à ce sujet l'article 65 du Traité fait obligation aux États d'éliminer tout déficit excessif et la Directive n° 2/96 se réfère pour le définir au « solde primaire de base » auquel on a substitué le concept de « solde budgétaire de base » qui a rejoint celle de l'équilibre budgétaire. L'autre critère de convergence de 1er rang est relatif à l'encourt de la dette publique posé par l'article 18 qui a fourni ainsi une valeur de référence quantitative à la notion de soutenabilité de la dette publique à laquelle se réfère l'article 3 de la Recommandation n° 02/2001 du 6 juillet 2001[650].

Les critères de second rang sont au nombre de 4. Le 1er est le ratio de la masse salariale sur les recettes fiscales. Le deuxième critère de second rang est le ratio des investissements publics financés sur ressources internes, rapporté aux recettes fiscales qui devraient atteindre au moins 20% en 2002. Un autre critère est le ratio du déficit extérieur courant qui ne devrait pas excéder 5%. Le dernier critère de convergence de second rang est le taux de pression fiscale défini comme le rapport entre les recettes fiscales et le PIB.

D'une manière plus indirecte, certaines règles visant à établir un marché intérieur influent sur l'autonomie des politiques budgétaires nationales et caractérisent à cet effet les politiques budgétaires communautaires. L'ouverture des marchés par exemple fait peser sur les entreprises une concurrence très forte, qui rend nécessaire la réduction des prélèvements qu'elles acquittent, lorsque ceux-ci sont sensiblement supérieurs à la moyenne communautaire.

[650] Il a été décidé que le ratio de la dette intérieure et extérieure rapporté au PIB nominal ne devrait pas excéder 70% en 2005.

Le cas de la TVA est plus illustratif dans la mesure où cet impôt représente dans certains pays une part prépondérante des recettes fiscales, surtout dans les pays composant l'UEMOA.

De façon plus pratique, le pacte de stabilité, en son article 3, indique que les programmes pluriannuels élaborés par les États membres devront permettre d'atteindre à moyen terme les objectifs communautaires de convergence sur la base des critères définis par le pacte ; pour cela, ces programmes doivent contenir : les réalisations de l'année précédente, les objectifs de l'année en cours, les principales hypothèses concernant l'évolution prévisible, les variables économiques qui sont susceptibles d'influer sur l'évolution du programme tels que les recettes fiscales, la masse salariale, le service de la dette et les dépenses d'investissement public, une description des mesures budgétaires et des autres mesures de politiques économiques à mettre en œuvre afin de réaliser les objectifs du programme, au regard des critères de convergence ; l'évolution des critères de convergence et principalement celle du critère-clef, la définition du chantier d'évolution des critères de convergence ainsi que des mesures spécifiques envisagées pour chaque tranche annuelle.

On voit que le pacte met en place une programmation budgétaire pluriannuelle dont le but est une maîtrise des principaux flux budgétaires.

Il faut préciser qu'il a été élaboré une procédure de contrôle de la convergence budgétaire.

Il s'agit d'un mécanisme visant à vérifier et à sanctionner le respect par les États membres des prescriptions communautaires en la matière ; pour cela, la Commission doit élaborer des rapports d'exécution pour rendre compte de la convergence des politiques économiques des États membres et les soumettre à l'examen du Conseil. En plus, les programmes de convergence doivent faire l'objet d'évaluation afin de s'assurer de leur compatibilité avec les objectifs de la politique monétaire commune pour enfin être adoptés par décision du Conseil.

3. Les politiques monétaires

Au niveau de la CEDEAO, au-delà de la libre convertibilité des monnaies et de l'utilisation des monnaies nationales par les citoyens pour se libérer de leurs obligations contractuelles, la CEDEAO entend créer une Zone Monétaire Unique (Z.M.U.). Déjà dans le Traité de 1975, avait prévu une harmonisation des politiques monétaires, nécessaire au bon fonctionnement de la Communauté[651].

Pour appliquer cette disposition, une décision de la Conférence des Chefs d'État et de gouvernement a été signée à Abuja en juillet 1987. Cette décision prévoyait déjà la libre convertibilité des monnaies nationales, comme solution transitoire, et une création à long terme, d'une Zone Monétaire Unique CEDEAO, précisément à l'horizon 2000. En attendant, les États devaient

[651] Art. 2 § 2 (h) du Traité de 1975.

procéder aux ajustements, conformément à un rapport d'étude, et tendre vers la Zone Monétaire Unique[652]. Cet objectif est réaffirmé par le Traité révisé, dont l'article 55 (iii) prévoit que les États membres s'engagent à établir, dans un délai de cinq ans après la création d'une Union douanière, une union économique et monétaire à travers « l'harmonisation des politiques monétaires, financières et fiscales, la création d'une Union monétaire de l'Afrique de l'Ouest, l'établissement d'une Banque centrale régionale Unique et la création d'une monnaie unique pour l'Afrique de l'Ouest ».

Pour ce faire, une institution a été créée en juillet 1993, l'Agence Monétaire de l'Afrique de l'Ouest[653]. En outre, un comité ad hoc, composé de cinq pays membres[654], a été chargé de fournir un rapport sur les conditions de mises en place de la Zone monétaire ; sur le principe devant régir la création de la Zone Monétaire Unique, son organe directeur, sa gestion, sa structure, sa composition et son mode de fonctionnement, ainsi que le rôle de la Banque centrale communautaire. Parallèlement, le Conseil des ministres devrait examiner le cadre juridique, institutionnel et administratif de la Zone monétaire.

Les critères de convergence en vue de la création de la Zone monétaire ont déjà été définis :

- réduction de la variabilité du taux de change à moins de 10% ;

- réduction du ratio du déficit budgétaire sur le PIB à moins de 3% ;

- plafonnement du financement du déficit budgétaire par la Banque centrale à 20%.

En 1998, le Conseil des ministres a proposé que le mécanisme de la surveillance multilatérale des politiques macroéconomiques soit rapidement mis en place. Ce mécanisme pourrait avoir pour organes la Conférence des Chefs d'État et de gouvernement, le Conseil des ministres, le Comité des gouverneurs[655].

En attendant cette monnaie commune, les États membres se contenteront de l'harmonisation des politiques économiques et fiscales, de la convertibilité limitée des monnaies nationales et de la libre circulation des capitaux. En lieu et place d'une politique commune, il ne s'agit, pour l'instant, que d'une politique coordonnée visant à soutenir la monnaie commune future.

Au niveau de l'UEMOA, la politique monétaire de l'UEMOA est régie « par les dispositions du Traité du 14 novembre 1973 constituant l'Union

[652] Décision n° A/DEC.2/7/87 du 9 juillet 1987 relative à l'adoption d'un programme de coopération monétaire de la CEDEAO, Rec. PCD, p. 274 ; Décision A/DEC.6.5/83 du 30 mai 1983 relative à la proposition visant à la création d'une Zone Monétaire Unique CEDEAO.

[653] Voir, nos développements sur cette institution dans la section consacrée aux organes intergouvernementaux.

[654] Ces pays sont : la Côte d'Ivoire, le Ghana, le Mali, le Nigeria et le Togo.

[655] Rapport final de la quarante- troisième session du Conseil des ministres tenue à Abuja du 23 au 28 octobre 1998, ECW/CM /XLIII/22. Rev. 1, p. 24.

monétaire Ouest africaine (UMOA) et par les textes subséquents » (selon l'art. 62 du Traité UEMOA).

Dans l'UEMOA, l'Union monétaire dérive de la solidarité de l'Euro depuis la disparition du FF. C'est une Union complète car il y a la monnaie commune, une convertibilité par une Banque centrale (BCEAO) supranationale qui surveille les opérations d'un compte commun de devises. Le CM de l'UMOA a la responsabilité de la politique monétaire (art. 12 Traité UMOA). Les États s'engagent à centraliser à la BCEAO leurs avoirs monétaires.

L'art. 52 des Statuts de la BCEAO[656] confie au Conseil d'Administration, la conduite de la politique monétaire dans le cadre des Directives du CM de l'UMOA et avec le concours des Comités nationaux de crédits. Selon l'art. 16 du Traité UMOA, le montant total des concours consentis par la BCEAO à un État de l'Union ne peut dépasser un montant égal à 20% des recettes fiscales nationales de l'année budgétaire précédente. Enfin, l'art. 44 des Statuts de la BCEAO indique que le Gouverneur fait exécuter les décisions du Conseil des ministres et du Conseil d'administration. Aux termes de l'Accord de coopération monétaire du 4 décembre 1973 entre la France et les pays membres de l'UMOA, l'État français garantit la convertibilité du Franc de la Communauté financière africaine émis par la BCEAO en lui consentant un droit de tirage illimité sur un compte d'opérations ouvert auprès du Trésor français. L'art. 5 de la Convention de compte d'opérations entre la France et les pays membres de l'UEMOA du 4 décembre 1973 prévoit que lorsque le compte d'opérations devient débiteur, la BCEAO fait usage des droits qui lui sont reconnus à l'article 20 du Traité de l'UEMOA (cession forcée à son profit des devises détenues par les organismes publics et privés ressortissants de l'Union).

Conformément à l'article 12 du Traité de l'UEMOA, le Conseil des ministres des Finances de l'Union « définit la politique monétaire et de crédit afin d'assurer la sauvegarde de la monnaie commune et de pourvoir au financement de l'activité et du développement économique des États membres de l'Union ».

Les objectifs de la politique monétaire s'inscrivent aussi dans le cadre de la « convergence des performances et des politiques économiques des États membres par l'institution d'une procédure de surveillance multilatérale » (art. 4 du Traité de l'UEMOA) et doivent soutenir l'intégration économique de l'Union (article 62 du Traité de l'UEMOA du 11 janvier 1994).

L'évolution actuelle converge vers une monnaie unique CEDEAO, entre 2015 et 2020. En effet, la 24éme session du conseil de convergence des ministres et gouverneurs de la ZMAO (Zone Monétaire Ouest africaine, composée de la RCI, du Ghana, de la Guinée, du Sierra Léone, du Nigéria, et de la Gambie) confirmée le 25 juillet 2013 par la 44éme réunion du Comité des Gouverneurs des Banques centrales de l'espace CEDEAO projette l'institution

[656] Voir, supra, Titre I de cette deuxième partie.

de cette monnaie à l'horizon 2020. En attendant, les cinq critères de convergence que devront respecter les États membres sont les suivants :

- déficit public à réduire 13% ;
- niveau d'inflation à 10% (5% en 2019) ;
- réserves extérieures pouvant soutenir cinq mois d'importations ;
- ratio dette/PIB de 70% ;
- avance de trésorerie des banques centrales ne finançant pas le déficit budgétaire à plus de 10%, et
- une variation de taux de change nominal de 10% au maximum[657]

À l'instar de ces deux OI ouest africaines, le COMESA (art.72 à 83 du Traité), la CEEAC (art.41 et 42 du Traité) et la CAE (art.82 à 85 du Traité) organisent la coopération monétaire et financière (règlement des paiements, convertibilité des monnaies, taux de change, harmonisation des politiques monétaire et fiscale) dans leurs zones respectives.

SECTION II – LA SURVEILLANCE DE L'EXÉCUTION DES POLITIQUES D'INTÉGRATION

Il s'agit de la surveillance multilatérale (SM). En 1999, le Département des politiques économiques de l'UEMOA définissait la SM ainsi : « un mécanisme de définition et de contrôle des politiques entre les États membres de l'UEMOA en vue d'assurer la viabilité du cadre macroéconomique des États membres par des orientations économiques souples, mais avec des règles strictes de convergence »[658].

Cette SM contient des objectifs spécifiques (§ I) basés sur des mécanismes de mise en œuvre (§ II). Il est évident que ces objectifs ne peuvent pas être atteints sans cadre institutionnel avec des mécanismes éprouvés

PARAGRAPHE I – LES MÉCANISMES DE LA SURVEILLANCE MULTILATÉRALE

Dans le cadre de l'UEMOA, l'art.63 du Traité énonce que « les États membres considèrent leurs politiques économiques comme une question d'intérêt commun et les coordonnent au sein du Conseil… (qui) met en place un dispositif de surveillance multilatérale des politiques économiques de l'Union dont les modalités sont fixées aux articles 64 à 75 »[659].

La Directive n° 01/96/CM du 15 janvier 1996 relative à la mise en œuvre de la SM des politiques macroéconomiques au sein des États membres de l'UEMOA classe les organes de la SM selon qu'ils sont prévus par le Traité de

---

[657] Voir, *La nouvelle Tribune monde* du 17 juillet 2014 :www.lanouvelletribune.info (consulté le 22 septembre 2014).

[658] IBRIGA, L. M. et al, *Droit communautaire…, op. cit.*

[659] Voir, *supra*, Titre I de cette deuxième partie.

l'UEMOA ou non, ou selon que ces dispositifs ressortent du niveau national ou communautaire.

Le Traité de l'UEMOA prévoit que les organes de la SM sont le CM et la Commission de l'UEMOA. Dans chaque État, il y a un CNPE (Comité Nationale de Politique Économique) pour exécuter les décisions prises par les organes communautaires et le lien entre les institutions communautaires et les organes nationaux est assuré par la BCEAO.

A. Les mécanismes originaires du CM et de la Commission

Par combinaison des articles 70 à 72 du Traité UEMOA, elle est le centre opérationnel du dispositif de la CM. Toutes propositions et recommandations dans ce sens sont préparées par elle et soumises au CM pour examen et adoption. Selon l'art. 11 de la Directive n+ 06/96, elle est chargée :

- de gérer les bases de données du dispositif (cohérence, compatibilité, disponibilité) et transmission aux CNPE ;

- d'établir un rapport trimestriel sur l'environnement international et de le transmettre aux CNPE, à la BCEAO et à la BOAD ;

- d'élaborer et de soumettre au CM les rapports semestriels d'exécution pour la vérification du respect des objectifs de la SM.

Pour ce faire, la Commission intervient à deux niveaux :

- en collaboration avec le CM, ou sur délégation expresse de celui-ci (dans ces cas, la Commission est organe décisionnel de la SM) ;

- en élaborant des rapports semestriels d'exercice de la SM et en faisant des propositions de directives au CM (dans ce cas, la Commission est un organe d'exécution de la SM).

Le CM garantit le bon fonctionnement même si le suivi et les propositions pour la bonne conduite du mécanisme sont du ressort de la Commission de l'UEMOA. En d'autres termes, c'est le Conseil qui exerce la SM dans l'Union sur la base des rapports semestriels, des propositions et recommandations formulées par la Commission après avis du Comité des Experts, conformément aux dispositions de l'art. 25 du Traité de l'UEMOA.

Un autre organe en charge de la SM est le CM. Son rôle est le suivant.

« Statuant à la majorité des deux tiers (2/3) de ses membres, sur proposition de la Commission, le Conseil :

- adopte les règles supplémentaires requises pour la convergence des politiques économiques nationales et leur mise en cohérence avec la politique monétaire de l'Union ;

- précise les règles prescrites dans le Traité et détermine les modalités d'application ainsi que leur calendrier de mise en œuvre ;

- fixe les valeurs de référence des critères quantitatifs sur lesquels se fonde l'observation des règles de convergence[660] ».

C'est donc, « sur proposition de la Commission que le Conseil se prononce sur les grandes orientations des politiques économiques des États membres de l'Union par voie de recommandations arrêtées à la majorité des deux tiers (2/3) de ses membres »[661].

C'est également sur proposition de la Commission que « le Conseil examine dans quelle mesure la politique des prix et des revenus des États membres, ainsi que les actions de certains groupes économiques, sociaux ou professionnels, sont susceptibles de contrarier la réalisation des objectifs de la politique de l'Union[662].

En clair, le Conseil se présente ici comme un organe délibérant de l'Union, notamment pour ce qui est de la surveillance multilatérale. En définitive, il est l'organe de décision du dispositif et à ce titre, il a le pouvoir d'accepter, de rejeter ou d'amender les propositions, recommandations et avis faits par la Commission. Cependant, ce n'est pas lui qui nomme les membres de la Commission et n'a le pouvoir ni de les révoquer de leur fonction ni de les influencer dans l'exercice de leur fonction.

C'est également lui qui rend définitives certaines délibérations des Conseils des ministres lorsque la matière traitée porte sur la question des politiques macroéconomiques au sein de l'Union. De même, le Conseil a le pouvoir de sanctionner les États membres qui ne se seraient pas conformés aux directives de la surveillance multilatérale. Cette attribution, bien que rendant plus larges les compétences du Conseil par rapport à celles du Conseil de convergence (organe similaire à l'actuel Conseil des ministres au sein de l'UMOA), se trouve quelque peu limitée par les décisions de Conseil se font généralement par voie de recommandations.

Le CM et la Commission sont secondés par d'autres organes.

B. Les mécanismes subsidiaires (CNPE et BCEAO).

Leur création dérive de l'art. 3 de la Directive 01/96/CM : « Pour le besoin de la SM, les États membres s'obligent à mettre en place, dans un délai maximum de 2 mois, courant à partir de l'adoption de cette directive, les CNPE ».

L'art. 7 de la même Directive fixe la composition des CNPE. Ils sont formés de représentants des services nationaux intervenant dans la formulation de la politique macroéconomique de l'État, c'est-à-dire que les représentants de chacune des Directives suivantes : Trésor, Dette, Douane, Impôts, Budget,

---

[660] Voir article 6 (2) du Traité.

[661] Voir article 64 du Traité.

[662] Article 66 du Traité UEMOA.

Prévision, Plan, Caisse Autonome d'Amortissement, Direction Nationale de la BCEAO, Commerce Extérieur, Économie, Institut National de la Statistique.

La mission des CNPE consiste à assister la Commission dans la collecte, le traitement et l'analyse des informations relatives à la situation économique de chaque État membre. Chaque CNPE est chargé de gérer une base de données statistiques ; de rédiger un rapport sur l'évolution de la situation économique de l'État auquel il appartient ; de suivre la politique économique en recensant les décisions récentes et en évaluant leur impact sur le pays. Ils adressent un rapport trimestriel à la Commission de l'UEMOA et à la BCEAO (cette dernière par son Directeur Général national agit comme le Secrétariat Technique de chaque CNPE). Pour faciliter le travail de chaque CNPE, l'art. 8 de la Directive précitée leur octroie une autonomie de fonctionnement par rapport aux autorités nationales.

Chaque trimestre, le Secrétariat conjoint (Commission/BCEAO/BOAD) reçoit par messagerie électronique, des informations de chaque CNPE dans les domaines des Finances publiques, de la dette, des prix et coûts, de la monnaie et du crédit, du commerce extérieur, de la banche des paiements, des revenus, de l'emploi et des comptes nationaux.

La coopération entre la BCEAO[663] et la Commission dont les modalités sont généralement définies d'accord parties porte, surtout en ce qui concerne la surveillance multilatérale, sur la cohérence des politiques économiques nationales, notamment des politiques budgétaires avec la politique monétaire commune. Plus spécifiquement, il faut avouer qu'en matière de la monnaie commune et de la politique monétaire commune au sein des États membres de l'Union, c'est la BCEAO qui en est le gage de fiabilité des données ou toutes autres informations à fournir pour la conduite du dispositif.

Pour les travaux de préparation du Conseil des ministres en matière de surveillance multilatérale, le secrétariat conjoint est assuré par la BCEAO, la BOAD et la Commission. Cette participation de la BCEAO dans la préparation de la Session du Conseil est destinée à assurer la fiabilité des données et des informations, en matière de monnaie, faisant l'objet des propositions soumises par la Commission au Conseil. En effet, en assurant le secrétariat technique des CNPE, les Directeurs nationaux de la BCEAO sont habilités à user de toutes leurs prérogatives pour attester la véracité des données qui sont transmises par les CNPE à la Commission puis, faisant partie de la structure chargée de préparer les dossiers à débattre en Conseil des ministres, la BCEAO jouit d'un pouvoir de suivi, pour la bonne marche du dispositif de surveillance multilatérale.

---

663 Voir supra, Titre I de cette deuxième Partie, qui consacre de larges développements aux organes de coopération monétaire et financière.

PARAGRAPHE II — LES OBJECTIFS DE LA SURVEILLANCE MULTILATÉRALE

La viabilité du cadre macroéconomique concerne la position extérieure des États membres de l'Union. Il s'agit de mettre l'accent sur le contrôle de la politique économique (notamment celle relative à la dette extérieure de chacun des États membres) en vue de les crédibiliser auprès des partenaires internationaux. Ensuite, l'objectif de la SM est la mise en œuvre de mécanismes pour une compatibilité des programmes nationaux et des orientations de la politique économique et sociale de chaque pays pour une convergence durable des économiques nationales.

Cette SM repose sur le principe de subsidiarité mais également sur les principes fixés aux art. 63 à 75 du Traité UEMOA.

Dans le cadre de l'UEMOA, la politique monétaire est du ressort de l'organisation alors que celle relative aux orientations budgétaires relève de chaque État. Le dispositif de SM vise une certaine discipline budgétaire et une coordination des politiques économiques et sociales pour éviter de fragiliser l'Union. Les principaux objectifs de la SM, selon l'art. 64 du Traité UEMOA, sont :

- la croissance soutenue du revenu moyen ;

- la répartition (équitable) des revenus ;

- le solde soutenable de la balance des paiements courants ;

- l'amélioration de la compétitivité internationale des économiques de l'Union et l'exigence de compatibilité des politiques budgétaires avec les objectifs de la politique monétaire, en particulier celui de la stabilité des prix.

Dans le cadre de la CEDEAO, la SM est basé sur la nécessité de la performance des économies nationales en vue d'atteindre une croissance durable. Pour ce faire, une harmonisation des politiques macroéconomiques et un contrôle de ces politiques ont été prévus. La Décision A/DEC.8/8/94 du 6 août 1994 crée un Comité de Coordination et de Contrôle, composé des responsables de tous les États membres.

- Ce Comité se réunit à un double niveau : celui des experts ensuite celui des ministres de l'Économie et des Finances. Il est chargé de définir la stratégie et les modalités de l'harmonisation ; d'examiner la possibilité de création d'un mécanisme de SM des politiques macroéconomiques avec des critères de convergence définies que les États devront respecter dans le cadre de l'exécution de leurs budgets nationaux

Comme pour l'UEMOA, la CEMAC, sœur jumelle de l'Afrique centrale, à travers sa composante UEAC, organise sa SM (art.51 à63) par un dispositif composé :

« a) d'une Cellule nationale par État membre ;

b) d'une Cellule communautaire ;

c) d'un Collège de surveillance ;

d) du Conseil des Ministres de l'UEAC »[664].

Le Président de la Commission CEMAC est chargé de veiller, en vertu de l'art.52 § 1, à la mise en œuvre et au respect de la procédure de SM. Chaque Cellule nationale (composée d'un représentant de l'administration chargée de formuler la politique macroéconomique, d'un représentant de l'administration chargée des statistiques et d'un représentant local de la BEAC), a pour tache « de rassembler et de mettre en cohérence les données statistiques nationales à partir desquelles s'exerce la surveillance et de les transmettre à la Cellule communautaire… » (art.52 § 4 et art. 53 § 1).

La Cellule communautaire, (composée du Président de la Commission, d'un représentant de la BEAC et d'un macro économiste de la Commission), est chargée « de rassembler les données de l'environnement international et d'intérêt communautaire pertinentes pour l'exercice de la surveillance… » (art. 53 § 2). Quant au Collège de surveillance, qui se réunit deux fois par an au moins et sur convocation du Président de la Commission, il est composé outre ce dernier, de deux représentants par Cellule nationale et de deux représentants de la Cellule communautaire (dont un de la BEAC et un de la Commission). Ce Collège applique les grandes orientations et recommandations du CM en examinant les rapports des Cellules nationales et de la Cellule communautaire (art.54).

L'étude des droits communautaires africains est révélatrice de la pluralité des ordonnancements juridiques, de leur enchevêtrement, d'où un plaidoyer vers une rationalisation ou mise en cohérence des systèmes en cause.

Dans ce domaine, également, il ressort de cette partie de l'ouvrage, que les États africains usent et abusent de la création d'Organisations Internationales, ou transitent d'une OCA à l'autre, sans qu'on puisse en déduire une ligne directrice univoque dans leurs motivations et, dans leur volonté d'adhésion ou de dissolution de celles-ci.

Quoi qu'il en soit, le manque d'empressement des États membres de certaines OI à traduire concrètement les obligations souscrites au niveau communautaire, peut, aussi, se remarquer dans le domaine des Droits de l'Homme.

Sur le plan purement juridique, si le Droit communautaire africain a considérablement enrichi le droit des OIA, il en est de même des Droits de l'Homme, de la paix et de la sécurité.

---

[664] Art.51 de la Convention régissant l'Union économique de l'Afrique centrale, révisée à Yaoundé le 25 juin 2008. www.Droit-Afrique.com.

Troisième partie

Droits de l'homme, paix et sécurité en Afrique

Traumatisée par la traite négrière et la colonisation, l'Afrique noire est en proie à de nombreux conflits armés aux multiples causes mais aux conséquences toujours dramatiques : régression économique, flux de réfugiés et de déplacés internes, mercenariat, participation d'enfants-soldats, génocide, etc.

Définie par opposition à l'Afrique Blanche à la civilisation arabo-islamique, l'Afrique Noire est identifiée ici à l'Afrique Subsaharienne comprenant l'Afrique de l'Ouest, de l'Est, du Centre et l'Afrique Australe Il s'agit de l'Afrique délimitée par les Tropiques du Cancer et du Capricorne. Dans l'expression « Afrique Noire », le concept de race noire, bien qu'imprécis sur le plan scientifique parce qu'empli de caractères somatiques, prédomine. L'Afrique représente le monde nègre avec une diversité de types génétiques soudanais, guinéen, bantou, mélanésien.

Les sociétés traditionnelles africaines, du fait de la « croyance à la cosmogonie de l'au-delà, attachent une importance vitale à l'être humain qui doit vivre en harmonie avec son groupe, l'esprit communautaire l'emportant sur l'individualisme »[665].

Quant à l'Afrique contemporaine, elle porte la marque de la diversité de traditions cultuelles et culturelles, de langues (Afrique lusophone, anglophone, arabophone, francophone, langues nationales et locales). Il y a donc des Afriques mais une civilisation négro-africaine à grande tradition orale et dont l'unité reste profonde car les sociétés africaines « ont participé à une manière commune de sentir, d'agir, de penser, de vivre la même culture »[666]. L'Afrique constitue un creuset de cohabitation de l'univers mental du monde animiste, de l'univers mental du monde chrétien et de l'univers mental du monde islamique.

Continent qui a connu des ponctions drastiques dans sa population et ses ressources (traite des esclaves, colonisation), l'Afrique demeure un enjeu sur l'échiquier des relations internationales par l'importance des conflits armés dans cette partie du monde, d'où d'importants problèmes de paix et de sécurité (Titre

---

665 OWONA, Joseph « Droit international humanitaire » *in Encyclopédie Juridique de l'Afrique.* Tome 2, Chapitre XVI : 381-395.

666 TEMPELS, R. P (1965). *La philosophie bantoue.* Paris : Présence africaine : 5e édition. TRAORÉ, Bakary (2013). « De la genèse de l'État et de la Nation en Afrique ». *Présence africaine* (127-128) 341 et suivantes.
Voir NGUEMA, Isaac (1990, février). « Perspectives des Droits de l'homme en Afrique : les racines d'un défi permanent » *RUDH*, Vol. 2, (2) : 49-53.

II) qui sont à la fois catalyseurs et résultants des nombreuses violations des Droits de l'Homme (Titre I), même si les OIA ont été l'origine de nombreux traités, programmes et politiques visant justement à affronter ces différentes situations. Depuis leur avènement à la souveraineté internationale, les États africains ont souscrit, soit sur le plan continental, soit sur le plan universel, de nombreux engagements dans le domaine des Droits de l'Homme.

TITRE I

DE L'UNIVERSALISME AU RÉGIONALISME DES DROITS DE L'HOMME

Relativement à ceux-ci, on tentera de retracer, à travers un exposé systématique, les Droits de l'Homme en rappelant la théorie générale et l'histoire (Chapitre I) et l'impressionnante contribution de l'ONU à l'avènement des Droits de l'Homme au niveau mondial, par l'adoption de nombreux textes fondamentaux, la mise en place soit de procédures générales, soit de procédures spéciales avec des mécanismes détaillés de protection et de promotion de ces droits.

Quatre chapitres seront abordés :

- Généralités sur les DH ;
- L'ONU et les DH ;
- Les OIA et les DH.
- Les OIA sous régionales et les DH.

CHAPITRE I

GÉNÉRALITÉS SUR LES DROITS DE L'HOMME

Il ressort des Droits de l'Homme comme de toute invention dont l'origine remonte à la nuit des temps, qu'ils peuvent être articulés à une paternité universelle.

Les religions révélées, les grandes aires de civilisation, la pluralité des systèmes juridiques, convergent aujourd'hui vers la consécration des Droits de l'Homme en tant que normes dont les garanties juridictionnelles, conventionnelles et nationales ne peuvent durablement s'établir sans un environnement socioculturel récepteur, une volonté étatique proactive, des institutions et des hommes ouverts à la culture de la paix, la démocratie et la bonne gouvernance.

En fait, de nombreuses approches historiques des Droits de l'Homme ont été tentées, le propos étant ici d'en fournir un panorama général (Section I) tout en ne perdant pas de vue l'éclectisme en termes d'approches théoriques de ces Droits (Section II).

SECTION I – APPROCHES HISTORIQUES DES DROITS DE L'HOMME

Dans un souci de simplification et de clarification, on s'attèlera à retracer l'histoire ancienne (Paragraphe I) et moderne des Droits de l'Homme (Paragraphe II) en adoptant comme ligne de démarcation avant et après les grandes Déclarations occidentales de la France, de la Grande-Bretagne et des États-Unis d'Amérique.

PARAGRAPHE I – L'HISTOIRE ANCIENNE DES DROITS DE L'HOMME

Il convient de revenir sur les apports de l'Antiquité et du Moyen-âge, de la Renaissance dans les autres continents (A) et, en particulier, en Afrique (B).

A. Histoire des Droits de l'Homme dans les autres continents

L'idée que la personne humaine est détentrice de droits naturels ou de droits octroyés par le Souverain (l'État, le Roi), traverse toutes les époques, toutes aires de civilisations, les cultures et traditions, et cela, depuis l'Antiquité.

Ainsi, en 2000 av. J.C., un Pharaon d'Égypte proclamait le droit de chacun à la dignité et à l'intégrité physique pourvu qu'il respecte la loi ; de même que l'administration pharaonique devait avoir comme principale ligne de conduite, la soumission à la loi en en surveillant l'application sans sacrifier les droits des sujets.

Quant au *Code d'Hammourabi* (1730 av. J.C.), qui a précédé la proclamation de Cyrus, il visait à protéger les faibles contre les forts.

En 590 av. J.C, *le Hilf-Al-Fudul* (Pacte des Vertueux) est conclu entre tribus arabes

Au VIe siècle, en 539 avant J.C., Cyrus II le Grand, en conquérant Babylone, fit graver le « *Cylindre* »[667], décrétant l'abolition de l'esclavage, la liberté de choix, le droit de conquête de l'Empire. Cyrus y exposait aux Babyloniens ses décisions jugées justes : « Il règne pacifiquement, délivre certaines personnes de corvées considérées comme injustes ; il octroie aux gens déportés le droit de retour dans leur pays d'origine et laisse les statues des divinités autrefois emmenées à Babylone revenir dans leurs sanctuaires d'origine. Il proclame la liberté de culte dans son empire »[668]. Dans son option en faveur du dialogue des peuples, il prônait le bien-être et le bonheur, appelant aux règles de la justice et de la paix dans le Royaume.

En 313, l'Édit de Milan est promulgué par l'Empereur romain, Constantin 1er. Ce texte, s'inspirant des enseignements du Christ et de Saint-Paul, autorise la liberté de conscience et de religion et donc de culte aux chrétiens.

En Grande-Bretagne, les Barons révoltés contre les exactions de Jean Sans Terre, vont le contraindre au respect de la loi par l'adoption de la *Magna Carta* (Grande Charte), le 16 juin 1215[669], Grande Charte des Libertés, qui deviendra par la suite, un solide référentiel en termes de Droits de l'Homme. Cette Charte énonce un certain nombre de droits comme le droit de propriété individuelle, le droit de ne pas être soumis à un impôt excessif, les principes d'égalité devant la loi, de jugement équitable[670]. Cette Charte de 63 articles fixe les droits et obligations féodaux, le droit de propriété, le droit fiscal et la protection de la personne humaine.

Entretemps, le Roi André II de Hongrie promulgue *la Bulle d'Or* en 1222, détaillant les droits fondamentaux de la noblesse, le droit de résistance au Roi, si ses ordres sont manifestement contraires à la loi, et garantissant l'exemption fiscale pour la noblesse et le clergé. Les Nobles ne sont plus soumis à l'obligation de conscription et de financement de la Guerre.

---

[667] Il ne sera découvert qu'en 1879. Il est parfois mentionné comme la « première Charte des Droits de l'Homme ».

[668] Il s'inscrit dans la tradition mésopotamienne du Roi Juste, avec Urukagina de Lagash et Hammourabi de Babylone (et pour ce dernier, son Code du XVIIIème siècle av. J.C).

[669] *Magna Carta Libertatum* (Grande Charte des Libertés). Sa version définitive date de 1225 sous Henri Ier.

[670] Jacques II Stuart, en violant cette charte, s'exposera à un renversement en 1688. En 1689, le Parlement dénoncera ces abus et son intolérance au défaut de respect de ces droits. Ce sera l'adoption de la Déclaration des Droits (Bill of Rights).

En 1514, le Duc Ulrich de Wurtemberg conclut le *Traité de Tübingen*, avec les représentants des principales familles citadines du Landtag, qui prévoyait le règlement des affaires afférentes au recouvrement des impôts, à la défense nationale, la vente des provinces subordonnée au consentement des États provinciaux.

En 1542, Charles Quint, Empereur d'Espagne, publie les *Leyes nuevas* (Lois nouvelles), sous l'instigation du moine dominicain Bartolomé de Las Casas protégeant les Indiens de l'esclavage et du travail forcé, des lois qui resteront lettre morte.

En 1595, *les Douze Articles de Memmingen* (Allemagne) des Pays révoltés, proclamant des revendications contre l'arbitraire, sont présentés à la Confédération Souabe.

L'influence de la Grande-Bretagne dans la proclamation et la garantie des Droits de l'Homme s'affirmera avec le *Bill of Rights* de 1689 prévoyant l'élection des Membres du Parlement (Chambre des Communes), la liberté d'expression, la non ingérence du Roi dans les affaires parlementaires.

Entretemps, une *Petition of Rights* (1628)[671] et *l'Habeas Corpus* (1679)[672] vont procéder à la consécration des droits des sujets britanniques et à l'indépendance du Parlement[673].

En Afrique, une histoire ancienne des DH vient d'être redécouverte.

B. Histoire des Droits de l'Homme en Afrique traditionnelle

L'Afrique, berceau de l'humanité, possède une tradition séculaire d'humanisme. Les proverbes, les contes de l'Afrique précoloniale portent la marque de la foi profonde attachée à la dignité humaine. Du reste, le Pr. Joseph Owona remarquait que « le droit humanitaire fait partie intégrante d'un patrimoine universel »[674]. Cela est particulièrement vrai de l'Afrique où « le système de pensée africain, étant essentiellement imprégné d'humanisme, a généré des conceptions et des pratiques qui placent les peuples africains au rang des civilisations humanitaires »[675]. Un proverbe wolof ne déclare-t-il pas : *« Nit nitay garabam »* (l'homme est le remède de l'homme) ? Le patrimoine culturel s'ordonne autour de valeurs cardinales de paix, de justice, de vérité, de beau, de

---

[671] La *Petition of Rights* critique l'accroissement des impôts sans l'accord du Parlement, exige le respect de la Grande Charte de 1215 et demande au Roi Charles 1er de reconnaître ces droits.

[672] *L'Habeas Corpus Amendment Act* insiste entre autres sur la nécessité de limiter la détention arbitraire et de la protection de la liberté individuelle selon la formule *« MY HOME, MY CASTLE »*.

[673] Le *Bill of Rights* est principalement consacré à un cantonnement du pouvoir du Roi et à l'autonomie du Parlement comme contre-pouvoir. Ce Bill, présenté contre Guillaume III d'Orange et Marie II, critique l'absolutisme et le catholicisme ; garantit la liberté d'expression, le consentement à l'impôt par le Parlement et son accord pour la levée d'une armée permanente. Il est conçu en 1688 et proclamé le 14 février 1689.

[674] OWONA, J. *op. cit.*

[675] NGUEMA, I. *op. cit.*

bien, de solidarité, principes dont la signification profonde ne peut être comprise que replacés dans leur contexte sociale. L'Africain n'est jamais seul. Il appartient à un lignage, une famille, un village, une corporation, une confrérie, une clientèle, une caste[676].

Un profond respect pour la personne humaine existait. Ainsi, un proverbe burundais disait : « Mieux vaut être invalide que mort ». Et cet autre proverbe Akan (Ghana) faisait remarquer que « Même les morts n'ont de cesse d'accroître leur nombre. Pourquoi les vivants ne feraient-ils pas mieux ? ». Un proverbe Xhosa (Afrique du Sud) *« Unyawo-alunampumlo »* met l'accent sur la vulnérabilité des déracinés et la nécessité d'offrir l'hospitalité à l'étranger. Une philosophie humaniste se reflétait également dans les termes Zoulou *« Ubuntu »* ou Sotho *« Botho »*. Sous l'angle historique, on a coutume de citer la fameuse lettre du Roi Moshweshwe 1er du territoire du Basutoland (actuel Lesotho) en 1858 adressée au Président de l'État libre d'Orange, Jacobus Boshof, comme une leçon d'humanisme africain contre les violations des lois et usages coutumiers, par les soldats Boers.

Dans ces hypothèses, la guerre est réglementée par des conditions sévères. Ainsi, Yolande Diallo signale, en ce qui concerne le Sénégal, qu'il « existait une véritable éthique de la guerre qui était enseignée à tout jeune noble pour son futur métier des armes. Ainsi, on n'achevait pas un ennemi à terre »[677]. Il était interdit aux femmes, enfants, vieillards, de faire la guerre. Leurs personnes étaient sacrées[678]. Un proverbe nigérien affirme : « Attaquer un village où il n'y a que des femmes et des enfants, ce n'est pas la guerre, c'est du vol »[679]. Les déclarations de guerre se faisaient par l'entremise de griots « dotés de l'immunité diplomatique » ou par le roi lui-même, tel le *Kaboka* du Buganda[680]. Cependant, « là où il y a des hommes sages, la querelle n'entraîne ni dispute ni bataille », dit cet autre proverbe de l'Afrique de l'Est. Ainsi, dans l'ancien royaume du Burundi, des arbitres *« Abashingantahe »* pouvaient négocier l'arrêt des hostilités et réglementer le comportement des combattants.

Des mécanismes d'arbitrage identiques se retrouvent chez les Masaï, les Lugbara et au Buganda[681]. Il était interdit de détruire les récoltes, le bétail et les points d'eau[682]. Entre tribus de même ethnie, on excluait l'usage d'armes inhumaines telles que flèches et lances empoisonnées car « on ne tue pas entre frères ».

---

676 TALL, S .N. *Théories et réalités…, op. cit.*

677 DIALLO, Yolande (1978). *Traditions africaines et droit humanitaire*. Tome I. Genève : CIRC: 8.

678 Cf. NDAM NJOYA, Amadou « La conception africaine » *in Dimensions internationales du droit humanitaire* : 21-30.

679 DIALLO, Y. *ibid.*: 19.

680 BELLO, Emmanuel, "African Customary humanitarian law". *ICRC*. Geneva: Oyez Publishing Limited : 16 -19. cité par OWONA, *ibid.* : 385.

681 DIALLO, Y. *op. cit.*: 4.

682 NIYUNGEKO, Gérard « La mise en œuvre du DIH et le principe de la souveraineté des États », in *RICR* (788) : 113-141.

La guerre, affaire d'hommes, était régie par un véritable code d'honneur qui, chez les Masaï, prescrivait de « ne jamais tuer les femmes et les enfants »[683]. Des zones d'asile étaient aménagées : arbre à palabre, Baobab sacré ou Bois sacrés au Sénégal, sanctuaires du Nando dans les montagnes de Bandiagara chez les Dogons du Mali, lieu de Nianian à Koulikoro (Mali), arbre *Mogonna Majanthi* des Kikuyus (Kenya), etc. Des zones de trêve étaient soigneusement délimitées : cimetières, points d'eau, etc. Les guerriers (*Jambars* chez les Wolofs), devenus prisonniers de guerre, n'étaient jamais massacrés mais entraient dans la famille comme captifs de case (*Jaam*).

Alors que leur histoire était falsifiée, ignorée ou affadie[684] , les Africains ont découvert avec surprise et ravissement qu'au XIIIe siècle, leurs Ancêtres avaient proclamé un texte-serment, appelé *Charte du Mandé* ou encore *Charte de Kurukan Fuga*[685] qui est une véritable Déclaration des Droits de l'Homme[686].

La *Charte de Kurukan Fuga* **(1236)** est un recueil des traditions orales, un compendium officiel de 44 articles. Les recherches sont en cours pour établir sa version définitive. Il est ainsi énoncé :

« I – DE L'ORGANISATION SOCIALE

- **Article 1er :** La société du Grand Mandé est divisée en seize (16) porteurs de carquois, cinq (5) classes de marabouts, (4) classes de Nyamakalas (hommes de caste), une (1) classe de serfs (esclaves) (Mofémolu). Chacun de ces groupes a une activité et un rôle spécifiques.

- **Article 2 :** Les Nyamakalas se doivent de dire la vérité aux chefs, d'être leurs conseillers et de défendre par le verbe les règles établies et l'ordre sur l'ensemble du royaume.

- **Article 3 :** Les Morikandaslolu (les cinq classes de marabouts) sont nos maîtres et nos éducateurs en Islam. Tout le monde leur doit respect et considération.

- **Article 4 :** La société est divisée en classes d'âge. A la tête de chacune d'elles est élu un chef. Font partie de la classe d'âge, les personnes (hommes ou femmes) nées au cours d'une période de trois années consécutives. Les Kangbès (classe intermédiaire entre les jeunes et les vieux) doivent être conviés à participer à la prise des grandes décisions concernant la société.

---

683 DIALLO, Y. *op. cit.*, p. 4

684 DIOP, Cheikh Anta (1960). *L'Afrique noire précoloniale.* Paris : Présence africaine; DIOP, Cheikh Anta (1979). *Nations nègres et Culture. De l'antiquité négro-égyptienne aux problèmes culturels de l'Afrique noire d'aujourd'hui.* Paris : Présence africaine.

685 La Charte du Mandé est inscrite au patrimoine immatériel de l'humanité par l'UNESCO.

686 Ce texte marque l'avènement de 1236 à 1680 du Mandé nouveau, inauguré par l'Empereur Soundjata Keïta. L'Empire du Mali couvrait à son apogée les territoires qui deviendront à l'indépendance en 1960, le Mali, le Sénégal, la Guinée, la Gambie, la Cote d'Ivoire, le Burkina Faso. Voir, KI-ZERBO, Joseph (1972). *Histoire de l'Afrique.* Paris : Hatier; TOE, Richard (1997). *La décentralisation au Mali. Ancrage historique et dynamique socioculturelle.* Bamako.

- **Article 5 :** Chacun a droit à la vie et à la préservation de son intégrité physique. En conséquence, toute tentation d'enlever la vie à son prochain est punie de la peine de mort.

- **Article 6 :** Pour gagner la bataille de la prospérité, il est institué le Köngbèn Wölö (un mode de surveillance) pour lutter contre la paresse et l'oisiveté.

- **Article 7 :** Il est institué entre les Mandenkas, le Sanankuya (cousinage à plaisanterie) et le Tanamanyoya (forme de totémisme). En conséquence, aucun différend né entre ces groupes ne doit dégénérer, le respect de l'autre étant la règle. Entre beaux-frères et belles-sœurs, entre grands parents et petits, la tolérance et le respect de chacun doivent être le principe.

- **Article 8 :** La famille Keïta est désignée régnante sur l'Empire.

- **Article 9 :** L'éducation des enfants incombe à l'ensemble de la société. La puissance paternelle appartient en conséquence à tous.

- **Article 10 :** Adressons-nous mutuellement les condoléances.

- **Article 11 :** Quand votre femme ou votre enfant fuit, ne le poursuivez pas chez le voisin.

- **Article 12 :** La succession étant patrilinéaire, ne donnez jamais le pouvoir à un fils tant qu'un seul de ses pères vit. Ne donnez jamais le pouvoir à un mineur parce qu'il possède des biens.

- **Article 13 :** N'offensez jamais les Nyaras.

- **Article 14 :** N'offensez jamais les femmes, nos mères.

- **Article 15 :** Ne portez jamais la main sur une femme mariée avant d'avoir fait intervenir sans succès son mari.

- **Article 16 :** Les femmes, en plus de leurs occupations quotidiennes, doivent être associées à tous nos gouvernements.

- **Article 17 :** Les mensonges qui ont vécu 40 ans doivent être considérés comme des vérités.

- **Article 18 :** Respectons le droit d'aînesse.

- **Article 19 :** Tout homme a deux beaux-parents : les parents de la fille que l'on n'a pas eue et la parole qu'on a donnée sans contrainte aucune. On leur doit respect et considération.

- **Article 20 :** Ne maltraitez pas les esclaves, accordez leurs un jour de repos par semaine et faites en sorte qu'ils cessent le travail à des heures raisonnables. On est maître de l'esclave et non du sac qu'il porte.

- **Article 21 :** Ne poursuivez pas de vos assiduités les épouses du chef, du voisin, du marabout, du féticheur, de l'ami et de l'associé.

- **Article 22 :** La vanité est le signe de la faiblesse, l'humilité le signe de la grandeur.

- **Article 23 :** Ne vous trahissez jamais entre vous. Respectez la parole d'honneur.

- **Article 24 :** Ne faites jamais du tort aux étrangers.

- **Article 25 :** Le chargé de mission ne risque rien au Mandé.

- **Article 26 :** Le taureau confié ne doit pas diriger le parc.

- **Article 27 :** La jeune fille peut être donnée en mariage dès qu'elle est pubère sans détermination d'âge. Le choix de ses parents doit être suivi quel que soit le nombre des candidats.

- **Article 28 :** Le jeune homme peut se marier à partir de 20 ans.

- **Article 29 :** La dot est fixée à 3 bovins : un pour la fille, deux pour son père et sa mère.

- **Article 30 :** Venons en aide à ceux qui en ont besoin.

II – DES BIENS

- **Article 31 :** Il y a cinq façons d'acquérir la propriété : l'achat, la donation, l'échange, le travail et la succession. Toute autre forme sans témoignage probant est équivoque.

- **Article 32 :** Tout objet trouvé sans propriétaire connu ne devient propriété commune qu'au bout de 4 ans.

- **Article 33 :** La quatrième mise bas d'une génisse confiée est la propriété du gardien.

- **Article 34 :** Un bovin doit être échangé contre quatre moutons ou quatre chèvres.

- **Article 35 :** Un œuf sur quatre est la propriété du gardien de la poule pondeuse.

- **Article 36 :** Assouvir sa faim n'est pas du vol si on n'emporte rien dans son sac ou sa poche.

III – DE LA PRESERVATION DE LA NATURE

- **Article 37 :** Fakombé est désigné chef des chasseurs. Il est chargé de préserver la brousse et ses habitants pour le bonheur de tous.

- **Article 38 :** Avant de mettre le feu à la brousse, ne regardez pas à terre, levez la tête en direction de la cime des arbres.

- **Article 39 :** Les animaux domestiques doivent être attachés au moment des cultures, libérés après les récoltes. Le chien, le chat, le canard et la volaille ne sont pas soumis à cette mesure.

IV – DISPOSITIONS FINALES

- **Article 40 :** Respectez la parenté, le mariage et le voisinage.

- **Article 41 :** Tuez votre ennemi, ne l'humiliez pas.

- **Article 42 :** Dans les grandes assemblées, contentez-vous de vos légitimes représentants et tolérez vous les uns les autres.

- **Article 43 :** Balla Fassèké Kouyaté est désigné grand chef des cérémonies et médiateur principal du Mandé. Il est autorisé à plaisanter avec toutes les tribus, en priorité avec la famille royale.

- **Article 44 :** Tous ceux qui enfreindront ces règles seront punis ».

Ce texte, magnifique collection de traditions orales, documenté récemment, n'en fournit pas moins l'énoncé des droits et devoirs du Roi et de ses sujets, fonde le système des castes et fixe l'organisation sociopolitique du Grand Mandé.

On signalera, enfin, que les historiens arabes des XVe et XVIe siècles dans leurs fameux récits de voyage dans les Empires noirs de l'Afrique de l'Ouest, en tant que jurisconsultes, ont identifié des principes analogues dans les célèbres Manuscrits de Tombouctou (*le Tarikh El Fettach* de Mahmoud Kati Ben El Hadji El-Motaouakel Kati, le *Tarikh Es Soudan* d'Abderrahman Ben Abdallah Ben Amir Es Sa'di, écrits en 1650)[687].

Le legs précieux des Grands Empires de l'Afrique[688], qui fait de plus en plus l'objet d'intenses recherches[689], constitue un patrimoine commun de l'humanité et un référentiel consistant sur le plan socioculturel pour les États africains modernes.

Le legs du passé instruit l'histoire moderne.

PARAGRAPHE II – HISTOIRE MODERNE DES DROITS DE L'HOMME

Outre les déclarations anglaises, l'histoire moderne des Droits de l'Homme ne commence véritablement qu'avec les révolutions américaine et française.

En Amérique, trois textes fondent la sacralité des Droits de l'Homme : la *Virginia Declaration of Rights*, la *Déclaration of Independence* et la Constitution.

La Déclaration des Droits de Virginie est adoptée par la Convention, le 12 juin 1776. Elle garantit les droits fondamentaux du « premier État américain à se doter de Constitution, privilégie la souveraineté du peuple, la séparation des

---

687 BORGO, Pierre (2010). « Les empires africains, 1ère approche ». *Journal de Droit international.* HOUDAS, Octave (1981). *Le Tarikh-ès-Soudan.* Paris : Librairie d'Amérique et d'Orient. Maisonneuve : Traduction; HOUDAS, Octave et Maurice DELAFOSSE (1913). *Tarikh El Fettach.* Traduction. Paris : Ernest Leroux; DJIAN, Jean-Michel (2012). *Les Manuscrits de Tombouctou.* Paris : J.C. Lattès : 192; JEPPE, Shamil et Souleymane Bachir DIAGNE (2008). *The meanings of Timbuctu.* Dakar: Codesria: 416.

688 Empire du Soudan (7e au 12e siècle), Empire du Mali (13e au 14e s.), Empire Songhoï (12e au 16e siècle), Empire du Monomotapa (15e et 16e siècles).

689 Il faut dénoncer les destructions des biens culturels du Mali, à Tombouctou, Gao, Djenné par les mouvements islamistes en 2011 et 2012.

pouvoirs, l'élection à toutes les charges publiques, la séparation du temporel et du spirituel »[690].

La Déclaration d'Indépendance des États-Unis d'Amérique est proclamée le 4 juillet 1776 par les représentants des Treize Colonies britanniques d'Amérique du Nord. Elle consacre la sécession avec la Grande-Bretagne, leur droit à former une Confédération[691].

La Déclaration d'Indépendance proclame :

« Nous tenons pour évidentes en elles-mêmes les vérités suivantes : tous les hommes sont créés égaux ; ils sont doués par le Créateur de certains droits inaliénables ; parmi ces droits, se trouvent la vie, la liberté et la recherche du bonheur. Les gouvernements sont établis parmi les hommes pour garantir leurs droits, et leur juste pouvoir émane du consentement des gouvernés. Toutes les fois qu'une forme de gouvernement devient destructive de ce but, le peuple a le droit de la changer ou de l'abolir et d'établir un nouveau gouvernement, en le fondant sur les principes et sur l'organisation en la forme qui lui paraîtront les plus propres à lui donner la sûreté et le bonheur ».

La Constitution des États-Unis d'Amérique du 17 septembre 1787 fonde la première démocratie moderne, fédérale avec un régime présidentiel basé sur le système de poids et contrepoids (*Checks and balances*)[692]. Elle est complétée, par les Dix Premiers Amendements, le 15 décembre 1791 :

- « **Amendement I.** – Le Congrès ne fera aucune loi qui touche l'établissement ou interdise le libre exercice d'une religion, ni qui restreigne la liberté de la parole ou de la presse, ou le droit qu'a le peuple de s'assembler pacifiquement et d'adresser des pétitions au Gouvernement pour la réparation des torts dont il a à se plaindre.

- **Amendement II.** – Une milice bien organisée étant nécessaire à la sécurité d'un État libre, le droit qu'a le peuple de détenir et de porter des armes ne sera pas transgressé.

- **Amendement III** – Aucun soldat ne sera, en temps de paix, logé dans une maison sans le consentement du propriétaire, ni en temps de guerre, si ce n'est de la manière prescrite par la loi.

- **Amendement IV.** – Le droit des citoyens d'être garantis dans leurs personnes, domicile, papiers, effets, contre les perquisitions et saisies non motivées ne sera pas violé [...].

---

690 Écrite par George MASON, elle est aussi appelée *Bill of Rights* américain.

691 Le texte a été rédigé principalement par Thomas Jefferson et Benjamin Franklin. C'est l'un des documents les plus importants de l'histoire américaine. Il est fortement inspiré de la Déclaration de Virginie.

692 De TTOQUEVILLE, Alexis (1986). *De la démocratie en Amérique.* Paris : Robert Laffont; PACTET, Pierre et Ferdinand MELIN-SOUCRAMANIEN *Institutions politiques et Droit constitutionnel.* Paris : A. Colin, 23e édition.

- **Amendement V.** – Nul ne sera tenu de répondre d'un crime capital ou infamant sans un acte de mise en accusation, spontané ou provoqué, d'un Grand Jury […] ; nul ne pourra pour le même délit être deux fois menacé dans sa vie ou dans son corps ; nul ne pourra, dans une affaire criminelle, être obligé de témoigner contre lui-même, ni être privé de sa vie, de sa liberté ou de ses biens sans procédure légale régulière ; nulle propriété privée ne pourra être réquisitionnée dans l'intérêt public sans une juste indemnité.

- **Amendement VI.** – Dans toutes poursuites criminelles, l'accusé aura le droit d'être jugé promptement et publiquement par un Jury impartial de l'État ou du district où le crime aura été commis – le district ayant été préalablement délimité par la loi – d'être instruit de la nature et de la cause de l'accusation, d'être confronté avec les témoins à charge, d'exiger par des moyens légaux la comparution de témoins à décharge, et d'être assisté d'un conseil pour sa défense.

- **Amendement VII.** – Dans les procès de droit commun où la valeur en litige excèdera vingt dollars, le droit au jugement par jury sera observé […].

- **Amendement VIII.** – Des cautions excessives ne seront pas exigées, ni des amendes excessives imposées, ni des châtiments cruels et exceptionnels infligés.

- **Amendement IX.** – L'énumération de certains droits dans la Constitution ne pourra être interprétée comme déniant ou restreignant d'autres droits conservés par le peuple.

- **Amendement X.** – Les pouvoirs qui ne sont pas délégués aux États-Unis par la Constitution, ni refusés par elle aux États, sont réservés aux États respectivement ou au peuple. »

La France va également offrir d'abord à ses citoyens puis au monde, l'un des plus célèbres textes sur les Droits de l'Homme.

Il s'agit de la Déclaration des Droits de l'Homme et du Citoyen du 26 août 1789[693]. Œuvre des révolutionnaires français, elle s'insurge contre l'organisation politique et sociale de l'Ancien Régime, la monarchie absolue, les privilèges de la noblesse et du clergé, le dénuement extrême du Tiers État qui n'a aucun droit et supporte toutes les charges. À l'origine, il y a l'apport des philosophes du Siècle des Lumières qui veulent substituer la Raison à l'autoritarisme ; l'influence de Montesquieu, de Voltaire, des Encyclopédistes comme Diderot et d'Alembert, les idées anglo-saxonnes de John Locke, Adam Smith, la pauvreté des classes laborieuses.

La Déclaration reconnaît en ses dix-sept articles, la liberté et l'égalité, la propriété (Art. 1er), la sûreté, la résistance à l'oppression (Art.2), la souveraineté nationale (Art. 3), le droit naturel (Art. 4), le primat de la loi (Art. 5, 6), les

[693] Votée par l'Assemblée nationale déclarée *constituante* après des discussions du 9 juillet au 26 août, elle n'est ratifiée, sous la pression du peuple à Versailles, que le 5 octobre 1789 par Louis XVI. Elle fait partie du bloc de constitutionnalité en France.

garanties juridiques et judiciaires (Art. 7, 8, 9), la liberté d'opinion et de culte (Art. 10), la liberté d'expression (Art. 11), la participation aux charges publiques (Art. 13), l'égalité devant l'impôt (Art. 14), la responsabilité de tout agent public (Art. 15), la séparation des pouvoirs (Art. 16) et le droit de propriété (Art.17).

Le retentissement mondial de ce texte en fait un référentiel universel repris dans la Constitution française actuelle et dans la plupart des Constitutions francophones. La Déclaration de 1789 a également inspiré la Déclaration de l'ONU de 1948.

L'idée moderne des Droits de l'Homme, née de la philosophie, s'étant souvent imposée après des révolutions, après sa consécration constitutionnelle dans les États occidentaux, n'entrera en Droit international que récemment avec l'adoption de la Déclaration Universelle des Droits de l'Homme de 1948 , complétée en 1966 par les deux Pactes sur les droits civils et politiques et les droits économiques, sociaux et culturels.

À la base de ces textes, toute une philosophie est sous jacente.

SECTION II – LA PHILOSOPHIE DES DROITS DE L'HOMME

De nombreuses approches théoriques des Droits de l'Homme ont émaillé, depuis l'Antiquité, l'appréhension, la justification et l'essor des Droits de l'Homme.

L'idée de la protection et de la sauvegarde des Droits de l'Homme part du postulat inhérent à toutes les cultures et civilisations, que l'être humain dispose de droits inaliénables, imprescriptibles[694], naturels qui fondent sa dignité, sa liberté, indispensables pour mener à bon dessein sa destinée.

Cette idée est très tôt perçue et développée par les philosophes. Ces Droits de l'Homme sont inhérents à la nature humaine. Ils reposent sur des valeurs morales (« Ne fais pas à autrui ce que tu ne voudrais pas qu'on te fasse »), la reconnaissance au niveau individuel, de la tolérance, du droit à la différence, le respect de l'intégrité physique, le droit à la vie, la dignité, l'égalité dans tous ses aspects, la liberté (et non l'esclavage), la justice, la responsabilité.

Devant la diversité des approches théoriques et leur évolution progressive, on exposera les grandes théories (§ I) et l'opposition, souvent factice, opérée entre universalisme et régionalisme des Droits de l'Homme (§ II).

PARAGRAPHE I – APPROCHES THÉORIQUES DES DROITS DE L'HOMME

La reconnaissance de la dignité inhérente à la personne humaine, quels que soient sa race, sa religion, son sexe, sa culture, ses opinions, repose sur les valeurs d'égalité, de liberté, de justice.

---

[694] René Cassin déclarait que « les Droits de l'Homme font partie de ces choses qui ne peuvent nous être enlevées ».

Le legs historique de la philosophie grecque a comme point de départ la recherche de la légitimité de toute autorité qui doit se fonder sur la raison subordonnée au but (*telos*). Chez Socrate, si la raison par l'opinion (*doxa*) énoncée, est conforme à l'attitude morale et politique nécessaire, elle se transforme en savoir (*épistème*). L'homme, étant un animal sociable[695], sa nature est liée à son activité politique[696]. Le Grec est libre s'il est citoyen en participant à la délibération et à l'action politique, d'où la double distinction entre Grecs, Barbares et entre Hellènes, citoyens et non citoyens. La bonne vie, le bonheur ne se conçoivent que dans la cité.

Aristote distinguait ce qui est juste par nature et ce qui est juste par conviction ; et Platon faisait le départ entre la nature (*phusis*) et la loi (*nomos*). Dans la *Rhétorique*, Aristote oppose les lois particulières variant selon les Cités, des lois communes valables par consentement universel.

Vers 300 av. J.C., l'école stoïcienne converge vers l'universalisme. Selon Guy Haarscher, « le stoïcisme (…) se caractérisera, pour sa part, par une référence universaliste ; puisque la cité a disparu, seules restent face à face les individus déracinés, et si une communauté doit encore exister, ce peut être que celle que constituent les sages qui, capables d'user de leur raison, se découvrent une similitude essentielle (et cela par-delà les pays et les lieux, à travers la participation à un destin, un "*logos*" commun). Bref, le sage est membre, non plus de la *polis*, mais de la *cosmopolis*. Il est citoyen du monde »[697].

Les jurisconsultes romains distinguaient, quant à eux, entre le *jus civile* (droit de la cité appartenant aux seuls citoyens) et le *jus gentium* (commun à tous les peuples), ou *jus naturale* ou *lex naturalis*[698]. Si les hommes sont tous concitoyens dans la République de Zeus, selon la formule de Zénon rappelée par Plutarque, l'avènement du christianisme amène l'éclosion d'un droit naturel opposable au Prince et sanctifié par le pouvoir de l'Église. Dans sa prétention à gouverner tous les Hommes, par l'entremise de vicaires, l'Église se fait le défenseur des innocents contre le despotisme des Princes en rehaussant le droit Divin, offrant à l'Homme une place centrale dans l'Univers.

La Raison est désormais conditionnée à la foi, la loi naturelle à la loi divine. En effet, sans répudier l'héritage gréco-romain humanitaire[699], la théologie chrétienne contribuera au développement des Droits de l'Homme à partir des enseignements de la religion.

---

[695] ARISTOTE, *La Politique*. Tome I ; PLATON, *La République*. Livre VII.

[696] Voir HAARSCHER, Guy (1997). « Développements historiques des Droits de l'Homme ». Recueil des Cours de l'Institut international des Droits de l'Homme. Strasbourg.

[697] HAARSCHER, Guy « Développements historiques », *op. cit.*

[698] Voir, GAIUS, *Digeste*, Livre I, Titre I.

[699] Sur l'apport de l'école stoïcienne grecque, cf. NGUYEN, Quoc Dinh. *Droit international public. op. cit.*, p. 40 et suivantes ; le droit romain a eu aussi une influence immense notamment avec le *jus naturale* ou *jus fetiale* et le *jus gentium* des Institutes de Justinien, cf. NGUYEN, Quoc Dinh. *idem.* : 42.

La chrétienté doctrinale avait développé deux conceptions juridiques de la guerre : la guerre juste et la guerre régulière[700], théories qui se sont révélées dangereuses par les passions qu'elles suscitaient mais qui n'en ont pas moins profondément marqué le droit contemporain.

La guerre juste ou *justum bellum,* selon Pierre Haggenmacher, « s'interroge au premier chef sur la licéité du recours à la force, qu'elle admet seulement en riposte à un acte illicite dont l'auteur refuse de faire réparation »[701]. Elle diffère de la guerre régulière dont la préoccupation est toute autre, car « au lieu de s'interroger sur la licéité de la guerre, sur le tort commis par une partie et les droits qui en résultent pour l'autre, on se borne à constater l'existence d'un état de guerre au sens formel »[702]. À côté de cette distinction, coexistait la séparation faite entre la Trêve de Dieu (interdisant la guerre du Samedi Soir au Lundi Matin) et la Paix de Dieu (interdisant la guerre dans les lieux de culte)[703].

Cependant, la scolastique médiévale était plus préoccupée par les controverses alimentées par la doctrine de la guerre juste qui, selon Draper, s'analysait ainsi : « l'ordre naturel est un reflet de l'ordre divin. Le souverain légitime a le pouvoir d'établir et de maintenir cet ordre. Comme la fin justifie les moyens, les actes de guerre commis pour la cause du souverain perdent tout caractère de pêché. Cette guerre est déclarée juste, elle est voulue par Dieu : l'adversaire est, dès lors l'ennemi de Dieu et il ne saurait faire qu'une guerre injuste »[704].

L'un des défenseurs les plus résolus de cette conception était Saint Augustin qui écrivait : « lorsqu'une guerre est en cours, c'est une bataille entre le péché et la justice, et toute victoire, même lorsqu'elle est acquise par des pécheurs, est une humiliation pour les vaincus qui, par le jugement de Dieu, endurent le châtiment ou la punition de leurs mauvaises actions » (*De Civitate Dei,* XIX, 15). Pour Saint Augustin, la raison humaine se plie devant le primat de l'Église sur le pouvoir séculier.

La scolastique médiévale portera cette doctrine à un niveau sans précédent. Il en était ainsi de Saint-Thomas d'Aquin qui, dans sa Somme théologique (II a, II a e, q.40, art. 1), s'inspirant du Décret de Gratien, soumettait la guerre juste à trois conditions : elle doit être ordonnée par un souverain (*auctoritas principis)* ; menée pour une juste cause *(justa causa)* ; guidée par une intention pure (*recta intentio)* dans le but de rétablir le droit et la paix[705].

---

700 Voir HAGGENMACHER, P. (1992, septembre-octobre). « Guerre juste et guerre régulière dans la doctrine espagnole du XVe siècle ». *RICR* (797) : 450-462.

701 HAGGENMACHER, P. *ibid.*: 451.

702 HAGGENMACHER, P. *op. cit.*: 451.

703 Ces deux institutions sont aussi présentes dans la conception islamique ainsi que dans certaines traditions africaines qui seront étudiées un peu plus loin.

704 G.I.A.D. Draper, *The conception of just war*, cite par PICTET. J., *Développements et principes*, *op. cit.* : 21.

705 HAGGENMACHER, P. *op. cit.* : 453.

Saint Thomas (13e s.) accorde une place confortable à la raison humaine ; il invoque un droit de résistance à l'oppression, devançant Locke et les révolutionnaires de 1789. Mais cette résistance n'est légitime que lorsqu'elle s'opère sans scandale et sans trouble à l'ordre social et sans causer de dommage plus grand que la tyrannie combattue (Somme théologique, II 2, qu. Art. 4).

La Réforme, avec Luther, Calvin, les puritains du *Mayflower*, prône le salut par la foi et le libre examen des textes religieux et l'éthique du travail voire du capital[706].

Ces idées seront systématisées par le théologien espagnol Francisco de Vitoria dans ses deux ouvrages « *De indis recenter inventis relectio prior* » et « *Relectio de jure belli* ». Vitoria commandait de frapper les malfaiteurs (*nocentes).* Il admettait qu'une guerre pouvait être juste des deux côtés. Il est permis d'infliger certains maux à l'ennemi mais dans certaines limites. Aussi distinguait-il les atteintes portées à sa personne et celles dirigées contre ses biens.

Francisco Suarez (1548-1617) en essayant de fournir au droit des gens un fondement de droit positif humain, reprendra certaines de ces idées précédentes. Après Suarez, le *Justum bellum* était admis dans quatre conditions : une guerre devait être basée sur un juste titre ; reposer sur une juste cause ; relever d'une nécessité ; et être sous-tendue par une juste conduite[707]. Aujourd'hui, l'influence des idées médiévales se fait encore sentir au point que l'on s'interroge sur une probable résurgence de la doctrine des guerres justifiées. Les deux théologiens seront également à l'origine de l'école du *jus naturalisme* fondant la loi naturelle sur la loi divine à laquelle la première est subordonnée.

Le développement des Droits de l'Homme est redevable des travaux de la doctrine moderne. Il faut remonter aux écrits d'Hugo De Groot dit Grotius (1583-1645) qui fustigeait la guerre de trente ans en ces termes « Partout dans le monde chrétien, j'ai constaté un manque de retenue dans la guerre qui ferait honte à des barbares. J'ai vu les hommes prendre les armes pour des causes futiles, ou sans raison aucune, et j'ai vu que, dès que les armes parlent, il n'y a plus aucun respect du droit divin ou humain. Tout se passe comme si, en vertu d'un décret général, la furie publiquement lâchée, laissait libre cours à tous les crimes »[708].

Pour adoucir les atrocités de la guerre, Grotius propose des *Temperamenti belli* : la guerre est légitime si elle est l'œuvre de l'État ; elle est juste si elle répond à une injustice portée aux droits fondamentaux de l'État : droit à

---

706 WEBER, Max (1964). *L'éthique protestante et l'esprit du capitalisme.* Paris : Plon.

707 Ch. ROUSSEAU, *Le droit des conflits armés. op. cit.* p. 17.

708 GROTIUS, H. *De jure belli ac pacis (1625),* Trad. Française : Le droit de la guerre et de la paix, par Hugues Grotius, Nouvelle traduction par Juan Barbeyrac, Tome II, Bâle Emmanuel THOURNEISEN, 1746, p. 419. Cf. aussi HAGGENMACHER, P. ; GROTIUS (1983). *La doctrine de la guerre juste.* Paris : PUF : 682.

l'égalité, droit à l'indépendance, droit à la conservation, droit au respect, droit au commerce international[709]. Hugo de Groot défend la théorie du Droit naturel exprimée par Vitoria et Suarez. En distinguant le droit naturel du droit positif, il laïcise la conception des deux théologiens, car selon lui, le droit naturel n'est pas d'origine divine mais découvert par la raison humaine dérivant de la nature humaine.

Il sera suivi en cela par Emmerich de Vattel (1714-1768) qui écrivait : « du moment que votre ennemi est désarmé et qu'il s'est rendu, vous n'avez plus aucun droit sur sa vie… On doit se soutenir que les prisonniers sont hommes et malheureux »[710]. Vattel développe dès lors un positivisme doctrinal, au sens d'un droit posé et non supposé.

Ces idées ont été systématisées par Jean Jacques Rousseau, lequel prophétisait : « La guerre n'est point une relation d'homme à homme, mais une relation d'État à État, dans laquelle les particuliers ne sont ennemis qu'accidentellement non point comme hommes, ni même comme citoyens, mais comme soldats ; non point comme membres de la patrie mais comme ses défenseurs… La fin de la guerre étant la destruction de l'État, on a le droit d'en tuer les défenseurs tant qu'ils ont les armes à la main ; mais sitôt qu'ils les posent et se rendent, cessant d'être ennemis ou instruments de l'ennemi, ils redeviennent simplement hommes, et l'on n'a plus de droit sur leur vie. Quelquefois on peut tuer l'État sans tuer un seul de ses membres. Or la guerre ne donne aucun droit qui ne soit nécessaire à sa fin »[711].

Rousseau, théoricien du contrat social, fonde la souveraineté populaire, la convention sociale pour sortir de l'état de nature, les idées de liberté et d'égalité, la démocratie, les volontés particulières engrangées dans l'intérêt général, etc.

Les adversaires de Rousseau seront nombreux. Ainsi, Luther affirmait que la « nécessité n'a pas de loi » (*Not kennt kein gebot) ;* Nietzsche écrivait qu'« une bonne guerre sacrifie toute cause » et Hobbes attestait que « la guerre était naturelle à l'homme »[712].

Thomas Hobbes (1588-1679) exerça à son tour, une influence considérable, par ses ouvrages *De Cive* (1641), le *Léviathan* (1651) justifiant l'absolutisme royal, le passage de l'état de nature à l'état civil, le primat de l'intérêt général sur les intérêts particuliers, les droits naturels de l'individu, homme sociable non pas par nature mais par accident, par le pacte conclu entre tous les individus et octroyant au Souverain le droit de régner en contrepartie de la sûreté individuelle et de la sécurité de ses biens, de sa propriété.

---

709 NGUYEN, Quoc Dinh, et alii *Droit international public. op. cit.* : 53.

710 De VATTEL, E. *Le droit des gens ou principes de la loi naturelle appliquée à la conduite aux affaires des nations et des souverains.* cité par G.I.A.D.DRAPER, « Développement du DIH », *op. cit.*, : 90.

711 ROUSSEAU, Jean Jacques (1964). *Le contrat social.* Œuvres complètes. Paris : Gallimard. (3 volumes) : 357-358.

712 Cités par ROUSSEAU, Charles *Le droit des conflits armés. op. cit.*, : 18.

John Locke (1632-1704) a influencé durablement les philosophes des Lumières, les révolutionnaires français et américains. Il part de l'état de nature où les hommes vivent libres et égaux. L'obéissance est due à la loi de nature, découverte par la Raison humaine ou d'origine divine, qui impose le droit à la vie, à la famille, le droit à la liberté, le respect des biens d'autrui, de la parole donnée et l'exécution des contrats, le droit de propriété et à l'échange, la subordination du droit positif aux lois de la nature, le droit de résistance à l'oppression (Traités sur le gouvernement civil, 1690 ; Essai sur la tolérance 1667).

Chez Kant (1724-1804), un des fondateurs de la Théorie philosophique des Droits fondamentaux, est mise en exergue l'intangibilité de la dignité humaine[713]. Il professa que « l'humanité elle-même est une dignité ; en effet, l'homme ne peut être utilisé par aucun homme (ni par d'autres, ni même par lui-même) simplement comme moyen mais doit toujours être traité en même temps comme fin, et c'est en cela que consiste précisément sa dignité (sa personnalité) grâce à laquelle il s'élève au-dessus de tous les êtres du monde qui ne sont point des hommes et peuvent donc être utilisés, s'élevant par conséquent au-dessus de toute chose »[714].

L'histoire, la théorie et la philosophie des DH se sont également articulés autour de l'universalisme ou du régionalisme des droits humains.

PARAGRAPHE II – UNIVERSALISME ET RÉGIONALISME DES DROITS DE L'HOMME

Si le débat opposant universalisme et régionalisme dans les organisations internationales a pu longtemps irriguer le DIP, la controverse entre tenants de l'universalisation des Droits de l'Homme et les promoteurs du relativisme culturel n'en a pas moins tenu en haleine les États dans les instances internationales.

Bien que le débat soit ancien, la récurrence de la problématique en fait une actualité toujours renouvelée.

Malgré ses fondements politiques, moraux, philosophiques, religieux, les conceptions des Droits de l'Homme se sont diversifiées, fondées, qu'elles sont, sur les spécificités culturelles de chaque peuple par rapport à une européanisation occidentale originelle de la conception actuelle de ces droits.

Les Droits de l'Homme sont ils une notion occidentale ?[715]. S'il est vrai, selon Panikkar que « les Droits de l'Homme accèdent à l'Universel comme

---

[713] Pour KANT, l'impératif est « Agis de telle sorte que tu traites d'humanité aussi bien ta personne que dans la personne de tout autre toujours en même temps, comme une fin et jamais comme un moyen » ; voir RIGAUX, François (2007). « Les fondements philosophiques des Droits de l'Homme ». *Revue trimestrielle des Droits de l'Homme* (70) : 307-349.

[714] KANT, Emmanuel (1796). *La métaphysique des mœurs et le conflit des facultés.* (trad.) 1976. Paris : Flammarion. 38.

[715] Pour paraphraser PANIKKAR, Raymundo (1984). « La notion des Droits de l'Homme est-elle un concept occidental ? » *Interculture*, Vol. 82 : 13 et suivantes.

expression de valeurs communes au genre humain », ils ne doivent pas dériver d'un seul mode de pensée enrobé de références judéo-chrétiennes et de valeurs de la civilisation occidentale.

Certes, l'origine occidentale de la plupart des principes et règles des Droits de l'Homme ne saurait être totalement récusée, comme les écrits philosophiques, les acquis séculaires, mais il faut admettre que les traditions africaines, asiatiques et des autres continents, fortifiées par des valeurs religieuses, en ont solidifié les fondements.

Ainsi Confucius (551-479 av. J.C.), par sa philosophie de la dualité du *Ying* et du *Yang*, distingue l'ordre du Cosmos et l'ordre humain et recherche l'harmonie du Tout et de la Partie, par l'action de chacun et de l'État, grâce à l'autorégulation et l'autodiscipline.

La conception islamique des Droits de l'Homme est non moins influente en ce qu'elle détermine les relations du croyant à Dieu par l'intermédiaire du Coran et de la *Sounna*, l'idéal à atteindre étant l'*Oummah* (communauté de foi et de loi).

L'Islam ne sera pas en reste de propositions de conduites humanitaires. Le Pr. Massignon écrivait : « L'Islam a devancé la chrétienté dans l'effort juridique destiné à restituer aux barbares, étrangers comme esclaves, la personnalité humaine[716]. Le Coran privilégie réflexion, méditation, tolérance. En atteste la *Sourate XXX, Verset 22* : « La création des cieux et de la Terre, la diversité de vos langues et de vos couleurs sont autant de merveilles pour ceux qui réfléchissent ».

La Guerre sainte, traduction erronée du mot *Jihad* (qui signifie plutôt, effort commun), exige le sacrifice et la renonciation à tout but profane. Elle recouvre la guerre sur soi, la lutte corps et biens contre ses bas instincts[717].

C'est dans ce sens que le Coran contient plusieurs dispositions humanitaires[718]. Ainsi la *Sourate VIII (Le Butin), Versets 67 et 68*, dispose : « il n'est pas donné à un prophète de faire des captifs avant que l'ennemi ne soit écrasé ; vous désirez les biens de ce monde alors qu'Allah désire vous donner l'autre monde »[719]. *La Sourate IX (Le Repentir), 5e Verset*, précise les lois de la guerre : « lorsque les mois expireront, tuez les idolâtres partout où vous les trouverez, prenez-les, assiégez-les, dressez-leur des embuscades. S'ils se repentent, suivent les prières, payent la "Zakat", libérez-les, Allah est clément et miséricordieux ». Le principe de proportionnalité est magnifié dans la *Sourate*

[716] Cité par PICTET, Jean « Développement et principes », *op. cit.*, : 24.

[717] Voir SULTAN, H. « La conception islamique, » *in Dimensions internationales du droit humanitaire. op. cit.* : 17-60.

[718] BEN ACHOUR, Yadh (1980, mars-avril). « Islam et Droit humanitaire ». *RICR* (tiré à part) :11.

[719] Toutes les références coraniques sont extraites de : « Le Coran » (1979). traduction de Cheikh Si Hamza BOUBAKEUR, 2 vol., Paris : Fayard : 2197 pages ; cf. également CONAC, Gérard et Abdelfattah AMOR (1994). *Islam et Droits de l'Homme.* Paris : Economica : 97.

XVI (Les Abeilles) dont les Versets 126 à 128 préconisent : « Que votre châtiment soit à la mesure du crime dont vous êtes victimes, mais il vous sera profitable encore de vous armer de patience. Patiente donc, ta patience ne sera possible qu'avec l'aide d'Allah. Ne t'afflige pas à cause d'eux et que leur machination ne cause point en toi d'angoisse. Allah est avec les bienfaisants et ceux qui Le craignent ».

Le Coran privilégie la dignité de l'homme élevé au-dessus de toutes les autres créatures. Ainsi, la *Sourate XVII (Le Voyage nocturne), Verset 70,* dispose : « Nous avons certes honoré les fils d'Adam. Nous les avons portés sur la terre ferme et la mer. Nous leur avons attribué des nourritures excellentes et nous les avons placés bien au-dessus de beaucoup de ceux que nous avons créés ».

L'usage de moyens et de méthodes de combat ne doit pas être abusif. Et il est dit dans la *Sourate II (La Génisse), Verset 190* : « Combattez dans le chemin d'Allah ceux qui vous combattent, mais ne soyez pas transgresseurs ! Allah n'aime pas les transgresseurs ».

Certains mois sont sacrés (*Zul-Qa'da, Zul-Hijja, Moharram et Rajab*) ainsi que certains lieux (la *Kaaba, Sourate 2, Verset 217*). On ne doit ni faire la guerre pendant ces mois ni la faire près de ces lieux.

Les *Hadiths* (traditions et enseignements du Prophète) reflètent cette conception humaniste. Le Prophète Mohamet (P.S.L.) recommandait à ses lieutenants : « Partez en campagne au nom de Dieu et dans sa voie ; combattez les infidèles, mais ne trompez pas, ne trahissez pas, ne mutilez pas et ne tuez point d'enfants »[720]. Un autre hadith préconise un traitement humanitaire aux prisonniers de guerre : « Les captifs sont vos frères et vos collaborateurs. C'est par la grâce de Dieu qu'ils sont en vos mains. Puisqu'ils sont à votre merci, veillez à les traiter comme vous-même quant à la nourriture, aux vêtements et à l'habitation. N'exigez pas d'eux un travail au-dessus de leurs forces, aidez-les plutôt à accomplir leur tâche »[721].

À l'un de ses généraux, le Calife Abu Bakr conseillait : « Souvenez-vous que vous êtes sous le regard de Dieu, conduisez-vous comme des hommes sans tourner le dos, mais que le sang des femmes, ou celui des enfants et des vieillards ne souille pas votre victoire. Ne détruisez pas les palmiers, le brûlez pas les habitations, ni les champs de blé, ne coupez jamais les arbres fruitiers et ne tuez de bétail que lorsque vous serez contraints de le manger. Quand vous accordez un traité, ayez soin d'en respecter les clauses. Au fur et à mesure de votre avance, vous rencontrerez des hommes de religion qui vivent dans des

---

[720] Ben ACHOUR, Y. *op. cit.*, p. 9.

[721] Cité par EREKSOUSSI, M. K. (1960, novembre). « Le Coran et les conventions humanitaires ». *RICR* (tiré à part) : 12; ARKOUN, M. (1989, janvier). « Les origines islamiques des Droits de l'Homme ». *Revue des Sciences morales et politiques* : 25-37.

monastères et qui servent Dieu dans la prière. Laissez-les seuls, ne les tuez point et ne détruisez pas leurs monastères »[722].

Dans la conception judéo-chrétienne fédérant christianisme et judaïsme, Dieu est le créateur volontaire du Monde. Il a créé l'Homme à son image et gouverne le monde souverainement[723] accordant aux Hommes personnalité, existence et droits[724].

Dans la cosmogonie animiste, le monde est une circulation d'énergies où un principe vital (*anima*) vise l'harmonie et l'équilibre des facteurs concourant à sa distribution.

Ainsi chez les Ouolofs du Sénégal, dans les traditions animistes *Ceddo,* l'Homme est divisé en trois parties formant un ensemble (le *Nit*) (être humain) composé de son enveloppe corporelle (*Yaram*), de son énergie vitale (*Fit*), de son esprit psychique *(Rab*). L'accès à la responsabilité sociale dérive de la maturité, du mariage, de l'initiation et de la catégorisation sociale.

Quant à la civilisation Indoue fondée sur un « ordre *dharmique* » elle distingue trois mondes (*Triloka*) axés sur la conjonction des contraires, le conflit et sa résolution, le prescrit et le défendu, ce qui offre cohérence et consistance, vérité et justice dans le monde. Dans cette conception, les Droits de l'Homme ne sont pas centrés sur l'individu qui n'est qu'une fonctionnalité. Ces droits concernent la totalité du déploiement cosmique de l'Univers. Ils sont liés intrinsèquement aux devoirs et aucun droit n'est isolé car participant de manière holistique à l'harmonie universelle[725].

Quoi qu'il en soit, ces diverses représentations mentales ont pu être saisies et convoquées par des représentants d'États membres des Nations Unies pour en faire le siège de revendications en matière de relativisme culturel.

À cet égard, Joseph Ki-Zerbo écrivait qu'« il ne faut pas imposer du dehors des paradigmes, des principes, des procédures marqués du sceau d'une histoire particulière, à l'ensemble des sociétés dans tous les continents, chose que même les religions n'ont pas réussie, forcées qu'elles sont, de s'acculturer pour réussir, de s'adapter pour être adoptées »[726].

Le point de départ de ces critiques du caractère occidental des Droits de l'Homme est la Conférence de 1993, précédée d'une rencontre à Bangkok où certains États, comme la Chine, l'Indonésie et d'autres États asiatiques, d'Afrique du Nord et du Moyen-Orient, ont mis en exergue le fait que les droits

---

[722] Ben ACHOUR, Y. *op. cit.,* p. 9.

[723] *Genèse.*

[724] La conception occidentale a été suffisamment développée dans de nombreux ouvrages, voir HAARSCHER, G. *op. cit.*

[725] PANIKKAR, R. *op. cit.,* : 17 ; ABOU, Selim (1992). « Le droit à la différence et ses avatars ». *Cultures et Droits de l'Homme.* Paris : Hachette. Coll. Pluriel.

[726] KI-ZERBO, Joseph (1995, novembre-décembre). « Les Droits de l'Homme en Afrique : tradition et modernité », *in* Foi et Développement (237-238).

individuels sont du ressort du relativisme culturel et que l'application du Droit international des Droits de l'Homme devait inclure les facteurs économiques et culturels du Tiers-monde, la fragilité de leurs démocraties au risque de l'instabilité de leurs gouvernements à l'épreuve des droits individuels trop généreusement promus. Ces États mettent en avant la primauté du développement, de la sécurité de l'État et de la réciprocité des droits et obligations.

Finalement, la Conférence de Vienne, dans la Déclaration finale adoptée à Vienne le 25 juin 1993[727], transcende la césure par l'affirmation suivante : « 5. Tous les Droits de l'Homme sont universels, indissociables, interdépendants et intimement liés. La communauté internationale doit traiter les Droits de l'Homme globalement, de manière équitable et équilibrée, sur un pied d'égalité et leur accordant la même importance quel que soit le système politique, économique et culturel de l'État ».

Au-delà de ces théories de reconnaissance des droits humains et malgré les écrits des contre-révolutionnaires et adversaires de ces idées, les Droits de l'Homme se sont affirmés et étoffés depuis l'avènement de l'ONU.

[727] Déclaration et Programme d'action de Vienne, Conférence mondiale sur les Droits de l'Homme, doc. A/Conf. 157/23.

CHAPITRE II

L'ONU ET LES DROITS DE L'HOMME

Initiée et créée dans un contexte de guerre, l'ONU ne pouvait pas faire l'impasse sur les Droits de l'Homme. À l'entame de la Charte, en son Préambule, elle énonce solennellement : « Nous, Peuples des Nations Unies, résolus à préserver les générations futures du fléau de la guerre, qui deux fois en l'espace d'une vie humaine, a infligé à l'humanité d'indicibles souffrances, à proclamer à nouveau notre foi dans les droits fondamentaux de l'homme, dans la dignité et la valeur de la personne humaine, dans l'égalité de droits des hommes et des femmes, ainsi que des nations, grandes et petites ; à créer les conditions nécessaires au maintien de la justice et du respect des obligations nées des traités et des autres sources du droit international ; à favoriser le progrès social et instaurer de meilleures conditions de vie dans une liberté plus grande… »[728].

Cette profession de foi sera suivie, par l'adoption le 10 décembre 1948[729], de la Déclaration universelle des Droits de l'Homme[730] qui sera complétée par une pléthore d'instruments juridiques contraignants ou non contraignants (Section I) et dont l'application nécessite la mise en place de mécanismes et procédures généraux et spéciaux (Section II).

SECTION I – L'ÉVENTAIL DES TEXTES DE DROITS DE L'HOMME

Bien que non contraignante en vertu de son caractère de *soft law*, la DUDH constitue aujourd'hui le référentiel universel en matière de Droits de l'Homme. En dépit de son adoption dans un contexte post Guerre mondiale, mais aussi dans un environnement de guerre froide entre les deux Blocs, de critiques d'égalité entre hommes et femmes, de controverses sur l'universalité par les pays communistes, d'attitude distante de l'Afrique du Sud de l'Apartheid, elle

[728] Charte, extrait du Préambule ; voir aussi art. 1, 2, 13, 55, 62.

[729] Le 10 décembre est la date de commémoration de la Journée Mondiale des Droits de l'Homme.

[730] Résolution n° 217 (III) A de l'AGNU, réunie à Paris. Elle est votée par 50 États, 8 États se sont abstenus (Arabie Saoudite, Pologne, Yougoslavie, URSS, Yémen, Honduras, Tchécoslovaquie, Afrique du Sud).
Le Comité de Rédaction était composé, entre autres, de Mme Eleanor Roosevelt (Présidente) des États-Unis et des représentants de la Chine, du Liban, de l'Australie, du Chili, de la France (René Cassin), de l'URSS, de la Grande-Bretagne, du Canada. La Déclaration est le document le plus traduit au monde. www.un.org/fr/documents/udhr/translations.html.

énonce les droits fondamentaux de l'homme tels qu'ébauchés dans la Charte de l'ONU.

Paragraphe I – La Charte internationale des Droits de l'Homme

Composée de 30 articles, dont un Préambule divisé en huit points, la DUDH met en exergue le caractère inaliénable des Droits de l'Homme, la reconnaissance et le respect des droits individuels et, en fait, « l'idéal commun à atteindre par tous les peuples et toutes les nations… ».

Elle proclame les droits et libertés suivants : égalité, liberté, non discrimination, le droit à la vie, à la liberté et à la sûreté de sa personne, interdiction de l'esclavage et de la servitude, interdiction de la torture et peines ou traitements cruels, inhumains et dégradants, la reconnaissance de la personnalité juridique, égalité devant la loi et égale protection de la loi, garanties judiciaires, légalité des peines et non rétroactivité, droit à une nationalité, droit au mariage et libre consentement, la famille, droit de propriété, liberté de réunion et d'association pacifiques, participation aux affaires publiques, droit de vote et d'éligibilité, droit à la sécurité sociale et droits économiques et sociaux, droit au travail, liberté syndicale, droit au repos et aux loisirs, droit au travail, liberté syndicale, droit à la santé, à un niveau de vie suffisant, droit à l'éducation, devoirs envers la communauté, droit à la paix et à la sécurité.

L'éventail des Droits de l'Homme ainsi détaillé n'en revêt pas moins un caractère non obligatoire, poussant les Nations Unies à les compléter par deux instruments contraignants que sont les deux Pactes du 16 décembre 1966.

Il s'agit d'abord du Pacte International relatif aux droits civils et politiques (PIDCP) adopté par l'AGNU[731]. Le PIDCP (27 articles) entré en vigueur le 23 mars 1976, institue le Comité des Droits de l'Homme, protège le droit des peuples à disposer d'eux-mêmes, de leurs richesses et ressources naturelles, la dérogation en cas d'état d'urgence (sur certains articles seulement), le droit à la vie ; interdit la torture, l'esclavage, les travaux forcés, la détention arbitraire ; reconnaît l'égalité devant les tribunaux, la présomption d'innocence, le principe *non bis non idem,* droit et reconnaissance de la personnalité juridique, non discrimination, droit de réunion, droit de vote et d'éligibilité, égalité devant la loi, droits culturels (et) des minorités[732].

Il s'agit ensuite du Pacte International relatif aux Droits économiques, sociaux et culturels (PIDESC), entré en vigueur le 3 janvier 1976. Composé de 31 articles, le PIDESC traite des droits des peuples, de l'égalité entre hommes et femmes en DESC, le droit au travail, à la formation, liberté syndicale, droit de grève, droit à la sécurité sociale, protection de la famille et de la maternité, droit

---

[731] Res. 2200 A (XXI).Le PIDCP est lui-même complété par deux Protocoles : le Protocole facultatif du 16 décembre 1966 qui prévoit un mécanisme pour les plaintes relatives aux violations des Droits de l'Homme (EV le 23 mars 1976) ; le Protocole facultatif du 15 décembre 1989 (EV le 11 juillet 1991) qui interdit la peine de mort.

[732] Plus de 150 États ont ratifié le PIDCP.

à la santé, à l'éducation, à la sécurité alimentaire, droits scientifiques et culturels, droit au logement et à un niveau de vie suffisant[733].

Les trois textes (DUDH et les deux Pactes) constituent ce qu'on a convenu d'appeler, la Charte internationale des Droits de l'Homme.

Une large palette de textes, généraux ou spéciaux, étoffe ces droits.

PARAGRAPHE II – CONVENTIONS GÉNÉRALES ET SPÉCIALES DES DROITS DE L'HOMME

Hormis cette « Charte », une pléthore de traités internationaux a été adoptée dans les instances onusiennes, offrant ainsi une cuirasse de protection des Droits de l'Homme. Généralement, ces textes peuvent être classés en une *summa divisio* entre Conventions générales et Conventions spécialisées ou sectorielles.

Les Conventions générales sont fondées sur le critère de la généralité des droits conférés, sans distinction fondée sur la race, le sexe, la religion, la situation particulière, en ce qu'elles visent des aspects communs à des individus ou des groupes. Il en est ainsi, outre les deux Pactes et leurs Protocoles, de la Convention sur l'élimination de toutes les formes de discrimination raciale du 27 décembre 1965.

Quant aux Conventions spécialisées ou sectorielles ou catégorielles, elles particularisent des situations, spécifiques à des individus ou groupes en leur offrant, non pas seulement une protection générale qui est sous-entendue, mais surtout une protection spéciale pour les femmes (Convention sur l'élimination de toutes les formes de discrimination à l'égard des femmes du 18 décembre 1979 et son Protocole du 06 octobre1999), pour les enfants (Convention sur les droits de l'enfant du 20 novembre 1989 et son Protocole facultatif concernant l'implication d'enfant dans les conflits armés du 25 mai 2000 et Protocole facultatif concernant la vente d'enfants, la prostitution des enfants et la pornographie mettant en scène des enfants du 25 mai 2000) ; contre la torture (Convention contre la torture et autres peines ou traitements inhumains et dégradants du 10 décembre 1984 et son Protocole facultatif du 18 décembre 2002), contre les crimes internationaux (Convention pour la prévention et la répression du crime de génocide du 9 décembre 1948, Convention sur l'imprescriptibilité des crimes de guerre et des crimes contre l'humanité du 26 novembre 1968), pour les personnes à mobilité réduite (Convention relative aux droits des personnes handicapées du 13 décembre 2006 et son Protocole facultatif du 13 décembre 2006), pour les migrants (Convention sur la protection des droits de tous les travailleurs migrants et des membres de leurs familles du 18 décembre 1990), pour les réfugiés (Convention relative au statut des réfugiés

---

[733] Res 2200 A (XXI). Le PIDESC est aussi complété par un Protocole facultatif du 10 décembre 2008 permettant la saisine, par des individus et des groupes, du Comité sur les DESC qui reçoit des plaintes et fait des enquêtes sur les violations systématiques des DESC dans les États dont ils sont ressortissants. Il s'agit donc de consacrer la justiciabilité des DESC dans les États qui l'auront ratifié.

de 1951 et son Protocole de 1967), contre les disparitions (Convention internationale pour la protection de toutes les personnes contre les disparitions forcées du 20 décembre 2006), sur la traite et le trafic (Convention pour la répression de la traite des êtres humains et l'exploitation de la prostitution d'autrui, Convention contre la criminalité transnationale organisée du 15 novembre 2000 et ses Protocoles contre le trafic illicite de migrants par terre, mer et air et Protocole additionnel visant à prévenir, réprimer et punir la traite des personnes, en particulier des femmes et des enfants), pour les apatrides (Convention sur la réduction des cas d'apatridie et Convention relative au statut des apatrides).

L'abondance de ces Traités des Droits de l'Homme ne doit cependant pas occulter le manque d'exhaustivité, car des institutions spécialisées de l'ONU, comme l'OIT, l'UNESCO ou l'OMS, ont également participé à la densification normative par l'adjonction de textes supplémentaires, avec la pléthore de conventions numérotées de l'OIT, ou la Convention-cadre de lutte contre le tabagisme de l'OMS, les Conventions et Déclarations de l'UNESCO sur la protection des biens culturels, sur le génome humain et sur les données génétiques.

L'énonciation des divers instruments juridiques internationaux, ne doit pas faire perdre de vue qu'ils sont souvent précédés ou accompagnés de déclarations, programmes ou codes de conduite non contraignants mais balisant la voie aux États et Organisations internationales pour une mise en œuvre plus complète.

De surcroît, ces traités sont pour l'essentiel mis en application par des organes créés et par des procédures générales ou spéciales réglementant leur mise en œuvre.

SECTION II – PROTECTION ET PROMOTION DES DROITS DE L'HOMME PAR L'ONU

On examinera tour à tour les organes (§ I) et les mécanismes (§ II) de protection et de promotion des Droits de l'Homme.

PARAGRAPHE I – LES ORGANES DES DROITS DE L'HOMME

L'hétérogénéité des textes sur les Droits de l'Homme, aux Nations Unies, n'a de comparaison qu'avec l'extrême complexité des organes créés, soit dans le cadre de ces traités (B), soit découlant de la Charte de l'ONU (A).

A. Les organes de la Charte chargés des Droits de l'Homme

Comme relaté précédemment, la Charte des Nations Unies contient un certain nombre de dispositions relatives aux Droits de l'Homme et confie à certains organes principaux ou subsidiaires le soin d'en suivre l'application, d'en surveiller la protection ou d'en assurer la promotion.

Il s'agit d'abord et avant tout de certains organes principaux comme l'AGNU, l'ECOSOC, le CS, le SG, la CIJ.

En vertu de la généralité de leurs compétences, l'AG et le CS peuvent voter des textes et s'occuper de la situation des Droits de l'Homme dans un pays déterminé ou dans un domaine spécifique. Ces deux organes, plénier et restreint, disposent d'un droit originaire, direct ou principal conféré par la Charte et dans le cadre de leurs règles, d'organisation et de fonctionnement, prévues par tous les textes pertinents (droit principal ou dérivé).

Aussi, l'AG comme le CS peuvent participer au règlement des différends internationaux. Cette compétence générale réside dans le fait que « L'AG peut discuter de toutes questions ou affaires rentrant dans le cadre, ou se rapportant aux pouvoirs et fonctions de l'un quelconque des organes et (...) formuler des recommandations... » (Art. 10).

Le CS peut être saisi par l'AG qui attire son attention « sur les situations qui semblent devoir mettre en danger la paix et la sécurité internationales » (Art. 11 § 3). Ces pouvoirs de l'AGNU doivent s'effectuer, avec la réserve que l'AG ne doit faire aucune recommandation sur un différend ou une situation, sauf sur demande du CS, « tant que le Conseil remplit à l'égard d'un différend ou d'une situation, les fonctions qui lui sont attribuées par la présente Charte. . » (Art. 12 § 1).

L'AG peut également provoquer des études et faire des recommandations en vue « de développer la coopération internationale dans les domaines économique, social, de la culture intellectuelle et de l'éducation, de la santé publique, et facilite pour tous, sans distinction de race, de sexe, de langue ou de religion, la jouissance des Droits de l'Homme et des libertés fondamentales » (Art. 13 § 1, b). L'AG est elle-même divisée en Commissions permanentes dont la Commission des affaires juridiques à laquelle est rattachée la Commission du Droit international et depuis 1948, la Commission des Droits de l'Homme

Quant au CS, il se voit confié par l'Art.24 § 1, la responsabilité principale en matière de maintien de la paix et de la sécurité internationale, avec l'assistance de l'AGNU qui peut discuter des questions s'y rattachant (Art. 11 § 2). Ces deux organes généraux sont soutenus dans leurs actions par l'organe judiciaire principal de l'ONU, à savoir le CIJ.

En effet, à la lecture de l'Art. 36 § 3 de la Charte, il ressort qu'« en faisant les recommandations prévues au présent article, le Conseil de Sécurité doit aussi tenir compte du fait que d'une manière générale, les différends d'ordre juridique devraient être soumis par les parties à la CIJ, conformément aux dispositions de la Charte »[734]. Ce « parallélisme fonctionnel », pour reprendre l'expression de Shabtai Rosenne est ainsi explicité par la Cour elle-même : « Le Conseil a des attributions politiques, la Cour exerce des fonctions purement judiciaires. Les

[734] Cf. TALL, Saïdou Nourou (2012, septembre). « La demande d'avis consultatif à la CIJ » *Revue de la Recherche Juridique. Droit Prospectif.* 2002/2, PUAM : 903-936.

deux organes peuvent donc s'acquitter de leurs fonctions distinctes à propos des mêmes événements »[735].

En dehors de l'AG et du CS, il faut signaler les activités du Secrétaire Général qui peut, en dehors de ses fonctions administratives, exercer des fonctions politiques (Art. 97 à 101), diplomatiques, de prévention, négociation, médiation, bons offices dans les crises internationales.

L'ECOSOC n'est pas en reste (Art. 61 à 72 et chapitre IX) puisqu'il peut être consulté pour tout problème relatif aux domaines économique, social, culturel, éducatif et de la santé publique. Il coordonne les activités des institutions spécialisées (Art. 57) et octroie un statut consultatif aux ONG. Il peut faire des recommandations en vue d'assurer le respect effectif des Droits de l'Homme et des libertés fondamentales[736].

L'ECOSOC a créé la Commission des Droits de l'Homme qui a fonctionné de 1946 à 2006[737]. Elle était composée de 53 membres élus par l'ECOSOC[738] pour un mandat de 3 ans. L'ONU lui est redevable de la discussion et de l'adoption de nombreux instruments des Droits de l'Homme dont la DUDH et les deux Pactes de 1966 ou encore la Convention sur les Droits de l'Enfant. Chargée de la promotion des Droits de l'Homme, elle a adopté une centaine de résolutions, de décisions et de déclarations thématiques ou sur la situation des Droits de l'Homme dans les États membres. Elle avait développé des procédés de plaintes ou communications et avait établi des Groupes spéciaux dont la plupart ont été repris par l'actuel Conseil des Droits de l'Homme.

Parmi les organes créés en vertu de la Charte, il faut faire la place au Conseil des Droits de l'Homme qui s'est substitué à l'ancienne Commission des Droits de l'Homme. Il développe des procédures spéciales (thématiques ou des mandats-pays)[739], et supervise l'examen périodique universel (EPU) qui est son mécanisme central[740].

---

735 CIJ, Arrêt du 26 novembre 1984, Rec. 1984, p. 435 ; voir Brigitte Stern, Vingt-ans de jurisprudence de la Cour Internationale de la Justice 1975-1995, La Haye, Martinius Nijhoff, 1998, 1055 p.

736 Voir Res. 1503, Res. 1235 de l'AGNU, et Res. 1 (XXIV) de la Sous Commission de la promotion et de la protection des Droits de l'Homme, pour la procédure confidentielle.

737 Remplacée le 15 mars 2006 par le Conseil des Droits de l'Homme, Res. A/Res./60/251 de l'AGNU. Le 27 mars 2006, la Commission des Droits de l'Homme a tenu sa dernière session (la 62e session). Voir Marina Eudes, « De la Commission au Conseil des Droits de l'Homme : Vraie réforme ou faux-semblant ?», AFDI, 2006, pp. 599-618.

738 Les 53 membres étaient répartis géographiquement : Afrique (15), Asie (12), Europe occidentale et autres (10), Europe de l'Est (5), Amérique latine et Caraïbes (10).

739 Ces procédures et mandats seront examinés plus loin.

740 L'EPU est établi par la Résolution n° 60/251 de l'AGNU du 18 juin 2007 (voir plus loin).

Le Conseil des Droits de l'Homme, organe subsidiaire, est désormais chargé principalement de toutes les questions relatives aux Droits de l'Homme[741]. Composé de 47 membres, soit pour l'Afrique (13), l'Asie (13), l'Europe Orientale (6) l'Amérique Latine et les Caraïbes (8) et l'Europe Occidentale et autres États (7)[742], élus par l'AGNU pour une période de trois ans renouvelable une fois, le Conseil est renouvelé par tiers tous les ans[743].

Le Haut Commissariat des Nations Unies aux Droits de l'Homme (HCDH) [744] est une entité séparée du Conseil. Il appuie matériellement et par ses conseils, les groupes, l'EPU, le Conseil et les représentants des États dans leurs délibérations, ainsi que les rapporteurs spéciaux et les Experts indépendants commis pour faire rapport des situations des Droits de l'Homme. Le HCDH est structuré en divisions dont la Division des procédures spéciales, la Division de la recherche et du droit au développement et la Division des opérations Hors Siège et de la coopération technique.

Ces différentes entités créées soit par la Charte, soit en vertu de ses dispositions, sont épaulées par les organes des Traités des Droits de l'Homme.

B. Les organes créés par les Traités des Droits de l'Homme

Ici, également, il faut admettre l'éclosion de nombreux organes créés par des Conventions des Nations Unies pour suivre la mise en œuvre des droits consacrés et permettre une plus grande efficacité dans la garantie de ces droits.

On signalera, *inter alia*, les neufs organes suivants : le Comité des Droits de l'Homme (créé par le PIDCP), le Comité des Droits économiques, sociaux et culturels (créé par le PIDESC), le Comité pour l'Élimination de la discrimination raciale (pour la Convention éponyme), le Comité pour l'Élimination de la discrimination à l'égard des femmes (pour la CEDAW), le Comité contre la torture (pour la Convention de 1984), le Comité pour les droits de l'enfant (pour la CDE), le Comité pour la protection des travailleurs migrants (pour la Convention de 1990), le Comité des Droits des personnes handicapées et le Comité des disparitions forcées.

Tous ces organes sont composés de ressortissants des États parties aux Traités, experts choisis en raison de leurs compétences et indépendance et qui veillent à l'application des Traités concernés. Ils bénéficient aussi de l'assistance du HCDH pour harmoniser leurs méthodes de travail, pour leur organisation et fonctionnement et rationaliser leurs systèmes de rapports.

---

[741] Le Haut Commissariat des Nations unies aux Droits de l'Homme, à Genève, assure son secrétariat et appuie, sur le plan logistique, les travaux de ses composantes et exécute les délibérations.

[742] Depuis son installation, le Conseil a été présidé par deux États africains : le Nigeria (19 juin 2008-18 juin 2009) et actuellement le Gabon (1er janvier 2014 -31 décembre 2014).

[743] En 2007, a été rattaché au Conseil des Droits de l'Homme, un Comité consultatif de 18 experts faisant office d'organe de réflexion.

[744] Créée le 21 juin 1946 par une résolution de l'ECOSOC (doc. E/Res./9 (II).

D'autres organes jouent un rôle complémentaire en s'intéressant de manière incidente aux Droits de l'Homme. Il peut s'agir d'organes subsidiaires ou d'institutions spécialisées comme la FAO, l'OMS, l'UNICEF, le FNUAP, l'ONUSIDA, OCHA, Action anti-mines des Nations Unies, PNUD, le Programme des Nations Unies pour les Établissements humains (habitat), la Direction Inter-Institutions des déplacés internes, l'OIT, le Comité permanent interinstitutionnel sur les affaires humanitaires, la Commission sur le statut de la femme, la Division pour l'avancement de la femme, l'ONUFEM.

Toutefois, on s'intéressera exclusivement aux mécanismes développés et poursuivis dans le cadre du Conseil des Droits de l'Homme.

PARAGRAPHE II – MÉCANISMES ET PROCÉDURES DE PROTECTION ET DE PROMOTION DES DROITS DE L'HOMME

Il conviendra de les examiner en distinguant les procédures spéciales et mandats-pays (A) et l'EPU (B).

A. Procédures spéciales et Mandats-Pays

Les procédures spéciales (PSp)[745], nom générique des mécanismes créés par l'ex-Commission des Droits de l'Homme et repris par le Conseil des Droits de l'Homme, sont mises en place pour évaluer, rapporter et/ou améliorer la situation des Droits de l'Homme en étudiant des thématiques anciennes ou nouvelles sur les Droits de l'Homme, quels qu'en soient les catégories, les spécificités, la convergence et les controverses sur leur justiciabilité ou effectivité dans toutes les régions du monde[746]. Les PSp sont des mécanismes de conseil, de supervision, d'enquête sur plaintes individuelles, d'études, de coopération, d'échange et d'activités promotionnelles des Droits de l'Homme.

Elles peuvent être confiées soit à une personne[747], soit à un groupe de travail[748], et sont l'objet de mandats, détaillés dans des résolutions. Ces

---

[745] Voir sur le site www.ohchr.org/french/bodies/chr/special, le Manuel des procédures spéciales des Droits de l'Homme de l'ONU de juin 2008.

[746] En 2014, il y avait plus de 30 mandats thématiques et 13 mandats par pays ou territoires. La durée d'un mandat est de 6 ans au maximum, sauf prorogation.

[747] Les appellations varient : Rapporteur, Rapporteur Spécial, Expert Indépendant, Représentant du SGNU. Ils ne touchent pas de rémunération financière et ont une obligation d'indépendance, d'efficacité et de compétence. Ils reçoivent l'assistance du HCDH. Voir le site du Haut Commissariat : www.ohchr.org. On peut citer, entre autres, le Rapporteur Spécial sur le droit à un logement convenable (2000), l'Expert indépendant dans le domaine des droits culturels (2009) ; le Rapporteur spécial sur le droit à l'éducation (1990) ; le Rapporteur spécial sur la vente d'enfants, la prostitution des enfants et la pornographie impliquant des enfants (1990) ; Rapporteur spécial sur les formes contemporaines d'esclavage, ses causes et ses conséquences (2007) ; Rapporteur spécial sur la promotion et la protection des Droits de l'Homme et des libertés fondamentales dans la lutte anti-terroriste (2005). L'Expert indépendant sur la situation des Droits de l'Homme en Côte d'Ivoire ; sur le Rwanda (1997) ; sur la RDC (1994) ; le Burundi (1995), la Guinée Équatoriale (1993), la Somalie (1993) etc.

personnes et groupes sont assujettis à un Code de conduite au titre des PSp (Résolution 5/2 du Conseil des Droits de l'Homme) et la coordination se fait par l'entremise d'une réunion annuelle des titulaires de mandat et par une procédure consultative interne, pour maximiser l'efficacité et l'indépendance des rapporteurs dans leurs méthodes de travail et directives de mandats thématiques ou de mandats-pays.

Les attributions essentielles de ces rapporteurs spéciaux ou groupes de travail sont d'enquêter sur les violations avérées ou alléguées des Droits de l'Homme, de s'informer auprès des Gouvernements, des OIG, des ONG ou des individus, d'examiner, de surveiller, de faire connaître ces violations, d'intervenir auprès des autorités étatiques, de visiter les pays pour collecter des informations à toutes les sources, identifier les responsabilités et produire des rapports publics pour, en définitive, participer à la protection des Droits de l'Homme dans le monde. Il en est de même des mandats-pays.

Les mandats-pays[749] sont également confiés à des personnes ou des groupes de travail pour étudier dans un pays particulier, la situation des Droits de l'Homme en temps normal comme en cas de conflit armé, de crise institutionnelle. Les visites de terrain sont subordonnées en principe au consentement des Gouvernements. Certains ont donné une invitation permanente à l'ONU, comme les États africains suivants, le Ghana, la Zambie, la Sierra-Leone, l'Afrique du Sud.

B. Le Mécanisme de l'Examen Périodique Universel

L'EPU (ou en anglais, *Universal Periodic Review*) est un mécanisme novateur par rapport à l'ancien système et particulièrement démocratique puisque n'excluant aucun État membre[750]. C'est un outil d'évaluation, à tour de rôle, de chaque État, qui vise à faire le point sur la situation des Droits de l'Homme dans un État, par ses pairs de l'ONU. Ils sont également assujettis à cet examen de passage auprès du Conseil des Droits de l'Homme qui ne se substitue pas aux PSp mais les complète judicieusement. Obligation est faite aux

---

Les Experts, représentants ou rapporteurs sont des juristes, des hauts magistrats, des universitaires, des économistes, d'anciennes personnalités d'OIG, d'ONG, de gouvernements, d'anciens hauts fonctionnaires de l'ONU, etc.

748 Exemples, Groupe de travail (GT) sur les personnes d'ascendance africaine créé en 2002, GT sur la détention arbitraire (1991) ; GT sur les disparitions forcées ou involontaires (1980) ; GT sur l'utilisation de mercenaires comme moyen de violer les Droits de l'Homme et d'empêcher l'exercice du droit des peuples à disposer d'eux-mêmes (2005).

749 Comme exemples de mandats-pays, on peut citer le Rapporteur spécial (ex-Représentant spécial) pour les Droits de l'Homme au Cambodge, depuis 1993 ; l'Expert indépendant chargé d'examiner les Droits de l'Homme en Haïti, 1995 ; l'Expert indépendant chargé d'examiner la situation des Droits de l'Homme en Somalie, 1993 ; l'Expert indépendant (ex-Représentant spécial) sur la situation des Droits de l'Homme au Soudan, 2005/2009 ; l'Expert indépendant chargé d'examiner les Droits de l'Homme au Burundi, 2004 ; voir pour leurs noms, le site www.ohchr.org.

750 Il est créé par la Résolution 60/51 de l'AGNU du 18 juin 2007.

Gouvernements de produire régulièrement des rapports sur la situation des Droits de l'Homme dans leur pays et de venir les soutenir devant le Conseil. Tout État membre peut alors critiquer, formuler un certain nombre de recommandations, construire un dialogue interactif avec l'État et les autres États membres[751].

En principe, pour chaque État, trois documents sont produits et discutés à la loupe : un document d'information préparé et défendu par l'État concerné ; une compilation formée de documents préparés par le HCDH contenant des informations en provenance des organes des traités, des PSp, des observations et commentaires de l'État concerné et tout autre document pertinent de l'ONU ; et enfin une deuxième série de documents provenant des États, OIG et surtout des ONG[752]. Après le « passage » de l'État, trois Rapporteurs[753] sont astreints à faire un résumé des débats et les recommandations définitives qui composent le Rapport. Siégeant entre 2008 et 2011, trois fois par an pour une durée distincte de trois semaines, l'EPU connaît une mutation à partir de 2012 avec quatorze sessions par cycle entamé en 2012. Dans ce second cycle, un véritable mécanisme de suivi permettra de surveiller l'application des recommandations pour améliorer leur situation respective en matière de Droit de l'Homme[754].

L'universalisation de la protection des Droits de l'Homme s'est accompagnée, vers le repli régional, avec la mise en place, en Europe, en Amérique et en Afrique, d'instruments juridiques pour la protection et la promotion des Droits de l'Homme.

---

[751] On souligne que des mécanismes comparables à l'EPU ont été usités à l'AIEA, au FMI, à l'OMC et à l'UA (MAEP).

[752] Les représentants des ONG ne prennent pas la parole pendant les débats. Mais lors des recommandations finales, ils ne disposent que de vingt minutes pour prendre la parole à la session plénière du Conseil.

[753] Ces Rapporteurs viennent de trois États (ou TROIKA) tirés au sort, qui ont pour mission de rédiger le rapport de groupe de travail.

[754] Entre 2008 et 2012, les 193 États ont été soumis à l'EPU, soit à peu près 48 États par an pendant quatre années et demi, sans critère de sélectivité arbitraire mais sur la base de l'universalité, de l'égalité, selon l'ordre alphabétique et en fonction de la répartition géographique équitable.
Par exemple, les États africains qui ont passé à la 1ère session du 7 au 18 avril 2008 sont le Maroc, l'Algérie, la Tunisie et l'Afrique du Sud. Le Sénégal, le Nigeria, le Cameroun, Djibouti, Maurice, sont passés à la 4ème session (du 2 au 13 février 2009) ; Gabon, Ghana, Bénin, Zambie et Mali à la 2ème session du 5 au 16 mai 2008 ; à la 3ème session du 1er au 12 décembre 2008 (Botswana, Burundi, Burkina Faso et Cap-Vert)) ; à la 5ème session du 4 au 15 mai 2009 (RCA, Tchad, Congo et Comores) ; à la 6ème session du 30 novembre au 11 décembre 2009 (RCI, RDC, Guinée Équatoriale, Éthiopie et Érythrée) ; à la 7ème session du 8 au 19 février 2010 (Angola, Égypte, Madagascar et Gambie) ; à la 8ème session du 3 au 14 mai 2010 (Guinée, Guinée-Bissau, Kenya et Lesotho) ; à la 9ème session du 1er au 12 novembre 2010 (Liberia, Libye, Malawi et Mauritanie) ; à la 10ème session du 24 janvier au 4 février 2011 (Mozambique, Namibie Niger, Rwanda, Sao Tome et Principe) ; à la 11ème session du 2 au 13 mai 2011 (Seychelles, Sierra-Leone, Somalie, Soudan) et à la 12ème session du 3 au 14 octobre 2011 (Swaziland, Togo, Ouganda, Tanzanie, Zimbabwe). Le deuxième cycle de l'EPU entamé le 21 mai 2012 se poursuivra jusqu'en 2016. À titre d'exemple, le Sénégal est repassé à la 17ème session (du 21 octobre au 1er novembre 2013).

CHAPITRE III

LES OIA ET LES DROITS DE L'HOMME : L'APPROCHE AFRICAINE DE PROTECTION

L'ancienne OUA s'est préoccupée très tôt des Droits de l'Homme, tant il est vrai que l'Afrique est trop souvent mise à l'index en matière de violations des Droits de l'Homme. Ce souci d'appréhender les Droits de l'Homme et d'en faire un cheval de bataille pour lutter contre la pauvreté, le sous-développement et les nombreuses exactions dans les différents États, est poursuivi, dans le cadre régional, par l'UA (Section I) en parallèle avec les autres OIA qui, de plus en plus, intègrent la question des Droits de l'Homme dans leurs stratégies de coopération et d'intégration (Section II).

SECTION I – LE CADRE RÉGIONAL AFRICAIN DE PROTECTION ET DE PROMOTION DES DROITS DE L'HOMME

Le texte de référence reste, sans aucun doute, la Charte africaine complétée par de nombreux traités et protocoles (Paragraphe I). Cette approche textuelle a été combinée avec des mécanismes spécifiques de protection (Paragraphe II).

PARAGRAPHE I – L'OUA/UA ET LES DROITS DE L'HOMME

La protection des Droits de l'Homme en Afrique repose sur le fondement lointain des Chartes constitutives de l'OUA et de l'UA. Cette ossature conventionnelle primaire a connu un développement normatif plus soutenu, avec la charte de 1981.

Depuis sa création, l'OUA s' est résolument attaquée aux problèmes qui menaçaient la cohésion de ses États membres et qui faisaient craindre une rupture de la paix à l'échelle continentale.

En s'attachant à la résolution des problèmes relatifs à la protection des femmes, des enfants, des réfugiés, en luttant contre le mercenariat, l'Afrique a adopté des conventions jugées très révolutionnaires pour l'époque parce qu'octroyant une protection assez généreuse.

Toutefois, de nombreux obstacles ont creusé un fossé entre les termes conventionnels et la pratique des États. La reprise en main des idéaux d'unité africaine par l'UA est en train d'insuffler un regain de vigueur à ces Conventions.

L'exposé du contenu normatif de ces Conventions sera d'abord axé sur les référentiels indispensables qui sont d'abord la Charte de 1963 (1) à laquelle renvoie l'actuel Acte constitutif qui constitue un nouveau modèle de référence (2).

A. À l'origine : la Charte de 1963

Le point de départ de toute exégèse textuelle des Droits de l'Homme en Afrique indépendante, est, sans aucun doute, la Charte de l'OUA de 1963, qui pose les grands principes et en énonce, de manière fort évasive, quelques règles.

Bien avant la création de l'OUA, en réaction aux crimes et exactions coloniaux[755], dans la perspective des indépendances prochaines, les juristes africains avaient tiré la sonnette d'alarme pour une prise en charge des Droits de l'Homme en Afrique.

En 1943, Nandi Azikiwé, dans son mémorandum sur « La Charte de l'Atlantique et l'Afrique occidentale britannique » exprimait l'idée d'une Convention africaine des Droits de l'Homme[756]. Ce souci se traduira en janvier 1961 par une réunion à Lagos de 200 juristes africains de 83 pays, sous l'égide de la Commission Internationale des Juristes, sur le thème : « De la primauté du Droit ». Cette rencontre donnera naissance à la « Loi de Lagos » invitant, les nouveaux Gouvernements africains, à étudier la possibilité d'adopter une Convention Africaine des Droits de l'Homme avec une Cour compétente appropriée et l'ouverture de voies de recours pour les individus[757].

Cette invitation restera sans suite à cause des dissensions idéologiques (Groupes de Casablanca et de Monrovia), les nouveaux États africains donnant plutôt la priorité à la lutte contre le sous-développement au détriment des Droits de l'Homme, relégués au second plan.

L'adoption de la Charte de l'OUA en 1963[758] offrira une faible assise normative aux Droits de l'Homme.

Les États africains se contenteront d'ébaucher des principes dans le Préambule de la Charte, le droit des peuples à disposer d'eux-mêmes (§ 1), de même que l'idée selon laquelle « la liberté, l'égalité, la justice et la dignité sont des objectifs essentiels à la réalisation des aspirations légitimes des peuples africains » (§ 2) ; la libre disposition des ressources naturelles et humaines (§ 3) ; la coopération et la solidarité (§ 4) ; la paix et la sécurité (§ 5) ; la nécessité de la sauvegarde et de la consolidation « de l'indépendance et de la souveraineté durement conquises ainsi que l'intégrité territoriale de nos États et à combattre le néocolonialisme sous toutes ses formes » (§ 6).

---

755 L. S. Senghor en 1950 proposait que la Convention Européenne des Droits de l'Homme s'appliquât aux territoires colonisés par les États parties.

756 Fall, Ibrahima (1978, septembre). « Des structures à l'échelon régional africain pour la promotion des Droits de l'Homme ». *Revue sénégalaise de Droit.*

757 Voir Journal de la Commission Internationale des Juristes, Vol. 113, 1961, pp. 2-28.

758 Voir Introduction et Titre II de la 1ère Partie de l'ouvrage.

Les États africains proclament leur adhésion à la Charte des Nations Unies et à la DUDH et leur idéal de réalisation de l'Unité du continent.

En dehors du Préambule, le *corpus juris* contient quelques considérations générales sur les Droits de l'Homme et les libertés fondamentales. On peut s'en convaincre à la lecture des dispositions sur les objectifs de l'OUA (Art. II), les principes axiologiques de la Charte (Art. III)[759], le principe *Pacta Sunt Servanda* (Art. VI), le règlement des différends avec la CMCA (Art. XIX). Au total, la Charte de l'OUA ne reflète qu'une approche souverainiste des États africains qui, à l'épreuve, n'avaient d'autres soucis que de conforter leurs indépendances récentes, englués dans des querelles de leadership et d'idéologies (pro-capitaliste, procommuniste, voire de non alignement), et peu enclins à ouvrir la boîte de pandore de revendications individuelles des Droits de l'Homme, l'unité nationale et la prédominance des partis uniques étant alors leurs baromètres communs.

Le contexte de la fin de la guerre froide, l'avènement des conférences nationales souveraines des années 1990, la conversion aux vertus du multipartisme, de la démocratie et de la bonne gouvernance, souvent sous l'impulsion de l'ONU ou des Institutions de Bretton Woods, enfanteront un environnement plus propice à l'énoncé et aux garanties de droits, pourtant déjà contenus dans la Charte africaine des Droits de l'Homme et des Peuples de 1981.

Dans ce contexte, l'UA ne pouvait, en remplaçant l'OUA, qu'adapter les anciens textes et adopter de nouvelles conventions.

B. Le nouveau référentiel : l'Acte constitutif de l'UA

En tant qu'organisation qui succède à l'OUA, elle va reprendre tous les textes des Droits de l'Homme adoptés avant 2000. Mais c'est au niveau de ses nouvelles ambitions, philosophies et préoccupations, que la démarcation sera plus nette par rapport à sa devancière.

L'UA va mettre en exergue de nouveaux principes et règles[760] qui guideront désormais l'action de l'Organisation et de ses États membres.

Il en est ainsi de la participation populaire, du droit de l'Union d'intervenir dans un État, sur décision de la Conférence, la promotion de la paix, de la sécurité et de la stabilité[761], la promotion des principes et institutions démocratiques[762], la promotion des Droits de l'Homme et des peuples conformément à la Charte Africaine des Droits de l'Homme et des Peuples et aux instruments pertinents relatifs aux Droits de l'Homme[763], la promotion du

---

[759] Voir Titre II, Chapitre I, de la Ière partie.
[760] Voir Chapitre I, Titre II, de la IIe Partie.
[761] Voir Titre II de cette IIIe Partie.
[762] Art. 3 (g) de l'Acte constitutif.
[763] Art. 3 (h).

développement durable[764]. Il faut également signaler l'innovation du droit des États membres de solliciter l'intervention de l'UA pour la restauration de la paix et de la sécurité[765], la promotion de l'égalité entre les hommes et les femmes[766], de la justice sociale[767], l'interdiction des changements anticonstitutionnels du gouvernement[768] et surtout « le respect du caractère sacro-saint de la vie humaine et (la) condamnation et (le) rejet de l'impunité, des assassinats politiques, des actes de terrorisme et des activités subversives[769] ».

En tant que tels, ces objectifs et principes s'inscrivent en complémentarité des droits prévus dans la Charte de Banjul de 1981.

Paragraphe II — Le cadre normatif pertinent : la Charte de 1981

De ce qui précède, il découle que l'invitation de 1961 de la Commission Internationale des Juristes, qui avait été déclinée par les Chefs d'États africains, ne connaîtra une relance qu'en 1979. Lors du Sommet de Monrovia (7-20 juillet), la CEG va procéder à l'adoption de la Résolution n° 115 (XIV) invitant le SG à convoquer une réunion d'experts de haut niveau pour un avant-projet de Convention Africaine instituant des organes de promotion et de protection des Droits de l'Homme.

Un Comité des Experts, présidé par Kéba Mbaye et regroupant une vingtaine de professeurs, juges et professionnels du Droit, se réunira à Dakar[770] avec comme directives de s'inspirer des traditions et principes de la société africaine, de respecter les choix politiques des États et les divers systèmes doctrinaux, d'intégrer la notion de « Droits des Peuples » et surtout « de ne pas aller au-delà de ce que les États africains étaient disposés à accepter dans le domaine de la protection des Droits de l'Homme »[771].

Le projet de Charte sera différé dans son examen à Addis-Abeba (mars 1980) et à Banjul (juin 1980 et janvier 1981). Finalement, il sera discuté, amendé et adopté en juin 1981 à Nairobi par le XVIIIe Sommet de la CEG[772]. La Charte Africaine des Droits de l'Homme et des Peuples (1) est le cadre

---

764 Art. 3 (j).
765 Art. 4 (j).
766 Art. 4 (l).
767 Art. 4 (n).
768 Art. 4 (p).
769 Art. 4 (o).
770 Réunion du Comité des Experts du 28 novembre au 8 décembre 1979.
771 MBAYE, Kéba « Droits de l'Homme et des Peuples en Afrique et la Charte africaine ». Rapport de la Conférence de la Commission internationale des Juristes (Nairobi, 2-4 déc. 1985) : 23.
772 La CADHP est entrée en vigueur le 21 octobre 1986 après avoir été ratifiée par 26 États, en vertu de l'Art. 63 exigeant la majorité absolue des membres de l'OUA. La CEG a adopté à l'unanimité et par acclamation, le texte. Voir GLELE AHANHANZO, Maurice (1984). « Introduction à la Charte Africaine des Droits de l'Homme et des Peuples » *in Mélanges Claude Albert Colliard*. Pedone : 516 et suivantes.

normatif pertinent auquel se réfèrent les Conventions africaines des Droits de l'Homme subséquentes (2).

1. La Charte Africaine des Droits de l'Homme et des Peuples : Valeurs et règles

La CADHP du 28 juin 1981 est porteuse à la fois de principes classiques et novateurs tout en s'enracinant dans des valeurs africaines spécifiques[773]. Cette dynamique de la connexion aux grands textes comme ceux de la Charte Internationale des Droits de l'Homme, s'adjoint d'une volonté de non renoncement à des principes moraux, éthiques profondément ancrés dans les traditions africaines[774].

Cette copule (enracinement-ouverture) s'est traduite par une bonne dose d'originalité. Selon Maurice Glélé Ahanhanzo « l'OUA donne à l'homme d'Afrique un extraordinaire et puissant instrument de libération, disons d'émancipation et d'épanouissement dans une dialectique de complémentarité et de symbiose, tant il est vrai qu'en Afrique, l'individu ne se réalise pleinement que dans la société, du lignage à l'ethnie et à l'État, aujourd'hui à l'État-nation en recherche et construction, avec l'aspiration de l'Unité Africaine »[775].

Cette Charte met l'accent sur les valeurs africaines de civilisation et magnifie les structures sociales telles que la famille, la communauté, dans le respect dû aux personnes les plus vulnérables (femmes, enfants, vieillards, handicapés). La Charte instaure un savant équilibre entre Droits de l'Homme et droit des peuples ; entre droits civils et politiques et droits économiques, sociaux et culturels, entre droits et devoirs. Elle situe l'individu au centre de la famille, de la société et de l'État. Elle énumère un ensemble de droits collectifs à côté des droits de la première génération.

Le contenu des règles des Droits de l'Homme épouse trois principales catégories assimilées, à tort ou à raison, à des « générations »[776] :

---

[773] DOUMBE-BILLE, Stéphane (2006). « La Charte africaine des droits de l'Homme et des peuples » *Annuaire international des droits de l'Homme.* (Athènes/Bruxelles) : vol. I : 139-158.

[774] TAVERNIER, Paul (dir.) (2008). *Regards croisés sur les Droits de l'Homme, la démocratie et la paix en Afrique.* L'Harmattan; FALL, Alioune Badara (2009). « La Charte africaine des Droits de l'Homme et des Peuples : entre universalisme et régionalisme ». *Revue Pouvoirs.* (129) : 77-100; OUGUERGOUZ, Fatsah (1993). *La Charte Africaine des Droits de l'Homme et des Peuples.* PUF.

[775] *Op. cit.,* p. 311 ; cf. aussi du même auteur, (1986-1988). « Théorie et pratique des Droits de l'Homme en Afrique contemporaine », *Annales Africaines.* Dakar : 132 ; YENNET, Emeka Valère (1996). *La Charte Africaine des Droits de l'Homme et des Peuples.* Paris : L'Harmattan; BA, Abdoul, Bruno KOFFI et Fethi SALHI (1984). *L'OUA. De la Charte d'Addis-Abeba à la Convention des Droits de l'Homme et des Peuples.* Paris : Édition Silex : 712.

[776] Cf. DHOMMEAUX, Jean (1989). « De l'universalité du Droit international des Droits de l'Homme : du *Pactum Ferandum* au *Pactum Latum* » in *AFDI* : 399 et suivantes; voir TALL, Saïdou Nourou (2001). « Diversité culturelle et droits collectifs : la Charte africaine des droits de l'Homme et des Peuples » *in* Henri Pallard et Stamatios Tzitzis. *Minorités, Cultures et Droits fondamentaux.* Paris : L'Harmattan : 16-23.

- la première catégorie (droits civils et politiques) correspond aux normes du libéralisme classique : liberté d'expression, de croyance, d'assemblée et d'association, garanties judiciaires et droits politiques ;

- la deuxième catégorie (droits économiques, sociaux et culturels) est due à l'influence des États socialistes, dans l'après-guerre : droit à la sécurité sociale, au travail, à un niveau de vie suffisant et à l'éducation ;

- la troisième catégorie (droits de solidarité), introduite par les États du Tiers-monde, se retrouve dans les résolutions des Nations unies et dans la Charte Africaine des Droits de l'Homme et des Peuples : droit au développement, droit à un environnement sain, droit à la paix.

Ces différentes catégories s'opposent (droits positifs ou négatifs) ou se complètent (droits individuels ou collectifs).

Malgré l'intérêt de ces catégorisations, les Droits de l'Homme sont indivisibles et interdépendants même si, en ce domaine également, un relativisme culturel est indéniable[777].

Tels qu'ils sont garantis dans les instruments internationaux, les Droits de l'Homme peuvent être restreints par les États sans qu'il en découle une violation des obligations qu'ils ont assumées, ceci par trois mécanismes :

- <u>La limitation</u> (Cf. art. 29 § 2 de la Déclaration Universelle des Droits de l'Homme du 10 décembre 1948) : les clauses de limitation permettent de rétablir l'équilibre entre_les droits individuels et les droits collectifs. Cependant, même dans ce cas, il existe un noyau dur de droits indérogeables (droit à la vie, à l'intégrité physique, interdiction de la torture, problème de la discrimination…).

- <u>La Réserve</u> (Art. 19 à 23 de la Convention de Vienne du 23 mai 1969 sur le droit des traités) : le droit international public permet à l'État, lors de la ratification d'un traité, de ne pas accepter l'ensemble des obligations y afférentes. Mais cette possibilité n'est pas illimitée.

- <u>La Dérogation</u> : Plusieurs traités des Droits de l'Homme prévoient la possibilité de suspendre leur application, au moins en partie, lors d'une situation d'urgence (art. 4 du Pacte international des droits civils et politiques), en cas de guerre ou de situation mettant en danger la sécurité ou l'indépendance des États (art. 15 de la Convention Européenne des Droits de l'Homme et art. 27 de la Convention Américaine des Droits de l'Homme)[778]. Il faut mentionner qu'il ne

---

[777] Cf. Déclaration et Programme d'Action de Vienne (Conférence mondiale sur les Droits de l'Homme, Vienne, 15-25 juin 1993). Doc. A/CONF.157/23, 12 juillet 1993, paragraphe 5.

[778] Sur toutes les Conventions citées, consulter Droits de l'Homme et droit international, Ed. du Conseil de l'Europe, Strasbourg, 1992, 466 pages ; ainsi la Déclaration Universelle des Droits de l'Homme du 10 décembre 1948, pp. 11-19 ; le Pacte international relatif aux droits économiques, sociaux et culturels du 16 décembre 1966, pp. 20-33 ; le Pacte international relatif aux droits civils et politiques du 16 décembre 1966, pp. 34-59 ; La Convention de sauvegarde des Droits de l'Homme et des Libertés fondamentales du 4 novembre 1950, pp. 166-189 ; la Convention Américaine relative aux Droits de l'Homme du 22 novembre 1969,

saurait y avoir dérogation aux normes du noyau dur qui s'apparentent incontestablement aux normes du *Jus cogens*[779].

En relation avec ce qui précède, la Charte Africaine des Droits de l'Homme et des Peuples contient les mêmes catégories et englobe des restrictions identiques[780].

L'une des particularités de la Charte est d'introduire une logique interactive entre devoirs et droits, les premiers conditionnant les seconds. Curieusement, une série de limitations prescrivent la subordination de certains droits à leur conformité aux droits nationaux : droits d'association et d'information[781].

Une fois mentionnée, la complémentarité des droits civils, politiques, économiques, sociaux et culturels, la Charte Africaine fait appel aux droits des peuples : droit à l'autodétermination, droit à la libre disposition des richesses et des ressources naturelles, droit au développement économique, droit à la paix, à la sécurité et enfin le droit à un environnement satisfaisant et global, ce qui pose des problèmes de mise en œuvre[782].

Organe de supervision et de contrôle du respect des obligations instaurées par la Charte, la Commission des Droits de l'Homme et des Peuples ne dispose que de fonctions para-juridictionnelles, assez amoindries[783].

Les dysfonctionnements de la Commission Africaine des Droits de l'Homme et des Peuples [organe de contrôle et de supervision des mécanismes de la Charte (art. 25 et 26)] ont conduit les Chefs d'État africains à souscrire à la création d'une Cour Africaine des Droits de l'Homme[784].

2. Les Conventions africaines complémentaires

Si, antérieurement à l'adoption de la Charte de Banjul, des conventions avaient été adoptées par l'OUA sur les Réfugiés en 1969 et pour lutter contre le mercenariat en 1977, il faut, à la vérité, reconnaître que c'est à la suite de la Charte de 1981 qu'un véritable arsenal normatif de protection a été forgé couvrant les droits des femmes, des enfants, etc., avant la mise en place de la Cour Africaine des Droits de l'Homme.

---

pp. 304-337 ; la Charte Africaine des Droits de l'Homme et des Peuples du 28 juin 1981, pp-353-374.

779 Voir art. 53 de la Convention de Vienne du 23 mai 1969 sur le droit des traités, cf. HUBERT, Thierry (1984). *Droit et Relations internationales.* (Traités, Résolutions, jurisprudence). Paris : Montchrestien : 696.

780 Voir MBAYE, Kéba (1992). *Les Droits de l'Homme en Afrique.* Paris : Ed. Pedone : 312.

781 Cf. LY, Djibril (1996). « La Charte africaine des Droits de l'Homme et des Peuples ». Recueil de l'IIDH. Strasbourg : 27e Session d'enseignement.

782 DIAITE, Ibou (1984, octobre-novembre). « La notion de Peuple et l'application de la Charte des Droits de l'Homme et des Peuples ». *Revue sénégalaise de Droit* : 119-131.

783 Voir plus loin, pour la Commission.

784 Voir le Protocole relatif à la Charte africaine des Droits de l'Homme et des Peuples portant création d'une Cour africaine des Droits de l'Homme et des Peuples adopté à Ouagadougou, le 9 juin 1998.

a) Les Conventions antérieures à 1981

Il s'agit essentiellement de la Convention de 1969 et de la Convention de 1977.

i) <u>La protection des réfugiés et déplacés en Afrique</u>

En dépit de l'adoption des Conventions de 1969 et 1977, l'Afrique offre encore le spectacle d'un continent déchiré par des conflits armés sanglants, très souvent attisés par l'intervention de mercenaires, et avec ses suites tragiques de réfugiés ou de déplacés internes.

Depuis quelques décennies, le continent africain est confronté à des crises majeures avec pour résultante, les mouvements de population. Le spectacle de milliers d'Africains, fuyant la sécheresse, la famine, les combats, franchissant les frontières, est devenu banal.

Une étude du HCR révèle que « les vastes mouvements de réfugiés et de personnes contraintes à l'exil sont devenus une caractéristique du monde contemporain. Jamais encore dans l'histoire récente, des foules aussi nombreuses, dans autant d'endroits du globe, n'avaient été obligées de quitter leur pays ou leur communauté pour chercher refuge ailleurs. Jamais encore le problème du déplacement massif de populations n'avait tant préoccupé les Nations Unies et ses États membres »[785].

L'Afrique abrite la plus importante, sinon la plus ancienne population de réfugiés du monde sans compter le nombre impressionnant de personnes déplacées à l'intérieur de leur propre pays.

Dans le passé, on avait tendance à considérer le droit des réfugiés comme une branche à part, compartiment des Droits de l'Homme. Mais c'est oublier l'unité fondamentale du droit dans ses objectifs et ses principes généraux. Aujourd'hui, il faut envisager le phénomène des réfugiés dans son ensemble, c'est-à-dire en identifiant ses causes[786], la solution, tout en incluant la prévention. Le droit des réfugiés est indissociable des Droits de l'Homme et du DIH. À cet effet, l'article 14 de la Déclaration Universelle des Droits de l'Homme du 10 décembre 1948 dispose : « Devant la persécution, toute personne a le droit de rechercher asile et de bénéficier de l'asile en d'autres pays ».

---

[785] HCR. (1995). *Les Réfugiés dans le monde. En quête de solutions.* Paris : Édition La Découverte : 11 ; cf. également MILANDOU, J. (1994). « Les difficultés de l'OUA face au règlement des conflits en Afrique et la protection des personnes déplacées », *in* Actes du 6e Congrès annuel de la SADIC (Kampala, 5-8 sept. 1994) – ASICL. Proc. (6) : 16-20.

[786] Cf. OWONA, Joseph *Droit international humanitaire…., op. cit.*, : 390. Pour l'auteur, les causes sont multiples : « Il y a d'abord les conflits entre États africains (type Angola/Zaïre). Il y a les crises internes des États (Tchad avec deux cent soixante six mille réfugiés au Cameroun, Burundi où cent cinquante mille réfugiés ont fui les affrontements de 1972) et la répression organisée entre les opposants internes. Il y a également eu les crises de décolonisation résultant des guerres de libération en Angola, en Guinée-Bissau, au Sahara espagnol qui ont eu une répercussion sur les territoires avoisinants de l'Afrique francophone ».

Très tôt, l'ONU a été confrontée à ce problème. La Convention de Genève du 28 juillet 1951 relative au statut des réfugiés, donne une définition[787] limitée aux personnes devenues réfugiées par suite d'événements majeurs survenus avant le 1er janvier 1951.

À l'inverse, le Protocole de New-York du 31 janvier 1967 relatif au statut des réfugiés, élargit la définition précédente, quel que soit la date à laquelle les personnes visées ont été contraintes de quitter leur pays ou leur lieu de résidence[788].

Cependant, il reviendra à l'Afrique (continent qui connaît les plus grands exodes : Corne de l'Afrique, Région des Grands Lacs, Afrique de l'Ouest) de fournir la définition la plus achevée. L'article 1er § 2 de la Convention de l'OUA régissant les aspects propres aux problèmes des réfugiés en Afrique, adoptée à Addis-Abeba le 10 septembre 1969, précise : « Le terme "réfugié" s'applique également à toute personne qui, du fait d'une agression, d'une occupation extérieure, d'une domination étrangère ou d'événements troublant gravement l'ordre public dans une partie ou dans la totalité de son pays d'origine ou du pays dont elle a la nationalité, est obligée de quitter sa résidence habituelle pour chercher refuge dans un autre endroit à l'extérieur de son pays d'origine ou du pays dont elle a nationalité »[789].

L'Assemblée Générale de l'ONU a entériné cette définition[790] qui sera reprise par le Comité exécutif du Haut Commissariat pour les Réfugiés dans ses conclusions de 1981 sur le problème de la protection en cas d'afflux massif de personnes en quête d'asile. On retrouve cette définition dans la Déclaration de Carthagène du 10 décembre 1984 sur les réfugiés[791].

Plus de 90% de réfugiés africains fuient des pays pauvres pour des pays voisins plus pauvres. Certains ont été chassés par des conflits de tous genres. Les pays d'origine et d'accueil sont l'Angola, le Botswana, le Burkina Faso, le Burundi, la R.C.A., le Congo-Brazzaville, la Côte d'Ivoire, la R.D.C., Djibouti, l'Éthiopie, la Gambie, le Ghana, la Guinée, la Guinée-Bissau, le Kenya, le Liberia, le Malawi, le Mali, la Mauritanie, le Nigeria, le Rwanda, le Sénégal, la Sierre-Leone, la Somalie, le Soudan, le Swaziland, la Tanzanie, le Togo,

---

787 HCR. (1982). *Recueil de traités et autres textes de Droit international concernant les réfugiés.* Genève : 11-32. La Convention de 1951 définit le réfugié, en son article 1, A.2, comme la personne qui « craignant avec raison d'être persécutée du fait de sa race, de sa religion, de sa nationalité, de son appartenance à un certain groupe social ou de ses origines politiques, se trouve hors du pays dont elle a la nationalité et qui ne peut ou, du fait de cette crainte, ne veut se réclamer de la protection de c pays ; ou qui, si elle n'a pas de nationalité et se trouve hors du pays dans lequel elle avait sa résidence habituelle à la suite de tels événements, ne peut ou, en raison de ladite crainte, ne veut y retourner » .

788 Art. 1er § 2 du Protocole de 1967, *in Recueil de traités…., op. cit.* : 42-46.

789 Texte reproduit dans le Recueil des traités…, *op. cit.,* pp. 227-240.

790 Res. 34/61 A.G.N.U. du 29 novembre 1979.

791 Déclaration adoptée par le Colloque sur la protection internationale des réfugiés en Amérique Centrale, au Mexique et au Panama (Colombie), 19-22 novembre 1984.

l'Ouganda, la Zambie et le Zimbabwe, etc.[792]. Aucun pays du continent n'est épargné.

Les jeux stratégiques auxquels se livrent les puissances occidentales ont des répercussions sur la paix et la sécurité en Afrique. Or, nul n'ignore la relation étroite entre l'absence de développement économique et social, le non respect des Droits de l'Homme et l'apparition de nouvelles situations de réfugiés. La cause directe d'un exode est souvent un danger imminent qui menace la vie et la sécurité, engendrant l'intolérance, le racisme et la xénophobie.

Dès lors, il est inévitable que la connexion se fasse entre les aspects de paix, de sécurité et de recherche de bien-être, que seule une réponse globale pourrait satisfaire dans le cadre d'une coopération multilatérale[793].

Les mouvements massifs de populations ont une incidence sur la paix[794]. Ces flux de réfugiés et de déplacés sont générés par les conflits armés. De même, on constate une instrumentalisation des réfugiés dans les conflits[795]. Souvent ces déplacements massifs sont utilisés à dessein par les parties belligérantes pour créer des situations conflictuelles : purification ethnique, violations systématiques des Droits de l'Homme et autres formes d'intimidation physique et mentale, état de dévastation des infrastructures économiques, politique de la terre brûlée, etc. Ces flux massifs et inattendus provoquent de plus en plus de difficultés en matière de sécurité pour le pays d'accueil. Il arrive fréquemment que des armes soient introduites dans les camps de réfugiés. Des réfugiés peuvent soutenir activement des groupes de rebelles ou des mouvements d'opposition à l'intérieur de leur pays, ce qui crée un climat d'insécurité.

On a pu noter également en Afrique, les frictions et tensions entre les nouveaux arrivants (réfugiés ou déplacés) et la population résidente. Des dommages durables à l'environnement et à l'infrastructure des pays d'accueil peuvent être involontairement créés par l'occupation de vastes étendues, l'utilisation de bois, de puits ou de systèmes de distribution d'eau.

De même, ces mouvements peuvent rentrer dans les stratégies de certains États qui utilisent les flux et reflux de personnes pour déstabiliser les pays voisins. Par ailleurs, à côté d'authentiques réfugiés, il faut déplorer la présence de criminels manipulateurs qui se servent de la population réfugiée comme d'un rempart ou d'un otage humain. À cette fin, l'article 2 al. 6 de la Convention de 1969 insiste sur la nécessité d'éloigner les camps de la proximité des frontières :

---

792 Cf. DJIENA-WEMBOU, Michel –Cyr *L'OUA à l'aube du XXIe siècle…., op. cit.* : 216.

793 Cf. Res. 2625 (XXV) de l'A.G.N.U.

794 Cf. HCR. (1997). *Les Réfugiés dans le monde. Les personnes déplacées : l'urgence humanitaire.* Paris : Édition La Découverte : 295; HCR. (1993). *Les Réfugiés dans le monde (l'enjeu de la protection).* Paris : Éditions La Découverte : 191; GOODWIN-GILL, G. S. (1983). *The Refugee in International law.* Oxford University Press. Oxford: Clarendon Press: 318.

795 Cf. Refugies n° 110 : La Crise des Grands Lacs : Chronique d'une tragédie, HCR, Genève, Hiver 1997, 31 p ; cf. aussi MUTOY, Mubiala (1996). « Les Nations unies et la crise des réfugiés rwandais ». *RBDI* (2) : 493-516.

« Pour des raisons de sécurité, les pays d'asile installeront, dans la mesure du possible, les réfugiés à une distance raisonnable de la frontière avec leur pays d'origine ».

À ce propos, les États d'asile et tous les États intéressés doivent s'abstenir de fomenter des troubles et d'encourager la résistance armée depuis les camps, car « l'octroi du droit d'asile constitue un acte pacifique et humanitaire et ne peut être considéré par aucun État comme un acte de nature inamicale » (art. 2, al. 2 Convention OUA). Les Chefs d'État et de gouvernement de l'OUA en 1969, ont mis particulièrement l'accent sur la sécurité et ont traduit ce souci dans le préambule (§ 4). « … 4. Désireux d'établir une distinction entre un réfugié qui cherche à se faire une vie normale et paisible et une personne qui a fui son pays à seule fin d'y fomenter la subversion à partir de l'extérieur…. ».

Cela implique la prise de mesures visant à séparer la population civile des éléments armés (art. 3 al. 2 Convention de 1969). Cette disposition s'inspire de celle de l'article 4 de la Déclaration sur l'asile territorial de 1967 qui dispose : « Les États qui accordent l'asile ne doivent pas permettre que les personnes auxquelles l'asile a été accordé, se livrent à des activités contraires aux buts et principes des Nations Unies »[796] .

Les mouvements de réfugiés et de déplacés peuvent déboucher sur des menaces à la paix et à la sécurité, sur une saturation des capacités d'accueil de l'État-hôte s'ils ne sont pas canalisés à bon escient pour éviter de faire de ces personnes des boucs émissaires du chômage dans le pays d'accueil. On a pu expliquer ainsi les cas d'expulsions massives de 200 000 réfugiés africains du Ghana en 1969, de 150 000 de Zambie en 1971, de 5 000 asiatiques d'Ouganda en 1972 et de deux millions d'Africains du Nigeria en 1983 et 1985, de 5 000 camerounais du Gabon en 1982 et de 10 000 Ghanéens de Côte d'Ivoire en 1985, etc.[797].

Le parcours classique des réfugiés ou déplacés est parsemé d'embûches : fuite, asile, refoulement ou rapatriement. La situation du réfugié génère une grande souffrance. Déjà en 431 av. J.C., le philosophe grec Euripide le constatait : « il n'existe pas de plus grande douleur que la perte de sa terre natale ».

Sur le plan juridique, l'éclatement des catégories traditionnelles est largement consommé depuis l'émergence du phénomène de personnes déplacées à l'intérieur de leur propre pays, à la suite de conflits internes ou de type nouveau.

---

[796] Déclaration sur l'asile territorial, A.G.N.U., Res. 2312 (XXII) du 14 novembre 1967, *in Droits de l'Homme.*(1988). Recueil des Instruments internationaux. New-York/Genève : 320-322.

[797] RICCA, Sergio (1989). *Les migrations internationales africaines.* Paris : L'Harmattan : 280 ; GENDREAU, Francis (1996). « La dimension démographique des conflits africains ». *Afrique Contemporaine.* (180) : 129-141.

Si le mandat du HCR est clairement défini concernant la protection et l'assistance des réfugiés, dans les faits le HCR n'a pas de mandat conventionnel sur les déplacés internes. Dans la réalité, le HCR a dû s'en occuper en étendant aux personnes déplacées la couverture juridique des réfugiés. Mais le HCR n'intervient pas seul. Le CICR et les organismes du système onusien ont une égale part dans l'assistance[798].

Aujourd'hui, le nombre des déplacés internes dépasse largement celui des réfugiés. Cette nouvelle donne des mouvements des populations a poussé l'ONU à redéfinir les critères régissant l'engagement du HCR auprès des personnes déplacées. Désormais, toute intervention de ce genre du HCR nécessite au préalable une requête spécifique de l'A.G.N.U. ou de l'ECOSOC, du Conseil de Sécurité ou du Secrétaire Général et, concession faite à la souveraineté, le consentement de l'État concerné. Quant au HCR, il s'est fixé comme condition d'intervention, l'accord de toutes les parties concernées, l'appui de la communauté internationale le libre accès à la population affectée[799]. En 1992, l'ONU a créé le poste de représentant du Secrétaire Général des Nations Unies pour les personnes déplacées à l'intérieur du territoire.

Le statut des personnes déplacées est absent de la Convention de 1951 mais également de celle de l'OUA de 1969. Il s'agit là d'une grande lacune qui laisse aux États d'accueil des déplacés, l'entier pouvoir discrétionnaire de refuser l'intervention du HCR ou de tout organisme pourvoyeur d'aide humanitaire. Cette situation fraie la voie à des violations graves, à des arrestations et détentions arbitraires, au viol des femmes, à l'enrôlement, la prise d'otages, l'esclavage ou le vagabondage des enfants[800].

Si le phénomène des réfugiés et des déplacés est souvent perçu par une approche exclusivement conflictuelle, il n'en ressort pas moins qu'on peut inscrire ce problème dans une dynamique de paix. Cet aspect est méconnu. L'expérience montre que la présence de déplacés ou de réfugiés peut avoir une influence bénéfique dans le pays d'accueil par l'attrait de l'assistance

---

798 Cf. Plattner, Denise (1992, novembre-décembre). « La protection des déplacés internes lors d'un conflit armé non international ». *RICR* (798) : 592-605; Maurice, Frederic et Jean De Courten (1991, janvier-février). « L'action du CICR en faveur des réfugiés et des populations civiles déplacées ». *RICR* (789) : 9-22.

799 Cf. HCR, (1996). « Les personnes déplacées », *in Réfugiés* (103), I, Genève : 30 (p. 5). Le problème des personnes déplacées a fait l'objet de décisions et de recommandations de l'ONU à caractère non contraignant et qui pourraient être l'ébauche de futurs éléments statutaires normatifs. Cf. Principes directeurs relatifs au déplacement de personnes à l'intérieur de leur propre pays. Doc. ONU E/CN4/1998/53/Add. 2 du 11 février 1998 ; Compilation et Analyse des Normes juridiques protégeant les personnes déplacées, Doc. ONU E/CN4/1996/52/Add. 2 du 5 décembre 1995, *in* RICR n° 831, septembre 1998, pp. 585-597.

800 Cf. HCR (1984). *Les enfants réfugiés, Principes directeurs concernant la protection et l'assistance.* Genève : 199 ; Cf. Braumann, R. (1996). *Le dilemme humanitaire.* Paris : Ed. Textuel : 106.

internationale, par l'apport de nouveaux savoir-faire, par la stimulation de l'économie locale, par la vitalité intellectuelle et l'enrichissement de la diversité culturelle. L'exemple de la nation américaine est souvent édifiant. On se plaît à citer des hommes comme Einstein, Sigmund Freud, Victor Hugo, Soljenitsyne, le Prophète Mahomet(PSL), etc. comme ayant connu les affres de l'exil mais également comme ayant contribué au rayonnement de leur pays d'accueil.

La question des réfugiés dépasse le simple problème de la charité pur devenir une question de politique internationale. L'ONU, dans le cadre de la sécurité collective, peut jouer un rôle dans le processus de réconciliation et de rapatriement. Différentes mesures peuvent être initiées pour démultiplier les chances de paix : négociations d'accords de paix, démobilisation et démilitarisation des combattants, surveillance du respect des Droits de l'Homme, relance de la reconstruction économique et sociale, etc.

Quant aux États, ils devront s'abstenir de créer ou de renforcer les facteurs engendrant ces mouvements de réfugiés et de déplacés.

Il a fallu attendre 2009 pour qu'un pas qualitatif soit franchi par l'UA dans la protection des personnes déplacées. De ce point de vue, les États africains vont combler des lacunes que l'ONU n'arrive pas encore à surmonter en raison des velléités souverainistes de ses États membres qui inscrivent encore la question des déplacés internes dans les affaires relevant essentiellement de leurs compétences nationales au titre de l'Art. 2 § 7 de la Charte de l'ONU.

C'est par le savant biais de la protection que l'UA s'est saisie de la question des personnes déplacées en Afrique[801].

Ce texte, complément appelé de tous leurs vœux par les défenseurs des Droits de l'Homme, inscrit la question dans le cadre de la paix et de la sécurité en Afrique ; rappelle « la coutume et la tradition africaines d'hospitalité par les communautés locales d'accueil pour les personnes en détresse et l'appui à ces communautés »[802], et vise à apporter une solution durable à la situation des personnes déplacées.

La Convention réitère son attachement à la Charte de l'ONU et à l'Acte constitutif de l'UA et s'inscrit dans le sillage de nombreux instruments internationaux à caractère universel ou régional. Il s'agit de « la Déclaration Universelle des Droits de l'Homme de 1948, la Convention de 1948 pour la prévention et la répression du crime de génocide, les quatre Conventions de Genève de 1949 et leurs Protocoles additionnels de 1977, la Convention des Nations Unies de 1951 relative au statut des réfugiés et le Protocole relatif au statut des réfugiés de 1967, la Convention de l'OUA de 1969 régissant les aspects propres aux problèmes des réfugiés en Afrique, la Convention de 1979 sur l'élimination de toutes les formes de discrimination à l'égard des femmes, la

[801] Convention de l'Union africaine sur la protection et l'assistance aux personnes déplacées en Afrique, adoptée à Kampala le 22 octobre 2009.

[802] Préambule de la Convention, § 2.

Charte Africaine des Droits de l'Homme et des Peuples de 1981 et le Protocole de 2003 à la Charte Africaine des Droits de l'Homme et des Peuples relatif aux droits des femmes en Afrique, la Charte Africaine de 1990 des droits et du bien-être de l'enfant, le Document de 1994 d'Addis-Abeba sur les réfugiés et le déplacement forcé des populations en Afrique, et autres instruments pertinents de l'Union Africaine et des Nations Unies sur les Droits de l'Homme, ainsi que les Résolutions pertinentes du Conseil de Sécurité »[803].

La Convention de Kampala rappelle, en outre, les principes directeurs des Nations Unies sur le déplacement interne, les Droits de l'Homme et le DIH ; prend note du mandat du CICR pour assumer la protection et l'assistance dans les conflits armés, de l'expertise du HCR pour les réfugiés et de la nécessité de la coordination inter-agences des Nations Unies[804].

Un long Préambule de quinze paragraphes est complété par les vingt articles de la Convention.

Cette dernière offre une définition englobante des personnes déplacées : « les personnes ou groupes de personnes ayant été forcées ou obligées de fuir ou de quitter leurs habitations ou lieux habituels de résidence, en particulier après ou afin d'éviter les effets des conflits armés, des situations de violence généralisée, des violations des Droits de l'Homme et/ou des catastrophes naturelles ou provoquées par l'homme et qui n'ont pas traversé une frontière d'État internationalement reconnue »[805].

La Convention fixe des objectifs[806] de respect, de promotion, de renforcement de mesures régionales et nationales en matière de prévention, de coopération, de responsabilité des États (art. 3) ; détaille les obligations générales des États en matière de protection et d'assistance[807], d'abstention de pratiques arbitraires, de déplacement et de prévention de déplacement des personnes et leur marginalisation en raison de leur identité, religion et opinion politique ; insiste sur les principes d'humanité et de dignité, le respect du caractère strictement humanitaire et civil de la protection et de l'assistance et la responsabilité pénale individuelle de tout auteur de déplacement arbitraire, selon le droit pénal national ou international, ainsi que l'implication dans cette protection et assistance des acteurs étatiques et non étatiques[808].

Un mécanisme appelé Autorité ou Organe pourrait, si nécessaire (Art. 3 § 2, b), coordonner ces activités de protection et d'assistance.

---

803 Préambule, § 8.

804 La question avait été déjà évoquée par les Décisions du Conseil Exécutif de l'UA à Addis-Abeba en juillet 2004 (Décisions EX.CL/127(V) et EX.CL/Déc. 129(V) et en juillet 2008, à Sharm El Sheikh (Décision EX/CL/413 (XIII) du CE.

805 Article premier k).

806 Article 2.

807 Art. 3 de la Convention de Kampala.

808 Art. 3 de la Convention de Kampala.

À ces obligations générales, ont été adjointes des obligations spécifiques (Art. 4), relativement aux Droits de l'Homme et au DIH, la mise en place d'un système d'alerte précoce, des mesures d'urgence à la charge des États membres en coopération avec les OI, la société civile et autres acteurs concernés.

Une des contributions remarquables de cette Convention est la spécification de divers types de déplacements : déplacement basé sur des politiques de discrimination, déplacement individuel ou massif de civils en situation de conflit armé, déplacement utilisé intentionnellement comme méthode de guerre, déplacement issu des situations de violence ou de violations généralisées des Droits de l'Homme, déplacement résultant de « pratiques néfastes »[809], évacuations forcées dans le cas de catastrophes, déplacement comme punition collective, etc.[810].

De surcroît, les États ont prévu des droits et obligations endossés par l'UA, tels le droit d'intervention de l'Art. 4 (h) de l'Acte constitutif, le droit de l'État de solliciter l'intervention de l'UA (Art. 4 [j] de l'Acte constitutif), de soutenir les efforts des États membres, de renforcer son cadre institutionnel, de prendre des solutions durables, de coordonner la mobilisation des ressources, de partager des informations avec la Comm. ADHP, de coopérer avec son Rapporteur Spécial pour les Réfugiés, les rapatriés, les personnes déplacées et les requérants d'asile, etc.[811].

Le prolongement de ces obligations est le corset de devoirs additionnels de l'Art. 9 qui interdit la discrimination, le génocide, les crimes contre l'humanité, le meurtre, les exécutions sommaires, la violence sexuelle et fondée sur le genre, prostitution forcée, torture, enlèvement, esclavage, recrutement d'enfants et leur impose de prendre des mesures d'accueil, d'assistance humanitaire dans les plus brefs délais et dans une large mesure possible, de garantir la liberté de mouvement et de choix de résidence, de consulter les personnes déplacées et de les faire participer au processus de prise de décision à leur égard. Il faut signaler que l'impératif de protection de l'environnement n'a pas été ignoré avec le déplacement forcé, pour des projets, ce qui nécessite, au préalable, « une évaluation de l'impact socio-économique et environnemental »[812].

Enfin, un mécanisme de suivi est prévu, de même que le retour, l'intégration locale ou la réinstallation durable.

---

[809] L'expression est définie aussi par l'art. 1er (j) : « tous comportements, attitudes et/ou pratiques qui affectent les droits fondamentaux des personnes, tels qu'entre autres, le droit à la vie, à la santé, à la dignité, à l'intégrité mentale et physique et à l'éducation ».

[810] Art. 3 § 4 de la Convention de Kampala.

[811] Art. 8 « Droits et obligations de l'Union africaine ».

[812] Art. 10 § 1 et 2.

ii) La protection des DH par la lutte contre le mercenariat

Le mercenariat fait partie des plus vieux métiers du monde[813]. L'histoire africaine retient l'exemple des mercenaires d'Abam Ohafia et d'Abiriba employés dans l'Iboland au 14e siècle, des soldats d'Oyo utilisés en 1784 lors de l'attaque de Badagry par l'armée du Danhomé, et des mercenaires touaregs des invasions marocaines, etc.[814].

La pratique perdit de son ampleur pendant la période coloniale. Après les indépendances, elle ressurgit, tel un fléau, pour menacer la stabilité des États africains. Rares sont les États qui n'ont pas été concernés par le problème des mercenaires. Ces derniers sont intervenus au Bénin (Raid sur Cotonou le 16 janvier 1977), au Congo-Kinshasa (depuis 1960), au Tchad (Légion Islamique), au Sénégal (en Casamance), en Guinée-Bissau, en Guinée (Invasion des troupes portugaises et de mercenaires), au Zimbabwe (problème de la Rhodésie), au Mozambique (aux côtés de la RENAMO), en Angola, en Mauritanie (avec le Polisario), aux Seychelles, au Togo, Ouganda, Nigeria, Soudan, etc.

L'activité néfaste des mercenaires est liée étroitement à l'histoire de l'archipel des Comores qui a particulièrement souffert des méfaits de ces soldats de fortune. Le tristement célèbre Bob Denard, alias Gilbert Bourgeaud, alias Saïd Moustapha Mahdjou, ancien quartier-maître français, qui a opéré au Bénin, en Angola, au Nigeria et au Congo, renversa le Président Ahmed Abdallah le 3 avril 1975 pour installer à la place Ali Soilih. Il mettra fin de son propre chef à l'aventure présidentielle de Soilih pour remettre en place Abdallah le 13 mai 1978. Le mercenaire français commit le 29 novembre 1989 un coup d'État qui coûtera la vie à Ahmed Abdallah. Il intervient à nouveau le 28 septembre 1995 pour déposer le Président Saïd Mohamed Djohar et confier le pouvoir à un obscur capitaine du nom d'Ayouba Combo chef de la garde qu'il a contribué à former, avant de se rendre aux troupes françaises qui l'avaient assiégé à Moroni, le 5 octobre 1995[815] .

Loin de constituer un épiphénomène, le mercenariat représente la face obscure des relations internationales africaines, et un danger pour l'intégrité des États africains. Il suscita en réaction une prise de conscience commune de ces États pour l'élimination de ce fléau, constituant un obstacle majeur à l'expression de leur souveraineté et frayant la voie au néo-colonialisme, au racisme, à l'apartheid et à la violation du droit des peuples à disposer d'eux-mêmes.

Sur le plan juridique, la situation créée par le mercenariat était sans précédent. En effet, il faut reconnaître avec le Pr. Owona, que « le plus étonnant

---

813 TERCINET, Josiane (1997). « Les mercenaires et le Droit international ». AFDI, Vol. 23: 269-293.

814 Cf. OWONA, Joseph « Droit international humanitaire » *op. cit.* : 392.

815 Cf. *L'Annuaire Jeune Afrique* (1994). : 132-133 ; le *Nouvel Afrique-Asie* (74) novembre 1995 : Francis LALOUPO « Denard, Corsaire de l'empire perdu »: 23.

était que le droit humanitaire ne s'était jamais intéressé à ce métier, l'un des plus vieux du monde pratiqué depuis l'Antiquité »[816]. Nonobstant le mutisme des Conventions de Genève de 1949, le Conseil de Sécurité de l'ONU prit, très tôt, des résolutions sur l'activité des mercenaires : Résolutions 161 A du 21 février 1961 (sur l'évaluation des mercenaires du Congo), 169 du 24 novembre 1961 (*opération Rumpunch* de l'O.N.U.C.) et 199 du 30 décembre 1964.

Des États africains portèrent plainte devant le Conseil contre les mercenaires. Le Conseil de Sécurité prit des résolutions pour condamner ces agressions : résolution 266 du 14 octobre 1966 (plainte du Congo contre le Portugal), résolution 237 (révolte des mercenaires de Mobutu le 3 juillet 1967), résolution 289 du 23 novembre 1970 (plainte de la Guinée contre le Portugal), résolution 405 du 14 avril 1977)[817], résolution 507 de 1982 (agression contre les Seychelles, des mercenaires de Mike Hoare, commanditée par l'Afrique du Sud le 26 novembre 1981)[818].

A diverses reprises, le Conseil de Sécurité fut confronté au problème du mercenariat en Afrique lors de l'examen des « question congolaise, question des territoires administrés par le Portugal, de l'application de la Déclaration sur l'octroi de l'indépendance aux pays et peuples coloniaux, de la Déclaration relative aux principes du Droit international touchant les relations amicales et la coopération entre les États, des Droits de l'Homme en période de conflits armés, de la définition de l'agression, de la politique d'apartheid du gouvernement sud-africain, de la non intervention dans les affaires intérieures d'un État »[819].

L'A.G.N.U. s'est aussi penchée sur la question du mercenariat. À la suite des Résolutions n° 2395 du 12 décembre 1968, n° 2465 du 20 décembre 2968, n° 2708 du 14 décembre 1970, elle a adopté la Résolution 3103 (XXVIII) du 12 décembre 1973 intitulée « Principes de base concernant le statut juridique des combattants qui luttent contre la domination coloniale et étrangère et les régimes racistes », dont le paragraphe 5 dispose : « l'emploi de mercenaires par les régimes coloniaux et racistes contre les mouvements de libération nationale luttant pour leur libération et leur indépendance du joug du colonialisme et de la domination étrangère, est considéré comme un acte criminel et les mercenaires doivent en conséquence être punis comme criminels ».

La pratique du mercenariat, « véritable plaie aux relations interafricaines », selon Mme Tercinet, fut aussi condamnée par plusieurs résolutions de l'OUA[820]. L'Organisation panafricaine créa une Commission spéciale sur le mercenariat

---

816 Cf. OWONA, J. *op. cit.*:388.

817 Cf. MALLEIN, Jean (1978). *La situation juridique des combattants dans les conflits armés non internationaux.* Thèse, Université de Grenoble, ORT : 153-214.

818 Cf. (1994). *L'Annuaire Jeune Afrique* : 226-226.

819 TERCINET, J. *op. cit.* : 270-271.

820 Résolutions du Conseil des ministres du 10 septembre 1964 et de la Conférence des Chefs d'État et de Gouvernement du 14 septembre 1967 appelant toutes les Nations à punir le mercenariat comme un crime, etc.

(Res. 12 novembre 1967). Son Conseil des ministres, par sa Résolution du 12 décembre 1970, condamna « tous les mercenaires qui ont envahi la République de Guinée ainsi que toutes les forces qui ont participé au plan pour cette agression »[821]. Sa Résolution CM/Res. 527 (XXVIII) de février 12977 fustige « l'agression armée contre la République Populaire du Bénin et rejette toute ingérence, qu'elle provienne d'un État africain ou d'une source extracontinentale »[822]. En 1970, à sa 7e Session à Lagos, le Conseil des ministres décida, par la Résolution CM/Res. 7 (VII), de compléter la Charte « par une convention relative à l'interdiction de recruter, former, équiper des mercenaires aussi bien qu'à l'interdiction du passage de tels mercenaires et de tout équipement qui leur est destiné dans tous les pays membres de l'OUA » (Paragraphe 9)[823].

La recrudescence du mercenariat entraîna, en réaction, une intensification de la lutte contre le phénomène. Deux précédents célèbres, les procès de Luanda et de Khartoum, marquent le début de la répression des excès perpétrés par les mercenaires.

Lors de ce qui est considéré par le Pr. Owona comme « le Nuremberg des mercenaires », (ouvert le 13 juin 1976 à Luanda (Angola), treize mercenaires américains, britanniques et français, furent jugés dans un procès public, médiatisé par la présence de nombreux journalistes étrangers. Capturés par le MPLA (devenu le gouvernement d'Angola), ils furent condamnés sévèrement : quatre (dont deux convaincus de mercenariat et deux d'avoir commis des crimes contre la paix) furent exécutés, et les neuf autres furent punis d'une peine d'emprisonnement allant de seize à trente ans de réclusion criminelle. Ce procès souleva beaucoup de controverses juridiques.

Selon un auteur, « juridiquement la charge décisive qui fut retenue contre deux des accusés, n'existait pas. Le crime de mercenariat n'était pas alors un crime de Droit international. Les résolutions de l'OUA condamnant le mercenariat en 1967 et 1971, que le Juge Teixeira Da Silva invoqua dans son réquisitoire, ne pouvaient pas juridiquement se substituer au droit des gens en vigueur pour les besoins de la cause »[824].

Mr. Mac Dermot, Président de la Commission Internationale des Juristes, considérait que le mercenariat n'était pas un crime. Le Professeur Schwarzenberger dénonçait « l'assimilation des mercenaires aux pirates et leur mise hors la loi en Afrique »[825]. Le Département d'État américain prétendait « qu'il n'y avait aucune raison, du point de vue des lois nationales ou du Droit international, de juger et de condamner les mercenaires et M. Robert Cesner, l'avocat des États-Unis, réclama pour eux la protection intégrale des

---

[821] (1971). *Afrique Contemporaine.* (53) : 13.
[822] DJIENA-WEMBOU, M. C., *L'OUA…*, *op. cit.* : 79.
[823] DJIENA-WEMBOU, M. C., *op. cit.* : 86-89.
[824] MALLEIN, J. *La situation juridique…*, *op. cit.* : 220.
[825] Cf. OWONA, J. *op. cit.* : 388.

Conventions de Genève de 1949 (articles 82 à 88) qui ne disaient rien d'explicite les concernant »[826].

À Khartoum (Soudan), s'ouvrit le 1er août 1971, le procès d'un Chef de mercenaires célèbre, Rolf Steiner, livré par l'Ouganda au Soudan pour son soutien militaire actif aux rebelles Anyanyas du Sud-Soudan[827]. Le Tribunal d'exception formé d'officiers supérieurs le jugea devant un public composé de représentants de la presse internationale. Steiner fut accusé de quatre chefs d'inculpation : entrée et séjour illégal au Soudan, importation clandestine de matériel et exercice illégal de médecine ; fomentation d'activités subversives pour le compte de puissances étrangères ; et commandement de rébellion armée et atteinte à l'unité et à la sécurité du Soudan. Condamné à mort, sa peine fut commuée à vingt ans de réclusion criminelle. Mais il fut libéré le 30 mars 1974.

Ces procès renforcèrent la volonté des États africains de répression du mercenariat et constituèrent un prélude à une *conventionnalisation* de la lutte contre ce fléau. En juin 1972, un rapport du Comité d'Experts de l'OUA proposa un projet de Convention dite de Rabat dont l'article premier disposait : « la présente convention caractérise comme mercenaire tout individu qui, n'ayant pas la nationalité du pays contre lequel ses actions sont dirigées, est employé, s'enrôle ou se lie volontairement à une personne, à un groupe ou à une organisation... ». Cette convention ne vit pas le jour. Mis elle sera reprise sous une autre forme par la Commission internationale d'enquête, lors du procès de Luanda (dont faisaient partie le Sénégalais Abdoulaye Wade, le Béninois Robert Dossou et le Congolais A. Mouelle) qui préconisa l'adoption d'une convention sur la prévention et la suppression du Mercenariat.

Fruit de ces deux projets, la Convention de l'OUA sur l'élimination du mercenariat en Afrique fut adoptée le 5 mai 1977 lors de sa 14ème Session à Libreville (Gabon). Cette convention intervient avant l'adoption du Protocole I de 1977 dont l'art. 47, consacré aux mercenaires, leur refuse le statut de combattant et de prisonnier de guerre. Par rapport au Protocole I, la Convention de l'OUA contient une définition plus exhaustive en qualifiant le mercenaire de criminel. Son article 1er § 1 définit le mercenaire ainsi : « le terme de mercenaire s'entend de toute personne :

a) qui est spécialement recrutée dans le pays ou à l'étranger pour combattre dans un conflit armé ;

b) qui, en fait, prend une part directe aux hostilités ;

c) qui prend part aux hostilités en vue d'obtenir un avantage personnel et à laquelle est effectivement promise, par une Partie au conflit ou en son nom, une rémunération matérielle ;

---

826 OWONA, J. *idem* : 388.
827 Cf. MALLEIN, J. *La situation juridique...*, *op. cit.* : 218-219.

d) qui n'est ni ressortissant d'une Partie au conflit, ni résident du territoire contrôlé par une Partie au conflit ;

e) qui n'est pas membre des forces armées d'une Partie au conflit et

f) qui n'a pas été envoyée par un État autre qu'une Partie au conflit en mission officielle en tant que membre des forces armées dudit État ».

La Convention élargit la définition à l'individu, groupe ou association, représentant de l'État qui « dans le but d'opposer la violence armée à un processus d'autodétermination, à la stabilité ou à l'intégrité territoriale d'un État, pratique l'un des actes suivants :

a) abriter, organiser, financer, assister, équiper, entraîner, promouvoir, soutenir ou employer de quelque façon que ce soit des bandes de mercenaires ;

b) s'enrôler, s'engager ou tenter de s'engager dans lesdites bandes ;

c) permettre que dans les territoires soumis à sa souveraine ou dans tout autre lieu sous son contrôle, se développent les activités mentionnées dans l'alinéa a) ou accorder des facilités de transit, transport ou autre opération des bandes susmentionnées » (art. 1 al.2).

Le Protocole I de 1977 confirme le statut des mercenaires de l'art. 3 de la Convention africaine qui dispose : « les mercenaires n'ont pas le statut de combattants et ne peuvent bénéficier du statut de prisonnier de guerre ». La Convention considère que le commandement des mercenaires constitue une circonstance aggravante (art. 2). Elle met en cause la responsabilité pénale individuelle du mercenaire (art. 4), et celle générale de l'État et de ses représentants (art. 5). Elle exhorte les États à prendre « toutes les mesures nécessaires pour éliminer du continent africain les activités des mercenaires… » (art. 6). La peine la plus sévère de la législation nationale punira cette infraction (art. 7 et 8).

La Convention de l'OUA ne dépouille pas le mercenaire de garanties judiciaires reconnues à tout justiciable en vertu du principe du traitement national (art. 11). La doctrine reconnaît l'application à l'individu-mercenaire des droits protecteurs de l'art. 3 commun aux quatre Conventions de Genève de 1949.

L'assistance mutuelle (art. 10), l'extradition (art. 9) doivent s'exercer dans un esprit de coopération et dans le respect des principes des Chartes de l'ONU et de l'OUA.

L'ONU renforcera cette tendance répressive par la Résolution 34/140 du 14 décembre 1979 de l'Assemblée Générale, où elle décide « d'envisager des mesures efficaces pour interdire le recrutement, l'instruction, le rassemblement, le transit et l'utilisation des mercenaires »[828].

---

[828] Citée par Nguyen Quoc Dinh et alii, *op. cit.* : 894.

Dix ans plus tard, l'ONU adoptera la Convention de New-York du 4 décembre 1989. Cette dernière est plus complète que celle de l'OUA puisqu'elle interdit le recrutement, l'utilisation, le financement et l'instruction de mercenaires.

En effet, une des lacunes de la Convention de Libreville réside dans l'absence de prohibition totale du recrutement des mercenaires. Cette lacune est comblée par la Convention de l'ONU qui, en plus, étend l'interdiction du mercenariat au-delà du conflit armé, à « tout acte concerné de violence » portant atteinte à l'ordre constitutionnel ou à l'intégrité territoriale de l'État.

La Convention de 1977 s'adresse aux États et se situe exclusivement dans l'hypothèse de conflit international par la réglementation des obligations de ses États membres. Elle semble exclure les hypothèses aujourd'hui banales d'emploi de mercenaires dans les conflits internes. Elle ne prétend pas s'étendre aux conflits armés internes internationalisés, dans lesquels sévit un regain de dynamisme du mercenariat, tels que le coup d'État de Bob Denard contre le Président Djohar, l'emploi dans les rangs des FAZ de Mobutu[829] et de l'AFDL de Kabila en 1997 de mercenaires, leur utilisation dans la guerre civile congolaise par les camps de Lissouba et de Nguesso[830].

Dans les années 70, les bandes de mercenaires étaient aisément recensées : « *Club des Oies Sauvages* en Afrique du Sud du Colonel fou Michael Hoare, *Security Advisory*, Service britannique de Lee Aspin, l'*Afro-américain Technical Assistance* de Larry Mitchell… »[831].

Aujourd'hui, le mercenariat prospère grâce à des magazines tels que « *Soldiers of Fortune* » ou des sites d'Internet, ce qui accentue la difficulté de maîtrise du phénomène. Des agences de mercenaires se dissimulent derrière d'influentes sociétés de sécurité : l'américaine *Military Professional Ressources Inc.*, l'israélienne *Levdan*, la sud-africaine *Executive Outcomes*, les britanniques *Sandline International, Saladin et J. & S. Franklin*[832].

D'autres sociétés diversifient leur activité de mercenaire, en assurant la protection de mines[833]. Certaines comme *Executive Outcomes* veillent sur les intérêts de sociétés pétrolières en Angola (*Gulf-Chevron* ou *Petrangol*), sur la sécurité des mines diamantifères en Sierra-Leone[834].

---

[829] Les FAZ combattaient aux côtés de 280 mercenaires européens sous la direction du Belge Christian TAVERNIER, cf. *Sud Quotidien* (1143) du mardi 28 janvier 1997.

[830] Cf. *Jeune Afrique* (1921) du 29 octobre au 4 novembre 1997 : 63 : « Emploi de mercenaires ukrainiens par les milices de Lissouba. Dossier Spécial Congo ».

[831] Cf. OWONA, J. *op. cit.*, p. 392.

[832] Cf. *Courrier International* (389) : 24 du 16 au 22 avril 1998 ; *Sud Quotidien* (807) : 10 du mercredi 13 décembre 1995: « le look du mercenariat » par Franck Kuwonu.

[833] Cf. *Jeune Afrique* (1896) : 14-17 du 7 au 13 mai 1997: « Les marchands de Sécurité », par François Soudan.

[834] Cf. *Le Monde Diplomatique*, octobre 1996 : 22-23 : « Lucrative reconversion des mercenaires sud-africains », par Laurence Mazure.

Par ailleurs, les mercenaires comme Bob Denard, Siegmund Mueller, Enzo Generali Deulin, Costas Georgius, Jean Schramme, John Banks, Hans Kraemer, Rolf Steiner sont aujourd'hui relayés par la nouvelle génération des mercenaires venus des pays de l'Europe de l'Est : croates, ukrainiens, tchétchènes[835]. À côté de mercenaires — « terroristes » de la Légion Islamique de Kadhafi, on note la présence d'Africains monnayant leurs armes dans les conflits internes[836].

La Convention africaine est tombée dans une sorte de léthargie. Son application est marginale. Seule une coopération renforcée et une répression plus grande par des lois pénales pourraient enrayer le mercenariat en Afrique et dissuader les aventuriers en mal de sensations fortes.

On constate une violation de la Convention à travers la dissimulation de la présence des mercenaires sous l'appellation de Conseillers militaires, d'Instructeurs ou de chefs de sécurité. Ce mercenariat nouveau s'accompagne du développement inquiétant de « mercenaires africains ».

Les Conventions de l'OUA et de l'ONU mettent en exergue le caractère d'extranéité de l'origine du mercenaire, gardant un mutisme sur ces Africains recrutés en Ouganda, en Guinée-Bissau, au Rwanda, au Liberia pour combattre soit aux côté des rebelles soit dans les rangs des armées gouvernementales.

A ce niveau, le durcissement des sanctions dans les Codes pénaux nationaux peut constituer une politique dissuasive dans la répression du « mercenariat interne ». Les États africains, tout en comblant les lacunes de la réglementation conventionnelle, doivent s'attacher à renforcer la lutte contre le mercenariat par la volonté sincère d'appliquer ces conventions et de prendre toutes les mesures adéquates pour éviter l'emploi de mercenaires sur le continent africain.

b— Les Conventions postérieures à 1981

Au renforcement des législations africaines par l'application des Conventions de 1969 et de 1977, devront s'ajouter des mesures plus efficaces pour la protection des femmes et des enfants africains.

Parties intégrantes de la population civile, les femmes et les enfants jouissent de droits au titre de l'adoption de règles spéciales en faveur des femmes (i) et des enfants (ii).

En dépit de l'existence de certaines règles générales et spéciales, la violation croissante de ces normes dans les conflits armés africains ou en temps de paix, légitime un plaidoyer pour un renforcement de cette protection.

i) La protection juridique des femmes

En Afrique, les exemples de reines-soldats de l'Égypte pharaonique et des royaumes ashanti ou d'Angola, des Amazones du Danhomé, de Yacine Boubou

---

[835] Cf. *Courrier International* (389) : 24 : « Les combattants tchétchènes, des mercenaires très convoités ».

[836] *Jeune Afrique* (1751) du 28 juillet au 3 août 1994, p. 16 et suivantes : « Touaregs. Le combat des hommes de nulle part »par Francis Kpatinde.

du Royaume du Walo et d'Aline Sitoé Diatta de Casamance, démontrent que l'activité guerrière n'était pas toujours l'apanage exclusif des hommes. Mais pour la plupart des peuples africains comme les Masaï, « la guerre étant une affaire d'hommes, les femmes, les vieillards et les enfants ne participaient pas au combat »[837]. Un culte protecteur s'attachait à la sauvegarde de la femme, dont « l'idée maîtresse (...) est que la femme représente "l'origine", "la source", de la vie. Si l'on tuait les femmes au cours des combats, on ne tarderait pas à tarir le flot de la vie. Ce respect des femmes constitue la base du respect de la vie »[838].

Les femmes font partie des éléments les plus vulnérables de la population. Elles figurent, en grande proportion, dans la catégorie non combattante, mais payent un lourd tribut dans les conflits armés. Selon une étude réalisée par le CICR, « pendant un conflit armé ou des troubles intérieurs, la femme n'est pas épargnée. Elle endure les mêmes souffrances que l'ensemble de la population civile : exécutions sommaires, tortures, internements arbitraires, déplacements forcés, prises d'otages, menaces et intimidations... Elle subit aussi les effets directs ou indirects des hostilités, que ce soient les bombardements, trop souvent indiscriminés, la famine ou les épidémies... »[839].

Les femmes sont le pilier de la famille. Elles sont directement concernées par le sort de leurs époux ou enfants, qu'ils soient victimes ou combattants. Trop souvent, elles sont sous la menace d'explosions de mines en travaillant dans les champs, en ramassant du bois de chauffage ou en allant puiser de l'eau. Elles souffrent fréquemment de la dépossession de leurs droits les plus élémentaires. Il en est ainsi des femmes somaliennes réfugiées victimes des pratiques courantes de viol et d'enlèvement, dans les camps.

Certes, les Conventions de 1951, 1967 et 1969 traitent des réfugiés de façon indifférenciée sans spécification d'âge ou de sexe, mais une protection spéciale en complément de la protection générale fournirait un cadre juridique mieux adapté aux conflits modernes. À l'instar de la lutte contre le mercenariat ou de la protection des enfants par voie conventionnelle, une réglementation plus exhaustive devra couvrir les différents aspects de la protection humanitaire en destination des femmes.

À ce propos, en 1989, des Experts de la Commission Africaine des Droits de l'Homme et des Peuples, Mme Duarte et M. Dankwa ont été choisis par leurs pairs pour réfléchir sur un projet de protocole facultatif, à la Charte de 1981, destiné à la protection des femmes. Finalement, ce sera à l'UA que reviendra la

---

837 DIALLO, Yolande (1978). *Traditions africaines et droit humanitaire*. Tome I. Genève : CIRC. (tiré à part), p. 6.

838 DIALLO, Y., *Ibid.*, p. 8.

839 CICR (1995, août). Édition spéciale : *Les femmes et la guerre,* Genève : COMREX: 4-5. Voir également l'étude qui révèle toutes les difficultés auxquelles sont confrontées les 4500 femmes-soldats démobilisées après la guerre d'indépendance de l'Érythrée, PEREZ-VITORIA, Silvia (1997, janv.). « Les Femmes d'Érythrée ne désarment pas ». *Le Monde diplomatique* : 10.

tâche de développer les quelques dispositions de la CADHP en adoptant le Protocole de Maputo[840].

En effet, on avait déploré la faiblesse des dispositions spécifiques de protection des droits de la femme dans la CADHP. Elle se contente d'énoncer soit l'élimination de toute discrimination contre la femme et la promotion des droits de la femme tels que stipulés par les déclarations et conventions internationales[841], soit indirectement les droits des femmes dans l'interdiction de toutes les formes de discrimination fondées sur le sexe[842].

En application de l'Art. 66 de la Charte de 1981 qui permet l'adoption de Protocoles additionnels, et à la suite de la recommandation de la Comm. ADHP[843], les Chefs d'État et de gouvernement africains vont donner vie, corps et cohérence aux droits de la femme en Afrique par la signature du Protocole[844].

Déjà en 1995, en se fondant sur la possibilité offerte par l'article 66 de la Charte Africaine des Droits de l'Homme et des Peuples qui prévoit l'adoption de protocoles ou accords particuliers en cas de besoin pour compléter les dispositions de la Charte, la Conférence des Chefs d'État et de gouvernement de l'Organisation de l'Unité Africaine avait entériné par une Résolution AHG/Res. 240 (XXXI), la recommandation de la Commission Africaine des Droits de l'Homme et des Peuples qui optait pour l'élaboration d'un Protocole sur les droits de la femme en Afrique[845]. Par la suite, les travaux de réflexion, en vue de l'élaboration de ce protocole ont été entamés et accélérés par les experts pour donner vie à cet instrument qui tiendra spécifiquement compte des droits de la femme.

En juillet 2003, la Conférence des Chefs d'État et de gouvernement de l'Union Africaine adopta un Protocole à la Charte Africaine des Droits de l'Homme et des Peuples relatif aux droits de la femme en Afrique. Ce Protocole dit de Maputo est le premier instrument adopté par l'Union Africaine qui prend en compte explicitement les droits de la femme africaine.

Dès le préambule, il est fait référence à des principes, résolutions, déclarations, plateformes d'action, conventions et aux instruments internationaux relatifs aux droits des femmes. Dans ce sens, le protocole exige des États africains l'élimination de toutes les formes de discrimination à l'égard des femmes en Afrique et la promotion du principe d'égalité entre les hommes

---

[840] Protocole à la Charte africaine des Droits de l'Homme et des Peuples relatif aux droits des femmes, adopté à Maputo le 11 juillet 2003 par la 2e Session ordinaire de la Conférence de l'Union.

[841] Art. 18 § 3 de la Charte de 1981.

[842] Article 2 de la Charte de 1981.

[843] Résolution AHG/Res. 240 (XXXI) de juin 1995 de la Commission Africaine des Droits de l'Homme et des Peuples.

[844] Protocole qui est entré en vigueur le 25 novembre 2005 après les 15 ratifications nécessaires à son application.

[845] Voir le Protocole de Maputo du 11 juillet 2003.

et les femmes. Les États sont conviés à adopter une politique qui tient compte dans tous les domaines du principe d'égalité entre les femmes et les hommes.

Conçu comme complément de la Charte Africaine des Droits de l'Homme et des Peuples, le Protocole de Maputo reconnaît à la femme le droit à la dignité, le droit à la vie, le droit à l'intégrité et à la sécurité, le droit au mariage, l'accès à la justice, le droit de participation au processus politique et de prise de décision, le droit à la santé, le droit à la protection sociale, etc. Le Protocole de Maputo fait aussi référence à une protection spéciale accordée à certaines catégories de femmes, à savoir : les femmes âgées, les femmes handicapées et celles en situation de détresse à travers les articles 22, 23, 24.

En ce qui concerne les femmes âgées et les femmes handicapées, les États s'engagent à prendre des mesures spécifiques en rapport avec leurs besoins physiques, économiques et sociaux, et à assurer leur protection contre la violence, y compris les abus sexuels et la discrimination fondée sur l'âge (article 22) ou l'infirmité (article 23). Quant aux femmes en situation de détresse, les dispositions de l'article 24 du protocole leur offre protection surtout lorsqu'elles sont pauvres, issues des populations marginales, chefs de famille, incarcérées en état de grossesse et allaitant, en rapport avec leurs besoins physiques, économiques et sociaux.

Le plus remarquable est l'attention particulière portée à la protection des femmes en cas de conflit armé. Considéré comme le premier instrument régional exclusivement réservé à la protection des droits des femmes, le Protocole de Maputo dédie deux de ses articles (art. 10 et 11) à la protection de ces dernières dans le cadre d'un conflit armé.

L'article 10 relatif au droit à la paix, s'entend du droit des femmes à une existence pacifique et de leur droit de participer à la promotion et au maintien de la paix[846]. Cette disposition s'inscrit dans le même sens que la Résolution 1325 (2000) du Conseil de Sécurité, qui veut que les femmes soient davantage impliquées dans les processus de prise de décision, dans les mécanismes de gestion et de règlement des conflits. Les États parties doivent, à cet effet, prendre des mesures pour assurer une participation accrue des femmes aux programmes d'éducation à la paix et à la culture de la paix ; aux mécanismes et aux processus de prévention, de gestion et de règlement des conflits aux niveaux local, national, régional, continental et international ; aux mécanismes de prise de décision à tous les niveaux pour garantir la protection physique et psychologique, sociale et juridique des requérants d'asile, réfugiés, rapatriés et personnes déplacées en particulier des femmes ; aux mécanismes de gestion des camps ; ainsi qu'une participation à tous les aspects de la planification, de la

---

[846] KAMTO, Maurice (dir.) (2001). *La Charte africaine des Droits de l'Homme et des Peuples et le Protocole y relatif portant création de la Cour africaine des Droits de l'Homme.* Bruxelles : Bruylant : 37.

formulation et de la mise en œuvre des programmes de reconstruction et de réhabilitation post-conflit[847].

Pour assurer la protection des femmes en cas de conflit armé, l'article 11 met à la charge des États parties des obligations. Ils doivent spécialement protéger les femmes en respectant et en faisant respecter les règles du Droit international humanitaire applicable dans les situations de conflits armés qui touchent la population civile et plus particulièrement les femmes. La responsabilité de protéger les civils, y compris les femmes, quelle que soit la population à laquelle elles appartiennent, incombe de même aux États parties au Protocole en vertu du Droit international humanitaire.

Les États s'engagent aussi à protéger les femmes demandant l'asile, réfugiées, rapatriées ou déplacées, contre toutes les formes de violence, le viol et autres formes d'exploitation sexuelle et à s'assurer que de telles violences soient considérées comme des crimes de guerre, de génocide et/ou des crimes contre l'humanité et que les auteurs de tels actes soient traduits en justice devant les juridictions compétentes. Ce paragraphe met en exergue la volonté des rédacteurs de mettre fin aux violences sexuelles commises sur les femmes dans les différents conflits armés qui se déroulent sur le continent africain.

L'accent est également mis sur des mesures à prendre par les États pour que les enfants, dont les jeunes filles de moins de 18 ans, ne prennent pas part aux hostilités et ne soient enrôlés dans l'armée. Il faut rappeler que cette disposition a été introduite pour répondre aux atrocités commises par les seigneurs de guerre dans le conflit sierra-léonais dans lequel on constata l'enrôlement de plusieurs enfants-soldats[848].

Maurice Kamto, faisant allusion à l'ensemble des dispositions de l'article 11 du Protocole de Maputo, constate que « les drames individuels et collectifs provoqués par les nombreux conflits armés, internes ou internationalisés, qui ravagent l'Afrique, et dont il est établi que les femmes et les jeunes filles sont les principales victimes ont été à l'origine de cette disposition »[849].

La générosité des dispositions du Protocole se retrouve dans les instruments africains de protection des enfants.

ii) La protection des enfants

La protection de l'enfance remonte à la Déclaration sur les droits de l'Enfant adoptée en 1924 par la S.D.N. sur l'initiative de deux O.N.G., britannique (*Save The Children*) et suédoise (*Räda Barnen*)[850]. Cette déclaration dite de Genève prévoyait un traitement non discriminatoire des enfants, leur droit à la protection et à des soins spéciaux.

---

[847] Voir l'article 10 du Protocole de Maputo, *op. cit.*

[848] Voir l'article 11 du Protocole de Maputo, *op. cit.*

[849] KAMTO, Maurice *op. cit.* : 34-35.

[850] Cf. SINGER, Sandra (1986, mai-juin). « La protection des enfants dans les conflits armés ». *RICR* : 1-40.

En raison de leur caractère peu contraignant, ce texte produisit peu d'effets. Néanmoins, l'enfance prit une importance conventionnelle plus soutenue en 1966 avec les articles 23 et 24 du Pacte International sur les droits civils et politiques et l'article 10 du Pacte International sur les droits économiques, sociaux et culturels. L'AGNU va s'engager dans ce sens en adoptant la Résolution 3318 de 1974 sur la protection des femmes et des enfants en période d'urgence et de conflit armé.

Cette protection sera parachevée par la Convention de l'ONU du 20 novembre 1989, relative aux droits de l'enfant.

Une africanisation de cette protection s'est traduite par l'adoption de la Charte Africaine des Droits et du Bien-être de l'Enfant[851]. Ce traité fut précédé en 1979 d'une déclaration à l'intitulé identique[852].

Cette Convention de l'OUA définit l'enfant comme « tout être humain âgé de moins de 18 ans » (art. 2). [853]Cette disposition est plus restrictive que celle de l'article premier de la Convention de l'ONU de 1989 qui précise : « Au sens de la présente Convention, un enfant s'entend de tout être humain âgé de moins de dix-huit ans, sauf si la majorité est atteinte plus tôt en vertu de la législation qui lui est applicable ».

Réagissant à cette définition, les gouvernements de Djibouti et de la Mauritanie se sont réservé « le droit de ne pas appliquer les articles de la Convention qui seraient incompatibles avec la Charia islamique »[854]. Cette réserve ne semble plus d'actualité depuis que l'Organisation de la Conférence Islamique (O.C.I.) a demandé à ses membres d'adhérer à cette Convention. Néanmoins, d'autres États en ont une conception large. Ainsi, l'Argentine conçoit que : « le mot "enfant" doit s'entendre de tout être humain du moment de la conception jusqu'à l'âge de dix-huit ans ». La Chine, le Luxembourg et la France considèrent que l'application de l'article 6 sur le droit inhérent à la vie ne doit pas interférer avec les politiques de planification familiale. Quant au Royaume Uni de Grande-Bretagne et d'Irlande du Nord, elle déclare que « la Convention n'est applicable qu'en cas de naissance vivante »[855].

---

[851] Res. A.H.G./Res. 197 (XXVI) de la 26e Conférence des Chefs d'État et de gouvernement de l'OUA, Addis-Abeba (3-7 juillet 1990) portant Charte Africaine des Droits et du Bien-être de l'Enfant, Doc. CAB/LEG/153/Rev. 2.

[852] Déclaration sur les droits et le bien-être de l'enfant africain, adopté à la 61e Session de l'OUA, Monrovia (17-20 juillet 1979), Rec. A.H.G./ST.4 (XVI) ; cf. DJIENA-WEMBOU, M.C. *L'OUA..., op. cit.* : 121.

[853] Voir, BOUKONGOU, Jean-Didier (2006). « Le système africain de protection des droits de l'enfant. Exigences universelles et prétentions africaines », *in* Journée d'études du 15 juin 2006 sur L'enfant. *Cahiers de la recherche sur les droits fondamentaux* (Caen). (5) : 97-108.

[854] Cf. UNICEF : Le progrès des Nations, 1995, New-York/Genève, 1995, 48 p. (ici p. 31). Djibouti a fait cette déclaration lors du dépôt de ses instruments de ratification en date du 6 décembre 1990 et la Mauritanie a émis cette réserve lors de la signature le 26 janvier 1990 ; cf. SCHINDLER, Dietrich et Jiri TOMAN (1996). *Droit des conflits armés. op. cit.,* : 1025-1029.

[855] UNICEF, *Ibid.* : 32.

Malgré ces réserves et déclarations interprétatives, la Convention sur les Droits de l'enfant jouit d'une adhésion quasi-universelle[856].

Les définitions de l'enfant, énoncées ci-dessus, souffrent d'une grande imprécision. Elles introduisent une variabilité dans la détermination du terme « enfant » en voulant tenir compte de tous les systèmes juridiques nationaux. Ceci peut prêter à confusion puisqu'on assimile l'« enfant » au « mineur ». Or, le terme « mineur » englobe l'enfant et l'adolescent. Cette variabilité se traduit par l'indétermination de l'âge de la majorité. En effet, cet âge varie du fait qu'il « correspond à des critères sociaux, religieux, culturels ou juridiques par lesquels une société reconnaît le passage à l'âge adulte, et il n'existe pas nécessairement de corrélation entre les différents critères déterminant ce dernier »[857].

À titre illustratif, le judaïsme peut considérer l'enfant comme adulte dès l'âge de treize ans et accepter sa participation aux rituels religieux. Pour l'Islam, la majorité est liée à la puberté, sans préjuger des différences notables entre les communautés culturelles. Pour les sociétés animistes africaines, le passage à l'âge adulte est lié à des cérémonies d'initiation, telles que la circoncision ou l'excision.

L'âge de la majorité peut différer de l'âge militaire qui est l'âge auquel un individu peut être appelé à remplir ses obligations militaires (circonscription) et/ou l'âge – habituellement un an ou deux auparavant – auquel il peut se porter volontaire pour le service, avec ou sans consentement parental. Dans le contexte national, cette expression s'applique également à la période durant laquelle le citoyen est astreint aux obligations militaires (par exemple, entre dix-sept et trente ans). Dans certains pays, il peut être inférieur à celui de la majorité comme en Mauritanie (16 ans), en Afrique du Sud (16 à 17 ans) et Namibie (16 ans). Dans d'autres États, l'âge de la majorité (très souvent 18 ans) ne coïncide pas avec l'âge militaire qui lui est supérieur comme au Sénégal, au Botswana, en Côte d'Ivoire, au Gabon, en Gambie et au Malawi[858].

Les Conventions de l'ONU et de l'OUA insistent sur les principes de l'intérêt supérieur de l'enfant dans toute décision le concernant (art. 3 al. 1 de la Convention de 1980 et art. 4 al. 1 de la Charte de 1990) et de non-discrimination (art. 2 Convention de 1989 et art. 3 Charte de 1990).

Le nombre impressionnant d'enfants dans les conflits armés africains ne cesse de susciter l'inquiétude de la communauté internationale[859]. Une étude du

---

[856] HCR (1994). *Les enfants réfugiés, Principes directeurs concernant la protection et l'assistance.* Genève : 19.

[857] COHN, I. et G. S. GOODWIN-GILL (1995). *Enfants-soldats. Le rôle des enfants dans les conflits armés.* Une étude pour l'Institut Henry-Dunant. Genève. Coll. Droits et Libertés. Québec : Ed. Méridien : 27.

[858] COHN, I. et G. S. GOODWIN-GILL, *op. cit.* : 28.

[859] Cf. JEANNET, S. et J. MERMET (1998, mars). « L'implication des enfants dans les conflits armés ». *RICR* (899) :111-113; cf. Nations unies, Secrétariat général, L'enrôlement d'enfants

CICR révèle qu'« au cours des dix dernières années, les conflits armés ont, selon les estimations, entraîné la mort de 1,5 millions d'enfants, et en ont chassé six fois plus de leur foyer »[860]. L'ampleur du phénomène a atteint de telles proportions qu'en 1993, sur recommandation de l'Assemblée Générale, le Secrétaire Général de l'ONU désigna Mme Graça Machel pour étudier l'impact des conflits armés sur les enfants. Son rapport, présenté en 1996, démontre que « les conflits armés compromettent le développement de l'enfant sur tous les plans : physique, mental et émotionnel. Les effets dans chacun de ces domaines s'accumulent et interagissent de sorte que pour être efficace, l'assistance doit être intégrée.

On ne saurait bien comprendre l'impact des conflits armés sans envisager les effets collatéraux sur les femmes, les familles et les systèmes d'entraide communautaire qui protègent les enfants et leur donnent la sécurité nécessaire à leur développement »[861].

La situation de l'enfance est particulièrement critique en Afrique. Une étude sectorielle conjointe de l'OUA et de l'UNICEF estime qu'« un grand nombre des 150 guerres qui se seront déroulées dans le monde ont eu l'Afrique pour champ de bataille. Sur les 20 millions de blessés, le nombre des enfants victimes pourrait atteindre 10 millions »[862]. Quant au CICR, il décrit l'effondrement des valeurs sociales caractérisé par « l'anarchie, le glissement de la société vers la tolérance de tels comportements, par simple négligence [ce qui] viole tous les principes que le Droit international prône depuis sa naissance. En réalité, jamais les enfants n'ont été aussi mal protégés »[863].

De nombreuses violations des droits de l'enfant émaillent les conflits africains : recrutements forcés d'enfants de moins de quinze ans, par le régime de Mengistu Hailé Mariam pour lutter contre les rebelles de l'EPLF et par le mouvement rebelle de l'APLS au Soudan ou par le NPLF de Charles Taylor, au Liberia. En 1986, l'armée du NRA de Museveni comptait dans ses troupes 3 000 enfants de moins de seize ans dont 500 filles. De son côté, la RENAMO recrutait des enfants pour lutter contre l'armée gouvernementale mozambicaine[864].

---

dans des forces armées gouvernementales et non gouvernementales. Doc. ONU E/CN/Sub. 2/1992/35, 25 janvier 1992. L'UNICEF a produit le 15 juin 1999 une Déclaration selon laquelle 12 000 Africains de moins de 18 ans participent à des conflits armés, citée par *Afrique Contemporaine* (191) : 98, juillet-décembre 1999.

[860] Cf. CICR *Les civils dans la guerre. op. cit.*, p. 8.

[861] MACHEL, G. *Conséquences des conflits armés sur les enfants. Quelques points saillants.* Nations unies/UNICEF, New-York, Doc. A/51/306 et add. 1, p. 11.

[862] Cf. *L'avenir de l'Afrique : ses enfants.* Étude sectorielle OUA/UNICEF. Conférence internationale pour l'assistance des enfants en Afrique. Dakar, 25-27 septembre 1992, p. 201.

[863] CICR, (1995, juin). *Les enfants dans la guerre.* Genève : 5 ; cf. PANIZZO, Enny (1996). « Les enfants dans la guerre, le cas du Mozambique ». *Afrique Contemporaine,* Numéro spécial, 4e trimestre : 142-149.

[864] COHN, I. et G. S. GOODWIN-GILL *op. cit.*: 41-59.

Le recrutement (forcé ou volontaire) de ces enfants n'obéit pas à un schéma uniforme. Mme Machel considère que « certains sont simplement appelés sous les drapeaux, d'autres sont recrutés de force ou kidnappés et d'autres encore sont forcés à rejoindre les rangs des groupes armés pour défendre leurs familles »[865]. Ces combattants très féroces, parce que drogués ou ivres, endoctrinés et désespérés, commettent les exactions les plus horribles[866].

Une autre illustration des horreurs de la guerre est constituée par la situation des enfants-réfugiés ou déplacés internes. En 1995, le CICR dénombrait quarante mille enfants non accompagnés (entre 7 et 17 ans) au Rwanda[867]. En 1996, l'UNICEF recensait vingt mille enfants perdus de la guerre au Soudan et évaluait à 330 000 et 490 000 le nombre d'enfants morts en Angola et eu Mozambique entre 1980 et 1983 du fait des mines, des soldats et de la famine[868].

Ces enfants sont constamment soumis à des violences sexuelles instituées en armes de guerre dans un but d'humiliation de l'autre camp et de purification ethnique. La situation des enfants détenus reste préoccupante. Ainsi au 9 décembre 1996, 1711 enfants étaient emprisonnés dans les geôles rwandaises du fait du génocide. En Ouganda, ils étaient 270 enfants (entre 6 et 15 ans) détenus du fait de la guerre civile[869].

A ces drames, il faut ajouter l'émergence d'un phénomène nouveau constitué par l'enlèvement, la prise d'otages d'enfants dans un but d'esclavage au Soudan[870] ou en Ouganda[871].

En effet, la Charte de 1990 institue un *Comité africain d'experts sur les droits et le bien-être de l'enfant* qui est chargé de « promouvoir et protéger les droits et le bien-être de l'enfant » (art.32). Ce Comité de onze membres élus pour un mandat de cinq ans non renouvelable par la CEG, a les attributions énumérées par l'art.42 :

« Le Comité a pour mission de :

a) promouvoir et protéger les droits consacrés dans la présente Charte et notamment :

---

[865] MACHEL, G., *op. cit.* : 28.

[866] Cf. Croix-Rouge Croissant Rouge (3), « La guerre sans règles » par Urs KELLER (1995). : 7-9 ; voir également *Jeune Afrique* (1846) du 22 au 28 mai 1996 : « Liberia. Le chaos et la barbarie », par Philippe GAILLARD : 27-29.

[867] Info CICR (1995, août) : « Les enfants perdus de la guerre » (6) : 2.

[868] UNICEF (1996). *La situation des enfants dans le monde.* New-York / Genève : 21.

[869] Cf. (1996). « Trop tôt pour le crépuscule, trop tard pour l'aube. L'histoire des enfants pris dans les conflits. » *in Chronique des Nations Unies* (4) :15 ; voir Rapport annuel UNICEF, 1996, p. 29.

[870] Cf. (1994, décembre). *Jeune Afrique* (1770) : 74.

[871] H.C.R., *Réfugiés* (111) : 6 « Enlèvement d'enfants dans un but sexuel, initiatique et guerrier par la LRA de Joseph Kony » ; Cf. Nations unies (1990, juin). « Formes contemporaines de l'esclavage : l'adoption d'enfants à des fins commerciales et l'enrôlement d'enfants dans des forces armées gouvernementales et non gouvernementales. » Doc. ONU E/CN.4/Sub. 2/1990/43.

i) rassembler les documents et les informations, faire procéder à des évaluations interdisciplinaires concernant les problèmes africains dans le domaine des droits et de la protection de l'enfant, organiser des réunions, encourager les institutions nationales et locales compétentes en matière de droits et de protection de l'enfant, et au besoin, faire connaître ses vues et présenter des recommandations aux gouvernements ;

ii) élaborer et formuler des principes et des règles visant à protéger les droits et le bien-être de l'enfant en Afrique ;

iii) coopérer avec d'autres institutions et organisations africaines internationales et régionales s'occupant de la promotion et de la protection des droits et du bien-être de l'enfant.

b) suivre l'application des droits consacrés dans la présente Charte et veiller à leur respect ;

c) interpréter les dispositions de la présente Charte à la demande des États parties, des institutions de l'Organisation de l'unité africaine ou de toute autre institution reconnue par cette Organisation ou par un État membre ;

d) s'acquitter de toute autre tâche qui pourrait lui être confiée par la Conférence des chefs d'État et de gouvernement, par le Secrétaire général de l'OUA ou par tout autre organe de l'OUA, ou encore par les Nations unies ».

Par ailleurs, le Comité peut recevoir des communications de tout individu, groupe ou ONG[872] reconnue par l'OUA/UA, un État membre ou l'ONU (art.44). De surcroit, tout État partie doit soumettre au Comité dans un délai de deux ans après l'EV de la Convention à son égard, puis tous les trois ans, un rapport sur la situation des droits de l'enfant sur son territoire (art.43).

En dépit des largesses de la réglementation conventionnelle de l'ONU et de l'OUA[873], de nombreuses imperfections peuvent être décelées dans la protection juridique de l'enfant en période de conflit armé comme en temps de paix.

Enfin, les Conventions sur les droits de réfugiés, déplacés, enfants, femmes, étudiées, n'épuisent pas la liste de Traités adoptés sous l'égide de l'OUA ou de l'UA. On peut énumérer la Convention africaine sur la conservation de la nature et des ressources naturelles du 11 juillet 2003 (protégeant le droit à un environnement, traitant du développement durable, de la diversité biologique) ; la Convention de l'UA sur la prévention et la lutte contre la corruption du 11

[872] Voir la célèbre *affaire 002/09 IHRDA et Open Society Justice Initiative(OSJI)(au nom d'enfants d'ascendance nubienne au Kenya) c/Kenya*, décision du 22 mars 2011, www.caselaw.ihrda.org/fr/doc/002.09(consulté le 10 juillet 2014).

[873] Ces dispositions protectrices sont diverses : interdiction de recrutement au-dessous de l'âge de 15 ans (art. 22 Charte OUA et 38 Convention ONU), mesures pour la réadaptation physique et psychologique (art. 39 Convention de 1989, protection des enfants-réfugiés (art. 22 de 1989 et 23 de 1990), protection contre la violence sexuelle (art. 34 de 1989 et 27 de 1990), mesures en faveur d'enfants non accompagnés (art. 9 de 1989 et 25 de 1990) et d'enfants de mères emprisonnées (art. 37 d 1989 et 30 de 1990), etc. Cf. TALL, Saïdou Nourou *Théories et réalités... op. cit.*

juillet 2003 ; la Charte culturelle de l'Afrique du 5 juillet 1976 ; la Convention de l'OUA pour la prévention et la lutte contre le terrorisme du 14 juillet 1999 et son Protocole du 8 juillet 2004, etc.[874].

En définitive, cet imposant *corpus juris* relatif aux Droits de l'Homme en Afrique constitue une réglementation dont l'effectivité sera évaluée à l'aune des mécanismes de protection mis en place.

SECTION II – MÉCANISMES DE PROTECTION ET DE PROMOTION AU NIVEAU RÉGIONAL AFRICAIN

Au regard de ce qui précède, l'Afrique n'est pas démunie en matière de textes des Droits de l'Homme. Cette densification normative constitue un référentiel pour l'œuvre prétorienne de la Cour Africaine (Paragraphe II) et un bloc de conventionalité auquel la Commission[875] de Banjul fait constamment recours dans ses activités quasi-juridictionnelles (Paragraphe I).

PARAGRAPHE I – LA COMMISSION AFRICAINE DES DROITS DE L'HOMME ET DES PEUPLES

Bien que la Commission ne soit pas une juridiction, elle forme, désormais, avec la Cour africaine des Droits de l'Homme, un ensemble destiné à promouvoir et à protéger les droits des citoyens africains.

Aussi, son étude est envisagée du fait de son antériorité, de ses efforts en matière de protection et de promotion des Droits de l'Homme et du lien qu'elle entretient avec la Cour, d'où l'intérêt d'en disséquer les attributions (A) et l'activité « jurisprudentielle » (B).

A. La protection des Droits de l'Homme et des Peuples à travers les attributions de la Commission de Banjul

La Commission Africaine est une création de la Charte de 1981. Elle est chargée de promouvoir les Droits de l'Homme et d'assurer leur protection[876]. Ces fonctions sont précisées à l'article 45 qui vient en complément de l'article 30. Cet article investit la Commission de trois fonctions principales, à

[874] Voir(2006). « Association pour la prévention de la torture, protection des Droits de l'Homme en Afrique » Recueil de textes. Genève : 395 ; DIOP, Guité (2009, juin). *Sources régionales des Droits de l'Homme.* Sarrebrüche : Éditions universitaires européennes : 198; TCHICAYA, Blaise (2014). *Droit de l'Union africaine : Principes, institutions et jurisprudence.* Paris : Berger-Levrault : 247.

[875] Bien que le Comité d'Experts sur les droits de l'Enfant soit aussi un mécanisme de protection des Droits de l'Homme, son étude ne sera pas abordée ici ; se référer plutôt aux développements antérieurs sur les droits de l'Enfant.

[876] Voir l'article 30 de la Charte africaine des Droits de l'Homme et des Peuples.

savoir : la promotion des Droits de l'Homme et des Peuples, leur protection et l'interprétation de toute disposition de la Charte[877].

Selon l'article 45 de la Charte, **les fonctions promotionnelles** de la Commission incluent les tâches suivantes :

- Rassembler de la documentation et faire des recherches sur les problèmes africains dans le domaine des Droits de l'Homme ; organiser des séminaires, des colloques et des conférences ; diffuser des informations ; encourager les organismes nationaux et locaux s'occupant des Droits de l'Homme ; faire des recommandations aux gouvernements.

- Formuler et élaborer des principes et règles relatifs aux Droits de l'Homme en vue de servir de base à l'adoption de textes législatifs par les gouvernements africains.

- Coopérer avec les autres institutions africaines ou internationales travaillant dans le domaine de la promotion et de la protection des Droits de l'Homme.

En matière de protection, la Commission africaine a les compétences suivantes :

- Recevoir des communications émanant des États parties, ONG ayant le statut d'observateur auprès de la Commission ou individus concernant les violations des Droits de l'Homme commises par un État partie (art. 47 et art. 55 de la Charte).

- Examiner les rapports des États sur les mesures législatives, ou autres, prises afin de rendre concrète la protection des droits garantis dans la Charte Africaine (art. 62 de la Charte).

- Nommer des rapporteurs spéciaux sur un pays ou un thème spécifique (art. 45 de la Charte).

La Commission africaine a également la **compétence d'interpréter** les dispositions de la Charte Africaine à la demande d'un État partie, d'une institution de l'UA ou d'une ONG africaine reconnue par l'UA (art. 45 de la Charte)[878].

La Charte Africaine énumère un certain nombre d'activités que la Commission doit entreprendre pour assurer sa fonction de promotion[879] des Droits de l'Homme, dont l'objectif final est la sensibilisation de l'opinion

---

[877] OUGUERGOUZ, Fatsah « Commentaire de l'article 45 de la Charte Africaine des Droits de l'Homme et des Peuples », *in* KAMTO, Maurice (dir.) (2001). *La Charte africaine des Droits de l'Homme et des Peuples et le Protocole y relatif portant création de la Cour africaine des Droits de l'Homme. op. cit.* : 882.

[878] FIDH (2004). « Guide de la Cour Africaine des Droits de l'Homme et des Peuples » Genève : 116.

[879] Voir les Résolutions de la Commission, notamment la Résolution du 23 octobre 2002 sur les lignes directrices et mesures d'interdiction et de prévention de la torture et des peines ou traitements cruels, inhumains ou dégradants en Afrique ; la Résolution du 9 mars 1992 sur le droit à un recours et à un procès équitable.

publique africaine sur la question des Droits de l'Homme[880]. Pour assurer cette mission, la Commission a donc adopté un Programme d'Action[881] en matière d'étude d'information avec des actions qui sont pratiquement réalisées. Ainsi, il existe, à présent, un Centre de Documentation sur les Droits de l'Homme en Afrique, une Revue de la Commission qui paraît périodiquement, une journée dédiée aux Droits de l'Homme en Afrique (le 21 octobre de chaque année)[882]. De même, certains colloques, séminaires ou réunions ont été le plus souvent organisés par la Commission, comme le Séminaire sur « Les Droits de l'Homme et le pouvoir judiciaire en Afrique » qui s'est déroulé en Gambie du 13 au 17 novembre 1989, l'Atelier sur « L'impunité en Afrique », au Burkina Faso du 22 au 23 mars 1996, la Réunion d'Experts gouvernementaux sur l'établissement de la Cour Africaine des Droits de l'Homme et des Peuples du 08 au 12 décembre 1997, la Réunion d'un Groupe de travail sur un protocole additionnel à la Charte africaine relatif aux droits de la femme en Gambie du 26 au 28 janvier 1998[883].

Pour, de nouveau, entériner sa décision d'œuvrer pour la promotion et la protection des droits de la femme en Afrique, la Commission a organisé en juillet 2010 à Bamako, une conférence sur le thème : « Le rôle de la Commission Africaine dans la promotion et la protection des droits de la femme en Afrique ».

Plus essentielle est encore la mission de protection des Droits de l'Homme en général, que la Commission assure. Composée de 11 membres élus, jouissant de la plus haute considération, dont la moralité, l'intégrité et l'indépendance ne font pas défaut, ainsi que leur connaissance en matière de Droits de l'Homme et des Peuples, la Commission a pour compétence d'examiner les plaintes qui émanent soit des États parties, ou des individus[884], soit des organismes non gouvernementaux alléguant des violations des Droits de l'Homme. Pour accomplir cette mission, elle a la possibilité de recourir à des méthodes d'investigations pour établir la véracité des violations alléguées et prendre une décision.

Il ressort de l'article 47 de la Charte que lorsqu'un État partie a de bonnes raisons de croire qu'un autre État partie à la Charte viole les dispositions de celle-ci[885], il a la possibilité d'entreprendre des actions destinées à les faire

---

880 OUGUERGOUZ, Fatsah *op. cit.*

881 Ce programme d'action a été approuvé par la Conférence des Chefs d'État et de gouvernement de l'OUA à Addis-Abeba en mai 1988.

882 OUGUERGOUZ, Fatsah *op. cit.*, pp. 884-885.

883 OUGUERGOUZ, Fatsah *op. cit.*, p. 885.

884 CIFENDE, KACIKO, M. (2004). «Les conditions de recevabilité des communications individuelles devant la Commission africaine des Droits de l'Homme et des Peuples - Portée jurisprudentielle ». *Revue de droit international et de droit comparé.* Bruxelles : 266-315.

885 Voir Art. 88 et s. du Règlement intérieur révisé de la Commission du 24 août 2010. Une seule communication inter États a été déposée en 2003 et a fait l'objet d'une décision au fond en 2004, *l'Affaire RDC c. Burundi, Rwanda et Ouganda.* La RDC alléguait de violations des Droits de l'Homme commises par ces trois États dans les provinces congolaises, à travers le

cesser. Dans ce sens, l'État requérant peut opter soit pour la négociation, dont l'échec peut déclencher la communication plainte, ou peut saisir directement la Commission de l'affaire[886]. La Commission procède à un examen contradictoire des requêtes à l'issue duquel elle établit les responsabilités et indique, s'il y a lieu, le versement des dommages-intérêts aux victimes des violations[887].

De la même manière, lorsque la Commission est saisie d'une communication individuelle[888], (c'est-à-dire émanant soit d'un individu, soit d'une organisation agissant au nom de la victime ou d'une tierce personne agissant au nom de la victime), alléguant des violations des Droits de l'Homme, sous réserve des conditions déterminées par la Charte[889], elle procède à l'examen de l'affaire au fond et fait part de ses constatations sur les violations alléguées de ces droits.

Par ailleurs, mis à part le fait que la Commission peut examiner les différents rapports émanant des États et nommer des rapporteurs spéciaux sur un thème ou un pays donné il faut rappeler qu'elle a été à l'origine du mécanisme sur les droits de la femme, qui fut établi lors de sa 23e Session ordinaire qui s'est tenue à Banjul en République de Gambie. Cette création répond, selon la Rapporteuse Spéciale sur les Droits de la femme en Afrique, Mme Soyata Maïga « à la ferme détermination de la Commission de promouvoir les droits de la femme et de la jeune fille et de lutter contre les discriminations et les injustices qu'elles continuent de subir sur le continent ».

Les travaux de la Commission en matière de protection et de protection des Droits de l'Homme et des Peuples sont néanmoins confrontés à des difficultés. Tout d'abord, la rigidité des conditions de saisine de la Commission peut être une limite à son action de protection. Ainsi, l'inobservation de l'une de ces conditions peut entraîner la déclinaison de sa compétence. Il en est ainsi des fameuses règles de l'épuisement des voies de recours internes, et de la tardiveté de la requête, par rapport aux circonstances à l'origine des violations alléguées.

Restée longtemps solitaire en tant que mécanisme de mise en œuvre des droits de l'Homme, la Commission joue un rôle quasi-judiciaire de protection et

---

soutien des activités de groupes rebelles. La Commission reconnaissant ces arguments, estime, que le droit du peuple congolais à disposer librement de ses ressources naturelles a été violé, que ces violations constituent une menace à la sécurité et à la paix nationale et internationale et une atteinte aux « nobles vertus » de la tradition africaine.

[886] Voir article 49 de la Charte africaine.

[887] ATANGANA AMOUGOU, Jean-Louis « Commentaire de l'article 46 de la Charte Africaine des Droits de l'Homme et des Peuples », in KAMTO, Maurice *La Charte Africaine des Droits de l'Homme et des Peuples et le Protocole y relatif portant création de la Cour Africaine des Droits de l'Homme, op. cit.* : 905-906.

[888] Voir les articles 55 à 58 de la Charte africaine.

[889] Les conditions de recevabilité de la Communication individuelle sont au nombre de sept (7) et figurent à l'article 56 de la Charte. La requête doit indiquer l'identité du nom de l'auteur, être compatible avec la Charte Africaine ou avec celle de l'OUA, ne pas être rédigée en des termes outrageants, être documentée, être postérieure à l'épuisement des voies de recours internes, être introduite dans un délai raisonnable et ne doit pas concerner des cas déjà traités.

de promotion. On peut initier devant elle deux types de communications (plaintes), étatiques (déposées par les États membres) et « les autres communications » (d'individus, d'ONG). Passée l'épreuve de la recevabilité, la requête est notifiée au gouvernement concerné. Après enquête, procédure contradictoire, la Commission rend un rapport qui est communiqué à la CEG.[890]

La Commission qui n'a véritablement débuté ses travaux que le 12 juin 1989, en dépit de l'élection de ses membres depuis juillet 1987, peut établir en vertu de l'art. 28 de son Règlement intérieur, des comités ou des groupes de travail, voire nommer des Rapporteurs spéciaux[891] pour étudier[892] un domaine précis des Droits de l'Homme, ou encore créer des Sous Commissions d'Experts (art. 29).

La Commission peut dépêcher des missions sur le terrain pour effectuer un travail de sensibilisation, organiser des séminaires, faire des études et recherches[893].

La Commission ADHP peut se réunir en sessions ordinaires[894] deux fois par an (d'une durée de deux semaines chacune) ou en sessions extraordinaires sur proposition de son Président et en consultation avec le SG de l'OUA (Président de la Commission de l'UA)[895].

Si, pendant longtemps les rapports de la Commission étaient placés sous le sceau de la confidentialité et de la subordination à l'accord de la CEG de l'OUA/UA (art. 54 et 59 Charte et 79 du Règlement), ce qui a valu critiques et exaspérations des militants des Droits de l'Homme, l'évolution a conduit à sortir de ce vase clos pour publier, par des communiqués de presse et des prises de position publiques, les activités de la Commission.

Cette assertion est ainsi explicitée par l'ex-Président Youssoupha Ndiaye : « il est donc révolu le temps où la Commission se débattait, désespérément, dans le corset et la camisole de force que la Charte de 1981 avait abattus sur elle comme une chape de plomb…, elle est finie l'époque de la confidentialité, de la frilosité et du silence de mauvais aloi »[896] .

---

890 ATANGANA AMOUGOU, Jean-Louis (2001, juillet-décembre). « La Commission africaine des Droits de l'Homme et des Peuples » *Droits fondamentaux* (1) : 91-117.

891 Elle a nommé un Rapporteur spécial (RS) sur les prisons et autres lieux de détention en Afrique, un RS sur les exécutions extrajudiciaires, une RS sur les droits de la femme, etc.

892 Pour ce cas précis, voir Règlement intérieur du 6 octobre 1995, art. 12 § 3 ; voir ATANGANA AMOUGOU, Jean-Louis, *op. cit.* : 103.

893 Voir Bulletin de la Commission africaine des Droits de l'Homme et des Peuples, Vol. I, (5), juillet-décembre 2000.

894 Art. 2 à 4 du Règlement intérieur du 6 octobre 1995 adopté à Praia par la 18e Session ordinaire de la Cour ADHP.

895 On signalera que plus de 200 ONG ont été reconnues avec statut d'observateur (art. 74 à 76 du Règlement intérieur) auprès de la Commission, qui a essayé de rationaliser ce nombre par une Résolution lors de sa 24ème Session ordinaire.

896 Cité par ATANGANA AMOUGOU, Jean-Louis, *op. cit.* : 113-114.

La Comm. ADHP examine aussi les rapports périodiques des États (soumis en vertu de l'art. 62 de la Charte de 1981)[897] sur la situation des Droits de l'Homme et des Peuples dans les pays concernés et rend un rapport annuel d'activités transmis à la CEG.

En dépit des nombreux obstacles textuels ou politiques, la Comm. ADHP est l'auteur d'une « jurisprudence »[898] assez riche concernant les trois catégories de droits.

B. La protection des droits à travers l'activité « jurisprudentielle » de la Commission

Si la préférence allouée à une véritable Cour plutôt qu'à une Commission des Droits de l'Homme est bien connue, cela n'a pas empêché de saluer l'œuvre de la Comm. ADHP. Celle-ci a fourni un apport non négligeable[899] dans la densification de la protection et de la promotion des Droits de l'Homme.

Faisant preuve d'audace, la Commission a manié avec dextérité les principes d'interprétation téléologique et raisonnablement extensive pour offrir un contenu concret aux droits et protection des individus et des groupes.

Aussi, dans *l'Affaire Gaétan Bwampamye (Avocats sans frontières c. Burundi)*, elle a estimé que « le Burundi a ignoré les engagements des Cours et tribunaux à se conformer aux normes internationales en vue d'assurer un procès équitable » ainsi que dans *l'Affaire Legal Ressources Foundation vs. Zambia* et dans l'affaire des militaires nigérians condamnés à mort par le régime du Général Sani Abacha (*Communication 28/8, § 4*).

Dans l'affaire dite Ken Saro-Wuvi, la Commission s'érige en gendarme de sa mission « de l'obligation positive de prévenir la violation des Droits de l'Homme » du fait que « la Charte Africaine a été élaborée et a reçu l'adhésion volontaire des États africains désireux d'assurer le respect des Droits de l'Homme sur ce continent. Une fois la charte ratifiée, les États parties sont légalement liés par ses dispositions. Un État qui ne veut pas respecter la Charte

---

897 Voir art. 81 et s. du Règlement intérieur de la Commission.

898 Pour un panorama détaillé, voir GHERARI, Habib (2008). « La Commission africaine des Droits de l'Homme et des Peuples : bilan d'une jurisprudence » *in* Paul Tavernier (dir), *Regards croisés sur les Droits de l'Homme, la démocratie et la paix en Afrique.* L'Harmattan ; TAVERNIER, Paul et Christof HEYNS (dir.) (2006). *Recueil juridique des Droits de l'Homme en Afrique.* Bruxelles : Bruylant. MAIKASSOUA, Rachidatou Illa (2013). *La Commission africaine des Droits de l'Homme et des Peuples.* Paris : Karthala; LAMBERT-ABDELGAWAD, Élisabeth (2005). « Le rayonnement de la jurisprudence de la Cour européenne à l'égard de la Commission africaine des droits de l'Homme et des peuples, Analyse empirique des références à la Cour européenne dans les communications de la Commission africaine » : 139-137, *in* Cohen-Jonathan (Gérard), Flauss (Jean-François) (dir.). *Le rayonnement international de la jurisprudence de la Cour européenne des droits de l'Homme.* Bruxelles : Bruylant : 280. Collection Droit et Justice (64).

899 Elle a reçu plus de 400 communications et a rendu soit des décisions d'irrecevabilité, soit des décisions d'incompétence, soit des décisions sur le fond déboutant les plaignants ou reconnaissant l'allégation de la violation des droits.

africaine aurait dû ne pas la ratifier. Une fois légalement lié cependant, l'État doit respecter la loi au même titre que l'individu »[900].

La Comm. ADHP a eu à traiter à plusieurs reprises des droits collectifs notamment des droits fondamentaux de peuples autochtones comme les Vhavenda (*Communication 335/06, Dabalorivhuwa Patriotic Front c/République d'Afrique du Sud du 19 décembre 2006, décision du 23 avril 2013*) ; elle a affirmé la consécration de la notion de « violation continue » pour connaître de faits survenus avant l'entrée en vigueur de la CADHP mais qui perdurent après cette date [901] sous la réserve qu'en principe l'État ne saurait être tenu responsable d'événements[902] avant que la Charte ne lui soit applicable.

De même, la Commission estime que la violation *prima facie* d'un droit garanti par la CADHP doit être suffisamment démontrée pour qu'une affaire soit recevable.[903] Elle contrôle l'application des droits des réfugiés[904]. Elle a défini la notion de discrimination de l'art. 2 de la CADHP comme « tout acte qui vise la distinction, l'exclusion, la restriction ou la préférence fondée sur des motifs tels que la race, la couleur, le sexe, la langue, la religion, l'opinion politique ou autre, l'origine nationale ou sociale, la fortune, la naissance ou toute autre situation et qui a pour objet de dénier ou compromettre la reconnaissance, la jouissance ou l'exercice par tous, dans des conditions d'égalité, de tous les droits et libertés » [905].Elle identifie trois critères de détermination de la discrimination : « si des cas pareils sont traités de manière différente ; si une différence de traitement n'a pas de justification objective et raisonnable et, s'il n'y a pas de proportionnalité entre le but visé et les moyens employés »[906].

Elle n'hésite pas à rappeler *l'Affaire Brown vs/Board of Education of Topeka de la Cour suprême des États-Unis (1954)* en traitant du droit à une égale protection de la loi [907] ni les observations générales du Comité des Droits de

---

[900] *Communication n° 154/96, § 43, 48*, citée par Roger Koussetogue Koudé, « Les Droits de l'Homme : de l'intuition universaliste à l'universalité récusée », Revue Trimestrielle des Droits de l'Homme n° 68/2006, pp. 909-938.

[901] *Amnesty International c/ Soudan, Communications 48/90, 50/90, 52/90 et 89/90 ; Annette Pagnoule (au nom d'Abdoulaye Mazou) / Cameroun, Communication 39/90.*

[902] *Huitième Rapport d'Activités, ibid., Annexe VI.*

[903] *Ligue Camerounaise des Droits de l'Homme c/ Cameroun ; Frederick Korvah c/ Liberia, Communications 69/96 et 1/88 ; Affaire Griebenow (au nom de David Ashley Price) c/ Afrique du Sud, Communication 315/06.*

[904] *Mouvement des Réfugiés mauritaniens au Sénégal c/ État du Sénégal, Communication 162/97.*

[905] *Affaire Zimbabwe Lawyers for Human Rights et Institut pour les Droits humains et le développement en Afrique (au nom de Andrew Barclay Meldrum) c. Zimbabwe, Communication 293/04, décision de 2006.*

[906] *Affaire Kenneth Good c/ Botswana (2010), Communication 315/05.*

[907] Dans *l'Affaire Institut pour les Droits de l'Homme et le Développement en Afrique (pour le compte de Esmaila Connateh et 13 autres) c/ Angola (2008).*

l'Homme de l'ONU[908] sur le droit de participation aux affaires publiques et l'accès aux services et biens publics, selon l'art. 13 de la CADHP.

Elle a précisé les droits sociaux dans beaucoup de ses décisions, notamment le droit de travailler dans des conditions équitables[909], le droit à travail égal salaire égal en se référant à l'arrêt *Etim Moses* de la Cour d'Abuja[910] et à l'observation générale n° 18 du Comité sur les Droits sociaux, économiques et culturels[911].

Elle a traité du droit à la libre association [912], des effets des coups d'État (restriction des droits et libertés, restauration de la peine de mort, violations diverses) dans *l'Affaire Sir Dawda K. Jawara c. Gambie* (Communication 147/95)[913], des atrocités commises au Darfour, expulsions forcées et autres violations du DIH et reconnaît le droit à l'eau et des peuples aux DESC (*Affaire Centre on Housing Rights and Evictions [COHRE] c. Soudan*, Communication 296/2005, décision du 29 juillet 2009)[914]. Par ailleurs, elle a rendu un avis juridique, suite à l'adoption le 29 juin 2006 par le Conseil des Droits de l'Homme, de la Déclaration des Nations Unies sur les droits des peuples autochtones[915].

Elle a dressé une véritable ligne directrice jurisprudentielle sur l'épuisement des voies de recours, en estimant qu'« il serait incorrect d'obliger les plaignants à user des voies de recours qui ne fonctionnent pas de façon impartiale et qui ne sont pas tenues de statuer conformément aux principes de droit. Le recours n'est ni adéquat ni efficace »[916], qu'on ne saurait exiger l'épuisement si « des voies de recours internes (…) ne sont ni disponibles ni pratiques »[917]. Dans ce sillage, la Comm. ADHP dans l'affaire précitée Ken Saro-Wiwa, retient que le « fait de

---

908 Voir le rappel de l'observation générale n° 25 du Comité, dans *l'Affaire Dabalorivhuwa*, précitée, § 128.

909 *Affaire Zimbabwe Lawyers for Human Rights, Associated Newspapers of Zimbabwe c/ Zimbabwe, Communication 284/03 (2008) ; voir aussi Communications 292/04 (2008) et 39/90 (1997) précitées.*

910 *Affaire Etim Moses c/ Gambie (2007)* de la Cour de Justice de la CEDEAO ; voir 2e partie, Titre I de l'ouvrage.

911 Sur « Le droit au travail », Comité sur les Droits économiques, sociaux et culturels (2003).

912 Dans *l'Affaire Civil Liberties Organisation (au nom du Nigerian Bar Association) c/ Nigeria (Communication 101/93),*

913 Sur la Commission, en général, consulter ANKUMAH, Evelyn A. (1996). *The African Commission on Human and People's Rights: Practice and Procedures.* Dordrecht: Martinius Nijhoff Publishers.

914 La Commission reconnaît le droit à l'eau comme implicite dans la Charte ; se fonde sur l'art. 22 pour reconnaitre les DESC du peuple darfourien ; s'intéresse aux violations du droit à la vie ou à une vie libre de torture, aux déplacements forcés, au droit à l'intégrité physique (art. 4 CADHP) au droit au meilleur état de santé que la personne est capable d'atteindre (art. 16).

915 www.achpr.org, site de la Commission.

916 Affaire *Constitutoinnal Rights Project c/ Nigeria, communication 60/91.*

917 *Affaire RADDHO c. Zambie, communication 71/92 ; Affaire relative aux expulsions des Burundais du Rwanda en 1989, communications jointes 27/89, 46/91, 49/91 et 99/93 ; Affaire Forum of Conscience c/ Sierra Leone, communication 223/98, § 15.*

harceler les avocats de la partie civile, de les menacer dans leur vie privée et/ou professionnelle jusqu'à les pousser à renoncer aux poursuites engagées… prive les plaignants d'une bonne administration de la justice et de la possibilité d'épuiser les voies de recours internes »[918].

La Commission, en tant que mécanisme de contrôle de l'application de la CADJP avec son double mandat de promotion et de protection des Droits de l'Homme, a eu l'occasion de statuer sur la détention arbitraire et les traitements inhumains et dégradants[919], sur le droit à un procès équitable[920], sur les libertés d'expression et d'association[921], la discrimination et les expulsions d'étrangers[922], sur l'environnement et la santé[923], sur les violations commises en temps de guerre par des parties privées[924]

Elle s'est prononcée sur les conditions de détention et de traitement des malades mentaux[925]; sur l'inefficacité et l'inaccessibilité de recours internes pour un évadé[926] ; pour un Étudiant[927]; sur la prolongation anormale de procédures internes[928] ; la recevabilité de la plainte même si la situation s'est améliorée après le dépôt de la communication [929], sur la recevabilité même en cas de médiation en cours par des OIG comme l'OUA ou l'UE[930] , sur la non exclusion du règlement à l'amiable[931], et sur la possibilité des réparations ou autres mesures appropriées[932].

---

918 Voir Roger Koussetogue Koudé, « Les résistances à l'universalité des Droits de l'Homme au titre de la pensée politique », *in* Denis Maugenest et Théodore Holo, *op. cit.*, pp. 109-121 ; Saïdou Nourou Tall, « La problématique du respect des Droits de l'Homme en période de conflit armé », *in* Denis Maugenest et Théodore Holo, *op. cit.*, pp. 65-77.

919 *Affaire John D. Ouko c/ Kenya, Communication 232/99 ; Affaire Curtis Francis Doebbler c/Soudan, Communication 236/2000.*

920 *Affaire Law Office of Ghazi Souleiman c/ Soudan, Communications 222/98 et 299/99.*

921 *Affaire Civil Liberties Organisation c/ Nigeria, précitée.*

922 *Affaire Fédération Internationale des Ligues des Droits de l'Homme, Union Interafricaine des Droits de l'Homme, RADDHO, ONDH au Sénégal et Association Malienne des Droits de l'Homme c/ Angola, Communication 159/96.*

923 *Affaire Social and Economic Rights Action Center (SERAC) c. Nigeria, Communiation 155/96.*

924 *Affaire Commission Nationale des Droits de l'Homme et des Libertés c. Tchad, Communication 74/92).*

925 *Affaire Purohit et Moore c/ Gambie, Communication 24/01.*

926 *Affaire Alhassan Abubakar c/ Ghana, Communication 103/93.*

927 *Affaire Rights International c/ Nigeria, Communication 215/98.*

928 *Affaire Kenya Human Rights Commission c/ Kenya, Communication 135/94.*

929 *Affaires 68/92 et 78/92 (respectivement Krishna Achutan c/ Malawi et Amnesty International c/ Malawi).*

930 *Affaire Emgba Mekongo Louis c/ Cameroun, communication 59/91.*

931 *Art. 52 Charte 1981 et Communications 25/89, 47/90, 56/91 et 100/93, Free Legal Assistance Group Lawyers Commitee for Human Rights, Union Interafricaine des Droits de l'Homme, Les Témoins de Jehova c/ Zaïre.*

932 *Art. 27 Protocole de 1998 et communications 54/91, 61/91, 98/93, 154/97 et 210/98, Amnesty International, Mr. Sarr Diop, UIDH and RADDHO, Collectif des Veuves et Ayants-droits, Association Mauritanienne des Droits de l'Homme c/ Mauritanie.*

Malgré cette impressionnante somme « jurisprudentielle », l'absence du caractère obligatoire (conditionnée à l'acceptation de la CEG) de ses décisions, combinée à la confidentialité (certes de plus en plus réduite, mais encore résiduelle) de certaines procédures, ont amené le double constat, d'une part d'un déficit profond dans l'accomplissement de la mission de sauvegarde des droits et devoirs de l'Homme et des Peuples et, d'autre part, de la nécessité de la compléter par l'adjonction d'une Cour des Droits de l'Homme.

PARAGRAPHE II – LA PROTECTION JURIDICTIONNELLE DES DROITS DE L'HOMME AU NIVEAU CONTINENTAL

L'existence de la Comm. ADHP a constitué un puissant aiguillon pour la mise en place d'une *Cour Africaine des Droits de l'Homme et des Peuples.*

Celle-ci pourra faire les frais d'une fusion prochaine entre de deux textes : d'une part, celui de la Cour africaine elle-même, telle qu'elle est prévue par le Protocole de Ouagadougou de 1998 (A), d'autre part celui d'une *Cour africaine de Justice* telle qu'elle est envisagée par l'Acte constitutif de l'Union africaine.

La fusion doit donner naissance à la *Cour Africaine de Justice et des Droits de l'Homme* (non encore en vigueur), ce qui pourrait augurer d'une meilleure protection des Droits de l'Homme en Afrique (B). En attendant, les Africains s'en remettent à la Cour Africaine des Droits de l'Homme et des Peuples.

A. La Cour Africaine des Droits de l'Homme et des Peuples

L'idée de la création d'une Cour Africaine apparaissait déjà dans « la loi de Lagos »[933]. Dans cette ville, les experts réunis plaidaient en faveur de l'instauration d'une véritable juridiction accessible aux simples citoyens ; idée que semblaient ne pas approuver les États africains. Ce qui aboutit plus tard, après de nombreuses réticences, à un compromis pour la mise en place d'une institution beaucoup plus modeste[934]. Il s'agit de la Commission Africaine des Droits de l'Homme et des Peuples créée par la Charte Africaine des Droits de l'Homme et des Peuples en son article 30. Qualifiée d'organe technique et indépendant chargé de la promotion et de la protection des Droits de l'Homme, la Commission a été créée à défaut de pouvoir instituer à l'époque une véritable Cour[935]. Pourtant, la création de la Commission n'empêchera pas que l'idée d'une Cour Africaine puisse mûrir et donner naissance après plusieurs années d'efforts à une véritable Cour, avec l'adoption du texte en 1998.

---

[933] La « loi dite de Lagos » est la déclaration adoptée à la suite de la Conférence des Juristes Africains réunis à Lagos par la Commission Internationale des Juristes du 3 au 7 janvier 1961 sur le thème de la « Primauté du Droit ».

[934] ATANGANA AMOUGOU, Jean-Louis (2001, juillet-décembre). « La Commission africaine des Droits de l'Homme et des Peuples » *Droits fondamentaux* (1) .

[935] ATANGANA AMOUGOU, Jean-Louis (2001, juillet-décembre). « La Commission africaine des Droits de l'Homme et des Peuples » *op. cit.*

Elle est prévue par le Protocole du 9 juin 1998, relatif à la Charte Africaine des Droits de l'Homme et des Peuples, adopté lors du 34e Sommet des Chefs d'État et de gouvernement de l'OUA tenu à Ouagadougou du 1er au 10 juin 1998.

L'avant-projet du Protocole a été l'œuvre d'experts gouvernementaux, de la Commission Africaine des Droits de l'Homme et des Peuples et de la Commission Internationale des Juristes, réunis au Cap en 1995 et à Nouakchott en 1997[936].

La création de la Cour vise à remédier aux lacunes de la Commission Africaine des Droits de l'Homme et des Peuples[937].

Pour pallier ces insuffisances, la Cour Africaine[938] – dont le mode de saisine (article 5) est ouvert à la Commission, à l'État plaignant, à l'État dont la victime est ressortissante, à l'État accusé – a compétence pour tous différends et affaires relevant de l'interprétation et de l'application de la Charte Africaine, du Protocole de 1998 et de tout instrument africain applicable et relatif aux Droits de l'Homme. Cette compétence large est salutaire, en ce sens qu'elle peut s'étendre à toutes conventions de Droits de l'Homme, auxquelles les États africains font partie, aux niveaux régional ou continental, sous l'égide ou les auspices de l'OUA, de la CEDEAO, de la SADC, etc.

Le mode de saisine acquiert un relief supplémentaire avec la possibilité pour les individus et les ONG (art. 5 § 3 et art. 34 § 6) d'introduire directement sans passer par le tamis de la Commission (mais à condition que l'État partie ait fait au préalable une déclaration d'acceptation de la compétence de la Cour en ce domaine), des requêtes en cas d'urgence ou de violation graves, systématiques et massives des Droits de l'Homme (y compris en cas d'infractions au DIH)[939].

---

[936] Cf. Projet de Protocole relatif à la Charte Africaine des Droits de l'Homme et des Peuples portant Charte Africaine des Droits de l'Homme et des Peuples, Réunion des Experts gouvernementaux sur la question de la création d'une Cour Africaine des Droits de l'Homme et des Peuples (6-12 septembre 1995), Le Cap, Afrique du Sud. Doc OAU/LEG/EXP/AFC/HPR (1). 2e Réunion des Experts gouvernementaux juridiques pour la création de la Cour Africaine des Droits de l'Homme et des Peuples (11-14 avril 1997), Nouakchott, Mauritanie. OUA/EXP/JUR/CAF/DHP/RAP (2), *in* 9 RADIC1997, pp. 440-448.

[937] Cf. BOUKRIF, Hamid (1998). « La Cour africaine des Droits de l'Homme et des Peuples : un organe judiciaire au service des Droits de l'Homme et des Peuples en Afrique ». *10 RADIC* : 60-87. Voir aussi, MAUGENEST, Denis et Théodore HOLO (dir.) (2006). *L'Afrique de l'Ouest et la tradition universelle des Droits de l'Homme.* Abidjan : Les Éditions du CERAP.

[938] Selon l'article 2 du Protocole, la Cour complète, par ses fonctions de protection, celles de la Commission.

[939] De l'avis de Hamid BOUKRIF, « La Cour aura donc à connaître des violations et atteintes aux Droits de l'Homme en même temps qu'elle aura compétence pour connaître des requêtes des minorités et des ethnies ou de leurs représentants qui s'estimeront légitimement fondés à réclamer des droits que le gouvernement central aura refusé d'octroyer ou que les institutions officielles n'auront pas respecté ou auront délibérément violé », *op. cit.* : 62 ; MUTOY, Mubiala (1998). « La Cour africaine des Droits de l'Homme et des Peuples : mimétisme institutionnel

La composition de la Cour s'ordonne autour de onze juges (art. 11), élus au scrutin secret par la Conférence des Chefs d'État et de gouvernement (art. 14). Ces juges élisent pour un mandat de 2 ans renouvelable une fois le Président et le Vice-président (art. 21).

La Cour a la possibilité d'émettre des avis consultatifs à la demande des États membres de l'OUA ou d'une organisation africaine reconnue par celle-ci (art. 4).

La Cour, dont le Protocole est entré en vigueur trente jours après le dépôt du quinzième instrument de ratification ou d'adhésion (art. 34 § 3), rend des décisions exécutoires que les États doivent appliquer dans le délai imparti par la sentence (art. 30).

Les arrêts sont notifiés au Conseil des ministres qui en assure l'exécution pour le compte de la Conférence (art. 29). Un rapport récapitulant les activités de la Cour est soumis annuellement à chaque session ordinaire de la Conférence des Chefs d'État et de gouvernement (art. 31).

Le Protocole relatif à la Cour Africaine recèle, à son tour, quelques insuffisances. On peut déplorer l'inexistence de voies d'appel (art. 28 al. 2) même si la possibilité d'un recours en révision dans la seule hypothèse de faits nouveaux, a été aménagée (art. 28 al. 1). En outre, des risques de chevauchement et de concurrence de compétences entre la Commission et la Cour, peuvent se poser pour les avis consultatifs et l'interprétation de la Charte que les deux organes peuvent délivrer. En effet, il faut reconnaître que « La possibilité de donner des avis consultatifs et d'interpréter la Charte et les autres instruments pertinents des Droits de l'Homme, est donnée par la Charte à la Commission alors que le Protocole additionnel à la Charte en donne la prérogative à la Cour »[940].

D'autres complexités peuvent également être relevées, notamment la possibilité pour un État de saisir la Commission sur la base de l'article 5 du Protocole en même temps que celle de recourir à la Cour en vertu de l'article 47 de la Charte Africaine, ce qui ne manque pas de semer quelque peu la confusion entre les rôles respectifs de ces deux organismes.

Le Protocole ne prévoit pas de cas de saisine concomitante par un État des deux organismes comme il ne définit pas les critères de compétences et les conditions dans lesquelles la Commission est tenue de se dessaisir d'une affaire au profit de la Cour »[941]. Des zones d'ombre recouvrent donc les relations entre la Cour et la Commission. Ainsi, il faut noter que « le Protocole ne précise pas non plus les conditions dans lesquelles la Cour renvoie une requête devant la Commission ni les raisons d'un renvoi, conformément à l'article 6.3 du

---

ou avancée judiciaire ? » *RGDIP* (3) : 765-780; MUTUA, Makau (1999). « The African Human Rights Court. A two legged stool? ». Human Rights Quarterly. Vol. 21: 342-363.

[940] H. BOUKRIF, « La Cour africaine… », *op. cit.*, p. 81 .

[941] H. BOUKRIF, *op. cit.* : 71.

Protocole qui dispose que « la Cour peut connaître des requêtes ou les renvoyer devant la Commission »[942].

Mais bien avant le démarrage effectif de la Cour ADHP, l'idée de la fusionner avec la Cour de Justice[943] fut émise par les Chefs d'État sur l'initiative du Président Olusegun Obasanjo [944] lors du Sommet d'Addis-Abeba, en Éthiopie, en juillet 2004, conduisant ainsi, en 2008, à l'adoption d'un protocole portant statut de la Cour Africaine de la Justice et des Droits de l'Homme[945] par la Conférence des Chefs d'État et de gouvernement à l'occasion du Sommet de Sharm El Sheikh en Égypte.

Nonobstant cette fusion prononcée en 2008, le Protocole additionnel portant création de la Cour Africaine des Droits de l'Homme et des Peuples est entré en vigueur le 25 janvier 2004 et cette Cour Africaine fut mise en place. Elle a dans sa mission de protection et de promotion des Droits de l'Homme, fait preuve d'efficacité au cours de ces dernières années.

Devant les insuffisances décelées dans le fonctionnement et le suivi des rapports de la Com. ADHP, pour une meilleure rationalisation et une mise en cohérence optimale des textes de 1998 et 2003 mais surtout guidées par un souci d'économie budgétaire, la CEG a décidé de fusionner en une seule entité, la Cour ADHP[946] et la CAJ[947]. La nouvelle Cour, si son Protocole entre en vigueur[948], aura une Section chargée des Droits de l'Homme et des Peuples

---

[942] H. BOUKRIF, *idem.* : 71.

[943] La Cour africaine de Justice (CAJ) est prévue à l'article 5 de l'Acte constitutif de l'UA. C'est « l'organe judiciaire principal de l'Union. Son mandat et son fonctionnement sont régis par un Protocole adopté le 11 juillet 2003 par les Chefs d'État et de gouvernement mais non encore entré en vigueur. Elle règle les différends relatifs à l'interprétation et l'application de l'Acte constitutif de l'Union Africaine, des Traités de l'UA et des décisions prises par les organes de l'UA.

[944] Il fut à cette époque le Président de la Conférence de l'Union africaine.

[945] La Cour africaine de Justice et des Droits de l'Homme dont le siège se trouvera à Arusha, devait être divisée en deux sections. La première chargée des affaires générales et la deuxième relative aux Droits de l'Homme. Aujourd'hui, c'est l'idée de doter cette Cour des mêmes compétences que celles de la Cour Pénale Internationale, c'est-à-dire de la compétence de juger les crimes internationaux qui est en examen. Dés lors, une troisième section pourra être créée pour les crimes de guerre, le crime de génocide et les crimes contre l'humanité, en réaction à une CPI qui n'a, jusque là, été saisie que d'affaires africaines. Un Projet de Protocole d'extension de compétence a été adopté lors du Sommet de juillet 2014, avec une troisième Section s'occupant de droit international pénal.

[946] Le Protocole à la Charte africaine des Droits de l'Homme et des Peuples relatif à la Cour africaine des Droits de l'Homme et des Peuples est entré en vigueur le 25 janvier 2004. En juillet 2014, 27 États l'ont ratifié sur les 52 États signataires ou les 54 États membres de l'UA. Le nombre requis de ratifications était de 15.

[947] La CAJ de l'Union africaine a été créée par le Protocole du 11 juillet 2003 adoptée par la 2e Session ordinaire de la Conférence de l'Union à Maputo. Il est entré en vigueur le 11 février 2009. En juillet 2014, 26 États l'ont ratifié sur les 44 signataires ou les 54 États membres.

[948] Le Protocole sur les Statuts de la CAJ/DH du 1er juillet 2008 n'est pas encore entré en vigueur (voir *op. cit.*). Il le sera 30 jours après le dépôt des instruments de ratification de quinze États membres.

(reprenant l'activité juridictionnelle de la Cour ADHP), une Section des Affaires générales chargée des problèmes d'interprétation et d'application des textes de l'OUA/UA et du règlement judiciaire des différends interétatiques, voire une Section du droit international pénal.

B. Vers une protection par la future Cour Africaine de Justice et des Droits de l'Homme (et des Peuples)

La Cour africaine de Justice et des Droits de l'Homme n'est pas une création de la Charte africaine des Droits de l'Homme et des Peuples, comme c'est le cas de la Commission. Elle fut instituée par l'Union Africaine, suite à l'idée de fusionner la Cour de Justice de l'Union avec la Cour Africaine des Droits de l'Homme et des Peuples[949]. Le Protocole de 2008 [950]régit le fonctionnement et l'organisation de la Cour Africaine de Justice et des Droits de l'Homme. Il confie à la Section, chargée de toutes les affaires concernant les Droits de l'Homme, une compétence consultative et contentieuse. En revanche, aucune référence n'est faite aux règlements à l'amiable dans le statut de la Cour unique, alors que cette fonction était autrefois confiée à la Cour Africaine des Droits de l'Homme et des Peuples. La non mention du règlement à l'amiable dans la compétence de la Cour Africaine de Justice peut s'analyser comme une rupture avec la tradition africaine de l'arbre à palabre.

La fonction consultative permettra à la Cour Africaine de Justice et des Droits de l'Homme, à l'instar de la Cour Africaine des Droits de l'Homme et des Peuples de donner des avis sur toute question juridique, (à la demande de la Conférence, du Parlement, du Conseil exécutif, du Conseil de Paix et de Sécurité, du Conseil économique, social et culturel, des institutions financières ou de tout autre organe de l'Union autorisé par la Conférence), non soulevée devant la Commission Africaine et le Comité Africain d'Experts sur le bien-être et les droits de l'enfant Africain[951].

Avec sa compétence contentieuse, la Section des Affaires générales de la Cour est chargée de connaître de toutes les affaires et tous différends d'ordre juridique ayant pour objet : l'interprétation et l'application de l'Acte constitutif de l'UA ; l'interprétation, l'application ou la validité des autres traités de l'Union et de tous les instruments juridiques dérivés adoptés dans le cadre de l'Union ou de l'OUA (hormis ceux relatifs aux Droits de l'Homme et des Peuples) ; toute question de droit international (hormis celles relatives aux

[949] Le Protocole sur le statut de la Cour Africaine de Justice et des Droits de l'Homme n'a reçu que 5 ratifications sur les 15 nécessaires. En juillet 2014, sur les 54 États membres, 30 États ont signé mais seuls 7 États ont ratifié (Mali, Cote d'Ivoire, Ghana, Congo, Burkina Faso, Rwanda, Malawi), Voir, UA, Conseil Exécutif, Rapport sur les activités de la Cour ADHP, Doc.EX.CL/825(XXIV), 24e session ordinaire, Addis-Abeba, 21-27 janvier 2014.

[950] Voir l'article 17 du Protocole portant statut de la Cour africaine de Justice et des Droits de l'Homme.

[951] Voir l'article 53 du Protocole portant statut de la Cour africaine de Justice et des Droits de l'Homme, *op. cit.*

Droits de l'Homme) ; tous actes, décisions, règlements et directives des organes de l'Union ; toutes questions prévues dans tout autre accord que les États parties pourraient conclure entre eux, ou avec l'Union, et qui donne compétence à la Cour ; l'existence de tout fait qui, s'il est établi, constituerait la violation d'une obligation envers un État partie ou l'Union ; et la nature ou l'étendue de la réparation due pour la rupture d'un engagement international[952].

La Section des Droits de l'Homme de la CAJ/DH, quant à elle, peut connaître de toutes les affaires tendant à dénoncer les violations des Droits de l'Homme[953], émanant des États parties au présent protocole, de la Commission Africaine des Droits de l'Homme et des Peuples, du Comité Africain d'Experts sur le bien-être et les droits de l'enfant, des organisations intergouvernementales africaines accréditées auprès de l'Union ou de ses organes, des institutions nationales des Droits de l'Homme, des personnes physiques et des organisations non gouvernementales accréditées auprès de l'Union ou de ses organes ou institutions, sous réserve des dispositions de l'article 8 du protocole, consacrés dans la Charte Africaine des Droits de l'Homme et des Peuples, dans la Charte Africaine des droits et du bien-être de l'enfant, dans le protocole à la Charte Africaine des Droits de l'Homme et des Peuples relatif aux droits de la femme en Afrique ou par tout autre instrument juridique pertinent relatif aux Droits de l'Homme, auxquels les États concernés sont parties[954].

À l'instar de toutes les juridictions, la Cour dispose des voies et moyens pour accomplir sa mission contentieuse. Ainsi (même si cela ne figure pas expressément dans le protocole), lorsqu'elle est saisie d'une requête tendant à dénoncer les violations des Droits de l'Homme, les juges[955] peuvent procéder à des investigations pour établir la vérité et dire le droit. La Cour peut donc procéder à l'examen contradictoire des requêtes, mener des enquêtes si nécessaire ; et recevoir tous les moyens de preuve qu'elle juge appropriés pour rendre sa décision. Les parties peuvent apporter les preuves de leurs allégations de violation ou non des Droits de l'Homme, et les pièces doivent être communiquées à la partie adverse dans le respect du principe de contradiction.

---

952 Voir l'article 28 du Protocole portant statut de la Cour africaine de Justice et des Droits de l'Homme, *op. cit.*

953 Voir l'article 17 du Protocole portant statut de la Cour africaine de Justice et des Droits de l'Homme, *op. cit.*

954 Voir l'article 30 du Protocole portant statut de la Cour africaine de Justice et des Droits de l'Homme, *op. cit.*

955 Les juges de la Cour africaine de Justice et des Droits de l'Homme seront au nombre de 16 (8 pour la Section des Affaires générales et 8 pour la Section des Droits de l'Homme). Ils sont élus par le Conseil exécutif et nommés par la Conférence pour un mandat de six ans renouvelable une seule fois, parmi les personnes connues pour leur impartialité et leur intégrité, jouissant de la plus haute considération morale, et qui réunissent les conditions requises pour l'exercice, dans leurs pays respectifs, des hautes fonctions judiciaires, et/ou qui sont des jurisconsultes possédant une notoriété et une expérience en matière de droit international et/ou des Droits de l'Homme. Toutefois, le nombre des juges et la durée du mandat ont été modifiés en 2014 (voir plus loin).

Les preuves mises à la disposition de la Cour doivent faire l'objet d'une évaluation, et la Cour doit rendre au final sa décision qui confirmera s'il y a violation des Droits de l'Homme ou des Peuples[956].

Elle peut prendre des mesures pour sanctionner ces violations. Elle peut ordonner toutes les mesures appropriées pour remédier à la situation, y compris l'octroi d'une juste indemnité[957]. La Cour peut tout aussi, dans les cas d'extrême gravité ou lorsque les circonstances l'exigent, prendre des mesures conservatoires, préalablement à une décision finale[958]. Toutes les décisions prises par la Cour s'imposent aux parties au litige[959] contrairement aux communications de la Commission.

Se pose alors la question de l'accès des individus voire des organisations non gouvernementales à la Cour. Outre les conditions de saisine de la Cour prévues à l'article 34 dudit protocole, une condition supplémentaire vient corseter la possibilité de la saisine de la Cour par les individus et les Organisations non gouvernementales. Cette fameuse condition se trouve dans l'article 8 du Protocole qui prévoit qu'un État partie peut, au moment de la signature, du dépôt de l'instrument de ratification ou d'adhésion ou à toute autre période après l'entrée en vigueur du protocole, faire une déclaration acceptant la compétence de la Cour pour recevoir les requêtes émanant des personnes physiques et ONG accréditées auprès de l'Union[960]. À défaut de cette acceptation de compétence, la saisine de la Cour ne peut être envisagée par les individus et les ONG accréditées par l'Union.

En somme, on s'aperçoit que la saisine de la Cour par les individus et ONG accréditées est réduite et soumise au bon vouloir des États qui décident ou non de faire une déclaration d'acceptation de la compétence de la Cour pour permettre à ces derniers de porter une affaire devant la Cour. De plus, les ONG qui peuvent saisir la Cour et représenter les victimes doivent être accréditées auprès de l'Union, alors que les conditions d'accréditation sont plus ou moins sévères. Par ailleurs, s'il existe un moyen pour les individus et les ONG de contourner la limitation posée à l'article 8 du protocole, ce serait le fait de la Commission Africaine des Droits de l'Homme et des Peuples. Lorsque la Commission est saisie par un individu ou une ONG, elle peut décider de porter l'affaire devant la Cour, puisqu'elle a la possibilité de saisir facilement la Cour. Il ne reste plus qu'à espérer que cette voie soit utile pour l'aboutissement des requêtes individuelles.

---

[956] Tessa Barsac, La Cour africaine de justice et des droits de l'homme, Paris, Pedone, 2012.

[957] Voir l'article 45 du Protocole portant statut de la Cour africaine de Justice et des Droits de l'Homme, *op. cit.*

[958] Voir l'article 35 du Protocole portant statut de la Cour africaine de Justice et des Droits de l'Homme, *op. cit.*

[959] Voir l'article 46 du Protocole portant statut de la Cour africaine de Justice et des Droits de l'Homme, *op. cit.*

[960] Cette condition de saisine figure aussi à l'article 36 al. 4 du protocole portant création de la Cour africaine des Droits de l'Homme et des Peuples.

Depuis le Sommet de 2014, les Chefs d'État et de Gouvernement ont à nouveau amendé le Protocole sur la CAJ/DH[961].

De nombreuses innovations sont introduites, comme la création de trois sections. L'Article 16 nouveau est rédigé ainsi :

« 1. La Cour est composée de trois (3) sections : une Section des affaires générales, une Section des droits de l'homme et des peuples et une Section du droit international pénal.

2. La Section du droit international pénal de la Cour est dotée de trois (3) chambres : une Chambre préliminaire, une Chambre de Première Instance et une Chambre d'Appel.

3. L'affectation des juges aux Sections et Chambres respectives est déterminée par la Cour dans son règlement intérieur ».

Désormais, à la place de la CAJ/DH, on aura une nouvelle appellation de *Cour Africaine de Justice, des Droits de l'Homme et des Peuples*, qui sera composée d'une Présidence, du Bureau du Procureur et du Greffe. Une procédure de révision est prévue pour les décisions rendues par la Section des affaires générales et la Section des droits de l'homme et des peuples, alors que l'appel sera possible pour celles rendues par la Section du droit international pénal (nouvel art.18). Les juges auront un seul mandat de neuf ans (art. 8, nouveau). On soulignera que la compétence pénale internationale de la Cour AJDHP(modèle 2012-2014) sera très extensive puisque pouvant couvrir les crimes de guerre, contre l'humanité, les crimes de génocide, les changements anticonstitutionnels de gouvernement, la piraterie, le terrorisme, le mercenariat, la corruption, le blanchiment d'argent, la traite des personnes, le trafic des drogues, le trafic illicite de déchets dangereux, l'exploitation illégale des ressources naturelles, les crimes d'agression (Articles 28. A à 28. I, 28.I bis, 28. K, 28. L, 28.L. bis, 28. M, et art. 28.N).

Par ailleurs, le CPS et le Bureau du Procureur sont inclus parmi les entités admises à ester en justice devant la Cour (nouvel art.29§1). Une autre originalité est la rétention de la responsabilité pénale des entreprises (art.48 c).

S'il faut saluer toutes ces innovations, il reste que le texte original ou amendé du Protocole de Sharm el Sheik n'est pas encore en vigueur. Malgré les efforts entrepris[962] pour définir les différents crimes des articles 28, on peut subodorer

---

[961] Voir le projet de Protocole sur les amendements au Protocole relatif au Statut de la Cour africaine de Justice et des Droits de l'Homme, UA , Conseil Exécutif, 21éme session ordinaire, Addis-Abeba, 9-13 juillet 2012 (Doc.EX.CL/731(XXI)-a). Voir aussi Doc Assembly/AU/Déc.493 (XXII) du 31 janvier 2014.

[962] SOMA, Abdoulaye (2014). « Vers une juridiction pénale régionale pour l'Afrique » Revue du CAMES, vol.1, (001) (2e semestre). www.publications.lecames.or<g ; KAHOMBO, Belingene (2013). « Le projet de création d'une juridiction pénale panafricaine ».*The Rule of Law*. Librairie africaine d'Études juridiques de la Fondation Konrad Adenauer. vol.7 : 1-26.

de nombreuses difficultés d'application, d'articulation avec la CPI[963] (le dessein inavoué étant de la court-circuiter ou de la contourner), et avec les différentes cours sous — régionales africaines.

En attendant l'EV du Protocole sur la CAJ/DH, il faut signaler les grandes lignes de l'activité judiciaire de la Cour ADHP. En fait, en s'assurant du respect des conditions de recevabilité quant à la forme et quant au fond[964] de leur plainte, les individus devront aussi vérifier que l'État concerné a fait la déclaration de l'art. 34.6 du Protocole de 1998 acceptant la compétence de la Cour pour recevoir des requêtes individuelles ou d'ONG ayant le statut d'observateur auprès de la Cour ADHP. Un tour d'horizon des activités judiciaires de la Cour permet d'en fournir une lecture assez mitigée de ses apports jurisprudentiels. Son premier arrêt a été rendu le 15 décembre 2009[965], dans une affaire touchant Hissène Habré, ex-Chef d'État du Tchad.

Dans sa requête du 11 août 2008, un requérant tchadien introduisait l'instance aux fins du retrait de la procédure menée par la République du Sénégal pour inculper, juger et condamner Hissène Habré, réfugié au Sénégal. Mais du fait que le Sénégal n'a pas accepté la compétence de la Cour pour connaître de requêtes individuelles (en vertu des art. 5 et 34 [6] du Protocole de 1998), la Cour « ayant conclu à son incompétence (…) il n'y a pas lieu pour elle d'examiner la question de la recevabilité »[966]. Depuis lors, il faut reconnaître que « des 12 affaires dans lesquelles la Cour avait vidé sa saisine à la date du 1er mars 2013, 09 n'ont pas pu franchir l'obstacle de l'absence de la déclaration de compétence des États parties »[967].

De même, la Cour a-t-elle décliné sa compétence pour l'examen de requêtes introduites par des ONG qui n'ont pas le statut d'observateur auprès de la Commission[968].

La Cour, en juillet 2014, a reçu 28 requêtes (Affaires contentieuses) et 5 demandes d'avis consultatif[969].

---

963 De FROUVILLE, Olivier (2012). *Droit international pénal. Sources, incriminations et responsabilité.* Paris : Pedone; FERNANDEZ, Julian et Xavier PACREAU (2012). *Statut de Rome de la Cour pénale internationale. Commentaire article par article.* Paris : Pedone.

964 Le requérant doit s'assurer que la Cour est compétente, que le droit dont la violation est alléguée est prévu dans la CADHP, que l'État a ratifié le Protocole de 1998 et que la violation est postérieure à la date de dépôt des instruments de ratification de l'État concerné.

965 *Affaire Michelot Yogogombaye c/ République du Sénégal (Requête 00/2008), arrêt du 15.12.2009,*www.african-court.org/fileadminis/documents/court/latest/judgments/french.

966 Paragraphe 40 de l'Arrêt.

967 Cf. TAKAM, Gatsing Hermine Kembo (2014). *Le système africain de protection des Droits de l'Homme : un système en quête de cohérence.* L'Harmattan. Voir Affaire *Amir Adam Timan c/Sudan* (requête 005/2012), arrêt du 30 mars 2012 ; *Affaire Baghdadi Ali Mahmoudi c/ République de Tunisie* (requête 007/2012), arrêt du 26 juin 2012.

968 *Affaire CONASYSED c/ République Gabonaise, Requête 012/2011, arrêt 15 décembre 2011. Affaire Association des Juristes Africains pour la Bonne Gouvernance c/ République de Côte d'Ivoire, Requête 006/2011, arrêt du 16 juin 2011.*

Dans l'Affaire *Femi Falana c/Union Africaine (requête 001/2001, arrêt du 26/06/2012)*, la Cour s'est prononcée sur la validité de l'art. 34 (6) du Protocole de 1998, en ce qu'il constitue un obstacle à la protection des Droits de l'Homme. Le requérant, avocat nigérian, après avoir fait part de ses nombreuses démarches pour amener le Gouvernement de son pays à faire la déclaration prévue audit article, demandait que l'article soit considéré comme nul et non avenu parce qu'il empêche les nigérians, les ONG nigérianes de saisir directement la Cour de l'Union Africaine.

Cette dernière, elle-même défenderesse, décline sa compétence pour connaître de la question, rappelle qu'elle n'est ni partie à la CADHP ni à son Protocole, qu'elle n'est ni représentante légale de ses États membres qui demeurent souverains et que Me Falana n'a pas épuisé les voies de recours internes. Suivant ces conclusions, la Cour a rejeté la requête.

Dans *l'Affaire Urbain Mkandawire c/Malawi (Requête 003/2011)*, la Cour après rejet des arguments du demandeur (le 21 juin 2013), verra ce dernier introduire une demande conjointe en révision (Requête 001/2013) et en interprétation de la décision de 2013. La Cour rejette la requête en précisant son droit d'interpréter ses propres jugements en cas de problèmes d'exécution des décisions rendues mais s'arrête surtout sur l'obstacle du non épuisement des voies de recours internes. Quant à la révision, elle est écartée sur la base de l'argument que le requérant n'a apporté aucune preuve nouvelle ni aucun fait nouveau inconnu du précédent procès.

Dans l'Affaire *Commission ADHP c. Grande Jamahiriya Arabe Libyenne Populaire et Socialiste (Requête 004/2011),* la Cour a prononcé une ordonnance en indication de mesures conservatoires (provisoires) contre la Libye, en date du 25 mars 2011[970].

Dans deux affaires introduites contre la République Unie de Tanzanie, *Frank D. Omary et autres, le 30 janvier 2012, et Peter Joseph Chacha, le 13 février 2012 (003/2012),* la Cour va rejeter le même jour, dans deux *arrêts du 28 mars 2014*, les arguments des demandeurs pour non épuisement des voies de recours internes (art. 6 § 2 du Protocole de 1998, art. 56 CADHP et art. 40 § 5 du Règlement de la Cour). Dans la première requête (001/2012), les requérants alléguaient de la violation de leurs droits à la pension et autres indemnités avec la dissolution de l'ex-CAE dont ils étaient fonctionnaires et conformément aux

---

[969] Soit 23 Affaires finalisées et cinq Affaires pendantes. Pour ces dernières, il s'agit des *Affaires Commission Africaine des Droits de l'Homme c/ Libye ; Chrysanthe Rutobmgwa c/ Rwanda ; Lohé Issa Konaté c/ Burkina Faso ; Alex Thomas c/Tanzanie (toutes introduites en 2013).*

[970] Les mesures provisoires ou conservatoires peuvent être prononcées en vertu de l'Art. 27 § 2 du Protocole de 1998 et conformément aux règles du DIP pour éviter tout préjudice grave, irréparable compte tenu de l'urgence et de l'extrême gravité de la situation. Ces mesures ont été prononcées dans *l'Affaire Commission Africaine des Droits de l'Homme et des Peuples contre République du Kenya (Requête 006/2012) et Commission Africaine des Droits de l'Homme et des Peuples c/ Libye (Requête 002/2013), ordonnance du 15.03.2013.*

obligations souscrites par la Tanzanie le 17 mai 1984. Dans la deuxième requête (003/2012), le requérant Chacha prétendait avoir été arrêté, détenu, accusé en violation des lois pénales de Tanzanie.

Les mêmes arguments défendus par le demandeur dans l'affaire Falana, se retrouvent dans *l'affaire Atabong Denis Atemnkeng c/Union Africaine (Requête 014/2011).* Ce fonctionnaire camerounais de la Commission de l'UA dénonçait la validité du fameux verrou de l'art. 34 (6) du Protocole de Ouagadougou. La Cour se déclarera compétente car le Cameroun n'a pas fait la déclaration pour l'admission de requête de personnes physiques ou ONG (*Arrêt du 15 mars 2013).*

Dans l'ordonnance du 25 mars 2011, la Cour avait enjoint à la Libye de lui faire rapport dans les 15 jours de réception de l'ordonnance, des mesures prises pour mettre fin aux violations. Devant l'insuccès dans l'exécution de l'ordonnance, une autre requête de la Comm. ADHP (002/2013 du 31 janvier) a été introduite et reste encore pendante jusqu'en juillet 2014. On soulignera que la Cour a fait part de la non-exécution de sa décision précédente par la Libye à la CEG de l'UA.

L'Affaire Ayants-droits de Feu Norbert Zongo, Abdoulaye Nikiema dit Ablassé, Blaise Ilboudo et Ernest Zongo c/Burkina Faso (Requête 013/2011) conclue par un *arrêt du 28 mars 2014*, reste la plus médiatisée par l'ampleur des violations alléguées des Droits de l'Homme à l'encontre du Burkina Faso. Pour rappeler les faits, il faut remonter au 13 décembre 1998, date de la découverte des corps, calcinés dans leur voiture, de Norbert Zongo, journaliste d'investigation et Directeur de l'Hebdomadaire *L'Indépendant* et de ses compagnons. Dans leur requête, les plaignants, ayants-droits des victimes, allèguent des violations des articles 1 à 4, 7 et 9 de la CADHP, des articles 2 § 3, 14 et 19 § 2 du PIDCP et de l'art. 5 de la DUDH par l'État concerné. Après phases écrite et orale, la Cour conclut :

- d'abord, à la non-violation de l'art. 3 et de l'art. 1er de la CADHP concernant l'obligation d'adopter des mesures législatives ;

- ensuite à la violation par l'État défendeur de l'obligation de prendre des mesures autres que législatives « pour assurer le respect du droit des requérants à ce que leur cause soit entendue par les juridictions nationales compétentes », donc des articles 7 et 9 de la CADHP et de l'art. 66 § 2 du Traité révisé de la CEDEAO. Il lui est, en outre, reproché de n'avoir pas fait preuve de la diligence nécessaire pour rechercher, poursuivre et juger les assassins de Norbert Zongo et de ses compagnons et donc d'avoir manqué à ses obligations par défaut de mesures judiciaires appropriées visant à garantir le respect des droits des requérants[971].

---

971 Voir site www.african-court.org.fr.

Conformément à l'art. 6 § 3 de son Protocole, la Cour ADHP peut renvoyer certaines affaires à la Comm. ADHP. Il en a été ainsi pour les *affaires Soufiane Ababou c/République Démocratique d'Algérie (Requête 002/2011) ; Daniel Amare et Mulugeta Amare c/République du Mozambique et Mozambique Airlines (Requête 005/2011*) et pour l'affaire introduite par une ONG n'ayant pas le statut d'observateur auprès de la Commission *(Association des Juristes d'Afrique pour la Bonne Gouvernance c/République de Côte d'Ivoire*, précitée).

De même, dans son arrêt du 23 septembre 2011, en *l'affaire Ekollo Moundi Alexandre c/République du Cameroun et République Fédérale du Nigeria (Requête 008/2011*), la Cour d'Arusha a confirmé son incompétence à examiner cette affaire car le Cameroun n'aurait pas signé le Protocole de 1998 et le Nigeria n'avait pas encore fait la Déclaration de l'art. 34 (6). La Cour a jugé plus approprié de transférer l'affaire à la Commission de Banjul.

Le premier arrêt rendu sur le fond, avant l'affaire Zongo, de la Cour ADHP porte sur les *affaires* jointe*s, Tanganyka Law Society, the Legal Human Rights Centre et Reverend Christopher Mtikila c. République Unie de Tanzanie (arrêt du 14 juin 2013).* En l'espèce, les trois requérants dont deux associations de la société civile, contestaient l'interdiction de candidatures indépendantes et de participation aux élections, que l'obligation pour un candidat d'être affilié à un parti politique restreignait la liberté d'association, qu'elle constituait une violation du droit à la non discrimination et qu'elle était une pratique contraire à l'État de droit. La Cour condamne la Tanzanie en lui enjoignant « de prendre toutes les mesures constitutionnelles, législatives et autres dispositions utiles dans un délai raisonnable, afin de mettre fin aux violations constatées et d'informer la Cour des mesures prises à cet égard »[972]. La Cour aura finalement condamné la Tanzanie (qui a souscrite la déclaration de l'art. 34 [6]) car la Cour « estime qu'il y a atteinte à la liberté d'association dès lors qu'un individu est contraint de s'associer avec d'autres personnes (...). En d'autres termes, la liberté d'association signifie que chacun est libre de s'associer et libre de ne pas le faire » (*Paragraphe 113 de l'arrêt*).

Par ailleurs, la fonction consultative de la Cour ADHP a été déclenchée par quatre demandes d'Avis, introduites soit par des États[973], soit par des ONG ou associations[974]. En fait, la compétence consultative de la Cour se fonde sur l'art. 4 de son Protocole qui énonce : « Tout État membre de l'OUA ou l'OUA elle-même, l'un de ses organes ou toute organisation africaine reconnue par elle, peut

[972] Cf. sur tout le déroulement de ces affaires, Dossier du Pôle Afrique de Sentinelle, sous la direction de Roland Adjovi, Cour Africaine des Droits de l'Homme et des Peuples, l'Affaire Rev. Mtikila c. Tanzanie du 02/09/2013 consultable à www.sentinelle.droit- international.fr.

[973] *Demande d'avis consultatif de la République du Mali (n° 001/2011) et Demande d'avis consultatif de la Libye (002/2011).*

[974] *Demande d'avis consultatif de Projet des Droits Socioéconomiques et Responsabilité (SERAP) (n° 001/2013) ; demande d'avis consultatif de l'Union Panafricaine des Avocats (UPA) et Southern African Litigation Center (02/2012) ; demande d'avis consultatif Comité Africain d'Experts sur les droits et le bien-être de l'enfant (002/2013).*

demander un avis consultatif à la Cour sur une question juridique concernant la Charte Africaine des Droits de l'Homme ou tout autre instrument pertinent relatif aux droits de l'Homme ».

Au regard des développements précédents, le système régional africain de protection et de promotion des Droits de l'Homme ressemble à une construction à deux étages avec au premier, bénéficiant de l'antériorité mais au détriment de la subsidiarité, la place de la Commission et au second, l'organe judiciaire principal, la Cour ADHP qui se prépare à la mue prochaine vers une CAJ/DH. La simplicité de ce schéma est aujourd'hui rompue par la tendance de plus en plus remarquée à la juridictionnalisation des Droits de l'Homme avec des organes des OIA s'occupant, par prétérition, de la protection juridictionnelle de ces droits.

CHAPITRE IV

LES OIA SOUS-RÉGIONALES ET LES DROITS DE L'HOMME

Depuis les années 80, un formidable mouvement en faveur de la protection et de la promotion des Droits de l'Homme, n'a pas seulement été observé au niveau de l'OUA/UA mais a également amené les autres OIA (soit dans le cadre des CER soit d'organisations généralistes ou sectorielles) à s'intéresser de manière incidente aux Droits de l'Homme, alors même que leur vocation première était plutôt orientée vers des thématiques plus générales comme le développement économique, l'intégration ou la coopération politique. C'est la CEDEAO qui a eu le mérite d'étoffer, le plus, sa production normative dans ce domaine (Section I). D'autres CER ou OIA sectorielles ont également accompagné le mouvement vers la démocratie et le respect des Droits de l'Homme (Section II).

SECTION I – LA COUR DE LA CEDEAO ET LES DROITS DE L'HOMME

« *Abuja plutôt qu'Arusha* », telle est actuellement l'opinion la plus partagée des ressortissants ouest africains, victimes de violations des Droits de l'Homme, dans l'espace CEDEAO, en raison de la possibilité qui leur est offerte par certains textes fondamentaux de cette OCA (Paragraphe I) et de l'impressionnant volume du contentieux des Droits de l'Homme au niveau de sa Cour de Justice (Paragraphe II).

PARAGRAPHE I – LES FONDEMENTS DE LA PRISE EN COMPTE DES DROITS DE L'HOMME PAR LA COUR D'ABUJA

Créée par le Traité de Lagos de 1975 révisé le 24 juillet 1993, la CEDEAO, dont la mission essentielle est de favoriser l'intégration économique et la coopération entre ses membres, s'est vue, par la force des choses, obligée de s'intéresser aux questions de paix, de sécurité et des Droits de l'Homme, en raison d'un environnement de crises et de facteurs d'instabilité dans la sous-région.

Relativement à la prise en compte des Droits de l'Homme dans ses activités et attributions, un certain nombre de textes forme le socle sur lequel reposent les attributions de la CEDEAO dans ce domaine.

D'abord, la Déclaration des Principes politiques du 6 juillet 1991 insiste sur la défense des Droits de l'Homme qui constitue un engagement « à promouvoir et à encourager la jouissance pleine et entière par toutes les populations, de leurs droits fondamentaux, notamment leurs droits politiques, économiques, sociaux, culturels et autres, inhérents à la dignité de la personne humaine et essentiels à son développement libre et progressif » (Préambule du Traité de 1993).

Il s'agit aussi du Traité révisé de 1993 qui révèle l'attachement des États membres à la Charte Africaine de 1981 et à la Déclaration des Principes politiques de 1991 et réitère la nécessité d'améliorer le niveau de vie de leurs peuples et de stimuler et d'accélérer le progrès économique et social des États.

Ces énonciations préambulaires sont davantage confortées par l'article 4, intitulé « Principes fondamentaux » parmi lesquels on peut mentionner : « (…) respect, promotion et protection des Droits de l'Homme et des Peuples conformément aux dispositions de la Charte Africaine des Droits de l'Homme et des Peuples… » (art. 4, g), ou encore « (la) promotion et consolidation d'un système démocratique de gouvernement dans chaque État membre tel que prévu par la Déclaration des Principes politiques adoptée le 6 juillet 1991 à Abuja… » (art. 4, j).

Le traité crée une Cour de Justice de la Communauté (art. 15) dont le statut, les compétences, la procédure sont réglés par un Protocole de 1991[975]. Il s'y ajoute la volonté des États membres, de la CEDEAO, qui sont « Déterminés à conjuguer nos efforts en vue de promouvoir la démocratie dans la sous-région sur la base du pluralisme politique et du respect des droits fondamentaux de l'homme tels que contenus dans les instruments internationaux en matière de Droits de l'Homme universellement reconnus et dans la Charte Africaine des Droits de l'Homme et des Peuples » (Déclaration de Principes politiques de la CEDEAO, Abuja).

Initialement, le Protocole d'Abuja de 1991[976] réservait l'accès au prétoire aux seuls États, à la Conférence des Chefs d'État et aux institutions de la communauté écartant toute saisine directe des particuliers, sinon par l'intermédiaire de la protection diplomatique de l'État. Cet État de fait connaîtra un bouleversement radical avec l'adoption du Protocole d'Accra de 2005 (portant amendement de celui de 1991 et qui permet d'élargir le droit de saisine aux particuliers (personnes physiques ou morales)[977] et aux juridictions nationales des États membres.

Le nouvel article 9 § 4 dispose : « La Cour est compétente pour connaître des cas de violations des Droits de l'Homme dans tout État membre ». L'innovation aura un effet immédiat de gonflement de contentieux y afférents. Comme le

---

[975] Protocole d'Abuja du 6 juillet 1991, (A/P1/7/91) révisé par le Protocole d'Accra du 19 janvier 2005, (A/SP.1/01/05).

[976] Voir nos développements en deuxième Partie.

[977] Désormais, la Cour ne pourra plus exciper de son incompétence à se saisir de requêtes introduites par les particuliers, comme dans *l'Affaire n° ECW/CCJ/APP/01/03, Olajide Afolabi contre la République Fédérale du Nigeria.* Ici, le requérant avait attaqué la mesure de fermeture par le Nigeria de sa frontière avec la République du Bénin et alléguait de certaines pertes du fait de sa qualité d'homme d'affaires.

rappelait un Honorable Juge, « Cette ouverture aux personnes physiques a eu pour conséquence une prolifération des requêtes. Pour la seule période allant de janvier 2006 à juin 2007, la Cour a enregistré 26 requêtes »[978]. Il en appert une voie de recours ouverte à toute personne victime de violations des Droits de l'Homme et, insérée dans des limites étroites. Cette ouverture *rationae personae* et cette clôture *rationae materiae* sont ainsi rappelées par l'art. 10 § d :

« la demande soumise à cet effet :

i) ne sera pas anonyme ;

ii) ne sera pas portée devant une autre Cour Internationale compétente ».

A vrai dire, l'aménagement de ce contentieux au sein de la CEDEAO s'inscrit dans le prolongement de la compétence de cette O.C.A. affirmée à l'art. 39 du Protocole sur la Démocratie et la Bonne Gouvernance du 21 décembre 2001 qui prévoyait : « *Le Protocole adopté à Abuja le 6 juillet 1991 et relatif à la Cour de Justice de la Communauté sera modifié aux fins de l'extension de la compétence de la Cour, entre autres, aux violations des Droits de l'Homme, après épuisement sans succès des recours internes* ».

Toutefois, on ne manquera pas de relever que cette condition de l'épuisement n'a pas été reprise dans le Protocole d'Accra, ce qui déterminera la Cour à admettre en 2008 que « la règle d'épuisement préalable des voies de recours internes n'est pas d'application devant la Cour (…). Par conséquent, le législateur communautaire CEDEAO, en disposant, comme il l'a fait à l'article 10 d. *ii* du Protocole additionnel, entend rester dans les limites strictes de ce que la pratique internationale a cru bon devoir respecter. Il n'appartient donc pas à la Cour de céans d'ajouter au Protocole additionnel des conditions non prévues par les textes »[979].

Du reste, la Cour, s'appuyant sur la jurisprudence internationale, notamment européenne, a reconnu que « s'il est constant que la protection des Droits de l'Homme par les mécanismes internationaux est une protection subsidiaire, il n'en demeure pas moins que cette subsidiarité connaît depuis quelque temps une évolution remarquable qui se traduit par une interprétation très souple de la règle de l'épuisement des voies de recours internes ; c'est d'ailleurs ce que disait la Cour Européenne des Droits de l'Homme dans son arrêt *De Wilde, Ooms et Versyp c/la Belgique du 18 juin 1971* lorsque celle-ci a jugé que « conformément à l'évolution de la pratique internationale, les États peuvent

---

[978] SIDIBÉ, Soumana Dirarou (2007, novembre). « La mise en exécution des décisions de la Cour de Justice de la Communauté CEDEAO » *in* Conférence sur le droit dans le processus d'intégration en Afrique de l'Ouest, Abuja ; cf. aussi, KUFUOR, Kofi Oteng (1994). « Law, power, politics and economics: critical issues arising out of the New Ecowas Treaty ». *African Journal of International and Comparative Law.* 06/3: 428-448.

[979] Cour de Justice de la CEDEAO, Affaire *Dame Hadijatou Mani Koraou c. République du Niger, arrêt du 27 octobre 2008, § 49 et 53, voir le site :* www.unhcr.org/cgi-bin:ldxis:vtx:refworld.

bien renoncer au bénéfice de la règle de l'épuisement des voies de recours internes »[980].

Cette consécration de la protection des droits fondamentaux illustre, de l'avis de l'Honorable Juge Nana-Daboya, « à n'en pas douter une réelle volonté politique d'intégration sous-régionale axée sur le développement économique et social, le tout dans le respect et la promotion des droits humains et des principes démocratiques »[981].

La généralité des compétences de la Cour conduit celle-ci à se référer à tous les Droits de l'Homme individuels ou collectifs, positifs ou négatifs, puisque « la Cour assure la défense de tous les droits et libertés, qu'ils soient civils ou politiques, économiques ou sociaux, de la 1ère, 2ème ou 3ème génération de droits ; qu'ils soient liés à l'autonomie de la personne ou qu'ils se présentent comme des attributs individuels que l'on exerce avec d'autres (liberté de culte, liberté d'association, droit de vote…) ; qu'ils fondent la démocratie ou qu'ils concourent à sa consolidation »[982].

Quant à la compétence *rationae loci*, elle est exercée par la Cour à l'égard de tout différend en rapport avec le territoire d'un État membre, que la demande soit dirigée à l'encontre d'un État membre, d'un de ses démembrements ou d'une institution de la Communauté. Dans cette perspective, la Cour s'attache à une interprétation large du lieu de commission de la violation[983]. Auparavant, l'impossibilité pour les individus d'ester en justice devant la Cour, qui avait été évoquée dans l'affaire précitée *Olajide Afolabi,* conclue par l'admission de l'exception préliminaire nigériane, avait laissé un goût d'inachevé avec la reconnaissance de l'incompétence de la Cour[984]. Selon ces termes : « Attendu en définitive qu'au regard de toutes ces considérations, la Cour déclare que seuls les États membres peuvent ester en justice au nom de leurs ressortissants. Qu'en conséquence, il y a lieu de faire droit à l'exception préliminaire soulevée par la République Fédérale du Nigeria ».

Depuis l'amendement du Protocole sur la Cour de la CEDEAO, son activité, en matière de Droits de l'Homme, a connu un grand essor, offrant une visibilité importante à la CEDEAO et entraînant un accroissement du contentieux des Droits de l'Homme.

---

[980] Affaire *Dame Hadijatou Mani Koraou*

[981] DABOYA, Awa Nana « La Cour de Justice de la CEDEAO et la protection des Droits de l'Homme » in Conférence sur le droit, *op. cit.*

[982] *Ibid.*

[983] Voir *CEDH, Affaire Drozd et Janou Sek c/France et Espagne, arrêt du 26 juin 1992.*

[984] *Affaire Olajde Afolabi contre la République Fédérale du Nigeria, arrêt n° 01/04/04 du 2 avril 2004.*

Paragraphe II – Le contentieux des Droits de l'Homme dans le cadre de la CEDEAO

Depuis 2005, le nombre d'audiences tenues par la Cour a augmenté de manière exponentielle en raison de recours systématiques et directs de militants des Droits de l'Homme, d'hommes politiques, d'ONG et associations mais surtout de ressortissants lésés dans la jouissance de leurs droits. Un examen panoramique des décisions permet d'attester de cette diversité.

Ainsi, la Cour, qui a siégé à Bamako en 2006 et 2007 pour les besoins de l'Affaire *Moussa Léo Keita contre la République du Mali*[985], après avoir examiné les arguments de cet ex-ambassadeur du Mali à Washington, s'est déclarée incompétente pour statuer sur la décision déjà rendue par la Cour suprême du Mali dont la Chambre administrative avait réduit de 30 millions à 7 millions de Francs CFA le montant des indemnités allouées à cet ancien fonctionnaire à la retraite du fait de la confiscation par son État d'une collection d'œuvres d'art de 110 pièces dont il est le propriétaire.

Ainsi, a-t-elle déclarée recevable en 2007, dans l'affaire *Alhaji Hammani Tidjani*, une requête dirigée contre plusieurs États, étant entendu que le territoire d'un État membre a servi de lieu de commission de la violation et que d'autres États membres y sont impliqués[986].

Elle a rejeté l'argument du défendeur sur le défaut d'intérêt à agir du requérant, en précisant que « Même s'il est vrai que l'intérêt à agir a été suscité le 25 septembre 2003, date de l'arrestation du requérant par les autorités nigérianes, il ne se prescrit que le 24 septembre 2006 dans la mesure où, au moment de l'introduction de la requête, le 08 mars 2006, le Protocole additionnel était en vigueur, cela a donné au requérant le droit de saisine directe ».

Parmi les nombreuses décisions rendues par la Cour en matière des Droits de l'Homme, une importance particulière est attribuée à la jurisprudence Dame Hadijatou Mani Koraou[987], dans laquelle la Cour a réussi à poser un certain nombre de principes.

En l'espèce, il s'agissait d'une femme nigérienne de coutume Bouzou qui a été vendue à l'âge de 12 ans en 1996 comme esclave à un homme de coutume Haoussa nommé El Hadj Souleymane Naroua, âgé de 48 ans, au prix de 240.000 FCFA pour servir de domestique et de concubine. Pendant des années de servitude, Dame Mani a subi de mauvais traitements et des abus sexuels de la part de son maître et a donné naissance à quatre enfants dont deux ont survécu.

---

985 *Affaire n° ECW/CCJ/APP/03/07, arrêt du 22 mars 2007, Moussa Léo Keita c/ République du Mali.*

986 *Affaire Alhaji Hammani Tidjani c/ République Fédérale du Nigeria, République du Mali, République du Bénin, arrêt du 28 juin 2007.*

987 *CJ CEDEAO, Affaire Hadijatou Mani Koraou c/ République du Niger, arrêt du 27 octobre 2008.*

La décision de quitter le domicile de son maître, et d'obtenir sa liberté après la délivrance du certificat d'affranchissement de sa condition, prise par Dame Mani, a été le début d'une longue procédure en droit interne, jusqu'à ce que la Cour de Justice de la CEDEAO soit saisie de l'affaire.

Dans cette affaire, les juges ont été confrontés à des problèmes dont la plupart des solutions dégagées ou apportées peuvent être considérées comme « des principes juridiques ». Ainsi, à la question de savoir si l'observation de l'épuisement des voies de recours internes s'impose en cas de saisine de la Cour de Justice, la Cour a estimé qu'une requête n'est pas irrecevable pour défaut d'épuisement de voies de recours internes. L'épuisement des voies de recours internes n'apparaît donc pas comme une condition de recevabilité d'une requête devant la Cour de Justice de la CEDEAO. Ce principe s'impose donc et bénéficie à toute personne qui porte plainte devant la Cour. De même, la Cour réaffirme le principe contenu dans l'article 4 du Protocole Additionnel de 2005, qui veut que toute personne victime de violation des Droits de l'Homme puisse saisir directement la Cour.

En examinant l'affaire au fond, les juges de la Cour n'ont pas hésité à se référer aux divers instruments internationaux relatifs à la protection des Droits de l'Homme ainsi qu'à la Charte Africaine des Droits de l'Homme et des Peuples, pour réprimer la condition servile dans laquelle se trouvait la requérante et les mauvais traitements et violences sexuelles auxquels elle était confrontée. La Cour admet, au regard des faits, que la Dame Hadijatou Mani Koraou a été véritablement tenue en esclavage et condamne l'État du Niger au paiement de 10 millions de Francs CFA pour réparation du préjudice subi[988]. La Cour va plus loin, en affirmant que l'esclavage peut être constitutif d'un crime contre l'humanité, en se déclarant incompétente pour connaître de l'existence d'un tel crime au sens de l'article 7 du statut de la Cour Pénale Internationale.

En conséquence, la Cour condamne la République du Niger en ces termes :

« 1. Dit que la discrimination dont a été l'objet Dame Hadijatou Mani Koraou n'est pas imputable à la République du Niger ;

2. Dit que Dame Hadijatou Mani Koraou a été victime d'esclavage et que la République du Niger en est responsable par l'inaction de ses autorités administratives et judiciaires ;

3. Reçoit dame Hadijatou Mani Koraou en sa demande de réparation des préjudices subis et lui accorde une indemnité forfaitaire de dix millions de Francs CFA ;

---

[988] Voir CEDEAO, *Affaire Hadijatou Mani Koraou c/ République du Niger, 27 octobre 2008, op. cit.* ; voir KABUMBA, Yves Hamuli (2008). « La répression internationale de l'esclavage : les leçons de l'arrêt de la Cour de Justice de la CEDEAO dans l'affaire Hadijatou Mani Koraou c/ République du Niger, 27 octobre 2008 ». *Revue Québécoise de Droit International* (21.2) : 25-56.

4. Ordonne le paiement de cette somme à dame Hadijatou Mani Koraou par la République du Niger… »[989].

Dans l'affaire *Chief Ebrima Manneh,* journaliste gambien arrêté après la clôture du Sommet de l'Union Africaine de Banjul de 2006, accusé d'avoir perturbé cet événement et porté disparu depuis lors, la Cour sur plainte de l'O.N.G. Media Foundation for West Africa (M.F.W.A.), basée à Accra (Ghana) contre le gouvernement gambien, condamne la Gambie à libérer le journaliste et à lui verser 100 000 dollars de dommages et intérêts [990].

Dans l'affaire *Professor Etim Moses Essien contre la République de Gambie et l'Université de Gambie*[991], la Cour conclut à l'absence de violations des droits du requérant du fait qu'il a été payé en *dalasis* plutôt que dans la monnaie libellée dans son contrat expiré avec le Secrétariat du Commonwealth qui l'avait détaché comme enseignant à l'École de Médecine de l'Université.

Dans l'affaire *Mrs Alice R. Chukwudolue, Rosemary Adaeze Amanze et al. Contre la République du Sénégal*[992], la Cour s'estime incompétente du fait de l'existence d'une clause (dans la photocopie non légalisée d'un prétendu certificat de dépôt d'une somme de 2 milliards 400 millions de dollars et de 60 kg de métaux précieux) donnant compétence à la Cour Internationale de Justice ou à un tribunal arbitral ; cette affaire assez nébuleuse, avait été introduite par la veuve et autres parents de Feu Prince Ralph N. J. Chukwudolue qui aurait chargé des membres de l'Ambassade du Sénégal au Nigeria, avec l'appui de l'ONU, de l'OEA et de l'OUA, de faire l'acquisition de terrains d'une dimension de 60 000 m^2 en Afrique et au Brésil pour en faire un refuge pour toute personne apatride ou simplement éprise de liberté. Sans doute, la Cour aurait-elle pu sanctionner plus fermement ces abus de procédures à l'allure d'escroquerie et de chantage.

Beaucoup d'Affaires introduites devant la Cour concernent des arrestations et détentions arbitraires et mettent en cause le droit d'être jugé dans un délai raisonnable, le principe de la présomption d'innocence, le droit à un procès équitable[993], la détention arbitraire ou les droits de personnes vulnérables comme les femmes enceintes[994], l'arrestation de personnes et la destruction de

---

[989] Cf. Affaire *n° ECW/CCJ/JUD/06/08, Dame Hadijatou, op. cit.*

[990] *Arrêt du 5 juin 2008.* Le Gouvernement de la République de Gambie a fait aussi l'objet d'une plainte similaire engagée en novembre 2007 par la même M.F.W.A. concernant un autre journaliste *Musa Saidykan* qui prétendait avoir été arrêté arbitrairement et torturé dans les locaux des forces de l'ordre, avant de fuir avec son épouse pour se réfugier à Dakar.*(ECW/CCJ/JUD/08/10 ,arrêt du 19 décembre 2010*).

[991] *Arrêt n° ECW/CCJ/APP/05/07 du 29 octobre 2007.*

[992] *Arrêt n° ECW/CCJ/APP/07/07 du 22 octobre 2007.*

[993] *Affaire Mme Tokumbo Lijadu-Oyemade c/ Secrétaire Exécutif de la CEDEAO, arrêt du 5 avril 2006 ; Affaire Dr. Jerry Ugokwe c/République Fédérale du Nigeria, arrêt du 7 octobre 2005.*

[994] Cour de Justice de la CEDEAO, *ECW/CCJ/JUD/04/09, Affaire Amouzou Henri et 5 autres c. République de Côte d'Ivoire.*

biens (navires…)[995]. Aussi, la compétence de la CJ/CEDEAO de connaître de tous les cas de violations des Droits de l'Homme a-t-elle été explicitée dans *l'Affaire Chief Frank C. Ukor, arrêt du 02 novembre 2007*, à savoir que « c'est un principe de droit bien établi qu'une juridiction n'a compétence que :

1) lorsqu'elle est régulièrement composée et ce, eu égard au nombre et à la qualification de ses membres et qu'aucun d'entre eux n'est disqualifié pour une raison ou pour une autre ;

2) quand l'objet du litige relève bien de la compétence de la Cour et qu'il n'existe dans l'affaire aucun élément empêchant d'exercer sa compétence ;

3) quand l'affaire a été introduite devant la Cour selon les règles de procédure prévues par la loi et après que les conditions préalables à l'exercice de la compétence aient été remplies. Il demeure établi qu'en droit, le défaut de compétence pour connaître d'une affaire est néfaste et entraîne ipso facto la nullité de l'action et de la procédure, quelle que soit la manière dont elles ont été conduites »[996].

Toujours, dans le dessein de clarifier davantage ses attributions, la Cour précise qu'il faut que la violation alléguée des Droits de l'Homme soit effective, et que les faits dénoncés aient un rapport avec les violations des Droits de l'Homme (Affaire précitée *Franck C. Ukor c/Sieur Rachad Laleye et République du Bénin, arrêt du 2 novembre 2007*). La Cour invite donc à la prudence et à la perspicacité car, « il est de jurisprudence constante qu'une ordonnance dûment rendue par un tribunal compétent reste valable jusqu'à ce qu'une personne non satisfaite et justifiant de motifs sérieux, entame une procédure judiciaire adéquate aux fins de son annulation. Par conséquent, c'est à tort que le conseil du requérant a saisi la Cour de céans qui n'est pas une Cour d'Appel des décisions rendues par les juridictions des États membres ». Le requérant dont le camion et la marchandise transportée avaient été saisis par un tribunal béninois en 2004, a été aussi débouté.

L'accès à la célébrité et, donc, à la visibilité de la CJ/CEDEAO aura pour effet d'attraire devant son prétoire de nombreuses affaires relatives au jeu politico-institutionnel, aux tensions entre partis de la majorité et de l'opposition, dans les États membres.

Quelques grands dossiers ont alimenté suspicions, controverses et transfèrement de querelles politiques, constitutionnelles devant la Cour d'Abuja : il s'agit des affaires Habré, Gbagbo, Karim Wade, Kpacha Gnassingbe, etc.

Si le traitement de ces affaires a contribué à accroître la publicité autour de la Cour, il a aussi édulcoré *mutatis mutandis* sa crédibilité et mis à nu son

---

[995] Cour de Justice de la CEDEAO, *ECW/CCJ/JUD/01/09, Affaire Djot Bayi and 14 others v. Federal Republic of Nigeria and 4 others, arrêt du 23 janvier 2009.*

[996] Voir, SALL, Alioune (2011). *La justice de l'intégration.* Dakar : CREDILA : 345.

incapacité juridique de faire exécuter ses propres décisions lorsque les États membres se replient sur des positions souverainistes de bon ou mauvais aloi.

Comme l'avait jugé la CEDH, « le niveau d'exigence croissant en matière de protection des Droits de l'Homme et des libertés fondamentales implique, parallèlement et inéluctablement, une plus grande fermeté dans l'appréciation des atteintes aux valeurs fondamentales des sociétés démocratiques »[997]. Cet *obiter dictum* ne saurait mieux exprimer les différentes positions de la CJ/CEDEAO dans ces affaires politiques.

L'Affaire Hissène Habré est un feuilleton à épisodes retentissants **entre la CIJ** (Arrêt du 20 juillet 2012, Belgique c. Sénégal), **la Cour ADHP** (Affaire précitée, Yogogombaye), la **Cour d'Appel** de Dakar (décisions en août 2011 et janvier 2012), le Sommet des CEG(juillet 2006 et résolution du 31 janvier 2012 demandant à la Commission de l'UA et au Gouvernement de la République du Sénégal d'examiner les modalités pratiques et financières de l'organisation d'un procès dans le cas de l'ex-Président tchadien) et la Cour de la CEDEAO.

La CJ/CEDEAO a rendu un *arrêt, le 18 novembre 2010 dans l'Affaire Hissène Habré c/République du Sénégal*[998]. Le requérant alléguait la violation par l'État du Sénégal des Droits de l'Homme à son égard, notamment du principe de la non rétroactivité de la loi pénale[999] ; du principe du recours effectif[1000], de l'autorité de la chose jugée, de l'égalité devant la loi et devant la justice[1001] ; du principe de l'indépendance de l'autorité judiciaire[1002] ; le droit à un procès équitable[1003], « la contrariété entre le droit communautaire de la CEDEAO et le droit pénal sénégalais et le principe de convergence constitutionnelle »[1004]. La Cour, après rejet de la demande d'intervention des victimes, ayants-droits et ayants-cause de victimes et associations de victimes[1005] et des exceptions préliminaires soulevées par le Sénégal[1006], constate d'abord qu'en l'état de la procédure, aucun acte de poursuite et aucune procédure n'existe contre Hissène Habré et que les prétendues allégations ne sont dirigées que vers d'éventuelles ou potentielles nouvelles poursuites.

La Cour considère ensuite qu'une personne physique n'est pas habilitée à exercer un recours en manquement[1007]. Elle précise que sur la violation alléguée du droit au recours effectif que ce dernier « s'analyse du droit d'un individu de

---

[997] *CEDH, Affaire Siwa-Akofa Siliadin c. France, VII, Série A, § 121.*

[998] *ECW/CCJ/JUD/O6/10 arrêt du 18 novembre 2010, Affaire Hissène Habré c/ République du Sénégal.*

[999] Art. 11 § 2 DUDH, art. 7 § 2 CADHP, et Constitution du Sénégal.

[1000] Art. 8 DUDH et art. 3 § 4 PIDCP.

[1001] Art. 7 et 120 DUDH, art. 14 § 1 et 26 PIDCP et art. 7 § 4 Constitution du Sénégal.

[1002] Art. 10 et 11 DUDH, art. 14 DIDCP et art. 1er CADHP

[1003] Art. 7 § 1 CADHP.

[1004] Voir Protocole de 2001 de la CEDEAO sur la Bonne Gouvernance et la Démocratie.

[1005] *Arrêt Avant Dire Droit ECW/CCJ/ADD/11/09 du 17 novembre 2009.*

[1006] *Arrêt ECW/CCJ/ADD/02/10 du 14 mai 2012.*

[1007] Voir art. 10 du Protocole de 2005.

pouvoir saisir une juridiction pour faire constater un droit ou faire sanctionner la violation d'un droit. Ce droit de recours effectif est différent du recours constitutionnel limitativement réservé par les dispositions légales d'un État à un nombre d'individus pour faire constater l'inconstitutionnalité d'une ou plusieurs dispositions législatives ». Il en appert que le non bénéfice à Hissène Habré du pouvoir de saisine pour contrôle de constitutionnalité de la loi n'est pas un grief acceptable.

La Cour estime, de surcroît, que la simple allégation de l'ingérence des pouvoirs exécutif et législatif, non étayée par des preuves tangibles, ne saurait constituer une violation de l'indépendance du pouvoir judiciaire. Mais la Cour retient la méconnaissance par l'État du Sénégal des dispositions de l'art. 7.2 CADHP et art. 11.2 PIDCP sur la non rétroactivité d'une disposition d'ordre pénal[1008].

La Cour rappelle qu'elle n'examine pas les législations in abstracto mais des cas concrets de violations des Droits de l'Homme (elle cite *l'Arrêt CEDH, Fédération chrétienne des Témoins de Jéhovah c. France*) et que, « en principe, la violation d'un Droit de l'Homme se constate à posteriori, lorsque la violation a déjà eu lieu » (§ 1).

Toutefois, la CEDH a, dans plusieurs affaires (*Noël Narü Tauira et autre c/France, arrêt 4 décembre 1995 ; Dudgeon c/Royaume Uni, Arrêt du 22 octobre 1989 ; Soering c/Royaume Uni, arrêt du 7 juillet 1989*), atténué le principe par l'admission de circonstances exceptionnelles, c'est-à-dire, selon la CJ/CEDEAO « des indices raisonnables et convaincants de la probabilité de la réalisation d'une violation en ce qui le concerne personnellement, de simples suspicions ou conjectures étant insuffisantes à cet égard » (§ 52). Sur la base des « indices de probabilités concordantes », la Cour reconnaît que la qualité de victime de violation de ses Droits de l'Homme est avérée.

Elle conclut, enfin, *inter alia «* ... que le mandat reçu par (le Sénégal) de l'Union Africaine lui confère plutôt une mission de conception et de suggestion de toutes modalités propres à poursuivre et faire juger, dans le cadre strict d'une procédure spéciale ad hoc à caractère international telle que pratiquée en Droit International par toutes les nations civilisées » (dispositif de l'arrêt, § 61)[1009].

La crise ivoirienne, à la fin de la première décennie des années 2000, a été déplacée sur le plan judiciaire avec les Affaires Gbagbo (Laurent, Simone et Michel).

[1008] § 48 de l'arrêt de 2010.

[1009] Le Sénégal va se conformer à cet Arrêt, en signant l'Accord du 22 août 2012 avec l'UA puis en adoptant les lois n° 2012-25 et 2012-29 du 28 décembre 2012 qui autorisent le Président de la République à ratifier l'Accord. Les Chambres Africaines Extraordinaires au sein des Juridictions Sénégalaises ont été créées par un Statut (annexé à l'Accord) pour la poursuite des auteurs des crimes internationaux commis au Tchad durant la période du 7 juin 1982 au 1er décembre 1990. Les Chambres Africaines Extraordinaires de Dakar ont été mises en place en février 2013. Voir le site :www.chambresafricaines.org.

Dans *l'Affaire Simone Ehivet et Michel Gbagbo c/République de Côte d'Ivoire*[1010], les requérants, en 2011, avaient saisi la Cour pour violation des Droits de l'Homme, à savoir pour Simone Ehivet Gbagbo, de ses droits politiques, et ensemble, pour violation des articles 5 à 7 , 12 et 23 CADHP, des articles 9, 12, 14 et 23 PIDCP, des articles 3, 5 à 9 , 13 et 16 DUDH, des articles 4 (g) et 1er (h) du Traité révisé (CEDEAO), le Préambule et les articles 2 et 22 (1) de la Constitution ivoirienne.

Entretemps, Michel Gbagbo obtiendra gain de cause sur les prétendues allégations de menace à sa vie, à sa santé et la Cour rendra un arrêt avant dire droit le 23 mars 2012, ordonnant à l'État « de prendre toues les mesures nécessaires et appropriées qui s'imposent pour sauvegarder la vie et la santé physique de l'intéressé » (Arrêt de 2013, § 4).

Le *31 octobre 2012, un autre arrêt avant dire droit sur l'exception d'incompétence* de la Cour soulevée par l'État ivoirien, sera rendu pour écarter cette exception qui « n'a pas un caractère préliminaire » (Arrêt de 2013, § 5).

Les faits sont liés à l'élection présidentielle ivoirienne de 2010, la crise postélectorale et tous les événements qui en ont résulté tels que l'arrestation de l'ex-Chef d'État, de son épouse, de son fils, etc. La complexité de cette affaire réside également dans les mandats émis par la CPI (dont la compétence a été reconnue par les Déclarations du Président Ouattara des 14 décembre 2010 et 3 mai 2011 pour les crimes commis sur le territoire ivoirien depuis le 19 septembre 2002) sur saisine des autorités ivoiriennes (Arrêt de 2013, § 22, 23).

D'ailleurs, un *arrêt de la CJ/CEDEAO, du 23 mars 2012, sur* saisine de Laurent Gbagbo, a été rendu par rapport à son transfèrement à La Haye, en exécution du mandat d'arrêt émis par la Chambre préliminaire III de la CPI (Arrêt 2013, § 24).

Dans cet arrêt, *Laurent Gbagbo c/République de Côte d'Ivoire et Alassane Ouattara*, où la Cour de céans a tenu compte de « circonstances » de « l'intérêt de la justice » pour suspendre la procédure en attendant la fin de la procédure devant la CPI (voir Arrêt du 23 mars 2012, § 33), la CJ/CEDEAO s'en tiendra à la même position de suspension (Arrêt 2013, § 26), quant à la situation de Michel Gbagbo.

En faisant l'économie des allégations de violations de seize articles des textes et en les réduisant aux aspects essentiels, la Cour souligne qu'« il est un principe solidement établi en droit international (Conventions et jurisprudence internationales) que même dans des circonstances exceptionnelles où l'État peut unilatéralement déroger aux Droits de l'Homme reconnus par les traités internationaux, ces droits continuent de bénéficier d'un régime de garantie » (Arrêt 2013, § 65). Il en appert que sur ce point, la RCI, malgré l'invocation de circonstances exceptionnelles, « n'a pas agi conformément aux dispositions de

[1010] *ECW/CCJ/JUD/03/13, arrêt du 22 juin 2013.*

l'article 4 du PIDCP et de l'article 48 de la Constitution ivoirienne » (Arrêt 2013, § 70).

Sur les allégations d'arrestation et de détention arbitraire de Michel Gbagbo, le décret d'assignation à résidence, ne comportant, dans la copie produite, pas de signature et n'ayant été notifié que verbalement, « ces faisceaux d'éléments solidement établis », la Cour admet « que l'arrestation et la détention de Monsieur Michel Gbagbo intervenues sans titre justificatif, sont illégales et arbitraires » (Arrêt 2013, § 78) et que l'État concerné « a porté atteinte à la liberté de circulation et au libre choix de la résidence de Monsieur Michel Gbagbo » (Arrêt 2013, § 80).

La Cour en profite pour clarifier l'atteinte au droit à la santé morale de la famille (art. 18.1 CADHP) qui « s'entend de tout acte par lequel l'équilibre moral de cette famille est mis en péril ou de toute situation dans laquelle tout ou partie de la famille, est soumis à des épreuves de nature à l'empêcher de jouir des interactions affectives, émotionnelles, de ce libre commerce naturel qu'entretiennent des personnes soudées par les liens familiaux comme les consacrent, dans toute société humaine, de longues traditions culturelles » (Art. 2013, § 81) et constate que l'éloignement, les interdictions de visites et de communications avec ses parents révèlent une atteinte à la santé morale de la famille et que le droit à cette santé est violé (Arrêt 2013, § 82, 83).

La Cour retient de surcroît que le droit à un recours effectif devant les juridictions nationales par Michel Gbagbo a été violé (Arrêt 2013, § 90).

Mais la CJ/CEDEAO va faire le départ entre les procédures pénales ouvertes contre Michel Gbagbo devant les juridictions ivoiriennes et l'instance devant la Cour qui ressort des violations des Droits de l'Homme pour rejeter la demande de mise en liberté de Michel Gbagbo (Arrêt 2013, § 96)..

L'Affaire du coup d'État au Niger, a fini par aboutir à la CJ/CEEAO. Dans l'espèce, *Mamadou Tandja c/Son Excellence Général Salou Djibo et État du Niger*[1011], le requérant conteste son arrestation et sa détention arbitraires et demande des mesures conservatoires pour la protection de sa santé. En substance, la Cour rejette les exceptions préliminaires des défendeurs ; déclare que M. Salou Djibo « personne physique ne peut être attrait devant la Cour pour violation des Droits de l'Homme » (Arrêt 2013, § 21) conformément à sa jurisprudence[1012], et « retient que l'arrestation et la détention du requérant sont arbitraires ; ordonne sa libération par l'État du Niger » (Dispositif de l'Arrêt, § 21.1 et 21.2).

[1011] *ECW/CCJ/JUD/05/10, arrêt du 8 novembre 2010, Affaire Mamadou Tandja c/ Son Excellence Général Salou Djibo et État du Niger.*

[1012] Le principe général est que les procédures en matière de Droits de l'Homme devant les juridictions internationales sont dirigées contre les États et non contre les individus. Voir *CJ/CEDEAO, ECW/CCJ/JUD/03/10, arrêt du 11 juin 2010, Peter David c/ Ambassadeur Ralph Uwechwe ; Dame Hadijatou Mani Koraou, arrêt du 27 octobre 2008.*

L'apport jurisprudentiel de cet arrêt réside dans l'indifférence entre infractions de nature politique ou autre, dès lors que les violations des Droits de l'Homme sont alléguées, ces dernières invocations fondent solidement sa compétence. La Cour s'inscrit dans le prolongement du mandat confié au Groupe de travail sur la Détention Arbitraire de la Commission des Droits de l'Homme des Nations Unies en retenant les trois critères d'identification du caractère arbitraire de la détention, à savoir :

- « Il est manifestement impossible d'invoquer un fondement juridique quelconque qui justifie la privation de liberté.

- La privation résulte de l'exercice par l'intéressé des droits proclamés ou des libertés proclamées par les articles 7, 13, 14, 18, 19, 20 et 21 de la DUDH et pour autant que les États concernés sont parties au PIDCP.

- L'inobservation, totale ou partielle, des normes internationales relatives au droit à un procès équitable énoncées dans la DUDH et dans les instruments internationaux pertinents acceptés par les États concernés est d'une gravité telle que la privation de liberté prend un caractère arbitraire » (Arrêt, § 29.1).

La CJ/CEDEAO a également rendu un jugement sur la justiciabilité du droit à l'éducation en Afrique[1013]. Elle rappelle au Nigeria, les exigences du strict respect des règles du procès équitable et des droits de la défense dans le cadre de procédures judiciaires conduisant au prononcé et à l'exécution de la peine de mort. En l'occurrence, l'application de la peine capitale à l'encontre de *Maimuna Abdulmumini*, par la Cour de Katsina, pour le meurtre présumé de son mari alors qu'elle était âgée de 13 ans, est une violation de l'art. 6 § 5 du PIDCP[1014].

Elle ordonne le retrait de *Thankgod Ebhos* du couloir de la mort pour prévenir tout risque d'exécution. Le susnommé avait été condamné à la peine capitale en 1995 par un Tribunal Spécial. Il avait interjeté appel auprès de la Cour d'Appel d'Edo et sur cette base, la CJ/CEDEAO demande la suspension de toute tentative d'exécution de la peine avant le prononcé de l'appel[1015].

Certaines affaires, ayant secoué le landernau politique togolais ou sénégalais, se sont également invitées devant la Cour d'Abuja.

Il s'agit de *l'affaire Kpatcha Gnassingbe (Arrêt du 13 juillet 2013*). Accusé de complot contre la sûreté de l'État togolais, ce demi-frère de l'actuel Chef de l'État togolais, avait été arrêté et accusé de tentative de coup d'État avec ses codétenus. La Cour conclut que le procès contre Kpatcha et ses compagnons n'était pas équitable, ordonne la cessation des violations des Droits de l'Homme

---

[1013] *Affaire ECW/CCJ/APP/0808, arrêt du 27 octobre 2009, Droits économiques et sociaux et Projet Responsabilité (SERAP) c. République Fédérale du Nigeria et la Commission sur l'Éducation de base universelle.*

[1014] *Arrêt du 13 février 2014, ECW/CCJ/JUD/14.*

[1015] L'aide précieuse d'Avocats Sans Frontières a été déterminante dans les deux affaires précitées, à l'encontre du Nigeria, voir l'Arrêt du 6 février 2014.

sur les prévenus et condamne l'État pour les traitements cruels, inhumains et dégradants, à verser une somme de 500 millions de FCFA au titre de dédommagements.

Dans *l'affaire Sow Bertin Agba*, homme d'affaires togolais, arrêté en mars 2011 et détenu pour complot international dans le cadre d'une escroquerie visant un Emirati d'Abu-Dhabi, la CJ/CEDEAO, par un arrêt du 26 avril 2013, a fait droit au requérant de ses allégations de violations des Droits de l'Homme, notamment la torture, la détention arbitraire et le préjudice moral subi, et a condamné l'État togolais à lui verser la somme de 8 millions de FCFA[1016].

Dans son *arrêt du 7 octobre 2011, dans l'affaire des parlementaires togolais démissionnaires,* neuf Députés de l'UFC (Union des Forces de Changement) avaient transhumé vers un autre parti politique, l'ANC, et renvoyés du Parlement, ils demandaient leur réintégration. Le Togo sera condamné à verser 240 millions FCFA de dommages et intérêts. Quant à leur réintégration, décidée par la Cour, elle ne pourra être effective puisqu'étant en fin de mandat parlementaire avec leur législature.

L'arrestation de *Karim Meïssa Wade*, fils de l'ex-Président de la République du Sénégal, a fait l'objet d'un *arrêt du 22 février 2013 de la CJ/CEDEAO* ordonnant au Sénégal de lever l'interdiction de sortie du territoire frappant des personnalités politiques du gouvernement sortant d'Abdoulaye Wade. La Cour s'est déclarée incompétente, dans un second *arrêt du 19 juillet 2013* pour ordonner la libération de Karim Meïssa Wade et dit que son arrestation n'est pas arbitraire car, étant fondée sur une base légale, du fait qu'il est en détention sur la base d'une décision de justice et se déclare incompétente pour examiner la loi sur la répression de l'enrichissement illicite et la loi portant création de la Cour de répression de l'enrichissement illicite.

Au-delà des succès de la CJ/CEDEAO dans ces différentes affaires, il faut toutefois déplorer, dans certains cas, la réticence de certains Gouvernements à exécuter les décisions rendues en leur défaveur (en dépit du caractère obligatoire des arrêts).

Le Gouvernement Gambien a refusé à diverses reprises de participer aux procédures intentées à son encontre et un projet de création d'une Cour d'Appel pour les décisions pourrait, si la CEG de la CEDEAO allait dans ce sens, voir le jour. Ce serait également, un coup d'arrêt brutal à l'acquis communautaire en matière de Droits de l'Homme si la règle de l'épuisement des voies de recours interne est réintroduite conformément aux souhaits de certains États membres

---

[1016] Le Français Loik Le Floch-Prigent, impliqué dans cette affaire, a été arrêté à Abidjan en septembre 2012 et extradé au Togo, puis libéré pour des raisons de santé en février 2013. Sur les détails de cette affaire, voir www.wikpedia.org/ur/Affaire-Bertin Agba/Loik Le-Floch-Prigent.

. Il s'agirait alors d'une regrettable révision du Protocole de 2005 qui irait à l'encontre des aspirations croissantes des peuples ouest-africains à la démocratie, à la bonne gouvernance et au respect des Droits de l'Homme[1017].

D'autres OIA ont, avec plus ou moins de bonheur, initié des procédures permettant de sauvegarder les Droits de l'Homme sur le plan juridictionnel.

SECTION II – LA PROTECTION DES DROITS DE L'HOMME DANS LE CADRE DES AUTRES OIA

De manière non délibérée, les autres OIA ont permis l'examen de plaintes qui, incidemment, soulevaient des questions relatives aux Droits de l'Homme. Il en est ainsi devant le Tribunal de la SADC, ou les Cours de la CAE et du COMESA.

PARAGRAPHE I – LE TRIBUNAL DE LA SADC ET LES DROITS DE L'HOMME

En ce qui concerne le tribunal de la SADC, le triple fondement de sa compétence est aménagé par l'article 4 du Traité (qui impose aux membres d'agir en conformité avec les principes de l'égalité souveraine, du respect des Droits de l'Homme, de la démocratie, de la règle de droit et du règlement pacifique des différends), par l'article 6 du même texte (qui soumet les États à l'obligation d'abstention de tous actes discriminatoires ou en rupture avec les principes de l'art. 4) et par l'article 15 du Protocole qui lui octroie la possibilité de statuer sur les différends entre États, et entre États et les personnes physiques et morales.

Cette compétence a été éprouvée dans *l'affaire Mike Campbell* de 2007 dans laquelle le Tribunal considère que ce *corpus juris* implique une obligation de respecter et de protéger les droits humains et est opposable à la SADC et à chacun des États membres. En l'espèce, le requérant, à la suite de la notification de l'expropriation des terres et fermes de Mount Carmell of Railway, accusait le gouvernement zimbabwéen de conduire un programme de réforme agraire fondé sur la discrimination raciale et demandait la prescription de mesures conservatoires pour faire cesser les menaces et autres intimidations en attendant l'arrêt de la Cour suprême. Entretemps, le gouvernement va durcir les mesures en adoptant *l'Amendement Act n° 17* de 2005 qui retire la compétence de tous les tribunaux pour statuer sur les recours intentés contre l'exécution des mesures prises dans le cadre de cette réforme. Dans son arrêt, le Tribunal donne gain de cause au requérant en écartant la règle du non épuisement des voies de recours internes[1018].

[1017] Et ceci d'autant plus que la fonction consultative de la Cour est peu utilisée.
[1018] *Affaire n° 2/07 Mike Campbell (PVT) Limited and William Michael Campbell vs. The Republic of Zimbabwe, arrêt du 13 décembre 2007.*

À la suite de cette affaire, soixante dix huit (78) fermiers blancs vont porter plainte contre le gouvernement de Robert Mugabe pour les avoir expropriés et expulsés de terres dont ils détenaient légalement les titres de propriété. Dans un arrêt de 2008, le Tribunal donne droit aux requérants en condamnant le Zimbabwe pour avoir mis en place une réforme agraire fondée sur la discrimination raciale et pour avoir privé les demandeurs de leurs droits de jouir paisiblement de leurs propriétés[1019].Dans une affaire qui est la continuation de l'Affaire Campbell précitée, *Affaire Erick Campbell et autres c. Zimbabwe*[1020], le Tribunal de la SADC reconnaît les manquements de la République de Zimbabwe à se conformer à sa décision et décide de rapporter à la Conférence de la SADC, cette inexécution des autorités exécutives et juridictionnelles du Zimbabwe. Ce dernier a manqué « de prendre les mesures nécessaires à travers ses agents, dans le but de protéger la possession, l'occupation et la propriété du domaine des requérants… ». Cet *obiter dictum* antérieurement présent dans l'Affaire Campbell (Arrêt du 28.11.2008), sera repris par le Tribunal qui en constate l'inexécution et rapporte cette absence d'application de son jugement à la Conférence pour action appropriée, comme prévu à l'art. 32 § 5 du Protocole sur le Tribunal (« Si le Tribunal établit un tel manquement, il doit rapporter sa décision à la Conférence pour la prise d'actions appropriées »). Cette décision était d'autant plus opportune qu'elle constitue une réaction à des propos du ministre de la Justice du Zimbabwe déclarant : « Nous informons par la présente que, dorénavant, nous ne comparaîtrons plus devant ce Tribunal et nous ne répondrons à aucune action ou procédure qui pourrait être instituée contre la République du Zimbabwe devant ce Tribunal… » et à la décision de la Haute Cour du Zimbabwe dans *l'Affaire Gramara (Private) Limited et autres c. Gouvernement de la République du Zimbabwe*.

Dans *l'Affaire République Unie de Tanzanie c. Cimexpan (Ile Maurice) Ltd, Cimexpan (Zanzibar) Ltd et Ajaye Jogoo*[1021], le Tribunal de Windhoek a été saisi pour faits allégués de torture, d'expulsion d'investisseur, détention et mauvais traitements et menaces de mort. Dans cet arrêt sur les exceptions préliminaires[1022], le Tribunal fonde clairement sa compétence pour rejeter une des exceptions préliminaires, sur l'article 15 du Protocole sur la Cour qui dispose :

- « 1. Le Tribunal est compétent pour statuer sur les différends entre les États membres ou entre les personnes physiques ou morales et un État membre.

[1019] *Arrêt du 28 novembre 2008*. Le Gouvernement du Zimbabwe a refuse toute idée d'application de cet arrêt.

[1020] *N° SADC (T) 01/2010, arrêt du 16 juillet 2010, publié sur le site* *www.caselaw.ihrda.org/fr/doc*.

[1021] *N° SADC (T) 01/2009, arrêt du 11 juin 2010.*

[1022] Art. 87 § 1 du Règlement intérieur du Tribunal de la SADC.

- 2. Les personnes physiques ou morales ne peuvent intenter une action contre un État membre, sauf si ces personnes ont épuisé tous les recours internes disponibles ou ne sont pas en mesure de saisir les juridictions nationales ».

La Cour regrette que les défendeurs n'aient pas épuisé tous les recours disponibles, ni « exploré toutes les options légales qui permettent d'attaquer l'ordre d'expulsion émis par le ministre tanzanien de l'Immigration ». Les défendeurs n'ont pas non plus apporté les preuves des allégations de torture et par suite « l'expulsion du défendeur par le requérant dans les circonstances particulières de l'affaire ne constitue pas un acte de délinquance internationale ».

Dans l'Affaire *Barry, Gweshe, Katsanda, Chirinda, Mapingure, Matasva, Shumba et Magunje c/République du Zimbabwe*[1023], à la suite d'actes de violence perpétrés par la Police nationale et/ou l'Armée nationale, de la République de Zimbabwe, les requérants avaient porté plainte devant les tribunaux nationaux, gagné les procès et obtenu des dommages et intérêts que l'État défendeur a refusé de payer, en violation de l'art. 4 (c) du Traité SADC (« La SADC et ses États membres ont l'obligation d'agir selon les principes suivants… Les Droits de l'Homme, la démocratie et l'État de droit ») et de l'art. 6 (1) (« Les États membres prennent l'engagement d'adopter les mesures nécessaires en vue de promouvoir la réalisation des objectifs de la SADC et doivent se garder de prendre toute mesure susceptible de compromettre la pérennité des principes de la SADC, la réalisation de ses objectifs et la mise en œuvre des dispositions de ce traité »). [On soulignera aussi le défaut de comparution du défendeur et son refus de présenter sa défense au fond).

L'office du Juge sera préalablement ponctué de clarifications conceptuelles. Aussi, précise-t-il que « le concept d'État de droit se décline au moins en quatre droits fondamentaux, à savoir le droit à un recours effectif, le droit de saisir une Cour ou un Tribunal indépendant et impartial, le droit pour un individu d'être entendu de manière impartiale avant de se voir priver d'un droit, d'un intérêt ou d'une attente légitime, le droit à l'égalité devant la loi et le droit à une protection égale de la loi », avant d'admettre la violation par le Zimbabwe de ces divers droits fondamentaux, en s'appuyant sur l'autorité de plusieurs juridictions et textes[1024].

En définitive, la Cour constate l'existence de violation de ces droits fondamentaux en ce que la Section 5 (2) de la Loi sur la Responsabilité civile de l'État (chapitre 8 : 4)…. « dispose que l'État ne peut faire l'objet d'une mesure d'exécution, d'une saisie ou de toute procédure d'exécution en recouvrement d'une dette liée au prononcé d'un jugement » (Dispositif de l'arrêt [a]). Il en

---

[1023] N° SADC (T) 05/2008, arrêt du 9 décembre 2010.

[1024] *CEDH, Affaire Ramirez Sanchez c. France (2006) ; Affaire Campbell, précitée ; Comm. ADHP, Affaire Bissengou c. Congo (2006)* ; Art. 13 de la Convention Européenne des Droits de l'Homme ; *Comm. ADHP Zimbabwe Lawyers 294/04* ; art. 7 CADHP.

appert la violation concomitante du Traité dans le refus d'exécuter et la persistance à ne pas appliquer (Dispositif de l'arrêt [b] [i] [ii]).

Une autre affaire a également retenu l'attention, *Bach' s Transport (PTY) LTD c. RDC*[1025]. En l'espèce, le requérant sollicitait une demande de décision par défaut pour non comparution du défendeur et une demande de paiement de dommages et intérêts pour saisie de son camion et sa remorque par les agents de contrôle congolais à Lubumbashi et leur vente aux enchères. La Cour conclut par l'épuisement de tous les recours internes, même les voies diplomatiques ayant été utilisés en vain, le défendeur ayant « usé de tous les moyens tactiques de retardement » et octroie des dommages et intérêts à Bach' s Transport, personne morale de droit botswanais.

Dans l'affaire *Tembani*, un débiteur qui avait hypothéqué sa ferme, s'est vu, à l'échéance dépossédé de son droit de propriété. Ayant épuisé tous les recours internes possibles et s'étant vu refusé l'accès aux tribunaux du Zimbabwe, il saisira le Tribunal de la SADC qui décidera que la saisie et la vente de sa ferme sont illégales et que le transfert de sa propriété à la Banque est de nul effet. [1026]

À l'instar du Tribunal de la SADC, les Cours de la CAE et du COMESA ont eu à traiter des questions des DH dans certaines affaires qui leur ont été soumises.

PARAGRAPHE II – LES COURS DE LA CAE ET DU COMESA ET LES DROITS DE L'HOMME

On étudiera ces deux juridictions successivement.

A. La Cour de Justice de la CAE (CJAE)

La CJAE, siégeant à Arusha, a une double fonction contentieuse et consultative avec les recours en annulation, en manquement, l'exception d'illégalité, les différends juridiques entre États membres (Burundi, Kenya, Ouganda, Rwanda et Tanzanie).

En l'occurrence, la Cour s'est reconnue une compétence implicite dans le domaine des Droits de l'Homme sans que le requérant ne soit lié par la règle du non épuisement des voies de recours internes. Elle peut être saisie par toute personne physique ou morale résidente dans l'espace CAE (art. 30).

La Cour (art. 23 à 47 du Traité CAE) peut connaître des cas relatifs à l'interprétation et à l'application des Traités et Protocoles de la CAE (art.23), et ses États membres s'engagent à respecter les principes fondamentaux, notamment les droits garantis par la CADHP (art. 6, d).

Elle est composée d'une Chambre de première instance (20 juges) et d'une Chambre d'Appel avec cinq (05) juges, tous élus pour un mandat de sept ans.

1025 *Affaire n° SADC (T) 14/2008, arrêt du 11 juin 2010.*
1026 *Affaire n° SADC (T) 07/2008, Luke Muyandu Tembani c. Zimbabwe, arrêt du 14 aout 2009.*

Selon l'art. 27 du Traité CAE :

> « 1. La Cour doit, en premier lieu, être compétente pour l'interprétation et l'application du présent Traité, sous réserve que la compétence en matière d'interprétation du traité conférée à la Cour, en vertu de ce paragraphe, n'inclue pas l'application de toute interprétation de compétence donnée par le Traité à des organes des États membres.
>
> 2. Les autres compétences, en, matière d'appel, des Droits de l'Homme, etc., sont décidées par le Conseil à une date ultérieure appropriée. A cette fin, les membres doivent conclure un Protocole pour donner effet aux autres compétences ».

En attendant l'adoption dudit Protocole (qui ne l'est pas encore en juillet 2014), la Cour a adopté ses règles de procédure en 2004. Le dynamisme de la CJAE se vérifie à travers les nombreuses décisions de ces organes de première instance et d'appel. L'abondance de cette jurisprudence commande la sélection de quelques affaires où les questions de Droits de l'Homme sont les plus prégnantes.

Il en va ainsi dans *l'Affaire James Katabazi et autres c. Le Secrétaire Général de la Communauté de l'Afrique de l'Est et l'Attorney Général de la République d'Ouganda, n° 01/2007, arrêt du 1er novembre 2007.* En l'espèce, Katabazi et vingt et une autres personnes accusent d'abord l'Ouganda de les avoir poursuivis et détenus pour trahison, non dénonciation de trahison, en 2004. La Haute Cour d'Ouganda, le 14 novembre 2006, va libérer 14 d'entre eux sous caution et, au moment de ce verdict, les locaux de la Cour seront encerclés par les forces de l'ordre et ils furent de nouveau arrêtés et emprisonnés. Ils seront traduits en Cour martiale générale le 24 novembre 2006 pour possession illégale d'armes et terrorisme aux termes de l'Uganda People' s Defence Forces Act n° 7 de 2005.

Sur recours de la Uganda Law Society, la Cour constitutionnelle déclara inconstitutionnelles les entraves au bon déroulement des procédures judiciaires par les forces de sécurité et les poursuites simultanées devant les tribunaux militaires et civils.

Ils accusent également le Secrétaire Général de la CAE pour son silence et son inaction en violation de l'art. 29 du Traité[1027].

Dans sa décision, la Cour fera preuve de grande pédagogie pour cerner les concepts d'État de droit[1028], de chose jugée (*Res judicata)*[1029] et en se fondant

---

[1027] L'article 29 § 1 se lit ainsi : « Si le Secrétaire Général estime qu'un État membre n'a pas exécuté une obligation découlant du présent Traité, ou a violé une disposition dudit Traité, il adresse un rapport de constat à l'État membre concerné pour permettre à cet État membre de présenter ses observations ».

[1028] Dans son *obiter dictum* (§ 38), la CJAE cite WIKIPEDIA, the Free Encyclopedia : « L'État de droit, dans sa forme la plus fondamentale, est le principe selon lequel, nul n'est au-dessus de la loi. Il s'ensuit logiquement l'idée selon laquelle, la vérité et par voie de conséquence la loi, est basée sur des principes fondamentaux qui peuvent être révélés mais qui ne peuvent être créés que par un acte de volonté ». Elle se réfère aussi à l'ouvrage du *Juge George Kanyelhamba,*

sur l'autorité du Traité CAE et du Protocole, se prononcera ainsi « Nous décidons par conséquent que l'intervention des forces de sécurité ougandaises armées a empêché l'exécution d'une décision régulière de justice et a violé le principe de l'État de droit et par voie de conséquence, le Traité. Respecter les décisions de justice constitue la pierre angulaire de l'indépendance du Judiciaire qui est l'un des principes fondateurs de l'État de droit » (Arrêt, § 47).

La Cour, pour justifier le traitement des violations des Droits de l'Homme par son prétoire en l'absence de protocole d'extension de sa compétence générale, énonce péremptoirement : « Bien que cette Cour ne s'arroge pas la compétence de statuer sur des différends liés aux Droits de l'Homme, elle ne se dérobera de l'exercice de sa compétence d'interprétation aux termes de l'article 27 (1) pour la simple raison que la requête contient une référence à des obligations de non violation des Droits de l'Homme » (§ 3).

Sur le grief des requérants portant sur le silence et l'inaction du Secrétaire Général de la CAE, la Cour professe, « Nous sommes d'avis que sans informations, le Secrétaire Général ne peut conduire des enquêtes ni faire un rapport aux termes de l'art 29 (1). (…) Nous décidons également que la manière dont l'information parvient au Secrétaire Général est sans importance (…). Dans tous les cas, nous sommes d'avis que si le premier défendeur est supposément non informé de ces événements, il devient informé à partir du moment où cette requête est introduite et lui est notifiée, et il est conscient des responsabilités importantes qui sont les siennes aux termes de l'article 29. Il aurait donc dû prendre les mesures nécessaires aux termes de cet article. C'est bien ce que les plaignants attendaient de lui : d'informer le Gouvernement ougandais que ce qui est arrivé est inacceptable au sein de la Communauté de l'Afrique de l'Est » (§ 53 et 55 de l'Arrêt).

L'Affaire *Mary Ariviza et Okotch Mondo c. Attorney Général de la République du Kenya et le Secrétaire Général de la Communauté d'Afrique de l'Est, 1ère instance, requête 03/2010, arrêt du 23 février 2011*, est assez particulière parce que les requérants voulaient faire déclarer à la CJAE que l'organisation et le déroulement du référendum ainsi que la promulgation de la

---

Commentaries on Law, Politics and Governance, p. 14 : « L'État de droit ne doit pas être entendu comme une règle de droit dans le sens où elle s'impose à tous les individus. C'est simplement un ensemble d'idées et de principes répandus dans les sociétés libres en vue de guider les législateurs, les administrateurs, les juges et les institutions d'application de la loi. La considération, primordiale dans la théorie de l'État de droit, est que tant les gouvernants que les gouvernés sont soumis à la même loi » (§ 40).

1029 Selon la CJAE, « Trois cas de figure nous semblent essentiels pour l'application d'une telle doctrine : un, l'affaire doit « directement et dans le fond », être en litige lors des deux procès. Deux, les parties doivent être les mêmes ou les parties pour le compte desquelles elles intentent leurs actions doivent plaider en la même qualité. Trois, enfin, l'affaire doit être définitivement tranchée dans une autre procédure. Toutes ces trois situations doivent exister pour que cette doctrine de *Res judicata* s'applique. Dans le cas présent, une chose est certaine : les parties ne sont pas les mêmes et ne plaident pas en la même qualité…. » (§ 27).

nouvelle Constitution du Kenya, étaient contraires à la loi et au Traité de la CAE, violaient le principe de la séparation des pouvoirs et portaient atteinte à l'État de droit. La Cour, sans en venir au fond de l'espèce, s'en tiendra aux aspects préliminaires et décide : « Nous pouvons dire que depuis le référendum en question, beaucoup d'eau a coulé et continue de couler sous les ponts. Arrêter le processus par une suspension à titre conservatoire causerait des dommages tels que ceux relevés par les défendeurs dans leurs conclusions. (…) Il n'existe pas dans cette affaire de dommage irréparable pouvant être causé aux requérants. Leur requête est, par conséquent, rejetée. En conséquence, nous estimons que les requérants sont mal fondés à demander cette mesure conservatoire… » (Arrêt, § 17-20).

L'Affaire Katabazi conduira la Cour à réitérer ses arguments dans une autre instance en *l'Affaire Independent Medical Legal Unit c/Attorney Général, le Ministre de la Sécurité intérieure de la République du Kenya et le Secrétaire Général de la Communauté d'Afrique de l'Est (Requête 3/2010, arrêt du 29 juin 2011)*. Le plaignant, une ONG kenyane, demandait à la Cour de constater la violation des Droits de l'Homme, de la Constitution du Kenya et du Traité CAE, commis par les accusés pour avoir omis de prendre des mesures visant à « empêcher, enquêter ou punir les auteurs d'exécutions, d'actes de torture, de cruauté et de traitement inhumains et dégradants sur plus de 3.000 Kenyans résidant à Mount Egon District » entre 2006 et 2008, ce que, bien entendu, les cinq défendeurs réfutent totalement.

La Cour, dans son raisonnement, reste sur la similarité avec l'affaire Katabazi pour justifier sa compétence en matière de Droits de l'Homme et repousser l'argumentation des défendeurs : « La Cour ne se détournera pas de son obligation d'interpréter le Traité, simplement en raison de violations des Droits de l'Homme, mentionnées dans la requête. Par conséquent, la Cour décide qu'elle a compétence pour statuer sur la présente requête ».

La Cour écarte le bien fondé de la requête à l'encontre des deuxième à quatrième défendeurs, simples agents de la République du Kenya, la seule partie défenderesse pour le Kenya devant être l'Attorney Général[1030]. Ces conclusions sont aussi valables pour le Secrétaire Général de la CAE car aucune preuve n'a été apportée ni allégation portée contre sa personne. D'autre part, l'action en justice de l'ONG n'étant pas prescrite en raison de la continuité des faits depuis 2006 « jusqu'à ce que le plaignant accuse la République du Kenya de ne pas avoir fait cesser les violations alléguées » (§ 20 et Dispositif de l'arrêt, Point 6).

L'Affaire Sam Mukura Mohochi c. l'Attorney Général de la République d'Ouganda, 1ère instance, requête 05/2011, arrêt du 17 mai 2013, est révélatrice de certaines allégations de violations des Droits de l'Homme commises contre

[1030] *Voir aussi Affaires Professeur Anyang Nyongo et Autres c/ Attorney Général de la République du Kenya, Requête 01/2006 et Modern Holdings East Africa Ltd. c/ Kenya Ports Authority, Requête 01/2008.*

les défenseurs de ces droits, en l'occurrence un Avocat kenyan auprès de la Haute Cour qui, lors d'un déplacement en Ouganda par un vol de Kenya Airways, dans une délégation de 14 personnes de la Commission Internationale des Juristes, s'est vu refuser l'entrée sur le territoire ougandais et remis dans le vol retour pour Nairobi par les autorités de l'immigration.

La Cour, s'appuyant sur sa doctrine de non dérobade précédemment évoquée[1031], reconnaît la violation par l'Ouganda de ses engagements communautaires en vertu de l'art.104 du Traité CAE et de l'art. 7 du Protocole du Marché Commun de l'Afrique de l'Est sur la libre circulation des personnes du 20 novembre 1999 (entré en vigueur le 20 novembre 2009), même si ce texte contient des clauses de sauvegarde pour l'ordre public, la sécurité publique et la santé publique.

Le fait de considérer le requérant comme immigrant inadmissible n'est pas validé par l'obligation d'adresser une liste des restrictions au droit d'entrée et de séjour des ressortissants de la CAE, à la Communauté et à ses autres États parties (§ 1). Il en résulte une violation par l'État ougandais de ses obligations souscrites dans le cadre de la CAE (Traité et Protocoles) en ne se soumettant pas au principe de primauté du droit communautaire sur son droit d'entrée (Arrêt, § 52-55).

Enfin, l'une des affaires les plus récentes porte sur le droit de propriété et la protection des particuliers contre les expropriations abusives[1032] .La Cour rappelle l'attachement des États membres de la CAE aux principes de la démocratie de l'état de droit et de la bonne gouvernance (art.6 et 7 du Traité CAE).

B. La COMESACJ et les DH

La COMESACJ est compétente, en vertu du Traité, pour trancher des différends en première instance et en appel.

Selon l'art.23 : « 1. La Cour connaît de toutes les affaires qui lui sont soumises conformément au présent Traité.

2. Sous réserve du droit de recours auprès de la Chambre d'appel en vertu du paragraphe 2, la Chambre de première instance connaît en première instance des affaires dont est saisie la Cour en vertu de présent Traité.

3. La Chambre d'appel est saisie pour les motifs suivants :

a) un point de droit ;

b) l'incompétence de la Cour ; ou

[1031] Voir aussi *Affaires Katabazi, Independent Medical Legal Unit et Attorney General of Uganda vs Omar Awadh Omar and 6 others, Appel 02/2012; Attorney General of Rwanda vs. Plaxeda Rugumba, Appel 01/2012.*

[1032] *Affaire Venant Masenge c. l'Attorney Général de la République du Burundi, 1ère instance (Requête 9/2012), arrêt du 18 juin 2014.*

c) un vice de forme ».

Le droit de saisine est accordé aux États membres, au SG, aux juridictions nationales, aux agents du COMESA et aux personnes physiques et morales.

Si sa compétence n'est pas clairement affirmée pour l'accueil de plaintes individuelles relatives aux DH, la COMESACJ peut être appelée à connaitre de tout recours émanant de personnes physiques ou morales, selon l'art 26 du Traité : « Toute personne résidant dans un État membre peut demander à la Cour de se prononcer sur la légalité de tout acte, réglementation, directive, ou décision du Conseil ou d'un État membre, si elle estime que cet acte, directive, décision ou réglementation est illégal ou constitue une violation du Traité :

Étant entendu que lorsque l'affaire est relative à tout acte, réglementation, directive ou décision d'un État membre, la personne ne peut saisir la Cour en vertu du présent article, à moins qu'elle n'ait d'abord épuisé toutes les instances des cours et tribunaux nationaux de l'État ».

Il en appert que le traitement de cas de DH peut incidemment se poser à l'occasion de la soumission de litiges requérant la compétence de la Cour. En fait, le plus étonnant est malgré cette vacuité, de nombreuses dispositions du Traité traitent des DH, à travers le droit à la santé (Chapitre14), le droit l» environnement (Chapitre 16), l'accès à la nourriture, à l'eau, à l'éducation, à la santé et aux infrastructures (Chapitre 18), le rôle des femmes (Chapitre24), la Libre circulation (Chapitre 28), le droit à réparation, sans compter l'art 6 (e) du Traité qui compte parmi les principes fondamentaux : « (la) reconnaissance, (la) promotion et (la) protection des droits de l'homme et des peuples, conformément aux dispositions de la Charte africaine des droits de l'homme et des peuples ».

Le dynamisme de cette Cour se révèle a travers ces statistiques, montrant qu'entre 1998 (date de son opérationnalisation) et 2003, dix neuf affaires avaient été traitées.[1033]

La Cour accueille des plaintes pour diffamation, avec cette précision que les plaintes contre des personnes ne sont reçues que si ces dernières représentent des organes du COMESA [1034] ; elle veille à la protection des débiteurs[1035] ; elle privilégie le règlement à l'amiable, avant tout jugement au fond[1036] ; elle précise d'une part les conditions à remplir pour la révision de ses décisions, en accord

---

[1033] Cf. MAONERA, Félix *op. cit.* ; *arret du 26 avril 2002* .

[1034] *COMESACJ, Affaire 1/2003, Kabeta Muleya (Dr) vs. The COMESA and Erastus Mwencha, arrêt du 4 avril 2003.*

[1035] *COMESACJ, Affaire 04/2002, Standard Chartered Financial Services, A. D. Gregory and COMESA. Cahill vs. Court of Appeal for the Republic of Kenya, arrêt du 20 novembre 2002.*

[1036] *COMESACJ, Affaire 3/2002, Bilika Harry Simamba vs. COMESA, ordonnance du 25 octobre 2002 ; COMESACJ, Affaire 1/2002, Building Design Enterprise vs. COMESA, requête pour arbitrage, ordonnance du 18 octobre 2002.*

avec l'art.31§3 et la différence avec un recours en appel[1037] et d'autre part la méthode de corrections d'erreurs matérielles dans les requêtes.[1038]

Le problème des expropriations est également au cœur d'un différend opposant le Kenya à une société à responsabilité limitée qui avait soumis l'affaire à la Cour du COMESA tout en la laissant pendante devant la Haute Cour du Kenya (la société retira la demande avant l'arrêt). La Cour va conclure à l'absence d'épuisement des voies de recours internes[1039].

Au terme de ces incursions dans le Droit international des Droits de l'Homme, il est important de mettre en exergue cette juridictionnalisation de plus en plus prononcée des Droits de l'Homme et, par conséquent, des OIA qui abritent en leur sein des organes de protection et de promotion. Il en appert une double observation : d'une part, un point de vue restrictif voudrait qu'on introduise plus de rationalisation, de cohérence et de simplification par une centralisation du contentieux des Droits de l'Homme vers la seule Cour Africaine, fût-elle celle projetée ou CAJ/DH ; d'autre part, un point de vue extensif s'orienterait vers l'augmentation de ses acquis institutionnels par l'adjonction de nouvelles normes, de nouvelles structures et toujours plus de recours disponibles, accessibles et ouverts aux personnes physiques ou morales.

Si ces observations sont résolument ancrées sur la dimension quantitative, elles ne doivent occulter une amélioration qualitative souhaitable pour amoindrir les aspérités procédurales de *common law* ou *civil law*, les réticences des Gouvernements à exécuter les décisions qui ne rencontrent pas leurs points de vue politiques du moment, la lenteur de certaines OI à donner plus de consistance à des normes vaguement énoncées dans les textes, ou encore les moyens d'instrumentalisation politique de ces mécanismes para-juridictionnels ou juridictionnels.

Quoi qu'il en soit, les Droits de l'Homme sont indissociables de la paix et de la sécurité.

[1037] *COMESACJ, Affaire 01/2002, the COMESA and Erastus J.O. Mwencha vs Kabeta Muleya, arrêt du 16 octobre 2002.*

[1038] *COMESACJ, Affaire 1/2003, Kabeta Muleya (Dr) vs. The COMESA, op. cit.*

[1039] *COMESACJ,* Affaire n° 3/2001, *The Republic of Kenya and the Commissioner of Lands vs. Coastal Acquaculture,* arrêt du 26 avril 2002.

TITRE II

PAIX ET SÉCURITÉ EN AFRIQUE : LES OIA ENTRE UNIVERSALISME SOLIDAIRE ET RÉGIONALISME COOPÉRATIF

Le Maintien de la Paix et de la Sécurité Internationale (MPSI), dans le système instauré par l'ONU depuis sa naissance, relève essentiellement de l'organisation universelle. Cet universalisme est marqué par deux traits caractéristiques : d'une part, une centralisation du traitement des questions de paix et de sécurité au profit du CS, en particulier et de l'ONU, en général ; d'autre part, une tendance prononcée de décentralisation du MPSI vers les organisations régionales et sous-régionales.

Il en appert que la centralisation implique surtout une solidarité dans l'action et la décision pour les mesures entreprises en matière de prévention, de gestion et de résolution des conflits. Il en est de même du régionalisme du MPSI, qui tout en conférant autonomie aux OIA régionales ou sous-régionales, combine à la fois subsidiarité et complémentarité entre l'ONU, les OIA et de plus en plus les OI et puissances extracontinentales.

En fait, solidarité et coopération rythmant aujourd'hui le MPSI, on note que, loin de se défaire de la question, l'ONU travaille en étroite collaboration avec les OIA (Chapitre II) et tous partenaires extérieurs convertis aux nécessités de la paix et de la sécurité internationale en Afrique (Chapitre I).

Chapitre I

Les acteurs extracontinentaux et le maintien de la paix et de la sécurité internationale en Afrique

Si les questions de paix et de sécurité en Afrique intéressent au premier chef les OIA et donc les Africains eux-mêmes, elles laissent entière la responsabilité principale conférée au plan universel à l'ONU, sans écarter les partenaires extracontinentaux traditionnels de l'Afrique. En fait la centralisation du MPSI , au plan universel par l'ONU et au plan continental par l'OUA/UA, s'adjoint de stratégies de réponses bilatérales, nationales et multilatérales.

Section I – La centralisation du MPSI par l'ONU

Ubi Societas Ubi Jus. Cet aphorisme, cher aux juristes, ne saurait mieux traduire la nécessité du maintien de la paix et de la sécurité internationale (MPSI) et le développement fulgurant des opérations de maintien de la paix (OMP) depuis la création de l'ONU. Le droit de recourir à la guerre ou contrainte armée ou *Jus ad bellum* (à ne pas confondre avec le *Jus in bello* ou droit des conflits armés) a été progressivement limité puis interdit sauf dans certaines conditions.

À l'orig*ine,* les États avaient toute compétence de recourir ou non à la guerre. Mais cette compétence a été progressivement édulcorée par la IIe Convention de La Haye du 18 octobre 1907 visant à restreindre l'emploi de la force pour le recouvrement des dettes contractuelles. Cette convention est une réaction aux campagnes de blocus et de bombardements des ports du Venezuela par les navires de l'Allemagne, Italie et du Royaume-Uni en 1902. Il fut énoncé sur proposition du MAE de l'Argentine Drago, cette interdiction grâce au soutien du Secrétaire d'État américain Porter.

La deuxième limitation du recours à la contrainte armée par le Pacte de la SDN du 28 juin 1919 conduisait à distinguer les guerres licites et les guerres illicites.

La troisième mise hors-la-loi du recours à la contrainte armée est faite par le Pacte Briand-Kellog (du nom des MAE français et américain) ou Convention de Paris du 26 août 1928 (ratifiée par 63 États avant la 2e Guerre mondiale).

Selon l'article premier « Les Hautes Puissances contractantes déclarent solennellement qu'elles condamnent le recours à la guerre pour le règlement des différends internationaux et y renoncent en tant qu'instrument de politique nationale dans leurs relations mutuelles ».

Aujourd'hui, la menace ou l'emploi de la force armée entre États, soit contre l'intégrité territoriale ou l'indépendance politique, soit de toute autre manière incompatible avec les buts des Nations unies sont interdits par l'art. 2 § 4 de la Charte de l'ONU hormis les cas de légitime défense[1040] (art. 51) et d'actions coercitives décidées par le Conseil de Sécurité au titre du chapitre 7 de la Charte[1041] (art. 39 à 51).

On s'évertuera à rappeler quelques généralités sur le MPSI, à clarifier certains concepts et à préciser l'action de l'ONU.

PARAGRAPHE I – GÉNÉRALITÉS SUR LE MPSI

La condamnation du recours à la force armée n'a pas éteint les nombreux foyers de tension dans le monde. En fait, on constate une diminution des conflits armés internationaux et une recrudescence des conflits armés non internationaux. Cette dimension conflictuelle des relations internationales est largement tributaire de la décentralisation du système et de la faiblesse des mécanismes institutionnels d'une société insuffisamment intégrée.

L'histoire du MPSI et les usages consacrés feront l'objet de développements liminaires.

A. Historique du MPSI

Avec l'avènement des Nations Unies en 1945, commence véritablement l'histoire du MPSI.

Mais la Charte de San Francisco ne prévoit ni ne définit les opérations de maintien de la paix (OMP). La pratique va suppléer cette lacune.

L'ONU a créé l'ONUST, sa première mission au Moyen-Orient, en 1948 (Résolution 50 autorisant l'envoi d'observateurs pour superviser la trêve entre Israël, Égypte, Syrie, Jordanie et Liban, puis va permettre le déploiement en 1949, de l'UNMOGIP (Groupe d'observateurs militaires dans l'Inde et le Pakistan) pour surveiller la trêve au Jammu-Cashmere entre les deux pays (Res. 39 et 47).

[1040] La légitime défense individuelle ou collective pour l'assistance à l'État victime d'une agression est subordonnée à trois conditions pour sa validité : droit naturel, droit à la survie, droit contre une agression armée ; droit à mettre en œuvre individuellement ou collectivement ; légitime défense provisoire, contrôlée et subsidiaire. Le Conseil de Sécurité doit être informé en cas d'exercice de la légitime défense et la légitime défense peut être invoquée tant que le Conseil de Sécurité ne s'est pas prononcé dans un sens restrictif ou extensif

[1041] Les Actions coercitives sont décidées ou sont autorisées par le Conseil de Sécurité et menées par les États en application du chapitre VII de la Charte (en cas de menace contre la paix, de rupture de la paix et d'actes d'agression) ; recours possible aux accords ou organismes régionaux ou sous-régionaux (art. 53) ou à des États mandatés au nom des Nations unies (art. 48) obligeant les autres membres à les assister pour toute action préventive ou coercitive (art. 2 § 5)

En 1950, la résolution Dean Acheson, 377 (V) du 3 novembre ou « Union pour le maintien de la paix » est adoptée. Elle précise que lorsque certaines conditions sont réunies (impuissance du Conseil de Sécurité, décision de réunir l'Assemblée générale, etc.), l'Assemblée générale « examinera immédiatement la question afin de faire aux membres les recommandations appropriées des mesures collectives à adopter… ».

Mais, ce n'est qu'en 1956 que la Première véritable OMP sera mise en place, lors de la crise de Suez (Grande-Bretagne, France et Israël c. Égypte). Du fait que le non usage du chapitre 7 commandait la recherche de toute autre solution, l'ONU vote sur la base de la Res. 377, la mise en place d'une force militaire neutre, impartiale d'interposition : la F.U.N.U[1042].

Depuis lors, les opérations de maintien de la paix se sont avérées être l'un des outils les plus efficaces dont dispose l'ONU pour aider les pays qui en ont besoin et pour naviguer dans les eaux difficiles qui mènent du conflit à la paix. Pour appliquer leur mandat, les opérations de maintien de la paix ont des atouts uniques, notamment la légitimité de l'action menée, le partage du fardeau supporté, et une capacité à déployer et à maintenir sur place des troupes militaires, des policiers et du personnel civil issus du monde entier. Les *Casques bleus* (*Blue Helmet Squad Boys*, en anglais) de l'ONU assurent la sécurité et apportent le soutien politique nécessaire à la consolidation de la paix en aidant les pays à passer l'étape difficile de la transition vers la paix.

En effet, la Charte des Nations Unies fait, du maintien de la paix et de la sécurité internationale, le premier but de l'ONU (art. 1.1). Elle en confie la responsabilité principale au Conseil de Sécurité (art.24). En cas d'échec du règlement pacifique des différends (chapitre VI), la Charte de l'ONU prévoit dans son chapitre VII (action en cas de menace contre la paix, rupture de la paix et acte d'agression) un mécanisme de sécurité collective juridiquement habilité à mener des opérations de coercition. Le Conseil de Sécurité peut entreprendre une action militaire (art. 42). En théorie, il dispose, pour ce faire, d'une force armée permanente (art. 43) dont il confie le commandement stratégique à un Comité d'état-major (art. 46 et 47).

Mais, la guerre froide a cependant paralysé toute tentative de mettre en place un tel système. Dans les situations de conflits ouverts, le système de règlement pacifique des différends prévu par le chapitre VI de la Charte de l'ONU est inadéquat. L'application du chapitre VII, conçu expressément pour ces situations, peut être bloquée par le jeu des vetos.

L'ONU a donc inventé en 1956, à l'occasion de la crise de Suez, les opérations de maintien de la paix (OMP), plus connues sous le nom de « Casques bleus ». Il s'agit d'une réponse *ad hoc* à une situation non prévue par la Charte et d'un palliatif à l'usage de la force. L'absence d'assise juridique

[1042] La Force d'Urgence des Nations unies est créée le 4 novembre 1956 par la Résolution 998 de l'Assemblée générale.

explicite a conduit à parler d'un mythique « chapitre VI et demi » comme fondement de ces opérations.

Depuis lors, nombreux sont les concepts utilisés dans les OMP d'où la nécessité d'une clarification conceptuelle.

B. Concepts du MPSI

La définition du *maintien de la paix* est très floue dans la mesure où il en existe une multiplicité, sans qu'aucune ne soit communément admise. C'est ainsi qu'apparaissent de nombreux termes différents qui décrivent une réalité du concept générique de la mise en place de forces de la paix sur un théâtre d'opération, tels que les notions d'imposition de la paix, de rétablissement de la paix, de maintien de la paix élargie, de consolidation de la paix, etc.

La paix s'instaure en plusieurs étapes : *l'imposition de la paix* (qui demande un fort niveau d'implication de la force armée), puis *le maintien de la paix* (qui s'établit lorsque la sécurité est assurée et que les parties en conflit signent des accords). Aussi, peut-on définir le maintien de la paix (tel que l'ONU le conçoit actuellement, dans un contexte d'après-guerre froide) comme une « action tendant à la prévention, la limitation, la cessation d'hostilités entre États ou entre factions à l'intérieur d'un État, par l'intervention d'éléments multinationaux comprenant des forces militaires, des éléments de police, des organismes civils et agissant sous l'égide d'une organisation internationale »[1043]. Une action de maintien de la paix a lieu à la demande ou avec le consentement des parties concernées.

Sur l'initiative du Premier Ministre canadien Lester B. Pearson, une « doctrine du maintien de la paix » fut théorisée par le Secrétaire Général de l'époque, Dag Hammarskjöld. Trois principes fondamentaux la gouvernent :

- **le consentement des parties :** le consentement de l'État sur le territoire duquel les troupes des Nations Unies sont amenées à stationner est un principe de base qui l'emporte sur toute autre considération.

- **l'impartialité :** ce sont avant tout des forces d'interposition entre deux parties rivales après la conclusion d'une trêve ou d'un cessez-le-feu et pour éviter la reprise des hostilités.

- **le non usage de la force :** étant donné l'esprit de la Charte, les Casques bleus ne sont dotés que d'armes défensives légères (employées seulement en cas de légitime défense). Ils doivent à tout prix éviter d'envenimer le conflit ou la crise en question.

Quant à la notion de *sécurité*, son étymologie latine révèle une contradiction intrinsèque, presqu'un oxymore, un choc entre la particule *sine* (sans) et l'idée de *cura* (soin). Les deux éléments mis ensemble (sine + cura) donnent à la sécurité un sens déconcertant : l'absence de soin, c'est-à-dire le contraire de ce

---

[1043] Voir le site des OMP : www.operationspaix.int

qu'elle veut dire aujourd'hui : un état dans lequel « on » n'a rien à craindre. La sécurité, pour reprendre Cicéron, ne désignait donc pas « l'absence d'anxiété dont dépend une vie heureuse » un état de quiétude intérieure, de sérénité et d'équilibre. Ce sens ne s'imposera que bien plus tard.

Quant à la notion de *sécurité collective*, elle désigne un système politique international dans lequel plusieurs États se garantissent mutuellement protection contre toute atteinte extérieure menaçant leur intégrité territoriale ou leur organisation constitutionnelle, et s'engagent à ne recourir qu'à des solutions pacifiques pour régler d'éventuels différends entre eux.

La sécurité collective peut s'appréhender à travers un *Pacte de sécurité*, conclu entre plusieurs États, reposant sur des garanties mutuelles.

De manière plus soutenue, un système de sécurité collective doit remplacer le principe du « chacun pour soi » (*self-help*), considérant qu'une agression contre l'un des membres du système est considéré comme une agression contre tous, appelant en conséquence une réponse collective, le cas échéant, armée.

Ses fondements sont :

- la consolidation/maintien du système international,

- l'indivisibilité de la paix (agression contre un État est une agression contre tous les États),

- la responsabilité collective face à toutes les agressions.

L'évolution quantitative des OMP s'est doublée d'une évolution qualitative. Dans *l'Agenda pour la paix*[1044], l'ancien Secrétaire Général de l'ONU, Boutros Boutros-Ghali, dans sa tentative de rationaliser les interventions, distinguait à cet égard un cadre général de quatre types d'actions possibles dans lesquels s'insérait le maintien de la paix :

- **la diplomatie préventive** pouvant intégrer un déploiement de troupes étrangères et/ou sous la bannière de l'ONU pour éviter le déclenchement d'un conflit ;

- **le rétablissement de la paix** (peacemaking) devant amener les belligérants à conclure la paix, par les moyens pacifiques prévus au chapitre VI de la Charte des Nations Unies (art.33) ;

- **le maintien de la paix** (peacekeeping) fondé sur l'interprétation du chapitre VII de la Charte consistant en l'envoi d'une force d'interposition entre les belligérants pour favoriser l'établissement d'un cessez-le-feu ou d'un armistice, inefficace face à des milices et groupes armés sur lesquels les diplomates de l'ONU et des États ont peu ou pas de prise ;

- **l'imposition de la paix** (peace enforcement), destinée à surmonter l'échec précédent, intègre le droit pour les troupes sous commandement de l'ONU de faire usage de leurs armes pour se défendre mais aussi pour protéger les

---

[1044] Doc. A/47/277-S/24(1) du 17 juin 1992.

populations civiles et contraindre les belligérants à respecter un accord de désarmement ou de cessez-le-feu.

En 1995, dans le *Supplément de l'Agenda pour la paix,*[1045] il notait que la gamme des instruments des Nations Unies pour contrôler et résoudre les conflits entre et dans les États, peut comprendre la diplomatie préventive, le maintien de la paix, le rétablissement de la paix, la restauration de la paix, le désarmement, des sanctions, l'imposition de la paix, ce qui reprend les différents types d'OMP. Aujourd'hui, le maintien de la paix est toujours une appellation générique qui désigne en fait divers types d'opérations.

La doctrine les appellera OMP de Première (1), Deuxième (2) et Troisième (3) Générations.

– Les opérations de maintien de la paix classiques ou de première génération

Elles s'inscrivent dans des limites étroites tant dans leurs principes que dans leurs actions. Trois grands principes gouvernent ces interventions :

- le consentement des parties ;
- l'impartialité ;
- le non-usage de la force.

Ils se traduisent par deux types d'opérations, selon les cas : l'interposition entre les parties au conflit et l'observation du respect du cessez-le-feu.

– Les opérations de seconde génération

Vers la fin des années 1980, le maintien de la paix se veut plus ambitieux : il ne s'agit plus seulement de stabiliser une situation, mais de participer à la mise en œuvre de règlements politiques globaux incluant des tâches très variées :

L'organisation et le contrôle du déroulement d'élections, des activités de réconciliation nationale ave la démobilisation et la réinsertion des anciens combattants, le contrôle et la formation aux Droits de l'homme, le déminage, etc. Le groupe d'assistance des Nations Unies pour la période de transition en Namibie (GANUPT 1989-1990), les missions préparatoires et de transition gouvernementale des Nations Unies au Cambodge (UNAMIC et UNTAC de 1991 à 1993) et la mission d'observation de l'ONU au Salvador (ONUSAL de 1991 à 1995) illustrent ce type d'interventions.

La multifonctionnalité des opérations admet, cependant, l'application des trois principes directeurs.

– Les opérations de troisième génération

Avec l'offensive sur le « droit d'ingérence », c'est l'ensemble du paysage du maintien de la paix qui a été bouleversé.

Trois nouveautés sont introduites :

1045 Doc. A/50/60-S/1995/1 du 3 janvier 1995.

- d'une part, l'élargissement du mandat humanitaire de l'ONU, moyennant l'extension de la qualification de la menace à la paix et à la sécurité internationales aux crises humanitaires et par l'invocation du chapitre VII pour recourir à la force à des fins humanitaires ;

- d'autre part, l'apparition d'une dimension coercitive des opérations entreprises dans le cadre du chapitre VII qui n'utilisaient auparavant la force que dans le cadre de la légitime défense ;

- enfin, la délégation par l'ONU de l'usage de la force à des contingents nationaux au sein d'une coalition *ad hoc* ou dans le cadre d'une organisation régionale. Ces opérations ne sont pas sous le commandement direct de l'ONU. Le Conseil de Sécurité est cependant théoriquement responsable de leurs actions car la Charte de l'ONU lui attribue la responsabilité principale du maintien de la paix et de la sécurité internationales (art. 24).

Relativement au continent africain, l'ONU collabore avec les OIA et, parfois, avec leurs partenaires extérieurs.

PARAGRAPHE II – L'ONU ET LE MPSI EN AFRIQUE

La première crise majeure qui amènera l'ONU à intervenir en Afrique, en dehors de l'Affaire du Canal de Suez, concerne le Congo avec la mise en place de l'ONUC, pendant le mandat du Secrétaire Général, Dag Hammarskjöld.

Depuis lors, l'Afrique reste au cœur des préoccupations des Nations Unies, du fait que 60% de l'ordre du jour du Conseil de Sécurité depuis une bonne trentaine d'années, porte sur des questions d'intérêt capital du continent avec, en surimpression, un environnement de crises dont l'OUA/UA peine à se dépêtrer (A), malgré l'impressionnante structuration organique de l'ONU dans le domaine du MPSI et sa remarquable expérience teintée de quelques succès en Afrique (B).

A. L'ONU face aux menaces et défis sécuritaires de l'OUA/UA

En Afrique, ni l'expérience historique ni les contraintes démocratiques n'ont freiné le recours à la force. Le culte attaché au principe de l'*uti possidetis juris* rappelle « qu'à de rares exceptions, les anciennes colonies ont accédé à l'indépendance sur la base de leur configuration géographique coloniale »[1046]. Il en a résulté des litiges frontaliers qui perdurent encore soit de façon latente soit de façon déclarée.

Le champ d'étude du conflit armé recouvre les domaines du stratège, du polémologue et du diplomate transcendant ce que Raymond Aron traduit par

[1046] HUENU, Codjo « La question de l'État et de la Nation en Afrique » Présence africaine (127-128) : 329-347; sur le principe de l'*uti possidetis juris* et les conflits territoriaux, cf. PERSON, Yves (1978, août). « L'Afrique noire et ses frontières » *RFEPA* (80) : 18 et suivantes ; STRAUCH, Hanspeter F. (1967, octobre). « L'OUA et les conflits frontaliers ». *RFEPA* : 58 et suivantes ; SALL, Alioune (1997). « Actualité des conflits frontaliers en Afrique ». *9 RADIC* : 183-194.

l'expression de « champ diplomatico-stratégique »[1047] et qui est, selon Stanley Hoffmann, « caractérisé par une stabilité au niveau central et global du système mais par une instabilité aux niveaux inférieurs »[1048].

En s'inscrivant dans le cercle du politique avec l'opposition entre le Centre (le Monde Occidental) et la Périphérie (le Tiers-monde), les relations internationales africaines se meuvent autour de processus et de phénomènes de conflit, de rapports de pouvoir et de coercition[1049].

La théorie, expliquant les guerres par la recherche de puissance par l'État, en l'analysant comme « la capacité d'une unité politique d'imposer sa volonté aux autres unités »[1050] et reposant sur l'idée que « la politique internationale comme toute politique est politique de puissance »[1051] ne donne pas une définition exhaustive du conflit armé africain dont le caractère interétatique est largement concurrencé, sinon battu en brèche, par des aspects interétatiques.

Depuis 1945, la guerre dans le Tiers-monde (auquel l'Afrique fait partie intégrante) est une « constante de la politique internationale, sans que l'on sache précisément si cet état de choses est transitoire ou quasi-permanent »[1052].

À ce propos, le Pr. Eric Suy écrivait : « qu'elles soient ouvertes ou larvées, les crises africaines semblent pour la plupart avoir la même racine : la nature de l'État africain (le Kenya, le Zaïre ou le Rwanda en sont des exemples parlants). Au cours de ces trente dernières années, plusieurs dirigeants africains ont considéré l'État comme un bien personnel, un patrimoine pour leur clan ou tribu. L'appareil étatique se retrouvait ainsi au service des intérêts personnels des autorités politico-militaires »[1053].

Zone d'alerte habituelle par les situations grosses de conflagrations potentielles, le Tiers-monde a fait l'objet d'une étude révélant que « les massacres perpétrés avec l'appui d'un État à l'encontre de certains groupes ethniques ou politiques ont causé plus de pertes humaines que toutes les autres formes d'affrontement violent réunies… en moyenne depuis la fin de la

---

[1047] ARON, Raymond (1962). *Paix et guerre entre nations.* Paris : Calmann-Lévy : 765.

[1048] HOFFMANN, Stanley (1985). « L'ordre international » *in Grawitz Madeleine et Leca J., Traité de Sciences politiques* (1). Paris : PUF; cf. aussi HOFFMANN, Stanley (1982). *Une morale pour des monstres froids : pour une éthique des relations internationales.* Paris : Le Seuil : 754.

[1049] Cf. De SENARCLENS, Pierre (1991, février). « Le paradigme réaliste et les conflits internationaux » *RISS* (127) : 5-20. UNESCO.

[1050] ARON, R. *ibid.* : 58.

[1051] MORGENTHAU, Hans (1965). *Politics among Nations.* New-York : A. Knopf, 6e Édition : 33 ; cf. également GONIDEC, Pierre-François (1996). *Relations internationales africaines.* Paris : LGDJ « Bibliothèque africaine et malgache » Tome 53: 210.

[1052] CHUBIN, S. (1991, février). « Les conflits dans le Tiers-monde : tendances et perspectives » RISS (127) : 53-170, UNESCO/ERES.

[1053] Conflits en Afrique : Analyse des crises et pistes pour une réflexion. Rapport de la Commission (1997). « Régions africaines en crise » Bruxelles : Publications du GRIP 10.

Deuxième Guerre Mondiale entre 1,6 et 3,9 millions de civils non armés ont péri chaque décennie du fait de l'État »[1054].

Le constat du nombre des victimes des conflits armés intra-étatiques ou interétatiques est alarmant. Le Pr. Eric Suy remarquait que « ces trente dernières années, les conflits africains ont entraîné la mort d'environ huit millions de personnes. À côté de ces pertes humaines, des millions d'individus ont été jetés sur les routes de l'exil et des destructions matérielles incommensurables grèvent les maigres budgets publics de ces pays parmi les moins avancés du monde. Et 500.000 à un million de Rwandais sont morts au cours du génocide de 1994. La récurrence de la violence à grande échelle sur ce continent a lourdement contribué au retard économique de ces jeunes nations par rapport au reste du monde »[1055].

Un autre constat est que la quasi-impossibilité de guerres entre les puissances du fait de l'arme nucléaire a eu pour conséquence de transférer leurs conflits à la périphérie du système mondial.

Depuis la dislocation du bloc oriental regroupé autour de l'ex-URSS avec la chute du Mur de Berlin en 1989, un nouveau redimensionnement du conflit armé s'est traduit par la croissance exponentielle des conflits armés qui n'opposent plus deux ou plusieurs États mais à l'intérieur d'un État, le gouvernement et un groupe d'opposants réclamant l'autonomie ou la sécession pour une ethnie ou une région donnée[1056].

De surcroît, la nature des conflits armés est largement influencée par le contexte africain.

Le continent africain a connu les plus grands drames de l'humanité : l'esclavage et la colonisation.

La survivance de certains conflits dont la genèse remonte à la colonisation européenne ne saurait être prise pour une donnée générale. Cependant, l'éclairage colonial laisse place à des supputations sur l'impact des aspects néo-colonialistes des conflits, agitant le continent, qui seraient des prolongements des tensions Est-Ouest.

L'Afrique reste le continent des excès avec des problèmes récurrents : la faim, la pauvreté, la maladie, la sécheresse, les conflits armés, l'endettement extérieur, etc. L'Afrique compte le plus grand nombre de réfugiés ou de

---

[1054] HARF, B.; T. R. GURR *Genocides and Politicides since 1945. Evidence and Anticipation*, cite par R. STAVENHAGEN « Les conflits ethniques et leur impact sur la société internationale » *RISS* (127) : 123-128 ; NNOLI, O. (1989). *Conflits ethniques en Afrique.* Dakar : CODESRIA : 45.

[1055] Cf. *Conflits en Afrique…*, *op. cit.* : 9.

[1056] Sur les impacts de ce changement, cf. CHUBIN, *ibid.*, p. 157 ; cf. également CHARPENTIER, J. (1976). « Autodétermination et décolonisation » *in* Le droit des peuples à disposer d'eux-mêmes. *Annuaire du Tiers-monde* : 15 ; TEMMAN, F. « Vers quel type d'ordre international ? L'ONU nouveau gendarme du monde ? » *in Ordre et désordre dans le monde, cahiers Français* (263) : 80-95; ZARTMAN, I. W. (1990). *La résolution des conflits en Afrique* Paris : L'Harmattan : 269.

personnes déplacées. Elle englobe en son sein le plus grand nombre de pays parmi les plus pauvres et les moins avancés économiquement de la planète.

Continent des contrastes, l'Afrique comporte des États couvrant de vastes espaces (Afrique du Sud, Angola, Mauritanie, Nigeria, Soudan, Tchad, R.D.C., etc.) et des petits États (Cap-Vert, Comores, Sao-Tome et Principe, Seychelles, etc.). La dimension spatiale constitue un enjeu important avec les irrédentismes régionaux ou ethniques.

Les conflits territoriaux ainsi générés épargnent peu de pays. Rares sont les États africains qui n'ont pas connu de troubles ou tensions, armés ou non, entre les groupes ethniques ou religieux qu'ils renferment.

Il s'y ajoute des conflits nouveaux nés des élections démocratiques : guerre entre opposants avec intervention des militaires, factions ou milices privées entrant ouvertement en conflit armé, revanches d'opposants battus aux élections par des tentatives de coups de force, surenchères politiques mettant directement en cause l'unité nationale, rébellions et mutineries de soldats, terrorismes, etc.

Ces nouveaux conflits recouvrent des qualifications diverses : conflits déstructurés, conflits identitaires, conflits asymétriques, etc.

Les conflits déstructurés sont marqués par l'absence totale ou partielle des structures étatiques. Ainsi, des factions armées essaient de profiter de cette déliquescence du pouvoir politique central pour s'en emparer. Ces groupes proliférant dans ce climat de décomposition sociale et de disparition de valeurs humanitaires de référence, manquent souvent de discipline militaire violant délibérément ou par ignorance les DH et le DIH (somalie, Liberia, Sierra-Leone, etc.). Quant aux conflits identitaires, ils sont caractérisés par des stratégies à moyen et à long termes de « purification ethnique », par des déplacements forcés de populations, voire leur épuration, dans une atmosphère de propagande, de peur, de violence et de haine. Ces conflits exacerbant à outrance l'argument ethnique, remettent en cause directement l'unité nationale (Rwanda, Burundi, etc.).

L'actualité événementielle médiatise la multiplicité des conflits armés avec des suites fâcheuses de longues cohortes de réfugiés, de problèmes de malnutrition et de massacres généralisés.

Luc Reychler remarquait, sur ce point, que « l'image télévisuelle en Afrique semble marquée du sceau de la misère amenée par les guerres civiles, le génocide, la famine, les déplacements des réfugiés et les violations des Droits de l'Homme »[1057].

Au-delà des CAI ou des CANI, d'autres menaces sécuritaires hypothèquent le développement de l'Afrique et restent encore au cœur des préoccupations des États, de l'UA et de l'ONU.

[1057] Cf. *Conflits en Afrique…, op. cit.,* : 17.

Parmi les maux qui minent la paix en Afrique, causes et conséquences de l'insécurité, il y a lieu de mettre l'accent sur la prolifération des armes légères et de petit calibre (ALPC). D'importants réseaux de trafics d'armes prennent comme terrain de prédilection de leurs activités, le continent africain et surtout l'espace ouest-africain. La circulation des ALPC alimente irrédentismes, séparatismes, coupeurs de routes, vols de bétail et criminalité transnationale organisée. Si d'aucuns se procurent des armes pour leur auto-défense et la sécurité de leurs biens et de leurs personnes, d'autres s'y adonnent pour prospérer dans des activités illicites. L'absence d'un désarmement efficace et crédible a eu pour résultante le transfert d'armes résidus de guerres civiles en RCI, Liberia, Sierra Leone vers de nouveaux foyers de tension de l'Afrique centrale, de la Région des Grands Lacs ou de la Corne de l'Afrique. Or l'insécurité génère l'agression qui débouche sur la frustration qui nourrit tous les autres germes de violence causés par la mauvaise répartition des richesses de l'État, la corruption, la délinquance urbaine ou rurale, etc.

De ce qui précède, il reste que la non maîtrise des sources d'approvisionnement des ALPC favorise rébellions et criminalités, en raison de la porosité des frontières et de l'inefficacité des contrôles aux postes-frontières. Le constat est que, malheureusement, certaines forces de défense et de sécurité gouvernementales sont mal outillées en armes, peu motivées et sources elles-mêmes d'insécurité pour les populations qu'elles sont censées protéger, d'où la nécessité d'une évaluation pour l'optimisation des programmes de réforme du secteur de la sécurité (RSS).

Parmi les entraves à la paix et à la sécurité en Afrique, on constate le développement inquiétant de la traite et du trafic des personnes (femmes et enfants) à des fins de prostitution, de pratiques analogues à l'esclavage, de prélèvement d'organes, de travail forcé d'enfants dans les plantations, les mines, de mendicité dans les rues.

Mais l'insécurité la plus importante est celle entraînée par le terrorisme. Si le terrorisme en lui-même est ancien puisqu'on en trouve des traces chez les révolutionnaires français avec le Régime de la Terreur ou des indices remontant aux temps bibliques, il faut admettre que le phénomène a pris une ampleur sans précédent dans le monde en général et en Afrique en particulier depuis la fin de la Guerre Froide.

Depuis les attentats du 11 septembre 2001, le terrorisme gagne ainsi tous les territoires et régions du monde favorables à son expansion[1058].

En réalité, le mot « terrorisme » n'a pas fait l'objet d'une définition juridique unanimement acceptée. Cependant les Nations Unies ont essayé d'en fournir à travers les différents instruments adoptés dans l'optique de combattre ce

[1058] CAMARA, Nfally (2013). *La lutte contre le terrorisme international : contribution à l'étude de la pertinence des instruments juridiques de lutte contre le terrorisme en Afrique.* Thèse de Doctorat : Dakar : FSJP, UCAD.

phénomène en réprimant des actes qualifiés de « terroristes ». On peut évoquer la Convention de Montréal du 23 septembre 1971 pour la répression d'actes illicites dirigés contre la sécurité de l'aviation civile (OACI) et son Protocole de 1984 ; la Convention de New-York du 14 décembre 1973 sur la prévention et la répression des infractions contre les personnes jouissant d'une protection internationale, y compris les agents diplomatiques ; la Convention internationale du 17 décembre 1979 contre la prise d'otage, la Convention internationale de 1997 sur la répression des attentats terroristes à la bombe ; la Convention internationale pour la répression du financement du terrorisme du 15 décembre 1997.

On peut énumérer également, des conventions adoptées sous l'égide de **l'OACI** (comme la Convention relative aux infractions et à certains autres actes survenant à bord des aéronefs du 14 septembre 1963, la Convention pour la répression de la capture illicite d'aéronefs du 16 décembre 1970, la Convention pour la répression d'actes illicites dirigés contre la sécurité de l'action civile du 23 septembre 1971 et son protocole de Montréal du 24 février 1988, la Convention sur le marquage des explosifs et en feuilles aux fins de détection du 1er mars 1979), de **l'OMI** (Convention pour la répression d'actes illicites contre la sécurité de la navigation maritime du 10 mars1988, le Protocole pour la répression d'actes illicites contre la sécurité des plateformes fixes situées sur le plateau continental du 10 mars 1988, Protocole du 14 octobre 2004 relatif au Protocole précédent), de l'**AIEA** (Convention sur la protection physique des matières nucléaires du 3 mars 1980) de l'**AGNU** (Convention sur la prévention et la répression des infractions contre les personnes jouissant d'une protection internationale, y compris les agents diplomatiques du 14 décembre 1973, Convention internationale contre la prise d'otages du 17 décembre 1979, Convention internationale pour la répression des attentats terroristes à l'explosif du 15 décembre 1998, Convention internationale pour la répression du financement du terrorisme du 9 décembre 1999, Convention internationale pour la répression des actes de terrorisme nucléaire du 14 septembre 2005)[1059].

Une des définitions les mieux partagées par les États reste celle retenue par l'Assemblée Générale de l'ONU[1060]. Le terrorisme désigne donc « des actes criminels conçus ou calculés pour provoquer, avec des objectifs politiques, un état de terreur dans l'opinion en général ou dans un groupe ou parmi des personnes en particulier ».

Phénomène à l'ampleur sans précédent, ressurgissant telle une hydre aux milles têtes et se nourrissant de causes multiples[1061], le terrorisme a gagné un

---

1059 Sur tous ces traités, voir www.un.org

1060 Résolution 54/110 du 9 décembre1999.

1061 Comme la pauvreté , le désespoir de la jeunesse , le sous-développement, les luttes de libération, la corruption et la mal gouvernance, les frustrations contre les puissances occidentales et les inégalités sociales générées par un capitalisme débordant sous l'ère de la mondialisation, les stratégies sans frontiéristes des multinationales globales, l'effritement des

nouveau terrain de prédilection en Afrique, venant ainsi grossir le chapelet de maux auxquels le continent est confronté depuis les débuts des indépendances.

Si, en soi, le phénomène a fait l'objet de nombreuses Conventions de l'ONU, relayée par des textes locaux, régionaux ou sous-régionaux, une synergie d'efforts est absolument nécessaire pour appréhender causes et conséquences mais aussi pour harmoniser les réponses nationales, communautaires et continentales.

C'est dans cette perspective, qu'il faut replacer la Convention d'Alger de l'OUA sur la prévention et la lutte contre le terrorisme en Afrique du 14 juillet 1993 complétée par un Protocole du 8 juillet 2004.

Il convient d'y ajouter, même si elle n'est pas encore entrée en vigueur, la Convention Africaine d'entraide judiciaire et d'extradition contre le terrorisme adoptée le 16 mai 2008[1062].

Quant à la Convention d'Alger, le terrorisme y est défini ainsi : « Est « 'Acte terroriste »' :

(a) tout acte ou menace d'acte en violation des lois pénales de l'État Partie susceptible de mettre en danger la vie, l'intégrité physique, les libertés d'une personne ou d'un groupe de personnes, qui occasionne ou peut occasionner des dommages aux biens publics, aux ressources naturelles, à l'environnement ou au patrimoine culturel, et commis dans l'intention :

i. d'intimider, provoquer une situation de terreur, forcer, exercer des pressions ou amener tout gouvernement, organisme, institution, population ou groupe de celle-ci, à engager toute initiative ou à s'en abstenir, à adopter, à renoncer à une position particulière ou à agir selon certains principes ; ou

ii. de perturber le fonctionnement normal des services publics, la prestation de services essentiels aux populations ou de créer une situation de crise au sein des populations ;

iii. de créer une insurrection générale dans un État Partie ;

(b) toute promotion, financement, contribution, ordre, aide, incitation, encouragement, tentative, menace, conspiration, organisation ou équipement de toute personne avec l'intention de commettre tout acte mentionné au paragraphe a (i) à (iii) (8).

L'Organisation de l'Unité Africaine, puis l'Union Africaine, ont pris plusieurs initiatives. En octobre 2001, la Conférence Africaine sur le terrorisme a adopté une déclaration contre le terrorisme, faisant appel à la ratification de la Convention de l'OUA sur la prévention et la lutte contre le terrorisme et des traités des Nations Unies.

---

valeurs sociales traditionnelles face au matérialisme citadin, la perte de repères d'une jeunesse acculturée coincée entre un occidentalisme sélectif et répulsif et un adossement national discriminant par la pauvreté et l'exclusion, la montée de l'intégrisme religieux, etc.

1062 Voir site de l'UA : www.african-union.org.

Lors de cette rencontre, le Président de la République du Sénégal a lancé l'idée d'un « Pacte Africain Contre le Terrorisme ». En novembre 2001, l'Organe Central du mécanisme de l'OUA pour la prévention, la gestion et le règlement des conflits, lors de sa cinquième Session extraordinaire, réitérait cet appel et demandait aux États membres d'assurer le suivi et la mise en œuvre efficaces de la Résolution 1373 (2001) du Conseil de Sécurité des Nations Unies[1063].

En septembre 2002, l'Union Africaine tenait à Alger une « réunion intergouvernementale de haut niveau sur la prévention et la lutte contre le terrorisme en Afrique ». A cette occasion, un plan d'action fut adopté, et il devait être soumis à l'approbation des organes délibérants de l'Union Africaine. Ce plan intègre plusieurs dispositions, notamment en matière de coopération policière, judiciaire et militaire, services de renseignements, contrôle des frontières et contrôle bancaire.

Cette Convention de l'OUA sur la prévention et la lutte contre le terrorisme ou Convention d'Alger a été adoptée par la 35e Session ordinaire des Chefs d'État et de gouvernement de l'OUA.

La Convention d'Alger établit, en son article 1er, une définition assez ample de « l'acte terroriste ». Il y est défini comme tout acte ou menace « susceptible de mettre en danger la vie, l'intégrité physique, les libertés des personnes et qui occasionne ou peut occasionner des dommages aux biens privés ou publics ».

La définition établit, également, trois éléments subjectifs, ou intentionnels, distincts et alternatifs. Le premier a trait à l'intention « d'intimider, de provoquer une situation de terreur, de forcer, exercer des pressions ou amener tout gouvernement, organisme, institution, population ou groupe de celle-ci, à engager toute initiative ou à s'abstenir, à adopter, à renoncer à une position particulière ou à agir selon certains principes ».

Le deuxième consiste dans l'intention de « perturber le fonctionnement normal des services publics, la prestation de services essentiels aux populations ou de créer une situation de crise au sein des populations ».

Le troisième consiste dans l'intention de « créer une insurrection générale dans un État partie ». Elle incrimine, également, « toute promotion, financement, contribution, ordre, aide, incitation, encouragement, tentative, menace, conspiration, organisation ou équipement de toute personne avec l'intention de commettre » un acte de terrorisme.

En résumé, le terrorisme couvre tous les actes criminels menés par une personne ou groupe de personnes dans l'optique de semer la terreur au sein des populations d'un ou plusieurs États afin de déstabiliser tout le système économique, social et politique en place. Il s'agit également de personnes qui

---

[1063] Rés. 1373 du Conseil de Sécurité, du 28 septembre 2001.

veulent imposer leur idéologie en utilisant la terreur comme moyen pour y parvenir.

Au début des années 2000, lorsqu'on évoquait le terrorisme, les regards se tournaient vers des mouvements créés contre les intérêts des Américains. L'élimination d'Oussama Ben Laden par les Forces Spéciales Américaines, avait fait croire à la fin du terrorisme dans le monde. Le constat est plutôt amer aujourd'hui et l'espoir s'est évanoui.

Durant ces dernières années, le terrorisme a gagné du terrain. L'Afrique en devient le refuge. Il étend ses tentacules à partir de l'Algérie, berceau du GIA, du GSPC et de la dernière filiale d'Al-Qaïda, dénommée AQMI[1064] avec ses cellules dormantes en Libye, Tunisie, Niger, Somalie, Nigeria, Maroc, Soudan et Mali. Tout le continent africain semble touché à l'heure actuelle par ce phénomène. Le plus inquiétant encore est l'expansion de ce fléau dans la bande sahélo-saharienne.

L'occupation du Nord Mali par des rebelles touaregs en 2011, a favorisé l'implantation de groupes islamistes dans la région. Ces derniers multiplient les attaques et les prises d'otages, et profitent ainsi de la faiblesse des États et leur incapacité à contrôler cette zone très vaste favorable à leur action.

La fragilité de la zone est aussi propice aux actes criminels, aux trafics d'armes, de drogue, aux enlèvements et à l'insécurité. Le MUJAO (Mouvement pour l'Unicité et le Djihad en Afrique de l'Ouest) pour atteindre son objectif, à savoir l'instauration de la *Charia* dans toute la zone Ouest Africaine, collabore étroitement avec AQMI et d'autres groupes terroristes comme *Boko Haram* du Nigeria.

Ce dernier mouvement s'est signalé de manière spectaculaire par ses prises d'otages, notamment l'enlèvement en 2014, de 200 jeunes filles au Nigeria, et de nombreux attentats suicides dans certaines villes. Une année plus tôt, le Kenya a été confronté à une sanglante attaque terroriste dans un grand magasin de surface de Nairobi. Dans la Corne de l'Afrique, *Al Shabab* trace la géopolitique du terrorisme en Somalie, Djibouti, Tanzanie et Kenya, se réservant aussi le monopole avec les groupes *JENJAWID* de la commission des attaques terroristes en Afrique Orientale.

Ces groupes revendiquent déjà les attentats suicide ainsi que les prises d'otages. Ils réclament des rançons, principale source de financement de leurs activités, sous peine d'exécution des otages en leur possession. Auprès de ces groupes, on retrouve également des combattants de l'ancien régime de Kadhafi, non désarmés, de retour chez eux (c'est le cas du Mali). Ces derniers fournissent aide de toutes sortes aux rebelles au Nord du pays.

1064 Al Qaida au Maghreb Islamique.

Au niveau de l'ONU[1065], la pléthore de réunions et de résolutions sur le terrorisme dénote le sérieux et l'engagement de cette OI dans la prévention et la lutte contre ce fléau. À titre illustratif, l'AGNU par une résolution du 17 décembre 1996, avait mis en place un Comité spécial pour étudier et faire des rapports sur le phénomène.

Le Conseil de Sécurité, à son tour avait, entre autres, fourni un cadre de coordination de la coopération internationale contre le terrorisme, par l'adoption de la Résolution 1269 du 19 octobre 1999. De surcroît, la Résolution 1372 servira de point d'ancrage pour la création d'un Comité contre le terrorisme (CCT) qui évalue et produit des rapports sur l'application par les États membres des obligations contenues dans la Résolution.

Les nombreux défis et menaces permettent d'établir un tableau peu reluisant de priorités que les OIA et les États devront affronter. Des niveaux de sécurité peuvent être adressés en identifiant la sécurité de l'État[1066], la sécurité des citoyens[1067], la sécurité des institutions nationales[1068], communautaires ou régionales, la sécurité des économies avec le blanchiment des capitaux, la corruption, le trafic de la drogue et l'évasion fiscale.

Ces différents menaces et défis environnementaux, économiques, sociaux, politiques, alimentaires, ethniques, minoritaires, géopolitiques, d'origine endogène ou exogène, d'origine anthropique ou naturelle, perdurent encore même si l'ONU, l'OUA/UA ou les CER ont tenté d'y apporter des réponses textuelles ou pratiques.

Il en appert une complexité du règlement de la paix et de la sécurité en Afrique, au regard de cet environnement de crises protéiformes, d'acteurs aux structures d'échelonnement mal identifiés (réseaux, rébellions, mafias, sectes) et ce flou conceptuel savamment entretenu par les stratèges et les politiques dans la mise en place des OMP et la conduite des opérations, la diplomatie du kaki avoisinant les intérêts des grandes puissances détenant le droit de veto au Conseil de Sécurité de l'ONU, le lobbying des représentants des OI se

---

[1065] La devancière de l'ONU, la SDN, avait déjà en 1937 fait adopter un Traité de Genève sur le terrorisme, qui définissait ce dernier comme « des faits criminels dirigés contre un État et dont le but ou la nature est de provoquer la terreur chez des personnalités déterminées, des groupes de personnes ou dans un public » cité par SOREL, Jean Marc (2002). « Existe-t-il une définition universelle du terrorisme ? » *in Le Droit international face au terrorisme.* Paris : Pedone : 45.

[1066] L'intégrité territoriale, la sécurité intérieure et extérieure, la survie de l'État, le règlement des contentieux frontaliers terrestres ou maritimes, etc.

[1067] Sécurité de leurs biens et de leurs personnes, la lutte contre la pauvreté et le chômage, contre les maladies dont le VIH/SIDA, le droit au développement, la décentralisation et la participation populaire, la protection de l'environnement naturel ou humain, l'encadrement et la gestion de la migration.

[1068] Elle s'entend en outre de la stabilité, de la démocratie, de l'État de droit et de la bonne gouvernance et vise aussi à prévenir ou à résoudre les crises institutionnelles (avant, pendant ou après des élections), la violence politique, les contentieux électoraux.

conjuguant avec le respect de la souveraineté des États membres, rendant pratiquement difficile l'intervention de l'ONU.

B. Structures et Actions de l'ONU pour le MPS en Afrique

Au vu des développements antérieurs, il est constant que l'ONU joue un rôle majeur dans le domaine des OMP depuis l'avènement de l'ordre mondial issu de la fin de la Deuxième Guerre Mondiale.

Cette contribution remarquable est le fruit d'une structuration interne bâtie autour d'organes agencés à un triple niveau : un niveau stratégique[1069] (englobant le Conseil de Sécurité, l'Assemblée Générale et le Secrétariat Général), un niveau opérationnel[1070] (confié à un chef de mission avec son État-major et son équipe de direction) et un niveau tactique[1071] (combinant les composantes civiles, militaires, de police et bureaux régionaux).

On s'en tiendra à la présentation des organes (1) avant de s'appesantir sur les mandats confiés aux OMP (2).

1. Les organes de l'ONU intervenant dans les OMP

Il s'agit essentiellement du Conseil de Sécurité, de l'Assemblée Générale et de certaines directions qu'abrite le Secrétariat Général.

La Charte des Nations Unies institue, par la combinaison de mesures préventives et coercitives, un système de sécurité collective censé dissuader (ou réprimer) les États susceptibles de porter atteinte à la paix.

Les articles 42 et 43 donnent d'ailleurs les moyens au Conseil de Sécurité de prévenir et de punir les actes d'un État agresseur. Néanmoins, trois conditions doivent être remplies.

Selon la Charte des Nations unies, le Conseil de Sécurité est investi de la responsabilité principale du maintien de la paix et de la sécurité internationales. Dans l'exercice de cette responsabilité, il peut décider de mettre en place une opération de maintien de la paix.

Dans le cadre du chapitre VII, « Action en cas de menace contre la paix, de rupture de la paix et d'actes d'agression », le Conseil de Sécurité, peut en effet, décider des mesures qui s'imposeront à tous les membres, y compris des mesures impliquant l'emploi de la force armée.

1069 Au plan stratégique, on se réfère au processus de prise de décisions dans ses grandes lignes et au plus haut niveau structurel.

1070 Au plan opérationnel, il est fait allusion aux opérations de terrain, le niveau le plus proche du théâtre des combats ou des populations civiles avec la gestion, la prévention ou la consolidation de proximité.

1071 Le niveau tactique renvoie aux trois unités civile, militaire ou de police dont les personnels ont diverses tâches de responsabilités en fonction des *Règles d'engagement*, des instructions des commandants et chefs de mission avec un étagement coordonné à tous les niveaux des attributions conférées suivant une planification des moyens, des actions et des buts de l'OMP concernée.

Et si l'article 2, paragraphe 7, dispose que les Nations Unies ne sont pas autorisées à « intervenir dans des affaires qui relèvent essentiellement de la compétence nationale d'un État membre », il ajoute *in fine* que « ce principe ne porte en rien atteinte à l'application des mesures de coercition prévues au chapitre VII ».

Sans aller aussi loin, le chapitre VI sur le Règlement pacifique des différends, prévoit que les parties à un différend, « dont la prolongation est susceptible de menacer le maintien de la paix et de la sécurité internationales » (art. 33, § 1), « le soumettent au Conseil de Sécurité » (art. 37, § 1) et que celui-ci, s'il « estime que la prolongation du différend semble, en fait, menacer le maintien de la paix et de la sécurité internationales », peut « recommander tels termes de règlement qu'il juge appropriés » (art. 37 92).

Enfin, le chapitre VIII sur les Accords régionaux valide « l'existence d'accords ou d'organismes régionaux destinés à régler les affaires qui, touchant au maintien de la paix et de la sécurité internationales, se prêtent à une action de caractère régional, pourvu que ces accords et organismes et leur activité soient compatibles avec les buts et principes des Nations Unies » (art. 52, § 1). Il encourage le règlement pacifique à l'échelon régional (art. 52, § 3). Mais ces dispositions ne portent pas atteinte aux compétences que le Conseil de Sécurité tient du chapitre VII (art. 52, § 4), et celui-ci « doit, en tout temps, être tenu pleinement au courant de toute action entreprise ou envisagée » en vertu des accords régionaux (art. 54). En outre, aucune action coercitive ne peut être entreprise sans son accord et il peut utiliser les accords régionaux pour l'application des mesures coercitives prises sous son autorité (art. 53, § 1). La Charte organise donc, au profit des Nations unies, la coordination des organismes de sécurité.

Dans cette perspective, l'ONU doit s'astreindre au respect des DH et du DIH. Le droit international dans le domaine des Droits de l'Homme constitue une composante essentielle du cadre normatif global des opérations de maintien de la paix des Nations Unies. La Déclaration Universelle des Droits de l'Homme et les libertés fondamentales sont universels et garantis pour tous. Les opérations de maintien de la paix des Nations unies doivent évoluer dans le respect total des Droits de l'Homme tout en essayant de faire avancer les Droits de l'Homme à travers la mise en œuvre de leur mandat. Le personnel d'une opération de maintien de la paix des Nations unies, qu'il soit militaire, policier ou civil, devrait se conduire en conformité avec le droit international en matière des Droits de l'Homme et comprendre le rapport entre les tâches qui lui sont confiés et les Droits de l'Homme. Il incombe au personnel d'une opération de maintien de la paix des Nations unies de tout faire pour éviter les violations des Droits de l'Homme.

Dans ce sens, la circulaire du Secrétaire Général sur le respect du droit international humanitaire par les forces des Nations unies [1072] détaille les principes et les règles fondamentaux du droit international humanitaire qui pourraient s'appliquer au personnel déployé au sein d'une opération de maintien de la paix des Nations Unies.

Au regard du cadre juridique, divers organes interviennent.

L'assemblée générale

L'Assemblée Générale joue un rôle clé dans le financement des opérations de maintien de la paix. Elle est le principal organe délibérant, décisionnaire et représentatif des Nations Unies. Composée des représentants des 193 États membres de l'Organisation, elle constitue une instance unique de discussion multilatérale des problèmes internationaux, y compris les questions liées au maintien de la paix et de la sécurité internationales.

L'Assemblée Générale, par l'entremise de sa Cinquième Commission (Questions administratives et budgétaires), approuve le budget des opérations de maintien de la paix et supervise son exécution, notamment pour ce qui est de la façon dont les différentes opérations sur le terrain sont financées et équipées, sur la base de demandes de crédits détaillées qui lui sont soumises par le Secrétaire Général de l'ONU.

Conformément à la Résolution 377 (V) : « L'union pour le maintien de la paix » adoptée par l'Assemblée Générale en novembre 1950, l'Assemblée Générale peut agir s'il existe une menace contre la paix, une rupture de la paix ou un acte d'agression. L'Assemblée Générale pourrait examiner la question en vue de formuler des recommandations aux États Membres pour qu'ils adoptent des mesures collectives en vue de maintenir ou de rétablir la paix et la sécurité internationales.

Cette résolution a été invoquée en 1956, lorsque l'Assemblée Générale a créé la Première Force d'Urgence des Nations Unies (FUNU I) au Moyen-Orient.

En juin 2010, l'Assemblée Générale a, pour la première fois, mené un débat thématique sur le maintien de la paix intitulé « Opérations de maintien de la paix de l'ONU : regard sur l'avenir ». Ce débat a été organisé à l'occasion du dixième anniversaire du Rapport Brahmi[1073].

Le conseil de sécurité

Selon la Charte de l'ONU, c'est au Conseil de Sécurité qu'il revient d'endosser la responsabilité principale quant au maintien de la paix et de la sécurité internationales.

[1072] Circulaire du Secrétaire Général sur le respect du droit international humanitaire par les forces des Nations Unies du 6 août 1999 (ST/SGB/1999/13).

[1073] Rapport Brahmi ou Rapport du Groupe d'études sur les opérations de paix de l'ONU, (A/55/305-S/2000/809), entériné par la résolution du CS, n°1318 (2000).

Il appartient au Conseil de Sécurité de déterminer quand et où une opération de maintien de la paix de l'ONU doit être déployée. Le maintien de la paix et de la sécurité internationale est l'une des raisons d'être des Nations Unies. À cet égard, le Conseil de Sécurité peut enquêter sur tout différend et recommander les termes de règlement pacifique qu'il juge appropriés afin de l'empêcher de dégénérer.

Dans les situations où le Conseil de Sécurité estime que le différend constitue une menace pour la paix et la sécurité internationales, il peut prendre des mesures plus coercitives. Ces dernières peuvent ou non supposer le recours à la force. La base légale qui autorise le Conseil de Sécurité à enquêter et prendre les mesures appropriées se trouve dans les Chapitres VI et VII de la Charte des Nations Unies.

Le Conseil de Sécurité est également compétent pour collaborer avec des organisations ou des accords régionaux pour régler des différends pour le maintien de la paix et la sécurité internationales (en vertu des dispositions du Chapitre VIII de la Charte des Nations Unies). Ce type de coopération devient de plus en plus courant dans les opérations de maintien de la paix. Pour exemple, on peut citer l'Opération hybride de l'Union Africaine – Nations Unies au Darfour (MINUAD) ou la coopération entre l'OTAN et la Mission d'Assistance des Nations Unies en Afghanistan (MANUA).

Dans cette optique, le CS s'est fixé comme doctrine d'intervenir dans les situations suivantes :

- s'il a été mis en place un cessez-le-feu et si les parties se sont engagées à mener à bien un processus de paix devant déboucher sur un règlement politique ;

- s'il existe un objectif politique clair et si celui-ci peut être reflété dans le mandat de l'opération ;

- s'il est possible de formuler pour une opération de l'ONU un mandat précis ;

- si la sûreté et la sécurité du personnel de l'ONU peuvent être raisonnablement assurées et, en particulier, si les principales parties ou factions peuvent donner des assurances raisonnables à cet égard.

Le Conseil de Sécurité établit alors une opération de maintien de la paix en adoptant une résolution qui définit le mandat et les effectifs de la mission. Il suit constamment le déroulement des opérations de maintien de la paix de l'ONU, notamment sur la base des rapports que lui présente le Secrétaire Général, mais aussi en tenant des réunions spécialement consacrées à l'examen des activités menées par telle ou telle opération.

Le Conseil de Sécurité peut prolonger ou modifier le mandat d'une mission ou y mettre fin, selon ce qu'il juge approprié.

Aux termes de l'article 25 de la Charte des Nations Unies, tous les États Membres de l'ONU s'engagent à accepter et à appliquer les décisions du

Conseil de Sécurité. Les autres organes de l'ONU formulent des recommandations à l'intention des États Membres, mais seul le Conseil de Sécurité a le pouvoir d'adopter des décisions à caractère obligatoire.

Aussi, au sein du **Secrétariat général**, divers départements sont mis à contribution.

Le département des opérations de maintien de la paix (DOMP)

Le Secrétaire Général délègue la responsabilité générale de la conduite et de l'administration de toutes les opérations de maintien de la paix de l'ONU au Secrétaire Général adjoint aux Opérations de maintien de la paix. Il est souvent désigné comme le « Secrétaire Général adjoint du DOMP ».

Au département des opérations de maintien de la paix à New-York, ce Secrétaire général adjoint :

- dirige et supervise les opérations de maintien de la paix de l'ONU ;

- élabore des politiques et des directives opérationnelles fondées sur les résolutions du Conseil de Sécurité (à savoir les mandats des missions) ;

- prépare les rapports du Secrétaire Général au Conseil de Sécurité concernant chaque opération de maintien de la paix. Ces rapports comprennent des observations et recommandations appropriées ;

- conseille le Secrétaire Général sur toutes les questions liées à la planification, la préparation et la conduite des opérations de maintien de la paix des Nations Unies ;

- est responsable devant le Secrétaire Général, auquel il rend compte, d'assurer que les missions sur le terrain dirigées par le DOMP répondent aux impératifs du Système de gestion de la sécurité des organismes des Nations Unies.

Le département de l'appui aux missions (DAM)

Au nom du Secrétaire Général, le Secrétaire Général adjoint du Département de l'appui aux missions (DAM) et le Département de l'appui aux missions sont responsables de tout l'appui apporté aux opérations sur le terrain, notamment les opérations de maintien de la paix et les missions politiques spéciales.

Ceci comprend spécifiquement : le personnel, les ressources financières, les achats, la logistique, les communications, la technologie de l'information et d'autres questions de gestion administrative générale.

Le département des affaires politiques (DAP)

Le Département des Affaires politiques (DAP) établit le cadre de travail des Missions politiques spéciales grâce à ses analyses de fond. Il est également un partenaire des opérations de maintien de la paix.

Dans certains cas, ses divisions régionales assurent l'élaboration de rapports analytiques et peuvent diriger des démarches de médiation de bons offices. Exemples : à Chypre, une opération de maintien de la paix (Force des Nations

Unies chargée du maintien de la paix à Chypre ou UNFICYP) travaille de concert avec un Conseiller spécial qui assume les fonctions de bons offices du Secrétaire Général.

Le comité spécial des OMP

C'est le Comité des 34, créé le 18 février 1965, par la résolution 2006 (XIX) de l'Assemblée générale des Nations unies. Il a pour mandat d'entreprendre une étude d'ensemble « de la question des opérations de maintien de la paix sous tous leurs aspects, y compris les moyens de surmonter les difficultés financières urgentes de l'Organisation »[1074].

Par ailleurs, toute OMP est régie dans le cadre d'un mandat précis.

2. Les mandats des OMP

On distingue les mandats traditionnels et les mandats transversaux.

a— Les mandats selon les tâches traditionnelles de maintien de la paix

Bien que toutes les opérations de maintien de la paix de l'ONU varient, on constate des similitudes dans les tâches que leur confie le Conseil de Sécurité. Selon leur mandat, les opérations de maintien de la paix peuvent être appelées à :

- prévenir le déclenchement des conflits ou empêcher qu'un conflit ne s'étende au-delà des frontières ;

- stabiliser des situations de conflit après un cessez-le-feu afin de créer un environnement tel que les parties puissent parvenir à un accord de paix durable ;

- aider à mettre en œuvre des accords globaux de pais.

- accompagner des États ou des territoires pendant la transition vers un gouvernement stable fondé sur des principes démocratiques, une bonne gouvernance et le développement économique.

Selon la nature spécifique des problèmes à résoudre, les Casques bleus de l'ONU sont fréquemment chargés de jouer un rôle de catalyseur pour faciliter les activités ci-après, tendant essentiellement à consolider la paix :

b) Les mandats selon les tâches transversales de maintien de la paix

Les mandats que le Conseil de Sécurité confie aux opérations de maintien de la paix reflètent également un certain nombre de tâches transversales, qui font normalement partie de leurs attributions[1075].

[1074] Voir : http://www.operationspaix.net/26-resources/details-lexique/comite-des-34-comite-special-des-operations-de-maintien-de-la-paix-.html ; Cf. 37. A/63/19, *Rapport du Comité spécial des opérations de maintien de la paix et de son groupe de travail*, 20 mars 2009, § 169.

[1075] Conformément aux résolutions ci-après du Conseil :

Résolution 1325 (2000) du Conseil de Sécurité concernant les femmes, la paix et la sécurité ;

Résolution 1612 (2005) du Conseil de Sécurité concernant le sort des enfants en temps de conflit armé ;

La diversité de classification des OMP, que ce soit sous le couvert d'une labellisation en missions d'observation, de gestion, d'interposition, de consolidation ou qu'elles s'inscrivent dans le registre d'OMP de première, deuxième ou troisième génération, d'OMP classiques ou légères, renforcées ou « robustes », ne plaide pas pour un traitement simplifié des nombreux conflits et crises appelant l'attention de l'ONU[1076].

Il s'y ajoute un accroissement de la complexité dû au fait que certaines missions varient selon la persistance des combats ou que la latence des tensions reste dans l'expectative redoutée d'une moindre étincelle de résurgence.

Quoi qu'il en soit, l'expérience de l'ONU dans les conflits armés ou situations de crises en Afrique s'est traduite par la création de différentes missions de MP, avant comme après la fin de la guerre froide, par intervention directe ou en sous-traitance, principalement ou en relais de l'OUA/UA.

Une liste non exhaustive de ces OMP toutes catégories confondues, peut être dressée (avec comme point de départ non pas la crise de Suez de 1956[1077], mais celle du Congo Kinshasa en 1960).

En substance, on peut énumérer :

- l'Opération des Nations Unies au Congo (1960-1964)[1078],

- le GANUPT (1978-1992)[1079],

- l'Opération des Nations Unies en Mozambique (ONUMOZ, 1992-1994)[1080],

- la Mission de Vérification des Nations Unies en Angola : UNAVEM I (janvier 1989 — juin 1991), UNAVEM II (juin 1991 — février 1995), UNAVEM III (février 1995 — juin 1997)[1081],

- l'Opération des Nations Unies en Somalie : ONUSOM I (avril 1992 — mars 1993) ; ONUSOM II (mars 1993— mars 1995)[1082],

---

Résolution 1674 (2006) du Conseil de Sécurité concernant la protection des civils dans les conflits armés.

1076 Maurice Flory, « L'Organisation des Nations Unies et les opérations de maintien de la paix », AFDI, Vol. 11, 1965, pp. 446-468.

1077 La crise de Suez a donné naissance à la première OMP de l'ONU. Celle-ci est connue sous le nom de Force d'Urgence des Nations Unies. La FUNU I (novembre 1956-juin 1967) concernant le Canal de Suez et le Sinaï, a été reconduite en FUNU II (octobre 1973-juillet 1979). Voir LUCCHINI, Laurent (1983). « La Force internationale du Sinaï. Le maintien de la paix sous l'ONU ». *AFDI.* Vol. 29 : 121-136.

1078 Résolution n° 143 du CS (1960). La fin de l'opération a été décidée par la Résolution n° 1885 de l'AGNU (XVIII), voir VIRALLY, Michel (1960). « Les Nations unies et l'Affaire du Congo » *AFDI* : 557-597.

1079 Res. 435 (1978) du CSNU et la fin de la mission par la Rés. 47/207 de l'AGNU. Le Groupe d' Assistance des NU pour la période de transition (avril 1989-mars 1990) a permis au peuple du Sud Ouest africain d'aller à l'indépendance sous le nom de Namibie.

1080 Créée par la Résolution N° 797 (1992) du CSNU.

1081 Res. 626 du CSNU (1988), Res. 696 (1991) ; Res. 976 (1995) ; Cf. ANSTEE, Margaret (1993, décembre). « L'ONU et le maintien de la paix ». *International Relations* XI (6) : 495-511.

- la Mission d'observation des Nations Unies en Ouganda et au Rwanda : MINUOR (juin 1993 — septembre 1994)[1083],

- la Mission d'observation des Nations Unies au Liberia : MONUL (septembre 1993— septembre 1997)[1084],

- la Mission des Nations Unies pour l'Assistance au Rwanda : MINUAR (octobre 1993 — mars 1996)[1085],

- le Groupe d'observation des Nations Unies dans la Bande d'Aouzou : GONUBA (4 mai-5 juin 1994)[1086],

- la Mission d'observation des Nations Unies en Angola : MONUA (juin 1997 — février 1999)[1087],

- la Mission des Nations Unies en République Centrafricaine : MINURCA (avril 1998 — février 2000)[1088].

- la Mission d'observation des Nations Unies en Sierra-Leone : MONUSIL (13 juillet 1998-22 octobre 1999) suivie de la MINUSIL (octobre 1999 — décembre 2005)[1089],

- la Mission des Nations Unies en Éthiopie et en Érythrée : MINUEE (juillet 2000 — juillet 2008)[1090],

---

[1082] Créées respectivement par les Résolutions n° 731 (1992) et 814 (1993).

[1083] La MINUOR, créée par la Rés. 846 du 22 juin 1993 pour la nouvelle frontière entre les deux États et prévenir la circulation d'ALPC. Cette mission de 81 observateurs devait surtout prévenir les troubles pour donner une chance aux futurs accords d'Arusha.

[1084] La MONUL a été créée par la Res. 866 (1993) du CSNU pour mettre en œuvre les accords de paix, contribuer à la paix par le DDR, l'assistance humanitaire, enquêter sur les violations des Droits de l'Homme, observer et renforcer le processus électoral. Un Bureau d'Appui des Nations unies à la consolidation de la paix au Liberia (BANUL) a été installé après la fin du mandat le 30 septembre 1997. La MONUL a coexisté avec une OMP de la CEDEAO pour l'application de l'accord de paix de Cotonou de 1993.

[1085] La MINUAR, dirigée par le Général canadien Roméo Dallaire, était une force de 2300 soldats, créée par la Rés. 872 du 5 octobre 1993. Elle a été très critiquée par son échec à prévenir le génocide rwandais malgré qu'elle ait réussi à protéger entre 30 000 à 40 000 Tutsis. Mais là aussi, les atermoiements du Conseil de Sécurité n'ont pas facilité le travail de cette mission. Cf. Rapport de la Commission Indépendante d'enquête sur les actions de l'ONU lors du génocide de 1994 au Rwanda : www.un.org/french/peace/peace.reports ; Dallaire Roméo A. « La fin de l'innocence : Rwanda 1994 », in J. Moore (ed.), Des choix difficiles : les dilemmes moraux de l'action humanitaire , Paris, Gallimard, 1998, 459 p. (pp. 105-124).

[1086] Le GONUBA a été créé le 4 mai 1994 par la Rés. 915 du CSNU. Il était composé de neuf observateurs militaires et six civils et a coûté la bagatelle de 68 000 dollars US.

[1087] La MONUA a été créée par la Res. 1118 du 30 juin 1997 pour suivre le processus de paix en Angola, après la guerre civile (1974-2002).

[1088] La MINURCA (Res. 1159 du 27 mars 1998) a succédé à la MISAB établie en janvier 1997.

[1089] La MONUSIL, créée par la Res. 1181 (1998) du 13 juillet 1998, était composée de 192 observateurs, 15 militaires, 107 civils internationaux, 69 civils locaux avec un Représentant Spécial et un chef des observateurs militaires.

[1090] La MINUEE a été créée par la Rés. 1312 du 31 juillet 2000 et son déploiement a été décidé par la Rés. 1320 du 15 septembre 2000 pour faire respecter l'accord de cessez-le-feu à la fin de la

- l'Opération des Nations Unies au Burundi : ONUB (juin 2004 — décembre 2006)[1091],

- la Mission Préparatoire des Nations Unies au Soudan : MINUS (mars 2005 — juillet 2011)[1092],

- la Mission des Nations Unies en République Centrafricaine et au Tchad : MINURCAT (septembre 2007 — décembre 2010)[1093] .

A ces OMP très variées, il conviendra d'adjoindre celles qui sont en cours sur le continent africain, notamment :

- la Mission des Nations Unies pour l'Organisation d'un Référendum au Sahara Occidental, MINURSO (depuis avril 1991)[1094],

- la Mission des Nations Unies au Congo : MONUC (novembre 1999)[1095],

- la Mission des Nations Unies au Liberia : MINUL (septembre 2003)[1096],

---

guerre entre ces deux États voisins de la Corne de l'Afrique, à cause de leur différend frontalier. Elle a pris fin par la Résol. 1827 du 30 juillet 2008.

1091 L'ONUB (Res. 1545 Du 21 mai 2004) est établie pour une paix durable, la réconciliation nationale. Un Bureau Intégré des Nations Unies au Burundi (BINUB) a repris certaines fonctions de la mission. Plusieurs représentants spéciaux du SG de l'ONU ont dirigé l'ONUB. En 2006, seuls 40% de son effectif était en activité,, soit (2345 militaires, 78 observateurs, 13 policiers, 258 civils interurbains, 341 locaux et 106 volontaires des Nations Unies. Les militaires de la Force venaient d'Afrique du Sud, du Népal, de la Thaïlande et du Kenya.

1092 La MINUS, par la Res. 1590 du 24 mars 2005 a été chargée par le CSNU de soutenir la mise en œuvre de l'accord de paix entre le Gouvernement du Soudan et l'Armée Populaire de Libération du Soudan (APLS) de John Garang. Prévu initialement pour 6 mois, son mandat s'est achevé en 2011.

1093 La MINURCAT, par la Res. 1778 du 25 septembre 2007, était chargée des tâches suivantes : protection des civils, promotion des Droits de l'Homme, de l'État de droit et de la paix régionale. Dans son rapport au Conseil de Sécurité, le Secrétaire Général, en décembre 2010, déclarait : « La MINURCAT doit être vue comme une OMP unique en son genre en ce qu'elle s'est exclusivement consacrée à protéger les civils sans aucun mandat politique explicite. Elle a planifié son intervention en moins de quatre ans, s'est déployée efficacement puis retirée dans un délai très court » (5/2010/611 du 1er décembre 2010).
Son travail a été poursuivi par le BINUCA (Bureau des Nations unies pour la consolidation de la paix en RCA). Malheureusement, trois ans plus tard, les rebelles de la SELEKA vont mettre fin au régime de François Bozizé (24 mars 2013), amenant la RCA au bord du précipice avec une guerre civile à la fois religieuse, ethnique avec les Anti-Balaka, l'intervention française (Opération SANGARIS) et la mise sur place d'un gouvernement intérimaire avec comme Chef de l''État Catherine Samba-Panza qui a prêté serment le 23 janvier 2014.

1094 La MINURSO, créée par la Res. 690 du 29 avril 1991, a pour but de surveiller les activités des forces armées marocaines et du Front Polisario et d'organiser un référendum pour déterminer le statut du territoire de Rio de Oro et Sakiet El Hamra (théoriquement proclamé indépendant le 27 février 1976 avec la RASD). Un référendum prévu pour se tenir en 1992 est constamment repoussé jusqu'alors.

1095 La MONUC a été transformée en MONUSCO (Mission d'Organisation des Nations Unies pour la Stabilisation du Congo). Voir KAKUDJUI, Martial Mumba, « Du mandat de la MONUSCO : Bases juridiques, domaines d'interventions et perspectives » www.the-rule-of-law-in- africa.com (consulté le 29 septembre 2014).

- l'Opération des Nations Unies en Côte d'Ivoire (avril 2004)[1097],

- la Mission des Nations Unies au Soudan du Sud : MINUSS (juillet 2001)[1098],

- la Force Intérimaire de Sécurité des Nations Unies pour Abyei : FISNUA (juillet 2011)[1099],

- la Mission des Nations en Côte d'Ivoire : MINUCI (Res. 1479 [2003][1100],

- la Mission Multidimensionnelle Intégrée des Nations Unies pour la stabilisation au Mali : MINUSMA [juillet 2013][1101].

1096 La MINUL est créée par la Résolution n° 1509 du 19 septembre 2003 pour faire respecter les accords de cessez-le-feu, la sécurité des personnes et des biens au Liberia, appuyer les activités humanitaires et promouvoir le respect des Droits de l'Homme et consolider la paix. La MINUL a été reconduite par la Résol. 1938 prorogeant son mandat pour septembre 2011 après les élections puis prolongée par la Résol. 2116.

1097 L'ONUCI qui remplace la MINUCI depuis la résolution créatrice, 1528 du 27 février 2004, a pour mandat, à compter du 4 avril 2004, de « protéger les civils et soutenir le Gouvernement dans le DDR des ex-combattants, dans le RSS », et depuis la Résolution de prorogation de son mandat (Res. 2000 (2011) et Res. 2162 du 21 juin 2014) jusqu'au 30 juin 2015, est chargée d'aider dans l'organisation de l'élection présidentielle de 2015. L'ONUCI est aussi chargée de faciliter le dialogue entre acteurs politiques, la société civile, le suivi de l'embargo sur les armes, l'appui à l'organisation du retour volontaire des réfugiés et personnes déplacées. Voir son site www.onuci.org.

1098 La MINUSS (Res. 1996 du 8 juillet 2011) a été portée sur les fonts baptismaux pour consolider la paix et la sécurité, mettre en place les conditions de développement du Soudan du Sud (indépendant le 9 juillet 2011) et suivre le processus de paix avec l'Accord de paix global du 9 janvier 2005 entre le Gouvernement du Soudan (Khartoum) et le Mouvement Populaire de Libération du Soudan (MPLS). Cette mission a été menée par la MINUS avec le référendum de janvier 2011 et la MINUS a été remplacée par la MINUSS avec l'avènement de la République du Soudan du Sud, avec Juba comme capitale. Une Résolution 2155 du 27 mai 2014 a réorienté le mandat vers la protection des civils, l'appui à l'acheminement de l'aide humanitaire, la surveillance des Droits de l'Homme, et l'appui à l'IGAD pour le suivi de l'accord du cessez-le-feu du 23 janvier 2014. Voir site www.un.org/missions.

1099 La FISNUA est née par la Res. 1990 du 27 juin 2011 pour la Région d'Abyei au Soudan en visant la prévention des déplacements des populations et la montée de la violence. Cette zone à cheval entre le Nord et le Sud du Soudan, est réclamée par Khartoum et Juba, du fait d'importantes ressources minières. Elle est autorisée à recourir à la force pour protéger les civils et le personnel humanitaire. La Résol. 2104 du 29 mai 2013 proroge son mandat et porte son effectif de 4 200 à 5 326 membres du personnel militaire.

1100 La MINUCI avait été créée par la Résol. 1479 du 13 mai 2003 par le CSNU pour faciliter la mise en œuvre de l'Accord de Linas-Marcoussis, en parallèle avec les efforts déployés pour la paix par la CEDEAO et les forces Françaises de l'Opération LICORNE. La MINUCI est remplacée par l'ONUCI. . Voir aussi, Hugo Sada (2003). « Le conflit ivoirien : enjeux régionaux et maintien de la paix en Afrique » *Politique Étrangère* (2), 68e année : 321-334. KPODAR, Adam (2005). « Politique et ordre juridique ; Les problèmes constitutionnels posés par l'Accord de Linas –Marcoussis du 23 janvier 2003 » *Revue de la Recherche juridique*. (4), (II) : 252.

1101 La MINUSMA vise à stabiliser la situation au Mali. Par Résolution 2100 du 25 avril 2013, il lui est assigné comme tâches la sécurisation du pays, l'appui au processus politique, la surveillance des Droits de l'Homme, le retour des réfugiés déplacés, l'appui à l'acheminement de l'aide humanitaire. Elle est dotée de Règles d'engagement robustes. Elle remplace la

- la Mission Multidimensionnelle Intégrée des Nations Unies pour la stabilisation en Centrafrique : MINUSCA [avril 2014][1102].

On signalera, enfin, l'opération hybride ONU-UA ou Mission conjointe des NU et de l'UA au Darfour : MINUAD [juillet 2007][1103].

Au regard de ce tableau synoptique, il se dégage un intérêt considérable du MPSI en Afrique pour l'Organisation Mondiale. Cet éclectisme est aussi le signe révélateur de la double tendance à la diminution des CAI et à la recrudescence des CANI. De surcroît, l'apparition de nouveaux paradigmes centrés autour de nouveaux acteurs non étatiques, de nouveaux défis géopolitique et géostratégique, fait déplacer le curseur de la conflictualité vers de nouvelles formes d'insécurité, avec des problèmes nouveaux suscitant la recherche de solutions innovantes, proactives, inclusives des OIG, des ONG, de la société civile, mais surtout des populations elles-mêmes.

Ces mutations, guère faciles à cerner dans leur globalité, qu'elles s'inscrivent sur un mode quantitatif ou qualitatif, posent les jalons pour une adaptation des OMP à un contexte africain mouvant, complexe, souvent hostile à des solutions unilatérales imposées par les grandes puissances, comme en atteste la macabre trilogie Somalie-RDC-Mali.

SECTION II – LES INTERVENANTS EXTRA-CONTINENTAUX ET LE MSP EN AFRIQUE

La fin de la guerre froide, avec la chute du Mur de Berlin, l'implosion de l'URSS et la dilution des valeurs communistes, a entraîné un recentrage des OMP et un essaimage de celles-ci après une courte période de doute. Si l'avant 1990 imprimait aux relations internationales, une lecture bipolaire au prisme des rapports Est-Ouest avec leurs prolongements dans les conflits et crises en Afrique, la période post-guerre froide marque une césure, un appel à une rationalisation des OMP soit directement gérées sous mandat de l'ONU, soit sous-traitées par des Grandes Puissances, quand elles ne sont pas d'abord soumises à l'empire des mécanismes de l'OUA/UA ou des CER et ensuite, en cas d'insuccès, sujettes à une sorte de droit d'évocation de l'ONU.

MISMA qui était sous commandement et effectifs africains. Le BUNUMA, créé depuis 2005, a été intégré à la nouvelle OMP. Il faut ajouter que la MINUSMA doit également appuyer le Mali pour la sauvegarde de son patrimoine culturel et pour l'arrestation et la traduction en justice des auteurs de crimes de guerre et des crimes contre l'humanité au Mali et justiciables de la CPI.

Au 30 juillet 2013, la MINUSMA était composée de 6010 militaires et policiers venant de 30 pays. En outre, la France, par l'opération SERVAL, maintient au Mali 3 200 militaires. Voir sites www.minusma.unmissions.org et www.un.org/peacekeeping/missions/minusma.

[1102] La MINUSCA a été créée par la résolution 2149 du 10 avril 2014 en vue d'assurer le relais du BINUCA.

[1103] La MINUAD est créée par la résolution 1769 du CSNU.

Ces linéaments rappellent une lame de fond, renouvelant la substance même des OMP, en ce qu'ils expriment, à côté des usages consolidés, des tendances à court, moyen ou long termes des OMP nouvelle génération.

Le panorama actuel des OMP laisse percevoir une double lecture de ces intervenants extérieurs : d'une part, la recherche de puissance et la sauvegarde des intérêts nationaux derrière l'intervention au nom de l'humanité, des Grandes Puissances occidentales ; et d'autre part, la reprise en main [ou la venue à la rescousse de l'ONU], d'OMP sur le continent africain par des OI extérieures qui n'avaient pourtant pas, comme vocation première, la sécurité, ou à tout le moins, l'ambition de sortir de leur aire géographique initiale.

Paragraphe I – La pertinence et/ou la persistance des interventions des grandes puissances pour le MP en Afrique

Continent traumatisé par la traite négrière et la colonisation, l'Afrique en accédant à l'indépendance, s'est trouvée confrontée à de nombreux conflits à genèse variable, à causes multiples et à conséquences diversifiées.

Si les vitupérations et autres critiques fort aisées contre le colonialisme ou le néocolonialisme ressortissent quelque part d'une coupable amnésie à l'encontre des causes endogènes de conflictualité, de sous-développement, le doute est également permis, à l'observation de l'activisme des États développés dans les foyers de tension, sous la bannière onusienne ou en cultivant un unilatéralisme, même sous couvert d'un devoir ou droit d'ingérence[1104] ou d'une responsabilité de protéger[1105].

Terrain d'expérimentation de manœuvres conjointes d'armées nationales et de contingents occidentaux et théâtre d'opération de missions onusiennes ou d'interventions sous couvert d'accords de défense, l'Afrique voit se matérialiser progressivement des stratégies de grandes puissances dans leurs approches unilatérales de défense et de sécurité.

À l'exception d'une propension récente mais encore peu affirmée de l'Italie[1106], de la Grande-Bretagne[1107], du Canada[1108], du Japon[1109], de la

---

1104 Sur ce concept, son manque de juridicité et ses avatars, voir notre thèse, S.N. Tall, Théories et réalités du Droit international humanitaire. Contribution à l'étude de l'application du Droit des conflits armés en Afrique noire contemporaine, Éditions Universitaires Européennes, Mai 2012, Sarrebrücken ; MUTOY, Mubiala (1993). « L'ingérence humanitaire » *5 RADIC* : 403-407; DJIENA-WEMBOU, Michel -Cyr (1992). « Le droit d'ingérence humanitaire : un droit aux fondements incertains, au contenu imprécis et à géométrie variable » *4 RADIC* : 570-591; BETTATI, Mario et Bernard KOUCHNER (1987). *Le devoir d'ingérence.* Paris : Denoël : 300.

1105 Sur le contenu et le sens de la R2p, consulter C.I.I.S.E., La responsabilité de protéger, Rapport, décembre 2001, Ottawa, CRDI.

1106 Pour l'Italie, dont l'expérience coloniale ou d'occupation s'est limitée à l'Érythrée et à l'Éthiopie, son intérêt par le MPSI en Afrique s'est matérialisé par la participation à des manœuvres militaires, une aide en renforcement de capacités des armées africaines en matière de gestion, de reconstruction en liaison avec le Centre International de formation de l'ONU à Turin et la Base de soutien logistique de l'ONU à Brindisi.

Chine[1110], les développements suivants seront cantonnés aux programmes et actions de l'hyper-puissance américaine [A] et de la France [B].

[1107] L'intérêt de la Grande-Bretagne, comme de la France, pour le continent, date de l'époque de ses possessions coloniales, de l'emprise actuelle du Commonwealth et de ses intérêts géostratégiques. Pour s'en tenir à un exemple, la Grande-Bretagne est intervenue en Sierra-Leone. En outre, la Grande-Bretagne entretient une importante coopération militaire bilatérale avec les États africains d'expression anglophone et dans le cadre du renforcement des capacités des armées africaines.
Elle devance la Chine dans le budget de financement des OMP et se classe cinquième après les USA, le Japon, l'Allemagne et la France avec 6,68% (budget 2013-2015). Enfin, elle a développé à l'instar de la France et des États-Unis, son propre programme appelé « *Peacekeeping Training Support* » qui forme des Officiers et organise des exercices multinationaux.

[1108] Le Canada a une riche expérience des OMP. On se souvient que l'idée inspiratrice émanait de son défunt Premier ministre Lester Bowles Pearson. Il en est ressorti une longue tradition de participation du Canada aux OMP. De même, sa participation à des exercices conjoints avec des États occidentaux et africains de manœuvres militaires est souvent bien appréciée. Son opinion publique est également très réceptive à la mise en place des OMP dans le respect de la vision de Pearson. Cf. ANKER, Lane (2005, été). « Le maintien de la paix et l'opinion publique ». *Revue militaire canadienne* (2) : Vol. 6 : 23-32; Commission d'enquête sur le déploiement des Forces canadiennes en Somalie, Ottawa 1997 ; COULON, Jocelyn et al. (2000). « Qu'est-il advenu du MP ? » Institut Canadien de la Défense : 71; pour plus de détails, consulter le site www.dfait-malci.gc.ca/peacekeeping/missions-fr.asp; DORN, Walter (2005-2006, hiver). « Le maintien de la paix, hier, aujourd'hui et demain ». *Revue militaire canadienne* : 105; LETOURNEAU, Charles (2006, décembre). « Un symbole à bout de souffle ? Le maintien de la paix dans la culture stratégique canadienne ». *Études internationales,* Vol. 37 (4) : 547-573.

[1109] Le Japon s'est longtemps mis à l'écart des OMP en raison principalement de ses antécédents militaires, de sa Constitution du 3 mai 1947 et sa clause pacifiste de renonciation à la guerre (Art. 9), de la loi du 9 juin 1954 sur la Force d'autodéfense. La première brèche sera ouverte par la loi du 19 juin 1992 concernant la coopération aux OMP conduites par l'ONU. Le Japon est le deuxième gros contributeur au budget des OMP derrière les États-Unis. Cf. OTANI, Yoshio (1993). « Les problèmes juridiques posés par la participation du Japon à des opérations conduites par les Nations Unies, notamment de maintien de la paix ». *AFDI*, Vol. 39 : 468-479.

[1110] La forte présence chinoise en Afrique dans le domaine économique et surtout commercial, n'a pas d'équivalent dans le domaine des OMP. À cet égard, la Chine est partagée entre sa responsabilité de puissance mondiale et sa prudence dans les aspects sécuritaires. Si elle affirme sa préférence dans les rapports de coopération bilatérale, et récemment une approche débutante avec le multilatéralisme des Sommets Chine-Afrique, la « CHINAFRIQUE » dans les OMP tarde encore à se dessiner. En fait, c'est à partir de 1971 avec le réchauffement des relations diplomatiques avec les USA que date cette participation d'abord teintée de méfiance puis de plus en plus ouverte.
C'est sous Deng Xiao Ping, promoteur de la théorie chinoise des trois mondes, que la Chine va accroître sa participation en siégeant au Comité spécial des OMP en 1988, et envoie 5 observateurs au sein de l'ONUST. Enfin, le premier contingent chinois de casques bleus pour les missions d'observation, est envoyé en 1991 pour la Mission d'observation des Nations Unies pour l'Irak et le Koweït (MONUIK) et la MINURSO.
En Afrique, en dehors du Sahara occidental, la Chine a participé à l'UNIMOZ, à la MONUSIL, à la MONUC, à la MINUL, à l'ONUB, à la MINUEE, à l'ONUCI. Le rôle de la Chine dans les OMP s'est considérablement accru. Aujourd'hui, la Chine est au quinzième rang des pays contributeurs au budget des OMP et offre ce que Princeton appelle un « *complete*

Les États-Unis et la recherche de la paix et de la sécurité en Afrique

Parallèlement aux initiatives au niveau continental [OUA/UA] ou régionale [OCA, CER], une volonté nouvelle de mettre sur pied des mécanismes affranchis des lourdeurs financières d'OMP onusiennes et des difficultés organisationnelles, s'est traduite par des programmes de coopération de type original.

Il en est ainsi des programmes américains *FLINTLOCK* II A [expérimenté au Mali du 11 juin au 8 juillet 1997] et de l'ACRI [Initiative Africaine de Réaction aux Crises] initiée au Sénégal du 21 juillet au 21 septembre 1997. Ces programmes pour la création de forces africaines de réaction aux crises [FARC] ont pour ambition d'« identifier, organiser, équiper, former, aider au déploiement et conseiller des forces africaines capables de conduire des opérations humanitaires ou des opérations de maintien de la paix, qui garantiraient un environnement sûr, soit pour les réfugiés, soit pour des personnes déplacées et qui faciliteraient l'acheminement de l'aide en vue d'endiguer la souffrance des populations et de ramener la paix » [897]. Ces programmes associant le volet humanitaire avec la présence du HCR, du CICR, d'AFRICARE, de VISION MONDIALE sont financés par les États-Unis à hauteur de 15 millions de dollars. Une équipe de « Bérets Verts » américains des forces spéciales assurera le suivi de la formation au Sénégal, au Mali, en Ouganda, au Malawi et en Éthiopie.

À l'origine du projet, le Département d'État américain, en 1995, fonde le programme sur l'entraînement avec à l'issue, un transfert d'équipements militaires, sans compter les systèmes de la télécommunication, de détection de mines, d'assainissement en eau. Doté d'un budget annuel de 20 millions de dollars US, il fait appel à une sous-traitance privée dans la formation en appoint d'instructions des Forces Spéciales. Les principaux bénéficiaires sont le Sénégal, le Bénin, la Côte d'Ivoire, le Ghana, le Malawi, l'Ouganda, le Kenya, l'Éthiopie. Le renforcement des capacités a été opéré sans fourniture d'armes létales. Trois reproches vont être portés à l'encontre de ce programme. D'abord, la faible adaptation des formations et des équipements à ces pays ; ensuite, des compétences sont formées mais sont vite perdues par manque de suivi ; enfin l'accent est trop axé sur les OMP classiques et non sur l'utilisation effective de la force armée. Au total, l'ACRI dispense des formations-pays sur une durée de

---

package », à savoir de l'argent, une expertise technique et son influence de membre du P5 (les cinq membres permanents du CSNU) ; cf. Princeton N. Lyman, « China's rising role in Africa », www.cfr.org/pubication/8436.

Cf. PANG, Zhongying (2005, spring). « China changing's attitude to UN peacekeeping ». *International Peacekeeping*, Vol. 12, (1): 87 et suivantes; CHOUKROUNE, Leila (1999). *La Chine et le maintien de la paix et de la sécurité internationale.* Paris : L'Harmattan; COUTURE, Ulric (2008, janvier). *Analyse de la participation chinoise aux opérations de maintien de la paix. Étude selon le postulat libéral, constructiviste et réaliste.* Mémoire de Science politique. Université du Québec à Montréal: 140.

trois ans avec des instructeurs venant des ONG, de l'ONU et de l'armée US. Après cinq ans de fonctionnement, le programme ACRI a permis la formation de 6 000 soldats sur un effectif prévu de 9 000 militaires[1111].

Par la suite, le Programme ACRI a connu une mutation qualitative, par son remplacement en 2004, par un autre programme appelé *ACOTA [African Contingency Operations Training Assistance]*. Tout en engrangeant les acquis du programme ACRI, l'ACOTA y adjoint les aspects logistiques manquants et la formation aux OMP robustes. Il augmente le nombre d'États bénéficiaires et porte le budget à près de 50 millions de dollars US par an[1112] .

Au-delà de ces formations à la carte, à la fois permanentes et à éclipses, les USA sont de plus en plus présents en Afrique dans le cadre de la lutte contre le terrorisme. En dehors de leur base militaire à Djibouti, ils disposent d'un Quartier Général pour leurs opérations en Afrique *[US – AFRICOM]* basé à Stuttgart [Allemagne] en attendant de pouvoir s'installer dans un pays africain. On a soupçonné la présence de bases secrètes dans le Sahel. La base logistique du Camp Lemonnier à Djibouti sert de support à *l'AFRICOM Surface Distribution Network* pour approvisionner les quelques 5 000 soldats américains qui sont au Kenya, Botswana, RCA, RDC, Sud-Soudan, etc.). Au surplus, l'ONU, l'UA, la SADC ou la CEDEAO en ont bénéficié indirectement, puisque certains bataillons formés dans le cadre de l'ACOTA ont été utilisés dans les OMP sous leurs égides.

Enfin, il est prêté à Washington l'intention de faire de l'ACOTA un des piliers du futur programme *Global Peace Operation Initiative (GPOI)* qui est de dimension planétaire [1113].De surcroît, les USA ont initié le programme *AFRICAP (African Peacekeeping Program)* du Département d'État. Il s'agit de programme de 1,5 milliards de dollars US pour l'entraînement, le conseil, la fourniture d'équipements, la sécurité maritime, le déploiement opérationnel de troupes, la surveillance aérienne, la lutte contre le terrorisme.

Des OMP comme l'AMISOM, la MINUSMA et des programmes comme le *Transsaharian Counter terrorism Partnership* ont bénéficié de son appui ainsi que les pays suivants : Sénégal, Côte d'Ivoire, Somalie, Sierra-Leone, Liberia, Guinée, Mali, Mauritanie, Tchad, Burkina Faso, Soudan.

Ce nouveau programme est géré par le Bureau des Affaires Africaines dans le cadre de sa politique africaine, basée sur quatre piliers : le renforcement démocratique des institutions ; le progrès dans la paix et la sécurité ; l'aide à la croissance économique et au développement ; la promotion des chances et du développement.

1111 *Revue Armée-Nation* (19), octobre 1997, cité par S. N. TALL, *Théories et réalités…*, *op. cit.* : 349.

1112 Voir LIEGEOIS, Michel (2010, juillet). « Les capacités africaines de maintien de la paix : entre volontarisme et dépendance ». *Bulletin du Maintien de la Paix.* (97) : 3-6.

1113 FRANKE, Benedict (2006, décembre). "Enabling a Continent to Help Itself. US Military Capacity Building and Africa's Emerging Security Architecture". *Strategic Insights.* Vol. VI, (1).

Ces programmes s'inscrivent dans un contexte de traumatisme américain dû à la débâcle de la coalition multinationale en Somalie[1114] qui occasionnera en 1994, l'édiction de la *Presidential Decision Directive*[1115]. Ce désenchantement aura pour incidence le refus catégorique des USA de participer directement à des OMP sur le continent africain.

La France et la recherche de la paix et de la sécurité en Afrique

Le manque de moyens de l'OUA pour financer les opérations de maintien de la paix, les expériences malheureuses de l'ONU et des grandes puissances intervenant militairement sur le continent africain, ont été à la base de l'idée des forces de RECAMP.

Le Général Amadou Toumani Touré déclarait à cet effet : « L'Afrique a des hommes, les compétences aussi. Ce qui lui manque, c'est le renforcement des capacités africaines de maintien de la paix »[1116]. L'idée fut lancée à New-York, en mai 1997. Elle résulte du constat tiré par un haut fonctionnaire français, Jean de Glianiasty, selon lequel « les armées africaines ne jouent pas encore le rôle qui pourrait leur revenir dans la stabilité du continent. Elles ont les moyens humains de participer à des opérations lourdes mais manquent souvent de moyens logistiques, de transports adaptés et de la formation spécifique à ce type d'intervention »[1117].

Le concept de RECAMP fut mis sur pied lors de la Conférence diplomatico-militaire, tenue à Dakar du 20 au 23 octobre 1997, initiée par les États-Unis, la

---

1114 Surtout dans le cadre de l'Opération *Restore Hope* (du 3 décembre 1992 au 4 mai 1993), qui a entraîné 29 pertes en vies humaines, dans l'armée américaine et 160 morts dans les contingents de l'ONUSOM qu'on était censé renforcer. Restore Hope était autonome, sous mandat ONU et contingentement N° 25 excluant toute participation directe de soldats américains à des opérations sous commandement de l'ONU. Ce nouveau choc psychologique justifie la mise en place de programmes parallèles, multilatéraux ou dans le cadre de l'Alliance militaire de l'OTAN, les Américains préférant renforcer les capacités africaines dans les OMP plutôt que d'intervenir directement dans un continent où leurs intérêts ne sont plus guidés par l'endiguement du communisme, mais sont concurrencés par les présences d'alliés traditionnels (France, Grande-Bretagne) ou de pays émergents comme la Chine. Toutefois, l'intérêt américain pour la sécurité en Afrique a été profondément revigoré à partir de 2001 lorsqu'il a rencontré ses motivations de lutte contre le terrorisme dans la bande sahélo-saharienne, le Nigeria, la Corne de l'Afrique ou l'Afrique Orientale. Ce regain de présence américaine a été largement suscité par la nécessité de combattre le terrorisme international qui a lourdement éprouvé l'orgueil et les capacités de prévision des États Unis dans ses stratégies de défense nationale.

1115 Sous la conduite des USA dans le cadre de l'UNITAF (United Nations Task Force). La deuxième phase de l'opération de la Force d'Intervention Unifiée ou *Continue Hope* démarre en mai 1993 par une série d'incidents meurtriers et un unilatéralisme américain hors ONU avec une phase appelée « *Operation Gothic Serpent* » sans grand succès, sinon la mort de dizaines de soldats américains.

1116 Propos cités par S. N. TALL, *Théories et réalités du DIH…, op. cit.*

1117 Rapport du Séminaire opérationnel sur le RECAMP, Dakar (23-24 octobre 1997), p. 3. Cf. aussi De BELLESCIZE, Gabriel (1999, juillet-septembre). « Le maintien de la paix en Afrique : la France et le Programme RECAMP ». *Afrique Contemporaine* (191) : 7-28.

France et la Grande-Bretagne et soutenue par l'OUA, l'ONU et l'ANAD[1118]. L'objectif visé était la constitution de forces africaines capables de participer à des opérations de maintien de la paix avec une large composante humanitaire de protection de l'environnement civil par des opérations d'assistance matérielle.

Le Programme RECAMP repose sur trois piliers, à savoir la formation, l'entraînement et l'équipement avec un Centre de Formation en Côte d'Ivoire, des dépôts d'armes, véhicules et autres matériels, pré-positionnés pour les contingents africains. Régulièrement, le programme est soutenu dans son volet de théâtralisation par des exercices militaires multinationaux, tous les deux ans, avec l'implication de la CEDEAO, IGAD, CEEAC, SADC, en cas de besoin.

Dans sa volonté affichée d'autonomiser les pays africains à gérer eux-mêmes leurs problèmes de sécurité et dans le prolongement des actions de l'UA, UE, ONU, G. 8 en matière de paix, le RECAMP prend assise autour de cette légitimité en cohérence avec les objectifs des Nations Unies, en partenariat avec les États africains et en ouverture à l'ensemble du continent. Il s'articule autour de 3 axes que sont la coopération, l'entraînement et l'engagement. Le Volet opérationnel du RECAMP se révélera à travers diverses manœuvres militaires conjointes.

Ainsi en fut-il de « GUIDIMAKHA 98 ». Il s'agissait de manœuvres militaires qui se sont déroulées du jeudi 26 février au lundi 2 mars 1998 à l'Est du Sénégal et réunissant 1 400 soldats sénégalais, 650 mauritaniens, 900 français, 63 britanniques et 40 marines avec la présence d'observateurs de l'ONU, du HCR, du Cap-Vert, du Ghana, de la Gambie, de la Guinée-Bissau et de la Guinée-Conakry. La logistique militaire (600 véhicules et 30 avions de combats) était fournie par les pays donateurs (États-Unis, France, Grande-Bretagne)[1119].

Il faut aussi citer les manœuvres « COHESION KOMPIENGA 98 » à la frontière du Burkina Faso, du Togo, du Bénin et du Niger) avec la participation de 3 000 soldats originaires de ces pays, du Ghana, du Tchad, de la Côte d'Ivoire, d'observateurs américains, français, britanniques, canadiens et des représentants de l'ONU et de l'OUA. L'objectif déclaré était la mise en valeur des capacités africaines de maintien de la paix avec la gestion des problèmes humanitaires[1120]. On peut aussi citer les exercices « TULIPE » (dans l'Océan Indien) en 1999 et « NANGBETO » (au Togo) en février 1997 avec le soutien des forces françaises.

[1118] L'ANAD était un accord-cadre de la CEAO du 9 juin 1977, étendu à la CEDEAO le 12 avril 1978. Il est complété par un protocole d'application, signé à Dakar le 14 décembre 1981 et un protocole additionnel du 20 décembre 1982.

[1119] Pour le détail, cf. TALL, S. N. *Théories et réalités…, op. cit.*

[1120] *Jeune Afrique Economie* du 17 mai 1998: 134, cité par TALL, S. N. *Théories et réalités…, op. cit.*

Le RECAMP a connu un regain de vigueur avec les manœuvres de « GABON 2000 » regroupant, le 15 janvier 2000, huit États de la CEEAC (Communauté économique des États de l'Afrique Centrale) : Burundi, Congo-Brazzaville, Gabon, Guinée équatoriale, République Centrafricaine, Sao Tomé et Principe, Tchad, Cameroun, assistés pour la logistique, l'encadrement et la formation, par huit États occidentaux (France, États-Unis, Royaume-Uni, Italie, Espagne, Belgique, Portugal et Pays-Bas). L'objectif était de tester l'intervention, sous le mandat de l'ONU et l'égide de l'OUA, d'une force interafricaine de maintien de la paix, en l'occurrence par la formation et l'équipement d'un bataillon de 600 hommes[1121].

Malgré le bénéfice certain de l'expérience pour les armées africaines, ces diverses initiatives divisent les États africains. Le Colonel Mouammar Kadhafi a exprimé son opposition à ces manœuvres financées par l'Occident et à un commandement des forces africaines par des « forces étrangères »[1122]. Quant au Nigeria, favorable plutôt à des opérations de type ECOMOG, il « s'oppose fermement à la mise sur pied d'une force de maintien de la paix avec l'appui logistique et financier de "forces étrangères", en l'occurrence dépêchées par des capitales occidentales »[1123].

En dépit des critiques, ces opérations peuvent permettre d'éviter des dépenses militaires colossales, sans constituer des obstacles à la signature d'accords de coopération sécuritaire commune. Elles n'ont nullement l'ambition de dégager la communauté internationale de ses obligations en vertu de la Charte de l'ONU, mais d'accroître l'efficacité de la participation des armées africaines aux OMP sur le continent ou ailleurs.

À côté de ces programmes de renforcement des capacités des armées africaines, la présence militaire française relève d'une tradition confortée par les accords bilatéraux de défense conclus avec ses ex-colonies devenues des États indépendants et souverains[1124].

Au-delà de ces accords de défense[1125] dont certains ont permis l'implantation durable de bases militaires[1126], la politique militaire française en Afrique, de la surveillance bienveillante du pré carré, au regard plus distant amorcé après le

---

[1121] TALL, S. N. *Théories et réalités..., op. cit.* : 349.

[1122] TALL, S. N. *Théories et réalités..., ibid.* : 349.

[1123] TALL, S. N. *Théories et réalités..., op. cit.* : 350.

[1124] Cf. PONDI, Jean Emmanuel (1/2002). « La coopération franco-africaine vue d'Afrique ». *Revue internationale et stratégique* (45) : 127-136.

[1125] Cf. SURBIGUET, Marcel F. et Pascal VAGOGNE (ed.) *Ministère des Affaires étrangères : Liste des traités et accords de la France en vigueur au 1er octobre 1988.* Paris : Direction des Journaux officiels : 1176.

[1126] Voir ANGO-ELA, Paul (1996, automne). « La coopération militaire franco-africaine et la nouvelle donne des conflits en Afrique ». *Relations Internationales et Stratégiques* (23) : 178 et suivantes; BRADUEL, P.R. (1996). « Le territoire d'État, entre imposition et subversion : exemples saharo-sahéliens ». *Cultures et Conflits* (21-22) Spring/Summer. Paris : L'Harmattan : 41 et suivantes.

Discours de La Baule de 1989, et au désengagement opéré en 2000, jusqu'au retour récent pour la sauvegarde d'intérêts économiques en Côte d'Ivoire, en Centrafrique, au Mali, est passée par bien des étapes faites d'attraction-répulsion, au gré des majorités socialistes ou libérales des gouvernements de l'ex-métropole.

Ainsi, nombreuses ont été les interventions armées françaises au nom d'accords de défense, sous couvert d'assistance humanitaire, sous mandat de l'ONU ou en vertu de la responsabilité de protéger au Congo (RDC) en 1964, 1978 (Shaba), en Centrafrique (1979, 2013), au Mali (11 janvier 2013, *Opération SERVAL* et 1er aout 2014, *Opération BARKHANE*), Côte d'Ivoire (2011, *Opération LICORNE*), au Tchad (1983, *Opération MANTA* et 1986, *Opération EPERVIER*) ; en Libye (2012, 2013), au Rwanda (1990 et *Opération TURQUOISE*) au Sénégal (1962 crise politique entre Léopold Sédar Senghor et Mamadou Dia), au Gabon (en 1964 après l'enlèvement du Président Léon Mba et en 1990 émeutes à Libreville et à Port-Gentil), Djibouti (*Opération GODORIA*, 1991)[1127].

En fait, la relation France-Afrique, déclinée en termes de coopération politique, économique ou militaire, par l'entremise des fameux Sommets France-Afrique[1128] ou par le truchement indirect de la Francophonie, reste une donnée importante des relations internationales africaines, au regard du lien étroit entretenu avec une grande partie du continent et de l'influence résiduelle de la France dans les questions internationales à l'ONU, à l'UE ou au G8.

C'est à ce titre qu'il sied d'observer l'influence, d'OI extra-africaines, dans la paix et la sécurité en Afrique.

PARAGRAPHE II – LES OI EXTRA-CONTINENTALES ET LA QUESTION SÉCURITAIRE EN AFRIQUE

Pour les mérites de l'analyse, on mettra davantage l'accent sur des OI européennes ou des institutions internationales dans lesquelles les États occidentaux exercent une influence décisive, à savoir l'Union Européenne (A), l'OTAN et l'OSCE (B).

A. L'Union européenne et la contribution pacifique et sécuritaire en Afrique

L'intérêt de l'Union Européenne pour les opérations de paix remonte à 1992. À cette époque, la politique extérieure et de sécurité commune (PESC) n'existait

1127 Sur tous ces exemples, cf. TALL, S. N. *Théories et réalités du DIH…, op. cit.*: 281 et suivantes. Voir nos développements sur le devoir d'assistance humanitaire, l'intervention d'humanité, les accords de défense, etc.

1128 Conçu à l'origine comme une sorte de Commonwealth à la française, à l'initiative des Présidents Senghor et Hamani Diori, se tiendra à Niamey la première Conférence, en 1973. Depuis lors, sauf exception, les Sommets se tiennent avec une belle régularité tous les deux ans. Cf. PONDI, Jean Emmanuel (1/2002). « La coopération franco-africaine vue d'Afrique ». *op. cit.* : 128 et suivantes.

pas encore. La Communauté Européenne se contentait de la Coopération politique européenne (CPE) codifiée par l'Acte Unique en 1986. C'est donc au sein de l'Union de l'Europe Occidentale (UEO) que les Européens abordent les questions militaires et qu'ils dressent l'inventaire des missions qu'ils envisagent de mener ensemble, par le biais des fameuses *Missions de Petersberg*, définies en 1992 qui, aujourd'hui encore, forment le noyau des activités militaires que l'Union Européenne envisage de prendre en charge. Même si l'éventail des missions inclut le « rétablissement de la paix », l'essentiel des tâches envisagées présente un profil nettement moins robuste et s'articule autour des activités de maintien de la paix et de stabilisation de conflits.

Si, la décision de participer à une opération de paix de l'ONU relève de la souveraineté des États-membres. Dans un souci d'efficacité et de coordination, les accords UE-ONU prévoient cependant la mise sur pied d'une « Chambre de Compensation » pouvant jouer le rôle d'interface entre l'ONU et les États de l'UE volontaires. L'on sait toutefois que depuis le milieu de la décennie 90, les pays de l'UE se montrent assez réticents à placer leurs soldats sous le commandement de l'ONU. Ce n'est donc pas cette modalité qui semble la plus susceptible d'application dans un futur proche. L'accord de coopération envisage une option alternative beaucoup plus susceptible d'application, à savoir des opérations de l'UE en soutien à l'ONU.

Le document UE-ONU prévoit deux concepts opérationnels possibles : le *Bridging Model* et le *Standby Model*. Le premier consiste dans le déploiement rapide d'une force de l'UE, à la demande de l'ONU, dans le cas d'une crise nécessitant une présence immédiate sur le terrain afin d'éviter une dégradation de la situation au cours de la période nécessaire à la constitution d'une force de l'ONU. Dans ce premier concept, c'est la capacité de déploiement rapide qui constituerait la plus-value des éléments de l'UE. Une telle capacité ne peut être considérée comme acquise à ce stade. Elle dépend en tout cas de la zone d'opérations envisagée. Si l'Afrique Centrale ne pose guère de problème en raison des nombreux accords existants (coopération militaire, transit, étape) et des troupes françaises qui y sont stationnées en permanence, une intervention au Sri Lanka, par exemple, poserait davantage de problèmes et mettrait en évidence les lacunes de l'UE en matière de transport stratégique.

Le second concept opérationnel est celui du *Standby Model*. Celui-ci consiste à tenir en réserve une force de l'UE susceptible d'appuyer une force de paix de l'ONU au cas où celle-ci serait confrontée à une détérioration brutale de la situation. Par son existence même, la force de réaction rapide, au profil relativement robuste, exercera un effet dissuasif sur les parties. Si la dissuasion échoue, le dispositif de l'UE interviendra en appui aux Casques bleus et, en dernier ressort, pourra jouer le rôle de force d'extraction. C'est ce concept d'opération qui a été mis en œuvre par l'UE dans le cadre des élections législatives de juin 2006 en République démocratique du Congo.

Des missions sont mises en place :

Le 5 juin 2003, l''Union Européenne lance *l'opération Artémis* en République démocratique du Congo, autorisant la mise en place d'une force multinationale intérimaire d'urgence à Bunia, dans le district d'Ituri, avec pour mandat de contribuer à la stabilisation et à améliorer la situation humanitaire. Elle est relevée le 1er septembre 2003 par la MONUC (Mission des Nations Unies en République démocratique du Congo) déjà présente sur place depuis 1999.

Le 30 avril 2003 est lancée la mission de police européenne *EUPOL-KINSHASA* en RDC, (première mission civile de gestion de crises en Afrique qui s'inscrit dans le cadre de la PESD). Elle vise à encadrer et conseiller l'Unité de police intégrée (UPI), sous commandement congolais, qui doit contribuer à assurer la protection des institutions étatiques et renforcer l'appareil de sécurité intérieure en RDC. Lancée pour douze mois, EUPOL-KINSHASA doit compter une trentaine de personnes, et agir en soutien à la MONUC (Mission des Nations Unies au Congo).

Afin de renforcer EUPOL-KINSHASA, le Conseil de l'Union Européenne décide, le 23 mai 2005, de l'établissement d'une mission de conseil et d'assistance en matière de réforme du secteur de la sécurité en République démocratique du Congo, *EUSEC-R.D. Congo*. La mission doit être lancée le 8 juin 2003 pour une période de 12 mois.

À coté de l'UE (dont certains programmes sont étudiés plus loin), il faut signaler l'approche sécuritaire d'autres OI.

B. L'OSCE et le cas spécifique de l'OTAN

Avec l'Organisation de l'Atlantique Nord (OTAN), l'Union Européenne (UE) et l'Organisation pour la Sécurité et la Coopération en Europe (OSCE), le continent européen connaît une concentration unique d'organisations actives dans la prévention et la résolution des conflits.

L'OTAN a été créée le 4 avril 1949 en pleine guerre froide, comme une alliance politico-militaire contre toutes agressions extérieures et pour la stabilité de l'Europe. Elle se dit subordonnée aux Nations Unies (articles 1, 5, 7, 12 de son Traité) pour le RD et la solidarité entre l'alliance pour la LD (articles 2 et 5).

Fondée dans le cadre de la guerre froide en tant qu'Alliance militaire défensive, l'OTAN, après une brève période de doute sur son utilité, s'est progressivement muée en une organisation de sécurité, notamment en adoptant un « nouveau concept stratégique », à l'occasion du Sommet de Washington, en 1999, orienté vers les crises depuis novembre 2002 (Sommet de Prague) avec la création d'une force de réaction rapide (REACT).

L'Otan s'est illustrée par une campagne de bombardements en Bosnie-Herzégovine (1995-2004), puis sa première OMP (*IFOR)* devenue *SFOR* qui va passer le relais à *l'EUFOR* en décembre 2004 (*Opération ALTHEA*), puis, en Libye 2011 (*Opération Protecteur Unifié*), ,en plus de *l'opération OCEAN*

SHIELD en 2008 contre la piraterie maritime, et en Afghanistan (août 2003 commandement de la force internationale d'assistance et de sécurité *ISAF ou FIAS)*, pour la sécurisation, la consolidation et la reconstruction de ce pays.

Depuis lors, l'OTAN constitue l'organisation internationale détenant les plus fortes capacités militaires susceptibles d'être mise en œuvre dans le cadre d'opérations de paix. En la matière, elle a expérimenté diverses modalités : soutien et frappes aériennes au profit de la FORPRONU dans l'ex-Yougoslavie, mise en œuvre du volet militaire des accords de Dayton de 1995 en Bosnie (SFOR, IFOR), frappes aériennes coercitives contre la Serbie (Kosovo) en 1999 et déploiement de la KFOR. Aujourd'hui, elle s'est presque totalement retirée des Balkans – où l'Union Européenne a pris le relais – pour reporter ses efforts en Afghanistan où elle mène une opération aux frontières du *damage control* et de la contre-insurrection. Si les capacités militaires de l'OTAN sont inégalées, son savoir faire en termes d'opérations multidimensionnelles est nettement plus limité. L'OTAN est dès lors rarement autosuffisante. Pour être efficace dans le cadre d'un processus de résolution de conflits et de consolidation de la paix, il lui faut s'adjoindre les capacités d'autres organisations (ONU, UE) disposant du savoir-faire nécessaire pour prendre en charge l'important volet civil d'une opération de paix.

Concernant l'OSCE, anciennement dénommée CSCE, elle compte 57 membres européens du Caucase, d'Asie centrale et d'Amérique du Nord, soit « de Vancouver à Vladivostok ». Elle est un instrument primaire d'avertissement, de prévention, de gestion des crises et de réhabilitation post-conflictuelle. Elle développe une vision globale et commune de la sécurité en Europe, allant des Droits de l'Homme, libertés fondamentales, paix et sécurité, coopération économique, environnement, lutte contre le terrorisme, la criminalité organisée, etc. Depuis les années 90, elle mène des opérations de police et des OMP en Europe et en dehors du continent avec ses équipes de coopération et d'assistance rapides ou REACT. Elle coopère souvent avec l'ONU et l'OTAN.

L'OSCE a été créée principalement pour prévenir les conflits. Elle est l'une des premières organisations ayant mis au point des missions de prévention des conflits. Son Centre de prévention des conflits a proposé des pactes, tels que le Pacte de Stabilité en Europe de 1995 repris en 1999 pour les Balkans, permettant ainsi à l'Europe de régler ses conflits dans un cadre institutionnel. Le cas de l'intervention en 1992 à Skopje (Macédoine) est intéressant parce qu'il a permis une coopération très efficace entre l'OSCE et une présence militaire préventive qui a contribué à stabiliser la situation dans ce pays.

Si l'aide des puissances et OI extracontinentales est salutaire, elle n'exempte pas les États africains et leurs OIA, de la responsabilité de s'occuper de leurs propres problèmes de sécurité[1129].

[1129] Voir les sites de l'OTAN et de l'OSCE.

CHAPITRE II

LES OIA FACE A LA PROBLÉMATIQUE DE LA PAIX ET DE LA SÉCURITÉ EN AFRIQUE

Le continent africain a été et reste toujours le théâtre de nombreux affrontements armés. La demande créant l'offre, il n'est pas étonnant d'assister à une prolifération d'initiatives visant à développer des capacités de gestion des conflits. On s'attachera à examiner l'apport de l'OUA/UA, avant de jauger l'expérience des CER et autres OIA.

SECTION I – L'OUA/UA ET LA RECHERCHE DE LA PAIX ET DE LA SÉCURITÉ

Le continent africain est déchiré, depuis un demi-siècle, par des conflits interétatiques, intra-étatiques, ethniques, religieux, économiques.

Sur les 75 à 80 conflits recensés depuis 1945, on dénombre une quarantaine de guerres civiles, dont certaines très longues. Pas moins de 26 conflits armés ont éclaté en Afrique entre 1963 et 1998, affectant 474 millions de personnes, soit 61 pour cent de la population du continent. Au niveau sous-régional, 79 pour cent de la population ont été touchés en Afrique Orientale, 73 pour cent en Afrique Centrale, 64 pour cent en Afrique Occidentale., 51 pour cent en Afrique du Nord et 29 pour cent en Afrique Australe.[1130]

L'Afrique est ainsi le terrain privilégié des opérations de maintien de la paix de l'ONU. Deux tiers des interventions des Nations Unies se déroulent sur le continent, avec l'aide d'environ 36 000 Casques bleus. A eux seuls les soldats africains forment plus des trois quart de l'effectif global des « contingents onusiens » qui comptent à peu près 46 000 hommes en 2004, sachant que 70% des effectifs proviennent de pays en développement.

Les Chefs d'États africains ont, à maintes reprises, exprimé leur volonté de se doter de capacités renforcées de prévention des conflits, sous l'égide des Nations Unies, de l'OUA et dans un cadre sous-régional. Dans le cadre de l'ONU, le chapitre VIII de la Charte des Nations Unies requiert des États membres d'épuiser d'abord les aptitudes régionales pour remédier aux crises.

[1130] Cf. TALL, S. N *Théories et réalités du DIH…., op. cit.* : 350 et suivantes.

Un rapport du Secrétaire Général de l'ONU, Kofi Annan, en 1998[1131], insiste sur cette coopération, avec les organisations régionales africaines, pour plus d'efficacité dans les processus de paix sur le continent : « Dans le cadre de la mission première de l'ONU, qui est d'assurer la paix et la sécurité internationales, il est nécessaire et souhaitable de soutenir les initiatives prises aux niveaux régional et sous-régional en Afrique. C'est nécessaire parce que l'Organisation n'a ni les moyens, ni les compétences requises pour régler tous les problèmes pouvant surgir sur ce continent. C'est souhaitable parce que la communauté internationale doit essayer, chaque fois que possible, d'accompagner les efforts faits par l'Afrique pour résoudre ses problèmes, plutôt que de se substituer à elle ».

En octobre 2004, dans son rapport annuel de suivi sur les conflits en Afrique, le Secrétaire Général de l'ONU, Kofi Annan, montre la montée en puissance de l'Union Africaine et des organisations sous-régionales en matière de prévention et la gestion des conflits estimant qu'elles se sont réellement affirmées comme des partenaires incontournables sur le continent où elles « montrent de plus en plus la voie à suivre », « allant dans certains cas jusqu'à prendre la direction même des opérations de maintien de la paix ».

Au plan continental, les deux OIA qui ont eu à se succéder, sont constamment en prise avec des situations d'insécurité prévalant dans la plupart des États membres. Elles ont développé des programmes, mis en place des OMP, adopté des textes, prévu des structures et des mécanismes dans le cadre de la recherche de la paix, en aménageant des stratégies diplomatiques ou militaires allant de la prévention à la consolidation de la paix.

Paragraphe I – La récurrente problématique de la paix et de la sécurité en Afrique

La question de la paix et de la sécurité ressemble à une arlésienne ou, tout au plus, au travail de Sisyphe, maintes fois recommencé en termes de problèmes et de solutions.

Depuis la création de l'OUA en 1963, les conflits armés, les violations des droits humains, les crises institutionnelles et autres changements anticonstitutionnels, n'ont cessé d'hypothéquer le développement des États en dépit des nombreux efforts pour la paix de l'OUA, même si certains obstacles dirimants en ont limité les perspectives à court terme (A). En succédant à l'OUA, l'UA s'est placée dans une double posture faite à la fois de continuités pour les acquis engrangés par l'expérience de sa devancière, mais aussi de ruptures par l'adoption d'une vision nouvelle en matière de paix et de sécurité (B).

[1131] Rapport du SG de l'ONU, intitulé : « Les causes des conflits et la promotion d'une paix et d'un développement durables en Afrique ». Rapport du 13 avril 1998

A. Avancées et limites de l'approche de l'OUA

Malgré le constat avéré de la marginalisation de l'OUA dans le règlement des différends interétatiques ou intra-étatiques[1132], il serait erroné d'en déduire son manque d'intérêt manifeste pour le MPSI en Afrique. En fait, la nouvelle UA hérite du legs de l'OUA dans ses nombreuses tentatives de trouver une solution durable aux problèmes de paix, de sécurité et de développement en Afrique.

La vie de l'OUA été à l'image des mutations des systèmes politiques des États membres avec le passage du parti unique au multipartisme, des CAI (essentiellement frontaliers) aux CANI, des revendications politiques aux préoccupations en matière de bonne gouvernance.

Il en ressort deux temps qui ont marqué fortement le traitement par l'OUA des conflits et crises africains.

Dans une première phase, de 1963 à 1990, ces situations étaient appréhendées sous l'angle de procédés *ad hoc* et de textes majoritairement de *soft law*. Et dans ce registre, rares ont été les sommets de la CEG dont l'ordre du jour ne tournait pas autour des points suivants : la lutte anticolonialiste, la coopération économique et sociale, les problèmes administratifs et budgétaires et les différends interafricains[1133]. Cette période a coïncidé aussi avec la tendance des États africains, soit à recourir à des modes personnalisés de règlement des différends, soit à préférer en première instance, s'adresser à l'Organisation continentale[1134] conformément à l'art. 52 § 2 et 3 de la Charte. Politiquement, significatif était le recours à des procédés diplomatiques. En fait, malgré la création de la CMCA[1135], organe autonome, composé de vingt et une personnalités nommées pour une durée de 5 ans et dirigé par un Bureau permanent de trois membres, la plupart des crises et conflits faisait l'objet d'un règlement en dehors de ce cadre. C'est ainsi que le Conseil des ministres de l'OUA jouait un rôle plus que prépondérant dans l'apaisement de ces situations conflictuelles, comme les différends entre Rwanda et Burundi (Sommet du 5 au 9 novembre 1966), crise du Congo-Kinshasa (Sommet du 11 au 14 septembre 1967), conflit entre le Kenya et la Somalie, etc.

Les conflits algéro-marocain (octobre-novembre 1963) et entre la Somalie et l'Éthiopie (février 1964) ont trouvé des solutions par des mécanismes *ad hoc* et

---

[1132] Voir GUEYE, Babacar (1989). « La marginalisation de l'OUA dans le règlement des différends en Afrique». *Revue de Droit africain. EDJA* : 9-45.

[1133] Cf. MANIGAT, Mirlande (1971). « L'Organisation de l'Unité Africaine » *RFSP*, (2) : 382-401 ; STRAUCH, Hanspeter F. (1967, octobre). « L'OUA et les conflits frontaliers ». *RFEPA* : 67-76.

[1134] BOUTROS-GHALI, Boutros (1969). *L'Organisation de l'Unité Africaine*. Paris : Édition Armand Colin : 113 et suivantes.

[1135] Art. 19 Charte OUA et Protocole du 21 juillet 1964.

à l'extérieur de la CMCA, car « même après sa création, la Commission n'a jamais été sollicitée d'exercer une quelconque médiation »[1136].

Ce parasitage, par les organes de direction, déteint même sur l'activité du Secrétaire Général. Il est psychologiquement révélateur que de constater le confinement du personnage à des tâches purement administratives. De même, le Conseil des ministres, lors de sa session extraordinaire de Dar-Es-Salam (du 12 au 15 février 1964), avait pris la décision de créer une force de sécurité africaine pour intervenir au Tanganyika et juguler la mutinerie.

Lorsque certains forts caractères comme Diallo Telli, ont voulu se dégager d'un tel carcan, le Président en exercice, Ahmadou Ahidjo, aura vite fait de le rappeler à l'ordre, par le reproche « d'exprimer des opinions personnelles, au lieu de se borner à rapporter les décisions et débats de l'organisation »[1137].

Il en appert une succession de procédés *ad hoc* de médiation dont la taxinomie peut être dressée ci-dessous :

- des commissions de conciliation dans les situations suivantes : guerre civile congolaise de 1964 ; différend entre le Ghana post-Nkrumah et la Guinée-Conakry de Sékou Touré (mars 1966) ;

- des commissions de médiation entre le Ghana et les États membres du Conseil de l'Entente refusant de participer au Sommet d'Accra de 1965 ;

- des règlements personnalisés par des Chefs d'État comme le choix par l'OUA du Président Kaunda de la Zambie en septembre 1967 pour apaiser la tension entre le Kenya et la Somalie, du Président Mobutu pour le différend entre Rwanda et Burundi en 1966 ;

- la mise en place de Commissions d'enquête et de consultation entre les protagonistes de la guerre civile nigériane en septembre 1967 ;

- la création de commissions d'arbitrage dans le différend entre Maroc et Algérie en octobre-novembre 1963, parrainées par l'Empereur Hailé Sélassié et le Président Modibo Keita, en prélude à l'Accord de cessation des hostilités du 26 février 1964[1138].

D'autre part, le dépouillement de la CMCA s'était poursuivi par la mise en place de mécanismes plus souples comme le Comité ad hoc sur les différends interafricains en juillet 1977, la Commission ad hoc dirigé par le Président Jomo Kenyatta en 1964, pour le différend entre les deux Congo, etc.[1139].

Comme énoncé ci-dessus, ce premier temps de règlement des différends par l'OUA porte l'empreinte d'une personnalisation du règlement par les Chefs

---

[1136] MANIGAT, Mirlande *op. cit.* ; : 393.

[1137] Le Secrétaire général avait entamé une médiation dans l'Affaire du Biafra pour appuyer les efforts de la Commission ad hoc instauré par l'OUA, voir, MANIGAT, Mirlande, *idem.*

[1138] Voir, BORELLA, François (1963). « Le régionalisme africain et l'OUA » *AFDI.* Vol. 9 : 838-865.

[1139] JOUVE, Edmond (1984). *L'OUA.* Paris : PUF : 109 et suivantes.

d'État ou, à tout le moins, par le Conseil des ministres, si ce n'est par le truchement de commissions ou comités ad hoc, le CMCA étant simplement relégué aux oubliettes. Les années 1990 vont entraîner l'avènement de nouvelles donnes.

Dans la deuxième phase, de 1990 à 2000, une institutionnalisation plus remarquée du règlement des différends se fait jour avec une frilosité moindre devant l'obstacle du principe de non ingérence dans les affaires intérieures des États membres, et avec le rehaussement du lien de_connexité entre paix, démocratie, bonne gouvernance et développement.

Le développement important de foyers de tension avec des rébellions et crises institutionnelles au sein des États membres, l'aspiration à la démocratie multipartisane et au respect des droits et libertés fondamentaux, sont autant d'accélérateurs pour une mue de l'OUA par la création du Mécanisme pour la prévention, la gestion et le règlement des conflits[1140].

Ce Mécanisme a été créé par une Déclaration adoptée au Sommet de la CEG au Caire du 28 au 30 juin 1993[1141]. Dans son objectif de prévention, d'anticipation et en cas de conflit, de restauration et de consolidation de la paix, le Mécanisme constitue le cadre des OMP de l'OUA, en détermine la nature, le mandat et la durée, harmonise les décisions à ce sujet, aide au renforcement des capacités. L'idée présidant à sa création est de conjurer les critiques et pessimismes fondés sur le fait que « les organisations africaines ne sont pas en mesure d'assumer seules ces opérations de maintien de la paix. Elles ne disposent ni des moyens financiers ni des moyens institutionnels pour gérer les crises et les conflits très nombreux en Afrique. La présence de l'ONU reste également indispensable pour veiller au respect des principes des opérations de paix »[1142].

Le Mécanisme est organisé autour d'un Organe Central de quinze à 17 membres, élus pour un an, selon le critère de représentation géographique équitable, (c'est-à-dire des États membres du Bureau de la CEG, du Président en exercice sortant et du Président en exercice entrant (pour en assurer la continuité). L'organe peut se réunir soit au niveau des Chefs d'État et de gouvernement, soit au niveau des Ministres, soit au niveau des Ambassadeurs. Ses décisions sont exécutées par le Secrétaire Général qui peut dépêcher des Envoyés ou Représentants Spéciaux pour des missions de médiation, de prévention ou de résolution dans les zones de conflits et ,procéder à la prise des mesures nécessaires au déploiement des missions civiles ou militaires.

[1140] BALDÉ, Hassatou (2001, août). « Les Mécanismes de prévention, de gestion et de règlement des conflits des organisations africaines » *Revue Actualité et Droit International*: 6, disponible en ligne : www.ridi.org/adi.

[1141] AHG/Décl. 1 (XXXVII).

[1142] BALDÉ, H, *op. cit.*

Au sein du Secrétariat, le Département des Affaires politiques assure la planification, la coordination et le suivi des activités d'autres organes subsidiaires du Mécanisme comme le Centre de Prévention, de gestion et de règlement des conflits et le Centre des Affaires Humanitaires, des réfugiés et des personnes déplacées. Sur le plan financier, on peut s'étonner que l'ampleur des tâches ne soit conduite qu'avec un financement interne équivalent à 6% du budget de l'OUA. En tout état de cause, le Mécanisme se veut une réponse rapide, prompte et décisive aux crises et conflits dans les États membres en intégrant une culture de la paix ancrée *inter alia*, sur les vertus du dialogue, de la palabre chère aux Africains.

Toute une panoplie de textes déclaratoires ou programmatoires constitue des mesures de préséance ou d'accompagnement du Mécanisme. Si la majorité de ces textes ne revêt pas un caractère contraignant, ces décisions n'en reflètent pas moins toute la philosophie de l'OUA et la vive préoccupation de ses membres à inclure dans leurs agendas les grandes questions de paix et de développement.

En l'occurrence, ce souci transparaît à travers divers instruments juridiques au rang desquels on peut citer :

- la Déclaration sur les changements fondamentaux qui se produisent dans le monde et leurs conséquences en Afrique[1143] (qui insiste sur le respect des Droits de l'Homme, de l'État de droit, l'intérêt de la responsabilité des agents publics et la démocratisation des systèmes politiques) ;

- la Charte africaine de la participation populaire au développement, adoptée par le Conseil des ministres, à sa 52ème session en juillet 1990[1144] ;

- le Plan d'Action du Caire sur la relance du développement économique et social de l'Afrique (adopté par la CEG à sa 31ème Session ordinaire du 26 au 28 mai 1995), affirmant que les facteurs les plus importants pour le développement économique et social de l'Afrique sont la paix, la démocratie, la sécurité, la stabilité, la justice et la bonne gouvernance des affaires publiques ;

- la Déclaration et le Plan d'Action de Grand Baie sur les Droits de l'Homme[1145] lors de la première Conférence Internationale sur les Droits de l'Homme, qui énumèrent parmi les causes des conflits, la mauvaise gestion, la mauvaise gouvernance, la corruption, la non indépendance des juges, le monopole de l'exercice du pouvoir et l'absence de l'obligation de rendre compte dans la gestion des affaires publiques ;

[1143] AHG/Décl. 1 (XXVI) de juillet 1990.

[1144] CM/Res. 1286 (LII

[1145] Ile Maurice, 12 au 16 avril 1999, Doc. CONF/HRA/Décl (I).

- *la Déclaration sur le cadre pour une réaction de l'OUA face aux changements anticonstitutionnels de gouvernement* adoptée par le 36ème Sommet ordinaire à Lomé du 11 juillet 2000[1146] ;

- *la Déclaration sur les principes régissant les élections démocratiques en Afrique*[1147] *;*

- *la Déclaration solennelle sur la Conférence sur la Sécurité, la Stabilité, le Développement et la Coopération en Afrique* (CSSDCA) adoptée à Lomé en juillet 2000 dont le but est la création d'une synergie dans ces domaines pour établir des valeurs partagées par l'OUA et les États membres et organisées autour de quatre « paniers » ou « calebasses » : Sécurité (prévention et règlement) ; Stabilité (Bonne Gouvernance, Démocratie et Droits de l'Homme) ; Développement (Stratégies nationales et lutte contre la corruption) ; et Coopération (Intégration, Coopération Nord-Sud, Coopération Sud-Sud), etc. Cette dernière Déclaration a été suivie d'un Mémorandum d'Accord adopté en juillet 2002 à Durban pour donner effet à ces valeurs partagées.

En définitive, ce deuxième temps, du règlement des différends par l'OUA, aura comme effets l'organisation d'OMP sur le continent dans divers domaines comme l'envoi de missions d'observations électorales dans plusieurs pays ; l'intervention de l'OUA dans l'archipel des Comores pour juguler la tentative de sécession de l'Ile d'Anjouan et favoriser le dialogue ; le soutien à un embargo régional à la suite du coup d'État au Burundi[1148] ; la création d'une mission de liaison de l'OUA en Éthiopie et en Érythrée (OLMEE) et le déploiement de personnel civil et militaire dans le cadre de l'OMP [1149] ; de mission d'observation de l'OUA au Burundi (MIOB) en 1993 ; l'élaboration de l'Accord-cadre de règlement du Conflit Érythrée-Éthiopie après la mission de liaison[1150] ; de mission d'observation aux Comores (1997-1999) avec vingt-sept observateurs de l'OMIC, etc.

Au total, l'OUA aura, malgré l'insuffisance de ses moyens financiers, les crispations souverainistes de ses membres et la faible latitude à elle conférée par les textes, contribué à pacifier le continent africain. Les nombreux reproches et attitudes de défiance à son égard doivent être fortement nuancés par l'adoption d'un regard moins réprobateur par rapport à son passif qui doit être combiné avec l'actif normatif, les nombreuses initiatives diplomatiques qui ont permis d'éviter l'éclatement de crises et de conflits en Afrique.

1146 AHG/Décl. 5 (XXXVI). Voir Joseph Kazadi Mpiana, « L'UA face à la question des changements anticonstitutionnels de gouvernement », Revue Québécoise de Droit International 25/3, (2012), pp. 101-141.

1147 AHG/Décl. 1 (XXXVIII).

1148 KALALA, Tshibangu (1999). « L'embargo régional contre le Burundi et le Droit international ». *RDA*. 9/5.

1149 Voir supra, les développements sur la MINUEE.

1150 LECOUTRE, Delphine (2005). « La médiation de l'OUA dans le conflit entre l'Éthiopie et l'Érythrée (1998-2000) ». *Annales d'Éthiopie*. Vol. XXI : 31-72.

Les années 2000 constituent un tournant majeur pour une métamorphose de l'Organisation continentale devenue Union Africaine et intégrant désormais, depuis le Sommet de la CEG de Lusaka (9-11 juillet 2001), le Mécanisme du Caire dans la nouvelle vision de l'Union africaine.

B. La nouvelle vision de l'UA en matière de paix et de sécurité

La succession-transformation de l'OUA en UA s'est accompagnée d'une reconfiguration du dispositif en charge des conflits et crises. Ce changement d'orientation, tout en intégrant le Mécanisme du Caire, va reposer sur de nouveaux paradigmes.

En se substituant à l'OUA, UA entend prolonger les acquis de sa devancière tout en corrigeant le passif. À cet égard, le Préambule de l'Acte constitutif de l'UA réitère son attachement aux principes de la Charte de l'OUA, de la Charte des Nations Unies et du Traité d'Abuja sur la Communauté Économique Africaine, en prônant les mêmes idéaux de paix, de coopération, d'intégration, de cohésion, de lutte contre les discriminations. De nouveaux principes sont énoncés, parmi lesquels, on remarque de manière significative le tracé de lignes d'action autour de la mise en œuvre d'une défense commune, le droit de l'État membre de demander l'intervention de l'UA pour le MPSI, la lutte contre le terrorisme, la condamnation et le rejet des changements anticonstitutionnels de gouvernement, le droit de l'UA, sur décision de la Conférence de l'Union, d'intervenir dans un État membre en cas de crises, de guerre, de crimes contre l'humanité, de crimes de génocides ou de violations massives des Droits de l'Homme.

À la vérité, le nouvel appareillage qui sera à l'origine d'une Architecture Africaine de Paix et de Sécurité (AAPS ou APSA) conduira à la création du Conseil de Paix et de Sécurité (CPS). Le fondement de cette structuration organico-normative part du constat, opéré par les Chefs d'État et de gouvernement, des insuffisances de l'OUA dans le domaine du MPSI.

Concrètement, on se souvient que les efforts entrepris pour la mise en place de la CMCA ont été rendus vains par la préférence de mécanismes et procédés ad hoc, d'où le recours au Mécanisme du Caire de 1993 pour institutionnaliser le règlement des différends et l'inscrire dans une permanence. Il en est ressorti la création d'opérations de soutien à la paix à objectifs limités et à durées raisonnablement supportables pour le budget de l'OUA.

À partir de là, une certaine division du travail s'était dessinée pour faire relever de l'ONU (qui dispose de moyens financiers et d'une expertise plus grands, les OMP), l'OUA n' intervenant qu'à titre subsidiaire, ou lorsque l'Organisation Mondiale ne souhaitait pas le faire.

Mais le Mécanisme du Caire va vite montrer ses limites, n'ayant pas la capacité de déploiement d'opérations multidimensionnelles à effectif élargi, à durée trop longue ou au budget peu soutenable.

Le second déterminant de l'insuffisance du Mécanisme de 1993 réside dans la faiblesse de l'Organe central dont les attributions étaient très limitées, dès lors qu'il s'agissait d'opérations post-conflit, comme la reconstruction ou la consolidation de la paix et le soutien à l'application des accords de paix entre belligérants.

De même, il a été noté les carences dans la composition de cet organe central dont les membres siégeaient juste à titre protocolaire (par nomination et non par élection), ce qui, dans certains cas, pour les États qui n'avaient pas d'ambassadeurs auprès de l'OUA, faisait douter de leur volonté à s'engager davantage, puisqu'étaient requises leurs capacités à assurer leur responsabilité dans le MP.

La conjonction de tous ces facteurs va induire, au moment du passage de l'OUA à l'UA, l'adoption, au Sommet de Durban, du Protocole du 9 juillet 2002 créant le Conseil de Paix et de Sécurité (CPS), qui va remplacer l'Organe central, Conseil composé de quinze États membres élus (5 pour un mandat de trois ans et 10 pour deux ans, mandats renouvelables), avec, sous entendu, le critère d'avoir une ambassade à Addis-Abeba.

Un saut qualitatif est noté, à la lumière des attributions dévoues au CPS, notamment le déploiement d'OMP polyvalentes et multidimensionnelles, de missions d'observation, la recommandation à la Conférence de l'Union d'une intervention en cas des crimes internationaux précités, des pouvoirs en matière de prévention, de gestion et de consolidation de la paix, sans compter la coutume bien établie qu'un Membre du CPS ne doit pas siéger si l'État concerné fait l'objet de discussions (ce qui n'était pas le cas du temps de l'Organe central).

On rappellera que cette tradition a été inaugurée par le Président nigérian de l'époque, Olusegun Obasanjo qui avait, à l'étonnement de ses pairs, demandé au Président El Béchir du Soudan, de devoir quitter la salle au moment des discussions et délibérations sur la situation du Darfour, tradition intériorisée lorsqu'en mai 2002, la représentante du Burundi a volontairement quitté la salle lors des débats concernant son pays.

Au vu de ce qui précède, la nouvelle vision africaine en matière de paix et de sécurité est chevillée autour d'une organisation complexe, appelée plus communément Architecture de Paix et de Sécurité, dont le descriptif fait l'objet d'une dissection dans les lignes suivantes.

PARAGRAPHE II – L'ARCHITECTURE DE PAIX ET DE SÉCURITÉ EN AFRIQUE (APSA)

Pour embrasser la totalité du spectre des conflits et crises en Afrique, le Protocole sur le CPS (entré en vigueur en décembre 2003) prévoit toute une architecture à l'organigramme complexe : le CPS, la Force Africaine en Attente (FAA), le système continental d'alerte rapide, le Groupe des Sages, le Fonds de la Paix, en sus des organes de direction de l'UA (A).

L'opérationnalisation de l'APSA souffre encore de certaines lenteurs, d'où l'orientation vers une alternative, à titre de pierre d'attente, appelée CARIC (Capacité Africaine de Réponse Immédiate au Crises) (B).

A. Les Organes de l'APSA

L'APSA est un ensemble d'outils conçus autour du CPS, comme des réponses appropriées aux situations de crises et de conflits en Afrique, avec de larges pouvoirs en matière de prévention, de gestion et de consolidation de la paix. Son organisation tourne autour d'un certain nombre d'organes ou mécanismes déjà opérationnels dont l'examen séquentiel nécessite la revue détaillée suivante.

De prime abord, il est clair que dans cet édifice multi-niveaux, une place centrale est occupée par le CPS qui en est le moteur. En effet, il est retenu que « le CPS, organe permanent de l'Union africaine, a été créé dans le but d'asseoir une structure opérationnelle pour la mise en œuvre des décisions en matière de prévention des conflits, de rétablissement et de consolidation de la paix, et pour l'élaboration d'une politique commune de défense de l'Union. Il agit dans le cadre d'un "système de sécurité collective et d'alerte rapide" qui agirait notamment en considération du Chapitre VII de la Charte »[1151].

Depuis son installation, il s'est réuni plus de 200 fois pour se saisir des différentes questions afférentes à la paix et à la sécurité continentales. Cette montée en puissance de l'UA fait du CPS le nouvel organe central d'anticipation, de prévention des conflits, de protection et de promotion des pratiques démocratiques, des Droits de l'Homme, de l'État de droit et de la bonne gouvernance (Art. 3 Protocole CPS). Ses attributions doivent être guidées, selon l'article 4, par le respect des principes de l'État de droit, les droits et libertés fondamentaux, du caractère sacré de la vie humaine. Ses membres sont assujettis à l'obligation constitutionnelle de bonne gouvernance, du respect des principes énoncés ci-dessus. Il s'ensuit que sa mission inclut le suivi des progrès réalisés par les États membres dans ces domaines.

Le CPS peut être saisi par le Président de la Commission qui a le droit d'attirer son attention sur toute affaire qui, de son avis, peut mettre en danger la paix, la sécurité et la stabilité du continent. D'ailleurs, il vient en appui des efforts de prévention des conflits du Président de la Commission. Au sein de cette dernière, le Département Paix et Sécurité s'illustre comme son interlocuteur privilégié avec un personnel et des moyens qui sont mis à profit pour la préparation et le suivi de ses décisions.

[1151] DJIGA, Habib Ahmed « La force africaine en attente : entre espoir et doute » *in* FAU-NOUGARET, Matthieu et Luc Marius IBRIGA (dir.) (2014). *L'Architecture africaine de paix et de sécurité à la croisée des chemins.* . Actes du Colloque de Ouagadougou, 25-26 octobre 2013. L'Harmattan : 318.

Des mécanismes de coordination accompagnent et renforcent le CPS. Il s'agit d'abord des CER dont la filiation à l'UA à travers le CPS est organisée par le « Protocole d'Accord de Coopération dans le domaine de la paix et de la sécurité entre l'Union africaine, les Communautés économiques régionales et les Mécanismes de coordination des Brigades Régionales en attente de l'Afrique de l'Est et de l'Afrique du Nord.

Il s'agit ensuite de l'institutionnalisation annuelle de réunions de coordination avec le CS de l'ONU et le Comité de politique et de sécurité de l'Union Européenne, sans compter les Sommets UE-Afrique[1152].

Au titre des réalisations, le CPS est intervenu dans différentes situations de crises et de conflits avec plus ou moins de bonheur comme en RCA, en RDC, en Guinée-Bissau, en Côte d'Ivoire, en Somalie, au Burundi, au Rwanda, au Liberia, en Mauritanie, au Soudan (Darfour), au Togo, au Tchad par des médiations (quelquefois confiées à des Chefs d'État), des missions d'observation électorale, des OMP traditionnelles ou des 2e et 3e générations (prévention, gestion et consolidation).

Le CPS se réunit régulièrement à un triple niveau, des Chefs d'État et de Gouvernement, des Ministres ou des Ambassadeurs de ses quinze membres.

À la lecture du Protocole sur le CPS, il ressort des termes de l'article 2 § 2, que « Le Conseil de Paix et de Sécurité est appuyé par la Commission, un Groupe des Sages, ainsi que par un Système continental d'alerte rapide, une Force africaine pré-positionnée et un Fonds Spécial ».

Le Groupe des Sages (Art. 11 du protocole CPS) est une structure composée de cinq éminentes personnalités africaines, choisies selon leur expérience, leur moralité et intégrité pour soutenir les efforts du CPS dans tous les domaines du MPSI, de la stabilité et spécifiquement en matière de prévention des conflits. Il semble qu'à ce niveau, la souplesse et l'exigence d'efficacité ont été mises en avant pour accélérer le processus de prise de décision dans l'examen des situations d'insécurité et se dépêtrer plus facilement et impartialement des méandres complexes des crises et conflits. Installé en 2008, le Groupe des Sages inscrit son action en congruence des efforts de la Commission de l'UA en termes de médiation tout en initiant une réflexion holistique ou thématique sur les questions méritant une intervention appropriée comme la lutte contre l'impunité, la réconciliation, l'État de droit.

Relativement au Système continental d'alerte rapide (art. 12), son objectif est la collecte d'informations, la constitution de bases de données à partir d'un ensemble d'indicateurs avec comme finalités : l'anticipation, la prévention, l'alerte précoce, pour dresser un tableau de scenarii depuis les plus improbables, potentiels, virtuels jusqu'aux menaces réelles, l'idée étant, selon l'adage « il vaut mieux prévenir que guérir », d'étouffer avant leur irruption toute situation de

[1152] Le dernier Sommet s'est tenu les 2 et 3 avril 2014 à Bruxelles sur le thème : « *Investir sur les Populations, la Prospérité et la Paix* ».

conflit ou de crise dans les États membres. Il s'agit d'un outil technique *d'EARLY WARNING* , mis en action grâce à des analystes stratégiques regroupés dans des structures de veille qui scrutent, à chaque instant, les possibilités d'irruption de la violence et qui sont alimentées par un réseau de correspondants nationaux ou des CER qui décryptent l'actualité de la situation sécuritaire de chaque pays.[1153]

Concernant la force africaine pré-positionnée, appelée Force Africaine en Attente (FAA), elle est l'outil opérationnel de proximité des théâtres d'opération. C'est un dispositif en attente composé de tous les États membres de l'UA, appuyé au niveau de chaque CER par mécanisme de cinq forces ou brigades maintenu (e) s en alerte pour être aisément mobilisables et déployables en soutien à l'UA, en tant que de besoin.

Au niveau de la Commission de l'UA, la Division des Opérations de soutien à la paix (DOSP) constitue l'élément permanent de planification (PLANELM) avec une Base Logistique Continentale (BLC). Les cinq brigades (ou mécanismes) régionales d'appui sont la *East African Standby Force* (EASF) en Afrique Orientale, celle de l'Afrique de l'ouest avec la CEDEAO, la Capacité Régionale de l'Afrique du Nord *(NARC, North African Regional Capacity*), le Mécanisme de la SADC en Afrique Australe et la Force Multidimensionnelle de l'Afrique Centrale (FOMAC).

Dans les CER d'Afrique du Nord, d'Afrique de l'Ouest, du Centre, du Sud et de l'Est, est constitué un PLANELM et une FAA avec trois composantes :

- **la composante civile** de chaque FAA régionale, soit 60 personnes, s'occupe de tâches d'appui aux missions en matière de droits humains, genre, protection des enfants, élections, État de droit, réforme du secteur de la sécurité, etc. ;

- **la composante police**, soit 720 agents par région, avec cinq unités de police constituées (UPC) ;

- **la composante militaire** soit entre 300 et 500 observateurs militaires et des unités constituées en attente, soit 5000, (terre, air, mer, y compris des unités de soutien et d'appui).

La FAA peut faire des OMP, (supervision, appui, déploiement préventif, DDR, consolidation de la paix, assistance humanitaire), etc.

La conceptualisation multipolaire de l'APSA fait de cette FAA, en vertu de l'art. 13 du Protocole sur le CPS, un ensemble « de contingents multidisciplinaires en attente, avec des composantes civiles et militaires, stationnées dans leurs pays d'origine et prêts à être déployés rapidement, aussitôt que requis ».

Pour affiner davantage le dispositif, les Chefs d'état-major d'Afrique, lors de leur troisième réunion des 15 et 16 mai 2003, ont adopté un texte, entériné par la

[1153] La CEDEAO et d'autres CER disposent de tels mécanismes.

Conférence de l'UA[1154]. Ce texte établit un comité d'état-major de la FAA, et fixe six scenarii d'intervention de la FAA et deux phases (jusqu'à 2005 et de 2008 à 2010) pour la mise en œuvre.

Les six scenarii se déclinent ainsi :

Scenario 1 : déploiement dans un délai de 30 jours, après mandat du CPS, en collaboration avec le Brigade régionale concernée et l'UA, d'un service de conseil militaire.

Scenario 2 : Parallèlement à une OMP de l'ONU, déploiement dans un délai d'un mois, sur mandat de l'UA, d'une mission d'observation.

Scenario 3 : Avec la brigade concernée et après mandat de l'UA, déploiement, dans le même délai, d'une mission autonome d'observation de l'UA.

Scenario 4 : Sur le fondement du chapitre VI de la Charte des Nations Unies, mise en place dans un délai de 30 jours, après le mandat de l'UA, d'une mission autonome de paix en déploiement préventif.

Scenario 5 : En parallèle à une mission multidimensionnelle de MP de déportement à basse altitude, mise en place d'une Mission de MP de l'UA avec déploiement intégral de la FAA dans les 90 jours (avec composante militaire à déployer en 30 jours).

Scenario 6 : OMP robuste (intervention militaire avec recours à la force) en cas de génocide sinon intervention de la communauté internationale et déploiement rapide dans 14 jours.

Pour ficeler ces scenarii et permettre leur déroulement optimale, des Feuilles de route au nombre de trois ont été élaborées de la manière suivante :

Feuille de route I : (juin 2006 — mars 2008). Élaboration et appropriation de la doctrine, du concept stratégique, et d'autres documents de base tels que les procédures permanentes opérationnelles, la formation et l'évaluation, le commandement et le contrôle, les systèmes de communication et d'information de la FAA. Le Général guinéen Sékouba Konaté a été désigné pour la mise en place de la FAA. Une base logistique continentale a fait l'objet d'une étude et les PLANELM au niveau de l'UA et des CER ont été identifiés, comme indiqué précédemment.

Feuille de route II : (avril 2008 — décembre 2010). Adoptée par la 3ème réunion des CTS sur la Défense, la Sécurité et la Sûreté (CTSDSS) le 15 mai 2009 et par le Conseil Exécutif de l'UA[1155], elle stipule les mesures à prendre pour consolider les acquis et juguler le retard du dispositif.

[1154] Conférence de l'UA (6-8 juin 2004), Doc. Assembly/AU/Déc. 35 (II), Rev. 1, appelé « Document-cadre pour la mise en place de la FAA et du Comité d'état-major ».
[1155] Décision EX.CL/510 (XV), Rev. (1) de juin 2009.

Feuille de route III : (2011-2014). Adoptée par le CTSDSS , à sa cinquième réunion ordinaire du 26 octobre 2011 et par le Conseil Exécutif de l'UA[1156] , elle prévoit les attributions de la Commission et des CER pour l'opérationnalisation de la FAA en 2015 avec un triple objectif de rattraper les retards de la Feuille de route II ; la mise en cohérence de la FAA avec les besoins de l'Afrique tels que définis dans l'APSA ; la mise en place de la Capacité de Déploiement Rapide, de l'action humanitaire et la coordination des composantes, police et civile, de la FAA.

L'opérationnalisation de la FAA est encore en latence, d'où l'idée d'une alternative dans l'attente de l'installation progressive des composantes décrites. Prévue pour fin 2010, l'échéance a été repoussée pour 2015.

Enfin, il convient de ne pas négliger que le volet opérationnel proprement dit sur le plan militaire est pris en charge par le biais du Comité d'état-major par un Commandant de la Force et sur le plan diplomatique par des Représentants ou Envoyés spéciaux du Président de la Commission.

De même, le Fonds Pour la Paix (FPP) de l'UA qui devait constituer le mécanisme de financement des opérations couvertes par l'APSA, a été établi sur la base de 5% des contributions des États membres au budget de l'UA.[1157]. Mais le FPP peut difficilement soutenir les OMP prévues en raison du retard criard du versement des contributions annuelles obligatoires des États membres de l'UA.

En attendant, des palliatifs sont proposés.

B. De l'opérationnalisation de l'APSA et de ses avatars

Le destin de l'Afrique, dans le registre de la paix, de la sécurité et de la stabilité, transparaît dans ces propos prémonitoires prêtés à Kwamé Nkrumah « Si nous ne nous unissons pas et ne combinons pas nos ressources militaires par la défense commune, les États particuliers se sentant en danger, risquent de conclure des pactes avec des puissances étrangères, pactes qui nous mettront tous en danger »[1158].

[1156] Décision EX.CL/Déc.681 (XX) à sa 15e session ordinaire de janvier 2012.

[1157] Selon une décision du Conseil exécutif en sa 23e session tenue du 19 au 23 mai 2013 à Addis-Abeba, le budget total de la Commission de l'UA pour 2014 est estimé à 222.910.619 de dollars US dont 91.508.707 de dollars pour le fonctionnement et 131.401.912 dollars pour le budget programme. Il est prévu que les États membres contribuent pour 91.508.707 de dollars au fonctionnement et pour 5.520.089 de dollars au budget programme.
Selon la même décision, le budget ordinaire de l'Union africaine pour l'exercice 2014, est d'un montant de 308.048.376 de dollars, réparti comme suit : 137.884.958 de dollars au titre des dépenses de fonctionnement et 170.163.418 de dollars au titre des programmes. Voir le site de l'Union Africaine.

[1158] DJIGA, Habib Ahmed, *op. cit.* ; GNANGUENON, Amandine « Architecture africaine de paix et de sécurité », www.operationspaix.net (consulté le 31 juillet 2014) ; BINEY, Ama *The Political Thought of Kwame Nkrumah.* New-York: Palgrave Mac Millan : 124 ; NKRUMAH, Kwame (1963). *Africa must unite*. London : Heinemann.

Cette assertion reflète ben la philosophie guidant les pères fondateurs de l'OUA et leurs successeurs ayant enfanté l'UA. Si dans l'abstrait, la belle architecture de l'APSA avec ses organes, ses feuilles de route, traduit la volonté et la détermination des concepteurs à doter l'Afrique de « solutions africaines » aux « problèmes africains » de paix et de sécurité, l'édifice tarde à voir ses fondements bâtis et ses murs dressés.

Le diagnostic part d'un constat implacable de l'existence d'obstacles dirimants à l'engendrement de la FAA, du FPP et des brigades des CER.

D'emblée, il faut reconnaître l'avantage de l'APSA, comme le rappelle Delphine Lecoutre « Incontestablement, on ne peut que se réjouir de la naissance du CPS car ce nouvel organe institutionnel, s'inscrivant dans le prolongement des idéaux des pères fondateurs de l'OUA, constitue un jalon important et une évolution qualitative dans la formulation d'une doctrine, dans la mise en place d'une architecture ainsi que dans l'élaboration d'une stratégie qui serviraient l'objectif du rétablissement de la paix sur le continent »[1159].

Toutefois, il faut se résoudre au constat de la faiblesse de l'œuvre créée, par l'inapplication des textes adoptés, faisant douter à la fois de la détermination affichée, de l'efficience des mécanismes établis et du degré de préoccupation des États envers la sécurité continentale.

Si l'existence de l'APSA n'exempte en rien l'ONU et les CER de leurs responsabilités respectives aux niveaux universel ou sous-régional, ni ne répudie une coopération avec des États ou Organisations extracontinentales, l'évidence commande que les États africains s'approprient eux-mêmes leur création et la conduisent à l'âge adulte.

L'africanisation du MPSI implique corrélativement une prise de responsabilité de la part des États membres de l'UA. Or, à la vérité, la lente opérationnalisation de l'APSA risque de verser dans les tares de l'improvisation, de la crispation et des faiblesses de l'OUA, que la nouvelle OIA devait aider à conjurer.

Les lacunes décelées dans la mise en œuvre de l'APSA sont diverses.

En premier lieu, l'excès de coordination au niveau de la Commission, de la Conférence, du Conseil Exécutif, du CPS, du Comité d'état-major, du FPP, du système continental, des CER ne clarifie pas assez la fluidité requise dans la prise de décision et l'exécution des tâches. Il s'y ajoute les complexités d'une articulation entre UA et CER, entre UA et partenaires étrangers, entre UA et ONU[1160].

[1159] LECOUTRE, Delphine (2004, été). « Le Conseil de paix et de sécurité de l'Union Africaine, Clef d'une nouvelle architecture de sécurité en Afrique ». *Afrique contemporaine* : 133 et suivantes.

[1160] BANGOURA, Dominique (2002). « Les Forces africaines de paix » *Géopolitique africaine* (7) et (8); CLERGERIE, Jean-Louis (1997). *Le principe de subsidiarité*. Paris : Ellipses; Rapport des Nations Unies sur le partage des responsabilités entre l'ONU et les organisations régionales, Doc. A/50/591, 17 octobre 1995.

La pléthore des documents et programmes, leur enchevêtrement, le manque de personnel et de ressources financières laissent peu augurer d'une application heureuse à l'horizon 2015. Bref, l'APSA est encore en attente.

Le principal souci à ce niveau, demeure la question de son financement, ce qui relance toujours le débat de la constitution par l'UA d'un budget basé sur ses ressources propres, au vu du manque d'empressement des États à combler le déficit généré par le retard de leurs contributions obligatoires au budget de l'UA. Le FPP, qui devrait permettre de surmonter l'obstacle, tarde à se mettre en place, en dépit de la récurrence des problèmes sécuritaires continentaux. En l'occurrence, un infléchissement du problème financier a été recherché dans trois directions pour trouver une solution : celle d'une coopération avec l'ONU, d'une synergie collaborative avec l'Union Européenne ou d'une subsidiarité conjonctive avec les CER.

La collaboration entre l'OUA/UA et l'ONU est d'une nécessité absolue[1161]. L'UA a cherché à se rapprocher de l'ONU pour résoudre ces problèmes financiers qu'impliquent ses OMP. Cet appel s'explique entre autres par « le fait que les problèmes et les défis qui touchent l'Afrique ont cessé d'être propres à elle seule pour prendre un caractère transcontinental et universel et doivent de ce fait être appréhendés dans une approche holistique qui ne laisse pas de place à l'exclusion »[1162].

Le financement non africain peut générer une vision pessimiste, selon Michel Liégeois qui estime que « même dans l'hypothèse optimiste de la réalisation intégrale des objectifs de l'Architecture africaine de paix et de sécurité (AAPS) dont la mise sur pied des cinq brigades sous-régionales de la Force Africaine en attente (FAA), la question du financement des opérations

---

1161 Voir Rapport du Secrétaire Général de l'ONU sur la coopération entre l'ONU et l'UA, Doc.A/56/489 du 19 octobre 2001 ; KODJO, Edem et Habib GUERARI (2005). « Article 52 » *in* J.P. Cot, A. Pellet et M. Forteau (dir.). La Charte des Nations unies. Commentaire article par article, 3e édition : 1261-1271; BOUTROS-GHALI, Boutros (1995). *Amélioration de la capacité de prévention des conflits et du maintien de la paix en Afrique* : Rapport du Secrétaire Général. Documents A/50/711 et S/1995/911, New-York : Nations unies; A*nnan*, Kofi (1998). *Les causes des conflits et la promotion d'une paix et d'un développement durables en Afrique* : Rapport du Secrétaire Général, Documents A/52/871 et S/1998/318, New-York; Nations unies (2008). *The Emerging Role of AU and ECOWAS in Conflicts prevention and peacebuilding.* New-York.

1162 NATAMA, Jean-Baptiste « L'architecture africaine de paix et de sécurité », cité par YOUGBARÉ, Robert « L'architecture africaine de paix et de sécurité : les tares consubstantielles d'un système de gouvernance multipolaire » *in* FAU-NOUGARET, Matthieu et Luc Marius IBRIGA (dir.) *L'architecture de paix et de sécurité à la croisée des chemins paix et de sécurité en Afrique.* L'Harmattan : 318. L'architecture, Actes du Colloque de Ouagadougou, 25-26 octobre 2013 ; AMVANE, Gabriel (2012). *Les rapports entre l'ONU et l'Union africaine en matière de paix et de sécurité sur le continent africain.* Paris : Publibook.

elles-mêmes demeurerait sans réponse africaine et la dépendance vis-à-vis des bailleurs de fonds externes, resterait totale »[1163].

À la demande du Secrétaire général de l'ONU, un Comité ou Groupe dirigé par Romano Prodi a été chargé d'étudier la question de ce financement. Le *Rapport Prodi*, remis en décembre 2008, est porteur de recommandations s'orientant pour le financement des OMP de l'UA sur autorisation du Conseil de Sécurité vers deux mécanismes. Le premier vise à financer par les contributions recouvrées par l'ONU pour des OMP au cas par cas à durée n'excédant pas six mois par un soutien en nature (transport aérien et maritime, équipement, logistique). Le deuxième serait un fonds d'affectation spécial multi-donateurs pour renforcer les institutions et développer les capacités préventives et curatives, fonds géré par l'UA.

Le Comité va jusqu'à suggérer le recours à des prestataires privés pour la fourniture de l'équipement et de la logistique et que l'UA développe ses propres capacités logistiques. Enfin, le Groupe d'Experts Prodi fait la forte recommandation de créer un groupe de travail ONU-UA pour étudier le détail des mesures de financement.

En définitive, l'ONU, malgré l'appui de Ban Ki Moon au Rapport Prodi, n'est pas allée dans la direction espérée. Toutefois, l'engagement onusien pour la paix et la sécurité africaines ne saurait être totalement démenti, même s'il est subordonné au consentement du Conseil de Sécurité où les États africains ne disposent pas du droit de veto ni d'un pouvoir décisif d'influence pour la génération d'OMP sur leur continent.

Tout en se plaçant sous les auspices de la Charte des Nations Unies (Chapitre VIII, art. 52, 53), l'APSA se veut la structure de l'UA chargée du MPSI en Afrique. Selon la Commission de l'UA, cela participe d'une mission partagée et extensive intégrant les « menaces à l'existence, au développement et à la durabilité des systèmes politiques, économiques, militaires, humains, sociaux, du genre et de l'environnement au niveau de l'État, régional et continental »[1164].

Il en appert que si l'UA a des difficultés pour intervenir, le principe de subsidiarité implique l'aide des Nations Unies. En sens inversé si l'ONU intervient, l'UA pourrait prêter son assistance, si elle est informée. La tendance de l'ONU constatée avec la crise malienne a fait sortir l'UA de ses gonds en réaction à l'attitude peu cavalière de l'Organisation mondiale à négliger de consulter l'UA. Aussi, dans le Rapport de la Présidente de la Commission, l'UA s'est plainte de ce manque d'information lors de l'adoption par le Conseil de Sécurité le 25 avril 2013 de la Résolution 2100 transformant la MISMA en

---

[1163] LIÉGEOIS, Michel (2011). « L'appui international au renforcement des capacités africaines de maintien de la paix : trop de médecins autour du patient ? », *in* David Morin et Lori-Anne Théroux-Bénoni. Guide du maintien de la paix 2011 : 183-200 (ici page 184).

[1164] Commission de l'Union Africaine. Plan Stratégique 2009-2012, Addis-Abeba, 19 mai 2009, p. 22.

MINUSMA et estime que « l'Afrique n'avait pas été adéquatement consultée dans la rédaction de la résolution et le processus qui a conduit à son adoption, et souligne que cette situation n'était pas conforme à l'esprit du partenariat entre l'UA et les Nations Unies… (et que) la résolution ne prenait pas en compte les préoccupations formellement exprimées par l'UA et la CEDEAO et les propositions par elles soumises dans un esprit constructif pour faciliter un appui international coordonné aux efforts en cours des acteurs maliens »[1165].

De même, l'autorisation de l'ONU a été accordée *a posteriori* par la Résolution 2085, à l'OTAN, pour une action coercitive sur le régime de Kadhafi, alors que les efforts de médiation de l'UA par le biais des États comme l'Afrique du Sud étaient en cours.

Relativement aux rapports UE-UA, l'engagement européen à établir des relations privilégiées avec l'Afrique, n'est pas récent.

À titre de rappel, l'UE appuie les CER en plus de la coopération bilatérale entre certains de ses membres et des États africains. Pas moins de cinq instruments et plans d'actions de l'UE concernant le développement de l'Afrique avec un fort accent mis sur la paix et la sécurité, existent. Mais l'outil le plus médiatisé et le plus important reste la Facilité de Soutien à la Paix en Afrique (FPA) de 2004 pour appuyer les efforts de l'UA dans ses opérations de paix.

Déjà, l'accord de Cotonou disposait en son article 11.1 que « Les parties poursuivent une politique active, globale et intégrée de consolidation de la paix et de prévention et de règlement des conflits dans le cadre du partenariat. Cette politique se fonde sur le principe de l'appropriation. Elle se concentre notamment sur le développement des capacités régionales, sous-régionales et nationales… »[1166].

Le partenariat Europe-Afrique, fondé sur ce principe d'appropriation africaine, selon la Stratégie Commune Afrique-UE[1167], implique l'action préalable des OIA dans la prévention, la gestion et le règlement des conflits en Afrique[1168].

Dès lors, l'UE aide au renforcement des organisations régionales de l'APSA sur divers plans (humains, matériels et financiers et appui aux structures institutionnelles et techniques), en continuation de ses efforts du temps du

---

[1165] Rapport de la Présidente de la Commission sur le Partenariat Union Africaine-Nations Unies. *L'impératif d'une plus grande cohérence,* PSC/AHG/3/CCCXCVII) 2013.

[1166] Accord de partenariat entre les membres du Groupe des États ACP d'une part, et la CE et ses États membres d'autre part, Cotonou, 23 juin 2000, Journal Officiel de l'Union Européenne, L 317/3 du 15 décembre 2000.

[1167] Adoptée par le Conseil de l'UE, doc. 7204/08 du 3 mars 2008.

[1168] Position commune, art. 4, Doc. 2004/85/PESC du 26 janvier 2004, Journal Officiel de l'UE, L 21/25 du 28 janvier 2004.

Mécanisme du Caire[1169]. La dimension sécuritaire s'est greffée davantage en 2007 avec l'approbation par le Conseil des Affaires générales du concept UE de renforcement des capacités africaines[1170]. La stratégie commune Afrique-UE, précitée, précise que compte tenu « de leur expertise, de leurs ressources financières et humaines ainsi que de leur expérience, l'UE et ses États membres sont bien placés pour poursuivre et accroître leur soutien à l'UA dans le cadre des efforts qu'elle déploie – en coopération avec les Organisations régionales africaines concernées – pour rendre opérationnelle l'AAPS, notamment par le biais du renforcement à long terme des capacités pour les différentes structures qui y sont prévues » (§ 17 de la Stratégie).

Aussi, divers instruments ont été combinés par l'UE dans ce dessein dont l'intégration du RECAMP français dans l'EURO RECAMP en mars 2008 (avec un premier *cycle AMANI*, (2008-2010), un deuxième cycle appelé *AMANI-AFRICA II* (2011-2014) qui se terminera avec des exercices conjoints de formation et d'entraînement (prévu pour novembre 2014 au Lesotho).

Un Service Européen d'Action Extérieure de l'UE (SEAE) a été créé en décembre 2010 (en vertu du Traité de Lisbonne du 13 décembre 2007) et vise « à renforcer la cohérence de l'action extérieure de l'UE »[1171].

Mais c'est la FPA qui est le mécanisme financier le plus en vue avec divers instruments comme l'Instrument Européen de Voisinage et de Partenariat pour le Maghreb (IEVP), le Fonds Européen de Développement (FED) pour les États africains du Groupe ACP et l'Instrument de Coopération au Développement (ICD) pour l'Afrique du Sud.

Sollicitée par l'UA à l'issue de la Conférence de Maputo de juillet 2003, l'UE a créé le FPA *via* le FED pour un montant de 440 millions d'Euros pour la période 2004-2007, puis 300 millions pour 2008-2010 et la même somme pour 2011-2013. Ces montants sont destinés aux coûts des déploiements opérationnels, au renforcement des capacités, au développement des Centres de Formation.

Sur le terrain, l'UE fait des opérations de gestion de crises[1172] comme l'action de soutien civilo-militaire de l'UE à la MUAS (au Darfour) et à l'AMISOM (Somalie), *l'EUNAVCO* Somalie devenue *EUNAVFOR* Somalie

---

[1169] Décision 97/690/PESC du Conseil du 20 octobre 1997 concernant la mise en œuvre de la position commune 97/356/PESC sur la prévention et le règlement des conflits en Afrique, J.O. de l'UE, L 293/3 du 27 octobre 1997 ; Voir HAMONIC, Anne « Union européenne et Organisations régionales africaines de sécurité : atouts et limites d'une coopération marquée par le principe d'appropriation africaine ». *in Mathieu Fau-Nougaret et L.M. Ibriga. L'architecture de paix et de sécurité… op. cit.*

[1170] Doc. 14556/I/06/Rev.I du 7 novembre 2006 approuvé en mai 2007.

[1171] LIEGEOIS, Michel « L'appui international… » *op. cit.* ; FRANKE, Benedict (2009). « *EU-AU Cooperation in Capacity Building* ». *Studia Diplomatica.* Vol. LXII (3):71.

[1172] Art. 1er Position commune 2004/85/PESC ; Thierry Tardy, « L'UE et l'ONU dans la gestion de crise : opportunités et limites d'une relation déséquilibrée », Fondation de la Recherche Stratégique, Recherches et Documents n° 32, mai 2004, 100 p.

(*Atalanta*) ou encore la fourniture de conseils militaires et la formation de l'armée malienne[1173], en parallèle à la MISMA, actions saluées par la Résolution du CS, 2085, du 20 décembre 2012.

D'autres opérations se sont déroulées au Soudan du Sud[1174], dans la Corne de l'Afrique[1175], au Sahel[1176], pour la gestion intégrée des frontières en Libye[1177], sans compter les opérations proprement militaires assurées directement par l'UE[1178], conformément aux mandats du CS NU[1179].

L'intérêt d'une relation stratégique avec l'UA et les CER a été bien saisi par l'UE et ses États membres[1180]. Le soutien européen aux efforts de l'UA et des CER est d'un appoint considérable même si des efforts pour une meilleure coordination restent encore à faire[1181].

Enfin, un Bureau militaire de liaison entre l'UE et l'UA créé en 2004 et la mise en place d'une Délégation de l'UE auprès de l'UA à Addis-Abeba en 2008 permettent de quantifier les besoins de cette dernière dans le domaine des OMP.

Au surplus, le quatrième Sommet UE-Afrique (2-3 avril 2014 à Bruxelles) a établi une Feuille de route 2014-2017[1182], identifiant cinq priorités communes (paix et sécurité ; démocratie bonne gouvernance et Droits de l'Homme ; développement humain ; développement et croissances durables inclusifs et intégration continentale ; questions globales et émergentes)[1183].

Pour la Priorité 1 (Paix et Sécurité)[1184], il est retenu le renforcement du dialogue politique pour des approches communes pour les menaces à la paix et à la sécurité par la coordination entre le CPS de l'UA et le Comité politique et de sécurité de l'UE, le renforcement de l'opérationnalisation de l'APSA en appuyant la FAA, de la coordination entre l'UE et l'UA et les CER, la coopération pour s'attaquer aux causes d'insécurité, y compris la sécurité

1173 Mission militaire EUTM/Mali, Décision 2013/34/PESC du Conseil du 17 janvier 2013, J.O. de l'UE L 14/19 du 18 janvier 2013.

1174 EUAVSEC, Décision 2012/312/PESC du 18 juin 2012, Formation du personnel de sécurité de l'Aéroport de Juba.

1175 EUCAP NESTOR, Décision 2012/389/PESC du 16 juillet 2012 pour renforcer les capacités maritimes régionales.

1176 EUCAP Sahel Niger, Décision 2012/392 du 16 juillet 2012 pour les Forces de sécurité.

1177 EUBAM Libya, Décision 2013/233/PESC du 23 mai 2013.

1178 EUFOR-RDC, EUFOR Tchad/RCA, EUFOR Libye, Opérations Artémis, Atlanta.

1179 Voir aussi supra, HARMONIC, Anne *L'action parallèle de l'OTAN. op. cit.*

1180 Voir, Centre Européen de Gestion des Politiques de développement, *Œuvrer à l'élaboration d'une stratégie de partenariat entre l'Europe et l'Afrique : premier document sur les enjeux de la consultation publique*, Maastricht, décembre 2006 : www.ecdpm.org (consulté le 1er/8/2014) : Sommets Afrique-Europe, avril 2000 au Caire, 2007 à Lisbonne, 2010 à Tripoli, www.africa-eu-partnership.org (Consulté le 1er/8/2014).

1181 LIEGEOIS, Michel « L'appui… », *op. cit.*

1182 Voir *supra*, les trois premières Feuilles de route.

1183 § 6 de la Feuille de route, Sommet sur le thème « *Investir dans les Populations, la Prospérité et la Paix* ».

1184 § 8 à 16 de la Feuille.

maritime (mise en cohérence de la Stratégie maritime africaine intégrée 2050 et de la politique maritime intégrée de l'UE), l'importance primordiale du respect des Droits de l'Homme dans la coopération paix et sécurité et le renforcement de la mobilisation des ressources financières de l'UE vers l'Afrique en complément de la FPA.

Pour la priorité 5 (questions globales et émergentes), les deux Unions et les CEG de l'UE et de l'UA ont porté leur attention sur le changement climatique, la gestion des ressources naturelles, l'appui au Programme de Surveillance pour l'environnement et la sécurité en Afrique (MESA) issu de l'Initiative de Surveillance de l'environnement pour le développement durable en Afrique (AMSD), la lutte contre les ALPC, les ADM et le renforcement des capacités de prévention des risques liés aux substances chimiques, biologiques, radiologiques et nucléaires (CBRN), etc.

Concernant l'articulation entre les CER et l'UA, elle a été impliquée, dans la primauté de l'UA/UA sur les autres OIA régionales ou sous-régionales, à partir de la lecture du Chapitre VIII de la Charte.

D'emblée, il faut lever l'équivoque sur le régionalisme. Au niveau universel, l'ONU considère le régionalisme au sens des ordres juridiques continentaux générés par des organisations liant les États d'un continent. Mais pour l'UA, le continent africain est divisé en six régions au sens cardinal (Nord, Sud, Est, Ouest, Centre) et au sens géoculturel (la sixième région étant la Diaspora africaine dans le cadre du NEPAD). À cet égard, la plupart des CER, recopiant une structure géographique adossée à un voisinage, peuvent être considérées comme des organismes régionaux malgré, pour certains cas, une superposition de zones (exemple de la RDC membre de la SADC, du COMESA) et une fragmentation de zones (CEEAC-CEMAC, CEDEAO-UEMOA).

Relativement au lien entre UA-CER, il est aujourd'hui fondé sur le Protocole d'Accord du 28 janvier 2008 signé entre l'UA et l'IGAD, le COMESA, la CEDEAO, la CEEAC, la SADC (l'UMA partenaire du Protocole n'a pu signer parce que le Maroc n'est pas un État membre de l'UA et que le Traité de Marrakech fait de l'unanimité de ses membres, une exigence pour l'adoption des accords qu'elle conclut), en plus de Mécanismes de la NARC et la Brigade Régionale en attente de l'Afrique de l'Est (EASBRICOM).

Ce Protocole pose les principes de primauté de l'UA et d'intégration de ces CER dans l'APSA. Son article *IV, ii,* reconnaît la responsabilité principale de l'UA, et reproduit l'article 16 du Protocole sur le CPS qui énonce : « Les Mécanismes régionaux font partie intégrante de l'architecture de sécurité de l'Union, qui assume la responsabilité principale pour la promotion de la paix, de la sécurité et de la stabilité en Afrique ».

L'articulation se fait par le truchement, soit de consultations ad hoc, soit de rencontres de hauts fonctionnaires, soit de rencontres annuelles entre le

Président de la Commission de l'UA et les hauts responsables de ces OIA ou CER (article XVII du Protocole d'Accord).

Les domaines couverts par cette coopération intègrent l'opérationnalisation de l'APSA, la prévention, la gestion et le règlement des conflits, la consolidation de la paix, le contre-terrorisme, la gestion des frontières, le partage de connaissances, la mobilisation des ressources, la lutte contre la criminalité transfrontalière, le contrôle des armements et le désarmement, ainsi que tous les autres domaines d'intérêt commun à convenir d'accord parties[1185].

La mise en place de l'APSA associe les CER et les mécanismes précités, avec leur collaboration en mettant à disposition leurs brigades dans le cadre des OMP, même hors de leur aire géographique, de leurs matériels et capacités, même en matière de planification stratégique, sur décision du CPS, nonobstant leur droit d'intervention dans leur juridiction prioritairement à l'assistance de l'UA. Le principe guidant cette relation est basé sur la subsidiarité, à savoir l'intervention d'abord des CER en matière préventive et curative et de l'UA en complémentarité (article IV du Protocole d'Accord). Subséquemment, l'avantage comparatif amène à privilégier l'OIA la plus spécialisée par rapport à l'OIA généraliste[1186].

Il est évident que des enchevêtrements fastidieux vont forcément advenir entre l'ONU, l'UA et les CER dans le cadre sécuritaire. On imagine que chacune de ces OI peut intervenir en Afrique et/ou dans la zone de son ressort pour les CER, chacune espérant l'implication de l'autre et chacune fondant des espoirs, vu le coût matériel, humain et financier que l'autre s'en occupe.

En attendant, l'APSA ayant du mal à dérouler tous ses segments, une alternative a été proposée, la CARIC. Proposé lors du cinquantième anniversaire de l'OUA/UA, le 27 mai 2013, ce mécanisme « semble être un moyen de recours diplomatique mais aussi une fenêtre d'opportunité pour l'Afrique du Sud lui permettant de rassembler ses partenaires africains autour d'une volonté de défense crédible et efficace, capable de répondre en cas de besoin à toute situation de crise nécessitant l'emploi de la force »[1187].

La CARIC participe d'une vision provisoire comblant les lacunes de l'absence du déploiement complet de l'APSA. En attendant l'opérationnalisation de cette dernière, l'Afrique du Sud, soutenue par l'Éthiopie et l'Ouganda, a initié ce dispositif transitoire de réaction rapide, modulaire, palliant la lourdeur de l'APSA et l'attentisme de l'UA face à des conflits ivoirien, libyen ou malien, avec un délai d'autonomie de 30 jours, des appuis

---

1185 Article V du Protocole d'Accord et articles VI à XX ; DJIGA, Habib Ahmed *op. cit.*

1186 SOMA, Abdoulaye « Les relations entre l'UA et la CEDEAO en matière de prévention de la paix » *in* Mathieu Fau-Nougaret et Luc Marius Ibriga. *L'Architecture africaine…*, *op. cit.*

1187 NGUEMBOCK, Samuel (2014, janvier). « La CARIC : enjeux géopolitiques et défis de la mise en œuvre ». *Note d'Analyse Politique* (15) accessible sur le site www.thinkingafrica.com, accessible sur le site www.thinkingafrica.com (consulté le 1er/8/2014).

d'un état-major coordonné UA-CER, sous un commandement unifié. Elle se veut supplétive à la FAA en construction et immédiatement opérationnelle. Lors du mini Sommet sur la CARIC à Pretoria le 5 novembre 2013, les CEG du continent, notamment d'Angola, Ouganda, Kenya, Nigeria, Algérie, Éthiopie, ont adhéré à l'idée considérant avec le Président Zuma l'intérêt d'une « réponse immédiate aux situations de crises et (de) fournir un cadre aux pays qui souhaitent apporter leur soutien volontaire à cette fin »[1188].

En soi, l'ambition de la CARIC n'est pas dénuée d'intérêt, car elle l'arrime au Document-cadre de 2003 relatif à la FAA dont le paragraphe I, 4 (a) prônait en substance « l'accent sera mis sur la rapidité de l'action et du déploiement ». En l'occurrence, la CARIC postule la constitution, dans un délai de 10 jours, d'une force continentale rapide autonome pendant 30 jours pour stabiliser, imposer la paix, neutraliser les groupes terroristes et autres groupes criminels, les rébellions armées et offrir une aide humanitaire d'urgence aux populations civiles affectées[1189].

L'initiative de création de la CARIC a reçu au récent Sommet de l'UA à Malabo (25-27 juin 2014), l'adhésion du Burkina Faso, de l'Égypte en sus de la douzaine d'États favorables au projet, tels que le Sénégal, l'Ouganda, le Congo, la Tanzanie, l'Angola, le Niger, la Guinée-Conakry, le Tchad, la Mauritanie, l'Algérie, l'Éthiopie et le Soudan.

Ces États soutiennent la CARIC dans la recherche et la consolidation de la paix. Sur une base volontaire, ils sont prêts à mettre à disposition leurs troupes, leur diplomatie, à assumer le coût et le financement des opérations sous la coordination du CPS. Qu'il s'agisse de l'échelle continentale ou régionale, leur détermination a été réaffirmée pour la prévention et le règlement des crises et conflits africains, avec le soutien de partenaires occidentaux et de l'ONU. La création projetée en 2015 de la CARIC est en train de se dessiner avec l'aide confirmée en décembre 2013 de la France au Sommet sur la paix et la sécurité en Afrique, de Paris.

À cet égard, la Décision adoptée par la 21e session ordinaire de la Conférence de l'UA sur la création de la CARIC, suite au Rapport de la Présidente de la Commission à la 6e réunion ordinaire du CTSDSS, confirme la mise en place immédiate de la CARIC en attendant la FAA et sa capacité de déploiement (CDR) en raison de sa souplesse et de sa célérité sur une base individuelle ou par les capacités régionales en cours de développement de la FAA (capacités militaires et de police, ressources financières) et réaffirme ce

[1188] Cité par NGUEMBOCK, Samuel, *op. cit.*
[1189] Voir. DJIGA, H. A *op. cit.*

caractère « d'arrangement transitoire devant permettre de répondre effectivement aux situations d'urgence sur le terrain »[1190].

Composée de 1 500 hommes mobilisables rapidement et portée principalement par l'Afrique du Sud dont la ressortissante est l'actuelle Présidente de la Commission de l'UA, la création de la CARIC devra lever les équivoques d'une superposition avec l'APSA (FAA et CDR). En filigrane se profile la montée en puissance de l'Afrique du Sud dont les ambitions continentales ne seront certainement pas dissociées de ce projet qui est en train de prendre forme.

Au-delà de ces suspicions, aussi avérées ou spécieuses qu'elles puissent paraître, les obstacles du financement et de la mise à disposition des forces, de la logistique et de l'équipement qui retardent l'opérationnalisation de la FAA, reviennent comme un leitmotiv dans le débat d'autonomisation de l'africanisation des OMP. Ici ou ailleurs, se posent aussi les problèmes du rôle et de la contribution des CER et autres mécanismes régionaux.

La vision de l'UA à travers l'APSA, s'insère dans une approche plus globale d'une politique africaine de la défense dont les composantes sont le Pacte de défense et la CSSDCA.

Le Pacte de non-agression et de défense commune de l'UA a été adopté postérieurement au Protocole sur le CPS et participe d'une vision holistique de la paix et de la sécurité face aux menaces intérieures et extérieures. Il en constitue le complément nécessaire et prolonge l'art. 7 (h) du Protocole CPS, relatif à la mise en œuvre de la politique de défense commune de l'UA, dont la Déclaration solennelle (éponyme) des 27 et 28 février 2004, adoptée à Syrte (Chapitre III, paragraphe [t]) appelle à la conclusion et la ratification de pactes de non-agression entre pays africains et à l'harmonisation de tels pactes.

Conclu le 31 janvier 2005 à Abuja, le Pacte de l'UA prévoit la création du Centre Africain d'Études et de Recherche sur le terrorisme (CAERT, installée à Alger), de l'Académie Africaine pour la Paix (art. 13 et 12) et de la Commission du droit International de l'UA[1191].

Ces trois mécanismes et d'autres instruments (si besoin est) à conclure, sont les outils de mise en œuvre pour une légitime défense collective, la lutte commune contre le terrorisme, le mercenariat, la criminalité transnationale organisée, la prévention des crimes contre l'humanité, du génocide, des conflits entre et dans les États membres (art. 2 , sur les objectifs). Quant à la CSSDCA, elle est le fruit de la Déclaration adoptée en 2000[1192] .

[1190] Voir CPS, 387e réunion, 29 juillet 2013, Doc. PSC/MIN/3 (CCCLXXXVII), Note d'information sur l'état de mise en œuvre de la Décision de la Conférence de l'UA sur la création de la CARIC.

[1191] Art. 14, voir pour cette dernière, Ière partie, Titre II du présent ouvrage.

[1192] AHG/Décl. 4 (XXXVI) adoptée par la 36e session ordinaire de la CEG de l'OUA à Lomé du 10 au 12 juillet 2000.

Ces différents efforts de l'OUA/UA requièrent le soutien dynamique des CER et autres OIA sous régionales ou sectorielles.

SECTION II – LE MAINTIEN DE LA PAIX ET DE LA SÉCURITÉ AU NIVEAU SOUS RÉGIONAL : ENTRE AUTONOMIE ET COORDINATION

Le régionalisme africain post-OUA peut se glorifier d'une grande diversité normative et institutionnelle. Son exsudation s'est traduite par des OIA d'intégration et de coopération dont la production a enrichi le droit international africain d'une jurisprudence, de normes de *hard law* ou de *soft law*, mais aussi d'un ensemble de stratégies, de cadres d'action et d'instruments de décision.

Bien que beaucoup de ces CER ou mécanismes régionaux aient bénéficié du privilège de l'antériorité par rapport à l'UA et d'une grande autonomie d'organisation et de fonctionnement, en raison de leurs objectifs initiaux centrés sur le développement économique et, donc, l'intégration régionale, l'attrait dans la spirale de l'OUA puis de l'UA est la résultante de l'orientation doublement prise : soit par les CER d'intégrer le volet paix et sécurité dans leur processus d'intégration, soit par l'organisation continentale (avec le Plan de Lagos du Traité sur la CEA, des textes du NEPAD et du CPS) de conférer à ces OCA des échelons de responsabilités graduelles vers le marché commun africain, prélude à l'intégration continentale complète.

Les références fréquentes à ces CER par les textes de l'UA comme celles des textes des CER à l'OUA/UA, s'inspirent des principes continentaux ou de la Charte de l'ONU et tissent la trame de relations empreintes d'autonomie et de collaboration dans différents domaines, y compris pour la paix et la sécurité internationales.

Il en appert le lien indissoluble entre développement et paix qui va conduire ces CER dans l'édification de programmes et de réglementations économiques en conjonction de la prévention et du règlement des conflits. La base géographique et normative *a minima* des CER, renforce aujourd'hui l'APSA dans le cadre spécifique de la CEDEAO (Paragraphe I), dont les activités en ce domaine méritent d'être rehaussées, mais aussi de plus en plus dans le cadre d'autres CER, dont le dynamisme actuel ne cesse de combiner aspects économiques et aspects sécuritaires (Paragraphe II).

PARAGRAPHE I – LE DYNAMISME DE LA CEDEAO EN MATIÈRE DE PAIX ET DE SÉCURITÉ

Comme répondante à l'APSA et comme correspondante, bien qu'antérieure à l'UA, la CEDEAO a développé ses propres mécanismes de prévention et de règlement des conflits et toute une structure formée d'organes centraux et d'appui du système (A). Ce cadrage normatif et institutionnel a eu l'occasion d'être mis à l'épreuve des crises et conflits ouest-africains (B).

A. Le cadre normatif et institutionnel de l'action de la CEDEAO dans le domaine de la paix et de la sécurité

La capitalisation des fruits de l'expérience de la CEDEAO, en la matière, a fait l'objet d'un remembrement et d'une conceptualisation, sous la forme du Cadre de prévention des conflits de la CEDEAO (CPCC)[1193].

Le CPCC fédère l'ensemble des traités et règlements de la CEDEAO, avec un volet complémentaire d'intervention militaire de l'ECOMOG. Il se justifie par la récurrence des conflits et crises en Afrique dont l'épicentre se trouve dans l'espace CEDEAO et tire profit de la capacité de la CEDEAO à prévenir, résoudre et maintenir la paix dans la sous-région au regard de ses expériences en Guinée-Bissau, Liberia, Sierra-Leone, voire, en Côte d'Ivoire et au Mali.

Le succès certain de la CEDEAO dans ses interventions, quoiqu'assez mitigé dans certains cas, nécessitait une conceptualisation plus large, une clarification de la doctrine et une mise en cohérence des nombreux textes contraignants ou de *soft law* adoptés par ses organes Comme le rappelle le CPCC au paragraphe 5 de son Règlement, « Le but du Cadre est de servir de référence au système de la CEDEAO et des États membres dans leurs efforts visant à renforcer la sécurité humaine au sein de la région ». Il s'en dégage deux aspects de la prévention, structurelle (pour éviter l'éclatement de crises ou leur résurgence) et opérationnelle pour les « mesures applicables face à une crise imminente ») (§ 19 du CPCC).

Après avoir identifié les causes des crises et des conflits, les éléments accélérateurs ou aggravateurs, le bilan de la collaboration avec l'UA, les NU et les Partenaires au développement, y compris les organismes de la société civile, la CEDEAO fonde la légitimité de son mandat sur les textes suivants : le Traité de 1975 révisé en 1993, le Protocole de Non Agression (Lagos, 22 avril 1978), le Protocole d'Assistance mutuelle en matière de défense (Freetown, le 29 mai 1981), la Déclaration des Principes politiques, la Déclaration sur le Moratoire sur l'importation, l'exportation et la fabrication d'armes légères du 31 octobre 1998 transformée en une Convention du 14 juin 2006), le Protocole relatif au Mécanisme de Prévention, de Gestion et de Règlement des Conflits, de Maintien de la Paix et de la Sécurité du 10 décembre 1999 et le Protocole additionnel sur la Démocratie et la Bonne Gouvernance du 21 décembre 2001.

Le CPCC confirme aussi la subsidiarité de la CEDEAO par rapport à l'ONU et à l'UA « L'Union Africaine est une Organisation Régionale reconnue par les Nations Unies, protecteur de la paix et de la sécurité au niveau mondial, alors que la CEDEAO est l'une des cinq Communautés Économiques Régionales évoluant dans le cadre architectural de l'UA… » (§ 40 du CPCC).

[1193] Règlement MSC/REG. du Conseil de Médiation et de Sécurité de la CEDEAO, adopté le 16 janvier 2008.

D'autres textes, y compris le Protocole d'accord avec les CER, structurent les relations avec ces OI. Le CPCC est bâti autour de composantes de promotion, d'édification de la paix tels que l'alerte précoce ; les Droits de l'Homme et l'État de droit ; la démocratie et la gouvernance politique ; les médias ; la gouvernance sécuritaire ; le désarmement ; Femmes, Paix et Sécurité ; la promotion de la jeunesse ; la force de MP de la CEDEAO ; l'assistance humanitaire ; l'éducation à la paix (culture de la paix) ; la diplomatie préventive ; la gouvernance des Ressources Naturelles ; les Initiatives transfrontalières.

Le Protocole sur le Mécanisme de 1999 confie l'architecture de prévention, de MPS, de gestion et de règlement des conflits à la CEG, à la Commission, au Conseil de Médiation et de Sécurité (CMS), à un Conseil des Sages.

En tant qu'instance suprême, la CEG peut prendre toute décision dans les questions couvertes par le Mécanisme (art. 6) et délègue à la CMS la prise de décisions pour la mise en œuvre (art. 7).

Le CMS, composé de neuf États membres (dont sept qui sont élus par la CEG, les deux autres membres étant l'État qui assure la Présidence de la CEG et l'État ayant assuré la Présidence immédiatement précédente) autorise toutes les formes d'intervention (art. 8 et 10 [c]), approuve les mandats et termes de référence des missions (art. 10 [d]) et sur recommandation du Président de la Commission (ex-Secrétaire Exécutif), nomme le Représentant Spécial et le Commandant de la Force (art. 10 [f]). Le CMS peut se réunir au niveau des CEG (art. 12) au niveau ministériel (Æ, Intérieur, Défense, Sécurité) (art. 13) et au niveau des ambassadeurs (art. 14).

Il faut souligner le rôle important du Président de la Commission qui nomme les membres du Conseil des Sages, envoie des missions d'enquête et de médiation sur le terrain, les évalue, convoque, avec le Président de la CEG, le CMS et met en œuvre ses décisions (art. 15). Au sein de la Commission, le Département des Affaires Politiques, de Défense et de Sécurité est chargé d'entreprendre « toutes les activités relatives à la mise en œuvre du Mécanisme » (art. 16 § 1) dans tous les domaines, y compris l'assistance humanitaire, la lutte contre le terrorisme, les ALPC, la consolidation de la Paix (art. 6, 7).

Trois organes d'appui assistent le CMS : la Commission Défense et Sécurité (CDS), le Conseil des Sages et l'ECOMOG.

La CDS s'occupe des aspects techniques, administratifs et de la logistique (art. 19). Elle est composée des Chefs d'état-major des armées, de responsables des Ministères de l'Intérieur et de la Sécurité, des experts du MAE de chaque État membre, et selon les besoins, ceux de l'immigration, des douanes, de la lutte contre la drogue et les stupéfiants, de la sécurité des frontières et de la protection civile (art. 18).

Quant au Conseil des Sages, c'est un groupe d'éminentes personnalités connues pour leurs compétences de médiateur, arbitre ou conciliateur, usant de leurs bons offices, émanant de toutes les couches sociales y compris les femmes, les chefs religieux et traditionnels, les responsables politiques, dont la liste est dressée annuellement par le Président de la Commission, liste approuvée par le CMS réuni au niveau des CEG. Ils sont sollicités en tant que de besoin (art. 20).

Concernant l'ECOMOG (*Economic Community of West African States Cease-Fire Monitoring Observer Group),* c'est la force polyvalente, avec des modules civils et militaires, de la Communauté, composée de contingents en attente dans les États membres et mobilisables rapidement pour un déploiement préventif, le MP et le rétablissement de la paix, l'application de sanctions y compris l'embargo, « l'action et l'appui aux acteurs humanitaires », le DDR, la consolidation de la paix, les actions de police y compris la « lutte contre la fraude et le crime organisé », la mission d'observation et le suivi de la paix (art. 21, 22, 28 et 29).

La dimension préventive (détaillée dans le Règlement CPCC) a été fortement mise en exergue conformément à l'art. 58 du Traité révisé de 1993. Un système de pré-alerte (observation) complète le Mécanisme, articulé autour d'un Centre d'Observation et de Suivi (COS) et de Zones d'Observations et de Suivi (ZOS). Dans cette optique, le COS basé à la Commission, à Abuja, collecte des informations, les traite par ses analystes et statisticiens, élabore des rapports et établit les liens de coopération avec l'ONU, l'UA, les OIA et toutes autres OI ou Centres de Recherches (art. 23 et 52). Les informations sont recueillies dans le cadre du système ECOWARN (*ECOWAS Warning Network*) du Département d'alerte précoce qui utilise un certain nombre d'indicateurs pour recueillir dans chaque État, les informations sur toutes les menaces réelles ou potentielles en matière de sécurité. Ce recueil quotidien est l'œuvre des ZOS qui

adressent, à la fin de chaque semaine, un rapport d'événements au COS et au Département de l'alerte précoce qui dispose d'une salle de veille et d'analyse. Quatre ZOS ont été prévues à l'article 24 :

- Zone N° 1 (Cap-Vert, Gambie, Guinée-Bissau et Sénégal) avec un point focal à Banjul.

- Zone N° 2 (Burkina Faso, Mali, Niger et Côte d'Ivoire) avec un point focal à Ouagadougou.

- Zone N° 3 (Ghana, Guinée, Liberia et Sierra-Leone) avec un point focal à Monrovia.

- Zone N° 4 : (Bénin, Nigeria et Togo) avec un point focal à Cotonou.

Le Mécanisme de 1999 est mis en œuvre en cas d'agression, de CAI ou CANI, désastres humanitaires, coups d'État, menaces à la paix, violations massives des Droits de l'Homme, sur décision de la CEG ou du CMS, à la demande d'un membre, à l'initiative du Président de la Commission, à la demande de l'UA ou de l'ONU (art. 25 à 27)[1194].

Quant au Protocole sur la Démocratie et la Bonne Gouvernance[1195], il couvre les élections, l'observation électorale, le rôle des forces de défense et de sécurité dans la démocratie, la lutte contre la pauvreté, la promotion du dialogue social, l'État de droit, les Droits de l'Homme, la Bonne Gouvernance, les femmes, les enfants, la question du genre, dans l'optique de la sécurité humaine.

En outre, la CEDEAO dispose d'instruments juridiques périphériques comme la Convention sur les armes légères et de petit calibre, leurs munitions et autres matériels connexes, du 14 juin 2006, la Convention sur l'entraide judiciaire en matière pénale signée à Dakar le 29 juillet 1992 et la Convention sur l'extradition signée à Abuja le 6 août 1994.

B. La CEDEAO à l'épreuve des crises et conflits ouest-africains

La CEDEAO dont l'objectif premier est le développement économique et des échanges commerciaux entre ses États membres s'est, par la force des choses, impliquée dans la prévention et le règlement des différends. Cet engagement lui a valu une visibilité et une expérience sans commune mesure par rapport aux autres CER, malgré le bilan contrasté de ces différentes opérations[1196].

Au-delà du CPCC qui, *a posteriori*, affecte un succès remarquable aux opérations et missions de la CEDEAO au Liberia, en Sierra-Leone et en Guinée-Bissau, succès à relativiser fortement, notamment, pour ce dernier pays, en raison de l'insécurité généralisée dans laquelle il s'est installé jusqu'aux récentes élections de 2014[1197], il n'en demeure pas moins que le retour à une vie politico-institutionnelle, avec des élections en Sierra-Leone et au Liberia, a permis de pacifier ces membres de l'Union du Fleuve Mano.

Il faut se résoudre au constat qu'à bien des égards, la CEDEAO a joué une partition sous-régionale en attendant l'implication de l'OUA/UA ou de l'ONU ou les interventions françaises ou britanniques. Trois grandes crises lui ont permis d'asseoir une ligne d'action et un cadre d'intervention.

Il s'agit d'abord de la crise libérienne, débutée en décembre 1989, et dans laquelle, sans légitimité précise (trois Chefs d'État l'auraient soutenue, devant l'attentisme des douze autres), sans mandat de l'ONU (qui n'est intervenu que par la Résolution 813 du 26 mars 1993), le Nigeria, la Gambie, la Sierra-Leone

---

[1194] Il faut noter l'abrogation des Protocoles de 1981 et 1978 en leurs dispositions qui seraient incompatibles avec le Mécanisme de 1999, art. 53.

[1195] Protocole A/SP.1/12/01 additionnel au protocole sur le Mécanisme de 1999.

[1196] GNANGUENON, Amandine « Le rôle des communautés économiques régionales dans l'Architecture de Paix et de Sécurité », *op. cit.* ; ADJOVI, Roland (1999). « Questionnement sur l'ECOMOG : Liberia, Sierra-Leone et Guinée-Bissau ». *Lettre de l'OPSA* (2).

[1197] Jusqu'à quand, peut-on s'interroger, du fait qu'une réforme du secteur de la sécurité est encore en cours dans ce pays.

et le Ghana seront les premiers à mettre à disposition leurs contingents avec une forte et principale présence nigériane.

Toutefois, le leadership nigérian contesté par les pays francophones sera plus tard, du bout des lèvres, considéré comme un fait accompli et entériné par les OI précitées et les autres membres de la CEDEAO.

La légalité et la légitimité de l'intervention[1198], si elles ont posé problème, les désastres humanitaires, le pillage des ressources naturelles et les violations graves des Droits de l'Homme et du Droit International Humanitaire envers la population civile, ont, après coup, offert une justification aux yeux de l'opinion publique. Quoi qu'il en soit, constat a été fait de certains pillages de ressources minières et violations de la part de certains contingents en même temps que les dérives d'une guerre frontale contre la faction de Charles Taylor[1199].

Il convient également de relever que lors de la deuxième guerre civile au Liberia en 1999, la CEDEAO a mis en place l'ECOMIL le 2 juillet 2000, décision entérinée par la Résolution 1497 du CSNU, avant l'Accord de Paix d'Accra du 10 août 2000 entre le gouvernement de Charles Taylor et les rebelles du LURD et du MODEL. L'ECOMIL a été remplacée par la MINUL sous mandat de l'ONU.

La Sierra-Leone voisine, s'illustrera, à son tour, en mars 1991, par une guerre civile où toutes les violations du Droit International Humanitaire seront commises. La CEDEAO, à l'instigation du Nigeria, mettra en action l'ECOMOG par un mandat pour l'observation et la supervision du cessez-le-feu, le rétablissement au pouvoir du régime d'Ahmad Tejan Kabbah, sur fond de guerre civile, de mutilations et de crimes contre l'humanité des partisans du RUF de Foday Sankoh. Les forces nigérianes interviendront, dépassant le mandat conféré en août 1997, avant que l'ONU, en juillet 1999, ne décide d'une OMP à la suite des accords de Lomé, mission composée de contingents de l'ONU et de l'ECOMOG dans le cadre de la MONUSIL.

L'ECOMOG va également se déployer avec des contingents béninois et nigérians en Guinée-Bissau de 1998 à 1999, prenant le relais de l'armée sénégalaise, inquiète d'un environnement voisin à l'instabilité criarde et cherchant à empêcher une sanctuarisation du MFDC dans ses replis tactiques.

Financée principalement par Abuja, composée essentiellement de forces nigérianes, l'ECOMOG parviendra à des résultats salutaires même si la composante civile de ces opérations a fait cruellement défaut. Tirant les leçons de l'expérience, les opérations suivantes, ECOMIL, ECOMICI en 2003, seront d'une composition plus collégiale même si la génération en grand nombre de troupes n'a pas pu permettre une cohérence opérationnelle. A tout le moins, elles

---

1198 MELEDJE-DJEDJRO, Francisco (1993). « La guerre civile du Libéria et la question de l'ingérence dans les affaires intérieures des États » *RBDI* : 411-413.

1199 MARCHAL, Roland (2001). « Synthèse » *in Le rôle des Organisations régionales africaines dans la prévention des conflits.* Centre d'Études des Relations internationales (CERI).

n'ont pas aidé à récuser la prépondérance nigériane ni les enjeux géostratégiques du pays le plus peuplé du continent africain[1200].

La crise ivoirienne, débutée le 19 septembre 2002, après le coup d'État de 1999 de Robert Guei et les élections de 2000, suivis du commencement de la rébellion, va également pousser la CEDEAO, lors du Sommet extraordinaire d'Accra du 29 septembre 2002, à décider la création d'une OMP composée de 1 300 soldats du Ghana, Sénégal, Bénin, Niger, Togo pour prendre le relais de la force française sur la ligne de cessez-le-feu et pour l'application de l'accord de février 2003. Cette mission de la CEDEAO en Côte d'Ivoire (MICECI) a travaillé conjointement avec la Force *LICORNE*. La MICECI (ou ECOMICI, en anglais) dérivée de la transformation de l'*ECOFORCE* (Force de paix de la CEDEAO) va précéder la création de la MINUCI[1201] avec pour mandat la mise en œuvre des Accords de Linas-Marcoussis et sera, par la suite, remplacée par l'actuelle ONUCI (Res. 1528 du 28 avril 2004).

Dans ces différentes situations, des tentatives de médiation ont été initiées préalablement ou parallèlement, comme celle du Président Thabo Mbeki dès le début de la crise ivoirienne en décembre 2010 ou celle du Groupe formé les Présidents du Bénin, du Cap-Vert et de la Sierra-Leone pour la CEDEAO. La prévention a été souvent préférée lors des crises institutionnelles ou pour l'observation du déroulement du processus électoral au Liberia, Sierra-Leone, Niger, Guinée-Conakry, Guinée-Bissau, ou pour la surveillance d'accords de cessez-le-feu (Côte d'Ivoire, Liberia)[1202].

En tant que partie prenante de l'APSA, signataire du Protocole d'Accord de Coopération avec l'UA, la CEDEAO, à travers ses mécanismes, développe un partenariat avec le CPS et les autres CER. Aussi, pour l'Afrique de l'Ouest, constitue-t-elle l'OI la plus représentative pour être la correspondante de l'UA. Au sein du regroupement, le Nigeria a été choisi comme nation-pilote par la FAA, avec l'état-major à Abuja, une PLANELM opérationnelle complétée par

---

[1200] BERMAN, Éric G., et Katie E. SAMS (2000). Peacekeeping in Africa: Capacities and Culpabilities. Geneva, Pretoria, United Nations : 75, cité par SOMA, Abdoulaye « Les relations entre l'UA et la CEDEAO en matière de prévention de la paix », *in* Mathieu Fau-Nougaret et Luc Marius Ibriga. *L'Architecture africaine…*, *op. cit.*; YABI, Gilles O. (2010). *Le rôle de la CEDEAO dans la gestion des crises politiques et des conflits. Cas de la Guinée et de la Guinée-Bissau.* Abuja : Friedrich Ebert Stiftung.

[1201] Rés. 1479 du Conseil de Sécurité de l'ONU du 13 mai 2003.

[1202] Sur toutes ces questions, voir CHAMBAS, Mohamed et Amaning KINGSLEY (2005). « Dynamique des conflits en Afrique de l'Ouest : les défis de la CEDEAO » *in* Ivan Conoir et Gérard Verna (dir.). *Faire la paix. Concepts et pratique de la consolidation de la paix.* Presses de l'Université de Laval : 520 et suivantes; LLOPIS, Ana P. (2011, février). « La Sierra-Leone ou le renouveau des opérations de paix ». *Revue Actualité et Droit international.* www.ridi.org/adi. (consulté le 1er/08/2014) ; Gilles O. YABI, op. cit. ; Abdoulaye SOMA, *op. cit.* ; Yves Alexandre CHOUALA, *op. cit.*

trois Centres de formation et d'entraînement basés à Abuja, Bamako et Accra[1203].

Le Traité de la CEA du 3 juin 1991 (EV le 12 mai 1994) découpe l'Afrique en cinq régions dont l'Afrique de l'Ouest et fait des CER les piliers de la CEA (art. 88) à construire à l'horizon 2028.

Par la suite, l'article 3 de l'Acte constitutif de l'OUA leur offre leur reconnaissance formelle « en vue de la réalisation graduelle des objectifs de l'Union »[1204].

Le Protocole sur les relations entre la CEA et les CER du 25 février 1998 (OUA et CEDEAO, COMESA, SADC, IGAD, CEMAC et CENSAD) et le Protocole d'Accord de Coopération entre l'UA et les CER de 2007 formalisent la mise en place de la FAA remplaçant le modèle national de la SHIRBRIG (*Standby Forces High Readiness Brigade*) déployée dans le cadre de la MINUEE (1999) et de la MINUL (2004).

Dans l'optique de la FAA, la CEDEAO comme chaque CER, met en place un PLANELM, un état-major de brigade, une brigade en attente et un dépôt logistique militaire[1205].Il est patent que le rôle dévolu aux CER dans l'opérationnalisation de la FAA les met au centre du dispositif de l'UA axé sur les principes de subsidiarité et de solidarité.

La CEDEAO et les autres CER, devront décupler leurs efforts en coopération avec les partenaires au développement, l'ONU et les OI concernées, par une mise en œuvre intégrale de leurs forces sous-régionales en attente.

Le processus de transformation de la CEDEAO , du Secrétariat Exécutif à la Commission et de certains organes, s'inscrit dans son document Vision 2020 d'aller d'une CEDEAO des États à une CEDEAO des peuples, régénérée par un climat de sécurité (humaine), intégrée et prospère économiquement.

Cette vision rencontre les préoccupations des autres CER.

1203 L'École de Maintien de la Paix de Zambakro (Côte d'Ivoire), délocalisée à Bamako (Koulikoro) forme des contingents répartis en quotas pour les CER : de la CEDEAO, (44%), de la SADC (5%), de la CEEAC (32%), de l'IGAD (15%), de l'UMA (4%) en relation avec le War College d'Abuja et le Centre Kofi Annan d'Accra.

1204 Voir aussi Résolution CM/Res. 464 (XXVI) du Conseil des Ministres de l'OUA relative à la répartition de l'Afrique en cinq régions : Afrique du Nord, Afrique de l'Ouest, Afrique Centrale, Afrique de l'Est et Afrique Australe.

1205 CILLIERS, Jakkie (2008, mars). « Force africaine en attente. État des progrès dans sa mise en place » *Institute for Security Studies.* (160). cité par Amandine GNANGUENON, « Le rôle des Communautés économiques régionales dans la mise en œuvre de l'Architecture africaine de paix et de sécurité, Paris, Délégation aux Affaires Stratégiques, octobre 2010, 54 pages ; DUFOUR, Julia (2014, février). « Monitoring de la stabilité régionale dans le bassin sahélien et en Afrique de l'Ouest ». Notes d'Analyse du GRIP. www.grip.org/fr.

Paragraphe II – Les autres CER et le maintien de la paix et de la sécurité en Afrique

Partout en Afrique, les OI sont dans une implication croissante pour le MPSI. Bien que dotées d'une grande autonomie (la plupart des CER étaient avant tout des OI économiques) celles-ci ont glissé de manière perceptible vers le traitement préventif et curatif des crises et conflits qui secouent leur région, qu'il s'agisse de l'Afrique du Nord, de l'Afrique centrale (A) ou qu'il s'agisse de l'Afrique australe et en Afrique orientale (B).

A. L'Afrique centrale et le Maghreb dans le maintien de la paix régionale

Comparativement à la CEEAC-CEMAC de l'Afrique centrale, l'UMA du Maghreb, autre CER, a peu opérationnalisé le MPSI.

En effet, en dehors de la MINURSO de l'ONU, en léthargie, les soubresauts du Printemps arabe qui ont conduit à l'intervention de l'OTAN en Libye ont mis à nu les lacunes de l'UMA dans ce domaine[1206].

L'UMA, créée en 1989, composée du Maroc, de la Libye, de l'Algérie, de la Tunisie et de la Mauritanie, participe à l'APSA (même si sa signature est entravée par le mode unanimitaire de décision de l'accord, par le fait que le Maroc n'est pas membre de l'UA et qu'il a quitté l'OUA le 12 novembre 1984, pour réagir à l'admission de la RASD).

Au titre de l'APSA, devait se constituer une brigade régionale en attente ou NARC (*North African Regional Capacity*) pour prêter assistance dans les OMP de l'UA.

Bien qu'à titre individuel, ses membres aient participé à des OMP (ONUC, ONUSOM I et II, UNAVEM I, II et III, MONUC, ONUCI, MINURCAT, etc.), une conjonction des efforts au titre du NARC ou de l'UMA est à peine perceptible, l'Afrique du Nord ayant été durement éprouvée soit par le terrorisme (GSPC, Al Qaïda, GIA, AQMI), soit par ce qu'il est convenu d'appeler le Printemps Arabe en Égypte, Libye et Tunisie[1207], peinant à fonctionner en raison des situations internes auxquelles ses membres sont confrontés, en dépit des dispositions de l'art. 13 du Traité de Marrakech sur les questions de paix et de sécurité[1208].

[1206] Rés. 1973 du CSNU du 17.03.2011 et Res. 1970 du 26 février 2011.

[1207] Voir, la contribution du Maroc aux OMP : Un engagement continu pour la paix, en ligne : www.diplomatie.ma (Consulté le 05 aout 2014) ; Saidy, Brahim (dir.) (2013). *L'OTAN et le Maghreb.* Paris : L'Harmattan : 198; la participation tunisienne aux OMP de l'ONU, www.diplomatie.gov.tn (Consulté le 05.08/2014).

[1208] Ndiaye, Papa Samba (2014). *Les organisations internationales africaines et le maintien de la paix.* Paris : L'Harmattan : 338; Kpodar, Adama (2002). *Réflexion sur la régionalisation du MPS collectif. L'exemple de l'Afrique de l'Ouest.* Thèse de Doctorat. Poitiers; Luntumbue, Michel (2012, mai). « Le Partenariat Afrique-UE à l'épreuve de la crise libyenne ». *Note d'Analyse du GRIP* : 17. www.grip.org/fr; Berthelot, Pierre (2011). « Les relations entre les

La création d'un Conseil de la Défense commune en 1990 n'a pas eu les effets escomptés en termes de prise en charge des questions de paix et de sécurité en raison du leadership querellé des Chefs d'État de l'Afrique du Nord ; le dépassement de ces obstacles pourrait renforcer la coopération. C'est surtout sur le terrain de la lutte anti-terroriste que des efforts probants de coopération, avec les partenaires occidentaux (France, USA, UE, OTAN) et de la boucle sahélo-saharienne, ont été remarqués.

En revanche, l'Afrique Centrale dispose d'un certain nombre de mécanismes de prévention et de règlement des crises et conflits. Depuis la guerre civile de 1960 et l'ONUC qui en a résulté, cette partie du continent reste un théâtre majeur de crises et de conflits touchant la RDC (ex-Zaïre), le Tchad, la RCA, le Congo-Brazzaville, le Cameroun (guerre contre le Nigeria) pour les ressources naturelles ou pour s'emparer du pouvoir. Les NU et l'OUA/UA y ont mis en place diverses OMP avec des mandats souvent transformées dans toute la palette de prévention à gestion jusqu'à la consolidation de la paix. Parallèlement à ces situations d'insécurité qui ont généré des opérations de paix, l'Afrique centrale s'est aussi illustrée par de nombreuses tentatives de regroupements (fédérations avortées, OI d'intégration ou de coopération) au gré de la fluctuation de leaderships présidentiels, d'enjeux géostratégiques rénovés ou continus entre États pétroliers, nouveaux eldorados ou puissances régionales en construction.

Deux OI aux ambitions quasi-identiques ont développé des stratégies politiques et des cadres normatifs, louvoyant entre Intégration économique et appropriation politique de mécanismes sécuritaires (la CEEAC et la CEMAC), sans compter l'influence de puissances extérieures comme la France, l'UE, l'OTAN, les États-Unis et la Chine.

Cet enchevêtrement de normes, de structures, d'intérêts géostratégiques fait apparaître l'Afrique centrale comme un important enjeu dans les relations internationales[1209].

La CEMAC[1210], bien qu'occultant la dimension sécuritaire de ces traités, s'est résolue de lui conférer une portion congrue. Aussi, admet-elle que « la paix et la sécurité conditionnent de manière fondamentale le développement économique des pays membres pris individuellement et collectivement »[1211]. Ainsi, la CEMAC a-t-elle été à l'origine de la Force Multinationale en Centrafrique (FOMUC) déployée du 2 octobre 2002 au 30 juin 2007[1212]. Cette

---

États de l'Union du Maghreb arabe et l'Union africaine ; coopération ou confrontation ? ». *Géostratégiques* (32) : 119-128, 3e trimestre.

1209 GODONOU DOSSOU, John « Forces et enjeux de l'intégration sous-régionale : CEMAC/CEEAC » www.peaceresearch.org.

1210 Créée par le Traité du 16 mars 1994 révisé le 25 juin 2008.

1211 § 2 Préambule du Pacte de Non Agression, de Solidarité et d'Assistance mutuelle entre les États membres de la CEMAC du 28 janvier 2004, www.cemac.int.

1212 COULON, Jocelyn (2012). *Dictionnaire mondial des opérations de paix, 1948-2011.* Réseau francophone de recherche (ROP). Montréal : Athéna Éditions.

initiative découle de l'état d'insécurité dans la sous-région, marquée par des guerres civiles : Congo (1997), Tchad (dans les années 80), RCA (depuis la décennie 1980 jusqu'à la récente crise de 2013-2014), le Cameroun (conflit armé avec le Nigeria). L'espace CEMAC est actuellement en proie à la piraterie maritime[1213] ou de tensions entre dans le Tchad et le Soudan mais aussi d'incursions de phalanges terroristes de BOKO HARAM (du Nigeria vers le Cameroun), etc.[1214].

Sur le plan normatif, en dehors du Pacte CEMAC précité, assorti (comme pour la CEDEAO) d'un accord d'extradition et d'un accord de coopération judiciaire, la zone CEMAC s'est surtout illustrée par l'opération de la FOMUC en RCA, financée par la FPA de l'UE. Dans son mandat progressivement élargi, la FOMUC avait en charge la supervision des élections en RCA, l'assistance au processus de transition et la réconciliation nationale, la défense des institutions de l'État.

Plus englobante que la CEMAC, la CEEAC est l'OIA reconnue comme CER et pilier ou acteur de terrain dans le cadre de l'APSA. Composée des six États membres de la CEMAC (Gabon, Cameroun, Congo, RCA, Guinée Équatoriale et Tchad) en sus de Sao Tome et Principe, de la RDC, de l'Angola et du Burundi, la CEEAC évolue dans une région caractérisée par une grande superposition d'OI sous-régionales comme la CIRGL, la CEPGL, le COMESA, la COMIFAC[1215], l'OHADA, la SADC.

Sortie d'une longue léthargie (1993-1997), bien que fonctionnant depuis 1985, la CEEAC est empêtrée dans diverses situations d'insécurité prévalant en Afrique centrale[1216].

1213 LUNTUMBUE, Michel (2012, septembre). « Piraterie et insécurité maritime dans le Golfe de Guinée : défis et enjeux majeurs d'une gouvernance maritime » Note d'analyse du GRIP. Bruxelles. www.grip.org/fr.
La CEEAC, la CEDEAO, la Commission du golfe de Guinée (CGG), avec le concours d'organisations partenaires, telles que l'Organisation maritime de l'Afrique de l'Ouest et du Centre (OMAOC) et l'Organisation maritime internationale (OMI), coopèrent pour la mise en place d'un cadre stratégique intégré pour la lutte contre la piraterie et le crime organisé dans les pays baignés par les eaux du Golfe de Guinée. Le 11 septembre 2014, a eu lieu l'inauguration du siège du Centre Interrégional de sécurité et de sûreté maritimes en Afrique centrale et occidentale (CIC), mis sur pied au terme d'un sommet organisé le 25 juin 2013 à Yaoundé, sur la Piraterie maritime. Il regroupe les pays membres de la Communauté Économique des États de l'Afrique Centrale (CEEAC), de la Communauté Économique des États de l'Afrique de l'Ouest (CEDEAO), et la Commission du Golfe de Guinée (CGG). www.afrik.com (consulté le 15 septembre 2014).

1214 GNANGUENON, Amandine (2013). « Les défis stratégiques africains : gestion de la conflictualité en Afrique centrale ». *Études de l'IRSEM.* (25).

1215 La COMIFAC (Commission des forets d'Afrique centrale) a été créée en 1999 par la Déclaration de Yaoundé, faite à l'issue du Sommet des Chefs d'État du Cameroun, République du Congo, Gabon, Guinée équatoriale, République centrafricaine, Tchad. L'objectif est la protection des écosystèmes forestiers du Bassin du Congo.

1216 GODONOU DOSSOU, John, « Forces et enjeux de l'intégration sous-régionale : CEMAC/CEEAC ». *op. cit.* : 14 et suivantes.

Dans cet environnement marqué par une insécurité encore pendante, faite de rébellions, de crises institutionnelles, de piraterie maritime, d'obstacles à la libre circulation des personnes, de violations flagrantes des Droits de l'Homme (surtout en RDC et RCA), de contentieux électoraux, d'infiltrations terroristes et de prédation des Grandes puissances et Compagnies multinationales sans compter les convoitises d'États voisins, la promotion de la paix et de la sécurité décidée à partir de 1998, tarde encore à porter ses fruits malgré les efforts institutionnels, le cadrage normatif et l'appui de l'UA, de l'ONU et de partenaires comme la France, la Chine, les États-Unis ou l'Afrique du Sud[1217].

Dans cette atmosphère délétère où font figure d'exception le Gabon, Sao Tomé et Principe, la Guinée-Équatoriale voire le Cameroun, la CEEAC en tant que CER, participe à la mise en œuvre de l'APSA. La Région fait régulièrement l'actualité des OMP de l'UA ou de l'ONU, en raison du climat d'insécurité, des richesses locales pétrolières ou minières et surtout du climat politique peu apaisé, avec comme corollaires, des contentieux électoraux à répétition, des conflits récurrents d'accaparement du pouvoir politique sur fond de défiance (ou déviance) de l'autorité de l'État, de prolifération d'ALPC, de milices, d'exploitation illégale de ressources naturelles et de positionnement stratégique des Grandes puissances.

La CEEAC dispose d'un Pacte de Non Agression signé à Yaoundé le 8 juillet 1996, d'un Mécanisme COPAX[1218], intégré à la CEEAC.[1219] En sus, le Protocole du 24 février 2000 adopté à Malabo, formalise et finalise les décisions de 1999, offrant un cadre institutionnel et normatif de paix et de sécurité aux États membres de la CEEAC.

Le Conseil de Paix et de Sécurité (COPAX) est l'organe de promotion de MP et de concertation politique (article 2). Le Protocole couvre la prévention et le règlement des conflits, la consolidation, l'établissement de mesures de confiance, le règlement pacifique des différends, la facilitation de la médiation, la non agression et l'assistance mutuelle en matière de défense, la lutte contre l'immigration clandestine, la gestion concertée du problème des réfugiés, personnes déplacées, ex-combattants, le développement de missions civiles et militaires et la culture de la paix (article 4).

En dehors de la CEG et du CM, les instances du COPAX incluent le Secrétaire Général, la Commission Défense et Sécurité. Les Chefs d'État ont plénitude de compétences pour la prise de mesures appropriées dans ces domaines, décident de la mise en place de la FOMAC (unités civiles et militaires ou de police) et veillent au fonctionnement du MARAC en parallèle

---

[1217] GRIP (2014). « Architecture et contexte sécuritaire de l'espace CEMAC-CEEAC ».Bruxelles : 32 www.grip.org.

[1218] Décision 001/Y du 25 février 1999 créant un mécanisme de promotion, de maintien et de consolidation de la paix et de la sécurité dans la sous-région.

[1219] Par la Décision 01/CCEG/IX/99 du 26 juin 1999.

avec la nomination d'un Représentant Spécial et du Commandant de la Force (article 8).

Le Conseil des Ministres du COPAX, autre organe collégial composé des MAE, Défense, Intérieur, Sécurité, prépare et suit les décisions de la CEG (art. 11 et 12).

L'organe spécifique est la Commission Défense et Sécurité (CDS), instance consultative des Chefs d'État-major, Chefs de police, experts des Ministères concernés, qui s'occupe des aspects administratifs, techniques, logistiques, stratégiques et opérationnels des OMP (coûts, assistance aux personnes vulnérables, mandat de la FOMAC, règles d'engagement, composition des contingents, identification des zones d'intervention, manœuvres militaires) (art. 14) et de la stratégie de lutte contre toutes les formes de criminalité (art. 16).

La gestion permanente du COPAX est du ressort du Secrétaire Général. FOMAC et MARAC sont les mécanismes de mise en œuvre (art. 20). Un Secrétaire Général adjoint dirige le Département de l'Intégration Humaine, de la Paix, de la sécurité et de la stabilité (DIHPSS).

L'instrument d'observation, de surveillance, de prévention des crises et conflits dans l'espace CEEAC est le Mécanisme d'alerte rapide de l'Afrique centrale (MARAC) qui collecte et analyse les données par le truchement d'une banque de données, d'un Centre d'observation et de surveillance et de zones d'observation et de surveillance (art. 21 et 22).

Quant à la FOMAC, elle est le bras d'exécution sur le terrain avec ses composantes civiles, militaires ou de police pour les OMP et l'assistance humanitaire (articles 23, 24). Sa mise en œuvre est conditionnée en cas d'agression, de CAI, de CANI, de changement anticonstitutionnel de gouvernement ou « toute autre situation jugée préoccupante par la Conférence » (art. 25) à la demande d'un État membre, de l'OUA/UA ou de l'ONU (art. 26). Un Fonds d'affectation spéciale constitué de « contributions exceptionnelles des États membres » et des partenaires extérieurs, permet de financer les activités du COPAX (art. 27).

La FOMAC a pris le relais de la FOMUC (CEMAC) en RCA en mettant en action sa mission appelée MICOPAX (Mission de Consolidation de la Paix de la CEEAC en Centrafrique) et pour assurer la sécurité de la population, mettre en œuvre les accords de Libreville (Gouvernement du Général Bozizé – *SELEKA* de Michel Djotodia) avant que l'ONU ne reprenne en main cette OMP avec la Mission Internationale de Soutien à la Centrafrique (MISCA)[1220].

Par ailleurs, plusieurs exercices ou manœuvres militaires ont été organisés par la « certification APSA » : Opérations « BIYONGHO » (Gabon, 2003), « Bahr El Gazal I » (Tchad, 2005), « Sawa » (Douala, 2006), « Bahr El Gazal

---

[1220] POULAIN, Thomas et Nina GUTIEREZ (2013, juillet). « Historique de la MICOPAX ». *Réseau de Recherche sur les Opérations de Paix (ROP).*

II » (Tchad, 2007), « Kwanza » (Luanda, 2010) et « LOANGA 2014 » (prévu à Pointe Noire). Ces exercices sur carte (MAPEX) se font en collaboration avec les partenaires extérieurs, comme l'opération *BOALI* (avec la France) en même temps que l'opération française *SANGARIS*. Les États-Unis marquent régulièrement leur intérêt à ces exercices financés aussi par l'ACRI/ACOTA, soutenu par l'US-AFRICOM, sans omettre l'appui de l'UE à travers ses différents programmes (notamment l'EUFOR-RCA ou le Programme d'Appui Paix et Sécurité (PAPS)[1221].

Dans l'opérationnalisation de la FAA de l'APSA, la CEEAC avec son COPAX, doit mettre en place sa brigade régionale, son élément de planification et son dépôt logistique. Un Centre de formation et d'excellence est basé en Angola.

La Force Africaine en Attente de l'Afrique centrale (FAAC) est composée d'une Brigade (ECCASBRIG). Au niveau de l'ONU, sur demande du Président camerounais, Paul Biya, le Secrétaire Général Boutros Boutros-Ghali avait aidé à la création du Comité consultatif permanent des Nations Unies sur les questions de sécurité en Afrique centrale dans le but de réduire les aspects confligènes et restaurer la confiance entre les membres de la CEEAC. Ce Comité a été à l'origine de la proposition du Pacte de 1994 élargi à l'ensemble de la sous-région par un Pacte similaire du 8 juillet 1996 (à ne pas confondre avec le Pacte CEMAC du 28 janvier 2004).

Dans le cadre de la FAA[1222] pour le MP régional, la CEEAC est l'OIA choisie pour les éventuels déploiements dans le cadre des *scenarii* 1 à 6 ; la formation de la FAAC sera assurée par l'École du Génie de Brazzaville, l'École Militaire Régionale de Libreville, l'École Nationale des Forces de Sécurité Intérieure d'Awaé (Cameroun) et le Cours Supérieur Interarmées de Défense de Yaoundé[1223].

Une direction de la Sécurité humaine, créée en 2010, a pour charge d'étudier les causes d'insécurité. Le mandat de la MICOPAX jusqu'en 2013 a contribué à

[1221] Voir LUNTUMBUE, Michel (2014, janvier). « APSA : contours d'une Afrique de la Défense ». Note d'Analyse du GRIP. www.grip.org/fr; BRAECKMAN, Colette (2003). *Les nouveaux prédateurs : politique des puissances en Afrique centrale.* Paris : Fayard ; MEKA, Elie Mvie (2007). « Architecture de la sécurité et gouvernance démocratique dans la CEEAC » Friedrich Ebert Stiftung. Presses universitaires d'Afrique. Yaoundé; GRIP, (2014). Architecture et contexte sécuritaire de l'espace CEMAC-CEEAC. Bruxelles : 32 ; GUICHERD, Catherine (2012, avril). « L'investissement de l'UE dans la sécurité collective en Afrique centrale : un pari risqué ». *Occasional paper*. (95) : 64. www.iss.europa.eu (consulté le 06 aout 2014).

[1222] Document-cadre sur la mise en place de la FAA et du Comité d'état-major, Union Africaine, mai 2003.

[1223] Pour l'EMR de Libreville, quatre Chefs de file ont été retenus : le Congo pour la Police ; le Cameroun pour la Sécurité maritime ; l'Angola pour la Formation des Troupes et les Forces aériennes et le Gabon pour la Composante civile.

expérimenter les composantes CEEAC de l'APSA, même si le MICOPAX s'est retrouvé supplanté par la MISCA[1224] .

Par ailleurs, la CEEAC est très active par l'envoi et la supervision de missions d'observation électorale dans ses États membres. D'ailleurs, un projet de création d'une École sous-régionale de formation en matière électorale est en bonne voie. [1225]Au-delà du problème du financement des OMP et des accords particuliers des États membres avec les Grandes Puissances[1226], la CEEAC souffre du chevauchement d'OI. Ainsi, à titre illustratif, le Rwanda a quitté la CEEAC pour la SADC et la CEPGL et le Burundi, encore membre, applique plus la politique de sécurité de la CEPGL et du CIRGL que celle de la CEEAC ou de la CAE.

Sur un autre registre, la CEEAC a développé, en octobre 2007, son Programme Frontières (PF – CEEAC) qui s'inscrit dans le prolongement du Programme Frontières de l'UA (juin 1997) pour la sécurité transfrontalière. Un Comité d'Ambassadeurs et un Groupe d'Analyse Stratégique appuient les efforts du Secrétaire Général dans le domaine de la paix et de la sécurité.

D'autres régions d'Afrique ont aussi établi leur système sécuritaire.

B. La dynamique sécuritaire dans les régions orientale, australe et la Corne de l'Afrique

Une dynamique communautaire et sécuritaire très forte est sous-jacente dans les espaces territoriaux couverts par les CER comme la SADC, la CAE, le COMESA ou l'IGAD.

Ici également, le chevauchement d'OI d'intégration et de sécurité ne facilite pas toujours une lecture nette et une application correcte des mécanismes de paix et de sécurité prévus.

Relativement à l'Afrique orientale (identifiée ici par rapport à l'espace couvert par la CAE), les problèmes sécuritaires les plus remarqués sont les conflits interethniques (séquelles des génocides et violations graves du Droit International Humanitaire au Rwanda et au Burundi), les crises électorales (au Kenya, notamment), la menace terroriste des groupes comme *Al Qaïda* et *Al Shebab*, les conflits intercommunautaires (entre agriculteurs et pasteurs) et surtout la féroce rébellion de la Lord Resistance Army[1227].

[1224] Voir, Décision n° 2/CEEAC/CCEG/XIII/08 du 12 juin 2008 portant mandat de la Mission de la Paix (du 12 juillet au 31 décembre 2008) et Mission de Consolidation de la Paix (du 1er janvier 2009 à 2013) du CPS de l'Afrique centrale en République Centrafricaine.

[1225] Cf., « Mettre en œuvre l'architecture de paix et de sécurité (1) : l'Afrique centrale », Rapport Afrique de Crisis Group, n° 181, 7 novembre 2011, 45 p.

[1226] Guichoua, André (1997). « Les nouvelles politiques africaines de la France et des États-Unis d'Amérique vis-à-vis de l'Afrique centrale ». *Polis* (2) : vol. 4.

[1227] On signalera que le Kenya et l'Ouganda font partie à la fois de la CAE, du COMESA et de l'IGAD, que le Rwanda appartient à la fois à la CAE, au COMESA et à la CEPGL, que la Tanzanie est membre de la CAE et de la SADC et que le Burundi appartient à la CEEAC, à la

La sollicitation de l'ONU (MINUAR, MINUOR, ONUB) et de l'UA (Mission Africaine au Burundi, MIAB) a été souvent le fait de cette région dans des contextes de conflit de toutes sortes, par l'emploi de mécanismes de prévention, de règlement et de consolidation de la paix, des missions de bons offices au Kenya et en Ouganda. De même, la dynamique sécuritaire s'est souvent appesantie autour de la signature d'accords de paix comme au Burundi (Accord de Pretoria du 10 août 2003, accord de paix et de réconciliation du 28 août 2000).

Cette extrême complexité de l'architecture de sécurité d'Afrique orientale n'a pas empêché un consensus autour de la lutte contre la LRA et la traque de son dirigeant Joseph Kony avec *l'Initiative de Coopération Régionale pour l'Élimination de l'Armée de Résistance du Seigneur (ICL/LRA)* de l'Union Africaine[1228].

Le Mécanisme de Coordination de la Brigade régionale en attente de l'Afrique de l'Est (EASBRICOM) basé à Nairobi, partenaire dans le Protocole d'Accord de Coopération (UA – CER) coexiste avec le COMESA et l'IGAD.

Sur le plan international, le Traité de la CAE prévoit une politique de défense et de sécurité (art. 5§1), « la promotion de la paix, de la sécurité, de la stabilité et du bon voisinage (art. 5 § 2, f). Parmi ses principes fondamentaux, il est noté le règlement pacifique des différends, la bonne gouvernance, la démocratie, l'État de droit (art. 6). Les organes comme le Sommet (Chef d'État et de gouvernement), le Conseil (des Ministres) ont pouvoir de décision et de délibération sur toutes affaires de la Communauté (art. 10 à 15). Le volet paix et sécurité est pris en charge dans le traité, relativement aux affaires politiques (sécurité des États, sécurité de la CAE) (art. 123) mais aussi la coopération pour la paix régionale (art. 124), la défense (art. 125).

Pour la lutte contre le terrorisme qui est aussi très présent dans la région, l'arc des réponses programmatiques s'est traduit par la mise en place de *l'EAST AFRICAN COUNTER TERRORISM* (2003), de la *Combined Joint Task Force Horn of Africa* (2002) et de la *PAN-SAHELIAN INITIATIVE* devenue le *Transsaharian Counter Terrorism Partnership* (2005)[1229] avec des financements des États-Unis d'Amérique.

Dans le cadre de l'APSA, l'IGAD (composée de la Somalie, de Djibouti, de l'Éthiopie, de l'Érythrée, du Soudan, de l'Ouganda et du Kenya) avait, en 2004,

---

CAE et au COMESA. Voir IBTISSAM, Bahmane (2013, novembre). « Les communautés économiques régionales en Afrique ». Communication à la *6th International Conference on Economics and Management of Networks*. Agadir, Morocco: 18.

[1228] Rapport de la 380e Réunion du CPS PSC/PR/3 (CCCLXXX).

[1229] Voir MOUEN MOUEN, Vincent Pascal (2013, mars). « Le rôle des organisations sous-régionales en matière de lutte contre le terrorisme. » *Ex. Cathedra* (39) : 11 et suivantes. OCHOCHE, Sunday A. (2006). « Terrorism and Counter Terrorism. The African Experience » *in Thomas A., Imobighe et Agatha N. T. Eguavoen (eds.), Terrorism and Counter Terrorism. An African Perspective*. Heinemann Educational Books. Ibadan: 171 et suivantes.

été choisie comme CER pour l'Afrique orientale, malgré les critiques de la CAE et du COMESA. C'est pourquoi un mécanisme original de mise en œuvre à la jonction des trois OI (CAE – COMESA – IGAD) a été autonomisé avec l'EASBRIG (Brigade de l'Afrique de l'Est)[1230]. Quant à l'IGAD, le Kenya a été choisi comme nation-pilote avec un Centre d'excellence de formation en paix et sécurité. Aujourd'hui, la dynamique sécuritaire s'oriente vers la lutte contre la piraterie maritime dans la Corne de l'Afrique, la lutte contre le terrorisme à Djibouti et en Somalie (*Al Shebab*), le règlement des différends frontaliers (Kenya-Soudan, Éthiopie-Érythrée), les crises institutionnelles en Somalie. Un Plan Global de Stabilisation de l'IGAD adopté à Addis-Abeba en janvier 2012 est en cours de mise en œuvre.

Lors du 9e Sommet de l'IGAD en janvier 2002, a été adopté le Protocole pour la création d'un Mécanisme d'Alerte précoce et de réaction aux conflits (CEWARN), dont le siège institutionnel a été établi à Addis-Abeba depuis septembre 2002.

L'une des CER les plus actives avec la CEDEAO demeure certainement la SADC. Comme spécifié précédemment, l'Afrique du Sud, puissance régionale au leadership progressif au sein de l'UA et nation pilote de la SADC, est à la fois la locomotive communautaire et sécuritaire de l'Afrique australe. En l'occurrence, cette partie de l'Afrique est en proie à divers conflits armés (RDC, Ouganda), aux séquelles des génocides (Rwanda, Burundi), à des problèmes d'insécurité liée à l'exploitation de ressources naturelles, les résidus de la guerre entre RDC et Ouganda, Rwanda et Burundi en 1998, malgré les accords de Lusaka du 10 juillet 1999 (dont les États signataires Angola, Namibie, Ouganda, RDC, Rwanda et Zimbabwe) et certains mouvements de rébellion comme le Rassemblement Congolais pour la Défense de la Démocratie (Accord 31 août 1999) et le Mouvement pour la Libération du Congo (Accord du 1er août 1999) avec comme garants la SADC, l'ONU, l'OUA/UA et la Zambie.

De surcroît, la lutte contre certains mouvements de rébellion comme la LRA en Ouganda, les Forces Démocratiques de Libération du Rwanda (FDLR) vise à endiguer l'insécurité dans laquelle vivent les populations de certaines zones enclavées, montagneuses et difficiles d'accès.

Devant ces menaces à la paix et à la sécurité, la SADC a développé des mécanismes de réaction, notamment le Protocole de Windhoek d'août 2000 sur la coopération en matière politique, de défense et de sécurité (entériné à Blantyre en août 2001 et entré en vigueur en mars 2004).

À ce titre, la SADC créée par le Traité du 17 août 1992 (entré en vigueur le 03 septembre 1993) a complété ce Protocole par un Pacte de Défense mutuelle du 26 août 2003 (signé à Dar-Es-Salam). Une brigade de MP a été installée le 17

[1230] La discorde a conduit la Tanzanie à se tourner vers la SADCBRIG .La rétention de centres d'entraînement au Rwanda, en Ouganda et au Kenya n'est pas accueillie favorablement par certains États non membres de la CAE.

août 2007 à Lusaka. Les interventions, au Lesotho et en RDC, l'ont été sur le fondement du Traité.

Relativement au choix de la SADC comme CER[1231], cette OCA dispose d'un état-major doté d'un PLANELM[1232]. Un Centre d'excellence d'entraînement a été établi à Harare. Sa Brigade régionale d'attente (SADCBRIG), a été constituée en février 2007 avec un PLANELM à Gaborone[1233].

À bien des égards, la SADC a été confrontée à des crises majeures en Angola, RDC, Mozambique, Ouganda, Lesotho. Face à des conflits latents ou ouverts, des crises institutionnelles comme au Lesotho, la problématique de l'État de droit au Zimbabwe, elle a initié des médiations (Nelson Mandela, Thabo Mbeki, Dos Santos) ou des mécanismes de règlement et de gestion des conflits. En 1996, la SADC avait déjà mis en place l'Organe de politique de la défense et de la sécurité[1234].

La SADCBRIG a ficelé son processus d'opérationnalisation avec l'exercice *GOLFINHO et FTX* en septembre 2000 en Afrique du Sud[1235]. Il faut ajouter qu'en surimpression de *l'Organ on Politics, Defense and Security*, survit (de l'ex-SADCC) une Commission Inter-états de Défense et de Sécurité en Afrique australe (*Inter-State Defense and Security Commitee*)[1236].

Par ailleurs, il a été créé la SARPCCO (*South African Regional Police Chief Cooperation Organization)* en 1995 à Harare qui s'occupe de la lutte contre la criminalité transfrontalière[1237].

La mise en place de tous ces plans et programmes est aujourd'hui en activation avec la nouvelle crise institutionnelle créée par le coup d'état au Lesotho d'aout 2014.

1231 KAMTO, Maurice(2007). « Le rôle des accords et mécanismes régionaux en matière de maintien de la paix et de la sécurité internationales à la lumière de la Charte des Nations unies et de la pratique internationale ». *RGDIP* : 780; STRYDOM, Hennie (2003). « Peace and Security under the African Union ». *South African Yearbook of International Law*: 70-73; STALON, Jean-Luc (2007). « L'africanisation de la diplomatie de la paix ». *Revue internationale et stratégique* (6) : 47-58 ; Réunion d'Experts sur les relations entre l'UA et les Mécanismes régionaux pour la prévention, la gestion et le règlement des conflits, Addis-Abeba, 22-23 mars 2005(Doc.EXP/AU/RECS/ASF/4 (1).

1232 Sur les détails techniques des attributions et méthodes de travail des PLANELMS, voir Union africaine. Le processus de planification décisionnel de l'UA, Aide-mémoire, Processus de mandatement de l'Union africaine, Addis-Abeba, novembre 2009.

1233 Consulter, UA, Vingt et unième Réunion ordinaire de la Conférence, Rapport du Conseil de Paix et de Sécurité sur ses activités et l'état de la paix et de la sécurité en Afrique, Doc. Assembly/AU/5 (XXI), 26-27 mai 2013, Addis-Abeba.

1234 La SADC est composée de l'Afrique du Sud, Angola, Botswana, Lesotho, Malawi, Maurice, Mozambique, Namibie, RDC, Seychelles, Swaziland, Tanzanie, Zambie, Zimbabwe.

1235 LUNTUMBUE, Michel (2014, janvier). « APSA : contours d'une Afrique de la Défense ». Note d'Analyse du GRIP. *op. cit.*

1236 CILLIERS, Jakkie « Force africaine en attente. État des progrès… », *op. cit.* : 11.

1237 CHOUALA, Alexandre Yves (2003). « L'Afrique dans le nouveau partenariat international : Enjeux de civilisation et de puissance » *Études Internationales.* Vol. 34 : (1) : 58-78.

CONCLUSION GÉNÉRALE

Au terme de cette étude sur le droit régissant les OIA, et les principes qui en gouvernent les programmes et les projets, se dégage un ensemble d'observations.

De prime abord, la théorie générale des OIA a permis de passer en revue les éléments d'identité normative et institutionnelle partagés avec les autres OIG, faisant ainsi ressortir le droit de la responsabilité, le droit de la fonction publique, les règles relatives à la création, à l'agencement des organes, à l'admission, au retrait, à la suspension, à l'exclusion, à l'extinction, à la succession, aux réserves, à l'interprétation, aux finances et aux compétences expresses ou implicites.

Toutefois, la similarité entre le droit des OIA et le droit des autres OI à caractère universel ou régional, de coopération ou d'intégration, ne doit pas faire perdre de vue, les originalités textuelles et contextuelles de jaillissement de ces normes et de fonctionnement de ces organes.

En surimpression de la pléthore de textes de *hard law* ou de *soft law*, se profile une vive imagination créatrice d'OI dont les soubassements sont de plus en plus autonomes du droit classique.

Par ailleurs, l'observateur averti ne saurait que se réjouir (même modérément) du fait que tous ces principes et règles sont davantage éclairés par une jurisprudence vivante et innovante, que ce soit au niveau continental ou qu'il s'agisse de l'échelon sous régional.

Mais, au delà des apports du droit des OIA, l'attention doit se faire vive au regard du chevauchement et de la superposition d'OI ayant les mêmes objectifs et couvrant la même aire géographique, ce qui fonde la légitimité d'un plaidoyer en faveur de la rationalisation. En fait, la crainte des juristes n'est pas tant l'existence de toutes ces OIA, mais plutôt les éventuels conflits de normes et les conflits de compétences, d'où l'appel au dialogue des juges nationaux et communautaires et la collaboration nécessaire entre exécutifs nationaux et exécutifs communautaires ou autres organes de direction d'OI pour en dégrossir les aspérités.

Il est patent que la pluralité normative et organique n'aide pas à une étude simplifiée des OIA. Ceci n'est pas non plus facilité par le climat délétère généré par l'environnement de crises et de conflits latents ou ouverts, dans lequel les États et OI africains peinent à se dépêtrer.

La problématique des Droits de l'Homme, de la paix et de la sécurité est encore récurrente en Afrique, au point que, la viabilité des OIA et la réalisation des programmes communautaires, seront fortement tributaires de la maitrise de cet environnement de crises et de conflits.

Au surplus, la réussite des OIA est dépendante de la capacité de leurs géniteurs, à juguler les facteurs de conflictualité, à satisfaire les besoins croissants des populations en termes de sécurité humaine, à dérouler tous les segments du MP depuis la prévention jusqu'à la consolidation de la paix, que ce soit de manière autonome ou en collaboration avec les partenaires extérieurs au continent. De même le fétichisme normatif et institutionnel marqué par le recours systématique au façonnement des textes doit s'appuyer plus fortement sur la volonté souveraine des États à les respecter.

BIBLIOGRAPHIE GÉNÉRALE

I. OUVRAGES ET MONOGRAPHIES

ABI-SAAB, Georges (1980). *Le concept d'organisation internationale*. Paris : UNESCO.

ADAM, H.T. (1957). *Les établissements publics internationaux*. Paris : LGDJ.

AMVANE, Gabriel (2012). *Les rapports entre l'ONU et l'Union Africaine en matière de paix et de sécurité sur le continent africain*. Paris : Publibook.

ANKUMAH, Evelyn A. (1996). *The African Commission on Human and People's Rights: Practice and Procedures*. Dordrecht: Martinius Nijhoff Publishers.

ASSOCIATION POUR LA PRÉVENTION DE LA TORTURE (2006). *Protection des Droits de l'Homme en Afrique*. Recueil de textes. Genève : 395.

BA, Abdoul, Bruno KOFFI et Fethi SALHI (1984). *L'Organisation de l'Unité africaine*. Paris : Édition Silex : 712.

BADIE, Bertrand (1992). *L'État importé*. Paris : Édition Fayard : 334.

BARSAC, Tessa (2012). *La Cour africaine de justice et des droits de l'homme*. Paris : Pedone.

BASTID, Suzanne (1971-1972). *Le droit des organisations internationales*. Les cours de droit : 545.

BAYART, Jean-François, Béatrice HIBOU, Stephen ELLIS (1997). *La criminalisation de l'État en Afrique*. Bruxelles : Complexe Collection Espace international : 168.

BECART, Alain (1997). *Intégration et développement : Bilan et perspectives de la zone Franc en Afrique*. Éditions L'Harmattan : 330.

BENOIT, Yves (1975). *Indépendances africaines : Idéologies et réalités*. Paris : Édition Maspero. Tome 1 : 127.

BERMAN, Eric G., et Katie E. SAMS (2000). Peacekeeping in Africa: Capacities and Culpabilities. Geneva, Pretoria, United Nations.

BERROD, Fréderique (2003). *La systématique des voies de droit communautaire*. Paris : Dalloz : 1140.

BETTATI, Mario (1987). *Le Droit des Organisations internationales*. Paris : PUF : « Que sais-je ? » (2355).

BETTATI, Mario et Bernard KOUCHNER (1987). *Le devoir d'ingérence*. Paris : Denoël : 300.

BINEY, Ama *The political Thought of Kwame Nkrumah*. New-York : Palgrave Mac Millan.

BIPOUM WOUM, Joseph Marie (1970). *Le droit international africain*. Paris : BAM, tome V, LGDJ.

BIRD (1989, novembre). L'Afrique subsaharienne, de la crise à la croissance durable. Washington.

BLUMANN, Claude, Louis DUBOUIS (2005). *Droit institutionnel de l'Union Européenne.* Paris : Lexis Nexis Litec, 2e éd.

BOLLECKER-STERN, Brigitte (1973). *Le préjudice dans la théorie de la responsabilité internationale.* Paris : Pedone.

BOUCHER, F. et J. ECHKENAZI (2004). *Guide de l'Union européenne.* Paris : Nathan.

BOULOUIS, J ., M. DARMON , G. HUGLOJ (2001). *Contentieux communautaire.* Paris : Dalloz, 2eed.

BOURQUIN, Maurice (1954). *Histoire de la Sainte Alliance.* Genève : Georg.

BOUTROS-GHALI, Boutros (1969). *L'Organisation de l'Unité Africaine.* Paris : Édition Armand Colin : 189.

BRAECKMAN, Colette (2003). *Les nouveaux prédateurs : politique des puissances en Afrique centrale.* Paris : Fayard.

BRAUMANN, R. (1996). *Le dilemme humanitaire.* Paris : Ed. Textuel : 106.

BUCHMAN, Johannes (1962). *L'Afrique noire indépendante.* Paris : Édition Armand Colin : 434.

CABANIS, André, Michel Louis MARTIN (1999). *Les Constitutions d'Afrique francophone. Évolutions récentes*. Paris : Édition Karthala : 193.

CAHIER, Philippe (1959). *Les accords de siège.* Milan : Giuffré.

CAMARA, Nfally (2013). *La lutte contre le terrorisme international : contribution à l'étude de la pertinence des instruments juridiques de lutte contre le terrorisme en Afrique.* Thèse de Doctorat : Dakar : FSJP, UCAD : 474.

CARREAU, Dominique, Patrick JULLIARD (2010**).** *Droit international économique.* Paris : Dalloz.

CHOUKROUNE, Leila (1999). *La Chine et le maintien de la paix et de la sécurité internationale.* Paris : L'Harmattan.

CHRÉTIEN, Jean Pierre, Gérard PRUNIER (2000). *L'Afrique des Grands Lacs, deux mille ans d'histoire*. Paris : Flammarion-Aubier Édition : 224.

CISSOKHO, Sékéné Mody (2005). *Un combat pour l'unité de l'Afrique de l'ouest : la Fédération du Mali (1959-1960)*. Dakar : Nouvelles Éditions africaines du Sénégal : 257.

CLERGERIE, Jean-Louis (1997). *Le principe de subsidiarité*. Paris : Ellipses.

COHN, I. et G. S. GOODWIN-GILL (1995). *Enfants-soldats. Le rôle des enfants dans les conflits armés.* Une étude pour l'Institut Henry-Dunant. Genève. Coll. Droits et Libertés. Québec : Ed. Méridien.

COLLIARD, Claude Albert (1950). *Droit international et histoire diplomatique.* Paris : Domat Montchrestien.

COLLOQUE SUR LES DROITS COMMUNAUTAIRES AFRICAINS, des 27 et 28 avril 2006, Nouvelles Annales africaines (1), CREDILA, FSJP, UCAD.

COMBACAU, Jean et Serge SUR (2006). *Droit international public.* 7e édition. Paris : Montchrestien. XXVI – 813.

COMMISSION DE L'UNION AFRICAINE (2011, juillet). *État de l'intégration en Afrique.* Addis-Abeba : 252.

COMMISSION CEMAC (2009, janvier). *Tarif des Douanes*. Éditions SAAGRAPH : 551.

CONAC, Gérard et **Abdelfattah AMOR** (1994). *Islam et Droits de l'Homme*. Paris : Economica.

CONOIR, Ivan et Gérard VERNA (dir.) (2005). *Faire la paix. Concepts et pratique de la consolidation de la paix.* Laval : Presses de l'Université de Laval.

CORNEVIN, Robert, Marianne CORNEVIN (1974). *Histoire de l'Afrique. Des origines à la deuxième guerre mondiale*. Paris : Édition Payot : 4ᵉédition : 447.

COT, Jean-Pierre, Alain PELLET, Mathias FORTEAU (sous la direction de) (1991). *La Charte des Nations unies, commentaire article par article.* Paris : Economica. 3ᵉ éd.

COULON, Jocelyn (2012). *Dictionnaire mondial des opérations de paix, 1948-2011.* Réseau francophone de recherche (ROP). Montréal : Athéna Éditions.

COUSSY, Jean et Philippe HUGON (1991). *Intégration régionale et ajustement structurel en Afrique subsaharienne.* Ministère de la Coopération et du Développement. Études et documents. Paris : 171.

COUTURE, Ulric (2008, janvier). *Analyse de la participation chinoise aux opérations de maintien de la paix. Étude selon le postulat libéral, constructiviste et réaliste.* Mémoire de Science politique. Université du Québec à Montréal : 140

De BENOIST, Joseph Roger (1979). *La balkanisation de l'Afrique de l'Ouest francophone (AOF).* Abidjan-Dakar : Nouvelles Éditions africaines : 283.

De BENOIST, Joseph Roger (1987). *Église et pouvoir colonial au Soudan français, Administrateurs et missionnaires dans la Boucle du Niger (1885-1945).* Paris : Édition Karthala : 541.

De BENOIST, Joseph Roger (1982). *L'Afrique francophone française de 1944 à 1960.* Dakar : Nouvelles Éditions africaines (NEA) : 617.

DECAUX, Emmanuel (2008). *Droit international public.* Paris : Dalloz, Coll. Hypercours, 6ᵉ édition.

DECRAENE, Philippe (1970). *Le panafricanisme.* Paris : Presse Universitaire de France (P.U.F), « Que sais-je » : 128.

DECRAENE, Philippe (1983). *Vieille Afrique, jeunes nations.* Paris : Édition Presse Universitaire de France : 301.

De FROUVILLE, Olivier (2012). *Droit international pénal. Sources, incriminations et responsabilité.* Paris : Pedone.

De GRAUWE, Paul (1992). *The Economics of Monetary Integration.* Oxford-New York : Oxford University Press : 226.

DELMAS-MARTY, Mireille, **Emanuela FRONZA** et **Elisabeth LAMBERT-ABDELGAWAD** (dir.) (2004). *Les sources du droit international pénal.* Paris : Société de Législation comparée.

De MELO, Jaime, Arvind PANAGARIYA (1996). *New dimensions in Regional Integration.* Cambridge University Press : 504.

De SEDOUY, Jacques-Alain (2009). *Le Concert européen. Aux origines de l'Europe (1814-1914).* Paris : Fayard : 483.

De TTOQUEVILLE, Alexis (1986). *De la démocratie en Amérique.* Paris : Robert Laffont.

De VELASCO VALLEJO, Manuel Diez (2002). *Les organisations internationales.* Paris : Economica.

DELBEZ, Louis (1962). *Les principes généraux du contentieux international.* Paris : LGDJ.

DIAGNE, Pathé (1967). *Pouvoir politique traditionnel en Afrique occidentale : essai sur les institutions politiques précoloniales.* Paris : Présence africaine.

DIAGNE, Pathé (1973). *Pour l'unité ouest-africaine : micro-États et intégration économique.* Paris : Édition Anthropos : 371.

DIAKITÉ, Moussa (1998). *Le défi de l'intégration économique en Afrique de l'Ouest.* Paris : L'Harmattan.

DIALLO, Yolande (1978). *Traditions africaines et droit humanitaire.* Tome I. Genève : CIRC.

DIARRA, Eloi (1982). *Les aspects financiers de la CEAO.* Thèse : Paris : Sorbonne.

DIOP, Cheikh Anta (1960). *L'Afrique noire précoloniale.* Paris : Présence africaine.

DIOP, Cheikh Anta (1974). *Les fondements économiques et culturels d'un État fédéral d'Afrique noire.* Paris : Présence africaine.

DIOP, Cheikh Anta (1979). *Nations nègres et Culture. De l'antiquité négro-égyptienne aux problèmes culturels de l'Afrique noire d'aujourd'hui.* Paris : Présence africaine.

DIOP, Guité (2009, juin). *Sources régionales des Droits de l'Homme.* Sarrebrüche : Éditions universitaires européennes : 198.

DIOUF, Makhtar (1984). *Intégration économique, perspectives africaines.* Dakar : NEA.

DJIAN, Jean-Michel (2012). *Les Manuscrits de Tombouctou.* Paris : J.C. Lattès : 192.

DJIENA-WEMBOU, Michel-Cyr (1995). *L'OUA à l'aube du XXIe siècle : Bilan, Diagnostic et Perspectives.* Paris : BAM, Tome 52, LGDJ. : 403.

DJIGA, Habib Ahmed *Guide des procédures devant la Cour de justice de l'UEMOA.* Université de Ouagadougou : UFR-SJP. Centre d'Études européennes et de l'Intégration (CEEI) : 31.

DREYFUS, Simone (1987). *Droit des relations internationales*. Paris : Édition Cujas, 3e édition.

(1992). *Droit de l'homme et droit international.* Strasbourg : Édition du Conseil de l'Europe : 466.

DUBOS, Olivier (2001). *Les juridictions nationales, juge communautaire.* Paris : Dalloz.

DUBOUIS, Louis (2002). *Les grands textes du droit de l'Union européenne.* Tome I, 6e édition. Paris : Dalloz.

DUPUIS, Charles (2011). *Le Principe d'équilibre et Le Concert européen, de la Paix de Westphalie à l'Acte d'Algésiras.* Paris : Biblio Bazaar :538 .

DUPUY, Pierre Marie (1996). *Les grands textes du droit international public.* 1ère édition. Paris : Dalloz.

DUPUY, Pierre Marie (2006). *Droit international public.* 8e édition. Paris : Dalloz. XXVII : 849.

DUPUY, René Jean (dir.) (1998). *Manuel sur les Organisations internationales.* Paris : Nathan.

EDEM, Kodjo (1986). *Et demain l'Afrique.* Paris : Édition Stock.

FAU-NOUGARET, Matthieu et Luc Marius IBRIGA (dir.) (2014). *L'architecture de paix et de sécurité en Afrique.* L'Harmattan : 318.

FAU-NOUGARET, Matthieu (dir.) (2012). *La concurrence des organisations régionales en Afrique.* Paris : L'Harmattan : 456.

FAVROD, Charles-Henri (1977). *L'Afrique noire.* Paris : EDEMA : 237.

FERNANDEZ, Julian et Xavier PACREAU (2012). *Statut de Rome de la Cour pénale internationale. Commentaire article par article.* Paris : Pedone.

FIDH (2004). *Guide de la Cour africaine des Droits de l'Homme et des Peuples.* Genève : 116.

GEMDEV (1994). *L'intégration régionale dans le monde : Innovations et rupture.* Paris : Édition Karthala : 305.

GERARDIN, Hubert (1994). *La zone Franc : La dynamique de l'intégration monétaire et ses contraintes.* Paris : Édition l'Harmattan, tome 2 : 477.

GLELE AHANHANZO, Maurice (1986). *Introduction à l'OUA et aux organisations régionales africaines.* Paris : LGDJ.

GOLDSTEIN, Andrea (2002). *Le nouveau régionalisme en Afrique subsaharienne : L'arbre cache-il la forêt ?* Paris : Centre de Développement de l'OCDE. *Cahier de politique économique.* (20).

GONIDEC, Pierre-François (1987). *Les organisations internationales africaines : étude comparative.* Paris : Édition L'Harmattan : 303.

GONIDEC, Pierre-François (1996). *Relations internationales africaines.* Paris : LGDJ « Bibliothèque africaine et malgache » t. 52 : 208.

GONIDEC, Pierre-François (1997). *Les systèmes politiques africains.* Paris : Librairie générale de Droit et de Jurisprudences (LGDJ), 3e édition : 242.

GONIDEC, Pierre-Francois (1997). *Les nouvelles démocraties.* Paris : Librairie générale de Droit et de Jurisprudences (LGDJ), 3e édition : 242.

GOODWIN-GILL, G. S. (1983). *The Refugee in International law.* Oxford University Press. Oxford : Clarendon Press : 318.

GOURA, Bio Soule (2003). *Le rôle de l'agriculture dans la compétitivité ouest-africaine.* Paris : Club du Sahel et de l'Afrique de l'Ouest (CSAO) : 18.

GRIMAL, Henri (1965). *La décolonisation de 1919 à nos jours.* Paris : Édition Armand Colin : 407.

GUICHARD, Odette (1969). *Bandoeng et le réveil des peuples colonisés.* Paris : PUF « Que sais-je ? » 3e édition : 128.

HAGGENMACHER, Pierre (1983). *Grotius et la doctrine de la guerre juste.* Paris : PUF : 682.

HAMMOUDA Hakim Ben, Bruno BOKOLO-EBE, Mama TOUNA (1999). *L'intégration régionale en Afrique Centrale ; Bilan et perspective.* Paris : Édition Karthala : 311.

HAMMOUDA, Hakim Ben, Moustapha KASSÉ (2001). *L'avenir de la zone franc : perspectives africaines*. Paris : Édition Karthala : 515.

HARTLEY, C. Trevor (1994). *The Foundations of European Community Law: an introduction to the constitutional and administrative law of the European Community*. Oxford : Clarendon Press : 518.

HCR. (1995). *Les réfugiés dans le monde. En quête de solutions*. Paris : Édition La Découverte.

HCR. (1982). *Recueil de traités et autres textes de Droit international concernant les réfugiés*. Genève.

HCR. (1997). *Les Réfugiés dans le monde. Les personnes déplacées : l'urgence humanitaire*. Paris : Édition La Découverte : 295.

HCR. (1993). *Les Réfugiés dans le monde (l'enjeu de la protection)*. Paris : Édition La Découverte : 191.

HCR (1984). *Les enfants réfugiés, Principes directeurs concernant la protection et l'assistance*. Genève : 199.

HOUDAS, Octave (1981). *Le Tarikh-ès-Soudan*. Paris : Librairie d'Amérique et d'Orient. Maisonneuve : Traduction.

HOUDAS, Octave et Maurice DELAFOSSE (1913). *Tarikh El Fettach*. Traduction. Paris : Ernest Leroux.

HUDSON, Manley O. (1936). *La Cour permanente de Justice Internationale*. Paris : Pedone.

IBRIGA, Luc Marius, **Abou Saib COULIBALY, Dramane SANOU** (2008). *Droit communautaire ouest africain*. Université de Ouagadougou, Presses africaines : 510.

IBRIGA, Luc Marius, (dir.) (2013). *Le Partenariat Europe-Afrique et les intégrations régionales*. Bruxelle : Bruylant : 430.

ILIFFE, John (1997). *Les Africains, histoire d'un continent*. Paris : Flammarion Édition : 459.

IMOBIGHE, Thomas A. et Agatha N. T. EGUAVOEN (eds.) (2006). *Terrorism and Counter Terrorism. An African Perspective*. Ibadan : Heinemann Educational Books.

ISAAC, Guy (1999). *Le droit communautaire général*. 7e édition. Paris : Armand Colin.

JEPPE, Shamil et Souleymane Bachir DIAGNE (2008). *The meanings of Tombuctu*. Dakar : Codesria : 416.

KABOU, Axelle (1991). *Et si l'Afrique refusait le développement ?* Paris : Édition l'Harmattan : 208.

KANT, Emmanuel (1994). *La métaphysique des mœurs et le conflit des facultés*. (trad.) 1976. Paris : Flammarion.

KAMTO, Maurice (1996). *Droit de l'environnement en Afrique*. Paris : EDICEF/AUPELF Édition : 415.

KAMTO, Maurice (dir.) (2001). *La Charte africaine des Droits de l'Homme et des Peuples et le Protocole y relatif portant création de la Cour africaine des Droits de l'Homme*. Bruxelles : Bruylant.

KASSÉ, Moustapha (2003). *Intégration et partenariat en Afrique : de l'UEMOA au NEPAD*. Paris : Édition Silex.

KI-ZERBO, Joseph (1972). *Histoire de l'Afrique*. Paris : Hatier.

KONTCHOU KOUOMEGNI, Augustin (1977). Le système diplomatique africain. Pedone.

KPODAR, Adama (2002). *Réflexion sur la régionalisation du MPS collectif. L'exemple de l'Afrique de l'Ouest*. Thèse de Doctorat. Poitiers.

KWAM KOUASSI, Edmond (1987). *Organisations internationales africaines*. Paris : Berger Levrault.

LAVERGNE, Real (1996). *Intégration et coopération en Afrique de l'Ouest*. Paris : Édition Karthala et CRDI.

LE CORAN (1979). Traduction de Cheikh Si Hamza Boubakeur, 2 vol. Paris : Fayard : 2197.

LE DROIT DES ORGANISATIONS INTERNATIONALES (1997). *Recueil d'Études à la mémoire de Jacques SCHWOB*. Bruxelles : Bruylant.

MAIKASSOUA, Rachidatou Illa (2013). *La Commission africaine des Droits de l'Homme et des Peuples*. Paris : Karthala.

MALLEIN, Jean (1978). *La situation juridique des combattants dans les conflits armés non internationaux*. Thèse, Université de Grenoble, ORT.

MAUGENEST, Denis et Théodore HOLO (dir.) (2006). *L'Afrique de l'Ouest et la tradition universelle des Droits de l'Homme*. Abidjan : Les Éditions du CERAP.

MEDARD, Jean François (1992). *États d'Afrique noire, formation, mécanismes et crises*. Paris. Édition Karthala.

MOUSSE, Jean (1997). *Le contentieux des organisations internationales et de l'Union Européenne*. Bruxelles : Bruylant.

NDAO, Papa Alioune (2008). *La francophonie des pères fondateurs*. Agence universitaire de la Francophonie (AUF). Paris : Éditions Karthala : 260.

NDIAYE, Guédel (1980). *L'échec de la Fédération du Mali*. Dakar : NEA : 194.

NDIAYE, Papa Samba (2014). *Les organisations internationales africaines et le maintien de la paix*. Paris : L'Harmattan : 338.

NDIAYE, Tafsir Malick (1992). *Matières premières et Droit International*. Dakar : Nouvelles Éditions africaines du Sénégal (NEAS) : 400.

NGUYEN, Quoc Dinh, Patrick DAILLIER et Alain PELLET (2002). *Droit international public*. 7e édition. Paris : LGDJ : 1510.

NKRUMAH, Kwame (1963). *Africa must unite*. London : Heinemann. Traduction française. Paris : Payot, 1964.

NUSSBAUM, Arthur (1954). *A concise History of the Law of nations*. New York : McMillan : 376.

OLAWALE, T. Elias (1961). *La nature du droit coutumier africain*. Dakar : Édition Présence africaine.

OLOKO, Gilbert (1991). *Le néo-panafricanisme*. Indiana University : Panafrica Plus.

ORUNO, D. Lara (2000). *La Naissance du panafricanisme*. Paris : Maisonneuve & Larose.

OUALI, Kamandini (1982). *La CEAO.* Paris : Economica.

OUGUERGOUZ, Fatsah (1993). *La Charte africaine des Droits de l'Homme et des Peuples.* Paris : PUF.

PACTET, Pierre et Ferdinand MELIN-SOUCRAMANIEN *Institutions politiques et Droit constitutionnel*. Paris : A. Colin, 23e édition.

PADMORE, George (2000). *Panafricanisme ou Communisme ? La prochaine lutte pour l'Afrique.* Paris : Présence africaine.

PENAUD, Jeanne (1997). *La fonction publique internationale. Lexique commenté.* Paris : La Documentation française.

POUGOUE, Paul Gérard, Jean Marie TCHAKOUA et Alain FENEON (2000). *Droit de l'arbitrage dans l'espace OHADA*. Yaoundé : Presses universitaires d'Afrique.

RANJEVA, Raymond (1978). *La succession d'OI en Afrique*. Paris : Pedone.

RIDEAU, Joel (ed) (1998). *Le droit au juge dans l'Union Européenne.* Paris : LGDJ.

RICCA, **Sergio** (1989). *Les migrations internationales africaines.* Paris : L'Harmattan : 280.

RIGAUX, François (1977). *Droit public et droit privé dans les relations internationales.* Paris : Pedone.

ROUSSEAU, Jean Jacques (1964). *Le contrat social.* Œuvres complètes. Paris : Gallimard. (3 volumes).

ROUYER-HAMERAY, Bernard (1962). *Les compétences implicites des organisations internationales.* LGDJ.

SAIDY, Brahim (dir.) (2013). *L'OTAN et le Maghreb.* Paris : L'Harmattan : 198.

SALL, Alioune (2006). *Les mutations de l'intégration des États de l'Afrique de l'ouest.* Paris : L'Harmattan.

SALL, Alioune (2011). *La justice de l'intégration.* Dakar : CREDILA.

SALMON, Jean (sous la direction de) (2001). *Dictionnaire de Droit International Public.* Bruxelles : Bruylant.

SANTULLI, Carlo (2005). *Droit du contentieux international.* Paris : Montchrestien XI : 584.

SATCHIVI AMAKOUE, Francis (2001). *Le déclin de l'État en droit international public.* Paris : L'Harmattan.

SCHINDLER, Dietrich et **Jiri TOMAN** (1996). *Droit des conflits armés.* Genève : CICR/Institut Henri Dunant : 1470.

SENGHOR, Léopold Sédar (1967). *Les fondements de l'africanité.* Paris : Présence africaine.

SIDJANSKI, Dusan (1973). *Problèmes actuels d'intégration économique : le rôle des institutions dans l'intégration régionale entre pays en voie de développement.* New York : CNUCED.

SIM, Rémy (2003). *Panafricanisme : les nouvelles perspectives.* Londres : Éditions Nekhen.

SINJOUN, Luc (2002). *Sociologie des relations internationales africaines.* Paris : Édition Karthala : 243.

SINKONDO, Marcel H. (1999). *Droit international Public.* Paris : Ellipses : 512.

SIOTIS, Jean (1963). *Essai sur le secrétariat international.* Genève : Droz.

SFDI (1986). *Les Nations unies et le droit international économique.* Paris : Pedone.

SOLDATOS, Panayotis (1989). *Le Système institutionnel et politique des Communautés européennes dans un monde en mutation : théorie et pratique.* Bruxelles : Bruylant.

SOREL, Jean Marc (1998). *Droit des Organisations internationales.* LGDJ.

STERN, Brigitte (1998). *Vingt-ans de jurisprudence de la Cour Internationale de la Justice 1975-1995, La Haye.* Martinius Nijhoff : 1055.

SURBIGUET, Marcel F. et Pascal VAGOGNE (ed.) *Ministère des Affaires étrangères : Liste des traités et accords de la France en vigueur au 1er octobre 1988.* Paris : Direction des Journaux officiels : 1176.

TAKAM, Gatsing Hermine Kembo (2014). *Le système africain de protection des Droits de l'Homme : un système en quête de cohérence.* L'Harmattan.

TALL, Saidou Nourou (2012, mai). *Théories et réalités du Droit international humanitaire. Contribution à l'étude de l'application du droit des conflits armés en Afrique noire contemporaine.* Sarrebruck : Éditions universitaires européennes : 514.

TARDY, Robert (1968). *La société Air Afrique.* Thèse de Droit. Bordeaux.

TAVERNIER, Paul et Christof HEYNS (dir.) (2006). *Recueil juridique des Droits de l'Homme en Afrique.* Bruxelles : Bruylant.

TCHICAYA, Blaise (2014). *Droit de l'Union africaine : Principes, institutions et jurisprudence.* Paris : Berger-Levrault : 247.

TEMPELS, R. P (1965). *La philosophie bantoue.* Paris : Présence africaine : 5e édition.

TENIER, Jacques (2003). *Intégrations régionales et mondialisation. Complémentarité ou contradiction.* Paris : La Documentation française.

TEVOEDJRE, Albert (1958). *L'Afrique révoltée.* Paris : Présence africaine.

THIAM, Cheikh Tidiane (2000). *Cours d'Institutions internationales.* Dakar : FSJP, UCAD (polycopié).

TOE, Richard (1997). *La décentralisation au Mali. Ancrage historique et dynamique socioculturelle.* Bamako : MDDR.

UNICEF (1996). *La situation des enfants dans le monde.* New-York/Genève.

VAN RAEPENBUSCH, Sean (2004). *Droit institutionnel de l'Union et des communautés européennes.* 4e édition. Bruxelles : De Boeck et Larcier Université.

VASAK, Karel (dir) (1978). *Les Dimensions internationales des Droits de l'Homme.* Paris : UNESCO : 509.

VASAK, Karel (dir) (1986). *Les Dimensions internationales du Droit humanitaire.* Paris : Pédone/IHD/UNESCO : 360.

VERHOEVEN, Joe (2001). *Droit de la Communauté européenne.* Bruxelles : De Boeck et Larcier : 501.

VIRALLY, Michel (1972). *L'organisation mondiale.* Paris : Armand Colin.

WADE, Abdoulaye (2005). *Un destin pour l'Afrique.* Paris : Édition Michel Laffont.

WEBER, Max (1964). *L'éthique protestante et l'esprit du capitalisme.* Paris : Plon.

WODIE, Francis Vangah (1970). *Institutions internationales régionales en Afrique occidentale et centrale.* Paris : LGDJ.

YABI, Gilles O. (2010). *Le rôle de la CEDEAO dans la gestion des crises politiques et des conflits. Cas de la Guinée et de la Guinée-Bissau.* Abuja : Friedrich Ebert Stiftung.

YAKEMTCHOUK, Romain (1971). *L'Afrique en droit international.* Paris : LGDJ.

YAO-NDRE, Paul (1996). *Droit des organisations internationales.* Abidjan : Presses universitaires de Côte d'Ivoire.

YENNET, Emeka Valère (1996). *La Charte Africaine des Droits de l'Homme et des Peuples.* Paris : L'Harmattan.

II - ARTICLES (revues scientifiques, électroniques et de presse, Cours, Communications)

ABOU, Selim (1992). « Le droit à la différence et ses avatars ». *Cultures et Droits de l'Homme.* Paris : Hachette. Coll. Pluriel.

ADJOVI, Roland (1999). « Questionnement sur l'ECOMOG : Liberia, Sierra-Leone et Guinée-Bissau ». *Lettre de l'OPSA* (2).

ADJOVI, Roland « Dossier du Pôle Afrique de Sentinelle, Cour africaine des Droits de l'Homme et des Peuples, l'Affaire Rev. Mtikila c. Tanzanie du 02/09/2013 ». www.sentinelle.droit-international.fr.

AIVO, Fréderic-Joël (2009). « La Communauté des États Sahélo-Sahariens (CEN-SAD) : Acteur complémentaire ou concurrentiel de l'Union africaine ? » *Annuaire français du Droit International* : 469-495.

AMOUSSOU-GUENOU, R (1996). « L'arbitrage dans le Traité relatif à l'harmonisation du droit des affaires en Afrique ». *RDAI* (3) : 321.

ANGO-ELA, Paul (1996, automne). « La coopération militaire franco-africaine et la nouvelle donne des conflits en Afrique ». *Relations Internationales et Stratégiques* (23) : 178 et suivantes.

ANKER, Lane (2005, été). « Le maintien de la paix et l'opinion publique ». *Revue militaire canadienne* : 23-32.

ANSTEE, Margaret (1993, décembre). « L'ONU et le maintien de la paix ». *International Relations* XI (6) : 495-511.

ANUKPE OVRAWAH, O. (1994, mars). « Harmonisation of Laws within the Economic Community of West African States (ECOWAS) ». *RADIC.* Volume 6 (1) : 76.

ARKOUN, M. (1989, janvier). « Les origines islamiques des Droits de l'Homme ». *Revue des Sciences morales et politiques* : 25-37.

ATANGANA AMOUGOU, Jean-Louis « Commentaire de l'article 46 de la Charte africaine des Droits de l'Homme et des Peuples » *in Maurice Kamto, La Charte africaine des Droits de l'Homme et des Peuples et le Protocole y relatif portant création de la Cour africaine des Droits de l'Homme* : 905-906.

ATANGANA AMOUGOU, Jean-Louis (2001, juillet-décembre). « La Commission africaine des Droits de l'Homme et des Peuples » *Droits fondamentaux* (1) : 91-117.

BAGAYOGO-PENONE, Niagalé « Contribution de l'Organisation internationale de la Francophonie aux opérations de maintien de la paix ». www.operationspaix.net.

BANEGAS, Richard (1998, automne). « De la guerre au maintien de la paix : le nouveau business ». *Critique Internationale.* (1) : 179-194.

BANGOURA, Dominique (2002). « Les Forces africaines de paix » *Géopolitique africaine* (7) et (8).

BAYART, Jean-François (1998, juin). « Même la guerre se privatise ». *Croissance.* (416) : 50.

BELLO, Emmanuel, « African Customary humanitarian law ». *ICRC.* Geneva: Oyez Publishing Limited : 16 -19.

BEN ACHOUR, Yadh (1980, mars-avril). « Islam et Droit humanitaire ». *RICR* (tiré à part) : 11.

BERTHELOT, Pierre (2011). « Les relations entre les États de l'Union du Maghreb arabe et l'Union africaine ; coopération ou confrontation ? ». *Géostratégiques* (32) : 119-128, 3e trimestre.

BETTATI, Mario (2004/2). « L'usage de la force par l'ONU ». *Revue Pouvoirs* (109) : 111-123.

BIPELE-KEMFOUEDIO, J. (2009). « Droit communautaire d'Afrique centrale et Constitutions des États membres : la querelle de la primauté. ». *Annales de la FSJP de l'Université de Dschang.* Tome 13 : 109.

BINDSCHEDLER, R. L. « La délimitation des compétences des Nations-unies ». *Recueil des Cours de l'académie de droit international.* Volume 108 : 312-421.

BORELLA, François (1961). « les regroupements d'États dans l'Afrique indépendante ». *AFDI* : 787-807.

BORELLA, François (1963). « Le régionalisme africain et l'OUA » *AFDI.* Vol. 9 : 838-865.

BORGO, Pierre (2010). « Les empires africains, 1ère approche ». *Journal de Droit international.*

BOUKONGOU, Jean-Didier (2006). « Le système africain de protection des droits de l'enfant. Exigences universelles et prétentions africaines », *in* Journée d'études du 15 juin 2006 sur L'enfant. *Cahiers de la recherche sur les droits fondamentaux* (Caen). (5) : 97-108.

BOUKRIF, Hamid (1998). « La Cour africaine des Droits de l'Homme et des Peuples : un organe judiciaire au service des Droits de l'Homme et des Peuples en Afrique ». *10 RADIC* : 60-87.

BRADUEL, P.R. (1996). « Le territoire d'État, entre imposition et subversion : exemples saharo-sahéliens ». *Cultures et Conflits* (21-22) Spring/Summer. Paris : L'Harmattan : 41 et suivantes.

BRODEUR, Jean-Paul (1998, automne-hiver). « Maintien et imposition de la paix en Somalie (1992-1995) Partie I ». *Culture et Conflits.* (29-30) : 1-12.

BURGORGUE-LARSEN, Laurence (2003). « Le fait régional dans la juridictionnalisation du droit international » *in SFDI, La juridictionnalisation du droit international.* Colloque de Lille. Pedone : 222.

BUNDU, Abass (1986). « La CEDEAO et l'avenir de l'intégration en Afrique de l'Ouest » in *Intégration et coopération régionale en Afrique de l'Ouest.* Karthala : 41.

CAHIN, Gérard (2000). « Les Nations unies et la construction de la paix en Afrique : entre désengagement et expérimentation ». *RGDIP* : 16 et suivantes.

CAVARE, Louis (1956). « La notion de juridiction internationale ». *AFDI* : 496-509.

CHAMBAS, Mohamed et Amaning KINGSLEY (2005). « Dynamique des conflits en Afrique de l'Ouest : les défis de la CEDEAO » *in* Ivan Conoir et Gérard Verna (dir.). *Faire la paix. Concepts et pratique de la consolidation de la paix.* Presses de l'Université de Laval : 520 et suivantes.

CHARPENTIER, Jean (1976). « Autodétermination et décolonisation » in *Le droit des peuples à disposer d'eux-mêmes. Annuaire du Tiers-monde* : 15.

CHARPENTIER, Jean « Quelques réflexions sur la personnalité juridique des organisations internationales : réalité ou fiction ? » in *Le droit des organisations internationales*. Recueil d'études en l'honneur de Jacques Schwob : 4-17.

CHAUMONT, Charles (1964). « La signification du principe de spécialité dans les organisations internationales » *in Problèmes du droit des gens.* Mélanges offerts à Henri Rolin. Pedone : 536.

CIFENDE, KACIKO, M. (2004). « Les conditions de recevabilité des communications individuelles devant la Commission Africaine des Droits de l'Homme et des Peuples — Portée jurisprudentielle ». *Revue de droit international et de droit comparé* (Bruxelles) : 266-315.

CILLIERS, Jakkie (2008, mars). « Force africaine en attente. État des progrès dans sa mise en place » *Institute for Security Studies.* (160).

CILLIERS, Jakkie (2004). « L'Afrique et le terrorisme ». *Afrique contemporaine* : 84-88.

CHOUALA, Alexandre Yves (2003). « L'Afrique dans le nouveau partenariat international : Enjeux de civilisation et de puissance » *Études Internationales.* Vol. 34 : (1) : 58-78.

CHUBIN, S. (1991, février). « Les conflits dans le Tiers-monde : tendances et perspectives » RISS (127) : 53-170, UNESCO/ERES.

COULON, Jocelyn et al. « Qu'est-il advenu du Maintien de la Paix ? », Institut Canadien de la Défense, 2000, 71 p.

DABOYA, Awa Nana « La Cour de Justice de la CEDEAO et la protection des Droits de l'Homme » in Conférence sur le droit, *op. cit.*

DAILLIER, Patrick (1996). « La fin des OMP ». *AFDI.* vol. 42 : 62-78.

DALLAIRE, Roméo A. (1998). « La fin de l'innocence : Rwanda 1994 », in J. Moore (ed.) Des choix difficiles : les dilemmes moraux de l'action humanitaire ». Paris : Gallimard : 459 (pp. 105-124).

De BELLESCIZE, Gabriel (1999, juillet-septembre). « Le maintien de la paix en Afrique : la France et le Programme RECAMP ». *Afrique Contemporaine* (191) : 7-28.

DIAITE, Ibou (1984, octobre-novembre). « La notion de Peuple et l'application de la Charte des Droits de l'Homme et des Peuples ». *Revue sénégalaise de Droit* : 119-131.

DHOMMEAUX, Jean (1989). « De l'universalité du Droit international des Droits de l'Homme : du *Pactum Ferandum* au *Pactum Latum* » in *AFDI* : 399 et suivantes.

DIOUF, Seydou (2007). « Contribution à l'analyse historique de l'intégration africaine ». *Nouvelles Annales africaines.* FSJP. UCAD (1) : 25-38.

DJIENA-WEMBOU, Michel — Cyr (1992). « Le droit d'ingérence humanitaire : un droit aux fondements incertains, au contenu imprécis et à géométrie variable » *4 RADIC* : 570-591.

DJIGA, Habib Ahmed (2014). « La force africaine en attente : entre espoir et doute », *in Matthieu Fau – Nougaret et Luc Marius Ibriga. L'Architecture africaine de paix et de sécurité à la croisée des chemins.* Actes du Colloque de Ouagadougou, 25-26 octobre 2013. L'Harmattan.

DORN, Walter (2005-2006, hiver). « Le maintien de la paix, hier, aujourd'hui et demain ». *Revue militaire canadienne* : 105.

DOUMBE-BILLE, Stéphane (2006). « La Charte africaine des droits de l'Homme et des peuples » *Annuaire international des droits de l'Homme.* (Athènes/Bruxelles) : vol. I : 139-158.

GODONOU DOSSOU, John, « Forces et enjeux de l'intégration sous-régionale : CEMAC/CEEAC ». www.peaceresearch.org.

DUBOUIS, Louis (1985). « La condition juridique des agents internationaux » in *SFDI.* Paris : Pédone : 36.

DUFOUR, Julia (2014, février). « Monitoring de la stabilité régionale dans le bassin sahélien et en Afrique de l'Ouest ». Notes d'Analyse du GRIP. www.grip.org/fr.

EREKSOUSSI, M. K. (1960, novembre). « Le Coran et les conventions humanitaires ». *RICR* (tiré à part) : 12.

EUDES, Marina (2006). « De la Commission au Conseil des Droits de l'Homme : vraie réforme ou faux-semblant ? » *AFDI*, vol. 52 : 599-616.

FALL, Alioune Badara (2009). « La Charte africaine des Droits de l'Homme et des Peuples : entre universalisme et régionalisme ». *Revue Pouvoirs.* (129) : 77-100,

FALL, Ibrahima (1978, septembre). « Des structures à l'échelon régional africain pour la promotion des Droits de l'Homme ». *Revue sénégalaise de Droit.*

FEVILIYE-DAWEY, C. Inés (2014). « La problématique de l'interprétation et de l'application d'un droit commun : l'exemple du droit des affaires en Afrique francophone ». Penant : 136.

FLORY, Maurice (1965). « L'Organisation des Nations unies et les opérations de maintien de la paix » *AFDI.* Vol. 11 : 446-468.

FLORY, Maurice (1993). « L'ONU et les opérations de maintien et de rétablissement de la paix ». *Politique étrangère* (3) : 633-640.

FRANKE, Benedict (2006, décembre). « Enabling a Continent to Help Itself. US Military Capacity Building and Africa's Emerging Security Architecture ». *Strategic Insights.* Vol. VI, (1).

FRANKE, Benedict (2009). « *EU-AU Cooperation in Capacity Bu*ilding ». *Studia Diplomatica.* Vol. LXII (3) : 71.

GAILLARD, Philippe (1996, mai). « Liberia. Le chaos et la barbarie ». *Jeune Afrique.* (1846) : 27-29.

GENDREAU, Francis (1996). « La dimension démographique des conflits africains ». *Afrique Contemporaine.* (180) : 129-141.

GHERARI, Habib (2008). « La Commission africaine des Droits de l'Homme et des Peuples : bilan d'une jurisprudence » *in Paul Tavernier (dir), Regards croisés sur les Droits de l'Homme, la démocratie et la paix en Afrique.* L'Harmattan.

GLELE AHANHANZO, Maurice (1984). « Introduction à la Charte Africaine des Droits de l'Homme et des Peuples » *in Mélanges Claude Albert Colliard.* Pédone : 516 et suivantes.

GLELE AHANHANZO, Maurice (1986-1988). « Théorie et pratique des Droits de l'Homme en Afrique contemporaine ». *Annales africaines.* Dakar : 132.

GNAMOU-PETAUTON, Dandi (2010). « Le Nouveau Partenariat pour le développement de l'Afrique dans l'architecture institutionnelle de l'Union africaine ». *Revue Québécoise de Droit international.* vol. 23-1 : 29.

GNANGUENON, Amandine « Architecture africaine de paix et de sécurité ». www.operationspaix.net .

GNANGUENON, Amandine (2013). « Les défis stratégiques africains : gestion de la conflictualité en Afrique centrale ». *Études de l'IRSEM.* (25).

GUEHENNO, Jean-Marie « Maintien de la paix : les nouveaux défis pour l'ONU et le Conseil de sécurité ». *Politique étrangère.* (3-4) : 689-700.

GUERIN, Xavier (1994). « L'ONU, l'OTAN et le maintien de la paix ». *AFDI.* vol.40 : 171-174.

GUEYE, Babacar (1989). « La marginalisation de l'OUA dans le règlement des différends en Afrique ». *Revue de Droit africain. EDJA* : 9-45.

GUEYE, Babacar et **Saidou Nourou TALL** (2012). « Traité du 17 octobre 1993 relatif à l'Harmonisation du Droit des Affaires en Afrique, tel que révisé à Québec le 17 octobre 2008, commenté » : 21-74, *in OHADA. Traité et Actes uniformes commentés et annotés.* 4ème édition. *Juriscope* : 1460.

GUICHERD, Catherine (2012, avril). « L'investissement de l'UE dans la sécurité collective en Afrique centrale : un pari risqué ». *Occasional paper*. (95) : 64. www.iss.europa.eu

GUICHOUA, André (1997). « Les nouvelles politiques africaines de la France et des États-Unis d'Amérique vis-à-vis de l'Afrique centrale ». *Polis* (2) : vol. 4.

GRIP (2014). « Architecture et contexte sécuritaire de l'espace CEMAC-CEEAC ». Bruxelles : 32. www.grip.org

HAARSCHER, Guy (1997). « Développements historiques des Droits de l'Homme ». Recueil des Cours de l'Institut international des Droits de l'Homme. Strasbourg.

HAGGENMACHER, P. (1992, septembre-octobre). « Guerre juste et guerre régulière dans la doctrine espagnole du XVe siècle ». *RICR* (797) : 450-462.

HAMONIC, Anne « Union européenne et Organisations régionales africaines de sécurité : atouts et limites d'une coopération marquée par le principe d'appropriation africaine ». *in Mathieu Fau-Nougaret et L.M. Ibriga. L'architecture de paix et de sécurité... op. cit.*

HILBOLD, Albert, Lissia JEURISSEN, Aggée-Célestin LOMO MYAZHIOM, Martial-Ze BELINGA (2003). « Panafricanisme : piège postcolonial ou construction identitaire non-blanche » *in Latitudes noires 2003-2004*. Hémisphères.

HOFFMANN, Stanley (1985). « L'ordre international » *in Grawitz Madeleine et Leca J., Traité de Sciences politiques* (1). Paris : PUF.

HUENU, Codjo « La question de l'État et de la Nation en Afrique » Présence africaine (127-128) : 329-347.

IBRIGA, Luc Marius, « Compétences des cours de justice des communautés africaines » *in Intégration économique et exercice du métier d'avocat, Cotonou, Bénin.* Séminaire organisé par l'UIA en collaboration avec l'Ordre des Avocats du Bénin. www.uianet.org

IBRIGA, Luc Marius (1999, janvier). « L'UEMOA, une nouvelle approche d'intégration économique en Afrique de l'Ouest ». *Annuaire africain de droit international.*

IBTISSAM, Bahmane (2013, novembre). « Les communautés économiques régionales en Afrique ». Communication à la *6th International Conference on Economics and Management of Networks*. Agadir, Morocco : 18.

ISSA-SAYEGH, Joseph « La production normative de l'UEMOA. Essai d'un bilan et de perspectives ». www.ohadata. D-03-18.

JEANNET, S. et J. MERMET (1998, mars). « L'implication des enfants dans les conflits armés ». *RICR* (899) : 111-113.

KABUMBA, Yves Hamuli (2008). « La répression internationale de l'esclavage : les leçons de l'arrêt de la Cour de Justice de la CEDEAO dans l'affaire Hadijatou Mani Koraou c/République du Niger, 27 octobre 2008 ». *Revue Québécoise de Droit International* (21.2) : 25-56.

KAHOMBO, Belingene (2013). « Le projet de création d'une juridiction pénale panafricaine ». *The Rule of Law*. Librairie africaine d'Études juridiques de la Fondation Konrad Adenauer. vol.7 : 1-26.

KAKUDJUI, Martial Mumba, « Du mandat de la MONUSCO : Bases juridiques, domaines d'interventions et perspectives » www.the- rule — of — law — in — africa.com

KALALA, Tshibangu (1999). « L'embargo régional contre le Burundi et le Droit international ». *RDA*. 9/5

KAMARA, Mactar (2005). « La promotion et la protection des droits fondamentaux dans le cadre de la Charte africaine des Droits de l'Homme et des Peuples et du Protocole facultatif additionnel de juin 1998 ». *Revue Trimestrielle des Droits de l'Homme.* (63) : 709-727.

KAMTO, Maurice (1998). « Les Cours de Justice des Communautés et des Organisations d'intégration économique africaines ». *Annuaire africain de Droit international.* vol.6 : 107.

KAMTO, Maurice(2007). « Le rôle des accords et mécanismes régionaux en matière de maintien de la paix et de et de la sécurité internationales à la lumière de la Charte des Nations unies et de la pratique internationale ». *RGDIP* : 780.

KAMWE, Mouaffo « Le renvoi préjudiciel devant la cour de justice de la CEMAC ». www.legavox.fr

KELLER, Urs (1995). « La guerre sans règles ». *Croix-Rouge Croissant Rouge* (3) : 7-9.

KENFACK DOUAJNI, Gaston (1998). « Les conditions de création dans l'espace OHADA d'un environnement juridiction favorable au développement ». *RJPIC* : 44.

KENFACK DOUAJNI, Gaston « Les mesures provisoires et conservatoires dans l'arbitrage OHADA ». *Revue Penant* (833) : 147-146.

KENLOCH-PICHAT, Stephen (2000). « Le maintien de la paix, le désarmement et une Force internationale : un paradoxe. » *in* Maintien de la paix, perspectives et réalités du maintien de la paix : évolution ou extinction ? *Forum du désarmement.* (3) : 6 - 21.

KINDIKI, Kithure (2003). « The increasing role of African Intergovernmental Organizations in terms of regional Peace, Security and the protection of Human Rights: Legal Aspects ». *Zambia Law Journal* : 83.

KI-ZERBO, Joseph (1995, novembre-décembre). « Les Droits de l'Homme en Afrique : tradition et modernité » *in Foi et Développement.* (237-238).

KODJO, Edem et Habib GUERARI (2005). « Article 52 » *in* J.P. Cot, A. Pellet et M. Forteau (dir.). La Charte des Nations unies. Commentaire article par article, 3e édition : 1261-1271.

KPATINDE, Francis (1994, juillet-août). « Touaregs. Le combat des hommes de nulle part ». *Jeune Afrique* (1751) : 16 et suivantes.

KPODAR, Adama (2005). « Politique et ordre juridique ; Les problèmes constitutionnels posés par l'Accord de Linas – Marcoussis du 23 janvier 2003 ». *Revue de la Recherche Juridique*. (4) (II) : 252.

KOUDE, Roger Koussetogue « Les résistances à l'universalité des Droits de l'Homme au titre de la pensée politique » *in* Denis Maugenest et Théodore Holo, *op. cit.* : 109-121.

KUFUOR, Kofi Oteng (1994). « Law, power, politics and economics: critical issues arising out of the New Ecowas Treaty ». *African Journal of International and Comparative Law.* 06/3 : 428-448.

KUWONU, Franck (1998, avril). « le look du mercenariat ». *Courrier international* (389) : 24.

LAMBERT-ABDELGAWAD, Elisabeth (2005). « Le rayonnement de la jurisprudence de la Cour européenne à l'égard de la Commission africaine des droits de l'Homme et des peuples, Analyse empirique des références à la Cour européenne dans les communications de la Commission africaine » : 139-187, *in* Cohen-Jonathan (Gérard), Flauss (Jean-François) (dir.). *Le rayonnement international de la jurisprudence de la Cour européenne des droits de l'Homme.* Bruxelles : Bruylant : 280. Collection Droit et Justice (64).

LALOUPA, Francis (1995, novembre). « Denard, Corsaire de l'empire perdu » *Le Nouvel Afrique-Asie* (74) : 23.

LECOUTRE, Delphine (2004). « L'Ethiopie et la création de l'OUA ». *AFDI* vol.20 : 113-147.

LECOUTRE, Delphine (2004, été). « Le Conseil de paix et de sécurité de l'Union Africaine, Clef d'une nouvelle architecture de sécurité en Afrique ». *Afrique contemporaine* : 133 et suivantes.

LECOUTRE, Delphine (2005). « La médiation de l'OUA dans le conflit entre l'Ethiopie et l'Erythrée (1998-2000) ». *Annales d'Ethiopie.* Vol. XXI : 31-72.

LEGAULT, Albert (1996). « Maintien de la paix et réforme de l'ONU ». *Études internationales.* vol. 27 (2) : 325-352.

LEGAULT, Albert (1967). « Organisation et conduite des OMP ». *Politique Étrangère.* (4-5) : 369-396.

LETOURNEAU, Charles (2006, décembre). « Un symbole à bout de souffle ? Le maintien de la paix dans la culture stratégique canadienne ». *Études internationales,* Vol. 37 (4) : 547-573.

LIEGEOIS, Michel (2010, juillet). « Les capacités africaines de maintien de la paix : entre volontarisme et dépendance ». *Bulletin du Maintien de la Paix.* (97) : 3-6.

LIEGEOIS, Michel (2011). « L'appui international au renforcement des capacités africaines de maintien de la paix : trop de médecins autour du patient ? » in David Morin et Lori-Anne Théroux-Bénoni. Guide du maintien de la paix : 183-200.

LIEGEOIS, Michel « Le rôle des organisations européennes dans le maintien de la paix et de la sécurité internationale » : 25. www.uclouvain.be/cps/ucl/doc.

LILLY, Damian (2000). « La privatisation du maintien de la paix : perspectives et réalités du maintien de la paix : évolution ou extinction ? » Forum du désarmement (3) : 57-67.

LLOPIS, Ana P. (2011, février). « La Sierra-Leone ou le renouveau des opérations de paix ». *Revue Actualité et Droit international.* www.ridi.org/adi.

LINDITCH, Florian (1993, novembre-décembre). « La souveraineté budgétaire et l'Europe. De quelques contraintes communautaires sur les finances publiques françaises ». *Revue de Droit public* : 1681.

LUCCHINI, Laurent (1983). « La Force internationale du Sinaï. Le maintien de la paix sous l'ONU ». *AFDI.* Vol. 29 : 121-136.

LUNTUMBUE, Michel (2012, mai). « Le Partenariat Afrique-UE à l'épreuve de la crise libyenne ». *Note d'Analyse du GRIP* : 17. www.grip.org/fr.

LUNTUMBUE, Michel (2012, septembre). « Piraterie et insécurité maritime dans le Golfe de Guinée : défis et enjeux majeurs d'une gouvernance maritime » Note d'analyse du GRIP. Bruxelles. www.grip.org/fr.

LUNTUMBUE, Michel (2014, janvier). « APSA : contours d'une Afrique de la Défense ». Note d'Analyse du GRIP. www.grip.org/fr.

LY, Djibril (1996). « La Charte africaine des Droits de l'Homme et des Peuples ». Recueil de l'IIDH. Strasbourg : 27e Session d'enseignement.

MALAM-KAMDINE, Adam « Les faiblesses des structures institutionnelles comme frein au processus d'intégration régionale en Afrique de l'ouest » *in* Actes de la Conférence sur l'intégration régionale en Afrique de l'ouest (Dakar11-15 janvier 1993). Centre de recherches pour le développement international (CRDI).

MAMIGAT, Mirlande (1971). « L'Organisation de l'Unité africaine ». *RFSP* (2) : 382-401.

MAONERA, Felix (2005, octobre). « *Dispute settlement under COMESA* ». *Tralac Working Paper.* (7) : 32. www.tralac.org.

MARCHAL, Roland (2001). « Synthèse » *in Le rôle des Organisations régionales africaines dans la prévention des conflits.* Centre d'Études des Relations internationales (CERI).

MARCHAL, Roland (1992). « La guerre à Mogadiscio ». *Politique africaine.* (46) : 120-125.

MAURICE, Frederic et Jean De COURTEN (1991, janvier-février). « L'action du CICR en faveur des réfugiés et des populations civiles déplacées ». *RICR* (789) : 9-22.

MAZURE, Laurence (1996, octobre). « Lucrative reconversion des mercenaires sud-africains ». *Le Monde diplomatique* : 22-23.

MBAYE, Kéba « Droits de l'Homme et des Peuples en Afrique et la Charte africaine ». Rapport de la Conférence de la Commission internationale des Juristes (Nairobi, 2-4 décembre 1985) : 23.

MEITE, Mamadou « Cour africaine des Droits de l'Homme et des Peuples : précisions sur l'interprétation des conditions de recevabilité des requêtes individuelles ». *CREDOF*, Revue des Droits de l'Homme, Actualités Droits-Libertés du 10 octobre 2013.

MEITE, Mamadou (2013, avril). « Cour africaine des Droits de l'Homme et des Peuples : les mesures provisoires, une technique judiciaire de protection des Droits de l'Homme de la Charte africaine Droits de l'Homme et des Peuples ». *CREDOF.* Revue des Droits de l'Homme. *Actualités Droits-Libertés.*

MEKA, Elie Mvie (2007). « Architecture de la sécurité et gouvernance démocratique dans la CEEAC » Friedrich Ebert Stiftung. Presses universitaires d'Afrique. Yaoundé.

MELEDJE-DJEDJRO, Francisco (1993). « La guerre civile du Libéria et la question de l'ingérence dans les affaires intérieures des États » *RBDI* : 411-413.

MILANDOU, J. (1994). « Les difficultés de l'OUA face au règlement des conflits en Afrique et la protection des personnes déplacées », *in* Actes du 6e Congrès annuel de la SADIC (Kampala, 5-8 sept. 1994) – ASICL. Proc. (6) : 16-20.

MORIN, David et Lori-Anne THEROUX-BENONI (2009, novembre). « Maintien de la paix et espace francophone ». *Bulletin du maintien de la paix.* (96) : 4.

MOUANGUE, James et Léopold DONFACK-SOEKENG (1998). « La CEMAC : à la recherche d'une dynamique d'intégration économique en Afrique centrale ? » *Annuaire africain de Droit international*, vol.6 : 158 et suivantes.

MOUBITANG, Emmanuel (03/11/2013) « Intégration régionale : La CEDEAO franchit une étape décisive avec l'adoption du tarif extérieur commun. » *Bulletin sentinelle* (364) : 10. www.sentinelle-droit-international.fr.

MOUEN MOUEN, Vincent Pascal (2013, mars). « Le rôle des organisations sous-régionales en matière de lutte contre le terrorisme. » *Ex. Cathedra* (39) : 11 et suivantes.

MPIANA, Joseph Kazadi (2012). « L'UA face à la question des changements anticonstitutionnels de gouvernement » *Revue Québécoise de Droit International* 25/3 : 101-141.

MUTOY, Mubiala (1993). « L'ingérence humanitaire » *5 RADIC* : 403-407.

MUTOY, Mubiala (1996). « Les Nations unies et la crise des réfugiés rwandais ». *RBDI* (2) : 493-516.

MUTOY, Mubiala (1998). « La Cour africaine des Droits de l'Homme et des Peuples : mimétisme institutionnel ou avancée judiciaire ? » *RGDIP* (3) : 765-780.

MUTUA, Makau (1999). « The African Human Rights Court. A two legged stool? ». Human Rights Quarterly. Vol. 21 : 342-363.

NDAM NJOYA, Amadou « La conception africaine » *in Dimensions internationales du droit humanitaire* : 21-30.

NGUEMA, Isaac (1990, février). « Perspectives des Droits de l'homme en Afrique : les racines d'un défi permanent » *RUDH*, Vol. 2, (2) : 49-53.

NGUEMA, Nisrine Eba (2004). « Recevabilité des communications par la Commission africaine des Droits de l'Homme et des Peuples ». *La Revue des Droits de l'Homme.* (5) : 13.

NGUEMBOCK, Samuel (2014, janvier). « La CARIC : enjeux géopolitiques et défis de la mise en œuvre ». *Note d'Analyse Politique* (15) accessible sur le site www.thinkingafrica.com.

NOVOSSELOFF, Alexandra « Contributions africaines au maintien de la paix ». www.operationspaix.net.

NOVOSSELOFF, Alexandra (2004). « L'ONU ou la réforme perpétuelle ». *AFDI*, vol.50 : 535-544.

OCHOCHE, Sunday A. (2006). « Terrorism and Counter Terrorism. The African Experience » *in Thomas A., Imobighe et Agatha N. T. Eguavoen (eds.), Terrorism and Counter Terrorism. An African Perspective.* Heinemann Educational Books. Ibadan : 171 et suivantes.

OTANI, Yoshio (1993). « Les problèmes juridiques posés par la participation du Japon à des opérations conduites par les Nations Unies, notamment de maintien de la paix ». *AFDI*, Vol. 39 : 468-479.

OUGUERGOUZ, Fatsah « Commentaire de l'article 45 de la Charte Africaine des Droits de l'Homme et des Peuples », *in* Maurice Kamto, La Charte Africaine des Droits de l'Homme et des Peuples et le Protocole y relatif portant création de la Cour Africaine des Droits de l'Homme, p. 882.

OUGUERGOUZ, Fatsah (2006). « La Cour africaine des Droits de l'Homme et des Peuples : gros plan sur le premier organe judiciaire africain à vocation continentale ». *AFDI* : 213-218.

OWONA, Joseph « Droit international humanitaire » *in Encyclopédie Juridique de l'Afrique.* Tome 2, Chapitre XVI : 381-395.

PANIKKAR, Raymundo (1984). « La notion des Droits de l'Homme est-elle un concept occidental ? » *Interculture*, Vol. 82 : 13 et suivantes.

PANIZZO, Enny (1996). « Les enfants dans la guerre, le cas du Mozambique ». *Afrique contemporaine.* Numéro spécial, 4e trimestre : 142-149.

PANG, Zhongying (2005, spring). « China changing's attitude to UN peacekeeping ». *International Peacekeeping*, Vol. 12, (1) : 87 et suivantes.

PEREZ-VITORIA, Silvia (1997, janvier). « Les Femmes d'Erythrée ne désarment pas ». *Le Monde diplomatique* : 10.

PERSON, Yves (1978, août). « L'Afrique noire et ses frontières » *RFEPA* (80) : 18 et suivantes.

Potter, Pitman, B. (1938). « Développement de l'organisation internationale (1815-1914) » *Recueil des Cours de l'Académie de Droit international, (RCADI).* II, vol. 64 : 75-155.

PLATTNER, Denise (1992, novembre-décembre). « La protection des déplacés internes lors d'un conflit armé non international ». *RICR* (798) : 592-605.

PONDI, Jean Emmanuel (1/2002). « La coopération franco-africaine vue d'Afrique ». *Revue internationale et stratégique* (45) : 127-136.

POULAIN, Thomas et Nina GUTIEREZ (2013, juillet). « Historique de la MICOPAX ». *Réseau de Recherche sur les Opérations de Paix (ROP).*

PRINCETON, N. Lyman, « *China's rising role in Africa* ». www.cfr.org/pubication/8436.

REVEILLARD, Christophe (2006, novembre). « Les opérations de maintien de la paix ». *Géostratégiques* (14) : 101-112.

RIGAUX, François (2007). « Les fondements philosophiques des Droits de l'Homme ». *Revue trimestrielle des Droits de l'Homme* (70) : 307-349

SADA, Hugo (2003). « Le conflit ivoirien : enjeux régionaux et maintien de la paix en Afrique ». *Politique étrangère* (2) : 68e année : 321-334.

SALL, Alioune (1997). « Actualité des conflits frontaliers en Afrique ». *9 RADIC* : 183-194.

SANTULLI, Carlo (2000). « Qu'est ce qu'une juridiction internationale ? Des organes répressifs internationaux à l'O.R.D. ». *AFDI*, vol. XVI : 58-81.

SAVADOGO, Lassane (1993). « L'idée régionale en Afrique de l'ouest (de l'intégration des États à l'intégration des organisations) ». *Presses Universitaires de Perpignan* (3) : 85 et suivantes.

SAWADOGO, Michel Filiga Communication introductive sur le sous-thème « Le juge national et le droit communautaire » *in* Actes du Colloque de Ouagadougou 24-26 juin 2003. *Les Cahiers de l'Association ouest africaine des Hautes juridictions francophones* : 48.

SIDIBÉ, Soumana Dirarou (2007, novembre). « La mise en exécution des décisions de la Cour de Justice de la Communauté CEDEAO » *in* Conférence sur le droit dans le processus d'intégration en Afrique de l'Ouest. Abuja.

SINGER, Sandra (1986, mai-juin). « La protection des enfants dans les conflits armés ». *RICR* : 1-40.

SOMA, Abdoulaye « Les relations entre l'UA et la CEDEAO en matière de prévention de la paix », *in* Mathieu Fau-Nougaret et Luc Marius Ibriga. *L'Architecture africaine…, op. cit.*

SOMA, Abdoulaye (2014). « Vers une juridiction pénale régionale pour l'Afrique ». *Revue du CAMES*, vol.1 (01) (2e semestre). www.publications.lecames.org.

SOREL, Jean Marc (2002). « Existe-t-il une définition universelle du terrorisme ? » *in Le Droit international face au terrorisme.* Paris : Pédone : 45.

SOUDAN, François (1997, mai). « Les marchands de Sécurité ». *Jeune afrique* (1896) : 14-17.

STALON, Jean-Luc (2007). « L'africanisation de la diplomatie de la paix ». *Revue internationale et stratégique* (6) : 47-58

STRAUCH, Hanspeter F. (1967, octobre). « L'OUA et les conflits frontaliers ». *RFEPA* : 67-76.

STURMAN, Kathryn « *The AU-Plan on terrorism .Joining the global war or leading an African battle*». *African Security Review*, vol.11, (4) : 103 et suivantes.

STRYDOM, Hennie (2003). « Peace and Security under the African Union ». *South African Yearbook of International Law* : 70-73.

SULTAN, H. « La conception islamique, » *in Dimensions internationales du droit humanitaire. op. cit.* : 17-60.

TALL, Saïdou Nourou (2001). « Diversité culturelle et droits collectifs : la Charte africaine des droits de l'Homme et des Peuples » *in* Henri Pallard et Stamatios Tzitzis. *Minorités, Cultures et Droits fondamentaux*. Paris : L'Harmattan : 16-23.

TALL, Saïdou Nourou « La problématique du respect des Droits de l'Homme en période de conflit armé » *in Denis Maugenest et Théodore holo, op. cit* : 65-77.

TALL, Saïdou Nourou (2012, septembre). « La demande d'avis consultatif à la CIJ » *Revue de la Recherche Juridique. Droit Prospectif.* 2002/2, PUAM : 903-936.

TARDY, Thierry (2004, mai). « L'UE et l'ONU dans la gestion de crise : opportunités et limites d'une relation déséquilibrée ». Fondation de la Recherche stratégique. *Recherches et Documents* (32) : 100.

TEHINDRAZANARIVELO, Djacoba L. (2004). « Les sanctions de l'Union africaine contre les coups d'État et autres changements anticonstitutionnels de gouvernement : potentialités et mesures de renforcement ». *Annuaire africain de Droit International*, vol.12 : 255-308.

TEMMAN, F. « Vers quel type d'ordre international ? L'ONU nouveau gendarme du monde ? » *in Ordre et désordre dans le monde, cahiers Français* (263) : 80-95.

TERCINET, Josiane (1997). « Les mercenaires et le Droit international ». AFDI, Vol. 23 : 269-293.

TRAORÉ, Bakary (2013). « De la genèse de l'État et de la Nation en Afrique ». *Présence africaine* (127-128) 341 et suivantes. **(**119**).**

TRAORÉ, Bakary (2013, août). « La contribution africaine au maintien de la paix onusien : enjeux et dessous d'un engagement croissant ». *Note d'Analyse du GRIP.* Bruxelles. www.grip.org.

TRICAUD, Martial (1996, janvier). « L'Encyclique "*Pacem in terris*" et la création d'une Autorité internationale ». *RGDIP*, 3e série, XXXVII, (1) : 118.

VERON, Jean-Bernard (2006/3). « L'Afrique du sud et le Nigéria : du maintien de la paix à la recherche d'un positionnement stratégique sur le continent africain ». *Afrique contemporaine* (219) : 163-172.

VIRALLY, Michel (1960). « Les Nations unies et l'Affaire du Congo ». AFDI : 557-597.

WEIL, Prosper (1963). **«** La nature du lien de fonction publique dans les Organisations Internationales ». *RGDIP* : 213-290.

YOUGBARE, Robert (2013, octobre). « L'architecture africaine de paix et de sécurité : les tares consubstantielles d'un système de gouvernance multipolaire » *in Mathieu Fau-Nougaret et Luc Marius Ibriga. L'architecture africaine de paix et de sécurité à la croisée des chemins. L'architecture.* Actes du Colloque de Ouagadougou.

III. JURISPRUDENCE

Commission africaine des Droits de l'Homme et des Peuples

Affaire relative aux expulsions des Burundais du Rwanda en 1989, communications jointes 27/89, 46/91, 49/91 et 99/93, Organisation Mondiale Contre la Torture c/Rwanda, décision du 31 octobre1996.

Affaire Emgba Mekongo Louis c/Cameroun, communication 59/91.

Affaire Krishna Achutan c/Malawi, Communication 68/92, décision de 1994.

Affaire Amnesty International (au nom de Orton et Vera Chirwa) *c/Malawi, Communication 78/92.*

Affaire, Muthuthirin Njoka c/Kenya, Communication 142/94(1995).

Affaire Civil Liberties Organisation c/. Nigeria, Communication101/93 (1995).

Affaire Free Legal Assistance Group Lawyers Commitee for Human Rights, Union Interafricaine des Droits de l'Homme, Les Témoins de Jehova c/Zaïre, Communications 25/89, 47/90, 56/91 et 100/93(1995).

Affaire Kenya Human Rights Commission c/Kenya, Communication 135/94, decision d'octobre 1995

Affaire Commission Nationale des Droits de l'Homme et des Libertés c/Tchad, Communication 74/92 (1995).

Affaire Alhassan Abubakar c/Ghana, Communication 103/93, décision du 31 octobre 1996.

Affaire RADDHO c/Zambie, communication 71/92, décision du 31 octobre 1996.

Affaire Annette Pagnoule (au nom d'Abdoulaye Mazou) c/Cameroun, Communication 39/90, décision du 24 avril 1997.

Affaire Ligue Camerounaise des Droits de l'Homme c/Cameroun, Communication 69/92, décision du 24 avril 1997.

Affaire Mouvement des Réfugiés mauritaniens au Sénégal c/Sénégal, Communication 162/97, décision du 11 novembre1997.

Affaire Fédération Internationale des Ligues des Droits de l'Homme, Union Interafricaine des Droits de l'Homme, RADDHO, ONDH au Sénégal et Association Malienne des Droits de l'Homme c/Angola, Communication 159/96(1997), décision du 11 novembre 1997.

Affaire Frederick Korvah c/Liberia, Communication 1/88 (1998).

Affaire International PEN, Constitutional Rights, Interights (au nom de Ken Saro -Wiwa Jr). et Civil Liberties Organisation c/Nigeria Communications n° 137/94-139/94-154/96-161/97, décision du 31 octobre 1998.

Affaire Amnesty International, Comité Loosli Bachelard, Lawyers Committee for Human Rights, Association des membres de la Conférence épiscopale de l'Afrique de l'Est c/Soudan, Communications 48/90, 50/91, 52/91 et 89/93 (1999).

Affaire *Constitutional Rights Project c/Nigeria,* Communication 102/93, décision du 15 novembre 1999.

Affaire Rights International c/Nigeria, Communication 215/98 décision du 15 novembre 1999.

Affaire Amnesty International, Ms. Sarr Diop, UIDH et RADDHO, Collectif des Veuves et Ayants-droits, Association Mauritanienne des Droits de l'Homme c/Mauritanie (Communications 54/91, 61/91, 98/93, 154/97 et 210/98), décision du 11 mai 2000.

Affaire Sir Dawda Jawara c./Gambie (2000), Communication 147/95-147/96, décision du 11 mai 2000.

Affaire Gaétan Bwampamye (Avocats sans frontières) c/Burundi, Communication *231/99, décision du 6 novembre 2000.*

Affaire Forum of Conscience c/Sierra Leone, communication 223/98 décision du 6 novembre 2000.

Affaire John D. Ouko c/. Kenya, Communication 232/99, décision du 6 novembre 2000.

Affaire Legal Ressources Foundation c/Zambia, Communication 211/98, décision du 7 mai 2001.

Affaire Social and Economic Rights Action Center (SERAC) c/Nigeria, Communication 155/96, décision du 27 octobre 2001.

Affaire Law Office of Ghazi Souleiman c/Soudan, Communications 220/98,222/98 et 299/99, décision du 16 mai 2002.

Affaire Curtis Francis Doebbler c/Soudan, Communication 236/2000, décision du 4 mai 2003.

Affaire Purohit et Moore c/Gambie, Communication 241/01(2001), décision du 29 mai 2003.

. *Affaire Antoine Bissengou c/Congo,* Communication253/2002, décision du 29 novembre *2006.*

Affaire Zimbabwe Lawyers for Human Rights et Institut pour les Droits humains et le développement en Afrique (au nom de Andrew Barclay Meldrum) c/Zimbabwe, Communication 293/04, décision du 22 mai 2008.

Affaire Griebenow (au nom de David Ashley Price) c/Afrique du Sud, Communication 315/06.

Affaire Institut pour les Droits de l'Homme et le Développement en Afrique (pour le compte de Esmaila Connateh et 13 autres) c/Angola Communication292/2004, décision du 22 mai 2008.

Affaire Zimbabwe Lawyers for Human Rights, Associated Newspapers of Zimbabwe c/ Zimbabwe, Communication 284/03, décision du 3 avril 2009.

Affaire Centre on Housing Rights and Evictions (COHRE) c. Soudan, Communication 296/2005, décision du 29 juillet 2009.

Affaire Kenneth Good c/Botswana Communication 313/05, décision du 26 mai *2010.*

Affaire Dabalorivhuwa Patriotic Front c/République d'Afrique du Sud, (Communication 335/06 du 19 décembre 2006), décision du 18 octobre 2013.

2. COMITE AFRICAIN DES EXPERTS SUR LES DROITS ET LE BIEN ETRE DE L'ENFANT

Affaire 002/09 IHRDA et Open Society Justice Initiative(OSJI) (au nom d'enfants d'ascendance nubienne au Kenya) c/Kenya, décision du 22 mars 2011, www.caselaw.ihrda.org/fr/doc/002.09(consulté le 10 juillet 2014).

3. COUR AFRICAINE DES DROITS DE L'HOMME ET DES PEUPLES

Affaire *Michelot Yogogombaye c/République du Sénégal* (Requête 00/2008), arrêt du 15 décembre 2009.

www.african-court.org/fileadminis/documents/court/latest/judgments/french.

Demande d'avis consultatif de la République du Mali (n° 001/2011)

Demande d'avis consultatif de la Grande Jamahiriya Arabe Libyenne Populaire et Socialiste (n° 002/2011).

Affaire *Commission Africaine des Droits de l'Homme et des Peuples c/Grande Jamahiriya Arabe Libyenne Populaire et Socialiste* (Requête 004/2011), ordonnance en indication de mesures conservatoires (provisoires) contre la Libye, en date du 15 mars 2013.

Affaire *Daniel Amare et Mulugeta c/République du Mozambique et Mozambique Airlines* (Requête 005/2011), arrêt du 16 juin 2011.

Affaire *Association des Juristes Africains pour la Bonne Gouvernance c/République de Côte d'Ivoire*, Requête 006/2011, arrêt du 16 juin2011.

Affaire Ekollo Moundi Alexandre c/République du Cameroun et République Fédérale du Nigeria (Requête 008/2011), arrêt du 23 septembre 2011.

Affaire *Efoua Mbozo'o Samuel c. Le Parlement Panafricain (requête 010/2011)*, arrêt du 30 septembre 2011.

Affaire *CONASYSED c/République Gabonaise*, Requête 012/2011, arrêt 15 décembre2011.

Affaire *Soufiane Ababou c/République Démocratique d'Algérie* (Requête 002/2011), arrêt du 16 juin2011.

Affaire Urbain Mkandawire c/Malawi (Requête 003/2011), ordonnance du 30 mars 2012, arrêt du 21 juin 2013.

Demande d'avis consultatif de l'Union Panafricaine des Avocats (UPA) et Southern African Litigation Center (02/2012)

Affaire *Amir Adam Timan c/Sudan* (requête 005/2012), décision du 30 mars 2012.

Affaire *Femi Falana c/Union Africaine* (requête 001/2001, arrêt du 26 juin 2012

Affaire *Baghdadi Ali Mahmoudi c/République de Tunisie* (requête 007/2012), arrêt du 26 juin 2012.

Affaire *Alex Thomas c/Tanzanie* (2013).

Affaire *Urbain Mkandawire c/Malawi* (Requête 001/2013), demande en révision.

Affaire *Chrysanthe Rutobmgwa c/Rwanda.*

Affaire *Lohé Issa Konaté c/Burkina Faso* (Requête 004/2013), ordonnance en indication de mesures provisoires du 14 octobre 2013. .

Affaire *Commission Africaine des Droits de l'Homme et des Peuples c/Libye* (Requête 002/2013), ordonnance du 15 mars 2013.

Affaire *Commission Africaine des Droits de l'Homme et des Peuples contre République du Kenya* (Requête 006/2012), ordonnance en indication de mesures provisoires du 15 mars 2013.

Affaire *Atabong Denis Atemnkeng c/Union Africaine* (Requête 014/2011), arrêt du 15 mars 2013.

Affaires jointes, *Tanganyka Law Society, the Legal Human Rights Centre et Reverend Christopher Mtikila c/République Unie de Tanzanie*, arrêt du 14 juin 2013.

Demande d'avis consultatif du Projet des Droits Socioéconomiques et Responsabilité (SERAP) (n° 001/2013),

Demande d'avis consultatif du Comité Africain d'Experts sur les droits et le bien-être de l'enfant (002/2013).

Affaire *Frank D. Omary et autres contre la République Unie de Tanzanie*, requête du 30 janvier 2012, arrêt du 28 mars 2014.

Affaire *Peter Joseph Chacha contre la République Unie de Tanzanie*, (requête 003/2012 du 13 février 2012), arrêt du 28 mars 2014.

Affaire *Ayants-droits de Feu Norbert Zongo Abdoulaye Nikiema dit Ablassé, Blaise Ilboudo et Ernest Zongo c/Burkina Faso* (Requête 013/2011), arrêt du 28 mars 2014

4. COUR COMMUNE DE JUSTICE ET D'ARBITRAGE

CCJA, *Avis n° 001/99/N de la CCJA du 7 juillet 1999 sur saisine du Président du Tribunal judiciaire de 1ère instance de Libreville concernant l'Acte Uniforme portant organisation des procédures simplifiées de recouvrement des créances et des voies d'exécution.*

CCJA, *Avis n° 002/99/E de la CCJA du 13 octobre 1999 sur saisine du Mali concernant l'Acte uniforme sur les procédures de recouvrement des créances et les voies d'exécution.*Cf.www.ohada.com.

CCJA, *Avis n° 02/2000/EP de la CCJA du 26 avril 2000 sur saisine du Sénégal concernant l'Acte Uniforme relatif au droit des sociétés et du GIE.*

CCJA, *Avis n° 00/2001/EP de la CCJA du 30 avril 2001 sur saisine de la Côte d'ivoire relativement à la portée de la supranationalité* induite par l'art. 10 du Traité OHADA (application directe et obligation des Actes Uniformes).

CCJA, n° 005/2001, 10 janvier 2002, Affaire SOCINCAM contre Société Pierson Meunier Cameroun.

CCJA, n° 006/2001 ,11 octobre 2001 Affaire S.A Aminou et Cie et Mahaman Bello c. CCEI Bank.

CCJA, n° 012/2002, 18 avril 2002, Affaire Société Palmafrique c.Etienne Konan Bally Kouakou.

CCJA n° 013/2002 ,18 avril 2002, *Affaire BICICI c. Dioum Mbandy.*

CCJA, n° 002/2003,30 janvier 2003, Affaire Société Delmas Vieljeux Cote d'Ivoire contre CIVEXIM, Rec. OHADA, n° 1, janvier — juin 2003, p. 36.

CCJA, n° 004/2003,27 mars 2003, Affaire Fofana Mamadou c. Potey Pah Blaise.

CCJA, n° 009/2003,24 avril 2003, Affaire Hyjazi Samih c. Dagier Habib Rolland et Madame Dagher May dite Faghali.

CCJA, n° 010/2004,26 février 2004 Affaire Me Tonye Arlette c. BICEC.

CCJA, n° 014/2004, 18 mars 2004, Affaire Société Berdam International c. BIAO.

CCJA, n° 046/2005 ,7 juillet 2005, Affaire Etablissements Soules & Cie c. Société Négoce & Distribution dite N & D et Continental Bank Benin. www.ohada.com

5. COUR EUROPEENNE DES DROITS DE L'HOMME

CEDH, Affaire Ramirez Sanchez c/France (2006).

CEDH, Affaire Siwa-Akofa Siliadin c/France, VII, Série A,

CEDH, Affaire Noël Narü Tauira et autre c/France, arrêt 4 décembre 1995.

CEDH, Affaire Dudgeon c/Royaume Uni, Arrêt du 22 octobre 1989.

CEDH, Affaire Soering c/Royaume Uni, arrêt du 7 juillet 1989.

6. COUR INTERNATIONALE DE JUSTICE

CIJ, Avis sur les *conditions de l'admission d'un État comme membre des Nations unies*, 28 mai 1948, Rec., p. 47.

CIJ, Avis consultatif du 11 avril 1949 relatif à la *réparation des dommages subis au service des Nations unies Rec. 1949, p. 174.*

CIJ, *Sud-ouest africain* Rec., 1950, p. 120.

CIJ, Avis sur *la compétence de l'AG pour l'admission d'un État aux Nations unies,* Rec., 1950, p. 12 et s.

Affaire *Ambatielos,* Rec. 1952, p. 48.

CIJ, *Effets des jugements du TANU*, Rec., 1954, p. 37.

CIJ, *certaines dépenses des Nations unies*, Rec., 1962, p. 151.

CIJ, *Plateau continental de la Mer du Nord, arrêt du 20 février 1969, Recueil, 1969, p. 198.*

CIJ, *Affaire Namibie*, Avis consultatif 21 juin 1971, Rec., 1971, p. 22.

CIJ, Affaire des *Essais nucléaires*, Rec., 1974, pp. 259 et 463.

CIJ, Arrêt du 26 novembre 1984, Rec. 1984, p. 435.

CIJ, Affaire de l'*Applicabilité de la section 22 de l'article VI de la Convention sur les privilèges et immunités des Nations unies, Avis* consultatif du 15 décembre1989, Rec.1989, p. 177.

CIJ, *Licéité de l'utilisation des armes nucléaires par un État dans un conflit armé* (« Avis OMS »), Avis consultatif du 8 juillet 1996.

CIJ, *Affaire de la licéité de la menace ou de l'emploi de l'arme nucléaire*, avis consultatif du 8 juillet 1996.

CIJ, *Arrêt du 11 juillet 1996, Affaire Bosnie Herzégovine c/Yougoslavie.*

CIJ, Affaire du *Différend relatif à l'immunité de juridiction d'un rapporteur spécial de la Commission des Droits de l'Homme*, Avis consultatif du 29 avril 1999, Rec. 1999.

7. COUR DE JUSTICE DES COMMUNAUTES EUROPEENNES

CJCE, Arrêt du 21 juin 1958, *Groupements des Hauts Fourneaux et Aciéries belges,* Aff. 8/57, Rec. 229,

CJCE, *Arrêt du 5 février 1963, Van Gend En Loos,* Aff. 26/62.

CJCE, *Aff. 28 à 30/62, du 27 mars 1963, Da Costa, Rec. p.35*

CJCE, aff. 61/65, *Veuve Vaassens Göbbels*, Rec.1966, 377

CJCE, *Aff. 25/70, arrêt du 17 décembre1970 Köster.*

CJCE, Arrêt du 17 décembre 1970, Aff. 11/70, *International Handelsgesellschaft.*

CJCE, *Affaire Variola* arrêt du 10 octobre 1973, Aff. 34/73, p. 981,

CJCE, Aff. 83-76, HNL, 25 mai 1978, Rec., 1978, p. 1209. Arrêt du 15 juillet 1964.

CJCE, Affaire *Flaminio Costa contre Ente Nazionale per l'Energia Elettrica (ou Costa c/Enel),* affaire 6/64, arrêt du 15 juillet 1964.

CJCE, Affaire *Administration des finances de l'État contre Société anonyme Simmental* (Affaire 106/77), arrêt du 9 mars 1978,

CJCE, Affaire *Commission contre Conseil(AETR*) Rec., 1971, p. 263 ;

Affaire Fédéchar, Rec., 1956, p. 1999.

CJCE, *Affaire Cassis de Dijon*, arrêt du 20 février 1979,

CJCE, Affaire C-210/91 *Commission c/Grèce*, Rec.1992, I -6735

CJCE, Affaire 79 /72 *Commission c/Italie*, Rec.1973, 667.

CJCE, Affaire C-387/97*, Commission c/Grèce*, Rec.2000, I -5047.

CJCE, Affaire C-304/02 du 12 juillet *200, Commission c/France.*

CJCE, Aff.283/81, du 6 octobre 1982, CILFIT, Rec. p. 3415

CJCE, 11 novembre 1981, *IBM contre Commission,* Aff.60/82, Rec, p.2639.

CJCE, 9 août 1994, *France contre Commission*, Rec, p.I-3641

CJCE, 11 mai 1989, *Maurissen,* Aff.194/87, Rec. p.. 1045.

CJCE, 23avil 1986, *Les Verts c/Parlement.*

CJCE, 15 juillet 1963*, Plaumann, Aff.* 25/69, Rec. p. 197.

CJCE, *Nachi Europe Gmbh*, arrêt15 février 2001, Aff. 239/99, Rec. p. I -197.

CJCE, Aff. 5/71, Zuckerfabrik.

CJCE, Aff.4/69 *Lutticke*

CJCE, Aff.T-168/94 *Blackspur*

CJCE, 14 déc. 1971, *Politi*, Aff. 43/71

CJCE 4 décembre 1974, *Van Duyn*, Aff. 41/74 –

CJCE 10 novembre 1992, *Hansa Fleich*, Aff. 156/91

CJCE Arrêt 19 juin *1990, Factortame* e.a. Aff C -21

C.J.C.E., 17 décembre 1980, Aff. 149/79, Commission c. Belgique, Rec. 1979, p. 3881

C.J.C.E., 7 juillet 1992, *Singh.*

8. COUR PERMANENTE DE JUSTICE INTERNATIONALE

CPJI, avis consultatif du 6 décembre 1923, Affaire de la Jaworzina Série B — n° 8, p. 37.

CPJI., arrêt du 30 août 1924, *Affaire des Concessions Mavrommatis en Palestine*, Série A, n° 3, p. 11.

CPJI, avis consultatif du 23 juillet 1926 *Compétences de l'O.I.T*, Série B n° 13, p.18.

CPJI, *Compétence de la Commission européenne du Danube,* Avis consultatif, du 8 décembre1927, Série B, n° 14, p. 64.

CPJI, Affaire de la *compétence des Tribunaux de Dantzig,* Avis du 3 mars 1928, Série B, N° 15. p17.

9. COUR DE JUSTICE DE LA CAE

Affaire James Katabazi et autres c /Le Secrétaire Général de la Communauté de l'Afrique de l'Est et l'Attorney Général de la République d'Ouganda n° 01/2007, arrêt du 1er novembre 2007.

Affaire Professeur Anyang Nyongo et Autres c/Attorney Général de la République du Kenya, Requête 01/2006.

Affaire Modern Holdings East Africa Ltd. c/Kenya Ports Authority, Requête 01/2008.

Affaire Mary Ariviza et Okotch Mondo c/Attorney Général de la République du Kenya et le Secrétaire Général de la Communauté d'Afrique de l'Est, 1ère instance, requête 03/2010, arrêt du 23 février 2011.

Affaire Independent Medical Legal Unit c/Attorney Général, le Ministre de la Sécurité intérieure de la République du Kenya et le Secrétaire Général de la Communauté d'Afrique de l'Est (Requête 3/2010), arrêt du 29 juin 2011.

Affaire Attorney General of Rwanda c/ Plaxeda Rugumba, Appel 01/2012.

Affaire Independent Medical Legal Unit et Attorney General of Uganda c/ Omar Awadh Omar and 6 others, Appel 02/2012.

Affaire Sam Mukura Mohochi c/l'Attorney Général de la République d'Ouganda, 1ère instance, requête 05/2011, arrêt du 17 mai 2013.

Affaire Venant Masenge c/l'Attorney Général de la République du Burundi, 1ère instance (Requête 9/2012), arrêt du 18 juin 2014.

10. COUR DE JUSTICE DE LA CEDEAO

Cour de Justice de la CEDEAO, *Affaire n° ECW/CCJ/APP/01/03, Olajide Afolabi contre la République Fédérale du Nigeria, arrêt n° 01/04/04 du 2 avril 2004.*

Cour de Justice de la CEDEAO, *Affaire Dr. Jerry Ugokwe c/République Fédérale du Nigeria, arrêt du 7 octobre 2005.*

Cour de Justice de la CEDEAO, *Affaire Mme Tokumbo Lijadu-Oyemade c/Secrétaire Exécutif de la CEDEAO, arrêt du 5 avril 2006.*

Cour de Justice de la CEDEAO, *Affaire n° ECW/CCJ/APP/03/07, arrêt du 22 mars 2007, Moussa Léo Keita c/République du Mali.*

Cour de Justice de la CEDEAO, *Affaire Alhaji Hammani Tijdjani c/République Fédérale du Nigeria, République du Mali, République du Bénin, arrêt du 28 juin 2007.*

Cour de Justice de la CEDEAO, *Affaire MMrs Alice R. Chukwudolue, Rosemary Adaeze Amanze et al. contre la République du Sénégal Arrêt n° ECW/CCJ/APP/05/07, et ECW/CCJ/APP/07/07 du 22 octobre 2007.*

Cour de Justice de la CEDEAO, *Affaire Professor Etim Moses Essien contre la République de Gambie et l'Université de Gambie, arret du 29 octobre 2007.*

Cour de Justice de la CEDEAO, *Affaire Chief Frank C. Ukor, arrêt du 02 novembre 2007.*

Cour de Justice de la CEDEAO, *Affaire Chief Ebrima Manneh, Arrêt du 5 juin 2008.*

Cour de Justice de la CEDEAO, Affaire *Dame Hadijatou Mani Koraou c. République du Niger, arrêt du 27 octobre 2008, voir le site : www.unhcr.org/cgi-bin:ldxis:vtx:refworld.*

Cour de Justice de la CEDEAO, *ECW/CCJ/APP/0808, , Affaire Droits économiques et sociaux et Projet Responsabilité (SERAP) c/République Fédérale du Nigeria et la Commission sur l'Education de base Universelle, arrêt du 27 octobre 2009.*

Cour de Justice de la CEDEAO, *ECW/CCJ/JUD/01/09, Affaire Djot Bayi and 14 autres c. Federal République of Nigéria and 4 others, arrêt du 23 janvier 2009.*

Cour de Justice de la CEDEAO, *ECW/CCJ/JUD/04/09, Affaire Amouzou Henri et 5 autres c/République de Cote d'Ivoire.*

Cour de Justice de la CEDEAO, *Affaire Hissène Habré c/République du Sénégal, arrêt Avant Dire Droit ECW/CCJ/ADD/11/09 du 17 novembre 2009.*

Cour de Justice de la CEDEAO, *ECW/CCJ/JUD/03/10, Affaire Peter David c/Ambassadeur Ralph Uwechwe, arrêt du 11 juin 2010.*

Cour de Justice de la CEDEAO, *Affaire Mamadou Tandja c/Son Excellence Général Salou Djibo et État du Niger, ECW/CCJ/JUD/05/10, arrêt du 8 novembre 2010.*

Cour de Justice de la CEDEAO, *Affaire ECW/CCJ/JUD/O6/10, Hissène Habré c/République du Sénégal arrêt du 18 novembre 2010.*

Cour de Justice de la CEDEAO, *Affaire Musa Saidykan (ECW/CCJ/JUD/08/10), arrêt du 19 décembre 2010*).

Cour de Justice de la CEDEAO *(ECW/CCJ/APP/12/10) arrêt du 7 octobre 2011, affaire Mme Ameganvi Manavi Isabelle, et Sieurs Fabre Jean Pierre et 7 autres (parlementaires togolais démissionnaires) c/État du Togo.*

Cour de Justice de la CEDEAO, *Affaire Laurent Gbagbo c/République de Côte d'Ivoire et Alassane Ouattara*, Arrêt du 23 mars 2012.

Cour de Justice de la CEDEAO, *Affaire Hissène Habré c/République du Sénégal Arrêt ECW/CCJ/ADD/02/10 du 14 mai 2012(Exceptions préliminaires).*

Cour de Justice de la CEDEAO, *Affaire Simone Ehivet et Michel Gbagbo c/République de Côte d'Ivoire, arrêt avant dire droit sur l'exception d'incompétence* du *31 octobre 2012.*

Cour de Justice de la CEDEAO, *Affaire Karim Meïssa Wade, arrêt du 22 février 2013.*

Cour de Justice de la CEDEAO, *Affaire Sow Bertin Agba*, arrêt du 26 avril 2013.

Cour de Justice de la CEDEAO, *Affaire Simone Ehivet et Michel Gbagbo c/République de Côte d'Ivoire, ECW/CCJ/JUD/03/13, arrêt du 22 juin 2013.*

Cour de Justice de la CEDEAO, *Affaire Kpatcha Gnassingbe, arrêt du 13 juillet 2013.*

Cour de Justice de la CEDEAO, *Affaire ECW/CCJ/JUD/14 Maimuna Abdulmumini c/République Fédérale du Nigéria, Arrêt du 13 février 2014.*

11. COUR DE JUSTICE DE LA CEMAC

CEMAC, Cour de justice, Chambre judiciaire, arrêt n° 005/ADD/CJ/CEMAC/CJ/02 du 06 Juin 2002, *affaire Amity Bank Cameroun S.A. c. Tasha Loweh Lawrence.*

CEMAC, Cour de justice, Chambre judiciaire, arrêt n° 007/CJ/CEMAC/CJ/02 du 27 novembre 2002, affaire *AFISCO c. CEBEVIRHA*.

CEMAC, Cour de justice, Chambre judiciaire, arrêt n° 001/CJ/CEMAC/CJ/03 du 20 février 2003, *affaire Gozzo Samuel Aaron c. CEBEVIRHA*

CEMAC, Cour de justice, Chambre judiciaire, arrêt n° 004/CJ/CEMAC/CJ/03 du 17 juillet 2003, affaire *Thomas Dakayi Kamga c. CEMAC.*

CEMAC, Cour de justice, Chambre judiciaire, arrêt n° 001/CJ/CEMAC/CJ/04 du 18 mars 2004, affaire *Galbert Abessolo Etoua c. CEMAC.*

CEMAC, Cour de justice, Chambre judiciaire, arrêt n° 001/CJ/CEMAC/CJ/05 du 07 avril 2005, affaire *Tasha Loweh Lawrence c. CEMAC.*

CEMAC, Cour de justice, Chambre judiciaire, arrêt n° 001/CJ/CEMAC/CJ/10-11 du 25 novembre 2010, *affaire École Inter-états des douanes c/Djeukam Michel. www.revue.ersuma.org/no-1-juin-2012 / jurisprudence.*

12. COUR DE JUSTICE DU COMESA

COMESACJ, Affaire n° 1/99, Ethiopia vs. Eritrea, arrêt du 21 mars 2001.

COMESACJ, Affaire 1D/2000, Banque de la ZEP et Michael Gondwe c.Martin Ogang, arrêt du 29 mars 2001.

COMESACJ, Affaires *Martin Ogang, c. Banque de l'Afrique de l'est et de l'Afrique australe pour le commerce et le développement (Banque de la ZEP) et Michael Gondwe, Affaires n° 1A/2000 et 1C/2000, arrêt du 30 mars 2001.*

COMESACJ, Affaire n ° 3/2001, the Republic of Kenya and the Commissioner of Lands vs. Coastal Acquaculture, arrêt du 26 avril 2002.

COMESACJ, Affaire 1B/2000, Eastern and Southern African trade and development Bank (PTA Bank) and Dr. Michael Gondwe vs. Martin Ogang, arret du 26 avril 2002.

COMESACJ, Affaire 01/2002, the COMESA and Erastus J.O.Mwencha vs Kabeta Muleya, arret du 16 octobre 2002.

COMESACJ, Affaire 1/2002, Building Design Enterprise vs. COMESA, requête pour arbitrage, ordonnance du 18 octobre 2002.

COMESACJ, Affaire ZEP c. Martin Ogang, arrêt du 21 octobre 2002.

COMESACJ, Affaire 3/2002, Bilika Harry Simamba vs. COMESA, ordonnance du 25 octobre 2002.

COMESACJ, Affaire 04/2002, Standard Chartered Financial Services, A. D. Gregory and COMESA. Cahill vs. Court of Appeal for the Republic of Kenya, arret du 20 novembre 2002.

COMESACJ, Affaire 1/2003, Kabeta Muleya (Dr) vs. The COMESA and Erastus Mwencha, arrêt du 4 avril 2003.

13. COUR DE JUSTICE DE L'UEMOA

Cour de Justice, *UEMOA, Avis n° 01/96 du 10 décembre 1996, Demande d'avis de la BCEAO sur le projet d'agrément unique pour les banques et les établissements financiers.*

Cour de Justice, *UEMOA*, Affaire *Kossi Mawuli Agokla* contre Commission de l'UEMOA, arrêt du 18 décembre 2002, Recueil de la jurisprudence de la Cour 01-2004, pp. 36-67.

Cour de Justice, *UEMOA,* Avis n° 02/2003 du 20 juin 2003, *Affaire de la Demande d'avis de la Commission de l'UEMOA relative au renouvellement du mandat des conseillers de la Cour des Comptes*, Recueil de la jurisprudence de la Cour n° 01-2004.

Cour de Justice, *UEMOA, Avis N° 001/2003 du 18 mars2003, Demande d'avis de la Commission de l'UEMOA relative à la création d'une Cour des comptes au Mali,* in UEMOA, Recueil de la jurisprudence de la Cour n° 01-2004, pp.75-85.

Cour de Justice, *UEMOA, Avis n° 03/2003 du 22 octobre 2003, Demande d'avis de la Commission de l'UEMOA relative à l'interprétation des articles 48,55 et 57 du Règlement n° 01/95/CM du 1er août 1995 portant statut des fonctionnaires de l'Union* UEMOA.

Cour de justice, Cour de justice de l'UEMOA, Affaire *Bayon Bako contre Commission de l'UEMOA*, arrêt du 18 novembre 2004, Recueil de la jurisprudence de la Cour 01-2004, p.179 et s.

Cour de Justice, *UEMOA*, Affaire *Eugène Yaï contre La Conférence des Chefs d'État et de Gouvernement et la Commission de l'UEMOA Arrêt N° 03/2005 du 27 avril 2005.*

Cour de Justice, *UEMOA*, Affaire *Eugène Yaï contre La Conférence des Chefs d'État et de Gouvernement et la Commission de l'UEMOA Arrêt N° 01/2006 du 5 avril 2006.*

Cour de Justice, *UEMOA*, Affaire *Eugène Yaï contre La Conférence des Chefs d'État et de Gouvernement et la Commission de l'UEMOA Arrêt N° 01/2008 du 30 avril 2008.*

14. TRIBUNAL DE LA SADC

Affaire n° SADC (T), 2 /07 Mike Campbell (PVT) Limited and William Michael Campbell vs. the Republic of Zimbabwe, arrêt du 13 décembre 2007.

Affaire *n° SADC (T), 2/07, Erick Campbell et autres c. Zimbabwe*, Arrêt du 28 novembre 2008.

Affaire n° SADC (T) 07/2008, Luke Muyandu Tembani c. Zimbabwe, arrêt du 14 aout 2009.

Affaire n° SADC (T) 14/2008, Bach's Transport (PTY) Ltd c/RDC, arrêt du 11 juin 2010.

Affaire, n° SADC (T) 01 /2009 République Unie de Tanzanie c/Cimexpan (Ile Maurice) Ltd, Cimexpan (Zanzibar) Ltd et Ajaye Jogoo, arrêt du 11 juin 2010.

Affaire *N° SADC (T) 01/2010, Fick c/République du Zimbabwe, arrêt du 16 juillet 2010, www.caselaw.ihrda.org/fr/doc.*

Affaire N° SADC (T) 05/2008, *Barry, Gweshe, Katsanda, Chirinda, Mapingure, Matasva, Shumba et Magunje c/République du Zimbabwe,* arrêt du 9 décembre 2010.

V. SITES INTERNET D'ORGANISATIONS ET INSTITUTIONS INTERNATIONALES

Autorité du Bassin du Niger : www.abn.ne

Association internationale pour le développement : www.worldbank.org/ida/

Agence Internationale pour l'Energie Atomique : www.iea.org

Assemblée Générale(ONU) : www.un.org/ga/

Association de libre échange nord américaine : www.nafta-sec-alena.org

Agence monétaire de l'Afrique de l'Ouest : www.amao-wama.org
African Union : www.african-union.org
Banque Africaine de Développement : www.afdb.org
Banque Centrale des États de l'Afrique de l'Ouest : www.bceao.int
Banque de Développement des États de l'Afrique Centrale : www.bdeac.org
Banque des États de l'Afrique Centrale : www.izf.net
Banque Ouest Africaine de Développement : www.boad.org
Bourse Régionale des Valeurs Mobilières : www.brvm.org
Bourse des Valeurs Mobilières de l'Afrique Centrale : www.bvm-ac.int
BIRD : www.worldbank.org
Communauté de l'Afrique de l'Est : www.eac.int
Conseil Africain et Malgache de l'Enseignement Supérieur : www.lecames.org
CARICOM : Marché Commun des Caraïbes : www.caricom.org
Chambre consulaire régionale : www.ccr-uemoa.org
Cour Commune de Justice et d'Arbitrage : www.ohada.org/ccja.html
Commission de Droit International : www.un.org/law/ilc/
Commission économique pour l'Afrique : www.uneca.org
Commission économique du Bétail, de la Viande et des Ressources Halieutiques(CEMAC) : www.cemac.int/cebevirha
Communauté économique des États de l'Afrique de l'Ouest : www.ecowas.int ; www.cedeao.org
Communauté économique des États de l'Afrique Centrale : www.ceeac-eccas.org
Communauté économique et Monétaire de l'Afrique Centrale : www.cemac.int
Communauté des États Sahélo-Sahariens : www.cen-sad.org
Communauté économique des Pays des Grands Lacs : www.cepgl.org
Comité International de la Croix-Rouge : www.icrc-cicr.org
Cour Internationale de Justice : www.icj-cij.org
Conférence Interafricaine des Marchés des Assurances : www.cima-afrique.org
Conférence Internationale sur la Région des Grands Lacs : www.icglr.org
Commission Internationale de l'Intervention et de la Souveraineté des États : www.iciss.gc.ca
Conférence Interafricaine de Prévoyance Sociale : www.cipres.fr
Cour de Justice des Communautés Européennes (UE) : www.curia-eu.int
Commission des Nations unies pour le Commerce et le Développement : www.unctad.org
CNUDCI : Commission des Nations unies pour le Droit Commercial International : www.uncitral.org
Commission de l'Océan Indien : www.commissionoceanindien.org
Common Market for Eastern and Southern African States : www.comesa.int
Commission Africaine des Droits de l'Homme et des Peuples : www.achpr.org
Cour Africaine des Droits de l'Homme et des Peuples : www.african-court.org
Commission de Surveillance du Marché Financier de l'Afrique centrale : www.cosumaf.org
Cour Européenne des Droits de l'Homme : www.coe-.int
Cour Permanente d'Arbitrage : www.pca-cpa.org

Cour Pénale Internationale : www.icc-cpi.org
Conseil de Paix et de Sécurité : www.peaceau.org
Centre de recherches et de documentation sur les institutions et les législations africaines : www.credila-fsjp.ucad.sn
Conseil de Sécurité : www.un.org/french/sc.info.com
Conférence sur la Sécurité, la Stabilité, le Développement et la Coopération en Afrique : www.peaceau.org
European Centre for Development Policy and Management : www.ecdpm.org
Economic and social Council (Conseil économique et social de l'ONU) : www.un.org /fr/ecosoc/
FAO : Food and Agricultural Organization : www.fao.org
Fonds International pour le Développement Agricole : www.ifad.org
Fonds Monétaire International : www.imf.org
Force d'Urgence des Nations unies : www.un.org/fr/peacekeeping/missions
Groupe de Recherche et d'Information sur la Paix et la Sécurité : www.grip.org
Haut Commissariat pour les Réfugiés : www.unhcr.org
Intergovernmental Authority for Development : www.igad.org
Ligue des États Arabes : www.arableagueonline.org
Mécanisme Africain d'Évaluation par les Pairs : www.maep-ua.org
Mission des Nations unies et de l'Union africaine au Darfour : www.un.org/fr/peacekeeping/missions/unamid
Mission des Nations unies pour le Référendum au Sahara Occidental : www.un.org/fr/peacekeeping/missions/minurso
Mission des Nations unies au Soudan : www.un.org/fr/peacekeeping/missions/minus
Mission Multidimensionnelle Intégrée des Nations unies pour la Stabilisation au Mali : www.minusma.unmissions.org
Mission des Nations unies au Soudan du Sud : www.un.org/fr/peacekeeping/missions/unmiss
Mission des Nations unies de Stabilisation au Congo(RDC) : www.monusco.unmissions.org
Mission des Nations unies en Sierra Leone : www.monusil.unmissions.org
New Partnership for African Development (Nouveau partenariat pour le développement de l'Afrique) : www.nepad.org.
Organisation Africaine de la Propriété Intellectuelle : www.oapi-wipo.org
Organisation de l'Aviation Civile Internationale : www.icao.int
Organisation de Coopération et de Développement économique : www.oecd.org
Organisation de la Conférence Islamique : www.oic-oci.org
Organisation des États Américains : www.sice-oas.org
Organisation pour l'Harmonisation en Afrique du Droit des Affaires : www ohada.com
Organisation Internationale du Travail : www.ilo.org
Organisation Maritime Internationale : www.imo.org
Organisation Mondiale du Commerce : www.wto.org
Organisation Météorologique Mondiale : www.wmo.int
Opérations de Maintien de la Paix(ONU) : www.operationspaix.int
Organisation Mondiale de la Santé : www.who.int

Organisation pour la mise en valeur du fleuve Sénégal : www.portail-omvs.org
Organisation des Nations unies : www.un.org
Opération des Nations unies en Cote d'Ivoire : www.onuci.org
Organisation des Nations unies pour le Développement Industriel : www.unido.org
Organisation des Pays Exportateurs de Pétrole : www.opec.org
Observatoire Politique et Stratégique de l'Afrique : www.opsa.eu
Organisation du Traité de l'Atlantique Nord : www.nato.int
Partenariat UE-Afrique : www.africa-eu- partnership.org
Programme des Nations unies pour le développement : www.undp.org
Réseau francophone de recherches sur les Opérations de Paix : www.rop.org
Southern African Custom Union : www.sacu.int
Southern African Development Conference : www.sadc.int
Southern African Regional Police Chiefs Cooperation Organization : www.sarpcco.org
Service Européen de l'Action Extérieure : www.eeas.europa.eu
Société Française de Droit International : www.sfdi.org
Société Financière Internationale : www.ifc.org
Tribunal Administratif de l'OIT : www.ilo.org/public/french/tribunal
Tribunal International du Droit de la mer : www.itlos.org
Union de l'Europe Occidentale : www.weu.int
Union Européenne : www.europa.eu.int
Union économique et monétaire Ouest Africaine : www.uemoa.int
Union Internationale des Télécommunications : www.itu.int
Union du Maghreb Arabe : www.maghrebarabe.org
Organisation des Nations unies pour l'Éducation, la Science et la Culture : www.unesco.org
Fonds des Nations unies pour l'Enfance : www.unicef.org
Union Postale Universelle : www.upu.int
United States Africa Command : www.africom.mil.

TABLE DES MATIÈRES

L'HARMATTAN ITALIA
Via Degli Artisti 15; 10124 Torino

L'HARMATTAN HONGRIE
Könyvesbolt ; Kossuth L. u. 14-16
1053 Budapest

L'HARMATTAN KINSHASA
185, avenue Nyangwe
Commune de Lingwala
Kinshasa, R.D. Congo
(00243) 998697603 ou (00243) 999229662

L'HARMATTAN CONGO
67, av. E. P. Lumumba
Bât. – Congo Pharmacie (Bib. Nat.)
BP2874 Brazzaville
harmattan.congo@yahoo.fr

L'HARMATTAN GUINÉE
Almamya Rue KA 028, en face du restaurant Le Cèdre
OKB agency BP 3470 Conakry
(00224) 60 20 85 08
harmattanguinee@yahoo.fr

L'HARMATTAN CAMEROUN
BP 11486
Face à la SNI, immeuble Don Bosco
Yaoundé
(00237) 99 76 61 66
harmattancam@yahoo.fr

L'HARMATTAN CÔTE D'IVOIRE
Résidence Karl / cité des arts
Abidjan-Cocody 03 BP 1588 Abidjan 03
(00225) 05 77 87 31
etien_nda@yahoo.fr

L'HARMATTAN MAURITANIE
Espace El Kettab du livre francophone
N° 472 avenue du Palais des Congrès
BP 316 Nouakchott
(00222) 63 25 980

L'HARMATTAN SÉNÉGAL
10 VDN en face Mermoz, après le pont de Fann
BP 45034 Dakar Fann
33 825 98 58 / 33 860 9858
senharmattan@gmail.com / senlibraire@gmail.com
www.harmattansenegal.com

L'HARMATTAN BÉNIN
ISOR-BENIN
01 BP 359 COTONOU-RP
Quartier Gbèdjromèdé,
Rue Agbélenco, Lot 1247 I
Tél : 00 229 21 32 53 79
christian_dablaka123@yahoo.fr

649362 - Avril 2016
Achevé d'imprimer par

1livre.com
du rêve à la réalité !

www.ingramcontent.com/pod-product-compliance
Lightning Source LLC
LaVergne TN
LVHW011224061026
849535LV00001BA/166
* 9 7 8 2 3 4 3 0 6 5 0 9 0 *